Theologische Wissenschaft

Sammelwerk für Studium und Beruf

Herausgegeben von

Carl Andresen†   Otto Kaiser
Werner Jetter   Eduard Lohse
Wilfried Joest   Adolf Martin Ritter

Band 3,2

Eckart Otto

Theologische Ethik des Alten Testaments

Verlag W. Kohlhammer
Stuttgart Berlin Köln

Die Deutsche Bibliothek – CIP-Einheitsaufnahme

Otto, Eckart:
Theologische Ethik des Alten Testaments / Eckart Otto. –
Stuttgart ; Berlin ; Köln : Kohlhammer, 1994
    (Theologische Wissenschaft ; Bd. 3,2)
    ISBN 3-17-008923-4
NE: GT

Alle Rechte vorbehalten
© 1994 W. Kohlhammer GmbH
Stuttgart Berlin Köln
Verlagsort: Stuttgart
Umschlag: Studio 23
Gesamtherstellung:
W. Kohlhammer Druckerei GmbH + Co. Stuttgart
Printed in Germany

Inhalt

III. Ethos und Schöpfungsordnung: Die Ethik der Weisheit ... 117

IV. Die Begründung von Recht und Ethos durch die Offenbarung Gottes in der Geschichte ... 175

I. Grundlegung

1. Gegenstand und Aufgabe einer theologischen Ethik des Alten Testaments[1]

A. Adamiak, Justice and History in the OT, 1982; *J. Barton*, Understanding OT Ethics, JSOT 9, 1978, 44–64; *B. C. Birch*, What Does the Lord Require?, 1985; *ders.*, Let Justice Roll Down, 1991; *ders.*, To Love As We Are Loved, 1992; *ders./L. L. Rasmussen*, Bible and Ethics in Christian Life, ²1989; *J. Blenkinsopp*, Wisdom and Law in the OT, 1983; *W. Brueggeman*, Interpretation and Obedience, 1991; *R.E. Clements*, Loving One's Neighbour: OT Ethics in Context, 1992; *J. L. Crenshaw* u. a. (Hg.), Essays in OT Ethics, 1974; *C.E. Curran*, The Role and Function of the Scriptures in Moral Theology, PCTSA 26, 1972, 56–90; *ders.*, Dialogue with the Scriptures, in: Catholic Moral Theology in Dialogue, 1976, 24–64; *R. Davidson*, Some Aspects of the OT Contribution to the Pattern of Christian Ethics, SJTh 12, 1959, 373–387; *P. Delhaye*, Le recours à l'AT dans l'étude de la théologie morale, EThL 31, 1955, 637–657; *J. A. Díaz*, Sombras del AT en el aspecto moral, CuBi 213, 1967, 67–74; *O. M. T. O'Donovan*, The Possibility of a Biblical Ethic, Theological Students Fellowship Bulletin 67, 1973, 15–23; *W.A.L. Elmslie*, Ethics, in: H.W. Robinson (Hg.), Record and Revelation, 1938, 275–302; *Z. Falk*, Religious Law and Ethics, 1991; *E. Flesseman*, OT Ethics, SW 57, 1964, 218–227; *V.H. Fletcher*, The Shape of OT Ethics, SJTh 24, 1971, 47–73; Fondamenti biblici della teologia morale. Atti della XXII. Settimana Biblica Italiana, 1973; *G. Forster*, Christian Ethics in the OT, 1980; *A. Gelin*, La morale d'Israël, AmiCl 67, 1957, 194–204; *B. Gemser*, The Object of Moral Judgement in the OT, in: ders., Adhuc loquitur, 1968, 78–95; *M. Gilbert u. a.*, Morale et AT, 1976; *W.B. Greene Jr.*, The Ethics of the OT, PTR 27, 1929, 155–170; *P. Grelot*, L'AT et la morale chrétienne, Seminarium 23, 1971, 574–594; *J. Gustavson*, The Place of Scripture in Christian Ethics, Interp. 24, 1970, 430–455; *J. Hempel*, Art. Ethics (OT), IDB II, 153–161; *L. Hodgson*, Ethics in the OT, CQR 134, 1942, 153–169; *E. Jacob*, Les bases théologiques de l'éthique de l'AT, VT.S 7, 1960, 39–51; *W. Janzen*, Old Testament Ethics. A Paradigmatic Approach, 1994; *L. Johnston*, OT Morality, CBQ 20, 1958, 19–25; *B. Kaye/ G. Wenham*, Morality and the Bible, 1978; *D. F. Kinlaw*, Art. OT Ethics, Baker's Dict. of Christian Ethics, 1973, 469–472; *D.A. Knight*, OT Ethics, CCent 99, 1982, 55–59; *ders.* (Hg.), Ethics and Politics in the Hebrew Bible, Semeia, 1994/95; *W. Kornfeld*, Art. Biblische Ethik (AT), SM(D) I, 540–545; *H. Kruse*, De inferioritate morali Veteris Testamenti, VD 28, 1950, 77–88; *R. Mack*, Morality in the OT, GBT 4, 1972, 1–13; *T. L. J. Mafico*, Art. Ethics (OT), AncB Dictionary II, 645–652; *H.-P. Mathys*, Liebe deinen Nächsten wie dich selbst, OBO 71, ²1990; *H. McKeating*, Sanctions Against Adultery in Ancient Israelite Society. With Some Reflections on Methodology in the Study of OT Ethics, JSOT 11, 1979, 57–72; *R. Murphy*, Die Bildung des sittlichen Gewissens nach dem AT, Concilium 13/12, 1977, 634–638; *R. Oberforcher*, Art. Alttestamentliche Ethik, Neues Lexikon der christlichen Moral, 1990, 24–37; *E. Otto*, Art. Ethik (AT), NBL I, 608–610, 613; *ders.*, Die Geburt des moralischen Bewußtseins. Die Ethik des AT, in: ders./S. Uhlig, Bibel und Christentum im Orient, 1991, 64–87; *H.D. Preuß*, Theologie des AT, Bd. II, 1992; *J.W. Rogerson*, The OT and Social and Moral Questions, MCM (N.S.) 25, 1982, 28–35; *M. Saebø*, Fra kong Salomo til kong Harald, in: S.D. Mogstad u. a. (Hg.), Forankring og Forandring, FS I. Asheim 1992, 81–96; *W. H. Schmidt*, Ansätze und Absichten alttestamentlicher Ethik, BiKi 40, 1985, 94–100; *ders./ H. Delkurt/A. Graupner*, Die Zehn Gebote im Rahmen alttestamentlicher Ethik, 1993; *W. Schweitzer*, Glaube und Ethos im Neuen und Alten Testament, ZEE 5, 1961, 129–149; *J.J. Shepherd*, Man's Morals and Israel's Religion, ET 92, 1980/81, 171–174; *C. F. Sleeper*,

---

1 Abkürzungen richten sich nach S. Schwertner, Abkürzungsverzeichnis, ²1994.

Ethics as a Context for Biblical Interpretation, Interp. 22, 1968, 443–460; *R. Smend*, Art. Ethik (AT), TRE X, 423–435; *A. Soete*, Ethos der Rettung – Ethos der Gerechtigkeit, 1987; *F.J. Stendebach,* Überlegungen zum Ethos des AT, Kairos (N.F.) 18, 1976, 273–281; *J.G. Trapiello*, El problema de la moral del AT, VyV 77, 1962, 95–122; *ders.*, El problema de la moral en el AT, 1977; *R.E.O. White*, Biblical Ethics, 1979; *R.R. Wilson*, Approaches to OT Ethics, in: G.M. Tucker u. a. (Hg.), Canon, Theology and OT Interpretation. FS B.S. Childs, 1988, 62–74; *C J. H. Wright*, The Use of the Bible in Social Ethics, 1983; *ders.,* An Eye for an Eye. The Place of OT Ethics Today, 1983; *ders.,* Ethics in Conflict, in: S. Niditch (Hg.), Text and Tradition, 1990, 193–205.

Das Problem einer theologischen Ethik des AT ist die Bestimmung ihres Gegenstandes in Abgrenzung zur Religionsgeschichte Israels und der Theologie des AT. Im AT ist das Gottesverhältnis Israels pragmatisch durch handelnde Weltgestaltung vermittelt und hat also stets auch eine ethische Dimension. Will die Ethik nicht das Geschäft einer Theologie des AT betreiben, hat sie ihr Thema in den expliziten Normensystemen des AT und ihrer Geschichte. Die Ethik hat damit aber Anteil an der grundsätzlichen hermeneutischen Problemstellung durch den »garstigen Graben« der Geschichte, nicht nur zwischen den Testamenten, sondern auch zwischen Bibel und Moderne. Die historische Distanz verbietet eine unmittelbare Applikation alttestamentlicher Normen auf die Gegenwart. In der Konsequenz kann eine Ethik des AT nur deskriptiv, nicht aber präskriptiv sein. Zu welchen Konsequenzen Versuche der unmittelbaren Anwendung alttestamentlicher Normen auf moderne Industriegesellschaften führen, zeigt die konservative Ethik von R. J. Rushdoony (s. u. I 2) und die progressive, auf die Veränderung moderner Gesellschaften ausgerichtete Ethik von C. J. H. Wright (s. u. I 2).

R. J. Rushdoony will die Bibel zur Grundlage des öffentlichen Lebens in der Gegenwart machen. Alles Recht sei religiösen Ursprungs. Wie die biblische Religion, sei auch das in ihr wurzelnde Recht des AT in der Gegenwart unveränderlich gültig. Er ordnet die Fülle der Lebensfelder und ihre ethischen Konflikte nach dem Schema des Dekalogs und konfrontiert moderne Fehlentwicklungen mit alttestamentlichen Gesetzesbestimmungen. Würden sie beachtet, so käme es heute nicht zu so vielen ethischen Fehlentwicklungen.

C. J. H. Wright will nicht den je einzelnen Rechtssatz des AT auf die Gegenwart übertragen, sondern ein von einer theologischen Mitte des AT her verstandenes Modell einer alttestamentlichen Ethik. Diese Mitte sieht er in einem Dreieck der Beziehungen zwischen Gott, Israel und seinem Land. Alle Ethik sei theonom in Gott zentriert in der Form, daß das Rettungshandeln Gottes den Geboten vorausgehe, denen zu folgen Israels Danksagung für die Erfahrungen der Rettung sei. Im ethikgemäßen Handeln folge Israel Gott, der in der Heilsgeschichte Paradigmen des Verhaltens setze. Wird Israel und nicht der je einzelne Mensch als Gegenpol zu JHWH verstanden, so soll damit einer individualistischen Engführung der Ethik des AT gewehrt werden. Israels Landbesitz repräsentiert den ökonomischen Eckpunkt. Die materialethischen Felder der Ökonomie, der sozialen Gerechtigkeit, der politischen Ordnung und der Völkerbeziehungen werden in diesen Rahmen eingezeichnet und sollen so normativ für die Gegenwart werden. Die Wirtschaftsethik wird als theonom aus der Schöpfungstheologie abgeleitet: Weil der Schöpfergott Herr aller Dinge ist, sei der Besitzanspruch des Menschen auf Güter dieser Welt stets ein begrenzter. Das AT zeige ein Modell egalitären Wirtschaftens, das nach dem Sündenfall aber stets in der Gefahr der Zerstörung sei. Für die christlichen Kirchen und die ganze Völkerwelt habe dieses Modell des egalitären und sozialen

Wirtschaftens ohne dominante Egoismen der Individuen und einer daraus resultierenden Ausbeutung bleibende Bedeutung. Die auf das Land bezogenen Werte des AT seien im Neuen Testament auf Christus übertragen worden und bestimmen so die Ethik in Kirche und Völkerwelt. Das AT stelle also Modelle alternativen Wirtschaftens zur Verfügung, die zur kritischen Anfrage an existierende Wirtschaftsformen werden.

Die Entwürfe zur Ethik des AT von Rushdoony und Wright übergehen den historischen Abstand zwischen dem antiken Israel und der Moderne hochentwickkelter Industriegesellschaften. Die geschlossene Übertragung des alttestamentlichen Rechts auf heutige Gesellschaften durch Rushdoony als Grundlage des heutigen Zivil- und Strafrechts setzt eine lückenlose Zugehörigkeit der Bevölkerung zu den christlichen Kirchen und deren lückenlose Übereinstimmung in der Applikation der Rechtssätze auf die Gegenwart voraus. In einer zunehmend wertpluralen Gesellschaft ist dieser Ansatz nicht zu vermitteln, sondern müßte zu theokratischer Unfreiheit führen. Selbst wenn die Bevölkerungen moderner Industriegesellschaften sich geschlossen zum christlichen Glauben bekennen würden, so wäre keineswegs das gesamte alttestamentliche Normensystem zu übertragen, da es durch das NT revidiert wird.

Auch der Entwurf von Wright steht in der Gefahr, weder der überlieferungsgeschichtlichen und theologischen Komplexität des AT, noch der Komplexität moderner Gesellschaften gerecht zu werden. Ökonomische Verzerrungen und Fehlentwicklungen des Marktes sind kaum auf den Sündenfall zurückzuführen. Wenn die in den Wirtschaftswissenschaften so intensiv gestellte Frage nach den Bedingungen der Möglichkeit erfolgreichen Wirtschaftens schöpfungstheologisch beantwortet wird, bleibt nur die Möglichkeit, im Scheitern die Auswirkung des Sündenfalls zu sehen. Die eigentlich entscheidende ethische Frage, wie die Rationalität des Marktes mit der Forderung der Gerechtigkeit zu vermitteln sei, kommt so nicht in den Blick.

Die historische Distanz verbietet eine normative Applikation alttestamentlicher Handlungsanweisungen auf die heutigen Gesellschaften. Die Normensysteme des AT sind untereinander nicht nur nicht widerspruchsfrei, sondern widersprechen gerade in ihren partikularistischen, oft Gewalt fordernden Ausgrenzungen fremder Völker heutiger ethischer Standortbestimmung. Die Widersprüchlichkeit läßt nach Kriterien innerhalb des AT für differenzierende Kritik unterschiedlicher Handlungsanweisungen fragen. Sie sind nur im Gottesgedanken Israels zu finden. Die Ethik des AT ist nicht nur insofern eine theologische, als sie die Geschichte der Begründung der Handlungsanweisung im Gottesbegriff rekonstruiert, sondern auch darin, daß sie auf inneralttestamentliche Kriterien der kritischen Prüfung der Handlungsanweisung, die im Gottesbegriff verortet sind, reflektiert. Die hier vorgelegte deskriptive Ethik des AT geht davon aus, daß der Nachvollzug des Reflexionsprozesses im antiken Israel im gegenwärtigen universalen Diskurs um die Lebensführung heutige Gestalt praktischer Vernunft mitzugestalten vermag. Dafür spricht, daß die Wurzeln der Rationalität moderner Gesellschaften in der rationalisierenden Pragmatik des israelitischen Gottes- und Weltverständnisses zu suchen sind. Die Aufgabe der hier vorgelegten theologischen Ethik des AT ist also nicht eine apologetische, moralische Widerständigkeit des AT für den heutigen Menschen zu beseitigen, um es so als Teil des christlichen Kanons zu bestätigen. Sie will aber auch nicht unmittelbar Handlungsanweisung geben, sondern deskriptiv zu unserem historischen Verstehen der Geschichte der alttestamentlichen Handlungs-

anweisungen anleiten, inneralttestamentliche Kriterien zu ihrer kritischen Differenzierung, die aus der Geschichte des Gottesglaubens in Israel abgeleitet sind, an
die Hand geben und die Perspektiven der kulturhistorischen Bedeutung des alttestamentlichen Ethos als Wurzelgrund des Geistes der Moderne eröffnen.

Die theologische Ethik des AT will ihm eigenes, sich nicht als Altes vom Neuen
Testament ableitendes, Gehör verschaffen. Sie mit der Ethik des NT zu vermitteln,
ist ein sekundärer Schritt. Dabei soll aber nicht übersehen werden, daß unser heu-
tiges Verstehen des AT durch den Traditionsstrom christlicher Reflexionsgeschichte
mitgeprägt wird. Doch geht das Bemühen darauf, das Eigene des AT so klar wie
möglich zur Sprache zu bringen.

Angesichts der Vielzahl von »Ethiken« im AT – nicht nur diachron in historischer
Entwicklung, sondern auch synchron in differenten Gesellschaftsinstitutionen und
-schichten – ist empfohlen worden, auf einen Gesamtentwurf einer Ethik des AT
zugunsten der Darstellung von ethischen Motiven in Teilbereichen israelitischer
Gesellschaftsgeschichte zu verzichten (Barton). Diese Selbstbeschränkung hat ihr
Recht gegen unhistorische Systematisierungen. Doch je stärker die Pluralität der
Handlungsnormen im AT erkannt wird, um so mehr ist das Divergente zusam-
menzudenken. Die Einheit der Ethik des AT ist ihre Geschichte. Die Darstellung
kann keine andere als die ihrer inneralttestamentlichen Rezeptionsgeschichte sein.

2. Forschungsgeschichtlicher Überblick

Bibliographien und forschungsgeschichtliche Überblicke:
    W.C. Kaiser jr., New Approaches to OT Ethics, JETS 35, 1992, 289–297; *E. Otto,* For-
schungsgeschichte der Entwürfe einer Ethik im AT, VF 36, 1991, 3–37, *C.J.H. Wright,* The
Ethical Authority of the OT: A Survey of Approaches, TynB 43, 1992, 101–120, 203–231.

Alttestamentliche Ethiken:
    W.S. Bruce, The Ethics of the OT, ²1909; *W. Eichrodt,* Theologie des AT II/III, ²1964;
J.Hempel, Das Ethos des AT, ²1964; *W.C. Kaiser jr.,* Toward OT Ethics, 1983; *J. L'Hour,* Die
Ethik der Bundestradition im AT, 1967; *H.G. Mitchell,* The Ethics of the OT, 1912; *H. van
Oyen,* Ethik des AT, 1967; *R.J. Rushdoony,* The Institutes of Biblical Law, Bd. I, 1973; Bd. II,
1982; *J.M.P. Smith,* The Moral Life of the Hebrews, 1923; *E. Testa,* La morale dell' AT, 1981;
E. Würthwein (Otto Merk), Verantwortung, 1982; *C.J.H. Wright,* Living as the People of
God, 1983; *ders.,* God's People in God's Land 1990.

Weitere Literatur:
    B. Duhm, Israels Propheten, 1922; *H. Graf Reventlow,* Hauptprobleme der Alttestament-
lichen Theologie im 20. Jahrhundert, 1982; *M. Weber,* Gesammelte Aufsätze zur Religionssoziologie, Bd. III: Das antike Judentum, ⁶1976; *J. Wellhausen,* Prolegomena zur Geschichte
Israels, ⁶1927; *ders.,* Israelitische und jüdische Geschichte, ⁶1958.

Die Theologie ist vor die Alternative eines Ansatzes bei der religiösen Erfahrung
des Menschen oder bei dem sich offenbarenden Gott gestellt, und stets sind die
theologischen Entwürfe kritisch auf den alternativen Ansatz bezogen. Die Theologiegeschichte unseres Jahrhunderts hat diese Dialektik im Gegensatz von liberaler
Theologie und dialektischer Theologie des Wortes Gottes deutlicher als andere zur
Darstellung gebracht. Die alttestamentliche Exegese hat Anteil an dieser Bewegung
des theologischen Denkens. Gleiches gilt auch für die Beschäftigung mit der Ethik
des AT.

Die liberale alttestamentliche Forschung wurde durch *J. Wellhausens* Rekonstruktion der Religionsgeschichte Israels auf ihrem Weg von einer nationalen Naturreligion der Frühzeit Israels über die sittliche Universalreligion der Propheten bis zur Erstarrung in der jüdischen Nomokratie der nachexilischen Zeit geprägt. Das Gesetz wurde von Wellhausen nicht als Ausgangspunkt, sondern als Endprodukt der Religionsgeschichte Israels begriffen, das die in der Prophetie erreichte Freiheit des sittlich gebundenen Gewissens erstarren ließ. Die deutsche liberale alttestamentliche Wissenschaft hat ihre Beschäftigung mit der alttestamentlichen Ethik auf die Prophetie konzentriert, die die Naturbindung der Religion zugunsten des Ethos der Gottesfurcht und Nächstenliebe überwunden habe (*B. Duhm* u. a.). Diese Verengung verhinderte eine liberale deutschsprachige Ethik des AT, die vielmehr die Amerikaner *H. G. Mitchell* und *J. M. P. Smith* vorlegten. Die Geschichte wird von ihnen als »moralische Anstalt« eines ethischen Lernprozesses begriffen, der in der Prophetie seinen Höhepunkt erreichte und schließlich in einem Abfall des Judentums in ethische Ambivalenzen endete. Die Höhenlage der Religion bemißt sich am Verhältnis von Ritus zu Ethos als den Grundprinzipien der Religion. Während in der Frühzeit Israels der Ritus im Zentrum der Religion stand und das Ethos einem utilitaristischen Geist verhaftet ihm untergeordnet war, kehrten die Propheten das Verhältnis von Ritus und Ethos um. Der Ritus diente nun der Feier des sittlichen Lebenswandels vor Gott. Die Ethik löste sich von der utilitaristischen Verkürzung im Dienste der Glückseligkeit und öffnete sich in Jes 53 dem Gedanken des stellvertretenden Leidens für die vielen als Vollendung des Ethos. Diese Höhenlage des Ethos habe das nachexilische Judentum nicht halten können, da es das Ethos der Entscheidung und Entschiedenheit des sittlichen Gewissens zu einem Gesetzesgehorsam veräußerlichte und die JHWH-Religion erneut unter den Zwang des Rituals stellte – bis es schließlich, so wäre zu ergänzen, in dem von Jesus verkündeten Ethos der Nächstenliebe seine Erfüllung fand.

Diese Entwürfe werden von dem Bewußtsein der zunehmenden religiösen Durchdringung der Kultur in ihrer Herrschaft über die Natur getragen. Nur als christliche vollende sich die Religionsgeschichte, so daß die Religion Israels konsequent in ihrer Höhenentwicklung auf das Christentum zulaufe, das Judentum aber Fehlentwicklungen der exilisch-nachexilischen Zeit fortsetze. So zeitbedingt und in seinen antijüdischen Tendenzen überholt diese Grundperspektive liberaler Ethik auch ist, so ist darin dennoch das Bemühen zu erkennen, den Zusammenhang von Religions- und Kulturentwicklung gegen zeitgenössische konservative Tendenzen der Ghettoisierung der Religion im Gesellschaftsprozeß festzuhalten. Dieser Zusammenhalt ist eine bleibende, wenn auch anders zu lösende Aufgabe einer alttestamentlichen Ethik.

Die sich vom liberaltheologischen Entwicklungsschema lösenden systematischen Entwürfe der Ethik nahmen implizit auch diese Aufgabe wahr, indem sie dem in der Moderne in Partikularethiken zerfallenden Ethos ein systematisch erfaßtes, alle Lebensbereiche dem Gotteswillen unterstellendes alttestamentliches Ethos entgegenstellen. Den wichtigsten Entwurf in dieser sich bis in die Gegenwart fortsetzenden Reihe legte 1935 *W. Eichrodt* im dritten Teil seiner Theologie des AT vor. Liberale und dialektisch-theologische Positionen vermittelnd, wird die Ethik als Aufeinandertreffen der im Gotteswort offenbaren Bundes-Ethik vom Sinai mit der »natürlichen Volkssitte«, die Israel mit der altorientalischen Umwelt verbinde, beschrieben. Israel »vertritt die Ethik eines gesunden, unverdorbenen Bauernvolkes und zeigt damit die Verankerung seines sittlichen Bewußtseins in den naturgegebenen Lebensgrundlagen. Aber an verschiedenen wesentlichen Punkten läßt sich nun doch eine nicht selbstverständliche *Höhenlage* beobachten, die unbestreitbar religiös bedingt ist und den Einfluß des im Bund festgelegten Gottesverhältnisses zeigt« (220). Mit dem Umschlag der theologischen Großwetterlage von der liberalen zur dialektischen Theologie wurde der Offenbarungsgedanke zur Geltung gebracht. Im Gegensatz zur liberalen Theologie wurde nicht der Mensch als Subjekt des ethischen Entwicklungsprozesses verstanden, sondern das Gotteswort, das W. Eichrodt im Gottesrecht zu erkennen glaubte, und das die Entwicklung des israelitischen Ethos vorantreibe. Doch hielt sich das liberale Erbe darin durch, daß Eichrodt Israels Ethos als ein sich historisch entwickelndes verstand und diese Entwicklung in dem aus liberaler Ethik bekannten Dreischritt rekonstruierte. Im vorprophetischen Ethos seien zahlreiche Bereiche des Lebens noch nicht der Herrschaft des Gotteswillens unterstellt worden, wofür Polygamie und Verhalten gegen den Fremden signifikante Beispiele seien. Auch habe es noch an der Vermittlung des offenbarten Willens Gottes mit der Alltagswelt der Menschen in Israel gefehlt, so daß die sittliche Verpflichtungskraft des Gotteswillens als heteronomer Zwang mißverstanden werden konnte. Erst die Propheten haben diese Grenzen des Ethos zugunsten einer Sittlichkeit aufgesprengt, deren Normen »innerlicher« im Wesen Gottes als des Guten begründet wurden, indem sie die Vorordnung der sittlichen Normen vor die kultischen erkannten, den Vergeltungsglauben und Nützlichkeitsstandpunkt einer bäuerlichen Ethik überwanden, den Willen Gottes als sittlichen Weltwillen universalisierten und die Normen unterschiedlicher Lebensbereiche einheitlich aus dem Gotteswillen begründeten. Dieses im Deuteronomium und im Heiligkeitsgesetz nachwirkende Ethos der Propheten sei in nachexilischer Zeit durch den Versuch verdunkelt worden, das Ideal der heiligen Gemeinde mit Hilfe des Gesetzes zu verwirklichen. Das jüdische Ethos der nachexilischen Zeit sei zu Nomismus, Heteronomie, partikularistischer Verengung und Utilitarismus herabgesunken.

Bahnbrechend war die Einsicht in eine zunehmende Theologisierung eines Volksethos, die allerdings zu reformulieren ist. Sie ist nicht mehr auf die formgeschichtliche Differenz von kasuistischem Recht als Profanrecht und apodiktischem Recht als Gottesrecht (A. Alt) zu gründen, da die Gattungsmerkmale der Rechtssätze weniger Herkunfts- als Funktionskennzeichen innerhalb des israelitischen Rechtssystems sind (cf. u. II 1). Die überlieferungs- und redaktionsgeschichtliche Analyse der alttestamentlichen Rechtskorpora, insbesondere des Bundesbuches, kann die Theologisierung von ursprünglich nicht explizit theologisch begründeten Rechtsnormen rekonstruieren. Die von Eichrodt nachgezeichnete Theologisierung des Volksethos ist von einer dem Prozeß vorgegebenen Dialektik von offenbartem Gotteswillen und Volksethos zu lösen. Vielmehr sind die der Religions- und Gesellschaftsgeschichte innewohnenden Motive einer zunehmenden Begründung der Handlungsnormen durch den Gotteswillen freizulegen.

Die Bedeutung der sozialen Heterogenität für die Geschichte der israelitischen Ethik unterstrich *J. Hempel* 1938 in seiner Ethik des AT. Er brach mit der liberalen Tradition der genetischen Entwürfe und konzipiert die Ethik als »Strukturanalyse« des israelitischen Ethos, hinter der die Fragen nach der historischen Genese zurücktraten. Er setzt wie M. Weber mit der soziologischen Vielschichtigkeit der Ursprünge Israels und der daraus resultierenden Vielschichtigkeit in der Ethik ein, um in der Entscheidung für JHWH ihre Mitte zu gewinnen. Der Forderung der Entscheidung für den Gott Israels und der daraus resultierenden Abgrenzung von den fremden Völkern ist die Ethik – in der Sozialethik insbesondere die Ethik des politischen Handelns, in der Individualethik die der Geschlechtsmoral – untergeordnet. Aus der Entscheidungsforderung erwachsen Entwicklungen des Ethos wie die der Subjektivierung im Schuldverständnis durch das Wissens- und Willensprinzip, die Vorordnung von sittlichen vor magisch-rituelle Normen und eines ethischen Personalismus, der Prophetie und deuteronomische Bewegung geprägt habe. Die Entscheidung für JHWH bedeute als Unterwerfung unter den Gotteswillen den prinzipiellen Verzicht auf rationale Begründung der Normen, die allein durch JHWHs Offenbarung in der Geschichte legitimiert sind. Dem theonomen Ethos gilt als gut, was JHWH geboten und weil er es geboten hat. Darin zeige eine alttestamentliche Ethik sub specie hominis Züge einer heteronom-autoritativen Ethik. Aber das Ethos fordere nicht die Unterwerfung unter eine blanke Gotteswillkür. JHWH selbst binde sich in seinem Handeln mit Israel an sittliche Normen. Er verzichte in der Geschichte mit seinem Volk auf Selbstdurchsetzung und eifersüchtige Wahrung seines Herrscheranspruches durch Gericht, Strafe und Rache. Gottes Handeln in der Geschichte werde so zur innigsten Begründung eines sozialkaritativen Zuges des israelitischen Ethos. Vor allem aber werde JHWHs Verzicht auf grenzenlose Selbstdurchsetzung und darin seine Humanität, die sich in der alttestamentlichen Anthropologie im Theomorphismus zur Forderung der Humanität des Menschen verdichte, in der Selbstbeschränkung und Selbstbindung Gottes an sein Volk im Bund erkennbar. JHWH lege sich wie den Menschen Regel und Richtschnur in seinem Handeln auf.

J. Hempel setzt einige für die weitere Arbeit an einer Ethik des AT unaufgebbare Richtpunkte mit der Einsicht in das alttestamentliche Verständnis der Selbstbindung Gottes in seinem Verzicht auf grenzenlose Selbstdurchsetzung. Unverlierbar bleibt auch die Einbeziehung der sozialhistorischen Differenzierung der Trägerkreise alttestamentlicher Ethiken. Zeitbedingt und in dieser Pauschalität heute nicht mehr gültig ist dagegen die zentrale Position der Kategorie der Entscheidung. Die alttestamentliche Wissenschaft hat in letzten Jahren zu verstehen gelernt, daß JHWH nicht als religionshistorischer Fremdling in das Kulturland Palästinas gekommen ist, sondern seine Wurzeln im Stammbaum nord-westsemitischer Religionen hat. Die Forderung der Entscheidung gegen die fremden Götter und Völker ist nicht ein der Ethik vorgegebenes Motiv der israelitischen JHWH-Religion, sondern ein Aspekt einer verwickelten Geschichte der Relation JHWHs zu fremden Göttern und Völkern. In der religionshistorischen Überzeichnung der Andersartigkeit JHWHs gegenüber den Göttern der Umwelt Israels liegt es wohl begründet, daß in allen bisherigen Entwürfen einer alttestamentlichen Ethik die Frage nach Kontinuitäten zwischen Ethos und Ethiken Israels und denen seiner Umwelt fehlt. Erst auf diesem Hintergrund kann aber die Frage nach dem Proprium Israels differenziert angegangen werden.

Fast dreißig Jahre nach der Ethik von J. Hempel erschien 1967 ein neuer Entwurf von *H. van Oyen.* Das Neuartige und Eigene der alttestamentlichen Ethik soll im Unterschied zu Ethiken anderer Völker der klassischen Antike herausgearbeitet werden, die »Entdeckung des Mitmenschen im Verkehr zwischen Gott und Mensch« und damit das bis heute Weiterlebende der alttestamentlichen Botschaft auf dem Felde der Ethik. »Die Rationalität der Antike hat ethisch und juristisch besondere Aufgeschlossenheit für das, was für alle gilt, sei es kommunikativ, sei es distributiv. Das alttestamentliche Ethos will unsere Menschlichkeit für den erschließen, der ›ist wie du‹ (Dtn 5, 14)« (10). Die Ethik van Oyens realisiert dieses

Programm nur indirekt durch seine systematische Konzeption. Zentrales Motiv, das die Systematik tragen soll, ist das des »Bundes« als Erwählung und Aussonderung Israels zu Gottes Eigentum. »Die Heiligung des heiligenden Gottes ruft die Gesetze dieser Gemeinde als Volksgemeinde ins Leben« (38). Ethos ist als Erwählungsethos »Nachahmung Gottes« (45). Dieser theonome Ansatz wird durch eine anthropologische Begründung ergänzt, die ihren Kern im Motiv der Gottesebenbildlichkeit des Menschen hat. Van Oyen deutet das Leben bis in seine alltäglichen Züge hinein als Liturgie. »Die Zugehörigkeit zum Bund mit Jahwe prägt das Leben des einzelnen Israeliten von vornherein auf die Verpflichtung zur Heiligung hin. Das Volk soll in der Mitte anderer Völker die Gestalt dieser Heiligung zum Ausdruck bringen« (65). Daß Israel dieses Ziel niemals vollständig erreichen kann, bekunden die Abschnitte über Abfall und Sünde, Armut und Leiden. Die materiale »Ethik der Thora« hat ihre Mitte im »Bundes-Grundgesetz«, dem Dekalog als Inpflichtnahme des Bundespartners durch den Stifter des Bundes. Dem Aufbau des Dekalogs folgend werden wesentliche ethische Problemfelder abgehandelt. Das Ethos von Prophetie und Weisheit, wie auch sozialethische Problembereiche wie Ehe und Familie, Eigentum und politisches Leben konnten so nicht in die Systematik einbezogen werden und wurden abschließend gesondert behandelt. Die Probleme einer systematisierenden Arbeitsweise verzahnen sich mit denen, die sich aus einer gewandelten Forschungssituation ergeben. Das Bundesmotiv ist kaum zur Integration der Vielzahl von Ethiken im AT geeignet, da es ein Spätling innerisraelitischer Religionsgeschichte ist (s. u. IV 1.3.3). Das gilt auch für das Motiv der Gottesebenbildlichkeit in der Anthropologie. Weisheit und Prophetie bleiben Fremdkörper im Aufbau. Eine systematische Konzeption kann kaum die strittigdialogische Vielfalt der ethischen Vorstellungen Israels angemessen zur Darstellung bringen. Festzuhalten aber ist die van Oyen leitende Intention, die Substanz eines israelitischen »Bundes-Ethos«, das bis in die Neuzeit als ethisches Ferment wirksam sei, zur Sprache zu bringen.

Mit van Oyens Ethik verwandt ist die 1982 von *E. Würthwein* unter dem Titel »Verantwortung« vorgelegte Skizze einer alttestamentlichen Ethik. Würthwein begründet die Ethik theonom als Einheit von Glaube und Ethos, wobei auch er den apodiktischen Prohibitivsätzen des israelitischen Rechts als Ausdruck des Gotteswillens eine zentrale Rolle zumißt, um dann aus der Urgeschichte, insbesondere Gen 8,21, die Angewiesenheit des Menschen auf die theonomen Weisungen anthropologisch zu begründen. Der Mensch in seinem bösen Drang darf nicht allein gelassen werden. Weisungen werden ihm von Gott an die Hand gegeben, die ihn an seine Verantwortung erinnern und in deren Befolgung er sich und andere vor dem Bösen schützen kann. Diese Grundlegung wird durch semantische Analysen zu »Grundnormen« ergänzt und am Dekalog orientiert an einigen ethischen Konfliktfeldern materialisiert.

Die Grundthese der für Israel konstitutiven Einheit von Glaube und Ethos wird überwiegend mit deuteronomischen und deuteronomistischen Texten begründet, ohne daß deren Vorgeschichte und also die Frage, wie Glaube und Ethos in Israel zusammenfanden, intensiver thematisiert wird. Die Zusammengehörigkeit des Alltagslebens mit Gott wird als ein den Texten inhärentes »Vorverständnis« betrachtet (34); doch hat dieses Vorverständnis eine Geschichte. Die alttestamentliche Ethik muß dieser Geschichte nachgehen und den Prozeß der zunehmenden Integration von Feldern des Alltagslebens in den Gotteswillen beschreiben. Einer pluralistischen und in ihrer Pluralität im Ethos zerfallenden Moderne setzt Würthwein ein

16

geschlossenes Ethos des Lebens als Liturgie vor Gott und den Partikularethiken der Moderne, die zunehmend nicht mehr miteinander zu vermitteln sind, ein in allen Lebensfeldern gleichermaßen identisches Ethos entgegen. Die alttestamentliche Ethik wird aber diesen aktuellen Aspekt nicht durch eine systematische Strukturierung, sondern im Nachzeichnen der die Lebensfelder integrierenden Logik des Gottesgedankens in der Geschichte Israels festhalten, die auch heute Aussicht hat, im gesamtgesellschaftlichen Diskurs um die Einheit ethischen Bewußtseins Gehör zu finden.

II. Vom Recht zum Ethos im Bundesbuch und in verwandten Rechtsüberlieferungen

Literatur zum altorientalischen und alttestamentlichen Recht: *S. Allam*, Art. Recht, LÄ V, 182–186; *A. Alt*, Die Ursprünge des israelitischen Rechts, in: ders., Kleine Schriften I, 1953, 278–332; *K. Baltzer*, Das Bundesformular, ²1964; *H.J. Boecker*, Redeformen des Rechtslebens im AT, ²1970; *ders.*, Recht und Gesetz im AT,² 1984; *R. Borger/H. Lutzmann/W.H.Ph. Römer/E. von Schuler*, Rechtsbücher, TUAT I/1, 1982; *P. Bovati*, Ristabilire la giustizia, 1986; *G. Cardascia*, Les lois assyriennes, 1969; *ders./J. Klíma/V. Korošec/H. Petschow*, Art. Gesetze, RLA III, 243–297; *ders.*, Les valeurs morales dans le droit assyrien, in: J. Harmatta u. a. (Hg.), Wirtschaft und Gesellschaft im Alten Vorderasien, 1976, 363–371; *ders.*, Droits cunéiformes et droit biblique, PWCJS 6/1, 1977, 63–70; *C. Carmichael*, The Origins of Biblical Law, 1992; *F. Crüsemann*, Die Tora, 1992; *E. Cuq*, Études sur le Droit Babylonien, 1929; *D. Daube*, Studies in Biblical Law, 1947; *M. David*, Zur Forschungsmethode auf dem Gebiet des biblischen Rechts, KVAWJ 6, 1925, 26–42; *ders.*, The Codex Hammurabi and its Relation to the Provisions of Law in Exodus, OTS 7, 1950, 149–178; *S. Demare*, La valeur de la loi dans les droits cunéiformes, APD 32, 1987, 353–346; *G.R. Driver/J.C. Miles*, The Babylonian Laws, 2 Bde, 1955/56; *dies.*, The Assyrian Laws, ²1975; *Z. Falk*, Hebrew Law in Biblical Times, 1964; *A. Finet*, Le Code de Hammurapi, ²1983; *J.J. Finkelstein*, The West, the Bible and the Ancient East, Man (N.S.) 9, 1974, 591–608; *ders.*, The Ox that Gored, TAPhS 71, 1981, 1–89; *E.B. Firmage* u. a. (Hg.), Religion and Law: Biblical Judaic and Islamic Perspecitives, 1990; *J. Friedrich*, Die hethitischen Gesetze,²1971; *A. Goetze*, The Laws of Eshnunna, 1956; *M. Greenberg*, Some Postulates of Biblical Criminal Law, in: M. Haran (Hg.), Yehezkel Kaufmann Jubilee Volume, 1960, 5–28; *ders.*, More Reflections on Biblical Criminal Law, in: S. Japhet (Hg.), Studies in Bible, 1986, 1–17; *J. Grothus*, Die Rechtsordnung der Hethiter, 1973; *R. Haase*, Einführung in das Studium keilschriftlicher Rechtsquellen, 1965; *ders.*, Die keilschriftlichen Rechtssammlungen in deutscher Fassung, ²1979; *B. Halpern/D.W. Hobson* (Hg.), Law, Politics and Society in the Ancient Mediterranean World, 1993; *W. Helck*, Art. Gesetze, LÄ II, 570 f.; *W. Horst*, Gottes Recht. Ges. Studien zum Recht im AT, 1961; *B.S. Jackson*, Essays in Jewish and Comparative Legal History, 1975; *ders.*, The Ceremonial and the Judicial: Biblical Law as Sign and Symbol, JSOT 30, 1984, 25–50; *ders.*, Art. Law, HBD, 1985, 548–551; *A. Jirku*, Das weltliche Recht im AT, 1927; *C.H.W. Johns*, The Relation between the Laws of Babylonia and the Laws of the Hebrew Peoples, 1914; *C.F. Kent*, Israel's Laws and Legal Precedents, 1907; *K. Koch* (Hg.), Um das Prinzip der Vergeltung in Religion und Recht des AT, 1972; *ders.*, Art. Gesetz (AT), TRE XIII, 40–52; *L. Köhler*, Die hebräische Rechtsgemeinde, in: ders., Der hebräische Mensch, 1953, 143–171; *V. Korošec*, Keilschriftrecht, HO I/3, 1964, 49–219. 466–478; *ders.*, Die hethitischen Gesetze in ihren Wechselbeziehungen zu den Nachbarvölkern, in: H.-J. Nissen u. a. (Hg.), Mesopotamien und seine Nachbarn, 1982, 295–310; *P. Koschaker*, Rechtsvergleichende Studien zur Gesetzgebung Hammurapis, Königs von Babylon, 1917; *ders.*, Quellenkritische Untersuchungen zu den »altassyrischen Gesetzen«, 1921; *ders.*, Forschungen und Ergebnisse in den keilschriftlichen Rechtsquellen, ZSRG.R 49, 1929, 188–201; *ders.*, Keilschriftrecht, ZDMG 89, 1935, 1–39; *F.R. Kraus*, Ein zentrales Problem des altmesopotamischen Rechtes: Was ist der Codex Hammurabi?, Genava (N.F.) 8, 1960, 283–296; *ders.*, Vom mesopotamischen Menschen der altbabylonischen Zeit und seiner Welt, 1973; *J. Krecher*, Das Rechtsleben und die Auffassung vom Recht in Babylonien, in: W. Fikentscher (Hg.), Entstehung und Wandlung rechtlicher Traditionen, 1980, 325–354; *B. Landsberger*, Die babylonischen Termini für Gesetz und Recht, in: Symbolae ad iura Orientis antiqui pertinentes. FS P. Koschaker, 1933, 219–234; *G. Lautner*, Die richterliche Entscheidung und die Streitbeendigung im altbabylonischen Prozeßrecht, 1922; *ders.*, Die Methoden einer antik-rechtsgeschichtlichen Forschung, ZVRW 47, 1933, 27–76; *A. Lemaire*, Vengeance et justice dans l'ancien Israël, in: R. Verdier u. a. (Hg.), La vengeance, Bd. III, 1985, 13–33; *B.M. Levinson* (Hg.), Theory and Method in

Biblical and Cuneiform Law, 1994; *G. Liedke*, Gestalt und Bezeichnung alttestamentlicher Rechtssätze, 1971; *C. Locher*, Wie einzigartig war das altisraelitische Recht?, Jud. 38, 1982, 130–140; *N. Lohfink*, Kennt das AT einen Unterschied von »Gebot« und »Gesetz«?, in: ders., Studien zur biblischen Theologie, 1993, 206–238; *I.M. Lurje*, Studien zum altägyptischen Recht des 16. bis 10. Jahrhunderts v. u. Z., 1971; *G.C. Macholz*, Zur Geschichte der Justizorganisation in Juda, ZAW 84, 1972, 314–340; *M. Malul*, Studies in Mesopotamian Legal Symbolism, 1988; *ders.*, The Comparative Method in Ancient Near Eastern and Biblical Legal Studies, 1990; *R. Martin-Achard*, La loi – don de Dieu, 1987; *H. McKeating*, Justice and Truth in Israel's Legal Practice, ChQ 3, 1970, 51–56; *A. Menes*, Die vorexilischen Gesetze Israels im Zusammenhang seiner kulturgeschichtlichen Entwicklung, 1928; *M. Mühl*, Untersuchungen zur altorientalischen und althellenischen Gesetzgebung, 1933; *D.H. Müller*, Die Gesetze Hammurabis und ihr Verhältnis zur mosaischen Gesetzgebung sowie zu den XII Tafeln, 1903; *E. Neufeld*, The Hittite Laws, 1951; *H. Neumann*, »Gerechtigkeit liebe ich. . .« Zum Strafrecht in den ältesten Gesetzen Mesopotamiens, Altertum 35, 1989, 13–22; *H. Niehr*, Grundzüge der Forschung zur Gerichtsorganisation Israels, BZ (N.F.) 31, 1987, 206–227; *ders.*, Rechtsprechung in Israel, 1987; *M. Noth*, Die Gesetze im Pentateuch, in: ders., Ges. Studien zum AT, ²1960, 9–141; *E. Otto*, Interdependenzen zwischen Geschichte und Rechtsgeschichte des antiken Israel, Rechtshistorisches Journal 7, 1988, 347–368; *ders.*, Rechtsgeschichte der Redaktionen im Kodex Ešnunna und im »Bundesbuch«, 1989; *ders.*, Die Bedeutung der altorientalischen Rechtsgeschichte für das Verständnis des AT, ZThK 88, 1991, 139–168; *ders.*, Auf dem Wege zu einer altorientalischen Rechtsgeschichte, BiOr 48, 1991, 5–13; *ders.*, Town and Rural Countryside in Ancient Israelite Law, JSOT 57, 1993, 3–22; *ders.*, Die Tora in der Rechtsgeschichte Israels, ThLZ 118, 1993, 903–910; *ders.*, Aspects of Legal Reforms and Reformulations in Ancient Cuneiform and Israelite Law, in: B.M. Levinson (Hg.), Theory and Method in Biblical and Cuneiform Law, 1994; *ders.*, Del Libro de la Alianca a la ley de Santidad, EstB 52, 1994, 195–217; *ders.*, Vom Rechtsbruch zur Sünde. Priesterliche Interpretationen des Rechts, JBTh 9, 1994; *ders.*, Art. *ša'ar*, ThWAT VIII, 358–403; *ders.*, Biblische Rechtsgeschichte. Ergebnisse und Perspektiven der Forschung, ThRv 90, 1994; *J. Padoch*, Geschichte des altorientalischen Rechtes, 1946; *D. Patrick*, OT Law, 1985; *ders.* (Hg.), Thinking Biblical Law, Semeia 45, 1989; *A. Phillips*, Ancient Israel's Criminal Law, 1970; *J. v. der Ploeg*, Studies in Hebrew Law, CBQ 13, 1951, 28–43.296–307; *W. Preiser*, Zur rechtlichen Natur der altorientalischen »Gesetze«, in: P. Bockelmann u. a. (Hg.), Festschrift für Karl Engisch, 1969, 17–36; *E. Ring*, Israels Rechtsleben im Lichte der neuentdeckten assyrischen und hethitischen Gesetzesurkunden, 1926; *A. Rofé*, Methodological Aspects of the Study of Biblical Law, Jewish Law Association Studies 2, 1986, 1–16; *M. T. Roth*, Scholastic Tradition and Mesopotamian Law, Ph. D. Diss. University of Pennsylvania, 1979; *M. San Nicolò*, Beiträge zur Rechtsgeschichte im Bereiche der keilschriftlichen Rechtsquellen, 1931; *H. Schmökel*, Das angewandte Recht im AT, 1930; *W. Schottroff*, Zum alttestamentlichen Recht, VF 22, 1977, 3–29; *H. Seebaß*, Recht und Gesetz im AT, GlLern 7, 1992, 17–27; *E. Seidl*, Einführung in die ägyptische Rechtsgeschichte bis zum Ende des Neuen Reiches, 1939; *ders.*, Altägyptisches Recht, HO I/3, 1956, 1–48; *R. Smend/U. Lutz*, Gesetz, 1981; *J. M. P. Smith*, The Origin and History of Hebrew Law, 1931; *T. Veijola* (Hg.), The Law in the Bible and its Environment, 1990; *A. Viberg*, Symbols of Law, 1992; *A. Walther*, Das Altbabylonische Gerichtswesen, 1917; *R. Westbrook*, The Enforcement of Morals in Mesopotamian Law, JAOS 104, 1984, 753–756; *ders.*, Studies in Biblical and Cuneiform Law, 1988; *ders.*, Property and the Family in Biblical Law, 1991; *R. Yaron*, The Laws of Eshnunna, ²1988.

1. Forschungsstand der literaturhistorischen Analyse des Bundesbuches

Literatur zum Bundesbuch: *B. Baentsch*, Das Bundesbuch Ex. XX 22-XXIII 33, 1892; *A. Bertholet*, Kulturgeschichte Israels, 1920; *W. Beyerlin*, Die Paränese im Bundesbuch und ihre Herkunft, in: H. Graf Reventlow (Hg.), Gottes Wort und Gottes Land. FS H.-W. Hertzberg, 1965, 9–29; *K. Budde*, Bemerkungen zum Bundesbuch, ZAW 11, 1891, 99–114; *W. Caspari*, Heimat und soziale Wirkung des alttestamentlichen Bundesbuches, ZDMG 83, 1929, 97–120; *H. Cazelles*, Études sur le Code de l'Alliance, 1946; *ders.*, Histoire et Institutions dans la Place et la Composition d'Ex 20,22–23,19, in: R. Liwak (Hg.), Prophetie und geschichtliche Wirklichkeit. FS S. Herrmann, 1991, 52–64; *G.A. Chamberlain*, Exodus 21–23 and Deutoronomy 12–26, 1977; *F. Crüsemann*, Das Bundesbuch – historischer Ort und institutioneller Hintergrund, VT.S 40, 1988, 27–41; *J. Halbe*, Das Privilegrecht Jahwes Ex 34,10–26, 1975; *P.D. Hanson*, The Theological Significance of Contradiction within the Book of the Covenant, in: G.W. Coats u. a. (Hg.), Canon and Authority, 1977, 110–131; *A. Jepsen*, Untersuchungen zum Bundesbuch, 1927; *J. W. Marshall*, Israel and the Book of the Covenant, 1993; *J. Morgenstern*, The Book of the Covenant 1–4, HUCA 5, 1928, 1–151; 7, 1930, 19–258; 8–9, 1931–32, 1–150; 33, 1962, 59–105; *Y. Osumi*, Die Kompositionsgeschichte des Bundesbuches Ex 20,22b–23,33, 1991; *E. Otto*, Wandel der Rechtsbegründungen in der Gesellschaftsgeschichte des antiken Israel. Eine Rechtsgeschichte des Bundesbuches Ex XX 22–XXIII 13, 1988; *ders.*, Vom Profanrecht zum Gottesrecht: Das Bundesbuch, ThR 56, 1991, 412–427; *ders.*, Körperverletzung oder Verletzung von Besitzrechten?, ZAW 105, 1993, 153–156; *ders.*, Die Kompositionsgeschichte des alttestamentlichen »Bundesbuches« Ex 20,22b–23,33, WZKM 83, 1993, 149–165; *S.M. Paul*, Studies in the Book of the Covenant in the Light of Cuneiform and Biblical Law, 1970; *R. Pfeiffer*, The Transmission of the Book of the Covenant, HThR 24, 1931, 99–109; *L. Rost*, Das Bundesbuch, ZAW 77, 1965, 255–259; *L. Schwienhorst-Schönberger*, Das Bundesbuch (Ex 20,22–23,33), 1990; *R. Smend (sen.)*, Die Erzählung des Hexateuch auf ihre Quellen untersucht, 1912; *G. Wanke*, Art. Bundesbuch, TRE VII, 412–415; *J. Wellhausen*, Die Composition des Hexateuchs, ⁴1963; *P. Weimar*, Art. Bundesbuch, NBL I, 348–356.

Die literaturhistorische Analyse des Bundesbuches (BB) ist von ihren frühen literarkritischen Lösungsversuchen an mit der Frage nach der Ursprungsgestalt des Rechts in Israel und seiner Entwicklung verbunden. Für *J. Wellhausen* (Prolegomena [s. o. I 2], 394 ff.) ist in Anlehnung an die römische Rechtsgeschichte die mündliche Priestertora, in der Profanrecht (*ius*), Gottesrecht (*fas*) und Ethos noch ungeschieden waren, der Ursprung der israelitischen Rechtsgeschichte. Mit dem Übergang Israels zu einer staatlichen Gesellschaft löste sich das Profan- vom Sakralrecht ab. Als Reflex auf die Schriftprophetie entstand ein vom Recht geschiedenes Ethos. Die literarischen Schichtungen des BB wurden von Wellhausen und seinen Schülern als Spiegel dieses Differenzierungsprozesses interpretiert. Das bereits vom Sakralrecht geschiedene profane Fallrecht wurde mit jenem in einem Rechtsbuch wieder vereinigt. Das Sakralrecht (Ex 20,24–26; 22,17–23,19) habe als Rahmen für das Profanrecht (Ex 21,1–22,16) gedient.

Wird die rechtshistorische Entwicklung als Ausdifferenzierung des Rechts gedeutet, so muß begründet werden, was den Redaktor im BB veranlaßte, das vom Sakralrecht getrennte profane Fallrecht erneut mit dem Sakralrecht zu verbinden und dieses zum Rahmen für das Profanrecht zu machen. Diese Schlüsselfrage ließ Wellhausen unbeantwortet. *R. Smend (sen.)* (180 ff.) sah in der Differenzierung von Profan- und Sakralrecht im BB die Intention am Werk, Recht und Ethos als Reflex auf die prophetische Kultkritik zu profanieren. Doch kann die kultische Einleitung des BB durch das Altargesetz und die Einbindung des Fallrechtes in das Sakralrecht durch Ex 22,17–19 kaum als Ausdruck für die Profanierung des Rechtes interpretiert werden. Die Wellhausen leitende rechtshistorische Perspektive hat nur oberflächlichen Anhalt an der literarkritischen Analyse. Die literarkritische Trennung von Sakral- und Profanrecht konnte mit *A. Bertholet* (207) auch auf eine Theologisierung des profanen Fallrechts gedeutet werden. So ist es nur konsequent, wenn *B. Baentsch* zur Wahrung der ihm von Wellhausen vorgegebenen rechtshistorischen Konstruktion die literaturhistorische Rekonstruktion der Entstehung des BB auf den Kopf stellte: Ein profanes Fallrecht wurde nicht durch das Sakralrecht gerahmt, sondern durch literarisch sekundäre Einfügung des kasuistischen Profanrechts der Zusammenhang einer ursprünglich geschlossenen Sammlung des Sakralrechts gestört. Warum aber stellte der Redaktor nicht geschlossen das Sakralrecht vor das profane Fallrecht, wenn jenes das primäre, dieses aber das sekundäre Recht ist? Baentsch läßt diese Frage abgesehen von dem Hinweis, daß man an die Redaktion orientalischer Gesetzes-Codices »in logischer Hinsicht keine so hohen Ansprüche erheben darf« (38), ungelöst. Das Problem verschärft sich noch, wenn erkannt wird, daß Ex 22,17–23,19 keineswegs einheitlich Gottesrecht ist, sondern sich auch hier Sakral- und Profanrecht abwechseln. Die Gerichtsordnung (Ex 23,1–3.[4.5.]6–8) hebt sich von ihrem sakralrechtlichen Kontext ab. Die Verbindung der rechtshistorischen Konstruktion mit der Literarkritik blieb oberflächlich und ohne eindeutige Ergebnisse. Sie wurde darüberhinaus durch das Bekanntwerden altorientalischer Rechtskorpora insbesondere aus der altbabylonischen Zeit der ersten Hälfte des zweiten Jt. in Frage gestellt, zeigten diese doch zahlreiche Parallelen zum profanen Fallrecht (Ex 21,1–22,16), nicht aber zum Sakralrecht. Von nun an war eine Interpretation des BB unter Absehung von den Keilschriftrechten aus der Umwelt Israels nicht mehr möglich.

Die formgeschichtlich orientierte Arbeit von A. Jepsen geht von der Annahme aus, daß gattungsgleiche Rechtssätze ursprünglich jeweils in einer Quelle gesammelt waren, so daß er vier Quellen des BB differenzieren kann. Das »Hebräergesetz« kasuistischer Rechtssätze (Ex 21,2–22,19) hat formgeschichtliche und inhaltliche Parallelen in den altorientalischen Gesetzen und geht auf ein vorisraelitisch-altorientalisches Gesetz zurück. Eine zweite Quelle israelitischen Ursprungs stellt partizipial formulierte »israelitische Mischpatim« (Ex 21,12.15–17; 22,18) und die Talionsformel (Ex 21,23b-25) zusammen. Eine dritte Quelle besteht aus dekalogähnlichen religiösen und sittlichen Verboten hohen Alters (Ex 22,17.20.27; 23,3.7a.8a.9a) und eine vierte schließlich aus Kultgesetzen (Ex 23,4 f.10–12.13b.14–19; 22,28–30; 20,23–26), die aus der Auseinandersetzung mit dem kanaanäischen Kult im vorstaatlichen Israel erwachsen seien. Unter welchen Gesichtspunkten aber hat der Redaktor die vier ursprünglich selbständigen Quellen zerlegt und neu zusammengesetzt? Jepsen ließ diese Frage offen. Sein Interesse galt weniger einer literaturhistorischen Erhellung der Entstehung des BB als der Frage nach den Ursprüngen des israelitischen Rechts. Die für die Literarkritiker aporetische Alternative des Primats von Sakral- oder Profanrecht konnte Jepsen aber überwinden und mit einem alten, genuin israelitischen Recht bei gleichzeitiger Anerkennung der vorisraelitischen Herkunft des profanen Fallrechts rechnen. A. Alt (s. o. II) unterschied daran anknüpfend zwischen einem im Ursprung kanaanäischen kasuistischen Recht der zweigliedrigen, mit kî (»wenn«) eingeleiteten Rechtssätze, und einem apodiktischen Gottesrecht genuin israelitischer Herkunft in den Prohibitiven des Dekalogs und den Inzestverboten (Lev 18), im partizipialen Todesrecht des BB und im Fluchrecht. Es sei durch die Unbedingtheit der Forderungen, den Rigorismus seiner Strafen und das noch ungeschiedene Ineinander von Religion, Sittlichkeit und Recht gekennzeichnet. Im Gegensatz zum kasuistischen Recht, das Teil der religiös und ethnisch neutralen internationalen Rechtskultur des Alten Orients sei, ist im apodiktischen Recht Israels »alles ... vielmehr volksgebunden israelitisch und gottgebunden jahwistisch« (323).

Formgeschichtliche Beobachtungen können Aufschluß über Funktionen eines Rechtssatzes in seinem gesellschaftlichen Kontext, nicht aber über seine Herkunft geben. Unter die Gattungsbezeichnung des apodiktischen Rechts sind mit partizipialem Todesrecht, Prohibitiv- und Fluchrecht unterschiedliche Rechtsgattungen subsumiert. Auf eine Herkunft als Gottesrecht ist aus den Formen nicht zu schließen. Die weitere Diskussion zeigte, daß diese Rechtssätze auch Funktionen in der Familie und der lokalen Rechtsgemeinschaft hatten (cf. Liedke [s. o. II],

101–153). Damit mußte sich die Frage nach der theologischen Dimension im israelitischen Recht wieder der Literaturgeschichte des BB zuwenden.

An Baentsch anknüpfend, veröffentlichte *R. Pfeiffer* 1931 eine Beobachtung, die den Weg für die redaktionsgeschichtliche Analyse des BB ebnete. Im Gegensatz zu den sakralrechtlichen Teilen (Ex 20,22–26; 22,20–23,19) zeige das Fallrecht (Ex 21,1–22,19), abgesehen von Ex 21,1; 22,17–19, keine paränetisch-deuteronomischen Überarbeitungsspuren. Dieser Befund könne nur so gedeutet werden, daß Ex 21,2–16 erst sekundär in eine Sammlung ritueller und humanitärer Vorschriften (Ex 20,22–26; 22,20–23,19) eingefügt wurde, nachdem diese bereits deuteronomisch überarbeitet war. Auch wenn das Korpus der kasuistischen Rechtssätze (Ex 21,2–22,16) alt sei, könne es erst in nachexilischer Zeit mit dem BB verbunden worden sein. *W. Beyerlin* hat die These durch eine konsequente Frühdatierung der paränetischen Überarbeitung von Ex 20,22–26; 22,20–23,19, die er auf den mündlichen Vortrag in einem frühisraelitischen Wallfahrtsfest zurückführte, aufgenommen.

In dieser Gestalt wurde die These von der gottesrechtlichen Grundschicht im BB von seinem Schüler *J. Halbe* (413–505) aufgenommen und kompositionskritisch ausgebaut. Kern des BB sei eine sakralrechtliche Grundschicht eines privilegrechtlichen Gottesrechtes (Ex 20,24a.26a; 22,27–29; 23,10–12a;23,14–19), das mit dem »Privilegrecht« in Ex 34,10–26 verwandt sei. In einer »Ausbaustufe I« sei das »Privilegrecht« schutzrechtlich erweitert worden (Ex 22,20–26*.30; 23,1–7.[8.]13), so daß sich folgender Aufbau ergab:

Ex 20,22–26: Altargesetz
I. Ex 22,20–26*.30 Schutzrechte
II. Ex 23,1–7.(8).10–12a.13 Schutzrechte
Ex 23,14–19: Wallfahrtsfeste und Opfervorschriften

Dieses durch Schutzbestimmungen zugunsten der Schwächeren in der Gesellschaft ausgebaute »Privilegrecht« sei als autoritativer Text durch mündlichen Vortrag öffentlich zur Kenntnis gebracht und eingeprägt worden, wobei »der Vortrag ... in kultischem Rahmen als Verkündigung geschehen sein« muß (455). Der Ursprung des BB wird also nicht in einer Rechtssatzsammlung mit juridischer Funktion, sondern in einem kultisch promulgierten Text gesehen, in den erst sekundär Rechtssätze außerkultischer Herkunft in einer »Ausbaustufe II« mit der Einbindung von Ex 21,1–22,19 in die gottesdienstliche Vorlage integriert wurden. Dieser kasuistische Block habe keine vom BB unabhängige Überlieferungsgeschichte gehabt, sondern sei erst für diese Erweiterung zusammengestellt worden, die aus dem gottesdienstlichen Dokument ein Rechtsbuch werden ließ. In der neuen Strukturierung bildete der feierlich den Einzigkeitsanspruch JHWHs explizierende Satz Ex 22,19 die Mitte. Die These vom gottesrechtlichen Ursprung des Rechts im BB wird über die bisherigen Lösungsversuche hinaus radikalisiert, wenn der kasuistische Block niemals ohne die Voraussetzung des Gottesrechts existiert haben soll.

Zweifel an der Analyse der Grundschicht und der Ausbaustufen erheben sich, wenn man sieht, daß die Verse, die eine zentrale Funktion in der Strukturierung der Überlieferungsschichten haben sollen, eher in die literarische Nach- als in die Vorgeschichte des BB gehören. Ex 20,22 f.; 23,13 und Ex 22,19b sind zu deutlich als literarisch späte Zusätze erkannt worden, als daß sie als Rahmen und Gliederungsachse einer frühisraelitischen Ausbaustufe in Frage kämen. Ex 22,30 und Ex 23,13 können nicht als Gliederungsachsen einer noch älteren Ausbaustufe fungiert haben. Ex 22,30 ist eine zu Lev 17,15 parallele Weiterentwicklung von Dtn 14,21. Dann ist aber auch die These hinfällig, durch die auf Ex 22,30; 23,13 hin orientierten Verse Ex 22,26b*; 23,7b* sei profanes Rechtsmaterial auf eine privilegrechtliche Grundschicht hin ausgerichtet und in diese integriert worden.

Y. Osumi hat eine revidierte Fassung der These des Privilegrechts im BB vorgelegt, in der er zwischen einem »Mischpatimteil« kasuistischer Rechtssätze (Ex 21,1–22,19*) und einem Weisungsteil (Ex 20,22b-26*; 22,20–23,33), dessen Quelle ein religiöses »Rechtsbuch« (Ex 34,11–26) sei, unterscheidet. Das Rechtsbuch der Mischpatim behandle die Delikte gegen das Leben und das Besitzrecht, einen Themenbereich, in dem der kultische Rechtsentscheid eine wichtige Funktion habe. Diese thematischen Schwerpunkte decken sich mit den Aufgaben eines Jerusalemer Obergerichts, das von Josaphat eingerichtet worden sei (II Chr 19,10 f.; [Dtn 17,8]), so daß die Mischpatim als Sammlung für dieses Gericht zu verstehen seien. Nach dem Untergang des Nordreichs sei das religiöse Rechtsbuch (Ex 34,11–26) mit den Mischpatim verbunden und dabei grundlegend umgruppiert worden. Die Mischpatim seien durch eine Redaktionsschicht, die in der 2. Pers. Singular formuliert, überarbeitet und eine Theologisierung der Behandlung sozialer Problemfelder eingeführt worden. Auch dieses nunmehr zweiteilige Rechtsbuch habe seinen Ort im Jerusalemer Obergericht gehabt, ehe es vordeuteronomisch durch eine weitere, in der 2. Pers. Plural formulierende Überarbeitungsschicht »zur Belehrung der Teilnehmer an einem Gottesdienst« (220) umgearbeitet worden sei.

Mit dieser Revision der These des privilegrechtlichen Ursprungs des BB werden die extreme Frühdatierung und die einseitige Konzentration auf das Gottesrecht, die das profane Fallrecht im BB nur als Funktion des Gottesrechts begreifen konnte, korrigiert. Dennoch wirft auch dieser Entwurf Probleme auf. Ein von Josaphat eingerichtetes Jerusalemer Obergericht ist mit II Chr 19,10 f. kaum zu begründen, handelt es sich bei diesem Text doch um eine Kompilation des Chronisten aus Ex 18 und Dtn 1; 16; 17. Ex 34,11–26 ist nicht als ein geschlossen vordeuteronomistisches »Rechtsbuch« wahrscheinlich zu machen, so daß die These einer Abhängigkeit des »Weisungsteils« im BB von diesem Rechtsbuch und die Annahme, der Redaktor der Grundschicht habe die Struktur von Ex 34,11–26 »wie eine russische Puppe« ab- und umgebaut, ohne Basis ist.

L. Schwienhorst-Schönberger rechnet mit einer Theologisierung des Rechts im Spiegel der Literaturgeschichte des BB, bleibt aber in der literarhistorischen Analyse auf traditionellen literarkritischen Bahnen. Grundlage des BB sei ein profaner Rechtskodex kasuistischen Fallrechts (Ex 21,12.18–22,13*), der in Ex 21,31–36* sekundär erweitert wurde. In Kenntnis anderer altorientalischer Rechtssatzsammlungen sei dieser kasuistische Kodex von juristisch geschulten Schreibern früheisenzeitlich im Kontext israelitischer Schreiberschulen entstanden. Über dieses Rechtskorpus seien dann mehrere Redaktionsschichten gelegt worden, die die theologischen Aspekte einführten. Damit nimmt Schwienhorst-Schönberger eine extreme Gegenposition zu Halbe ein. Eine erste protodeuteronomische Redaktion habe Altar- und Schuldsklavengesetz (Ex 20,24–26*; 21,2–11) vorangestellt, Ex 21,13–17.20–27*.30; 22,1 f.9f*.15f* eingefügt und mit Ex 22,17–23,33* einen sozial und kultisch geprägten Abschlußteil geschaffen. Die Zusammenstellung dieser Verse, die keine Kohärenz untereinander haben, zu einer Überarbeitungsschicht ist die Konsequenz aus der These einer kasuistischen Grundschicht, der ebenfalls jede Redaktionsstruktur fehlt. Eine weitere deuteronomistische Bearbeitung habe das BB im Horizont des Dekalogs interpretiert (Ex 20,23; 22,19b; 23,13), an das Dtn angepaßt (Ex 21,1.6*; 22,24*) und Verknüpfungen mit Urgeschichte (Ex 21,25) und Exoduserzählung (Ex 22,20*; 23,19) hergestellt.

Offen bleibt in der Analyse, wie die Sammlung der kasuistischen Rechtssätze entstanden sei. Früheisenzeitliche Schreiberschulen sind nicht wahrscheinlich zu machen. Die Entstehung altorientalischer Rechtsbücher aus kleineren Sammlungen weist vielmehr den Weg auch für das BB. Nicht nur bei direkter wörtlicher Übernahme ist mit Rezeptionsprozessen altorientalischer Rechtsüberlieferungen im städtisch-staatlichen Israel zu rechnen, sondern auch dort, wo Redaktionstechniken übernommen wurden. Erst eine Einbeziehung der altorientalischen Rechtsüberlieferungen in die Analyse des BB vermag die Aporien in der literaturhistorischen und rechtsgeschichtlichen Vermittlung von Mischpatim- und Weisungsteil zu überwinden.

Die Darstellung von Recht und Ethos im BB geht von folgenden literaturhistorischen Voraussetzungen aus: Die Entgegensetzung von Blöcken des sakralen Rechts und des profanen Fallrechts, bei der die Frage nach der Priorität zu keiner Lösung geführt hat, ist zugunsten eines Neuansatzes zu überwinden, der bei den Textstrukturierungen im BB einsetzt (Otto, Rechtsbegründungen). Ausgangspunkt ist dabei die an keilschriftlichen Rechtskodizes gewonnene Beobachtung, daß größere Rechtssammlungen häufig aus kleineren, begrenzte Rechtsgebiete behandelnden Rechtssatzsammlungen redigiert wurden.

Nach Abhebung einer späten, das Dtn und die Priesterschrift voraussetzenden Überarbeitung im Zuge seiner Einfügung in die Sinaiperikope (Ex 20,22 f.; 21,1; 22,19b.20abb.21.23.24b.30; 23,9.13) weist das BB eine doppelt konzentrische Struktur (Ex 21,12–22,19a; 23,1–8) auf, deren Rahmen die Gesetze zum Schutz der Sklaven im 6/7-Schema (Ex 21,2–11) und die ebenfalls im 6/7-Schema gestalteten Gebote der Aussonderung für JHWH (Ex 23,10–12) bilden. Vorangestellt ist das Altargesetz (Ex 20,24–26), und die sozialen Schutzrechte (Ex 22,20–29*) bilden das Zentrum. Die doppelt konzentrische Struktur weist auf die Verbindung zweier ursprünglich selbständiger Rechtssatzsammlungen in Ex 20,24–26; 21,2–22,26* (Sammlung I) und Ex 22,28–23,12* (Sammlung II), die durch die Rahmung und die Zentrierung zu einer Einheit zusammengefügt wurden. Jede der beiden Sammlungen hat eine gesonderte Struktur und eigenes theologisches Profil. Die Rechtssatzsammlung I wurde aus den Reihen todeswürdiger Verbrechen (Ex 21,12–17; [22,17–19a]), den Gesetzen bei Verletzung körperlicher Integrität (Ex 21,18–32; [22,15 f.]) sowie den Gesetzen des Sachenrechts (Ex 21,33–22,14) gebildet und durch das soziale Schutzrecht (Ex 21,2–11; 22,20–26*) gerahmt.

Theologischer Skopus der Sammlung I ist die Gottesaussage der Barmherzigkeit JHWHs in Ex 22,26. Wird JHWH in der königlichen Funktion des Rechtshelfers der Armen gezeichnet, so weist das wie das Altargesetz, das die Legitimität der Lokalheiligtümer des Landes an der des Heiligtums des Altargesetzes mißt, auf das vorjosianische Jerusalem als Ort der Redaktion dieser Sammlung. Davon abgehoben ist die Theologie der Sammlung II, die das Gebot der Feindesliebe (Ex 23,4 f.) und die Prozeßrechtsordnung (Ex 23,1–3.6–8) durch privilegrechtliche Aussonderungsbestimmungen (Ex 22,28 f.; 23,10–12) rahmt und damit Recht und Ethos der Gottesherrschaft unterstellt. Dieses Konzept, das sich von der Rechtslegitimation der Sammlung I absetzt, hat sich in der Gesamtredaktion des BB sowie schließlich des vorexilischen Dtn durchgesetzt. Die beiden ursprünglich eigenständigen Rechtssatzsammlungen im BB sind ihrerseits wie die keilschriftlichen Rechtssatzsammlungen aus kleineren Rechtssatzsammlungen redigiert, die noch keine explizite theologische Rechtsbegründung kennen. Die Entstehung des BB ist also nicht als Verbindung zweier Blöcke profanen und sakralen Rechts oder der sekundären Einfügung von profanrechtlichen Sätzen in eine sakralrechtliche Vorlage zu beschreiben, sondern als die Verbindung ursprünglich selbständiger Sammlungen in einem kontinuierlichen Prozeß zunehmend expliziter theologischer Rechtsbegründung, verbunden mit der Differenzierung zwischen Recht und Ethos.

2. Gewaltvermeidung durch Konfliktlösung im kasuistischen Recht

M.J. Buss, The Distinction between Civil and Criminal Law in Ancient Israel, PWCJS 6/1, 1977, 51–62; *F. C. Fensham*, The Mishpatim in the Covenant Code, Ph. D. Diss. John Hopkins 1958; *ders.*, Exodus XXI: 18–19 in the Light of Hittite Law § 10, VT 10, 1960, 333–335; *ders.*, Transgression and Penalty in the Book of the Covenant, JNWSL 5, 1977, 23–41; *ders.*, Das Nicht-Haftbarsein im Bundesbuch, JNWSL 7, 1980, 17–34; *ders.*, Liability of Animals in Biblical and Ancient Near Eastern Law, JNWSL 14, 1988, 85–90; *R. Gnuse*, You shall not steal. Community and Property in the Biblical Tradition, 1985; *F. Horst*, Der Diebstahl im AT, in: *ders.*, Gottes Recht (s.o. II), 167–175; *B. S. Jackson*, The Theft in Early Jewish Law, 1972;

C. Locher, Deuteronomium 22,13–21: Vom Prozeßprotokoll zum kasuistischen Gesetz, in: N. Lohfink (Hg.), Das Deuteronomium, 1985, 298–303; *E. Otto*, Die rechtshistorische Entwicklung des Depositenrechts in altorientalischen und altisraelitischen Rechtskorpora, ZSRG.R 105, 1988, 1–31; *ders.*, Körperverletzungen in den Keilschriftrechten und im AT, 1991; *ders.*, Gewaltvermeidung und -überwindung in Recht und Religion Israels, in: J. Niewiadomski u. a. (Hg.), Dramatische Erlösungslehre, 1992, 97–117; *ders.*, Körperverletzung im hethitischen und israelitischen Recht, in: B. Janowski u. a. (Hg.), Religionsgeschichtliche Beziehungen zwischen Kleinasien, Nordsyrien und dem AT im 2. und 1. vorchristlichen Jahrtausend, 1993, 391–425; *P. Rémy*, Le rol et le droit de propriété au Proche Orient et en Israël, MSR 19, 1962, 5–29; *A. Schenker*, Versöhnung und Widerstand, 1990; *G. Schmitt*, Ex 21,18 f. und das rabbinische Recht, in: W. Dietrich u. a. (Hg.), Theokratia II (FS K.H. Rengstorf), 1973, 7–15; *J. Schoneveld*, Le sang du cambrioleur. Exode XXII 1,2 in: M.A. Beek u. a. (Hg.), Symbolae biblicae et mesopotamicae. FS M.Th. de Liagre Böhl, 1973, 335–340; *H. Seebaß*, Noch einmal zum Depositenrecht in Ex 22, 6–14, in: P. Mommer u. a. (Hg.), Gottes Recht als Lebensraum. FS H.J. Boecker, 1993, 21–31; *A. v. Selms*, The Goring Ox in Babylonian and Biblical Law, ArOr 18, 1950, 321–330; *V. Wagner*, Zur Systematik in dem Codex Ex 21,22–22,16, ZAW 81, 1969, 176–182; *L. Waterman*, Pre-Israelite Laws in the Book of the Covenant, AJSL 38, 1921, 36–54; *R. Yaron*, The Goring Ox in Near Eastern Laws, in: H.H. Cohn (Hg.), Jewish Law in Ancient and Modern Israel, 1971, 50–60 (cf. auch die Lit. zu II 1).

Neben einem sakralrechtlichen Ursprung des Kultrechts hat das israelitische Recht seine Wurzeln in den Rechtsgemeinschaften der Familie und der Lokalgerichte. In den folgenden Kapiteln werden wir diesem Recht und seiner Geschichte im BB und in den vordeuteronomischen Sammlungen im Dtn nachgehen. Aus ihnen entwickelt sich ein eigenständiges Ethos neben dem Recht.

Das Recht der lokalen Gerichtsbarkeit ist ursprünglich reines Konfliktregelungsrecht. Formgeschichtlich ist dieses Recht als kasuistisches Recht in zweigliedriger Gestalt von Protasis des Falles, eingeleitet mit *kî* »wenn«, und Apodosis der Rechtsfolge zu beschreiben. Die kasuistischen Rechtssätze sind in der Regel aus der von Falleinzelheiten abstrahierenden Zusammenfassung von Rechtserzählungen oder Protokollen von Verhandlungen vor lokalen Gerichten entstanden (Koschaker, Altassyrische Gesetze [s. o. II] 68.79 f.83). Sie sind wie die frühgriechischen *thesmia* auf die Ortsgerichte mit ihren Bedürfnissen nach Entscheidungshilfen in Ersatzleistungsstreitigkeiten zurückzuführen. Dieses Recht will Konflikte zwischen den Familien einer örtlichen Rechtsgemeinschaft durch Ersatzleistungsregelungen für Schäden lösen, die das Mitglied einer Familie dem einer anderen Familie zugefügt hat. Es wird wirksam vor dem Forum einer Ortsgemeinde, die das Gericht bildet, ohne daß dem Gericht besondere Machtmittel der Rechtsdurchsetzung zur Verfügung stehen. Es hat seine Substanz in der Überzeugungskraft der Argumente zur Überwindung von Konflikten.

2.1 Das Körperverletzungsrecht

Das Prinzip der Konfliktregelung wird in einem Fall des Körperverletzungsrechts besonders deutlich:

> »Wenn Männer miteinander raufen und eine schwangere Frau stoßen, so daß ihr Kind abgeht, es aber kein tödlicher Unfall ist, wird eine Geldbuße auferlegt in der Höhe, die der Ehemann ihm auferlegt, und er bezahlt vor Zeugen« (Ex 21,22).[2]

---

2 Akkadische, hethitische und hebräische Rechtstexte sind, soweit nicht anders vermerkt, vom Verf. übersetzt.

Ex 21,22 behandelt den Konfliktfall einer unvorsätzlichen Körperverletzung einer schwangeren Frau, die dadurch eine Fehlgeburt erleidet. Damit ist der Familie des Ehemannes ein Schaden entstanden, der nun aber nicht mit einer Tat der Gegengewalt beantwortet werden soll. An die Stelle der Dialektik von Gewalt und Gegengewalt, die gar noch im Zorn ausgeführt unverhältnismäßig sein kann, tritt die Verhandlung der betroffenen Parteien vor dem Forum der lokalen Gerichtsöffentlichkeit des Torgerichts. Die Anrufung des aus den Männern und Ältesten des Ortes ad hoc gebildeten Gerichts (Rut 4,1–3) hat schon dadurch eine erste befriedende Wirkung, daß Zeit gewonnen ist, um den Zorn der unmittelbaren Reaktion auf den Schaden abklingen zu lassen und damit dem entscheidenden Schritt Raum zu geben: die unmittelbare Reaktion der Gegengewalt durch den Geschädigten umzulenken auf die Rechtsreaktion der Wiedergutmachung des Schadens durch den Verursacher des Schadens. Es wird in der Diskussion der Streitparteien vor der Gerichtsöffentlichkeit des Ortes heftig gestritten – aber nur mit Worten. Das neutrale Forum der Ortsöffentlichkeit und die institutionalisierten Verfahrenswege des Rechtsstreits vor dieser Öffentlichkeit ermöglichen die Pazifizierung des Streitfalls, die auch im wohlverstandenen Interesse der lokalen Rechtsgemeinde liegt. Daß im Zusammenleben Menschen dem Menschen Schaden zufügen, ist eine auch für eine antike Gesellschaft nicht aus der Welt zu schaffende Tatsache. Die Gemeinschaft aber kann verhindern, daß aus dem einmal durch Gewalt entstandenen Schaden nun durch die Rechtsreaktion der Gegengewalt weiterer Schaden entsteht. Stattdessen soll Schadensersatz geleistet werden. Gewaltreduktion und Schadensminimierung ist ein zentrales Anliegen jeder menschlichen Gemeinschaft. Dem muß das Recht dienen.

Im Falle der Körperverletzung einer Schwangeren wird die Höhe der Entschädigungszahlung von den Betroffenen, dem Täter und dem geschädigten Ehemann bzw. ihren jeweiligen Familien, im Ortsgericht ausgehandelt und vor Zeugen bezahlt. Der Rechtssatz (Ex 21,22) gibt also keine definitiven Rechtsfolgen an, sondern beschreibt den Vorgang der Konfliktlösung, der zu einer akzeptierten Rechtsfolge führen soll. Er erkennt der geschädigten Partei einen Vorrang zu, die Höhe der Entschädigungssumme zu bestimmen. Dieses Motiv wird verständlich auf dem Hintergrund, daß im israelitischen Recht wie in den Keilschriftrechten Mesopotamiens Urteile nicht autoritativ von einem Richter gesetzte Entscheidungen, sondern von den Streitparteien und der Gerichtsöffentlichkeit akzeptierte und getragene »Streitbeendigungsvorschläge« (A. Walther [s. o. II]) sind. Auch im ägyptischen Gerichtsverfahren ist der Ausgleich zwischen den Streitparteien der richterlichen Schuldzuweisung übergeordnet. Der Beklagte wird nicht schuldig gesprochen, sondern als im Unrecht befindlich, die Gegenpartei dagegen als im Recht. Dabei vermeidet der ägyptische Richter gern eine Schuldzuweisung, er sucht vielmehr den Ausgleich, der beide Kontrahenten vor Gericht zufriedenstellt (cf. Hornung, Ma'at [s. u. III 1], 399). Die lokalen Gerichte sind also keine mit Machtbefugnissen der Urteilsdurchsetzung versehenen Institutionen. Sie haben keine andere Autorität als die des guten Arguments und im Falle, daß eine Partei sich hartnäckig dem Argument verschließt, lediglich die Sanktion des beschämenden Ansehensverlusts der uneinsichtigen Partei in der Gemeinschaft. Das Gerichtsverfahren zielt also nicht auf eine Unterwerfung einer der Parteien, sondern auf Streitschlichtung durch beidseitige Akzeptanz der Wiedergutmachungsregelung des Schadens.

Im Gegensatz zu Ex 21,22* wird in Ex 21,18 f. nicht das Verfahren, das zu einem Streitbeendigungsvorschlag führt, festgelegt, sondern ein derartiger Vorschlag selbst vorgelegt:

»Wenn Männer miteinander streiten, und es schlägt ein Mann seinen Nachbarn mit
einem Stein oder mit der Faust, so daß er nicht stirbt, aber bettlägerig wird, wenn er
wieder aufsteht und draußen auf einem Stock umhergeht, bleibt der Schläger straffrei.
Nur für sein Daheimsitzen zahlt er und für die Heilung auch.«

Trotz der Fallnähe, die noch deutlich die Entstehung aus einer Rechtserzählung
oder einem Gerichtsprotokoll erkennen läßt, weist der Rechtssatz doch ein hohes
Maß an Falldifferenzierung auf. In der Eröffnung wird zwischen vorsätzlicher und
unvorsätzlicher Körperverletzung geschieden, der Aspekt der Verschuldenshaftung
eingeführt und die unvorsätzliche Körperverletzung geregelt.[3] Über Ex 21,22 hinaus wird die Unvorsätzlichkeit noch durch das Motiv des Schlages mit Faust oder
Stein, nicht aber mit einer Waffe, unterstrichen. Es handelt sich um eine spontane
und, wie das Motiv des Streits zeigt, unvorsätzliche Tat, die von der Absicht getragen ist, dem Gegner Ehrverletzung und Schmerz zuzufügen, nicht aber ihn
schwer zu verletzen oder gar zu töten. Auch wird der zu regelnde Fall von der
Körperverletzung mit Todesfolge (»so daß er nicht stirbt«) und den Fällen schwerer
Körperverletzung mit bleibenden, nicht heilbaren Körperschäden (»er steht wieder
auf und geht draußen auf einem Stock umher«) abgegrenzt. Daneben ist es für die
Gültigkeit des Konfliktlösungsvorschlages des Rechtssatzes als Streitbeendigung
nicht notwendig, daß die Gesundheit des durch die Körperverletzung Geschädigten
vollständig wiederhergestellt ist, sondern nur, daß die Bettlägerigkeit aufgehoben
wird und eine den Zeugenbeweis ermöglichende Reintegration in das Gemein-
schaftsleben des Ortes erfolgt. In dem hier geregelten Fall der nicht zu bleibendem
Körperschaden oder zum Tode führenden Körperverletzung, der auch die schwere,
zeitbegrenzte Bettlägerigkeit nach sich ziehende Verletzung einschließt, bleibt der
Täter frei von Sanktionen und sorgt nur für den Ersatz des Schadens durch Zahlung
der Heilkosten und des Arbeitsausfalles. Zu ähnlicher Regelung ist das hethitische
Recht im Hethitischen Kodex § 10 gekommen:

»Wenn jemand einen Menschen verletzt und ihn krank macht, so pflegt er den Betreffenden. An seiner Stelle gibt er einen Menschen, und (der) arbeitet in seinem Haus,
bis er gesund ist. Wenn er aber gesund ist, gibt er ihm 6 Schekel Silber. Auch für den
Arzt gibt jener den Lohn«.

2.2 Das Familienrecht

Wie im Körperverletzungsrecht dient auch im Familienrecht das kasuistische Recht
der Gewalt vermeidenden Konfliktregelung:

»Wenn ein Mann eine Jungfrau verführt, die nicht (inchoativ) verheiratet ist, und er
schläft mit ihr, zahlt er den Brautpreis und sie wird seine Frau. Wenn sich ihr Vater
weigert, sie ihm zu geben, zahlt er Silber gemäß dem Brautpreis einer Jungfrau«
(Ex 22,15 f.).

Diese Rechtsvorschrift will den Konfliktfall zwischen dem Beischläfer und dem
Vater des Mädchens regeln. Durch den erzwungenen oder durch Versprechen er-
schlichenen Beischlaf mit einem unverheirateten Mädchen werden die Rechte ihres
Vaters tangiert. Der Rechtssatz sieht vor, daß der Brautpreis fällig wird und der
Konkumbent das Mädchen heiratet. Der Konfliktfall wird also dadurch gelöst, daß

---

3 Der Vorsatz wird wohl für den Verletzungserfolg, nicht aber für den Schlag ausgeschlossen.

nicht eine Sanktion gegen den Täter ergriffen, sondern das Recht der Geschädigten durch Wiedergutmachung gewahrt wird. Die Intention, weiteren Schaden durch eine gewaltsame Rechtsreaktion auszuschließen und den entstandenen Schaden zu heilen, wird im Vergleich von Ex 22,15 f. mit den parallelen Rechtssätzen §§ 55; 56 der Tafel A des Mittelassyrischen Kodex aus dem 12. Jh. v. Chr. deutlich:

> § 55: »Wenn ein Mann eine Jungfrau, die im Hause ihres Vaters wohnt, die noch nicht vindiziert, die nicht mit Gewalt entjungfert, die nicht verheiratet ist, und gegen deren Vater kein Klageanspruch besteht, der Mann inmitten einer Stadt, oder auf dem Felde, oder in der Nacht auf einem Platz, oder im Festhaus, oder auf einem Fest der Stadt mit Gewalt die Jungfrau ergreift, sie entjungfert, nimmt der Vater der Jungfrau die Ehefrau ihres Beischläfers und gibt sie der Notzucht preis. Ihrem Ehemann gibt er sie nicht zurück und behält sie. Der Vater gibt seine beschlafene Tochter dem Beischläfer zur Ehe. Wenn er keine Ehefrau hat, gibt der Beischläfer ihrem Vater das Dreifache des Preises einer Jungfrau. Ihr Beischläfer heiratet sie. Er entläßt sie nicht. Wenn der Vater es nicht will, nimmt er das Dreifache einer Jungfrau. Seine Tochter gibt er, wem er will.«
>
> § 56: »Wenn eine Jungfrau sich von sich aus einem Mann hingibt, schwört der Mann. Seiner Ehefrau nähert man sich nicht. Das Dreifache des Kaufpreises einer Jungfrau gibt der Beischläfer. Der Vater macht mit seiner Tochter, was er will.«

In diesen Rechtssätzen steht neben der Ersatzleistung die Sanktion im Vordergrund, ohne daß auf Gewalt- und Schadensvermeidung geachtet wird, wenn zum Ausgleich die Ehefrau des Konkumbenten der Notzucht preisgegeben wird. Wie im assyrischen Recht enthält auch Ex 22,15 f. die über den Aspekt des reinen Schadensausgleiches hinausgehende Regelung, daß der Vater trotz Zahlung des Brautpreises dem Konkumbenten die Ehe mit seiner Tochter verweigern kann. Diese Rechtsregelung zielt weniger auf eine Sanktion für den Konkumbenten, als darauf, einen Mißbrauch der Ausgleichsregelung der Heiratsverpflichtung durch den Konkumbenten zu verhindern. Folgt aus der Verführung oder Vergewaltigung eines unverheirateten Mädchens zwangsläufig die Ehe unter Zahlung des festgesetzten Brautpreises, so kann diese Regelung in Fällen, in denen die Familie der jungen Frau die Ehe verweigert, zu einer Raubehe führen, die durch Schaffung vollendeter Tatsachen die Ehe erzwingt. Dem soll ein Riegel dadurch vorgeschoben werden, daß der Konkumbent das Risiko eingehen muß, zwar den Brautpreis in voller Höhe zu bezahlen, aber dennoch nicht die Frau zur Ehefrau zu erhalten.

Dtn 22,28 f. versucht diesen Mißbrauch der Ausgleichsregelung durch eine andere, ebenfalls dem Mittelassyrischen Kodex bekannte Maßnahme, die Unauflöslichkeit der Ehe, zu verhindern:

> »Wenn ein Mann eine Jungfrau trifft, die nicht (inchoativ) verheiratet ist, und er packt sie und schläft mit ihr, und sie werden dabei angetroffen, gibt der Mann, der mit ihr geschlafen hat, dem Vater des Mädchens 50 Silberschekel und sie wird seine Frau, dafür, daß er sie sich gefügig gemacht hat. Er kann sie sein Leben lang nicht fortschicken.«

Daß diese familienrechtlichen Sätze in patriarchalisch-antikem Kontext formuliert sind, die Frau also nicht unmittelbar Konfliktpartei ist, sondern Objekt in den Konflikten der beteiligten Männer, ist an anderer Stelle zu behandeln (cf. u. II 4). Der Aspekt des Schutzes der Frau ist aber dem Rechtssatz Dtn 22,28 f., der Teil einer im Dtn aufgenommenen Sammlung des Familienrechts ist, nicht fremd. Die Regelung, die den Konkumbenten zwingt, mit dem Recht auf Ehescheidung eine seiner wesentlichen familienrechtlichen Freiheiten aufzugeben, kommt der Frau zugute, der die Sicherheit lebenslanger Versorgung in der Institution der Ehe zuerkannt wird.

2.3 Das Sachenrecht

Wie im Körperverletzungs- und Familienrecht, wird auch im Sachenrecht der Ortsgemeinde eine Rechtsreaktion strafender Gegengewalt gegen den Täter zu einer Wiedergutmachung des Schadens durch den Täter umgelenkt:

> »Wenn der Ochse eines Mannes das Rind seines Nachbarn stößt, so daß es stirbt, verkaufen sie das lebende Rind und teilen den Geldbetrag und auch das tote Tier teilen sie. Wenn aber bekannt war, daß der Ochse seit gestern und vorgestern stößig war und sein Besitzer ihn nicht bewacht hat, leistet er Ersatz, Rind für Rind, und das tote Tier gehört ihm« (Ex 21,35 f.).

Der die Gemeinschaft fördernde Aspekt des kasuistischen Rechts wird in diesen beiden Rechtssätzen besonders deutlich. Im Falle der höheren Gewalt bilden Schädiger und Geschädigter eine Einheit und der Geschädigte trägt den Schaden anteilig mit. Diesen Grundsatz kennt auch der altbabylonische Kodex Ešnunna aus der frühen ersten Hälfte des 2. Jt.:

> § 53: »Wenn ein Ochse einen anderen Ochsen stößt und tötet, teilen die beiden Besitzer der Ochsen den Kaufpreis des lebendigen Ochsen und das Fleisch des toten Ochsen.«

Nicht die Sicherung des Rechts des Geschädigten auf Ersatzleistung losgelöst vom Wohl der Gemeinschaft steht im Vordergrund dieses Rechtssatzes, sondern die Risikominderung. Nur im Falle schuldhafter Fahrlässigkeit des Schädigers hat der Geschädigte ein uneingeschränktes Recht auf Wiedergutmachung, ohne daß er allerdings einen Vorteil aus der Schädigung ziehen darf. Das tote Tier wird dem Schädiger zugesprochen.

In Tierhüte und Tiermiete hat der Geschädigte im Falle der fahrlässigen Schädigung Anspruch auf Ersatz, von dem der Schädiger im Falle höherer Gewalt befreit ist:

> »Wenn ein Mann seinem Nächsten einen Esel oder ein Rind oder ein Kleinvieh oder irgendein Großvieh zur Hütung anvertraut, falls es ihm tatsächlich gestohlen wird, ersetzt er es seinem Besitzer, falls es gerissen wird, bringt er ein Zeugnis des gerissenen Tieres. Er leistet keinen Ersatz. Wenn ein Mann von seinem Nachbarn (ein Tier) leiht, und es bricht sich (ein Glied) oder es stirbt, falls sein Besitzer nicht anwesend war, leistet er Ersatz, falls sein Besitzer anwesend war, leistet er keinen Ersatz« (Ex 22,9a.11–14a).

Über die Heilung durch Konflikte gestörter Sozialbeziehungen hinaus übernimmt das kasuistische Recht auch die Funktion der Sicherung von Normen des Zusammenlebens in der Ortsgemeinschaft. Mit den Rechtssätzen zu Tierhüte und Tiermiete ist Ex 22,6.7a als Rechtssatz des Depositenrechts verbunden:

> »Wenn ein Mann seinem Nächsten Geld oder Gerät zur Aufbewahrung gibt, und es aus dem Hause des Mannes gestohlen wird, falls der Dieb gefunden wird, leistet er (der Dieb) doppelten Ersatz, falls der Dieb nicht gefunden wird, leistet er (der Depositar) dem Eigentümer Ersatz« (Ex 22,6.7a).

Im Gegensatz zu den Rechtssätzen der Tierhüte und Tiermiete werden nicht Fälle des fahrlässigen Verschuldens mit Ersatzleistungspflicht von solchen der höheren

Gewalt mit Befreiung von der Ersatzleistungspflicht abgegrenzt, sondern der Fall der Fahrlässigkeit mit Ersatzleistungspflicht von dem des vorsätzlichen Normenbruchs des Diebstahls mit der Folge der Sanktion doppelter Ersatzleistung. Aus dem Konfliktregelungsrecht wird ein Sanktionsrecht, aus dem Zivil- ein Strafrecht. Bei Diebstahl als gemeinschaftsschädigendem Verhalten reicht eine einfache Wiedergutmachung nicht aus, da dem Dieb kein Verlust entsteht, wenn er gefaßt wird. Er hat aber eine gute Chance, unentdeckt zu bleiben, so daß Diebstahl insgesamt rechtlich prämiert würde. In der Diebstahlsgesetzgebung des BB (Ex 21,37–22,3) wird die Sanktion der Rückzahlungspflicht vervielfacht:

»Wenn ein Mann ein Rind oder ein Kleinvieh stiehlt und es schlachtet oder verkauft, zahlt er fünf Rinder für das Rind und vier Stück Kleinvieh für das Kleinvieh. Wenn er nichts hat, so wird er für den Wert des von ihm Gestohlenen verkauft. Wenn in seiner Hand das Gestohlene noch lebend gefunden wird, Rind, Esel oder Kleinvieh, zahlt er das Doppelte« (Ex 21,37; 22,2*.3).

Auch im Sanktionsrecht, das mit dem Aspekt der abschreckenden Generalprävention der Verhinderung gemeinschaftsschädigenden Verhaltens wie Diebstahl dient, bleibt der Aspekt der Wiedergutmachung von Schaden in Gestalt mehrfacher Ersatzleistung vorherrschend. Die Sanktion als Minderung des Täters kommt dem Opfer als Wiedergutmachungsleistung zugute. Die Grenze dieser Lösung liegt darin, daß der Geschädigte einen Gewinn zieht aus der Tat des Schädigers.

In einer der ältesten Sammlungen kasuistischen Rechts im AT (Ex 22,6.7a.9a.11–14a) werden unter dem Aspekt der Sicherung anvertrauten Gutes die Rechtssätze des Depositenrechts, der Tierhüte und der Tiermiete zusammengefügt. Die Protasen dieser drei Rechtssätze sind jeweils durch zwei antithetische Unterfälle strukturiert. Allein durch die additive Zusammenstellung der drei Rechtssätze erhöht sich der Regelbereich der je einzelnen Rechtssätze in wechselseitiger Auslegung um ein Vielfaches. Die Zusammenstellung der Rechtssätze in dieser kleinen Sammlung des Depositenrechts könnte also durchaus noch im Kontext der Ortsgerichtsbarkeit erfolgt sein, ganz im Gegensatz zu ihrer Überarbeitung durch Ex 22,7aßb.8.9b.14b, die eine komplexe, in Ex 22,8 zentrierte Struktur über die Sammlung zieht und in rechtsgelehrten Kreisen der Schreiber zu suchen ist. Durch die Verbindung der drei Rechtssätze von Depositum, Tierhüte und Tiermiete werden nun auch die beiden Aspekte des ausdifferenzierten kasuistischen Rechts, die Funktionen der Konfliktregelung und der Sanktion zuammengehalten.

An den Rändern des kasuistischen Rechts des BB wird die Orientierung an der Wiedergutmachung von Schaden auch im Sanktionsrecht zugunsten einer Androhung der Todessanktion für den Täter durchbrochen.

»(V.28) Wenn ein Ochse einen Mann oder eine Frau stößt, so daß sie sterben, wird der Ochse gesteinigt. Sein Fleisch wird nicht gegessen. Der Eigentümer des Ochsen bleibt straffrei. (V.29) Wenn es sich aber um einen seit gestern und vorgestern stößigen Ochsen handelt und es seinem Besitzer bekannt war, er ihn aber nicht bewacht hat, und er einen Mann oder eine Frau tötet, wird der Ochse gesteinigt und auch sein Besitzer wird getötet« (Ex 21,28 f.).

Diese kasuistischen Rechtssätze, die den überlieferungsgeschichtlichen Kernbestand der Rechtssatzgruppe Ex 21,28–32 bilden, sind an dem für das antike Israel charakteristischen Prinzip des unumstößlichen und kompromißlosen Lebensschutzes orientiert. Die Verursachung einer Körperverletzung mit Todesfolge, auch wenn sie nur indirekt verursacht wurde und mit konkurrierendem Verschulden eines Dritten verbunden ist, zieht die Todessanktion nach sich. Auch der stößige

Ochse wird getötet, sein Fleisch ist tabu. Dem Tier wird also eine Schuldfähigkeit konkurrierend mit der des Tierhalters zuerkannt.[4] An der Blutschuld endet die Heilungsfunktion von Recht durch Wiedergutmachung und wird ein anderes Prinzip, nämlich die Verhinderung von Blutschuld durch die Generalprävention der Todessanktion wirksam. Das Prinzip des unabdingbaren Lebensschutzes unterscheidet das Recht Israels von den Keilschriftrechten grundlegend gerade dort, wo sich in den Rechtssätzen vom stößigen Ochsen, der einen Menschen tötet, beide Rechte besonders nahe zu sein scheinen. Das Thema des stößigen Ochsen ist im altbabylonischen Kodex Ešnunna (CE) und im fast zeitgleichen Kodex Hammurapi (CH) belegt:

> »Wenn ein Ochse stößig ist und die Nachbarn es seinem Besitzer mitteilen, er aber seinen Ochsen nicht in Ordnung bringt, (der) einen Mann stößt und dadurch tötet, bezahlt der Eigentümer des Ochsen 2/3 Minen Silber.
> Wenn er einen Sklaven stößt und dadurch tötet, zahlt er 15 Schekel Silber« (CE §§ 54; 55).

Gegenüber CE §§ 53–55 ist CH §§ 250–252 rechtshistorisch ausdifferenzierter:

> »Wenn ein Ochse, während er auf der Straße geht, einen Mann stößt und dadurch tötet, hat dieser Rechtsfall keinen (Klage-)Anspruch.
> Wenn der Ochse eines Mannes stößig ist, und, daß er stößig ist, seine Nachbarschaft ihm mitteilt, er aber seine Hörner nicht kappt und seinen Ochsen nicht bewacht, dieser Ochse dann den Sohn eines Mannes stößt und dadurch tötet, zahlt er 1/2 Mine Silber.
> Wenn es sich um den Sklaven eines Mannes handelt, zahlt er 1/3 Mine Silber« (CH §§ 250; 251; 252).

Der Blutfall ist im altbabylonischen Recht eine Angelegenheit der Ersatzleistung, auch wenn eine schuldhafte Fahrlässigkeit des Tierhalters vorliegt.[5] Hier wird ein wesentlicher Unterschied zwischen den Keilschriftrechten und dem Recht Israels erkennbar.

Der Umschlag vom Konfliktregelungsrecht und Wiedergutmachung intendierendem Sanktionsrecht ohne Gewalt gegen den Schädiger zu einem Sanktionsrecht der schärfsten Generalprävention durch Androhung der Todesstrafe ist Folge der Verbindung des kasuistischen Rechts mit dem apodiktisch formulierten Todesrecht (*môt-jûmāt* »er soll unbedingt getötet werden«) mit partizipialer Protasis, dem wir uns im folgenden zuwenden.

---

4 Die Forderung der Exekution des stößigen Ochsen ist am ehesten in einem Verschulden des Ochsen begründet und nicht als Schutzmaßnahme zu verstehen. Sie würde nicht die Tabuisierung des toten Tieres erklären. Eine Schutzmaßnahme ist nur die Hinrichtungsart der Steinigung. Im hellenischen Recht ist gefordert, das Fleisch des getöteten stößigen Tieres über die Grenze zu bringen.

5 R. Westbrook (Studies [s. o. II], 39–88) hat dagegen für die Keilschriftrechte und das israelitische Recht ein implizites Entscheidungsrecht (Dispositionsverfügung) des Geschädigten, zwischen Todessanktion bzw. Körperstrafe und Ersatzleistung zu wählen, in Anschlag gebracht. Dem steht entgegen, daß in CE § 24 die todesrechtliche Qualifizierung der Rechtsfolgebestimmung mit »es ist ein Kapitalverbrechen« durch die Sanktionsbestimmung »der, welcher in Schuldhaft geführt hat, soll sterben« und in CE § 26 durch »er soll sterben« erläutert wird. Es ist schwer zu erweisen, daß dies verkappte Zahlungstarife sein sollen.

3. Die Vermeidung des Normenbruchs durch die Generalprävention im Todesrecht

J. Bright, The Apodictic Prohibition: Some Observations, JBL 92, 1973, 185–204; *G. Fohrer*, Das sogenannte apodiktisch formulierte Recht und der Dekalog, in: ders., Studien zur alttestamentlichen Theologie und Geschichte, 1969, 120–148; *E.S. Gerstenberger*, Wesen und Herkunft des »apodiktischen Rechts«, 1965; *ders.*, »Apodiktisches« Recht »Todes« Recht?, in: P. Mommer u.a. (Hg.), Gottes Recht als Lebensraum. FS H.J. Boecker, 1993, 7–20; *R. Hentschke*, Erwägungen zur israelitischen Rechtsgeschichte, ThViat 10, 1965/66, 108–133; *S. Herrmann*, Das »apodiktische Recht«, MIO 15, 1969, 249–261; *B. S. Jackson*, Reflections on Biblical Criminal Law, in: ders., Essays (s.o. II), 1975, 25–63; *R. Kilian*, Apodiktisches und kasuistisches Recht im Licht ägyptischer Parallelen, BZ (N.F.) 7, 1963, 185–202; *E. Lipiński*, Prohibitive and Related Law Formulations in Biblical Hebrew and in Aramaic, PWCJS 9, 1988, 25–39; *S.E. Loewenstamm*, The Laws of Adultery and Murder in Biblical and Mesopotamian Law, in: ders., Comparative Studies in Biblical and Ancient Oriental Literatures, 1980, 146–153; *ders.*, The Laws of Adultery and Murder in the Bible, a.a.O., 171–172; *P. Rémy*, Peine de mort et vengeance dans la Bible, ScEc 19, 1967, 323–350; *W. Richter*, Recht und Ethos, 1966; *W. Schottroff*, Der altisraelitische Fluchspruch, 1969; *H. Schulz*, Das Todesrecht im AT, 1969; *S. Segert*, Genres of Ancient Israelite Legal Sentences: 1934 and 1974, WZKM 68, 1976, 131–142; *E. Szlechter*, La peine capitale en droit babylonien, in: Studi in onore di Emilio Betti, Bd. IV, 1962, 145–178; *V. Wagner*, Umfang und Inhalt der mot-jumat Reihe, OLZ 63, 1968, 325–328; *ders.*, Rechtssätze in gebundener Sprache und Rechtssatzreihen im israelitischen Recht, 1972; *M. Weinfeld*, The Origin of the Apodictic Law, VT 23, 1973, 63–75; *J. G. Williams*, Concerning One of the Apodictic Formulas, VT 14, 1964, 484–489; *ders.*, Addenda to »Concerning One of the Apodictic Formulas«, VT 15, 1965, 113–115; *C.J.H. Wright*, The Israelite Household and the Decalogue, TynB 30, 1979, 101–124; *R. Yaron*, Vitae necisque potestas, TRG 30, 1962, 243–251.

In Ex 21,12–17 sind vier Rechtssätze zu einer nach vorn gegen die Sklavengesetzgebung (Ex 21,2–11) und hinten gegen die kasuistische Rechtssätze des Körperverletzungsrechts (Ex 21,18–32) abgegrenzten Reihe zusammengestellt, die eine eigenständige Redaktionsstruktur erkennen läßt. Die Rechtssätze sind in einem antiphonen Schema alternierender Anordnung von interfamiliarem Strafrecht (Ex 21,12–14.16) und innerfamiliarem Strafrecht (Ex 21,15.17) zusammengestellt.

Diese Strukturierung basiert auf literarisch sekundären Einschüben in die Reihe. Der Rechtssatz Ex 21,12 wird durch die ein Gerichtsverfahren voraussetzende Differenzierung von Körperverletzung mit Todesfolge und Mord (Ex 21,13 f.) sowie durch die damit verbundene Einführung der Asylinstitution im intergentalen Rechtsbereich angesiedelt. Ex 21,16 wird durch den Zusatz »oder sei es, daß er noch in seiner Hand gefunden wird« mit dem Beweis der Tat *in flagranti delicto* auf einen übergentilen Rechtskreis bezogen, in dem die Tatbestandserhebung komplizierter ist als im überschaubaren Lebensbereich der Familie.

Unter dieser Struktur der alternierenden Anordnung von innerfamiliarem und interfamiliarem Recht liegt eine andere, die literarischen Zusätze (Ex 21,13 f.16*) nicht voraussetzende Reihe:

> »Wer einen Mann schlägt, daß er stirbt, wird getötet.
> Wer seinen Vater oder seine Mutter schlägt, wird getötet.
> Wer einen Mann stiehlt und ihn verkauft, wird getötet.
> Wer seinem Vater oder seiner Mutter Abbruch tut, wird getötet.«

Durch den Wechsel der deliktgeschädigten Personen von »Mann« (Ex 21,12.16) mit »sein Vater und seine Mutter« (Ex 21,15.17) wird eine antiphone Struktur von Rechtssätzen hergestellt, in der Delikte des Angriffs gegen Vater und Mutter mit solchen auch gegen andere Personen abwechseln. Die parallele Eröffnung mit »Wer schlägt...« (Ex 21,12.15) gliedert die kleine Reihe der vier Rechtssätze. Ex 21,12 verdeutlicht, daß es sich bei diesen Personen aber auch um solche der Familie des Täters handelt. Der intergentile Tötungsfall ist in der Institution der Blutrache geahndet (Liedke [s. o. II], 132). Die Formulierung »der soll unbedingt getötet werden« kommt als Sanktionsformulierung der Blutrache nicht in Frage, da sie auch mit dem Elternminderungsverbot und dem des Menschendiebstahls verbunden wird. Innerhalb der Familie kann es keine Blutrache, sondern nur eine Sanktion durch den pater familias geben. In der Struktur der Rechtssatzreihe werden darüber hinaus durch die eindeutig auf die Familie bezogenen Rechtssätze (Ex 21,15.17) die jeweils vorangehenden Rechtssätze in den Horizont der Familie eingebunden (so zuletzt Marshall [s. o. II 1], 122–124).

3.1 Das Verbot der Elternminderung

R. *Albertz*, Hintergrund und Bedeutung des Elterngebots im Dekalog, ZAW 90, 1978, 348–374; J. *Becker*, Das Elterngebot, IKZ 8, 1979, 289–299; E.M. *Bellefontaine*, Deuteronomy 21: 18–21: Reviewing the Case of the Rebellious Son, JSOT 13, 1979, 13–31; P.R. *Callaway*, Deuteronomy 21: 18–21: Proverbial Wisdom and Law, JBL 103, 1984, 341–352; J. *Conrad*, Die junge Generation im AT, 1970; P.E. *Dion*, La procédure d'élimination du fils rebelle (Deut 21,18–21), in: G. Braulik u. a. (Hg.), Biblische Theologie und gesellschaftlicher Wandel. FS N. Lohfink, 1993, 73–82; O. *Eißfeldt*, Sohnspflichten im Alten Orient, in: ders., Kleine Schriften IV, 1968, 264–270; H.-J. *Fabry*, Gott im Gespräch zwischen den Generationen, KaBL 107, 1982, 754–760; J. *Gamberoni*, Das Elterngebot im AT, BZ (N.F.) 8, 1964, 159–190; W. *Gehrmann*, Du sollst deine Eltern ehren, Diakonie 6, 1987, 331–333; H. *Groß*, Tora und Gnade im AT, Kairos 14, 1972, 220–231; J.F. *Healey*, The *pietas* of an Ideal Son in Ugarit, UF 11, 1979, 353–356; P. *Klemm*, Zum Elterngebot im Dekalog, BThZ 42, 1986, 50–61; H. *Kremers*, Die Stellung des Elterngebots im Dekalog, EvTh 21, 1961, 145–161; B. *Lang*, Altersversorgung, Begräbnis und Elterngebot, ZDMG Suppl. 3/1, 1975, 149–156; O. *Loretz*, Vom kanaanäischen Totenkult zur judäischen Patriarchen- und Elternehrung, JARG 3, 1978, 149–204; ders., Das biblische Elterngebot und die Sohnespflichten in der ugaritischen Aqht-Legende, BN 8, 1979, 14–17; D. *Marcus*, Juvenile Deliquency in the Bible and the Ancient Near East, JANES 13, 1981, 31–52; A. *Meinhold*, Zum Verständnis des Elterngebots, Christenlehre 38, 1985, 248–254; J.-N. *Pérès*, Le quatrième commandement – de la gratitude à l'action de grâce, Posluth 34, 1986, 200–209; M. *Pope*, The Cult of the Dead at Ugarit, in: G.D. Young (Hg.), Ugarit in Retrospect, 1981, 159–179; L. *Ruppert*, Der alte Mensch aus der Sicht des AT, TThZ 85, 1976, 270–296; J. *Scharbert*, Solidarität in Segen und Fluch im AT und in seiner Umwelt, 1959; ders., Das Alter und die Alten in der Bibel, Saeculum 1978/79, 338–358; A. *Skaist*, The Ancestor Cult and Succession in Mesopotamia, in: B. Alster (Hg.), Death in Mesopotamia, 1980, 123–128; D. *Steinmetz*, From Father to Son. Kinship, Conflict and Continuity in Genesis, 1991; H. W. *Wolff*, Problems between the Generations in the OT, in: J. L. Crenshaw u. a. (Hg., (s.o. I 1), 79–94; ders., Anthropologie des AT, [5]1990 (cf. auch die Lit zu IV 1.4).

Worum geht es in den todesrechtlichen Rechtssätzen der Elternminderung? Keineswegs geht es nur um das Verhalten der erwachsenen Kinder gegenüber ihren altgewordenen Eltern. Mit der Protasis »wer seinen Vater oder seine Mutter schlägt . . .« wird der Fall auf die Körperverletzung, die den ehrverletzenden Schlag (*iniuria*) einschließt, festgelegt. Während eine Körperverletzung unter Personen unterschiedlicher Familien ersatzrechtlich im kasuistischen Konfliktregelungsrecht (Ex 21,18 f.22) geregelt und die *iniuria* im Gegensatz zu den Keilschriftrechten (CE § 47; CH §§ 195; 202–205) nicht thematisiert wird, wird hier der Angriff gegen die Eltern todesrechtlich sanktioniert. In der Lebenskraft der Eltern ist die Kraft der Kinder verkörpert, die im Erstgeburtssegen von Generation zu Generation weitergegeben wird. Ein Angriff auf die Eltern und ihre Minderung reduziert zugleich die Lebenskraft der gesamten Familie und müßte bei häufiger Wiederholung die Familien zerstören. Das Elternminderungsverbot bewahrt als Todesrecht eine Grundnorm des Zusammenlebens in der Großfamilie und ist Grenzrecht der Familie. Mit den Rechtssätzen des gentilen Todesrechts (Ex 21,15.17) sind die eindringlichen Gebote (Injunktive) der Elternehrung in den Dekalogen (Dtn 5,16; Ex 20,12) überlieferungsgeschichtlich verwandt:

»Du sollst deinen Vater und deine Mutter ehren.«

Das hebräische Wort für »ehren« ist wörtlich als »Beilegen von Gewicht durch Anerkennung« zu verstehen. Ehren bezeichnet also das spiegelbildliche Gegenteil von »mindern« (Ex 21,17). In der positiven Beförderung der Eltern auf allen Gebieten, die die Altersversorgung einschließt, wird der Familie insgesamt Gewicht und Lebenskraft beigelegt (cf. Sir 3,7 f.; Bohlen [IV 3], 37 ff.). Auch wird durch diesen Rechtssatz die Rechtsautorität des pater familias geschützt. Während die Rechtssätze des Todesrechts dem Täter die durch seine Tat wirksam werdende Todessphäre ankündigen, formuliert das Gebot positiv im Dienste der Rechtsinternalisierung. Die Normen des Grenzrechts müssen als Voraussetzung ihrer Wirksamkeit gelehrt und angeeignet werden.

Schließlich gehört in diesen Zusammenhang noch eine dritte Form des Elterngebotes im Todesrecht:

»Verflucht ist, wer geringschätzt seinen Vater und seine Mutter« (Dtn 27,16).

Der Fluch sichert die Rechtsstellung der Eltern vor Taten im Verborgenen (cf. Dtn 27,24). Bei Taten im Verborgenen wird die Fluchformel wirksam, die vom pater familias bei Verdachtsmomenten gesprochen wird und als wirkmächtiges Wort den Täter oder die Täterin einer Sphäre des Unheils ausliefert. Der Fluch der Tat wird auf ihr Haupt kommen und letztendlich den Tod bringen.

Die Überlieferung Dtn 21,18–21* belegt die Abwanderung der Behandlung der Fälle des Elternminderungsverbots von der Familie an die lokale Gerichtsinstitution, die sich auch in der Einbindung von Ex 21,15.17 in die Struktur der Reihe Ex 21,12–17 niederschlägt:

»(V.18) Wenn ein Mann einen störrischen und widerspenstigen Sohn hat, der nicht auf die Stimme seines Vaters und auf die Stimme seiner Mutter hört und sie ihn züchtigen und er nicht auf sie hört, (V.19) packen ihn sein Vater und seine Mutter und sie bringen ihn zu den Ältesten seiner Stadt und zum Tor seines Ortes (V.20) und sie sprechen zu den Ältesten seines Ortes: Unser Sohn hier ist störrisch und widerspenstig. Er hört nicht auf unsere Stimme. (Er ist ein Verschwender und Trinker). (V.21*) Dann steinigen ihn alle Männer seiner Stadt mit Steinen, so daß er stirbt« (Dtn 21, 18–21*).

Mit »Störrigkeit« und »Widerspenstigkeit« wird der kontinuierliche Ungehorsam gegen die Eltern bezeichnet, die das Recht auf Gehorsam haben. Störrigkeit und Widerspenstigkeit beinhalten also die Ablehnung der Autorität der Eltern (cf. Ps 78,8; Jer 5,23). Der Rechtssatz hat seinen Hintergrund im Elterngebot des Dekalogs (Ex 20,12) und im Todesrechtssatz (Ex 21,17).[6] Mit V. 20b »er ist ein Verschwender und Trinker« ist ein weisheitliches Motiv[7] vom weisheitlich-gelehrten

---

6 E. Bellefontaine sieht in Ex 20,12 eine der Wurzeln von Dtn 21,18–21. Einen Zusammenhang mit Ex 21,15.17 lehnt sie aber mit dem Argument ab, daß weder Schlagen noch Verfluchen der Eltern in Dtn 21,18–21 erwähnt sei. Dem steht entgegen, daß »ehren« und »vermindern« der Eltern in Ex 20,12 und Ex 21,17 Forderung und Verletzung desselben Elterngebots bezeichnen.

7 E. Bellefontaine sieht in diesem Motiv einen Hinweis darauf, daß in Dtn 21,18–21 neben dem Familienrecht noch ein stammesgeschichtliches Gewohnheitsrecht eingewirkt habe, durch das ein Clan sich von notorisch unkonformistischen und daher gefährlichen Mitgliedern getrennt habe. Das AT wie die Keilschriftrechte bieten dafür keinen Beleg. Ebenso hat eine pauschale Ableitung von Dtn 21,18–21 aus der Weisheit (so P. R. Callaway) keinen Anhalt am Text. Die todesrechtliche Sanktion ist aus der Weisheit nicht erklärbar.

Redaktor der Familienrechtssammlung, die dem Dtn gegeben war, im Deuteronomium eingefügt worden. Die kontinuierliche Minderung der Eltern durch Verweigerung der Anerkennung ihrer Autorität und Minderung der von ihnen ausgehenden Lebenskraft der Familie wird nicht mehr vom pater familias sanktioniert, sondern durch die Ortsgerichtsbarkeit. Rechtsfunktionen des innerfamiliaren Rechts werden also vom pater familias auf die Ortsgerichtsbarkeit verlagert und damit durch Verfahren verobjektiviert und kontrollierbar gemacht.

Mißachtung der Eltern wird im Alten Orient in der Regel nicht todesrechtlich sanktioniert. Doch gilt sie in Mesopotamien als Indikator gesellschaftlichen Verfalls.[8] In einer mittelbabylonischen Urkunde (UM 2/2 116,9) sitzt ein Mann im Gefängnis, weil er seine Mutter geschlagen hat. In der Tafel II der babylonischen Beschwörungen *Šurpu* (cf. u. IV 2.1) wird das Ineinander von Rechtsreaktion eines Gerichts und Strafe durch die Gottheit erkennbar. Diese Beschwörungen läßt ein Mensch ausrufen, der von einem Übel befallen ist, der sich aber keines Vergehens, das die Gottheit gegen ihn aufgebracht haben könnte, bewußt ist, und der nun in einem Beichtspiegel eine Vielzahl von Vergehen aufzählen läßt. Unter diesen Vergehen ist nicht nur die Entfremdung des Vaters vom Sohn und des Sohnes vom Vater, sondern auch die Verachtung der Eltern aufgelistet. Die Erwartung einer Sanktion durch die Götter steht nicht in Konkurrenz zur gerichtlichen Sanktion eines Vergehens gegen die Eltern. Die göttliche Sanktion tritt dort hervor, wo ein sanktionswürdiges Vergehen keine rechtliche Konsequenzen hat, weil die Tat ohne Zeugen geschah und es zu keiner Anklage kam. Die göttliche Sanktion greift aber über den rechtlichen Rahmen hinaus und schließt auch die Verletzung ethischer Normen wie die der Entfremdung zwischen Kindern und Eltern ein.

3.2 Das Tötungsverbot

H. Christ, Blutvergießen im AT, 1976; *D. Daube,* Direct and Indirect Causation in Biblical Law, VT 11, 1961, 246–269; *W. Dietrich,* Rache. Erwägungen zu einem alttestamentlichen Thema, EvTh 36, 1976, 450–472; *P.E. Dion,* Deuteronome 21,1–9, SR 11, 1982, 13–22; *R.A. Freund,* Murder, Adultery and Theft?, SJOT 2, 1989, 72–80; *C.H. Gordon,* An Akkadian Parallel to Deuteronomy 21:1 ff., RA 33, 1936, 1–6; *M. Greenberg,* The Biblical Conception of Asylum, JBL 78, 1959, 125–132; *A. Jepsen,* »Du sollst nicht töten!«, in: ders., Der Herr ist Gott, 1978, 192–195; *K. Koch,* Der Spruch »Sein Blut bleibe auf seinem Haupt« und die israelitische Auffassung vom vergossenen Blut, in: ders. (Hg.), Vergeltung (s.o. II), 432–456; *T. Krüger,* »Du sollst nicht töten«, ZEE 38, 1994, 17–30; *H.S. Kvanvig,* »Du skal ikke drive hor . . .«, NTT 90, 1989, 65–86; *M. Löhr,* Das Asylwesen im AT, 1930; *V. Maag,* Unsühnbare Schuld, in: ders., Kultur, Kulturkontakt und Religion, 1980, 234–255; *H. McKeating,* The Development of the Law on Homicide in Ancient Israel, VT 25, 1975, 46–68; *E. Merz,* Die Blutrache bei den Israeliten, 1916; *J. Milgrom,* Sancta Contagion and Altar/City Asylum, VT.S 32, 1981, 278–310; *M. Moore,* Haggo'el, RestQ 23, 1980, 27–35; *N.H. Nikkolsky,* Das Asylrecht in Israel, ZAW 48, 1930, 146–175; *R. Patai,* The 'Egla 'Arufa or the Expiation of Polluted Land, JQR (N.S.) 30, 1939/40, 59–69; *A. Philipps,* Another Look at Murder, JJS 28, 1977, 105–126; *ders.,* Respect for Life in the OT, KTR 6, 1983, 32–35; *A. Rofé,* 'eglâ 'arûpâ, Tarbiz 31, 1961/62, 119–143; *H. Schüngel-Straumann,* Tod und Leben in der Gesetzesliteratur des Pentateuch unter besonderer Berücksichtigung der Terminologie von »töten«, Diss. theol. Bonn, 1969; *U. Sick,* Die Tötung eines Menschen und ihre Ahndung in den keilschriftlichen Rechtssammlungen unter Berücksichtigung rechtsvergleichender Aspekte, 2 Bde., Diss. iur. Tübingen, 1984; *K.-H. Singer,* Art. Blutrache, NBL I, 311; *J.J. Stamm,* Sprachliche Erwägungen zum Gebot »Du sollst nicht töten«, ThZ 1, 1945, 81–90; *M. Sulzberger,* The Ancient Hebrew Law of Homicide, JQR 5, 1914/15, 127–161; *ders.,* The Ancient Hebrew Law of Homicide, 1915; *D.J. Wiseman,* Murder in Mesopotamia, Iraq 36, 1974, 249–260; *D.P. Wright,* Deuteronomy 21:1–9 as a Rite of Elimination, CBQ 49, 1987, 387–403; *J.H. Yoder,* Exodus 20,13 – »Thou shalt not kill«, Interp. 34, 1980, 394–399;

---

8 Cf. R. Borger, Die Inschriften Asarhaddons, König von Assyrien, 1956, 12.

Z. Zevit, The ʿeglâ-Ritual of Deuteronomy 21:1–9, JBL 95, 1976, 377–390; (cf. auch die Lit zu IV.1.4).

Wie die Rechtssätze gegen die Elternminderung ist auch das Gesetz gegen das Tötungsdelikt auf die Autorität des pater familias bezogen. Ex 21,12 regelt den innerfamiliaren Blutfall[9], während der interfamiliare Tötungsfall unter die Institution der Blutrache fällt:

> »Wer einen Mann schlägt, daß er stirbt, wird getötet.«

Das Leben wird in der Familie unbedingt geschützt. Allein am Ergebnis der Tat (Erfolgshaftung), nicht aber den Motiven des Täters (Verschuldenshaftung) orientiert, wird nicht zwischen Körperverletzung mit Todesfolge und Mord geschieden. Ex 21,12 wird im Dekalog (Dtn 5,17/Ex 20,13) aufgenommen:

> »Du sollst nicht töten.«

Im hebräischen Begriffsspektrum von »töten« wird nicht zwischen vorsätzlicher und unvorsätzlicher Tat geschieden, sondern auf die gemeinschaftszerstörende Wirkung der Bluttat abgehoben. Der Prohibitiv des Dekalogs dient der Verinnerlichung der Norm des Lebensschutzes in der Familie, so wie der todesrechtliche Rechtssatz (Ex 21,12) die Bluttat in der gentilen Rechtsgemeinschaft durch die Generalprävention der Todessanktion zu verhindern sucht.

Damit hebt sich Ex 21,12 rechtshistorisch wie auch literaturhistorisch von der Ergänzung durch Ex 21,13–14 ab:

> »(V.13) Wenn er ihm aber nicht aufgelauert hat und Gott es seiner Hand geschehen ließ, so habe ich dir einen Ort festgesetzt, an den er fliehen kann. (V.14) Wenn ein Mann gegen seinen Nachbarn vorsätzlich handelt, um ihn im Hinterhalt zu töten, entfernst du ihn von meinem Altar, damit er sterbe.«

Hier geht es mit dem Nachbarn als Opfer um eine die Familiengrenzen überschreitende Bluttat, deren Sanktionierung vor einem Ortsgericht verhandelt wird. Nur durch Gerichtsverfahren kann zwischen Mord als vorsätzlicher Tat und Körperverletzung mit Todesfolge als unvorsätzlicher Tat geschieden werden. Mit der Verlagerung des Todesrechts an die Ortsgerichtsbarkeit und der Einbindung in eine Verfahrensrationalität, die aus den Konfliktregelungsprozeduren des kasuistischen Rechts resultiert, kann durch Falldifferenzierung der Gewaltaspekt in der Sanktion reduziert werden. Ist das Familienrecht an der reinen Erfolgshaftung orientiert und jede Bluttat an einem Familienmitglied unabhängig von der Frage nach Vorsatz und höherer Gewalt der Todessanktion unterworfen, so kann sich nun durch Verhandlung des Falles vor einem Gericht die Verschuldenshaftung, die die Intention bewertet, durchsetzen. Die Differenzierung zwischen Mord und Körperverletzung mit Todesfolge wird durch die Rechtsfiktion ermöglicht, daß im Falle der unvorsätzlichen Tat Gott der Urheber der Tat sei. Nur so kann in der Perspektive der Verschuldenshaftung der Täter von der Schuld der Tat freigesprochen werden. Ähnlich wird im altrömischen Zwölftafelgesetz verfahren:

> »Wenn eine Waffe mehr ohne Absicht des Werfenden aus der Hand gelangt als daß er sie (bewußt) geworfen hat, (SI TELUM MANU FUGIT MAGIS QUAM IECIT), wird ein Sündenbock gestellt« (Tafel VIII 24a).

---

9 So mit G. Liedke (s. o. II), 133; H. Niehr, Rechtsprechung (s. o. II), 45, J.W. Marshall (s. o. II 1), 122 f.; cf. auch Lipiński (s. o. II 3).

Hier werden der Waffe Züge eines eigenständig handelnden Subjekts zuge-schrieben, das den Täter von der Schuld seiner Tat befreien kann. In den hethiti-schen Gesetzen wird der Hand eine vom Täter unabhängige Subjekthaftigkeit zu-erkannt:

> »Wenn jemand einen freien Mann infolge eines Streits blendet, gibt er 20 Schekel Sil-ber. Wenn die Hand sündigt, gibt er 10 Schekel Silber« (§ V).

Das Prinzip der Erfolgshaftung wird zugunsten der Verschuldenshaftung und der damit verbundenen Reduktion der Gegengewalt in der Sanktion dadurch über-wunden, daß in einer Rechtsfiktion vom Täter als Verursacher abgelenkt und das Erfolgshaftungsprinzip auf eine außerhalb seiner Verfügungsgewalt liegende Ur-sache angewandt wird.

Mit der Rationalisierung des Todesrechts geht nun auch die Pazifizierung der im intergentalen Rechtszusammenhang angesiedelten Blutrache einher. Die Blutrache ist ursprünglich eine Rechtsinstitution der unmittelbaren Reaktion der ge-schädigten Familie in interfamiliarem Konflikt (Ri 8,4–21; 2 Sam 3,22–39; 21,1–14). Sie verbindet sich mit der Vorstellung, daß vergossenes Blut nach Vergeltung ruft (Gen 4,10; Hi 24,12). Das gewaltsam vergossene Blut lastet auf dem Täter (2 Sam 21,1) und verunreinigt das Volk (Num 35,33; Dtn 19,10; 21,8). Die Blutrache wird vom nächsten männlichen Verwandten des Getöteten als Bluträcher aus-geführt. Mit der vom Bluträcher gesprochenen Formel »dein Blut komme auf dich/ dein Haupt« wird das unheilvolle Blutgeschehen unterbrochen. Wenn in inter-gentalem Rechtsraum die verfahrensgebundene Sanktion von Tötungsdelikten durch ein Gericht noch fehlt, so verhindert die Blutrache, daß ein rechtsfreier Raum entsteht, in dem das Lebensrecht nicht gesichert ist. Durch die Blutracheinstitution wird die Generalprävention aufrechterhalten. Wer immer einen anderen Menschen aus einer fremden Familie tötet, muß wissen, daß ihn diese Tat das Leben kosten wird.[10] Die Blutrache war also wie das gentile Todesrecht nur an der Erfolgshaftung orientiert. Mit der Anbindung des Todesrechts an die Ortsgerichtsbarkeit kann nun auch im interfamiliaren Tötungsdelikt zwischen Mord und Körperverletzung mit Todesfolge differenziert werden. Die Einrichtung des Heiligtumasyls (Ex 21,13 f.) zeigt aber, daß auch mit der Differenzierung der Verschuldenshaftung und der Lö-sung des Tötenden von der Schuld der Tat zugunsten einer höheren Gewalt die lo-kale Gerichtsinstitution dennoch keine Möglichkeit hat, der Macht des schreienden Blutes des Getöteten zu begegnen. Das Ortsgericht muß dazu die Hilfe des Kultes in Anspruch nehmen, insofern nur am Heiligtum der Tötende vor dem Bluträcher sicher ist. Mit der Verhandlung des Tötungsdeliktes am Ortsgericht ist die Blut-racheinstitution keineswegs außer Kraft gesetzt. Vielmehr wird, wie die deu-teronomische Reformgesetzgebung (Dtn 19,2–13*) als Auslegung von Ex 21,12–14 zeigt, der Bluträcher zum Vollzugsorgan des Ortsgerichts. Das Asyl, das zeitlich begrenzt ist, dient auch dazu, zu verhindern, daß der Bluträcher zuschlägt, ehe das Gericht geurteilt hat (Dtn 19,6).

Mit den Möglichkeiten der Gerichtsinstitution ist schließlich nicht der unaufge-klärte Tötungsfall zu lösen. In diese Lücke tritt das Fluchrecht, das auf den Fall des unaufgeklärten intergentilen Tötungsvergehens angewandt wird:

---

10 Die weisheitliche Rechtsfiktion eines Grenzfalles (2 Sam 14,5–11) kennt eine Blut-rache unter Agnaten, wenn ein pater familias zum Vollzug der Todessanktion bei ei-nem innerfamiliaren Tötungsfall fehlt.

»Verflucht ist, wer seinen Nachbarn heimlich erschlägt« (Dtn 27,24).

Doch ist damit, daß der Fluch den Täter treffen wird, noch nicht die vom vergossenen Blut ausgehende Wirkung gebannt. In Dtn 21,1–8* ist eine vordtn Überlieferung kultischen Rechts zum Schutz vor gewaltsam vergossenem Blut erhalten:

> »(V.1*) Wenn jemand auf dem Felde ermordet aufgefunden wird und man nicht weiß, wer ihn erschlagen hat, (V.2*) dann gehen deine Ältesten hinaus und messen die Entfernung zu den Städten ringsum den Ermordeten. (V.3) Wenn die am nächsten zum Ermordeten gelegene Stadt feststeht, dann nehmen die Ältesten dieser Stadt eine junge Kuh, die noch nicht zur Arbeit verwendet worden ist, die noch nicht unter dem Joch gegangen ist. (V.4) Die Ältesten dieser Stadt bringen die junge Kuh in ein ausgetrocknetes Flußtal, in dem weder geackert noch gesät wurde. Sie brechen dort im Tal der jungen Kuh das Genick. (V.6) Dann waschen alle Ältesten dieser Stadt, die dem Ermordeten am nächsten sind, ihre Hände über der jungen Kuh, der im Flußtal das Genick gebrochen wurde. (V.7) Sie sprechen feierlich: Unsere Hände haben dieses Blut nicht vergossen und unsere Augen haben nichts gesehen. (V.8*) Schaffe Sühne. Dann ist das Blut zu ihrem Schutz zugedeckt« (Dtn 21,1–8*).

Die Schuldrealität der Bluttat belastet die Gemeinschaft, obwohl kein objektiver Schuldzusammenhang besteht. So bedarf es auch nicht der rechtlichen, sondern der kultischen Mittel der Entsühnung durch den Ritus des Genickbrechens, der Handwaschung und der Unschuldsbeteuerung. Die Schuldrealität der Bluttat wird durch den Tod einer jungen Kuh als Äquivalent für das dem unbekannten Täter der Bluttat zukommende Todesgeschick beseitigt.

3.3 Das Menschendiebstahlsverbot

A. Alt, Das Verbot des Menschendiebstahls im Dekalog, in: *ders.*, Kleine Schriften I, 1953, 333–340; *H. Klein*, Verbot des Menschendiebstahls im Dekalog? Prüfung einer These Albrecht Alts, VT 26, 1976, 161–169.

Wie durch Bluttaten, so soll die Familie auch nicht durch den Menschendiebstahl durch Familienmitglieder, für den die Josephserzählung (Gen 37) eine rechtshistorisch bedeutsame Illustration liefert, geschwächt werden. Dem soll Ex 21,16* wehren:

> »Wer einen Menschen raubt und ihn verkauft, wird unbedingt getötet.«

Wie das Elterngebot und das Tötungsverbot, so steht auch das Diebstahlsverbot des Dekalogs (Dtn 5,19/Ex 20,15) in einem überlieferungsgeschichtlichen Zusammenhang mit dem Rechtssatz des Menschendiebstahls in Ex 21,16. In diesem Überlieferungsgefälle kann die rechtshistorische Vielschichtigkeit des Diebstahlsverbotes des Dekalogs eine Erklärung finden:

> »Du sollst nicht stehlen.«

Die Verbindung mit dem Elterngebot, Tötungs- und Ehebruchsverbot hält noch die ursprüngliche personenrechtliche Dimension des Dekalogverbots im Gegensatz zum Verbot unrechtmäßiger Aneignung von Sachwerten (Dtn 5,21b/Ex 20,17) fest (cf. u. IV 1.4.3). Die Erweiterung von Ex 21,16 durch »oder sei es, daß er noch in seiner Hand gefunden wird« und der Rechtssatz Dtn 24,7* belegen die Abwanderung an die Ortsgerichtsbarkeit.

»Wenn ein Mann angetroffen wird, der seinen Bruder unter den Israeliten stiehlt, ihn kennzeichnet und ihn verkauft, stirbt dieser Dieb« (Dtn 24,7*).

Die Bezeichnung des Gestohlenen als »sein Bruder unter den Israeliten« weist auf die Familiengrenzen überschreitende Dimension des Delikts. An der Ortsgerichtsbarkeit ist das kasuistische Diebstahlsrecht (Ex 21,37–22,3*) beheimatet. Damit konnte das Dekalogverbot eine umfassendere Bedeutung erhalten, die das Verbot des Diebstahls von Sachwerten einschloß. Diese Aufweitung des Bedeutungsspektrums schlägt sich in der ethischen Reihung von Mord, Ehebruch und Diebstahl (Hos 4,2; Jer 7,9*; Hi 24,13–15) und in der Zusammenstellung dieser drei Vergehen in der Josephserzählung (Gen 37,22; 39,9; 44,8 f.) nieder.

Die Rechtssätze des Todesrechts in Ex 21,12–17 deklarieren die Todesverfallenheit dessen, der die Norm bricht. Aus der Todesverfallenheit gibt es kein Entrinnen. Wer die Normen bricht, verläßt die schützende Familie und wird mit der Übergabe an den Tod von ihr verlassen. In diesem Sinne handelt es sich um das Grenzrecht der gentilen Rechtsgemeinschaft: Es richtet die Grenze auf, bis zu der Mitglieder einer Familie gehen dürfen; sie belegen die Überschreitung dieser Grenze mit der Rechtsfolge des Todes. Grundnormen des Zusammenlebens in der gentilen Rechtsgemeinschaft, deren ständige Übertretung ein Überleben der Familie unmöglich machen würde, werden durch die Generalprävention der Todessanktion geschützt. Dabei ist aber auch dieses Recht wie das kasuistische Recht der lokal-interfamiliaren Rechtsgemeinschaft auf Schadens- und Gewaltvermeidung ausgerichtet. Es bedient sich aber nicht der Mittel der Schadens- und Gewaltminderung, sondern der Schadensvermeidung durch die Generalprävention.

3.4 Das Verbot des Ehebruchs

S. *Bigger*, The Family Laws of Leviticus 18 in their Setting, JBL 98, 1979, 187–203; *C.H. Brichto*, The Case of the *śōṭā* and a Reconsideration of Biblical »Law«, HUCA 46, 1975, 55–70; *S. Demare*, L'interprétation de Nb 5,31 à la lumière des droits cunéiformes, in: J.-M. Durand (Hg.), La femme dans le Proche-Orient Antique, 1987, 49–52; *K. Elliger*, Das Gesetz Leviticus 18*, in: ders., Kleine Schriften zum AT, 1966, 232–259; *M. Fishbane*, Accusations of Adultery, HUCA 45, 1974, 25–45; *ders.*, Biblical Colophons, Textual Criticism and Legal Analogies, CBQ 42, 1980, 438–449; *T.S. Frymer-Kensky*, The Judicial Ordeal in the Ancient Near East, Ph.D. Diss. Yale, 1977; *dies.*, The Strange Case of the Suspected Sotah (Numbers V 11–31), VT 34, 1984, 11–26; *E.S. Gerstenberger*, Art. Ehebruch, NBL I, 479 f.; *S. Greengus*, A Textbook Case of Adultery in Ancient Mesopotamia, HUCA 40, 1969, 33–44; *J. Halbe*, Die Reihe der Inzestverbote Lev 18,7–18, ZAW 92, 1980, 60–88; *M. Hutter*, Das Ehebruchsverbot im altorientalischen und alttestamentlichen Zusammenhang, BiLi 59, 1986, 96–104; *W. Kornfeld*, L'adultère dans l'Orient antique, RB 57, 1950, 92–109; *C. Locher*, Die Ehre einer Frau in Israel, 1986; *W. McKane*, Poison, Trial by Ordeal and the Cup of Wrath, VT 30, 1980, 474–492; *D.E. Murray*, Ancient Laws on Adultery – A Synopsis, Journal of Family Law 1, 1961, 89–104; *E. v. Nordheim*, Das Gottesurteil als Schutzorakel für die Frau nach Numeri 5, in: R. Bartelmus u. a. (Hg.), Konsequente Traditionsgeschichte. FS K. Baltzer, 1993, 297–309; *E. Otto*, Das Eherecht im Mittelassyrischen Kodex und im Deuteronomium, in: M. Dietrich u. a. (Hg.), Mesopotamica – Ugaritica – Biblica. FS K. Bergerhof, 1993, 259–281; *A. Phillips*, Another Look on Adultery, JSOT 20, 1981, 3–25; *R. Preß*, Das Ordal im alten Israel, ZAW 51, 1933, 121–140. 227–255; *M. Roth*, »She will die by the Iron Dagger«. Adultery and Neo-Babylonian Marriage, JESHO 31, 1988, 186–206; *J.M. Sasson*, Numbers 5 and the »Waters of Judgement«, BZ (N.F.) 16, 1972, 249–251; *A. Schenker*, Die Ehre einer Frau, »Heiratsschwindel« und Beweisverfahren in Israel, FZPhTh 34, 1987, 237–242; *A. Tosato*, L'onere di una donna in Israele, Bib. 68, 1987, 268–276; *E. v. Weiher*, Bemerkungen zu § 2 KH und zur

Anwendung des Flußordals, ZA 71, 1981, 95–102; *R. Westbrook,* Adultery in Ancient Near Eastern Law, RB 97, 1990, 542–580; (cf. auch die Lit. zu II 4 und IV 1.4).

Zwischen Tötungs- und Diebstahlsverboten steht im Dekalog das Ehebruchsverbot (Dtn 5,18/Ex 20,14):

»Du sollst nicht ehebrechen.«

Auch dieses Verbot hat seine Wurzeln in gentilem Recht und soll deshalb in diesem Zusammenhang mit abgehandelt werden. In Dtn 27,20.22.23* werden geschlechtliche Delikte innerhalb der Großfamilie aufgezählt:

»(V.20*) Verflucht ist, wer mit der Frau seines Vaters schläft, denn er hat den Gewandzipfel seines Vaters aufgedeckt.
(V.22*) Verflucht ist, wer mit seiner Schwester, der Tochter seines Vaters oder der Tochter seiner Mutter schläft.
(V.23*) Verflucht ist, wer mit seiner Schwiegermutter schläft.«

Die Reihe der sog. »Inzestverbote« (Lev 18,7–18) verdeutlicht die Sätze des Fluchrechts und wirft gleichzeitig ein Licht auf die Struktur der gentilen Rechtsgemeinschaft. Kern dieser Überlieferung ist eine Reihe von Prohibitiven, die das Zusammenleben der männlichen und weiblichen Mitglieder einer Großfamilie schützt. Diese Kernüberlieferung besteht aus einer kurzen Reihe gleich gebauter Prohibitive (Lev 18,8.9*.10*.12.16), die durch eine zweite Reihe (Lev 18,7*.11*.14*.15) ergänzt wurde (Halbe).

Die ursprüngliche Reihe folgt im Aufbau Verwandtschaftskriterien:

»(V.8) Die Scham der Frau deines Vaters entblößt du nicht. Die Scham deines Vaters ist es.
(V.9*) Die Scham deiner Schwester entblößt du nicht, (die Scham deines Vaters ist es).
(V.10*) Die Scham der Tochter deines Sohnes entblößt du nicht. Deine Scham ist es.
(V.12) Die Scham einer Schwester deines Vaters entblößt du nicht. Das Fleisch deines Vaters ist es.
(V.16) Die Scham der Frau deines Bruders entblößt du nicht. Die Scham deines Bruders ist es.«

Die Reihe ordnet mit dem Vater, dem Sohn als Angeredetem, dem Sohn des Angeredeten und dessen Tochter vier Generationen zusammen und umspannt damit den maximalen Generationszusammenhang einer Großfamilie (extended family):

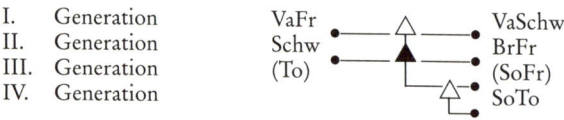

I.   Generation   VaFr   VaSchw
II. Generation   Schw   BrFr
III. Generation   (To)   (SoFr)
IV. Generation   SoTo

▲ Angeredeter; △ männl. Verwandter; ● weibl. Verwandte

Die in einer Großfamilie lebenden Frauen sollen vor dem Zugriff der Männer dieser Familie geschützt werden. In Dtn 22,22a ist noch eine entsprechende todesrechtliche Formulierung unter der oberflächlichen kasuistischen Überarbeitung erkennbar:

»Ein Mann, der mit einer verheirateten Frau schläft, wird getötet werden.«

Die Reihe der Verbote geschlechtlicher Beziehungen in der Familie (Lev 18,7–18*) und die Sätze des Fluchrechts (Dtn 27,20.22.23) geben auch einen Einblick in die soziale Stellung von Mann und Frau in der israelitischen Großfamilie: Die Frau wird vom Manne her definiert, wenn die genealogische Linie vom Vater ausgehend über die männlichen Mitglieder der Familie geführt wird. Die verheiratete Frau wird über den Ehemann definiert, wenn es in Lev 18,8 heißt »die Scham der Frau deines Vaters … die Scham deines Vaters ist es« und in Lev 18,16 »die Scham der Frau deines Bruders … deines Bruders Scham ist es«. Die unverheiratete Frau wird über den Vater definiert. (Lev 18,9). Die Familie ist also patrilinear strukturiert. Die nicht monogame Ehegemeinschaft innerhalb der Großfamilie ist polygyn. Darauf weist die Formulierung »Frau deines Vaters« (Lev 18,8; Dtn 27,20). Alle Frauen des Vaters einschließlich der leiblichen Mutter werden dem geschlechtlichen Zugriff entzogen. Die Schutzbestimmungen beziehen sich auf die Mitglieder einer Großfamilie. Noch in der Überarbeitung von Lev 18 wird dieser Rahmen festgehalten:

> »Die Scham der Schwester deiner Mutter darfst du nicht entblößen, denn sie ist mit deiner Mutter leiblich verwandt« (Lev 18,13).

Entsprechend schützt das Fluchrecht (Dtn 27,13) die Schwiegermutter vor dem Zugriff des Schwiegersohnes:

> »Verflucht ist, wer mit seiner Schwiegermutter schläft.«

In Lev 20,10 wird das innergentile Schutzgebot zu einem allgemeingültigen Ehebruchsverbot ausgeweitet:

> »Ein Mann, der die Ehe mit der Frau seines Nachbarn bricht, stirbt – der Ehebrecher und die Ehebrecherin.«

Durch Näherbestimmung der Konkumbentin als Ehefrau des Nachbarn wird festgestellt, daß es um einen die Familiengrenzen überschreitenden Ehebruchsfall geht. Ein ursprünglich partizipial im Schema des Todesrechts formulierter Rechtssatz (Dtn 22,22a) wird an die Ortsgerichtsbarkeit gebunden und kasuistisch überarbeitet:

> »Wenn ein Mann dabei angetroffen wird, daß er mit einer verheirateten Frau schläft, sterben sie beide, der Mann, der mit der Frau schläft, und die Frau.«

In Ez 16,40 f.; 23,45 – 47 schließlich wird der Ehebruchsfall vor der Volksversammlung verhandelt:

> »(V.45) Gerechte Männer werden sie (die Frauen) richten nach der Rechtsvorschrift für Ehebrecherinnen und nach der Rechtsvorschrift für Mörderinnen, denn sie haben Ehebruch begangen und Blut ist an ihren Händen. (V.46) Fürwahr, so spricht der Herr JHWH: Man berufe eine Volksversammlung gegen sie ein; sie sollen mißhandelt und ausgeraubt werden. (V.47*) Die Volksversammlung soll sie steinigen und mit Schwertern in Stücke schlagen« (Ez 23,45 – 47*).

Die Rechtssätze Dtn 22,22a und Lev 20,10 enthüllen einen wesentlichen Zug des Eherechts der patrilinearen Familie. Ein Ehebruch liegt nur vor, wenn ein Mann mit einer verheirateten Frau schläft. In Lev 20,10 wird die Frau als »Frau seines Nachbarn«, in Dtn 22,22a als »verheiratete Frau« bezeichnet. Entsprechend wird der Umgang mit einem unverheirateten Mädchen nicht als todesrechtlicher Fall des Ehebruchs, sondern als ersatzrechtlicher Fall, der mit der Familie des Mädchens vor dem Ortsgericht zu verhandeln ist, angesehen (Ex 22,15 f.; Dtn 22,28 f.). So gilt, daß der Mann stets nur die fremde, nicht aber die eigene Ehe bricht, während umgekehrt die verheiratete Frau stets die eigene Ehe bricht. Im Ehebruchsverbot geht es um die

Verletzung der Rechte des Ehemannes der Frau, ohne daß der Gesichtspunkt der Treue eines Ehemannes Berücksichtigung findet.

In Mesopotamien wird allerdings mit § 30 des Kodex Lipit Ištar dem außerehelichen Umgang eines Mannes mit einer Prostituierten Grenzen gesetzt. Wenn ein Richter dem Ehemann den weiteren Umgang mit einer Prostituierten verboten hat und er daraufhin sich von seiner Ehefrau scheiden läßt, darf er die Prostituierte nicht heiraten.

In die eherechtliche Verhandlung am Ortsgericht gehört auch der Fall eines Ehemannes, der seine Frau des vorehelichen Verkehrs bezichtigt (Dtn 22,13–21). Der Rechtssatz ist im Schema von Fall und Gegenfall gestaltet und war Teil der vom vorexilischen Deuteronomiker aufgenommenen Sammlung des Familienrechts:

> »(V.13) Wenn ein Mann eine Frau heiratet und mit ihr verkehrt hat, er dann aber nicht mehr bereit ist, die Ehegemeinschaft mit ihr fortzusetzen (wörtlich: sie haßt) (V.14) und er ihr dann schändliche Dinge vorwirft und ihren Ruf ruiniert, indem er spricht: ›Diese Frau habe ich geheiratet, ich habe mich ihr genähert und habe sie nicht als Jungfrau vorgefunden‹, (V.15) so nehmen der Vater der jungen Frau und ihre Mutter die Zeichen der Jungfräulichkeit der jungen Frau und bringen sie zu den Ältesten der Stadt ans Tor. (V.16) Der Vater der Jungfrau spricht zu den Ältesten: ›Meine Tochter habe ich diesem Mann zur Frau gegeben und jetzt will er die Ehegemeinschaft mit ihr nicht mehr fortsetzen, (V.17) er wirft ihr schändliche Dinge vor, indem er sagt: ›Ich habe an deiner Tochter keine Zeichen der Jungfräulichkeit gefunden‹. Dieses sind die Zeichen der Jungfräulichkeit meiner Tochter!‹ – (wenn) sie dann das Gewand vor den Ältesten der Stadt ausbreiten, – (V.18) dann packen die Ältesten dieser Stadt den Mann, (V.19) züchtigen ihn, und legen ihm 100 Silber-Schekel auf und geben sie dem Mädchen des Vaters, denn er hat eine israelitische Jungfrau in Verruf gebracht. Und sie bleibt seine Frau. Sein Leben lang darf er sich nicht von ihr trennen.
> (V.20) Wenn diese Sache aber zutreffend ist und keine Zeichen der Jungfräulichkeit an der Jungfrau gefunden werden, (V.21*) so führen sie die junge Frau vor die Tür ihres Vaterhauses und die Männer ihrer Stadt steinigen sie mit Steinen, so daß sie stirbt, (denn sie hat eine Schandtat in Israel begangen, indem sie im Hause ihres Vaters Unzucht trieb)« (Dtn 22,13–21*).

Dtn 22,13–19 geht auf ein Prozeßprotokoll oder eine Rechtserzählung zurück, die zu einem kasuistischen Rechtssatz umgeformt wurde (Locher, 83–109). Der Gegenfall (Dtn 22,20–21*) wurde vom Redaktor der vordtn Sammlung des Familienrechts als Überleitung von Dtn 22,13–19 zu Dtn 22,22–29* angefügt. Worum geht es in dem in Dtn 22,13–19 zu regelnden Fall vor der Verbindung mit Dtn 22,20–21*? Ein Ehemann will seine Ehe scheiden, wobei er der Frau vorwirft, nicht unberührt in die Ehe gegangen zu sein. Da der Vorwurf des Ehemannes gravierend ist, kann er die Frau ohne Scheidungsgeld und Mitgift entlassen. Der vorliegende Rechtssatz will zugunsten der Frau dem Mißbrauch des Rechts wehren. Der Fall muß vor dem Ortsgericht verhandelt werden. Wenn der Ehemann seinen Vorwurf aufgrund der Beweise der Schwiegereltern nicht aufrecht erhalten kann, wird ihm als erhebliche Sanktion eine Prügelstrafe und das Doppelte des Brautpreises auferlegt. Sein Recht auf Scheidung ist verwirkt.

Der Redaktor interpretiert, wie die Todessanktion in Dtn 22,21* zeigt, den Fall als Ehebruch der bereits verheirateten, aber vom Ehemann noch nicht heimgeführten, also inchoativ verheirateten Frau. Darauf weist, daß die Steinigung auf der Schwelle des Elternhauses stattfinden soll. Der Redaktor überführt also mit der Anfügung des Gegenfalles den Fall in den Horizont des Ehebruchrechts in Dtn 22,20–29, das in Dtn 22,23–27 von der inchoativ verheirateten Frau handelt.[11] Während Dtn 21,13–19 auf ein Prozeßprotokoll oder eine Rechtserzählung zurückgeht und die Nähe zur Gerichtspraxis erkennen läßt, ist Dtn 22,20–21 auf den Redaktor der Familienrechtssammlung zurückzuführen, der auch Dtn 22,23–27 verfaßt hat und in rechtsgelehrten Kreisen der Schreiberausbildung zu suchen ist. Dtn 22,13–19 spiegelt also praktiziertes Recht wider, Dtn 22,20–21 hingegen gelehrte Rechtstheorie.

Im Gegensatz zu dem Rechtssatz Dtn 22,22a, der den Zeugenbeweis im Falle des Ehebruchs vorsieht, wird in den überwiegenden Fällen ein solcher Beweis nicht möglich sein. In den nicht eindeutig durch Zeugenbeweis aufgeklärten Fällen tritt der kultische Rechtsentscheid ein. Der Kodex Hammurapi unterscheidet in §§ 131; 132 zwischen dem Verdacht, der nur vom Ehemann ausgeht, und der öffentlichen Nachrede:

> »Wenn die Frau eines Mannes von ihrem Ehemann bezichtigt wird, sie aber beim Beischlaf mit einem anderen Mann nicht ergriffen wird, schwört sie beim Gott und kehrt in ihr Haus zurück.
> Wenn über die Frau eines Mannes wegen eines anderen Mannes der Finger ausgestreckt wird, sie aber beim Beischlaf mit einem anderen Mann nicht ergriffen wird, taucht sie für ihren Mann in den Flußgott ein.«

Im Falle des nur persönlichen Verdachts des Ehemanns reicht ein Reinigungseid aus, während bei öffentlicher Anschuldigung zur Wiederherstellung der Reputation des Ehemannes (»für den Ehemann«) ein Flußordal notwendig ist.

In Num 5,11–31 ist die Priesterbelehrung eines »Eifersuchtsrituals« erhalten. In chronologischer Abfolge geordnet werden die für ein Ordal notwendigen rituellen Schritte aufgeführt:

> »(V.11) JHWH sprach zu Mose: (V.12) Rede zu den Israeliten und sage ihnen: Wenn irgendeines Mannes Frau auf Abwege gerät, sie wird ihrem Mann untreu (V.13) und ein Mann schläft mit ihr, ohne daß ihr Mann die beiden entdeckt, sie also unentdeckt bleibt, nachdem sie sich verunreinigt hat und es keinen Zeugen gegen sie gibt und sie nicht ertappt worden ist, (V.14) über ihn (den Ehemann) ein Sturm der Eifersucht kommt und er auf seine Frau eifersüchtig wird, nachdem sie sich verunreinigt hat, oder über ihn ein Sturm der Eifersucht kommt und er auf seine Frau eifersüchtig wird, obwohl sie sich nicht verunreinigt hat, (V.15) dann bringt der Mann seine Frau zu dem Priester und bringt die für sie vorgesehene Opfergabe mit, ein Zehntel Epha Gerstenmehl, ohne darüber Öl auszugießen und ohne Weihrauch darauf zu streuen, weil es sich um ein Eifersuchtsopfer handelt, ein Opfer zur Ermittlung der Schuld. (V.16) Dann bringt der Priester die Frau hinein und stellt sie vor JHWH. (V.17) Er nimmt heiliges Wasser in einem Tongefäß und nimmt etwas von der Erde, die sich auf dem Fußboden der Wohnstätte befindet, und tut sie in das Wasser. (V.18) Dann stellt der Priester die Frau vor JHWH, löst das Haupthaar der Frau, legt ihr das Ermittlungsopfer, das ist das Eifersuchtsopfer, in ihre Hände. Der Priester aber hält das fluchbringende Bitterwasser in der Hand. (V.19) Dann läßt der Priester sie schwören und sagt zu der Frau: ›Wenn kein Mann mit dir geschlafen hat, wenn du deinem Mann nicht untreu gewesen bist, also nicht unrein geworden bist, dann bleibst du unbetroffen von diesem fluchbringenden Bitterwasser. (V.20) Wenn du aber deinem Mann

---

11 Das beantwortet auch die Frage, warum in Dtn 22,13–19 nicht Dtn 19,16–21 entsprechend die falsche Anklage mit der Talion sanktioniert wird. Hier ist nicht mit C. Locher ein Interesse am Schutz der Ehe, das den Ehemann nicht der Todessanktion preisgeben wolle, oder mit A. Schenker der Realbeweis als Beweis minderen Rechts gegenüber dem Zeugenbeweis zu reklamieren. Vielmehr wird erst durch die Anfügung von Dtn 22,20–21* der Fall zu einem eindeutig todesrechtlichen, während es sich in Dtn 22,13–19 ursprünglich um einen Scheidungsfall handelt.

untreu geworden bist, wenn du unrein geworden bist und wenn ein anderer als dein eigener Mann mit dir geschlafen hat‹ – (V.21) so läßt der Priester die Frau den Selbstverfluchungs-Schwur schwören und der Priester sagt zu der Frau: ›JHWH mache dich inmitten deines Volkes zu einem Beispiel von Selbstverfluchung und Schwur, indem JHWH deine Hüfte einfallen und deinen Bauch anschwellen läßt; (V.22) dieses fluchbringende Wasser dringt in deine Eingeweide ein, so daß dein Bauch anschwillt und deine Hüften einfallen‹. Darauf sagt die Frau: ›Amen, Amen‹. (V.23) Der Priester aber schreibt diese Flüche auf ein Blatt und wischt (die Schrift) in das Bitterwasser hinein, (V.24) gibt der Frau das fluchbringende Bitterwasser zu trinken, so daß dieses fluchbringende Wasser in sie eindringt und ihr bittere Schmerzen bereitet. (V.25) Dann nimmt der Priester das Eifersuchtsopfer aus der Hand der Frau, schwingt die Opfergabe vor JHWH hin und her und bringt sie dar; dann legt er sie auf den Altar. (V.26) Der Priester nimmt von der Opfergabe eine Handvoll als Gedächtnisanteil und läßt ihn auf dem Altar in Rauch aufgehen. Danach gibt er der Frau das Wasser zu trinken. (V.27) Wenn er ihr das Wasser zu trinken gegeben hat, geht, wenn sie sich verunreinigt hat und ihrem Mann untreu war, das fluchbringende Wasser in sie ein, um Schmerzen hervorzurufen. Es läßt ihren Bauch anschwellen und ihre Hüften einfallen, und so wird die Frau zu einem Beispiel der Selbstverfluchung inmitten ihres Volkes.

(V.28) Wenn die Frau sich aber nicht verunreinigt hat und also rein ist, bleibt sie unbetroffen und weiter empfängnisbereit.

(V.29) Das ist die Anweisung für den Fall der Eifersucht; wenn eine Frau ihren Mann betrügt und unrein geworden ist, (V.30) oder wenn ein Mann gegen seine Frau Verdacht schöpft, eifersüchtig auf seine Frau wird und sie vor JHWH treten läßt. Wenn der Priester die Anweisung auf sie anwendet, (V.31) ist der Mann frei von Schuld. Die Frau aber muß die Folgen ihrer Schuld tragen« (Num 5,11–31).

Die Priesterbelehrung hat einen schlüssigen Aufbau. Zunächst (Num 5,12–15) werden die Umstände, unter denen das Ritual durchgeführt wird, vorgebracht. Im Gegensatz zur Differenzierung zwischen einem privaten Verfahren mit Reinigungseid und einem öffentlichen Verfahren aufgrund einer Anklage in CH §§ 131; 132 wird nur der CH § 131 entsprechende Fall der Eifersucht des Ehemannes, nicht aber der einer öffentlichen Anklage behandelt. Auf Num 5,12–15 folgen die Vorbereitungen und Beschwörungen (Num 5,16–23) und die Durchführung des Rituals (Num 5,24–28). Mit Num 5,29–30 wird die Priesterbelehrung mit einer Rekapitulation der Umstände, für die das Ritual vorgesehen ist, und einer Feststellung über Schuld und Unschuld von Ehemann und Ehefrau nach Beendigung des Rituals abgeschlossen. Der kultische Rechtsentscheid greift dort, wo ein Rechtsfall nicht durch Zeugenaussagen aufzuklären ist. Es entspricht der Logik des israelitischen Eherechts, daß das kultische Aufklärungsverfahren nur für Ehefrauen, nicht aber für Ehemänner oder den Konkumbenten vorgesehen ist und der eifersüchtige Ehemann, wie in Num 5,31 festgestellt, in jedem Falle schuld- und straffrei aus dem Verfahren hervorgeht.

Das Ehebruchsverbot »du sollst nicht ehebrechen« umgreift in der Allgemeinheit der Formulierung das innerfamiliare und interfamiliare Eherecht, ist aber dennoch offen für eine den Aspekt der Treue einschließende Bedeutungsweite, die bereits in Hos 1–3 in der Übertragung der Ehemotivik auf die Beschreibung des Verhältnisses zwischen Israel und seinem Gott JHWH erkennbar wird. Hos 1–2 entfaltet Israels Baalsverehrung als Untreue gegen seinen Gott. JHWH reagiert auf die als Ehebruch symbolisierte Untreue mit der Ehescheidung und Entlassung Israels unter Verwendung der Ehescheidungsformel »sie ist nicht meine Frau und ich bin nicht ihr Mann« (Hos 2,4; cf. 1,6.9). Die unehrenhafte Entlassung der untreuen Frau ohne Kleider, Scheidungsgeld und Mitgift hat im mesopotamischen Scheidungsrecht Parallelen.

Damit stellt sich die schwierige und kontrovers beantwortete Frage, wie die in Dtn 22,22a und Lev 20,10 geforderte Todesstrafe für Ehebruch mit der in Hos 2,5 f. vorausgesetzten Ehescheidung zu vereinen sei. Auf eine andere Reaktion als die der Todesstrafe für Ehebruch scheint auch die weisheitliche Überlieferung des AT hinzuweisen:

> »Eifersucht bringt den Ehemann in Wut, er kennt keine Schonung am Tage der Rache. Kein Sühnegeld nimmt er an; häufst du auch Geschenke, er willigt nicht ein« (Prov 6,34 f.).

Es ist strittig, inwieweit die Normen der Rechtstexte tatsächlich Rechtspraxis repräsentieren oder gelehrte Theorie sind. Der letzteren Lösung neigt *H. McKeating* (s. o. I) zu. Andere wie *M. Greenberg* (Postulates [s. o. II]) und *W. Kornfeld* haben in der konsequent todesrechtlichen Bestrafung des Ehebruchs ein Proprium israelitischen Rechts als Gottesrecht gegenüber den Keilschriftrechten, die eine Dispositionsverfügung des Ehemannes und des Königs gegenüber der ehebrüchigen Ehefrau und dem Konkumbenten kennen, gesehen. Die Ehescheidungsprozedur in Hos 2,5 kann dann nur als Ergänzung zur Todessanktion verstanden werden. *A. Phillips* teilt die Voraussetzung, daß das israelitische Todesrecht Gottesrecht gewesen sei, will aber durch diachrone Differenzierungen die Widersprüche beseitigen. Die Todesstrafe war vor der deuteronomischen Reform im 7. Jh. nur für den Konkumbenten vom Gesetz gefordert, während die Ehefrau dem Familienrecht unterlag und besonderen Ehescheidungsprozeduren der öffentlichen Beschämung unterworfen werden konnte. Mit der deuteronomischen Reform wurde auch die Frau der Todesstrafe unterworfen (Dtn 22,22a) und diese Neuerung vom Heiligkeitsgesetz (Lev 20,10) übernommen. In der nachexilischen Zeit sei die Todesstrafe für Ehebruch – im Gegensatz zum Mordfall – nicht mehr angewendet worden. Stattdessen seien die Delinquenten aus der Kultgemeinde ausgeschlossen worden. Einen anderen Weg hat *R. Westbrook* beschritten, der an *B. S. Jackson* (Essays [s. o. II], 60) und *S. E. Loewenstamm* (s. o. II 3) anknüpft. Westbrook rechnet mit einem einheitlichen Scheidungsrecht im Alten Orient, das das israelitische und altgriechische Recht einschließe. Gegenüber der Ehefrau und dem Konkumbenten habe der Ehemann eine Dispositionsverfügung aufgrund der Verletzung seiner Rechte an seiner Ehefrau. Er könne entscheiden, wie die Rechtsfolge wahrgenommen werden soll. In bezug auf die Ehefrau könne er entscheiden, ob die Frau bestraft werden soll, er sich von ihr trennen will oder die Tat ohne Folgen bleibt. Auch gegenüber dem Konkumbenten habe er ein Entscheidungsrecht, entweder die Todesstrafe oder eine Kompensationszahlung zu verlangen. Die Bestimmungen der todesrechtlichen Rechtsfolge seien im israelitischen Eherecht als Tarifangaben der fälligen Kompensationszahlung zu verstehen. Aber schon das keilschriftliche Ehebruchsrecht ist nicht so geschlossen, wie Westbrook es darstellt. Der Mittelassyrische Kodex und der Kodex Hammurapi kennen ein Privatstrafrecht, das auf die Dispositionsverfügung des geschädigten Ehemannes abhebt, und das mit einem öffentlichen Strafinteresse und dem Strafrecht der königlichen Gerichtsbarkeit vermittelt werden muß. Auch im israelitischen Recht ist das Verhältnis von Todesstrafe und Dispositionsverfügung komplexer als es *R. Westbrook* erscheinen läßt.

Der Hinweis auf den altgriechischen Rechtskodex von Gortyn (Zeile 28–36) und auf Lev 19,20–21 sagt für die anstehenden Fragen nichts aus, da in Lev 19,20 das Sklavenrecht gerade vom Todesrecht abgegrenzt wird. Prov 6,35 setzt mit dem Sühnegeldmotiv das Verwirktsein des Lebens des Täters und also das Todesrecht voraus. Der Versuch, durch Ersatzzahlung den geschädigten Ehemann zu besänftigen, wird nicht nur als unwirksam, sondern als widerrechtlich bezeichnet, wenn das Sühnegeld mit Bestechungsgeld, das der Verhinderung des Rechts dienen soll, parallelisiert wird. Ein Bemühen des Konkumbenten, durch unrechte Manipulation zu verhindern, daß der Ehemann den Rechtsgang beschreitet, werde scheitern und der Konkumbent dem Tode verfallen.

Im israelitischen Recht ist zwischen Fällen, die durch Zeugenbeweis justitiabel sind und solchen, die nicht durch Zeugen aufklärbar sind, zu unterscheiden. Dtn 22,22a nimmt den Zeugenbeweis ausdrücklich in die Formulierung auf (»wenn ein Mann ertappt wird, der mit einer Frau schläft . . .«). Entsprechend ist in § 13 des Mittelassyrischen Kodex (Tafel A), der ohne Einschränkung durch eine Dispositionsverfügung des Ehemannes die Todessanktion für Ehefrau und Konkumbenten im Falle des Ehebruches vorsieht, der durch Zeugen beweisbare Aufenthalt der Frau in der Wohnung des Konkumbenten Voraussetzung der Verurteilung:

> »Wenn die Ehefrau eines Mannes aus ihrem Haus herausgeht, zu einem Mann in die Wohnung geht, er mit ihr schläft, obwohl er weiß, daß sie die Ehefrau eines Mannes ist, tötet man den Mann und die Ehefrau.«

Im Kodex Ešnunna sieht § 28 im Falle, daß Ehefrau und Konkumbent von Zeugen *in flagranti delicto* angetroffen werden, ohne Dispositionsverfügung des Ehemannes die Todesstrafe für die Ehefrau vor:

> »Wenn er (der Ehemann) einen Vertrag und/oder ein Fest für ihren Vater und ihre Mutter gibt und sie heiratet – an dem Tage, an dem sie im Schoß eines Mannes gefunden wird, stirbt sie. Sie soll nicht leben.«

Auch § 129 des Kodex Hammurapi setzt voraus, daß der Ehebruchsfall eindeutig durch Zeugen justitiabel ist:

> »Wenn die Ehefrau eines Mannes mit einem anderen Mann beim Liegen gefaßt wird, bindet man sie und wirft sie ins Wasser. Wenn der Ehemann der Frau seine Ehefrau am Leben lassen will, soll auch der König seinen Untertan am Leben lassen.«

Ein Urteil eines Ortsgerichts in Israel ohne Zeugenbeweis ist nicht möglich. Das gilt auch für Ehebruchsprozesse. Wird in Dtn 22,22a und Lev 20,10 wie im Keilschriftrecht die Todessanktion für Ehefrau und Konkumbenten vorgesehen und ist Dtn 22,22a bereits fest in einer Eherechtssammlung verankert, die der Redaktor des Dtn im 7. Jh. aufgenommen hat (Otto, Verantwortung [s. u. IV 1]), so wird man die Todessanktion für Konkumbenten und Ehefrau kaum erst auf die dtn Reform zurückführen können. Von dem eindeutig justitiablen Fall ist CH §§ 131; 132 entsprechend der nur auf einem Verdacht des Ehemanns beruhende Fall zu differenzieren. Er betrifft allein die Ehefrau, da dieser Fall nicht vor einem Gericht zur Entscheidung gebracht werden kann. Sofern der Direktbeweis fehlt, hat der Ehemann keine rechtliche Handhabe gegenüber dem vermeintlichen Konkumbenten, wohl aber gegenüber der Ehefrau. In diesem Falle hat der Ehemann ein Entscheidungsrecht, ob er die Frau unehrenhaft entlassen will, den Fall also scheidungsrechtlich lösen will, oder die Frau einem Ordal unterzieht. Ein entsprechendes Verfahren für den vermeintlichen Konkumbenten gibt es nicht. In diesem in Hos 2 vorausgesetzten Fall trägt die Frau allein die Konsequenzen. Schließlich kann der Mann den Verdacht auf sich beruhen lassen. Eine Differenz zwischen den Keilschriftrechten und dem israelitischen Recht besteht darin, daß die privatstrafrechtliche Dispositionsverfügung des Ehemannes gegenüber seiner Ehefrau in Israel nicht in die Gerichtsjudikatur eingedrungen ist und es keine Bindung des

Strafmaßes des Konkumbenten an das vom Ehemann der Ehefrau auferlegten gibt. In Israel ist der eindeutig bezeugte Ehebruch konsequent ein Fall uneingeschränkten Todesrechts und die Dispositionsverfügung des Ehemannes auf den nicht durch Zeugen *in flagranti delicto* aufgeklärten Fall eingeschränkt. Daß die privatstrafrechtliche Dispositionsverfügung des Ehemannes in Israel so konsequent vom Todesrecht ferngehalten wurde, ist auf die Einbindung des Familienrechts in einen theologischen Begründungszusammenhang im Dtn zurückzuführen.

4. Die Begründung der gesellschaftlichen Ungleichheit der Geschlechter durch die Exogamie und das Eheverständnis in Mesopotamien und Israel

S. Allam, Art. Ehe, LÄ I, 1162–1181; *G. Beer*, Die soziale und religiöse Stellung der Frau im israelitischen Altertum, 1919; *H.J. Boecker*, Mann und Frau, 1977; *P.A.H. de Boer*, Fatherhood and Motherhood in Israelite and Judean Piety, 1974; *J. Bottéro*, La femme dans l'Asie Occidentale ancienne: Mésopotamie et Israel, in: P. Grimal (Hg.), Histoire mondiale de la femme, Bd. 1, 1965, 153–247, 488; *A. Brenner*, The Israelite Woman, 1985; *M. Burrows*, The Basis of Israelite Marriage, 1938; *G. Cardascia*, Égalité et inégalité des sexes en matière d'atteinte aux moeurs dans le Proche-Orient ancien, WO 11, 1980, 7–16; *J. L. Comaroff* (Hg.), The Meaning of Marriage Payments, 1980; *F. Crüsemann/H.Thyen*, Als Mann und Frau geschaffen, 1978; *J.-M. Durand* (Hg.), La femme dans le Proche-Orient Antique, 1987; *E. Ebeling/V. Korošec*, Art. Ehe, RLA II, 281–299; *E. Eberharter*, Das Ehe- und Familienrecht der Hebräer mit Rücksicht auf die ethnologische Forschung dargestellt, 1915; *G.T. Emmerson*, Women in Ancient Israel, in: R.E. Clements (Hg.), The World of Ancient Israel, 1989, 371–394; *K. Engelken*, Frauen im Alten Israel, 1990; *L.M. Epstein*, Marriage Laws in Bible and Talmud, 1942; *Z.W. Falk*, Endogamy in Israel, Tarbiz 32, 1963, 19–34; *J. J. Finkelstein*, Sex Offenses in Sumerian Laws, JAOS 86, 1966, 355–372; *R. Fox*, Kinship and Marriage, 1967; *E.S. Gerstenberger/W. Schrage*, Frau und Mann, 1980; *R. Goeden*, Zur Stellung von Mann und Frau, Ehe und Sexualität im Hinblick auf Bibel und Alte Kirche, Diss. theol. Göttingen 1969; *C.H. Gordon*, Ancient Hebrew Marriage Laws, JQR 40, 1949, 125; *ders.*, Erēbu-Marriage, in: M.A. Morrison u. a. (Hg.), Studies in the Civilization and Culture of Nuzi and the Hurrians. FS E.R. Lacheman, 1981, 155–160; *S. Greengus*, Old Babylonian Marriage Ceremonies and Rites, JCS 20, 1966, 55–72; *R. Harris*, Independent Women in Ancient Mesopotamia?, in: B.S. Lesko (Hg.), Women's Earliest Records, 1987, 145–165; *G.P. Hugenberg*, Marriage as Covenant, 1994; *G. Jasper*, Polygyny in the OT, ATJ 2, 1969, 27–57; *K. Kahana*, The Theory of Marriage in Jewish Law, 1966; *W. Kornfeld*, Art. Mariage. DBS V, 905–935; *P. Koschaker*, Fratriarchat, Hausgemeinschaft und Mutterrecht in Keilschriftrechten, ZA 41, 1933, 1–89; *ders.*, Eheschließung und Kauf nach altem Recht, mit besonderer Berücksichtigung der älteren Keilschriftrechte, ArOr 18, 1950, 210–296; *B. Landsberger*, Jungfräulichkeit: Ein Beitrag zum Thema »Beilager und Eheschließung«, in: J. A. Ankum u. a. (Hg.), Symbolae iuridicae et historicae. FS M. David, Bd. 2, 1968, 41–105; *N.P. Lemche*, Early Israel, 1985; *C. Levi-Strauss*, Die elementaren Strukturen der Verwandtschaft, 1984; *E. Lipiński*, The Wife's Right to Divorce in the Light of an Ancient Near Eastern Tradition, The Jewish Law Annual 4, 1981, 9–27; *E.M. MacDonald*, The Position of Women as Reflected in Semitic Codes of Law, 1931; *D. Mace*, Hebrew Marriage, 1953; *V. Marx*, Die Stellung der Frauen in Babylonien, BASS 4, 1902, 11–77; *C. Meillassoux*, »Die wilden Früchte der Frau«, 1976; *J. Morgenstern*, Beena Marriage (Matriarchat) in Ancient Israel and its Historical Implications, ZAW 47, 1929, 91–110; 49, 1931, 46–58; *L.M. Muntingh*, The Social and Legal Status of a Free Ugaritic Female, JNES 26, 1967, 102–112; *J. Neubauer*, Beiträge zur Geschichte des biblisch-talmudischen Eheschließungsrechts, 1919/20; *E. Neufeld*, Ancient Hebrew Marriage Laws, 1944; *D. Nörr*, Die Auflösung der Ehe durch die Frau nach altbabylonischem Recht, in: Studi Betti, Bd. III, 1967, 509–529; *E. Otto*, Zur Stellung der Frau in den ältesten Rechtstexten des AT (Ex 20,14; 22,15 f.), ZEE 26, 1982,

279–305; *ders.*, Rezension von R. Westbrook, Old Babylonian Marriage Law, ZA 81, 1991, 308–314; *ders.*, Das Verbot der Wiederherstellung einer geschiedenen Ehe. Deuteronomium 24,1–4 im Kontext des israelitischen und judäischen Eherechts, UF 24, 1992, 301–310; *E.G. Parrinder*, The Bible and Polygamy, 1958; *R. Patai*, Sitte und Sippe in Bibel und Orient, 1962; *A. Phillips*, Some Aspects of Family Law in the Pre-Exilic Israel, VT 23, 1973, 349–361; *W. Plautz*, Zur Frage des Mutterrechts im AT, ZAW 74, 1962, 9–30; *ders.*, Monogamie und Polygamie im AT, ZAW 75, 1963, 3–27; *ders.*, Die Form der Eheschließung im AT, ZAW 76, 1964, 298–318; *A. van Praag*, Droit matrimonial assyro-babylonien, 1945; *C. Pressler*, The View of Women Found in the Deuteronomic Family Laws, 1993; *A.F. Rainey*, Family Relationships in Ugarit, Or. (N.S.) 34, 1965, 10–22; *S. Rattray*, Marriage Rules, Kinship Terms, and Family Structure in the Bible, SBL.SP 1987, 537–544; *P. Rémy*, La condition de la femme dans les codes du Proche-Orient et les codes d'Israël, ScEc 16, 1964, 5–29; *J. Renger*, mārat ilim: Exogamie bei den semitischen Nomaden des 2. Jahrtausends, AfO 24, 1974, 103–107; *H.-F. Richter*, Geschlechtlichkeit, Ehe und Familie im AT und seiner Umwelt, 1978; *M. Roth*, Age at Marriage and the Household, CSRS 29, 1987, 715–737; *dies.*, Babylonian Marriage Agreements 7th – 3rd Centuries B.C., 1989; *C. Saporetti*, The Status of Women in the Middle Assyrian Period, 1979; *J. Scharbert*, Art. Ehe/Eherecht/Ehescheidung (AT), TRE IX, 311–313; *I. Seibert*, Die Frau im alten Orient, 1973; *A. van Selms*, Marriage and Family Life in Ugaritic Literature, 1954; *A.J. Skaist*, Studies in Ancient Mesopotamian Family Law Pertaining to Marriage and Divorce, Ph.D. Diss. University of Pennsylvania, 1963; *N. Steinberg*, Alliance or Descent? The Function of Marriage in Genesis, JSOT 51, 1991, 45–55; *K. van der Toorn*, From Her Cradle to Her Grave. The Role of Religion in the Life of the Israelite and the Babylonian Woman, 1994; *A. Tosato*, Il matrimonio israelitico, 1982; *R. Westbrook*, The Old Babylonian Marriage Law, 1988; *E.A. Westmarck*, The History of Human Marriage, Bd. 2, 1921; *C. Wilcke*, Familiengründung im Alten Babylonien, in: E.M. Müller (Hg.), Geschlechtsreife und Legitimation zur Zeugung, 1985, 213–317; *R. Yaron*, Zu babylonischen Eherechten, ZSRG.R 109, 1992, 51–99.

Das bisher behandelte Familienrecht hat die gesellschaftlich ungleiche Stellung von Mann und Frau in Israel verdeutlicht. Welches sind die Gründe für die Ungleichheit der Geschlechter? C. Levi-Strauss konnte aufzeigen, daß die Exogamieregel in der Optimierung der Verbindung von geschlechtsreifen Männern und Frauen begründet ist. Damit das Verhältnis ausgeglichen ist, bedarf es mindestens 100 Paare, um das Risiko einer Überzahl an Männern oder Frauen zu minimieren. Die israelitische Großfamilie umfaßt, wie die Reihe der sog. »Inzestverbote« (Lev 18,7–18*) zeigt, einen Bruchteil davon, in der Regel kaum mehr als 15 Personen, maximal aber 30 Personen. Zur optimalen Ausnutzung der Gebär- und Zeugungsfähigkeit ist also ein überfamiliarer Regelzusammenhang des Partneraustausches notwendig. Die israelitische Ehe ist eine konsequent exogame Ehe in dem Sinne, daß innerhalb des durch Lev 18,7–18* beschriebenen Rahmens einer Großfamilie (extended family) nicht geheiratet wird. Der ideale Ehepartner aber kommt aus der Sippe (normal lineage) väterlicher Verwandtschaft und ist in der Perspektive des Mannes die väterliche Parallelcousine, d.h. die Tochter des Vaterbruders (cf. Gen 28,5; 36,3). In Gen 24 wird die Enkelin des Vaterbruders geheiratet. Aus der Sicht der Frau ist der väterliche Parallelcousin, d.h. der Sohn des Vaterbruders, der ideale Ehepartner (cf. Num 36,10f). Der Vaterbruder und die von ihm ausgehende genealogische Linie ist nach Lev 18,7–18* nicht Teil der Großfamilie, wohl aber einer familienübergreifenden lineage. Die israelitische Ehe war familienexogam und in der Theorie verwandtschaftsendogam. Die Verwandtschaftsendogamie wurde aber keineswegs konsequent praktiziert.

Aus der Exogamie folgt die Alternative einer matrilokalen oder patrilokalen und entsprechend patrilinearen Strukturierung. Entweder der Mann oder die Frau verlassen die Familie und werden von der Familie des Partners aufgenommen. Wer immer seine Familie verlassen muß, ist von Geburt an in der eigenen Familie und von der Heirat an in der Familie, in die eingeheiratet wurde, unterprivilegiert, da man in der Geburtsfamilie nur Mitglied auf Zeit und somit vom Erbgang ausgeschlossen ist und in der neuen Familie nicht vollgültig dazugehört, da man fremden Blutes ist.

Die Alternative zu einer derartigen exogamen Regelung ist der Verzicht auf feste Familienstrukturen, wie er in archaischen Hordengesellschaften der Jäger- und Sammlerkultur, in der Männer und Frauen zwischen Gemeinschaften pendeln und sich Partner auf Zeit frei suchen, bekannt ist, wobei die Kinder nach dem Abstillen von den Gemeinschaften kollektiv großgezogen werden. In einer auf Ackerbau und Viehzucht beruhenden Ökonomie ist eine derartige Struktur nicht mehr möglich, da im Gegensatz zum Jäger- und Sammlerdasein die langfristige Investitionen erfordernde Wirtschaftsweise feste Gemeinschaftsbindungen verlangt. Die antike Großfamilie organisiert sich als grundlegende Wirtschaftseinheit. Sie muß patrilokal oder matrilokal organisiert sein. In jedem Falle ist damit die Ungleichheit der Geschlechter gesetzt. Diese Logik verliert erst in der Moderne an Bedeutung, in der die Familie sich auf die Kernfamilie reduziert hat und die Frage, wer seinen eigenen Familienverband verläßt und wer an die Genealogie seiner Familie unmittelbar angeschlossen bleibt, keine Rolle mehr spielt.

4.1 Die Polygynie

In einer Übergangsphase vom Jäger- und Sammlerdasein zum Ackerbau im Zuge der neolithischen Umwälzung gab es wohl matrilokale Gesellschaften. Während die Frauen stationär den Ackerbau der Stecklingswirtschaft betrieben, waren die Männer auf der Jagd. Entsprechend waren die Familien um die Frauen als ruhende Pole zentriert, wobei aber die Genealogie nicht von der Mutter auf die Töchter, sondern vom Bruder der Mutter auf die Söhne gezogen wurde. In polygamen Verhältnissen ist die Zeugungsfähigkeit der Männer durch die Schwangerschaftszeiten der Frauen wirkungslos. Bei einer patrilokalen Strukturierung ist die Möglichkeit in den gesellschaftlichen Regelzusammenhang eingebaut, bei Kinderlosigkeit aufgrund der Unfruchtbarkeit der Frau durch Zuheirat die Zahl der Frauen und damit die Gebärfähigkeit in der Familie zu erhöhen und das Überleben der Familie zu sichern.

Polygame Beziehungen sind im Alten Orient und in Israel keineswegs die Regel, sondern nur unter bestimmten Voraussetzungen, so insbesondere bei ungewollter oder durch ein Priesteramt der Frau notwendiger Kinderlosigkeit erlaubt. Der Kodex Hammurapi (CH) regelt diesen Fall in § 144:

> »Wenn ein Mann eine *(nadītu-)* Priesterin geheiratet hat, diese Priesterin ihrem Ehemann eine Sklavin gibt, um ihm Kinder gebären zu lassen, dieser Mann den Plan faßt, eine *(šugītu-)* Priesterin zu heiraten, gestattet man das dem Mann nicht. Er heiratet die *(šugītu-)* Priesterin nicht.«

Im Falle, daß ein Mann eine zur Kinderlosigkeit verpflichtete Priesterin heiratet, kann sie dem Ehemann eine Sklavin geben, die Kinder gebiert. Wie eine altbabylonische Heiratsurkunde (CT 48 67; Westbrook, 125) zeigt, gelten die Kinder aus dieser Verbindung als Nachkommen der Priesterin und ihres Ehemannes. Gen 16,2; 21,10; 30,1–6 sieht eine entsprechende Regelung bei ungewollter Kinderlosigkeit vor. Ex 21,7–11 spricht der zur Ehe genommenen Sklavin die Rechte einer freien Frau zu, bei deren Nichterfüllung sie das Haus ihres Ehemannes als Freie verlassen kann (Ex 21,11).

In einer polygamen Ehe kann das Verhältnis der beiden Ehefrauen – das altbabylonische Eherecht kennt nur Ehen mit maximal zwei Frauen – als ein durch

Adoption zustande gekommenes Verhältnis, als Schwestern-, als Mutter-Tochter-, oder als Herrin-Sklavin-Verhältnis verstanden werden. Beide Frauen gelten auch bei Ungleichheit untereinander gleichermaßen als mit dem Ehemann verheiratet. So muß auch das in CH § 144 vorausgesetzte Verhältnis zwischen Ehemann und Sklavin der Frau als Eheverhältnis verstanden werden. Die Verfügungsgewalt der Ehefrau über die Sklavin wird eingeschränkt. Wenn die Sklavin sich über ihre kinderlose Herrin erhebt (Gen 16), darf die Sklavin als Ehefrau des Mannes nicht von ihrer Herrin verkauft werden (CH §§ 146; 147). Der Ehemann darf im Falle, daß die Sklavin ihm als Ehefrau Kinder geboren hat, keine weitere Frau heiraten (CH § 145). Die Intention der Zulassung von Polygynie in der altbabylonischen Ehe wird hier besonders deutlich: es geht um die Fortsetzung der Genealogie der Familie, was sich im Erbrecht niederschlägt. Die Nachkommen einer solchen bei Kinderlosigkeit der ersten Frau geschlossenen zweiten Ehe sind automatisch erbberechtigt (cf. auch Gen 21,10) im Gegensatz zu Kindern aus einem Verhältnis mit einer Konkubine (pilaegaeš), die erst durch Adoption Erbrecht erhalten (CH §§ 170; 171).

Mit der Sicherung der Genealogie und Weitergabe des Erblandes sind Zwecke der Ehe benannt, die erst in jüngster Zeit in unserem Eheverständnis zurücktreten. Am Überleben der Familie, der Verhinderung ihres Aussterbens, hängt in der Antike das Schicksal eines jeden Familienmitgliedes über den Tod hinaus. Der Mensch besteht aus einem physischen und einem sozialen Ich, das in die genealogisch strukturierten Gemeinschaftsbezüge eingebettet ist. Nur das physische Ich kann sterben, während das soziale Ich über den Tod hinaus im Groß-Ich der Familie weiterlebt. Die Lebenden der Familie versorgen im Totenkult die gestorbenen Mitglieder ihrer Familie. Stirbt die Familie aus, sterben endgültig auch die Toten der Familie.

Mit der Fortsetzung der Genealogie werden auch Grund und Boden in der Familie gehalten. Die enge Bindung des Erbrechts an das Eherecht ist darin begründet. In der Bindung der Familie an den Boden geht es um mehr als um Besitzrecht (cf. Num 27,1–11). Besitz ist wie das Verwandtschaftsbewußtsein ein Medium der Gemeinschaftsintegration. Besitz meint in bezug auf den Boden also nicht das Verfügungsrecht einer Person über eine Sache, sondern die Verpflichtung von Menschen zur Gemeinschaft bezogen auf eine Sache. Der Landbesitz vermittelt den Zusammenhalt der Großfamilie. Löst man den Zusammenhang einer Familie mit ihrem Boden auf, so ist ihr Zusammenhalt und damit ihr Überleben in Frage gestellt. Die Polygynie soll auch den Zusammenhang von Genealogie und Besitz im Erbrecht sichern.

Neben der Kinderlosigkeit wird im altbabylonischen Recht nur noch in Fällen einer lang anhaltenden, ein eheliches Zusammenleben unmöglich machenden Krankheit der Ehefrau (CH § 148) oder eines Fehlverhaltens der Frau, das eine Scheidung rechtfertigen kann (CH § 141), eine polygyne Ehe erlaubt. In letzterem Falle kann der Ehemann auf eine Scheidung verzichten und die Ehefrau als Sklavin neben einer neuen Ehefrau im Hause behalten.[12]

Die Polygynie unterliegt in Israel ähnlichen Beschränkungen wie in Mesopotamien. Gen 16,1–16; 30,1–6 läßt die Regelung einer polygynen Ehe im Falle der Kinderlosigkeit der Ehe erkennen (cf. 1 Sam 1,2). Wie im altbabylonischen Recht

---

12 In Ägypten ist bis auf zwei bislang bekannte Gegenbeispiele Polygynie nur in der Königsfamilie belegt.

sind die Kinder aus diesem Eheverhältnis unmittelbar erbberechtigt (cf. Gen 21,10).[13]

Dtn 21,15–17 liegt der auch in CH § 141 behandelte Fall zugrunde, daß der Ehemann seine Frau verwirft und eine andere Frau heiratet:

> »(V.15) Wenn ein Mann zwei Frauen hat, die eine ist die geliebte, die andere ist die verhaßte, und sie gebären ihm beide Söhne, die geliebte wie die verhaßte, und der erstgeborene Sohn von der verhaßten Frau stammt, (V.16) darf er nicht am Tage, wenn er seine Söhne als Erben einsetzt über das, was ihm gehört, den Sohn der geliebten Frau wie einen Erstgeborenen behandeln gegen die Rechte des erstgeborenen Sohnes der verhaßten Frau. (V.17) Vielmehr setzt er den erstgeborenen Sohn der verhaßten Frau in die Rechte des Erstgeborenen ein, indem er ihm doppelten Anteil gibt von allem, was ihm gehört. Ihn hat er zuerst gezeugt. Ihm steht das Erstgeburtsrecht zu« (Dtn 25,15–17).

Die patrilokale und patrilineare Strukturierung der Ehe angesichts einer durch die Exogamie prinzipiell verursachten Ungleichheit der Geschlechter hat sich aufgrund der gegenüber einer matrilokalen Strukturierung besseren Fähigkeit, der Gefahr der Kinderlosigkeit zu wehren, durchsetzen können. Die in der Patrilokalität und Patrilinearität der alttestamentlichen Familie begründete Polygynie als rechtliche Ausnahmeregelung der altorientalischen und israelitischen Ehe bestätigt die Begründung der patrilokalen und -linearen Strukturierung der Familie durch das Ziel der Überlebenssicherung.

4.2 Der Brautpreis und die These der Kaufehe

Ein Indikator zur Erfassung der Rechtsgrundlage der Ehe ist der Brautpreis. Die Eheschließung vollzieht sich in der Regel in zwei Schritten. In einem ersten Schritt wird der Brautpreis übergeben, die Ehe aber nicht vollzogen. G. R. Driver und J. C. Miles (Babylonian Laws I [s. o. II], 322–324) haben diese erste Stufe des Eheverhältnisses als »inchoate marriage« (Ehe im ersten Stadium) bezeichnet.[14] § 130 des Kodex Hammurapi und § 26 des Kodex Ešnunna zeigen, daß zwischen der Übergabe des Brautpreises und dem Vollzug der Ehe ein Zeitraum liegt, in dem die Frau für Außenstehende bereits als Ehefrau gilt:

> »Wenn ein Mann die Ehefrau eines Mannes, die keinen Mann erkannt hat und im Hause ihres Vaters wohnt, knebelt und in ihrem Schoß liegt und man ihn dabei ertappt, wird dieser Mann getötet; die Frau bleibt straffrei« (CH § 130).
> »Wenn ein Mann für die Tochter eines Mannes den Brautpreis bringt und ein anderer sie, ohne ihren Vater und/oder ihre Mutter zu fragen, raubt und defloriert, ist es ein Kapitalverbrechen. Er stirbt« (CE § 26).

Entsprechende Regelungen sieht Dtn 22,22a.23–27* vor. Auch hier wird zwischen der vollgültig verheirateten Frau (Dtn 22,22a) und der inchoativ verheirateten Frau (Dtn 22,23 ff.) unterschieden und die inchoativ verheiratete Frau dem für verheiratete Frauen gültigen Eherecht unterworfen. Wird die inchoativ verheiratete

---

13 Im Falle eines Konkubinats wie in Gen 30 bei mehr als zwei Frauen bedarf es einer Adoption, um die Kinder erbberechtigt werden zu lassen. Gen 30,3 »auf den Knien gebären« spielt auf einen Adoptionsritus an.

14 Sie wenden sich damit gegen die ältere Bezeichnung dieses Stadiums als »Verlöbnis«, die den rechtlich verbindlichen Charakter der Verbindung und also der Anwendung des Eherechts nicht zum Ausdruck bringt.

Frau, die in der Regel im Hause ihres Vaters wohnt[15] und die Ehe noch nicht vollzogen hat, nach außen gegenüber Dritten dem Eherecht unterworfen und vor dem Zugriff anderer Männer geschützt, so unterscheidet sich aber das Rechtsverhältnis zwischen den beiden Rechtsparteien des Eheverhältnisses, d. h. zwischen den beiden Familien der Eheleute in der inchoativen Ehe von dem der Vollehe. Die §§ 159–161 des Kodex Hammurapi lassen eine Auflösung der inchoativen Ehe ohne Ehescheidung zu. Mit der Übergabe des Brautpreises[16] und dem damit verbundenen Abschluß eines Ehevertrages (CE §§ 27; 28) hat die Frau nach außen den geschützten Status einer Ehefrau, während nach innen das Ehe- und damit das Scheidungsrecht noch nicht zur Anwendung kommt.[17] Welche Bedeutung kommt in diesem Zusammenhang dem Brautpreis zu?

Die Funktion des Brautpreises ist unterschiedlich interpretiert worden. *E. Cuq* (s. o. II) und *M. Burrows* deuten ihn als ein Geschenk der Familie des Bräutigams an den Vater der Braut. Diese Deutung läßt aber die Rechtsverbindlichkeit, die mit der Übergabe des Brautpreises verbunden ist, vermissen. *E. Lipiński* (ThWAT IV, 719) interpretiert den Brautpreis als eine Entschädigung, die der Familie für den ökonomischen Verlust durch den Weggang des Mädchens gewährt wird. Diese Deutungen aber erklären nicht, warum der Brautpreis bereits gezahlt wird, wenn die Frau noch ihrer Familie längere Zeit als Arbeitskraft zur Verfügung steht, und warum aus der Übergabe des Brautpreises das Rechtsverhältnis inchoativer Ehe resultiert. Nach *A. van Praag*, *J. Neubauer* und *A. Eberharter* ist der Brautpreis eine Gabe, die deutlich mache, daß die Ehe mit der Absicht der Eheschließung vollzogen wurde, es sich also um die Begründung eines Eheverhältnisses handelt. Doch mit der Übergabe des Brautpreises allein ist nicht ausgeschlossen, das Verhältnis als Konkubinat und den Brautpreis als Kaufpreis zu interpretieren. Die Übergabe einer Geldsumme ist ein denkbar ungeeignetes Mittel, um eine Eheabsicht auszudrücken. Das lenkt zurück zum Kompensationsaspekt, dem die übrigen Deutungen folgen. *A. van der Meer* (RA 31, 121–123) hat den Brautpreis als Kompensation für den Verlust der Jungfräulichkeit gedeutet. Der Brautpreis wird aber nicht der Frau, sondern dem Vater der Braut gegeben. Die Eheurkunde CT 48 53 (Westbrook, 123) sieht bei Wiederverheiratung einer Witwe die Zahlung eines Brautpreises vor. *P. Koschaker* deutet den Ehevertrag als Kaufvertrag und entsprechend den Brautpreis als Kaufpreis der Frau. Die handelsrechtliche Interpretation der Eheschließung sei aber nicht mit dem subjektiven Verständnis der eheschließenden Parteien in altbabylonischer Zeit identisch. Man könne also nicht davon ausgehen, die Familie des Ehemannes sei der Meinung gewesen, eine Frau zu kaufen. Vielmehr sei das Handelsrecht ein modernes Instrument der Analyse, um im Analogieschluß Lücken im Verständnis des Eherechts zu schließen. Da sich aber das keilschriftliche Material der These der Kaufehe nicht beugen wollte, hat Koschaker die Eheform der Muntehe, die auf Kauf basiere und die Frau in die völlige Verfügungsgewalt des Mannes und seiner Familie übergehen lasse, von der muntfreien Ehe, die nicht mit einem Kauf ver-

---

15 R. Westbrook (34–38) differenziert zwischen einer standard-inchoativen Ehe der im Hause ihres Vaters wohnenden Frau und einer »Schwiegertochter-inchoativen Ehe« der bereits ohne Vollzug der Ehe im Hause ihres Schwiegervaters lebenden Ehefrau.

16 Im AT kann der Brautpreis in Geld (Ex 22,16), Naturalien oder in Form von Dienstleistungen (Jos 15,16 f.; Ri 1,12 f.; 1 Sam 18,17–27) gegeben werden.

17 R. Westbrook (29–34) differenziert zwischen Verlöbnis und inchoativer Ehe als zwei Stufen auf dem Weg zur vollgültigen Ehe. Das Nebeneinander der Übergabe des Brautpreises und Abschlusses des Ehevertrages sowie die Ausrichtung eines Hochzeitsfestes in CE §§ 26–28; CH § 128 seien so zu ordnen, daß der Vertragsabschluß mit Übergabe des Brautpreises vorangehe und bereits einen rechtlich bindenden Status schaffe. Ein derartiges rechtlich bindendes Verlöbnis vor der Übergabe des Brautpreises ist aus CE §§ 26–28 aber nicht abzuleiten. In CE § 26 ist die Übergabe des Brautpreises das entscheidende Fallmerkmal, da die Rechte des Ehemannes verletzt werden und mit der Übergabe das Wirksamwerden dieser Rechte definiert ist. In CE § 27 sind Ehevertrag und Hochzeitsfest aufgeführt, da in diesem Falle die Rechte der Familie der Ehefrau verletzt werden.

bunden sei und die Rechte der Frau in ihrer eigenen Familie wahre, abgehoben. Die Analogie des Handelsrechts trägt nichts für die Interpretation des Eherechts aus. In den Eheurkunden und in den Rechtssätzen der Rechtssatzsammlungen wird niemals von Kauf oder einem Kaufpreis gesprochen. Die Analogie des Handelsrechts zum Eherecht müßte zu so aberwitzigen Konsequenzen wie der eines Rückgabe- oder Wiederverkaufsrechts führen. Es geht in der Eheschließung nicht um einen Transfer von Besitzrechten. Für *R. Westbrook* schließlich ist die Ehe eine Rechtsinstitution *sui generis*, die ihre nächste rechtliche Analogie nicht im Kauf-, sondern im Adoptionsrecht habe. Ehe- und Adoptionsurkunden treffen sich darin, daß es jeweils um einen Vertrag zwischen drei Parteien, dem Adoptor bzw. Bräutigam, dem Adoptierten bzw. der Braut und den jeweiligen Eltern des Adoptierten bzw. der Braut geht. Die Auflösungsklauseln in Adoptions- und Eheurkunden ähneln sich. Das Verhältnis von Ehemann und Ehefrau entspreche nicht dem Vertragsverhältnis, sondern dem Status der Kindschaft im Adoptionsrecht. Da aber das Adoptionsrecht keine Entsprechung zum Brautpreis kennt, stößt an dieser Stelle die Analogie an ihre Grenzen. Westbrook will das Problem dadurch lösen, daß er eine bereits vor ihm von A. Eberharter und G. R. Driver/J. C. Miles vertretene Interpretation des Brautpreises als Ablösung der elterlichen Verfügungsgewalt über die Braut zugunsten des Bräutigams oder der Schwiegereltern der Braut aufnimmt. Doch der Brautpreis wird fällig, wenn die Braut in inchoativer Ehe auch noch längere Zeit in elterlichem Hause der väterlichen Gewalt unterworfen bleibt. Westbrook will diesem Dilemma durch eine Unterscheidung zwischen *de iure* und *de facto* Gewalt entgehen, die aber an den Quellen keinen Anhalt hat. Dieser Durchgang durch die Forschungspositionen zeigt, daß eine nur juridische Erklärung nicht ausreicht, um die Funktion des Brautpreises zu erfassen, dessen Wurzeln jeder juridischen Interpretation in den altorientalischen und israelitischen Quellen vorausliegen.

Der Brautpreis hat als kulturhistorische Universalregelung seinen Ursprung in der Funktionssicherung exogamer Heiratsordnung. Er dient dazu, den unmittelbaren Tausch von Tochter gegen Tochter unter den exogamen Familien zugunsten komplexerer Tauschgemeinschaften und längerer Fristen zu ersetzen. Kann ein unmittelbarer Tausch von Heiratspartnern von Familie zu Familie nur in Ausnahmefällen gelingen (cf. Gen 34,16), da selten zu gleicher Zeit in zwei Familien je eine Tochter und ein Sohn im heiratsfähigen Alter sind, bedarf es eines Mittels, um die Tauschbeziehungen zeitlich zu strecken und auf viele Familien auszudehnen. Gibt eine Familie eine Tochter, so erhält sie dafür einen Brautpreis, bei dem es sich ursprünglich keineswegs um eine Bezahlung handelt. Vielmehr muß nur in der Gesellschaft Übereinstimmung darüber herrschen, daß das, was als Brautpreis gegeben wurde, – in Papua Neuguinea können es z. B. Muscheln sein – dazu befähigt, im Rücktausch eine Frau für einen der eigenen Söhne in die Familie zu holen. Nach vielen Jahren kann mit Hilfe des als Brautpreis erhaltenen Gegenstandes anstelle der Tochter, die in eine andere Familie geheiratet hat, eine Frau aus einer anderen Familie zurückgeholt werden. Da nun nicht mehr direkt getauscht werden muß, kann auch der Kreis der Familien, unter denen geheiratet wird, sehr weit gezogen werden, in der Theorie so weit, wie die Tauschäquivalenz des Brautpreises anerkannt wird. Die Besonderheit des Geldes liegt darin, daß damit der Kreis so weit wie das Geld als Zahlungsmittel Gültigkeit hat, ausgedehnt werden kann. Es geht also nicht um eine Kompensation von Verlusten wie Arbeitskraft, Verfügungsgewalt oder Jungfräulichkeit, sondern um ein Äquivalent für den gestreckten Tausch von Person gegen Person. Damit stellt sich aber auch die Frage nach der rechtlichen Interpretation des Brautpreises neu. Es ist nicht nach dem rechtlichen Ursprung des Brautpreises zu fragen, sondern danach, wie eine vorrechtlich-überkommene Institution im mesopotamischen und israelitischen Rechtsgefüge rezipiert und interpretiert wurde. Die inchoative Ehe als Rechtsfiktion, die die inchoativ verheiratete

Frau nach außen gegenüber Dritten einer vollgültig verheirateten Frau gleichstellt und vor jedem Zugriff durch einen anderen Mann schützt, muß durch ein rechtlich eindeutiges Zeichen, die Übergabe des Brautpreises, erkennbar und bekannt werden. So wird sichergestellt, daß die junge Frau nicht von einem anderen Mann schwanger in die Ehe geht und die Genealogie der Erbfolge nicht gestört und damit verbunden das Überleben der Familie gefährdet wird. Nicht vom Kauf- oder Adoptionsrecht her ist die Institution des Brautpreises zu deuten, sondern von den Funktionen innerhalb der Eheinstitution, die aller rechtlichen Interpretation vorausliegen. Hat sich die Wirtschaft und damit privates Vermögen so weit entwickelt, daß der Brautpreis nicht mehr direkt für die Einholung einer Frau im Gegenzuge für eine aus der Familie heiratende zurückgelegt werden muß, so kann der Brautpreis, wie es altbabylonische Eheurkunden widerspiegeln (CT 48 50: 15–20), der Versorgung der Ehefrau und ihrer Kinder im Falle der Verwitwung oder der Scheidung dienen (CH §§ 136; 163; 164), zumal mit Beendigung der inchoativen Ehe durch die Einholung der Frau in das Haus ihres Mannes und durch den Vollzug der Ehe die rechtssymbolische Funktion des Brautpreises erlischt.[18] Es bestätigt sich also durchgängig, daß es Zweck der Ehe war, das Überleben der Familie durch männliche Nachkommen zu sichern.

In der Moderne stellen sich die Überlebensfragen der Gesellschaft anders. Angesichts der Überbevölkerung ist die Optimierung der Nachkommenzahl für ein Überleben der Menschheit nicht mehr von zentraler Bedeutung. Damit haben in der Strukturierung des Zusammenlebens von Mann und Frau auch die aus der Exogamie resultierenden Aspekte der Ungleichheit der Geschlechter durch patrilokale und patrilineare Strukturierung der Ehe ihre Funktion verloren. Werden sie noch immer konserviert, so drückt sich darin ein Herrschaftsanspruch aus, der im Ursprung einmal nicht Intention patrilokaler Strukturierung im Verhältnis der Geschlechter, sondern eine Folge war.

4.3 Das Scheidungsrecht

Das israelitische Eherecht läßt eine Scheidung des Mannes von der Frau zu (Lev 21,7.14; 22,13; Num 30,10; Dtn 21,14; 22,19.29). Dtn 24,1–4a ist *locus classicus* des alttestamentlichen Scheidungsrechts:

> »(V.1) Wenn ein Mann eine Frau heiratet und ihr Ehemann wird, sie aber von ihm abgelehnt wird, weil er Anstößiges an ihr findet, er ihr eine Scheidungsurkunde ausschreibt, sie ihr aushändigt und sie aus seinem Haus fortschickt, (V.2) wenn sie sein Haus verläßt, hingeht und die Frau eines anderen Mannes wird, (V.3) der zweite Mann sich von ihr scheiden läßt und ihr eine Scheidungsurkunde ausschreibt, sie ihr übergibt und sie aus seinem Haus fortschickt, oder wenn der zweite Mann stirbt, der sie zur Frau genommen hat, (V.4*) dann kann sie ihr erster Ehemann, der sie fortgeschickt hat, nicht erneut heiraten, weil sie für ihn unrein erklärt worden ist« (Dtn 24,1–4a).

Der Rechtssatz gibt zu erkennen, daß der Ehemann seine Frau aus schwerwiegenden Gründen entlassen kann. Die mangelnde Konkretheit des Ausdruckes »etwas Anstößiges« hat schon in der jüdischen Exegese zur Zeit des zweiten Tempels zu Lehrdifferenzen zwischen der Schule Schammais, die nur Unzucht als ausreichenden Scheidungsgrund anerkannte, und der Schule Hillels geführt, für die je-

---

18 In neubabylonischen Eheverträgen spielt der Brautpreis keine Rolle mehr und wird durch die auszuhandelnde Mitgift des Brautvaters ersetzt.

der vom Manne an seiner Frau als solcher betrachtete Fehler Scheidungsgrund sein konnte. Nach rabbinischer Interpretation der Mischna ist als Scheidungsgrund schon ausreichend, daß eine andere Frau dem Ehemann besser gefällt. Moderne Exegeten schließen aus dem Bedeutungsspektrum des »Anstößigen« den Ehebruch aus, da er mit der Todesstrafe sanktioniert werde. Doch steht dem Ehemann, wie Hos 2,4 f.; Jer 3,8 zeigen, bei Ehebruch, der nicht von Zeugen bezeugt wird, eine Dispositionsverfügung zu. Er kann entscheiden, ob er die Frau einer kultischen Aufklärung unterzieht oder ob er den Ehebruch als einen Fall des Scheidungsrechts behandeln will, so daß »etwas Anstößiges« im Scheidungsrecht den Ehebruch einschließt. Ist die Frau durch ihn verunreinigt und entläßt der Ehemann die Ehefrau, so kann er die mit dem Scheidungsrecht gesetzte Sanktion der Entlassung nicht nachträglich durch eine erneute Ehe mit der geschiedenen Frau unterlaufen (Otto, Wiederherstellung).

Die Ehescheidung ist einfach zu vollziehen. Der Ehemann spricht die Scheidungsformel »Du bist nicht meine Frau, ich bin nicht dein Mann« (Hos 2,4) und schreibt die Scheidungsurkunde (Dtn 24,1.3; Jes 50,1; Jer 3,8) aus. Das AT läßt kein Scheidungsrecht der Frau erkennen, doch ist damit keineswegs ausgeschlossen, daß es nicht auch derartige Regelungen in Eheverträgen gegeben hat. Das Scheidungsrecht des AT ist jedenfalls weniger differenziert als das der Keilschriftrechte.

Das altbabylonische Recht unterscheidet zunächst zwischen schuldhafter und nicht schuldhafter, vom anderen Ehepartner schuldhaft provozierter Scheidung. Wird die Ehefrau ohne Verschulden entlassen, so sprechen §§ 138–140 des Kodex Hammurapi ihr bei Kinderlosigkeit die Mitgift und ein Scheidungsgeld zu. Wenn Kinder vorhanden sind, erhält sie nach § 59 des Kodex Ešnunna den gesamten Besitz des Ehemannes:

> »Wenn ein Mann, nachdem er Kinder gezeugt hat, seine Frau verläßt, eine andere nimmt, wird er aus dem Hause und allem, was vorhanden ist, herausgerissen (...) und danach geht er fort.«

Der Rechtssatz sichert im Scheidungsfalle die Rechte der Frau und der Kinder aus erster Ehe. Haus und Vermögen sollen bei der ersten Frau und damit den Kindern aus dieser Verbindung und nicht beim Manne verbleiben und also im Erbgang den Kindern der neuen Verbindung zufallen (Otto, Kodex Ešnunna [s. o. II], 166–172). Erst wenn sie geregelt sind, ist der Mann frei. Davon abgehoben sind die Fälle der von der Frau schuldhaft verursachten Scheidung. Einschlägig ist § 141 des Kodex Hammurapi:

> »Wenn die Ehefrau eines Mannes, die im Haus des Mannes wohnt, beabsichtigt, davonzugehen, und Eigentum beiseite schafft, den Haushalt vernachlässigt und ihrem Ehemann Abbruch tut, überführt man sie. Wenn ihr Ehemann die Scheidung von ihr erklärt, verstößt er sie. Er gibt ihr kein Scheidungsgeld mit auf ihren Weg. Wenn ihr Ehemann nicht die Scheidung von ihr erklärt, darf der Ehemann eine andere Frau heiraten und jene Frau wohnt als Sklavin im Hause ihres Mannes.«

Beschränkungen im Scheidungsrecht werden in CH §§ 148; 149 dem Manne im Falle einer Krankheit der Frau auferlegt. Bei schwerer Erkrankung der Ehefrau, die möglicherweise den Vollzug der Ehe nicht zuläßt, darf der Mann eine zweite Frau heiraten, aber die erste Frau nicht verstoßen. Sie kann im Haus wohnen bleiben und wird von ihrem Mann unterhalten, so lange sie lebt. Wenn sie aber nicht bereit ist, mit einer anderen Frau unter einem Dach zu leben, darf sie sich von ihrem Mann trennen, der ihr die Mitgift auszahlt.

Die Frage eines Scheidungsrechts der Frau ist kontrovers beantwortet worden. Während G. R. Driver/J. C. Miles (Babylonian Laws [s. o. II], 291 f.) jedes Recht der Frau auf Scheidung im altbabylonischen Recht negieren, sieht A. van Praag ein für Frau und Mann gleiches Recht gewahrt. Der Befund der Eheurkunden ist nicht eindeutig. Für ein prinzipielles Scheidungsrecht der Frau spricht die Parallelisierung von Mann und Frau in den Scheidungsklauseln. Eheurkunden aus Sippar im nördlichen Mesopotamien verbinden damit aber die Todessanktion für die Frau, was gegen ein prinzipielles Scheidungsrecht der Frau spricht. Südbabylonische Urkunden verhängen geringere Sanktionen gegen sie.[19] Möglicherweise soll durch die Scheidungsklauseln der Urkunden, die Sanktionen für die Frau im Scheidungsfall festsetzen, ein Scheidungsrecht der Frau außer Kraft gesetzt werden (Westbrook, 82), das die in § 142 des Kodex Hammurapi widergespiegelte Rechtspraxis zuläßt:

»Wenn eine Frau die Ehe mit ihrem Ehemann nicht mehr fortsetzen will (wörtl.: ihn haßt) und sagt: ›Du sollst mich nicht berühren‹, so wird ihre Angelegenheit von ihrer Verwandtschaft untersucht. Wenn sie unschuldig ist und kein Fehl an ihr ist, ihr Ehemann aber aushäusig ist und ihr Abbruch tut, ist diese Frau schuldlos. Sie nimmt ihre Mitgift und geht in das Haus ihres Vaters.«

Der Rechtssatz regelt die Scheidung der vollgültig verheirateten Frau. Es ist auch möglich, den Rechtssatz als Korrektur der Sanktionierung des Scheidungsversuchs der Frau mit dem Tode in altbabylonischen Scheidungsurkunden zu interpretieren (C. D. Nörr).

Eine über die Rechtsüberlieferung hinausgehende ethische Perspektive in der Scheidungsfrage kündigt sich nachexilisch beim Propheten Maleachi an:

»(V.14) Und wenn ihr fragt: Weswegen? Deswegen, weil JHWH Zeuge ist zwischen dir und der Frau deiner Jugend, die du treulos behandelst. Aber sie ist deine Lebensgefährtin, die Frau, mit der du einen Bund geschlossen hast. (V.15) Und niemand tut (so etwas), wenn noch Verstand geblieben ist. Was sucht so jemand: Kinder vor Gott. Doch bewahrt euren Verstand und die Frau eurer Jugend behandle niemals treulos. (V.16) Wenn einer haßt, scheidet er die Ehe, spricht JHWH, der Gott Israels. Aber derjenige besudelt mit Gewalttat sein Gewand, spricht JHWH Zebaoth. Deswegen bewahrt euren Verstand und handelt nicht treulos« (Mal 2,14–16).

Mit der theologischen Legitimation war das Scheidungsrecht nicht wieder zurücknehmbar, konnte aber als Treulosigkeit moralisch abgewertet werden. Da die Polygynie im Recht nicht ausdrücklich genannt, sondern nur vorausgesetzt wurde, konnte sie zurückgewiesen werden. Auch im Falle der Kinderlosigkeit ist eine polygame Beziehung unvernünftige Treulosigkeit gegen die Frau. Im Mittelpunkt aber steht die Bundesverpflichtung des Mannes zur Treue gegenüber der Frau seiner Jugend (Hugenberg, 27–47). Wird schon in Hos 2 das Verhältnis Israels zu seinem Gott JHWH als Eheverhältnis beschrieben und die Treue Israels von JHWH angemahnt, so wirkt diese Interpretation der Ehe als Symbol des Gottesverhältnisses zurück auf eine ethische Verfeinerung der Ehe als Bundes- und Treuebeziehung. In

---

19 Auch im 1. Jt. ist der Befund disparat. Von den 15 von M. Roth (Agreements) veröffentlichten Eheurkunden mit Scheidungsklausel gibt es nur eine (Nr. 34), die auch die von der Frau ausgehende Scheidung regelt. Im Gegensatz dazu behandeln die Scheidungsklauseln der aramäischen Urkunden aus Elephantine Mann und Frau im bezug auf die Scheidung gleich.

Mal 2,11 geht die Anklage voraus, Juda habe die Heiligkeit JHWHs entweiht, indem es sich einer weiblichen Gottheit hingibt. Die Treue im Gottesverhältnis wird zum Kriterium einer ethischen Interpretation des Eherechts. Nicht mehr die Logik patrilinearer und patrilokaler Strukturierung der Ehe im Dienste der optimalen Überlebenssicherung durch eine möglichst große Zahl an Nachkommen, sondern eine wechselseitige Treueverpflichtung wird in prophetischer Kritik zur ethischen Substanz der Ehe, die als vernünftig und gottgewollt ausgewiesen wird.

4.4 Die Leviratsehe

A. *Anderson*, The Marriage of Ruth, JSS 23, 1978, 171–183; D. *Beattie*, The Book of Ruth as Evidence for Israelite Legal Practice, VT 24, 1974, 251–267; *ders.*, Redemption in Ruth, and Related Matters, JSOT 5, 1978, 65–68; S. *Belkin*, Levirate and Agnate Marriage in Rabbinic and Cognate Literature, JQR 60, 1969/70, 275–329; M. *Burrows*, Levirate Marriage in Israel, JBL 59, 1940, 23–33; *ders.*, The Marriage of Boaz and Ruth, JBL 59, 1940, 445–454; *ders.*, The Ancient Oriental Background of Hebrew Levirate Marriage, BASOR 77, 1940, 2–15; C. *Carmichael*, A Ceremonial Crux: Removing a Man's Sandal as a Female Gesture of Contempt, JBL 96, 1977, 321–336; G. *Coats*, Widow's Rights: A Crux in the Structure of Genesis 38, CBQ 34, 1972, 461–466; P *Cruveilhier*, Le lévirat chez les Hébreux et chez les Assyriens, RB 34, 1925, 524–546; D. *Daube*, Consortium in Roman and Hebrew Law, The Juridical Review 62, 1950, 71–91; E.W. *Davies*, Inheritance Rights and the Hebrew Levirate Marriage, VT 31, 1981, 138–144, 257–268; *ders.*, Ruth IV 5 and the Duties of the go'el, VT 33, 1983, 231–234; C.H. *Gordon*, Status of Women Reflected in the Nuzi Tablets, ZA 43, 1936, 146–169; R.L. *Hubbard*, The Book of Ruth, 1988; P. *Koschaker*, Zum Levirat nach hethitischem Recht, RHAS, 1933, 77–89; T. *Krüger*, Genesis 38 – ein »Lehrstück« alttestamentlicher Ethik, in: R. Bartelmus u. a. (Hg.), Konsequente Traditionsgeschichte. FS. K. Baltzer, 1993, 205–226; D.A. *Leggett*, The Levirate and Goel Institutions in the OT, 1974; B. *Levine*, The Praise of the Israelite Mišpaḥā: Legal Themes in the Book of Ruth, in: H. *Huffmon u. a. (Hg.)*, The Quest for the Kingdom of God. FS G.E. Mendenhall, 1983, 95–106; E. *Lipiński*, Le Mariage de Ruth, VT 26, 1976, 124–127; J. *Mittelmann*, Der altisraelitische Levirat, 1934; J.R. *Porter*, Legal Aspects of Corporate Personality, VT 15, 1965, 361–375; I. *Price*, The So-Called Levirate Marriage in Hittite and Assyrian Laws, in: C. Adler u. a. (Hg.), Oriental Studies. FS P. Haupt, 1926, 268–271; A. *Puukko*, Die Leviratsehe in den altorientalischen Gesetzen, ArOr 17, 1949, 296–299; I. *Rapaport*, The Hebrew Word *Shem* and Its Original Meaning, 1976; K.H. *Rengstorf*, Die Re-Investitur des Verlorenen Sohnes in der Gleichniserzählung Jesu Luk. 15,11–32, 1967; H.-F. *Richter*, Zum Levirat im Buch Ruth, ZAW 95, 1983, 123–126; J.M. *Sasson*, The Issue of ge'ullah in Ruth, JSOT 5, 1978, 52–64; E.A. *Speiser*, Of Shoes and Shekels, BASOR 77, 1940, 15–20; T.u.D. *Thompson*, Some Legal Problems in the Book of Ruth, VT 18, 1968, 79–99; R. *Westbrook*, The Law of the Biblical Levirate, in: *ders.*, Property (s.o. II), 69–89.

Die Institution der Schwager (lat. *levir*)-Ehe oder Leviratsehe wird in Dtn 25,5–10 in einem Rechtssatz geregelt sowie in Gen 38 und im Buch Rut in Erzählungen vorausgesetzt. Dtn 25,5–10 ist Teil der vom dtn Redaktor aufgenommenen Sammlung des Familienrechts in Dtn 21–25*:

> »(V.5) Wenn zwei Brüder zusammen wohnen und einer von ihnen stirbt, der keinen Sohn hat, so soll die Witwe nicht die Frau eines fremden Mannes außerhalb der Familie werden. Ihr Schwager soll sich ihrer annehmen, sie heiraten und die Leviratsehe mit ihr vollziehen. (V.6) Der Erstgeborene, den sie zur Welt bringt, setzt die Genealogie (wörtl. den »Namen«) seines verstorbenen Bruders fort. Seine Genealogie soll nicht in Israel erlöschen. (V.7) Wenn der Mann aber seine Schwägerin nicht heiraten will und seine Schwägerin ans Tor zu den Ältesten geht und spricht: ›Mein Schwager weigert sich, die Genealogie seines Bruders in Israel zu erhalten, er will die Schwagerehe nicht mit mir eingehen‹ (V.8) und die Ältesten seiner Stadt rufen ihn herbei und

reden ihm zu, er aber bleibt bei seiner Haltung und spricht: ›Ich will sie nicht heiraten‹, (V.9) dann tritt seine Schwägerin vor den Augen der Ältesten zu ihm und zieht ihm seinen Schuh von seinem Fuß und spuckt in sein Gesicht und ruft: ›So behandelt man einen Mann, der seinem Bruder nicht das Haus baut‹. (V.10) Sein Name soll in Israel Barfüßerhaus genannt werden« (Dtn 25,5–10).

Die Leviratsinstitution tritt ein, wenn ein verheirateter Mann ohne männliche Nachkommen stirbt. Der Bruder als nächster Verwandter ist in der Pflicht, die Witwe zu heiraten, um die durch Aussterben bedrohte Familie am Leben zu erhalten und die Genealogie des Bruders fortzusetzen. Diese Intention wird dadurch zum Ausdruck gebracht, daß der erstgeborene männliche Nachkomme aus der Leviratsehe nicht den »Namen« seines leiblichen Vaters, sondern des verstorbenen Bruders fortsetzt (Dtn 25,6). Dem Akkadischen entsprechend (AHw 1275) ist »Name« nicht nur als eigentumsrechtlicher Titel zu interpretieren, sondern bezeichnet die Genealogie der Familie (Rapaport, 48–55). Der Erstgeborene der Leviratsehe sorgt als fiktiver Sohn seines verstorbenen Vaters dafür, daß dessen Genealogie in Israel nicht ausgelöscht wird. In Gen 38,8 wird entsprechend der Zweck der Leviratsehe in den Worten Judas an seinen Sohn Onan, der mit Tamar, der Frau seines verstorbenen Bruders Er die Leviratsehe eingehen soll, genannt:

»Geh mit der Frau deines Bruders die Leviratsehe ein und schaffe deinem Bruder Nachkommen.«

In Rut 4,10 werden Boas, der Rut in einer Leviratsehe heiratet, die Worte zugelegt:

»Rut, die Moabiterin, die Frau Machlons, habe ich mir zur Frau erworben, um den Namen des Verstorbenen auf seinem Erbland wiedererstehen zu lassen, damit sein Name unter seinen Verwandten und innerhalb der Sippen seiner Stadt nicht erlischt.«

Das Absterben einer Genealogie bedeutet den endgültigen Tod einer Familie einschließlich ihrer Verstorbenen. Eine Familie wird aber nicht nur durch die Genealogie, sondern auch durch den Besitz des Erblandes der Familie integriert. Mit der Fortsetzung der Genealogie verbleibt auch das Erbland in Familienbesitz, das an den Erstgeborenen aus der Leviratsehe übergeht (Rut 4,10). In einer Erbrechtsüberlieferung (Num 27,1–11), die als Alternative zur Leviratsehe den Töchtern eines ohne Söhne verstorbenen Mannes das Erbrecht zuerkennt, wird ein Zusammenhang zwischen der Genealogie und dem Landbesitz der Familie hergestellt, wenn den an Mose appellierenden Töchtern die Worte zugeschrieben werden:

»Warum soll die Genealogie unseres Vaters aus seiner Sippe verschwinden, weil er keinen Sohn hatte? Gib uns eigenen Besitz am Erbland (cf. V.7) bei den Brüdern unseres Vaters« (Num 27,4).

Wird mit der Leviratsinstitution das Erbland im Familienbesitz gehalten, so liegt es nahe, daß in der nachexilischen Ruterzählung das Levirat mit der Löseinstitution (s. u. IV 2.4.5) verbunden wird, die im Falle, daß eine Familie ihr Erbland verpfändet hat und verliert, den nächsten Verwandten verpflichtet, den Besitz für die Familie zurückzukaufen (Lev 25,25–34). So kann der zur Leviratsehe anstehende Verwandte als »Löser« bezeichnet (Rut 2,20; 3,9.12; 4,4 [cf. Jes 54,1–5]) und in Rut 4,6f. die Leviratsehe mit der Lösepflicht verbunden werden. Die Linie der Leviratsverpflichtung wird über die Brüder des Verstorbenen, seinen Vater und seine Onkel geführt. In § II 79 (193) der Hethitischen Gesetze (cf. auch Gen 38) wird die Reihenfolge der Leviratspflicht festgelegt:

»Wenn ein Mann eine Frau hat und der Mann stirbt, heiratet sein Bruder seine Ehe-frau; dann heiratet sie sein Vater. Wenn wiederum auch sein Vater stirbt, heiratet sein Bruder die Frau, die er besaß. (Es ist) kein Ärgernis.«

Dieser Linie folgt auch die Weitergabe der Leviratsverpflichtung in der Rut-Er-zählung. Nachdem Elimelech, der Ehemann der Noemi gestorben und auch seine beiden Söhne Machlon und Kiljon gestorben waren, blieben nur deren Ehefrauen Noemi, Rut und Orpa übrig, ohne Söhne zu haben. Eine Leviratsverpflichtung des Bruders und Vaters entfällt damit. Der nächste in der Reihe der Leviratspflicht ist der Bruder des Vaters. In dieser Linie ist der in Rut 3,12 genannte »Löser, der näher verwandt als ich (Boas) ist« zu suchen. Die Erzählung läßt offen, in welchem Ver-hältnis Boas als der entfernter verwandte Löser zu ihm steht, da es hier um die Ge-meinschaftstreue des Boas und der Rut geht, die die Leviratsehe eingehen, obwohl ein anderer Verwandter vor ihm dazu verpflichtet wäre. Hebt die Erzählung aber den Altersunterschied zwischen Boas und Rut heraus (Rut 3,10), so spricht dies dafür, daß Boas in der Generation des Elimelech zu suchen ist.[20]

Auf diesem Hintergrund wird nun auch der Rechtssatz Dtn 25,5–10 in seiner Funktion deutlich. Das Levirat als Institution der gentilen Solidaritätsverpflichtung hat in der Regel keine Verbindung mit der Ortsgerichtsbarkeit, die nur in einem spezifischen Konfliktfall, wenn das Erbrecht die Leviratsinstitution unwirksam zu machen droht, eingreift. Dtn 25,5–10 regelt durch einen Rechtssatz im Rahmen des torgerichtlichen Ältestengerichtes einen Spezialfall der Leviratsinstitution, der nicht in der Familie zu lösen ist. Im Falle der zu Lebzeiten oder nach dem Tode des Vaters in ungeteiltem Haushalt lebenden Brüder (Dtn 25,5; cf. CE § 16; CH § 165; Mittelass. Kodex [A] § 25)[21] fällt der Erbteil des Verstorbenen automatisch an den überlebenden Bruder. Es bedarf also nicht der für ihn nachteiligen Leviratsehe, um den Erbanteil des Verstorbenen zu übernehmen. Im Ältestengericht wird ihm der Verzicht auf das Erbe nahegelegt. Mit dem symbolischen Rechtsakt des Schuhausziehens (Dtn 25,9) wird der sich der Leviratsehe verweigernde Bruder des Verstorbenen nicht nur öf-fentlich beschämt, sondern es werden ihm alle Rechte aus dem Bruderverhältnis, also auch das Erbrecht an dem Anteil des Bruders entzogen (cf. Viberg, [s. o. II], 145–164). Zwar kann über die öffentliche Beschämung hinaus die lokale Rechtsgemein-schaft nicht den Vollzug der Leviratsehe erzwingen – sie bleibt eine Solidaritäts-pflicht innerhalb der Großfamilie und Sippe, auf deren Bruch die Rechtsgemein-schaft nur mit Entzug von sozialem Ansehen reagieren kann[22] – aber sie bezeugt, daß die Erbrechte des Beschämten sistiert sind. So kann zwar die Genealogie nicht fort-gesetzt werden, der Witwe aber steht der Erbanteil des Verstorbenen zur Verfü-

---

20 Die Rut-Erzählung konstruiert damit einen extremen Grenzfall, wenn sie beide Brü-der und den Vater und damit die unmittelbar zur Leviratsehe verpflichteten Ver-wandten sterben läßt. Dies geschieht nicht, weil die Erzählung nicht an der Levirats-institution orientiert ist, sondern weil sie deutlich machen will, daß Solidarität unter Verwandten auch mit solchem Unbill fertigzuwerden vermag und eine Leviratsver-bindung zustandebringt. Daß der erstgeborene Sohn aus der Verbindung nicht als Sohn des Boas, sondern des Machlon gelten soll (Rut 4,10), ist nur im Horizont der Levi-ratsinstitution erklärlich.

21 Cf. dazu M. de J. Ellis, The Division of Property at Tell Harmal, JCS 26, 1974, 133–153; R. Westbrook, Property (s. o. II), 118–141.

22 Zur Unterscheidung zwischen rechtlicher und sozialer Sanktion cf. S. F. Moore, Law as Process, 1978, 122 f.

gung[23]. Damit wird schließlich auf einen dritten Zweck der Leviratsehe hingewiesen. Die Versorgung der ohne männliche Nachkommen verwitweten Frau kann in dieser Institution eine Lösung finden, wird sie doch von dem Ehemann der Leviratsehe versorgt, der mit dem Erbboden des Verstorbenen wirtschaften kann, und auf ihn folgend durch die Söhne aus dieser Leviratsehe. Das AT überliefert kein ausgeführtes, die Versorgung der Witwe regelndes Erbrecht und unterscheidet sich darin von den Keilschriftrechten. Während in Dtn 25,5–10 eine Versorgung der Witwe aus dem Erbteil ihres Mannes der Leviratsinstitution nachgeordnet wird und nur greift, wenn die Leviratspflicht ausgeschlagen wird, sehen die Keilschriftrechte Versorgungsregelungen unabhängig von der Leviratsinstitution vor:

> »Wenn ein Mann seiner Ehefrau ein Feld, einen Garten, Haus oder Gut schenkt und ihr eine gesiegelte Urkunde ausstellt, können nach dem Tod ihres Ehemannes ihre Söhne keine Klage auf Herausgabe (Vindikation) gegen sie erheben. Die Mutter wird ihren Nachlaß ihrem Sohn, den sie liebt, geben. Sie braucht ihn keinem anderen zu geben« (CH § 150).

Angesichts der erbrechtlich gesicherten Versorgung der Witwe hat die Leviratsinstitution in den Keilschriftrechten eine anderen Versorgungsregelungen untergeordnete Funktion und setzt keineswegs die Kinderlosigkeit voraus, wie § 46 der Tafel A des Mittelassyrischen Kodex zeigt:

> »Wenn eine Ehefrau, deren Ehemann gestorben ist, beim Tode ihres Ehemannes nicht aus ihrem Haus herausgeht, wenn ihr Ehemann ihr nichts überschrieben hat, wohnt sie im Hause ihrer Söhne, wo es ihr gefällt. Die Söhne ihres Ehemannes ernähren sie. Ihre Speise und ihren Trank liefern sie wie einer Braut, die sie lieben. Wenn sie eine zweite Ehefrau ist, es keine Söhne von ihr gibt, wohnt sie bei einem einzigen (der Stiefsöhne). Gemeinsam sorgen sie für ihren Lebensunterhalt. Wenn sie eigene Söhne hat, die Söhne der ersten Ehefrau sich ihrem Lebensunterhalt verweigern, wohnt sie im Hause ihrer eigenen Söhne, wo es ihr gefällt. Ihre eigenen Söhne sorgen für ihren Unterhalt und tun ihr Werk. Wenn aber unter den Söhnen ihres Ehemannes einer ist, der sie heiraten will, heiratet er sie, (und) sorgt für ihren Lebensunterhalt. Ihre Söhne sorgen nicht für ihren Unterhalt.«

Der Rechtssatz regelt die Versorgung der vollgültig verheirateten Frau. Wie die Doppelung in der Eröffnung des Rechtssatzes zeigt, hat ein Redaktor vor alle Versorgungs- und Leviratsregelungen das Recht der Witwe gesetzt, im Hause ihres Ehemannes wohnen zu bleiben. Das Levirat wird zu einem Sonderfall der Versorgungspflicht der Söhne. Wenn einer der Söhne des Ehemannes aus erster Ehe die Witwe heiratet, erlöschen die Pflichten ihrer leiblichen Söhne. Die Leviratsinstitution ist dem Recht, das der verstorbene Ehemann an der Frau erworben hat, zugeordnet. Im Gegensatz zum israelitischen Recht dient die Leviratsinstitution nicht der Fortsetzung der vom Aussterben bedrohten Genealogie einer Familie und der Bewahrung des Familienbesitzes für die Familie, sondern der Sicherung der aus dem Ehevertrag resultierenden Rechte an der Frau auch über den Tod des Ehemannes hinaus, indem sie auf seine Söhne übergehen können. Dieser Zusammenhang wird durch den § 33 der Tafel A des Mittelassyrischen Kodex, der die inchoative Ehe behandelt, bestätigt:

---

23 Es geht also in Dtn 25,5–10 nicht um eine Einschränkung der Leviratsinstitution durch eine Beschränkung auf die zusammen wohnenden Brüder, sondern um die Regelung eines für die im Normalfall unabhängig von der Ortsgerichtsbarkeit funktionierenden Leviratsinstitution kritischen Grenzfalls unter Zuhilfenahme der Öffentlichkeit des Gerichts.

»Wenn eine Frau im Hause ihres Vaters wohnt, ihr Ehemann stirbt und ein Sohn vorhanden ist ... und ihrem Schwiegervater gibt er sie zur Ehe. Wenn ihr Ehemann und ihr Schwiegervater sterben und sie keinen Sohn hat, ist sie eine Witwe. Sie geht wohin sie will.«

Der Rechtssatz sieht vor, daß eine inchoativ verheiratete Frau, deren Ehemann vor Vollzug der Ehe stirbt, einen Bruder ihres Ehemannes, oder, im Horizont von § 46 gelesen, einen Sohn des Ehemannes aus erster Ehe heiratet. Wenn kein Sohn, d. h. Bruder des Ehemannes oder Sohn des Ehemannes aus erster Ehe vorhanden ist, gibt der Vater der Frau sie ihrem Schwiegervater zur Ehe. Der Vater der Frau hat so den Ehevertrag zu erfüllen. Erst wenn mit dem Tod auch des Schwiegervaters kein Heiratskandidat mehr zur Verfügung steht, ist die Frau frei und unterliegt den Witwenregelungen. Die Keilschriftrechte zeigen also für die Leviratsinstitution ein rechtshistorisch weiter vorangeschrittenes Stadium als das judäische Recht. Das Levirat ist keilschriftrechtlich Teil des ehelichen Vertragsrechtes und will die Vertragserfüllung auch über den Tod des Ehemannes hinaus sichern, so daß in § 31 des mittelassyrischen Kodex (A) entsprechende Regelungen auch für den Todesfall der inchoativ verheirateten Ehefrau vorgesehen werden können. In Israel dient die Leviratsinstitution noch der Überlebenssicherung der Familie, indem im Falle des Aussterbens eines Zweigs der Genealogie die Solidarität des nächsten männlichen Verwandten aufgerufen wird, um an die Stelle des Verstorbenen zu treten. § 33 des Mittelassyrischen Kodex (A) läßt aber noch die Verwurzelung in einer älteren, vom Vertragsrecht unabhängigen Institution des Levirats erkennen, wenn die Reihenfolge der zur Leviratsehe Anstehenden über die Söhne zum Vater gezogen wird (cf. Gen 38).

4.5 Die schöpfungstheologische Überwindung des herrschaftsvermittelten Verhältnisses von Mann und Frau

D. Carr, The Politics of Textual Subversion: A Diachronic Perspective in the Garden of Eden Story, JBL 112, 1993, 577–595; C. Dohmen, Schöpfung und Tod, 1988; ders., Ebenbild Gottes oder Hilfe des Mannes? Die Frau im Kontext der anthropologischen Aussage von Gen 1–3, JCSW 25, 1993, 152–164; S. Dragga, Genesis 2–3: A Story of Liberation, JSOT 55, 1992, 3–13; H.M. Kümmel, Bemerkungen zu altorientalischen Berichten von der Menschenschöpfung, WO 7, 1973, 25–38; V. Maag, Sumerische und babylonische Mythen von der Erschaffung des Menschen, in: ders., Kultur (s.o. II 3.2), 38–59; G. Pettinato, Das altorientalische Menschenbild und die sumerischen und akkadischen Schöpfungsmythen, 1971; W.H. Schmidt, Die Schöpfungsgeschichte der Priesterschrift, ²1967; H. Schüngel-Straumann, Die Frau am Anfang. Eva und die Folgen, 1989; J.-L. Ska, »Je vais lui faire un allié qui soit son homologue« (Gen 2,18), Bib. 65, 1984, 233–238; O.H. Steck, Die Paradieserzählung, in: ders., Wahrnehmungen Gottes im AT, 1982, 9–116; C. Uehlinger, Eva als »lebendiges Kunstwerk«, BN 43, 1988, 90–99.

In der vorpriesterlichen Schöpfungserzählung (Gen 2,4b-3,24) wird auf die Frage nach der Schöpfungsgemäßheit grundlegender Lebenserfahrungen der Menschen im antiken Palästina reflektiert. Dazu gehört auch die Erfahrung einer patriarchalischen Unterordnung der Frau unter den Mann. Die patrilokale und patrilineare Strukturierung und die daraus resultierende Vermittlung des Verhältnisses der Geschlechter durch Herrschaft ist in der Perspektive der Menschenschöpfungserzählung (Gen 2,7.18–24) nicht Schöpfungsintention Gottes. Die Deklaration der Schöpfungsungemäßheit der herrschaftsvermittelten Ehestruktur ist vielmehr die Kritik an ihrer bestehenden Form.

Die gegenwärtig kontrovers diskutierte Frage nach dem überlieferungsgeschichtlichen Werden der Paradieserzählung bestimmt ihre theologischen Interpretationen stärker, als es die jeweiligen Forschungspositionen auf den ersten Blick erkennen lassen. Einigkeit besteht weitgehend darin, daß eine literarkritische Scheidung unangemessen ist (anders wieder *C. Dohmen*). Stattdessen wird seit *H. Gunkel* die Lösung inhaltlicher Unebenheiten in der Vorgeschichte der Erzählung gesucht. *W. H. Schmidt* unterscheidet eine dem Jahwisten vorgegebene Schöpfungserzählung (Gen 2,4b[?].5.7.9aα[?]18–24) von einer nicht mehr auszugrenzenden Paradiesgeschichte, die parallel zu Ez 28,13 ff. die Pflanzung eines Paradiesgartens, Verbot, Fall und Vertreibung erzählt habe. *C. Westermann* (BK I/1) differenziert darüber hinaus zwischen einer Weltschöpfungs- (Gen 2,4b–6) und Menschenschöpfungserzählung (Gen 2,7 f.18–24). Im Gegenzug führt *O. H. Steck* die Erzählung in Gen 2–3 als einheitlich konzipiert auf den Jahwisten zurück, der nur »Wissensstoffe«, so vor allem eine Paradieserzählung, benutzt habe, nicht aber ausgrenzbare Überlieferungen. Der Jahwist habe die Schöpfungserzählung auf die folgende Fallgeschichte hin konzipiert. Gen 2,4b.5 ist als Negation der nachparadiesischen Situation auf Gen 3,17–19 hin gestaltet. Dennoch läßt sich eine Menschenschöpfungsüberlieferung (Gen 2,7.18–24) ausgrenzen. Die Schöpfungserzählung geht mit der ausführlichen Schilderung der Tierschöpfung einschließlich der Vögel und ihrer anschließenden Benennung nicht darin auf, die Akteure für Gen 3 bereitzustellen. Gen 2,19 ist gerade nicht auf Gen 3,1 hin konzipiert. Die Schlange erscheint in Gen 3,1 völlig unvorbereitet. Die Schöpfungsterminologie in Gen 3,1 weicht von der in Gen 2,19 ab. Zwischen Gen 2,24 und Gen 2,25 tut sich ein deutlicher Bruch auf. Während Gen 2,24 auf die Gemeinschaft von Mann und Frau in ihrer unverlierbaren Schöpfungsgemäßheit als auch in der Gegenwart des Erzählers gültig zielt, weist 2,25 auf ein Nicht-mehr der Paradiessituation zurück und zeigt sich darin als Verbindungsglied zwischen Schöpfungs- und Sündenfallerzählung. Wird erkannt, daß Gen 2,7.18–24 eine eigenständige Überlieferung ist, so will sie, die das Ziel der Menschenschöpfung in auch gegenwärtig gelingender Gemeinschaft zwischen Mann und Frau sieht, in ihrem eigenen theologischen Anspruch zur Sprache gebracht werden. Sie wird so zu einem theologisch notwendigen Widerlager zu der an den Erfahrungen des Scheiterns und des geminderten Lebens orientierten Sündenfallerzählung, die die Menschenschöpfungserzählung aufgenommen hat. Wird Gen 2,18–24 aber zu einem »Wissensstoff« verdünnt, so wird der in dieser Erzählung implizierte theologische Anspruch, Schöpfung ziele auf unverstellt gelingendes Leben zwischen den Menschen, zu Fall gebracht zugunsten der an Lebensminderungen wie der der Herrschaft des Mannes über die Frau orientierten Perspektive der Sündenfallerzählung. Aus dem theologischen Anspruch, Schöpfung sei in gelingendem Leben erfahrbar, wird so das Motiv der verstellten, nicht mehr dem Menschen zugänglichen Lebensmöglichkeit.

Das für damalige Ohren Neue in der vorpriesterschriftlichen Schöpfungserzählung wird auf dem Hintergrund mesopotamischer Menschenschöpfungsüberlieferungen deutlich. In mesopotamischer Tradition ist der Mensch aus dem Blut eines Chaos und Schuld repräsentierenden Gottes geschaffen. Der Mensch hat damit schon immer Anteile scheiternden Lebens in sich. Mit dieser negativen Anthropologie verbindet sich eine pessimistische Zielvorstellung menschlichen Lebens, das der Entlastung schuldig gewordener Götter von der Arbeit dienen soll. Arbeit des Menschen als Lebenssinn sei Strafe für die Schuld der Götter. Wie anders wird in der Genesis erzählt:

> »(V.7) JHWH Elohim formte den Menschen aus Staub von der Erde und blies in seine Nase Lebensatem. So wurde der Mensch ein lebendiges Wesen. (V.18) Und JHWH Elohim sprach: Es ist nicht gut, daß der Mensch allein ist. Ich werde ihm eine Hilfe schaffen, die ihm entspricht. (V.19) Und JHWH Elohim formte aus dem Erdboden alle Tiere des Feldes und alle Vögel des Himmels und brachte sie zum Menschen, um zu sehen, wie er sie benenne. Ganz so, wie der Mensch sie, das Tier, nennt, so soll sein Name sein. (V.20) Der Mensch nannte Namen für alles Großvieh, die Vögel des Himmels und alle Tiere des Feldes. Aber der Mensch fand keine Hilfe, die ihm entsprach. (V.21) Da ließ JHWH Elohim einen Tiefschlaf auf den Menschen fallen, bis er

einschlief. Und er entnahm eine seiner Rippen und schloß die Stelle mit Fleisch. (V.22) Und JHWH Elohim formte aus der Rippe, die er vom Mann genommen hatte, die Frau und brachte sie zum Menschen. (V.23) Und der Mensch sprach: ›Dieses endlich ist Gebein von meinem Gebein, Fleisch von meinem Fleisch – diese soll man Männin nennen, denn vom Mann wurde sie genommen.‹ (V.24) Darum verläßt ein Mann seinen Vater und seine Mutter und hängt an seiner Frau, und sie werden ein Fleisch« (Gen 2,7.18–24).

Die Erzählung arbeitet am Gegensatz von Herrschaft und Gemeinschaft. Die Benennung der Tiere ist ein Herrschaftsakt, der keine wahre, dem Menschen entsprechende Gemeinschaft zuläßt. Erst im Miteinander von Mann und Frau wird eine Gemeinschaft realisiert, die nicht durch Herrschaft verstellt ist. Die Erzählung der Schöpfung der Frau aus dem Gebein des Mannes zielt auf die Wesensidentität, die durch die Benennung der Frau als »Männin« unterstrichen wird.[24] Die Reaktion des Mannes auf die Frau unterscheidet sich grundlegend von der auf die Tiere. An die Stelle der Herrschaftsübernahme in der Namengebung tritt die freudige Begrüßung der Frau als einer Gleichen. Das Wortspiel in der Benennung »Mann-Männin« setzt den Herrschaftsanspruch im Namengebungsmotiv außer Kraft. Die patrilokale Strukturierung der israelitischen Ehe und die daraus folgende Herrschaft des Mannes wird in Gen 2,24 aufgehoben. Der Mann verläßt seine Familie, um eins zu werden mit der Frau. Bei der Exogamieregel, die die Ungleichheit der Geschlechter begründet, setzt der Erzähler an. Die Verhältnisse werden aber nicht einfach auf den Kopf gestellt, indem eine umgekehrte Herrschaftsform aufgerichtet wird, sondern die patrilokale Struktur wird aufgegeben, um die Gleichheit der Geschlechter zu proklamieren. Gen 2,24 zielt darauf, daß Mann und Frau ein Fleisch werden. So wird Gen 2,7.18–24 zu einem Protest gegen alle Störungen der Gemeinschaft von Mann und Frau durch Herrschaft.

Die Einbindung der Menschenschöpfungserzählung in die Sündenfallerzählung will ihre Vision mit der Realität vermitteln. Diesem Erzähler war auch eine Überlieferung vom Fall des Urmenschen (cf. Ez 28,13–18) vorgegeben, die von seiner Vertreibung aus einem Paradiesgarten aufgrund der Übertretung eines von Gott gesetzten Verbotes erzählt. Unter Verwendung der ebenfalls vorgegebenen Flüche (Gen 3,14–19), die in Konkurrenz zum Vertreibungsmotiv als Strafmotiv angefügt werden, gestaltet der Erzähler eine »Erzählung von Schuld und Strafe« (C. Westermann), die ätiologische Erklärung zentraler Lebensminderungen des Menschen sein will. Wurde in Gen 2,18–24 in der Herrschaftsfreiheit das Wesen erfüllter Gemeinschaft zwischen Mann und Frau gesehen, so wird nun das Verlangen der Frau nach dem Manne, das mit Herrschaft des Mannes über die Frau beantwortet wird, zu einem Wesensmerkmal ihrer Beziehung und in geminderter nachparadiesischer Lebensweise das Herrschaftsverhältnis im Miteinander von Mann und Frau als Lebensminderung festgeschrieben. Gen 3,14–19 ist Kontrapunkt zu Gen 2,18–24 geworden. Nicht in einer übermächtigen Schuld der Götter wurzeln die Lebensminderungen, sondern in der Schuld des Menschen. Der Erzähler der Paradieserzählung hat das Motiv des Baumes der Erkenntnis des Guten und Bösen, d. h. des dem Leben Förderlichen und Abträglichen, mit dem des Lebensbaumes ver-

---

24 Dem Motiv der Formung der Frau aus einer Rippe des Mannes liegt das auf sumerische Liebeslyrik zurückgehende Motiv der Geliebten als Statuette und Kunstwerk zugrunde (cf. C. Uehlinger), so daß es nicht auf die Intention der Unterordnung der Frau unter den Mann zu deuten ist.

bunden. In einer ungestörten Gemeinschaft zwischen Gott und Mensch bedarf der Mensch nicht dieses Wissens, das ihn als Herrscher von seiner Umwelt und im Willen zur Gottgleichheit von Gott entfernt. Wenn der Erzähler JHWH Elohim im Garten mit den Menschen wandeln läßt, so schlägt sich darin nicht ein archaischer Anthropomorphismus eines noch nicht um die Differenz von Gott und Welt wissenden Erzählers nieder, sondern hier wird die unmittelbare Nähe Gottes zum Menschen zum Spiegel der im Vertreibungsmotiv als schmerzlich verstandenen Distanz zwischen Gott und Mensch. Für den Erzähler ist es die Schuld des Menschen, der es sich an der Nähe Gottes nicht genug sein lassen wollte. Wenn das Böse nicht, wie im mythischen Denken, eine Repräsentanz in der Götterwelt hat, so muß es seinen Grund in der geschöpflichen Welt haben. Durch die Aufnahme der Überlieferung von der gelingenden Gemeinschaft von Mann und Frau macht der Erzähler deutlich, daß die Erfahrung von Lebensminderung nicht in einer defizitären Schöpfung begründet ist, sondern im menschlichen Streben nach Autonomie. Gott aber gibt dem Menschen Freiheit, indem er sich als Voraussetzung aller Aufforderung zum Gehorsam (Gen 2,16 f.) zurücknimmt. Die Überlieferungsgeschichte der Paradieserzählung hält die Vision der Schöpfungsintention und die Erfahrungen des Scheiterns an dieser Intention jeweils kritisch aufeinander bezogen fest.

5. Solidaritätsbeziehungen als Grundlage des israelitischen Rechtssystems und der zweifache Ursprung des Rechts

E. Bellefontaine, Customary Law and Chieftainship, JSOT 38, 1987, 47–72; *R. Bohlen*, Die Rutrolle. Ein aktuelles Beispiel narrativer Ethik des AT, TThZ 101, 1992, 1–19; *I. Fischer*, Affidamento in einer patriarchalischen Gesellschaft. Frauenbeziehungen im Buch Rut, in: Paris-Milano-Graz. Feministische Konzepte in Entwicklung, 1991, 111–125; *N. Glueck*, Das Wort *ḥesed* im alttestamentlichen Sprachgebrauche als menschliche und göttliche gemeinschaftsgemäße Verhaltensweise, ²1968; *E. Hoebel*, Das Recht der primitiven Völker, 1968; *R. L. Hubbard*, The Go'el in Ancient Israel, Bulletin for Biblical Research 1, 1991, 3–19; *E. Kellenberger*, ḥäsäd wä ᵃmät als Ausdruck einer Glaubenserfahrung, 1982; *N. Luhmann*, Rechtssoziologie I, 1972; *B. Malinowski*, Crime and Custom in Savage Society, 1959; *L. Pospíšil*, Anthropologie des Rechts, 1982; *E. Possoz*, Die Begründung des Rechts im Klan, in: K. Bünger u. a. (Hg.), Religiöse Bindungen in frühen und in orientalischen Rechten, 1952, 18–23; *K.D. Sakenfeld*, The Meaning of *ḥesed* in the Hebrew Bible, 1978; *G. Syambwa*, African Hermeneutics of the OT – A Comparison of Hebrew Law and African Traditional Law, theol. Magisterschrift, Hamburg 1983.

Das Recht in Israel hat mehrere Wurzeln, die in den unterschiedlichen Schichten der Gesellschaft verortet sind. Die Generalprävention des Todesrechts hat ihren ursprünglichen Ort als Grenzrecht in der Familie. Die Verbote von Tötung, Elternminderung, Menschendiebstahl und Ehebruch, die sich sowohl im Todesrecht des Bundesbuches, als auch im Prohibitivrecht der Dekaloge und dem Fluchrecht finden, schützen durch Grundnormen das gentile Zusammenleben, deren kontinuierlicher Bruch den Zusammenhalt der Familie zerstört. Die Härte der Sanktion soll den Bruch der Normen und damit auch die Sanktionsanwendung verhindern. Das Todesrecht hat Anteil an der Paradoxie aller Prävention, Gewalt anzudrohen, um Gewalt – einschließlich der angedrohten Gewalt – zu verhindern. Rechtsethnologisch ist auch der gerade entgegengesetzte Weg belegt, den Schaden des Normenbruchs zu minimieren und dem dadurch angerichteten Schaden nicht noch den der Sanktionsgewalt hinzuzufügen. In afrikanischem Stammesrecht kann ein Tötungsfall innerhalb einer Familie nicht strafrechtliche Sanktionen, sondern nur kultische Reinigungsriten, die die negativen Wirkungen der Bluttat auf die Gemeinschaft beseitigen, nach sich ziehen. Der Schaden soll nicht noch dadurch vergrößert werden, daß ein weiteres Familienmitglied getötet und der Schaden verdoppelt wird (Syambwa). Dieses Recht ist an der Schadensbegrenzung durch Vermeidung von Gegengewalt orientiert. Das israelitische Recht will durch Generalprävention Gewaltanwendung verhindern. Daß es dabei um Generalprävention und nicht um Vergeltung geht, zeigt sich daran, daß in der Reihe des Todesrechts (Ex 21,12.15–17) so unterschiedliche Tatbestände wie Tötung, Menschendiebstahl und Elternminderung mit der gleichen Sanktion belegt werden. Das im israelitischen Recht bewahrte Lebenstabu hat verhindert, bei einem Tötungsdelikt auf eine Rechtsreaktion zu verzichten. Vor allem ist die Funktion dieses Rechts als Grenzrecht in Anschlag zu bringen. Zwischen Tat und Tatfolge besteht nur indirekt ein Kausalverhältnis. Dem Täter wird als Folge der Tat, die mit den Grenznormen die Gemeinschaft als ganze verletzt, die unausweichliche Todesverfallenheit angekündigt, weil er die geschützte Ordnung der Gemeinschaft verlassen hat und damit in die Sphäre des Todes übergegangen ist.

Abgesehen von den Grenzfällen des Todesrechts wird das Leben der Familie nicht durch eine fixierte Kasuistik von Einzelnormen reguliert, sondern durch die Grundnorm der »Solidarität« (ḥaesaed) und »Gemeinschaftstreue« (ṣᵉdaqā). Die Gemeinschaftstreue bezeichnet Formen und Wirkungen eines gemeinschaftsgemäßen Verhaltens. »Gemeinschaftstreu« ist also der, dessen Verhalten die Gemeinschaft fördert. Mit Solidarität ist ein Verhalten bezeichnet, das über jede rechtlich geforderte Gemeinschaftsgemäßheit hinaus gerade in Situationen der Gefährdung des Überlebens der Gemeinschaft das Notwendige tut. Die Erzählungen von Tamar und Rut verdeutlichen dies. Am Ende der Tamar-Erzählung stellt Juda fest: »Sie ist gemeinschaftstreuer als ich« (Gen 38,26). Während Juda sich weigert, seinen jüngsten Sohn Schela in die Levirathese zu geben, um die Genealogie seines erstgeborenen Sohnes Er fortzusetzen, kann Tamar ihn durch eine List zur Erfüllung der Leviratspflicht bewegen. Gemessen an dem Wohl der Familie hat sich Tamar im Gegensatz zu Juda als die gemeinschaftstreu Handelnde erwiesen. Ruts Solidarität erweist sich darin, über die einem Rechts-Pflicht-Verhältnis entsprechende Verhaltensweise hinaus, gerade dort, wo die Familie zu erlöschen droht, das Überleben zu sichern, so daß am Ende mit der Geburt des Obed auch wieder eine rechtliche Familienbindung zwischen Noomi und Rut besteht (Rut 4,17). In Rut 3,9 f.* wird definiert, worin die Solidarität Ruts besteht:

> »›Ich bin Rut, deine Dienerin. Breite deinen Gewandzipfel über deine Dienerin, denn Löser bist du‹. Und er antwortete: ›Gesegnet bist du von JHWH, meine Tochter. Du hast deine letzte Tat der Solidarität (noch) besser getan als die erste, indem du nicht den jungen Burschen, ob arm oder reich, nachgelaufen bist‹.«

Im Ehebegehren verzichtet Rut um des Fortbestehens der Familie ihres verstorbenen Mannes willen auf die natürliche Neigung zu einem jüngeren, ihr entsprechenden Mann und wendet sich dem älteren Boaz zu.

Der Raum der Familie ist nicht durch die Kasuistik von Handlungsnormen durchstrukturiert, sondern offen für ein situationsbezogenes Handeln, das sich gemeinschaftstreu und solidarisch am Wohl der Familie und ihrem Überleben orientiert (cf. Gen 4,9; 13,8; 29,15). Es geht also nicht in fixierten Pflichten auf, sondern lebt gerade in bedrohlichen Situationen von der Bereitschaft, um des Wohls der Familie willen das eigene Wohl zurückzustellen. Da es keine fixierte Kasuistik gibt, kann es auch nicht um ihre rechtliche Durchsetzung gehen. Allenfalls gilt im überschaubaren Raum der Familie ein Zusammenhang von Tat und Ergehen derart, daß der, der die Gemeinschaft befördert, auch für sich das Beste tut, ein Handeln gegen die Familie aber dem eigenen Wohl Abbruch tut. Dieses Konzept der Solidarität berührt sich mit dem, was J. Assmann (Ma'at [s. u. III 1]) als »konnektive Gerechtigkeit« bezeichnet, die auch in Ägypten ihre Wurzeln in der Familie hat.

In zwei extremen Gefährdungen einer Familie aber wird die gentile Solidarität verpflichtend, wenn auch nicht einklagbar. Wenn ein Familienmitglied von einem Fremden erschlagen wird, hat der in der Genealogie nächste männliche Verwandte, beginnend mit den Brüdern, die Pflicht, die Blutrache zu vollziehen. Wenn einer der verheirateten Männer ohne männlichen Nachkommen stirbt, tritt, der Genealogie folgend, die Lösepflicht des Levirats ein. Mit beiden Institutionen wird der enge Raum der Familie überschritten. Die Blutrache schützt im außergentilen Raum durch die Generalprävention der unmittelbaren Rechtsreaktion der geschädigten Familie. Die Leviratsinstitution kann auf Agnaten der Sippe ausgedehnt werden.

Neben der Familie hat das israelitische Recht eine weitere Wurzel in der lokalen Gerichtsbarkeit. Das hier verwurzelte kasuistische Recht dient der Konfliktregelung zwischen den Familien und zielt bei einem Konflikt zwischen den Familien eines Ortes auf eine ausgleichende Regulierung durch Schadensausgleich.

Das setzt voraus, daß alle zur Rechtsgemeinschaft Gehörenden bereit sind, Konflikte nicht durch private Rechtshilfe der Rache zu lösen, sondern durch Verhandlungen vor dem Gericht. Das Netz der Erwartung gemeinschaftsgemäßen Handelns ist in der Ortsgemeinschaft weniger dicht geknüpft als in der Familie. Wird in der Familie jederzeit solidarisches Handeln erwartet, so reduziert sich die Erwartung der Solidarität in der lokalen Rechtsgemeinde auf die Anerkennung des Verzichts auf gewaltsame Rechtsdurchsetzung und den Beistand in überlebensbedrohenden Notsituationen einer der Familien. Wenn eine Familie keinen Bluträcher stellen kann oder keine männlichen Nachkommen hat und auszusterben droht, tritt ein agnatischer Löser in die Verpflichtung ein.

Mit zunehmender sozialer Differenzierung der Gesellschaft in arme und reiche Schichten und einer Gefährdung des Besitzes von Erbland durch Verpfändung tritt der Rückkauf des Erblandes durch einen agnatischen Löser zu den Solidaritätsverpflichtungen hinzu (Lev 25,23–25; cf. u. IV 2.4.5). Das israelitische Normensystem basiert also auf abgestuften Solidarbeziehungen, deren Dichte und Verpflichtungsgrad sich nach dem Grad der Verwandtschaft richtet.

In der Rechtswissenschaft wird eine Kontroverse über die Ursprünge des Rechts geführt. In der Rechtsethnologie wird ausgehend von G. Malinowski der Ursprung des Rechts in Reziprozitätsbeziehungen, die eine Affinität zu Schlichtungsprozessen haben, gesucht oder umgekehrt, so E. Hoebel, gerade in der Generalprävention durch Sanktionsandrohung das Wesen des Rechts gesehen. Dem folgend hat N. Luhmann auch für das archaische Recht die Sicherung von Handlungserwartungen durch die Generalprävention zur Grundfunktion von Recht erklärt: »Vergeltung ist die elementare, nahezu voraussetzungslos institutionalisierbare zeitlich-sachlich-soziale Generalisierung des Rechts; sie ist gleichsam das zuerst einfallende Rechtsprinzip. Sie soll die Erwartung als Erwartung erhalten – nicht sie durch Beseitigung des Schadens noch nachträglich erfüllen. Der Schwerpunkt liegt in der expressiven Funktion. Daher ist Rache zunächst und ›mit Recht‹ maßlos«

(155). Das israelitische Recht läßt zwei ursprüngliche Rechtsgestalten erkennen, die auf unterschiedlichen Ebenen der Gesellschaftsstruktur nebeneinander existierten und sich verzahnten. Die Familie ist Ursprungsort kapitaler Strafen. Die Orts- gemeinschaft, der eine außerhäusliche Dauergewalt fehlt, ist dagegen Ursprungsort der Schlichtungsfunktion des Rechts. Diese beiden Rechte aber bleiben nicht ge- schieden. Das Sanktionsrecht wanderte aus der Familie an die Ortsgerichtsbarkeit und das kasuistische Konfliktregelungsrecht übernimmt Sanktionsfunktionen.

Das Tötungsverbot Ex 21,12 wurde mit Ex 21,13 f. als einer die Ortsgerichtsbarkeit voraus- setzenden Überlieferung verbunden. Wurde die Sanktion des innergentilen Rechtsfalls an die Ortsgerichtsbarkeit verlegt, so konnte diese umgekehrt auch die Institution der Blutrache an sich binden (Dtn 19,6) und zwischen Mord und Körperverletzung mit Todesfolge differen- zieren.

Auch das Familienrecht wird im Ortsgericht beheimatet. Elternminderung und Ehebruch werden hier verhandelt. Das kasuistische Recht übernimmt im Diebstahl- und Körperverletzungsrecht, insbesondere in den Rechtssätzen vom stößigen Ochsen, Sanktionsfunktionen bis zur Todessanktion.

Wo die Ortsgerichtsbarkeit an eine Grenze der Aufklärungsmöglichkeit kommt, tritt das kultische Rechtsverfahren in die Lücke. Das gilt insbesondere für Fälle, die sich der Aufklärung durch Zeugen entziehen. Auch zur Beseitigung der Blutschuld eines unbekannten Mörders bedarf es des Kultes.

Der Bedeutungszuwachs der lokalen Gerichtsinstitution durch die Übernahme der Sanktionsfunktion ist das Spiegelbild des Verfalls der Großfamilie aufgrund von zunehmender Arbeitsteilung, Urbanisierung und Mobilität. Neue Aufgaben kamen damit auf die lokalen Gerichte zu. Die zunehmende soziale Differenzierung machte ihre Aufgabe noch schwieriger. Die Antwort war die Ausformung eines Prozeß- rechts.

6. Der Schutz der Gerichtsverfahren

T. Abush, »He Should Continue to Bear the Penalty of that Case«, in: From Ancient Israel to Modern Judaism. FS M. Fox, Bd. I, 1989, 77–96; *S. Herrmann,* Weisheit im Bundesbuch, in: J. Hausmann u. a. (Hg.), Alttestamentlicher Glaube und Biblische Theologie. FS H. D. Preuß, 1992, 56–58; *E. Jucci,* Es 20,7. La proibizione di un uso illegittimo del Nome di Dio nel Decalogo, BeO 20, 1978, 245–253; *H. M. Kümmel,* Bestechung im Alten Orient, in: W. Schuller (Hg.), Korruption im Altertum, 1982, 55–64; *J. W. McKay,* Exodus XXIII 1–3.6–8: A Deca- logue for the Administration of Justice in the City Gate, VT 21, 1971, 311–325; *H. Petschow,* Altorientalische Parallelen zur spätrömischen calumnia, ZSRG.R 90, 1973, 14–35; *ders.,* Ein Fall von »Talion« bei falscher Anschuldigung in Ur III, AfO 35, 1988, 105–108; *A. Schenker,* Zeuge, Bürge, Garant des Rechts. Die drei Funktionen des »Zeugen« im AT, BZ (N.F.) 34, 1990, 87–90; *M. Stol,* Eine Prozeßurkunde über »falsches Zeugnis«, in: Mélanges P. Garelli, 1991, 333–339; *T. Veijola,* Das dritte Gebot (Namenverbot) im Lichte einer ägyptischen Parallele, ZAW 103, 1991, 1–17; *R. Yaron,* Si adorat furto, TRG 34, 1966, 510–524.

Das AT überliefert zahlreiche Rechtssätze eines Prozeßrechts (Ex 23,1–3.6–8; Dtn 5,11/Ex 20,7; Dtn 5,20/Ex 20,16; Dtn 19,15–20.[21]). In Ex 23,1–3.6–8* wurden Rechtssätze des Prozeßrechts zu einer eigenständigen Sammlung zusammengestellt:

> »(V.1) Du sollst kein Lügenzeugnis verbreiten. Du sollst dem Schuldigen nicht als falscher Zeuge Beistand leisten. (V.2) Du sollst der Mehrheit nicht zum Bösen folgen und vor Gericht nicht so antworten, daß du der Menge folgend vom Recht abweichst. (V.3) Den Kleinbauern sollst du in seinem Rechtsstreit nicht bevorzugen. (V.6) Du

sollst das Recht deines Armen in seinem Rechtsstreit nicht beugen. (V.7*) Von einer Sache, bei der Lüge im Spiel ist, halte dich fern. Den Unschuldigen und den, der mit seiner Sache im Recht ist, sollst du nicht töten. (V.8) Du sollst nicht Bestechung annehmen, denn Bestechung macht die Sehenden blind und verdreht die Sache derjenigen, die im Recht sind.«

Das Falschzeugnis gilt als grundlegende Gefahr für das auf den Zeugenbeweis als dem hauptsächlichen Beweismittel angewiesene Gerichtsverfahren. Im Ortsgericht gilt das als Recht, was von einer Mehrheit im Urteilsspruch mit den Worten »gemeinschaftstreu bist du« als Freispruch oder »er ist ein unrechtmäßig Handelnder« als Feststellungsurteil als rechtens erkannt wird. Dieses Rechtsfindungsverfahren kann zu Unrecht führen, wenn Druck der Mehrheit auf den Einzelnen ausgeübt wird. Deshalb wird er aufgefordert, sich der »Mehrheit zum Bösen« entgegenzustellen (Ex 23,2). Die Entgegensetzung von Einzelnem und Rechtskollektiv muß langfristig zur Institutionalisierung eines professionellen Richteramtes führen, das in der spätvorexilischen Gerichtsordnung (Dtn 16,18 f.) in Anknüpfung an Ex 23,1–3.6–8 über Jerusalem hinaus eingeführt wird.

Die Erosion der kollektiven Rechtsgemeinde des Ortsgerichts hat eine Ursache im sozialen Differenzierungsprozeß der Gesellschaft in arme und reiche Schichten. Darauf reagieren die den Kern der kleinen Prozeßrechtssammlung bildenden Verse (Ex 23,3.6). Die lokale Rechtsgemeinde auf dem Lande, die in der Regel mehrheitlich aus Kleinbauern bestand, sollte nicht einen der Ihren unrechtmäßig aufgrund der Mehrheit in der Rechtsgemeinde bevorzugen, wie umgekehrt dem Armen aus seiner sozial schwachen Stellung kein Nachteil entstehen sollte. Wirtschaftliche Übermacht darf nicht in Form von Bestechung zur Rechtsverfälschung führen (Ex 23,8). Die zunehmende soziale Heterogenität der judäischen Gesellschaft ist eine Folge der Umstrukturierung der Ökonomie von einer Subsistenzökonomie der wirtschaftlich weitgehend autarken bäuerlichen Familien zu einer vertikalen Ökonomie der Surplusabschöpfung durch Steuer und Fron sowie der Ausbildung eines Rentenkapitalismus, dessen soziale Folgen sich in der Sozialkritik der Propheten niedergeschlagen haben.

Die Prozeßrechtssammlung reagiert darauf mit dem Versuch, durch mahnenden Appell das Zerbrechen der Rechtsgemeinschaft im sozialen Differenzierungsprozeß aufzuhalten. Aus rechtsgelehrten Kreisen stammend bedient sie sich dazu weisheitlicher Motive. Mit den Vetitiven (Ex 23,1b.7b*) wird eine weisheitliche Gattung aufgenommen. Auch die Begründung des Bestechungsverbots (Ex 23,8) ist weisheitlich (cf. Prov 17,23). S. Herrmann hat auf eine Parallele in der Weisheitslehre des Amenemope (404–413 [cf. u. III 1]) hingewiesen:

> »Verdirb nicht einen Mann im Gericht
> und schiebe nicht den beiseite, der im Recht ist,
> indem sich dein Blick der reichen Kleidung zuwendet
> und du den fortjagst, der ärmlich gekleidet ist.
> Nimm keine Bestechung an von dem Reichen
> und bedrücke nicht in seinem Interesse den Schwachen.
> Gerechtigkeit ist eine große Gabe Gottes,
> er gibt sie, wem er will.
> Die Kraft dessen, der ihm gleicht,
> befreit den Bedrückten von den Schlägen.«

Mit der Prozeßrechtssammlung im BB ist das dekalogische Falschzeugnisverbot (Dtn 5,20/Ex 20,16) überlieferungsgeschichtlich verbunden. Die Formulierung des

Dekaloggebots »du sollst gegen deinen Nächsten nicht als Lügenzeuge auftreten« knüpft an Ex 23,1 »du sollst kein Lügenzeugnis verbreiten« an. Der Ausdruck »Lügenzeuge« verweist das Dekaloggebot in den Bereich des Prozeßrechts. Das hier gebrauchte Verb (*'nh* »antworten«) bezeichnet als Fachausdruck der Rechtssprache die Anklageerhebung und das Zeugnisablegen. Mit dem 9. gehört das 10. Gebot eng zusammen, das die soziale Krise des judäischen Staates seit dem 8. Jh. widerspiegelt. Entsprechend reagiert das Falschzeugnisverbot auf Mißstände in den Ortsgerichten als Folge der sozialen Zerklüftung.

Einem falschen Zeugen wird die Rechtsfolge, die den fälschlicherweise Angeklagten treffen sollte, selbst auferlegt:

> »Wenn sich herausstellt, daß es sich um einen Zeugen handelt, der falsche Anklage gegen seinen Bruder erhebt, so sollt ihr ihm tun, was er plante, seinem Bruder zu tun« (Dtn 19,18 f.*).

Dieses talionische Prinzip ist bereits im keilschriftlichen Prozeßrecht, u. a. im Kodex Lipit Ištar (§ 17), im Kodex Šulgi (ältere Forschung: Ur-nammu) (§ 29), Kodex Hammurapi (§§ 1–3) und im Mittelassyrischen Kodex ([Tafel A] §§ 18; 19) belegt.

> »Wenn ein Mann in kleinem Kreis über seinen Genossen behauptet: ›Man schläft mit ihm‹ oder im Streit vor den Leuten zu ihm sagt: ›Man schläft mit dir, ich beweise es dir‹, er aber nicht in der Lage ist, es zu beweisen, erhält jener Mann 50 Schläge mit dem Stock, einen vollen Monat leistet er Frondienst, man schneidet ihn ab und er gibt ein Talent Silber« (Mittelassyr. Kodex [A] § 19).

Der in Dtn 19,18 f. formulierte Grundsatz ist also nicht eine deuteronomische Neuerung, sondern vom dtn Redaktor aufgenommen und in das durch die Zweizeugenregelung (Dtn 19,16–20) reformierte Prozeßrecht eingefügt worden.

Schließlich ist in Dtn 5,11/Ex 20,7 mit dem dekalogischen Namenmißbrauchsverbot eine Vorschrift kultischen Prozeßrechts überliefert:

> »Du sollst nicht den Namen JHWHs, deines Gottes, zu Nichtigem gebrauchen, denn JHWH vergibt nicht dem, der zu Nichtigem seinen Namen mißbraucht.«

Das Dekaloggebot hat eine Parallele in dem entsprechenden Verbot der Torliturgie (Ps 24,3 f.):

> »Wer steigt hinauf auf JHWHs Berg und wer tritt in seinen heiligen Bezirk? Dessen Hände frei von Schuld sind und der ein lauteres Herz hat, derjenige, der nicht meine Lebenskraft zu Nichtigem nutzt und nicht betrügerisch schwört.«

Das Verbot, die Lebenskraft JHWHs zu mißbrauchen, das traditionsgeschichtlich ursprünglich ihre Profanierung in magischer Praxis untersagt, wird durch die Fortsetzung (Ps 24,4b) auf das Verbot des Meineids hin interpretiert und trifft sich dort mit dem dekalogischen Prohibitiv. T. Veijola hat auf die Parallele eines Bittgebets auf einer ägyptischen Votivstele hingewiesen:

> »Ich bin der Mann, der falsch geschworen hat bei Ptah, dem Herrn der Ma'at (cf. u. III 1.2). Er hat mich Finsternis sehen lassen am Tage« (BM 589,5–7).

Es schließt sich die Warnung an:

> »Hütet euch vor Ptah, dem Herrn der Ma'at, denn er läßt niemandes Frevel (ungestraft). Fürchtet euch, den Namen des Ptah zu Unrecht auszusprechen, denn wer ihn zu Unrecht ausspricht, der wird zuschanden« (BM 589, 10–14).

Falschschwören und »den Namen des Ptah zu Unrecht aussprechen« sind in diesem Text parallel gebraucht. Das wirft auch ein Licht auf das dekalogische Namenmißbrauchsverbot, das den Mißbrauch des kultischen Reinigungseides verhindern soll. In Fällen, die nicht eindeutig durch Zeugen aufklärbar sind, kann sich der Beschuldigte einem Reinigungseid unterziehen und damit von den Vorwürfen befreien. Da es sich um eine am Heiligtum vollzogene kultische Fallaufklärung handelt, wird erwartet, daß JHWH die mit dem Eid verbundene Selbstverfluchung über einen falsch Schwörenden bringt. Ex 22,7.9 f. gibt einen Einblick in die Intention des Reinigungseides:

> »(V.7) Wenn der Dieb nicht gefunden wird, so tritt der Depositar vor die Gottheit, ob er nicht die Hand ausgestreckt hat nach dem Vermögen seines Nachbarn.
> (V.9.10) Wenn ein Mann seinem Nachbarn einen Esel oder ein Rind oder ein Schaf oder irgendein Großvieh zur Hütung anvertraut, und es stirbt oder bricht sich ein Glied (oder wird geraubt) und es gibt keinen Zeugen, dann soll ein Eid vor JHWH zwischen den beiden sein, daß er nicht seine Hand nach dem Eigentum seines Nachbarn ausgestreckt hat, und sein Besitzer soll es nehmen, und er soll keinen Ersatz leisten.«

In der Prozeßrechtssammlung des BB wird ein für die Rechtsgeschichte Israels höchst bedeutsamer Vorgang erkennbar. In gelehrtem Horizont redigiert, zeigt die Sammlung die Ausdifferenzierung eines eigenständigen Ethos aus dem Recht.[25] Von Ethos im strengen Sinne soll dort gesprochen werden, wo Handlungsnormen durch den Appell an Einsicht, die jeweils sehr unterschiedlich motiviert sein kann, nicht aber durch rechtliche Sanktionen durchgesetzt werden. Die Prozeßrechtssammlung appelliert an die Einsicht, bestimmt aber keine Sanktionen für den Fall der Übertretung. Die Prohibitive werden durch Vetitive und einen Injunktiv ergänzt. Es werden also keine justitiablen Rechtssätze formuliert, sondern die Einsicht, daß weder der Arme noch der Reiche im Gerichtsverfahren bevorzugt werden darf. Begründet wird der Appell mit der Zugehörigkeit des Armen und des Reichen zu einer Rechtsgemeinschaft, wenn der Arme in der Anrede des Reichen als »dein Armer« bezeichnet und die Erfahrung aufgerufen wird, daß Bestechung den Sehenden blind macht und die Sache derjenigen, die im Recht sind, verdunkelt. Die Prozeßrechtssammlung will durch den Appell an die Einsicht verhindern, daß der Gemeinschaftstreue wie ein Frevler behandelt wird. Kontrapunktisch wird ergänzt, daß JHWH den Frevler, also auch den, der dem Appell nicht Folge leistet, nicht wie einen Gemeinschaftstreuen behandeln wird (Ex 23,7b*). Der Appell an das Zusammengehörigkeitsbewußtsein in der Rechtsgemeinschaft und das Wissen um die rechtszerstörende Wirkung von Bestechungsgeld ist als nicht ausreichend durch eine theologische Begründung ergänzt worden. Mit der gelehrten Sammlungsredaktion, der Ausdifferenzierung eines Ethos aus dem Recht und der theologischen Begründung von Recht und Ethos weist Ex 23,1–3.6–8 über sich hinaus. Diese drei Entwicklungen sind im folgenden weiter zu verfolgen. Wenden wir uns zunächst der Redaktion von Rechtssatzsammlungen im BB zu.

---

25 Die Prohibitive (»du sollst nicht ...«) des Dekalogs sind auf der Grenze zwischen Recht und Ethos angesiedelt. Der überlieferungsgeschichtliche Zusammenhang einiger älterer Prohibitive wie des Tötungsverbots mit dem Todesrecht weist darauf hin, daß diese Prohibitive, der Rechtsbelehrung dienend, in den Bereich des Rechts gehören. Andere wie das Begehrensverbot sind dagegen dem Ethos zuzuweisen, cf. IV 1.4.3.

7. Der Rechtsschutz der Schwachen und die Einschränkung der Sanktionsgewalt in der gelehrten Rechtssystematik

C. Carmichael, A Singular Method of Codification of Law in the Mishpatim, ZAW 84, 1972, 19–25; *B.L. Eichler*, Literary Structure in the Laws of Eshnunna, in: F. Rochberg-Halton (Hg.), Language, Literature and History. FS E. Reiner, 1987, 71–84; *B. S. Jackson*, Practical Wisdom and Literary Artifice in the Covenant Code, Jewish Law Association Studies 6, 1992, 65–92; *E. Lipiński*, Royal and State Scribes in Ancient Jerusalem, VT.S 40, 1988, 157–164; *E. Otto*, Die Rechtssystematik im altbabylonischen »Codex Ešnunna« und im altisraelitischen »Bundesbuch«, UF 19, 1987, 175–197; *H. Petschow*, Zur Systematik und Gesetzestechnik im Codex Hammurabi, ZA 57, 1965, 146–172; *ders.*, Zur »Systematik« in den Gesetzen von Eschnunna, in: J. A. Ankum u. a. (Hg.), Symbolae iuridicae et historicae. FS M. David, Bd. II, 1968, 131–143; *A. Sjöberg*, The Old Babylonian Eduba. FS Th. Jacobsen, AS 20, 1974, 159–179; *V. Wagner*, Zur Systematik in dem Codex Exodus 21,2–22,16, ZAW 81, 1969, 176–182.

Die Rechtssätze des Körperverletzungsrechts im Bundesbuch bilden jeweils die Protasis mit Verben des Schlagens und Stoßens als terminologische Klammer, die ein Hinweis dafür ist, daß wir es mit einer eigenständigen Sammlung von Rechtssätzen zu tun haben. Diese Annahme wird durch eine sehr kunstvolle Redaktionsstruktur bestätigt. Die Rechtssätze des Sklavenrechts (Ex 21,20 f.26 f.32) und des Rechts der freien Israeliten (Ex 21,18 f.22–25.28–31) sind in einem antiphonen A-B-Schema alternierend angeordnet.

Ex 21,18 f.

»Wenn Männer miteinander streiten und es schlägt ein Mann seinen Nachbarn mit einem Stein oder mit der Faust, so daß er nicht stirbt, aber bettlägerig wird, wenn er wieder aufsteht und draußen auf seinem Stock umhergeht, bleibt der Schläger straffrei. Nur für sein Daheimsitzen muß er zahlen und für seine Heilung aufkommen.«

Ex 21,20 f.

»Wenn ein Mann seinen Sklaven oder seine Sklavin mit dem Stock schlägt, so daß sie unter seiner Hand sterben, werden sie gerächt. Wenn sie einen oder zwei Tage durchstehen, werden sie nicht gerächt, denn es ist sein Geld.«

Ex 21,22–25

»Wenn Männer miteinander raufen und eine schwangere Frau stoßen, so daß ihre Leibesfrucht abgeht, es aber kein tödlicher Unfall ist, wird eine Zahlung auferlegt in der Höhe, die der Ehemann ihm auferlegt, und er bezahlt vor Zeugen. Wenn es ein tödlicher Unfall ist, gibst du Leben für Leben, Auge für Auge, Zahn für Zahn, Hand für Hand, Fuß für Fuß, Brandmal für Brandmal, Wunde für Wunde, Striemen für Striemen.«

Ex 21,26 f.

»Wenn ein Mann seinem Sklaven auf das Auge schlägt oder seiner Sklavin auf das Auge schlägt, und es zerstört, entläßt er ihn für das Auge als Freigelassenen. Wenn er einen Zahn seines Sklaven oder einen Zahn seiner Sklavin ausschlägt, entläßt er ihn für seinen Zahn als Freigelassenen.«

Ex 21,28–31

»Wenn ein Ochse einen Mann oder eine Frau stößt, so daß sie sterben, wird der Ochse gesteinigt und sein Fleisch wird nicht verzehrt. Der Besitzer des Ochsen bleibt straffrei. Wenn es sich aber um einen seit gestern oder vorgestern stößigen Ochsen handelt und es seinem Besitzer bekannt war, er ihn gleichwohl aber nicht bewacht hat, und er einen Mann oder eine Frau tötet, wird der Ochse gesteinigt und auch sein Besitzer wird sterben. Wenn ihm ein Sühnegeld auferlegt wird, zahlt er das Lösegeld für sein

Leben in der vollen Höhe, die ihm auferlegt wird. Wenn er (der Ochse) einen Sohn oder eine Tochter stößt, wird nach diesem Rechtssatz mit ihm verfahren.«

Ex 21,32

> »Wenn der Ochse einen Sklaven oder eine Sklavin stößt, zahlt man ihrem Herrn 30 Schekel Silber. Der Ochse wird gesteinigt.«

Ex 21,18 f. regelt die Körperverletzung durch die Festsetzung der Ersatzleistung und schließt ausdrücklich eine strafrechtliche Konsequenz aus. Davon wird der Gegenfall der Tötung abgegrenzt (Ex 21, 20 f.). Der Schutz der Generalprävention der Todessanktion wird im Falle der vorsätzlichen Tötung auf den Sklaven und die Sklavin ausgedehnt. Die Körperverletzung eines Sklaven oder einer Sklavin mit Todesfolge wird von der Sanktion und der Ersatzleistung ausgenommen (Ex 21,21).

Ex 21,22–25 weitet den Schutz der Todessanktion bei einem Tötungsdelikt auch im Falle der unvorsätzlichen Tötung (»wenn Männer miteinander raufen«) auf die israelitische Frau aus und grenzt gleichzeitig den Geltungsbereich der Todessanktion ein, indem der Verlust des ungeborenen Lebens dem Ersatzleistungsrecht zugeordnet wird. Die Unterstellung der Frau unter den Schutz der Todessanktion wird durch die talionische Formulierung »du gibst Leben für Leben« (Ex 21,23b) unterstrichen.

Ex 21,26 f. setzt eine Anwendung talionischer Strafe bei Körperverletzung eines Sklaven oder einer Sklavin außer Kraft und weist den Fall dem Ersatzleistungsrecht zu, wie das bereits für den Fall der Körperverletzung eines freien Bürgers geschehen ist (Ex 21,18 f.). Im sprachlichen Anklang an die talionische Regel wird aber deren Funktion des Rechtsschutzes durch die Generalprävention auch für die Sklaven als gültig erinnert. Der bleibend geschädigte Sklave soll Ersatzleistung in Form der Freilassung erhalten. Der Schutz erstreckt sich also auf den Sklaven, nicht wie in den Keilschriftrechten auf die Besitzrechte des Besitzers des Sklaven. In der Logik der Redaktion der Sammlung werden in Ex 21,18–27 Fälle der Anwendung der Todessanktion der talionischen Formulierung »Leben für Leben« (Ex 21,20.23) von solchen (Ex 21,18 f.21.26 f.), die als Fälle der Körperverletzung ohne Todesfolge eine talionische Strafe zugunsten der Ersatzleistung ausschließen, abgegrenzt. In Ex 21,28–32 geht es um die Ausgrenzung von Fällen, in denen die Aufsichtspflicht des Tierhalters nicht schuldhaft verletzt wird, von solchen, in denen Fahrlässigkeit vorliegt. War das Verhalten des stößigen Tieres nicht vorhersehbar, so bleibt sein Besitzer straffrei. Im Falle schuldhafter Fahrlässigkeit unterliegt er der Todessanktion. Ex 21,30 eröffnet die Möglichkeit, die Todessanktion durch ein »Lösegeld« abzulösen. Ex 21,29.31 schließt Frauen und Kinder ausdrücklich in den Schutz der Generalprävention der Todessanktion ein, während Ex 21,32 die Sklaven davon ausnimmt.

Die Rechtssatzsammlung interpretiert die talionische Regel (Ex 21,23–25) durch die Abgrenzung ihrer Anwendung von der Nichtanwendung. Der Redaktor weitet den Schutz der Generalprävention im Tötungsfalle auf Frauen, Kinder und Sklaven, für die ersteren auch im Falle der Unvorsätzlichkeit und Fahrlässigkeit, aus. Darin prägt sich eine Tendenz zur Rechtsgleichheit beim Schutz des Lebens aus. Eine Unterstellung der Sklaven unter den Schutz der Generalprävention ist in Keilschriftrechten unbekannt. Umgekehrt werden vom Redaktor alle Fälle der Körperverletzung ohne Todesfolge dem Ersatzleistungsrecht zugewiesen und eine talionische Körperstrafe damit ausgeschlossen. Unter diese ersatzrechtlich zu regelnden Fälle werden die Körperverletzungen des freien Mannes, die unvorsätzliche Tötung eines Sklaven oder einer Sklavin, die unvorsätzliche Verursachung einer Fehlgeburt und die Körperverletzung eines Sklaven oder einer Sklavin gerechnet. Die Anwendung der talionischen Regel wird auf einige Fälle der Körperverletzung mit Todesfolge eingeschränkt, für alle Fälle der Körperverletzung ohne Todesfolge aber zugunsten der Ersatzleistung ausgesetzt. Die talionische Regel bildet also das Zentrum der Sammlung des Körperverletzungsrechts, mit dem sich die übrigen Rechtssätze auseinandersetzen. Der Redaktor setzt also die Strafgewalt der talionischen Körperstrafe bei Körperverletzungen ohne

Todesfolge zugunsten der sozial verträglicheren Ersatzleistung aus und leistet mit dem Ausschluß talionischer Sanktionen in diesen Fällen einen wesentlichen Beitrag zur Pazifizierung des israelitischen Rechts. Umgekehrt dehnt er den Schutz des Lebens vor Tötungsdelikten durch die Generalprävention auf Frauen, Kinder und Sklaven aus. Die Redaktion der Sammlung, die wie die des Prozeßrechts in rechtsgelehrten Kreisen zu lokalisieren ist, hat eine enge Parallele im Körperverletzungsrecht des Hethitischen Kodex (§§ 7–18) (Otto, Körperverletzungen [s. o. II 2]). Es ist bemerkenswert, wie in der Systematisierung des Rechts durch formale Redaktionstechniken Lebensschutz und Pazifizierung des Rechts vorangetrieben werden.

Zeigt sich die talionische Regel als Mitte der Rechtssatzsammlung des Körperverletzungsrechts, so ist dies nun der Ort, um nach Herkunft und Funktion der talionischen Strafe in Mesopotamien und in Israel zu fragen.

8. Ursprung und Funktion der Talion »Auge um Auge . . .« in Mesopotamien und Israel

A. Alt, Zur Talionsformel, in: *ders.*, (s. o. II), 341–344; *G. Cardascia*, La place du talion dans l'histoire du droit pénal à la lumière des droits du Proche-Orient ancien, in: Mélanges offert à J. Dauvillier, 1979, 169–183; *C. Carmichael*, Biblical Laws of Talion, in: R. Ahroni (Hg.), Biblical and Other Studies. FS S. D. Goitein, 1985, 107–126; *N. Collins*, Notes on the Text of Exodus XXI 22, VT 43, 1993, 289–301; *F. Crüsemann*, »Auge um Auge . . .« (Ex 21,24 f.). Zum sozialgeschichtlichen Sinn des Talionsgesetzes im Bundesbuch, EvTh 47, 1987, 411–426; *D. Daube*, Lex Talionis, in: *ders.*, (s. o. II), 102–153; *A.S. Diamond*, An Eye for an Eye, Iraq 19, 1957, 151–155; *P. Doron*, A New Look at an Old Lex, JANES I/2, 1969, 21–27; *U. Ebert*, Talion und Vergeltung im Strafrecht – ethische, psychologische und historische Aspekte, in: H. Jung u. a. (Hg.), Recht und Moral, 1991, 249–267; *T. Frymer-Kensky*, »Tit for Tat«: The Principle of Equal Retribution in Near Eastern and Biblical Law, BA 43, 1980, 230–234; *R. Haase*, Körperliche Strafen in den altorientalischen Rechtssammlungen, RIDA 3/10, 1963, 55–75; *S. Isser*, Two Traditions: The Law of Exodus 21:22–23 Revisited, CBQ 52, 1990, 30–45; *B. S. Jackson*, The Problem of Exodus 21:22–25 (IUS TALIONIS), in: *ders.*, Essays (s. o. II), 75–107; *H.-W. Jüngling*, »Auge für Auge, Zahn für Zahn«, ThPh 59, 1984, 1–38; *J. Klíma*, Intorno al principio del taglione nelle leggi prehammurapiche, in: Studi P. de Francisci, Bd. III, 1956, 3–13; *H.J. Kugelmass*, Lex Talionis in the OT, Ph.D. Diss. Univ. of Montreal 1985; *S.E. Loewenstamm*, Exodus 21,22–25, in: *ders.*, Studies (s. o. II 3), 517–525; *R. Martin-Achard*, Récents travaux sur la Loi du Talion selon l'AT, RHPhR 69, 1989, 173–188; *J.K. Mikliszanski*, The Law of Retaliation and the Pentateuch, JBL 66, 1947, 259–303; *Y. Osumi*, Brandmal für Brandmal, AJBI 18, 1992, 3–30; *E. Otto*, Die Geschichte der Talion im Alten Orient und Israel, in: D.R. Daniels u. a. (Hg.), Ernten, was man sät. FS K. Koch, 1991, 101–130; *M.-H. Prévost*, A propos du talion, in: Mélanges dédiés à la mémoire de J. Teneur, 1976, 619–629; *G. Ries*, Art. Körperverletzungen (Mesopotamien), RLA VI, 173–178; *L. Schwienhorst-Schönberger*, »Auge um Auge, Zahn um Zahn«, BiLi 63, 1990, 163–175; *J.M. Sprinkle*, The Interpretation of Exodus 21:22–25 (lex talionis) and Abortion, WThJ 55, 1993, 233–253; *M. Stol*, Oog om Oog, tand om tand: een barbaarse wet?, Phoenix 33, 1988, 38–44; *K.A. Tångberg*, Die Bewertung des ungeborenen Lebens im alten Israel und im alten Orient, SJOT 1, 1987, 51–65; *D.K. Waltke*, OT Texts Bearing on Abortion, ChrTo 13, 1968/69, 99–105; *ders.*, OT Texts Bearing on the Problem of the Control of Human Reproduction, in: W.O. Spitzer u. a. (Hg.), Birth Control and the Christian, 1969, 7–23; *J. Weismann*, Talion und öffentliche Strafe im Mosaischen Recht, in: K. Koch (Hg.), Vergeltung (s. o. II), 325–406; *S. West*, The *Lex Talionis* in the Torah, JBQ 21, 1993, 183–188; *R. Westbrook*, Lex talionis and Exodus 21,22–25, RB 93, 1986, 52–69, *R. Yaron*, »Enquire now about Hammurabi, Ruler of Babylon«, TRG 59, 1991, 223–238.

8.1 Forschungsstand

In bewußter Absetzung von der noch heute weit verbreiteten Meinung, die Religion des AT sei eine Religion der Rache und JHWH ein Gott der Vergeltung, versucht man in der gegenwärtigen Forschung, der Talion »Auge um Auge« die Anstößigkeit zu nehmen. Meist wird die Talion mit der rabbinischen Auslegung auf eine Tarifliste für Ersatzleistungen in Geld interpretiert (u. a. *L. Schwienhorst-Schönberger*), an die sich eine bereits bei Josephus (Antiquitates IV 280) belegte Dispositionsverfügung des Geschädigten von Körperstrafe und Ersatzleistung anschließen konnte (ähnlich *G. Cardascia* u. a.).

R. Westbrook hat in der Auslegung von Ex 21,22–25 noch einen besonderen Akzent gesetzt. In Ex 21,22 gehe es um die aufgeklärte Körperverletzung einer Schwangeren, die durch Wiedergutmachung (*biplilim*) allein des Täters zu regeln sei, während Ex 21,23 f. den nicht aufgeklärten Fall (*'asôn*) als Ersatzleistungsfall der Ortsgemeinde zugunsten des Opfers regele, so daß Ex 21,22–25 nicht als Beleg für eine talionische Regelung von Körperverletzungen gelten könne. Wie sich Israels Recht erst mit der spätisraelitischen Interpretation durch die Priester vom »common law« des Alten Orient abhebe, so sei auch erst die exilisch-nachexilische Überlieferung Lev 24,17–21 im Sinne strikter Talion der Körperstrafe zu interpretieren. Umgekehrt hat *H. J. Kugelmass* die spät-priesterliche Überlieferung der Talion in Lev 24,17–21 als Interpretationsschlüssel der Talion verstanden, von der Ex 21,23–25 und Dtn 19,21 als priesterschriftliche Zusätze abhängig seien. Lev 24,17–21 entsprechend werde die Todessanktion für bleibende Körperverletzungen, die von der Kultgemeinschaft ausschließen (Ex 21,25), nicht aber eine talionische Körperstrafe gefordert.[26]

F. Crüsemann sieht in Ex 21,24 f. einen vorexilischen Zusatz zu Ex 21,22 f., der die Differenzierung zwischen Freien und Sklaven in der Rechtsfolge von Körperverletzungen aufheben will.[27] Die Talion wird so zu einem für den gesamten Orient einmaligen Zeugnis des Rechtsfortschritts, das durch das Strafrecht die Klassengegensätze von Freien und Sklaven sprenge.

Zu diesen Deutungen gesellt sich schließlich die Interpretation der Talion auf die negative Ersatzleistung. *J. Weismann* und *D. Daube* kommen dazu durch rechtstheoretische Überlegungen, in denen sie sich gegen eine einseitige Ableitung des Rechts aus dem Rache- und Strafaspekt wenden. Jüngst ist diese Interpretation von *A. Schenker* ([s. o. I 2], 45–57) aufgenommen worden. Wer den Verlust von Menschenleben oder den Verlust der physischen Unversehrtheit verursache, habe wie der Urheber jedes anderen Schadens Wiedergutmachung zu leisten. Die symmetrische Bestrafung an Leib oder Leben sei als negative Ersatzleistung dort gefordert, wo Leben oder bleibender Körperschaden positiv nicht wiedergutzumachen seien. Diese Interpretation führt in der Sache nicht weiter. Sie ist bei den Rechtshistorikern bislang auf einhellige Ablehnung gestoßen. *M. Kaser* (ZSRG.R

---

26 B.S. Jackson deutet differenzierter Ex 21,22 f. auf ersatzrechtliche Regelungen für Früh- und Fehlgeburt, an die mit Ex 21,24 die Talion als Ausdruck der »aristokratischen Ethik« des Dtn angefügt und damit Ex 21,23 auf die Schwangere umgedeutet wird. Ex 21,25 schließlich sei priesterschriftlicher Zusatz; cf. dagegen S. E. Loewenstamm.

27. Y. Osumi hat diesen Ansatz noch zugespitzt und Ex 21,25 als sklavenrechtliche Schutzbestimmung, die mit Ex 21,26 f. zusammengehört, interpretiert. Ein sklavenrechtlicher Hintergrund der Begriffe »Brandmal« (ohne Parallele), »Wunde« und »Striemen« ist aber nicht wahrscheinlich zu machen.

66, 621) hat gegen D. Daube eingewandt, daß die Talion »nur die jüngere Milderung des ursprünglichen Racheprinzips darstellt«. *A. Völkl*[28] hat kürzlich die Kritik so zusammengefaßt: »Wenn aber das, was der Verletzte wollte, nur der Verlust des anderen war, dann können wir auf den trügerischen Ausdruck ›negativer Schadensausgleich‹ getrost verzichten«.

In höchst komplexer Weise verzahnen sich in den Auslegungen der Talion semantische, literarkritische, rechtshistorische und nicht zuletzt theologische Argumente. Sie sind weiter als je zuvor von einer Übereinstimmung entfernt.

8.2 Die Talion im altbabylonischen Mesopotamien

Der Fund und die Veröffentlichung des Kodex Hammurapi aus der ersten Hälfte des 2. Jt. waren einschneidend für die Interpretation des alttestamentlichen Rechts. Wollte die liberale Exegese durch eine Spätdatierung den alttestamentlichen Gesetzen die theologische Anstößigkeit nehmen, so war durch den Kodex Hammurapi ein anderer Weg eröffnet, der wirkungsvoller zu sein schien, da er nicht auf hypothetische literarkritische Operationen gestützt werden mußte. Bereits der Kodex Hammurapi verfügt in §§ 196; 197; 200; 209; 210 die talionische Strafe.[29] Die Talion war also nicht ein Proprium Israels. Wo man nicht mit einer unmittelbaren Entlehnung aus dem altbabylonischem Recht rechnete, wurde sie auf ein semitisches oder arabisches Urrecht zurückgeführt, das von den genuin mosaischen oder sittlich-israelitischen Zügen des alttestamentlichen Rechts abzuheben sei.[30] Doch mit dem Fund weiterer keilschriftlicher Rechtssatzsammlungen, die älter waren als der Kodex Hammurapi und die die Talion nicht kannten, kehrte sich die Diskussionslage erneut um. Konnte bis zur Veröffentlichung des Kodex Ešnunna (1948) die Talion als ein besonders urtümlicher Zug des Strafrechts verstanden werden, der durch das Ersatzleistungsrecht abgemildert worden sei, so zeigte sich nun die Talion als eine Neuerung im Kodex Hammurapi. Während *A. Goetze* (s. o. II) noch am Archaismus der Talion im Kodex Hammurapi festhielt, warnte *J. Klíma* vor einlinigen Theorien zur Rechtsentwicklung von Talion und Ersatzleistung. *A. S. Diamond* hat gegen die bis dahin weit verbreitete These einer rechtshistorischen Entwicklungslogik, die von der unbegrenzten Rache (Gen 4,23 f.) über die Talion zur Ersatzleistung führen soll, Einspruch erhoben. Die Ablösung der Ersatzzahlung durch die Talion sei im Übergang von einer zivilrechtlichen, auf Ausgleich zwischen den Kontrahenten ausgerichteten Regelung zu einer strafrechtlichen, die im öffentlichen Interesse des Staates mit Körperstrafen sanktioniere, begründet. Nun wird man aber im Unterschied zu Diamond nicht mit einer universalhistorischen Entwicklungslogik des Rechts, die die ältere These nur auf den Kopf stellt, arbeiten, sondern mit regionalen und historischen Differenzierungen. Fragen wir also zunächst nach den Intentionen für die Entstehung der Talion im Körperverletzungsrecht des Kodex Hammurapi, die in einem Vergleich mit dem Kodex Ešnunna zu erheben sind. Zu

---

28 Die Verfolgung der Körperverletzung im frühen Römischen Recht, 1984, 52.

29 Die »spiegelnden Strafen« außerhalb des Körperverletzungsrechts und die Regelungen, die einen falschen Ankläger die Strafe erleiden lassen, die für das behauptete Verbrechen vorgesehen sind (cf. o. II 6), bleiben hier unberücksichtigt.

30 So noch wieder V. Wagner ([s. o. II 3], 3–15) und T. Frymer-Kensky.

diesem Zweck wenden wir uns zunächst dem Körperverletzungsrecht des Kodex Ešnunna zu:

CE § 42
»Wenn ein Mann die Nase eines Mannes abbeißt und abtrennt, zahlt er eine Mine Silber. *Für ein Auge zahlt er eine Mine* (ca. $^1/_2$ Kg), *für einen Zahn eine halbe Mine, für ein Ohr eine halbe Mine, für einen Schlag auf die Wange 10 Schekel Silber* (ca. 83 g).«

CE § 43
»Wenn ein Mann den Finger eines Mannes abtrennt, zahlt er $^2/_3$ Minen Silber.«

CE § 44
»Wenn ein Mann einen Mann auf der Straße fortstößt und seine Hand bricht, zahlt er eine halbe Mine Silber.«

CE § 45
»Wenn er einen Fuß bricht, zahlt er eine halbe Mine Silber.«

CE § 46
»Wenn ein Mann einen Mann schlägt und er sein Schlüsselbein bricht, zahlt er $^2/_3$ Minen Silber.«

CE § 47
»Wenn ein Mann im Streit einen Mann verletzt, zahlt er 10 Schekel Silber.«

CE § 48
»Und für einen Rechtsfall von $^1/_3$ Mine bis zu einer Mine gewähren die Richter ein Prozeßverfahren. Ein Kapitalverbrechen ist (Angelegenheit) des Königs.«

Kern der Rechtssatzsammlung des Körperverletzungsrechts (§§ 42–48; 53–58) sind die §§ 42a; 43; 44–46 (Otto, Kodex Ešnunna [s.o. II], 118–135). Auf der ersten Redaktionsstufe der Sammlung wurden diese Rechtssätze zusammengefaßt und durch die prozeßrechtliche Bestimmung (§ 48) abgeschlossen. In diese Sammlung wurden die §§ 42b; 47 eingefügt. Die §§ 42a; 43; 44–46 regeln in reiner Erfolgshaftung die Verletzung von Nase, Finger, Hand, Fuß und Schlüsselbein. Dabei wird zwischen schwerer, unheilbarer (§§ 42a) und leichter, heilbarer Körperverletzung (§§ 44–46) geschieden. § 42b führt neben weiteren Differenzierungen der schweren Körperverletzung die Ehrverletzung (*iniuria*) ein. Mit § 47 kommt die unvorsätzliche Körperverletzung hinzu, durch die die voranstehenden Rechtssätze als Gegenfälle auf die vorsätzliche Tat gedeutet werden. Aber auch mit der Ausweitung der ursprünglich nur erfolgshaftungsorientierten Tarifliste des Körperverletzungsrechts auf die Ehrverletzung und mit der Überwindung der Erfolgshaftung durch die Verschuldenshaftung[31] verbleiben die so differenzierten Rechtsbestimmungen im Bereich des Ersatzleistungsrechts. Das ändert sich im Kodex Hammurapi, der an die Entwicklung im Kodex Ešnunna anknüpft:

CH § 195
»Wenn ein Sohn seinen Vater schlägt, schlägt man seine Hand ab.«

CH § 196
»Wenn ein freier Mann das Auge eines freien Mannes zerstört, zerstört man sein Auge.«

CH § 197
»Wenn er einen Knochen eines freien Mannes zerbricht, bricht man einen seiner Knochen.«

---

31 Der Paralleltext Haddad 116,9–10 dehnt die Verschuldenshaftung auf die Körperverletzung mit Todesfolge aus: »Wenn jemand in einer Schlägerei den Tod des Sohnes eines Mannes verursacht, zahlt er zwei Minen Silber«.

CH § 198

»Wenn er ein Auge eines Hörigen zerstört oder den Knochen eines Hörigen bricht, zahlt er eine Mine Silber.«

CH § 199

»Wenn er das Auge des Sklaven eines freien Mannes zerstört oder einen Knochen des Sklaven eines freien Mannes zerstört, zahlt er die Hälfte seines Kaufpreises.«

CH § 200

»Wenn ein freier Mann den Zahn eines ihm Ebenbürtigen ausschlägt, schlägt man seinen Zahn aus.«

CH § 201

»Wenn er den Zahn eines Hörigen ausschlägt, zahlt er $^1/_3$ Mine Silber.«

CH § 202

»Wenn ein freier Mann die Wange eines freien Mannes, der mächtiger ist als er, schlägt, erhält er in der Versammlung 60 Schläge mit dem Ochsenziemer.«

CH § 203

»Wenn ein freier Mann die Wange eines freien Mannes, der ihm gleich steht, schlägt, zahlt er eine Mine Silber.«

CH § 204

»Wenn ein Höriger die Wange eines Hörigen schlägt, zahlt er 10 Schekel Silber.«

CH § 205

»Wenn der Sklave eines freien Mannes die Wange eines freien Mannes schlägt, schneidet man sein Ohr ab.«

CH § 206

»Wenn ein freier Mann einen freien Mann im Streit schlägt und ihm dabei eine Wunde verursacht, schwört dieser freie Mann: ›Mit Absicht habe ich nicht verletzt‹ und bezahlt den Arzt.«

CH § 207

»Wenn er durch seine Verletzung stirbt, schwört er (dasselbe). Wenn es sich um einen freien Mann handelt, zahlt er $^1/_2$ Mine Silber.«

CH § 208

»Wenn es sich um einen Hörigen handelt, zahlt er $^1/_3$ Mine Silber.«

CH § 209

»Wenn ein freier Mann die Tochter eines freien Mannes schlägt und ihr dadurch eine Fehlgeburt verursacht, zahlt er 10 Schekel Silber für ihre Leibesfrucht.«

CH § 210

»Wenn diese Frau stirbt, tötet man seine Tochter.«

CH § 211

»Wenn er der Tochter eines Hörigen durch Schlagen eine Fehlgeburt verursacht, zahlt er 5 Schekel Silber.«

CH § 212

»Wenn diese Frau stirbt, zahlt er $^1/_2$ Mine Silber.«

CH § 213

»Wenn er die Sklavin eines freien Mannes schlägt und ihr dadurch eine Fehlgeburt verursacht, zahlt er 2 Schekel Silber.«

CH § 214

»Wenn diese Sklavin stirbt, zahlt er $^1/_3$ Mine Silber.«

Kernüberlieferung ist eine Liste von Tarifbestimmungen (§§ 196*; 197*; 200):

»Wenn ein freier Mann das Auge eines freien Mannes zerstört, zahlt er . . . Mine Silber.
Wenn ein freier Mann den Knochen eines freien Mannes zerbricht, zahlt er . . . Mine Silber.
Wenn ein freier Mann den Zahn eines freien Mannes ausschlägt, zahlt er . . . Mine Silber.«

Der rechtshistorische Ausgangspunkt des Körperverletzungsrechts im Kodex Hammurapi entspricht dem des Kodex Ešnunna. In der Entwicklung dieses Rechts geht der Kodex Hammurapi mit dem Kodex Ešnunna parallel, führt aber in wichtigen Aspekten über ihn hinaus. Der in CE § 42 nur kurz abgehandelte Fall der Ehrverletzung wird in CH §§ 195; 202–205 breit entfaltet und mit CH §§ 196–200 verbunden. Durch die weitere Verbindung mit CH §§ 206–208 wird, der Einfügung von CE § 47 in den Kodex Ešnunna entsprechend, zwischen vorsätzlicher und unvorsätzlicher Tat differenziert. Zunächst grenzen sich CH §§ 206–208, die auf die unvorsätzliche Tat (»im Streit«) bezogen sind, von CH §§ 209–214 ab, die auf die vorsätzliche Tat Bezug nehmen. Doch werden durch CH §§ 206–208 auch die ursprünglich an der Erfolgshaftung orientierten Rechtssätze (CH §§ 196–200) auf die Verschuldenshaftung hin interpretiert.

Über das Körperverletzungsrecht des Kodex Ešnunna hinausführend, werden die aus unterschiedlichen Rechtsquellen stammenden Rechtssätze zur Körperverletzung und Ehrverletzung, der Gesellschaftsstruktur entsprechend, in Rechtsfälle differenziert, die die freien Bürger, die Hörigen und die Sklaven betreffen. Damit verbunden wird die talionische Sanktion für die Verletzung der freien Bürger (CH §§ 196; 197; 200) eingeführt. CH §§ 210 verfügt für die Körperverletzung der Tochter eines freien Bürgers mit Todesfolge die Tötung der Tochter des Täters und damit eine der Talion nahekommende spiegelnde Sanktion. Die Differenzierung von Rechtsfällen freier Bürger und Höriger, die den Kodex Hammurapi von den vorhammurapischen Rechten unterscheidet, ist zusammen mit der talionischen Sanktion, die ebenfalls das hammurapische vom vorhammurapischen Körperverletzungsrecht abhebt, eingeführt worden. Intention der talionischen Sanktion ist der Schutz der freien Bürger als der führenden Gesellschaftsschicht vor tätlichen Angriffen durch die Generalprävention talionischer Körperstrafe. Für die niederen Stände der Hörigen und Sklaven bleibt die vorhammurapische Regelung der Geldzahlung in Kraft. Die Talion hat ihren Ursprung also nicht in der Überwindung von Differenzierungen zwischen den gesellschaftlichen Schichten, sondern dient hier gerade dem besonderen Schutz einer führenden Schicht in Abgrenzung von anderen, minderprivilegierten Schichten.[32]

8.3 Die Talion in Israel

Im Gegensatz zum altbabylonischen Recht, das im Körperverletzungsrecht den Übergang vom Ersatzleistungsrecht zur talionischen Körperstrafe noch zu erkennen gibt, finden sich im AT nur Belege der Auseinandersetzung mit der Talion durch Einschränkung und Außerkraftsetzung. Schon im Bundesbuch wird die Talion bei Körperverletzungen ohne Todesfolge außer Kraft gesetzt und nur im Falle der Körperverletzung mit Todesfolge eine talionartige Sanktion »Leben für Leben« bekräftigt.

---

32 Der Hethitische Kodex kennt die Talion nicht. Man wird darin weniger den Ausdruck humaner Gesinnung als vielmehr der Tatsache sehen, daß das althethitische Körperverletzungsrecht auf dem altbabylonisch-vorhammurapischen Recht fußt, das die Talion noch nicht kannte und hethitisch kein Impuls zu einer rechtlichen Privilegierung einer Gesellschaftsschicht wirksam wurde.

»(V.22) Wenn Männer miteinander raufen und eine schwangere Frau stoßen, so daß ihre Leibesfrucht abgeht, es aber kein tödlicher Unfall ist, wird eine Zahlung auferlegt in der Höhe, die der Ehemann ihm auferlegt, und er bezahlt vor Zeugen. (V.23) Wenn es ein tödlicher Unfall ist, gibst du Leben für Leben, (V.24) *Auge für Auge, Zahn für Zahn, Hand für Hand, Fuß für Fuß*, (V. 25) *(Brandmal für Brandmal, Wunde für Wunde, Striemen für Striemen)*« (Ex 21,22–25).

Die Talion ist Zentrum der Rechtssatzsammlung des Körperverletzungsrechts, in der die Abgrenzung der Rechte der Freien und Sklaven einerseits und die Abgrenzung der Ersatzleistungsregelungen von den Strafbestimmungen der Todessanktion bei Fällen der Körperverletzung mit und ohne Todesfolge andererseits vermittelt sind. Die um die todesrechtliche Formel »Leben für Leben« erweiterte Talion wird durch die um sie herum gruppierten kasuistischen Rechtssätze interpretiert und die talionische Körperstrafe außer Kraft gesetzt: In Fällen der Körperverletzung mit Todesfolge wird also eine talionsähnliche Sanktion von »Leben für Leben« bestätigt, eine talionische Körperstrafe in allen Fällen ohne Todesfolge aber ausgeschlossen. Der rechts- und sozialreformerische Impuls dieser Rechtssatzsammlung weitet die Generalprävention auf die Fälle der unvorsätzlichen und grob fahrlässigen Körperverletzung mit Todesfolge und den Schutz der Generalprävention auf die rechtlich unterprivilegierten Glieder der Gesellschaft, die Frauen, Kinder und Sklaven aus (cf. o. II 7).

In Fällen der Körperverletzung ohne Todesfolge wird der rechtsreformerische Impuls dieser Sammlung in der Nichtanwendung der körperlichen Sanktion der talionischen Strafe zugunsten ersatzrechtlicher Regelungen erkennbar. Diente im altbabylonischen Recht die talionische Sanktion der Sicherung einer Bürgerschicht, so wird diese Funktion nun zugunsten des Lebensrechts der Unterprivilegierten durch das von der Talion unabhängige Todesrecht wahrgenommen. In allen Fällen der Körperverletzung ohne Todesfolge wird die Talion außer Kraft gesetzt. Zu der sozialreformerischen Absicht kommt die der Pazifizierung des Rechts. Die Talion reagiert auf eine begangene Gewalttat mit der entsprechenden Gegengewalt und verdoppelt damit den Schaden. Im Kodex Hammurapi wird diese Gegengewalt um der Generalprävention willen zugunsten einer privilegierten Schicht in Kauf genommen. In Ex 21,18–32 wird die entsprechende Gegengewalt nur im Tötungsfalle um des generellen Lebensschutzes willen, also einschließlich der bislang rechtlich minder Geschützten, in Kauf genommen.

Dieser Befund läßt nach den Ursprüngen der Talion und ihrer Funktion in Israel fragen. Ehe dieser Frage aber nachgegangen werden kann, muß auf die beiden anderen Belege der Talion (Dtn 19,21; Lev 24,20) eingegangen werden. In Dtn 19,21 ist die Talion mit dem Rechtssatz falscher Anklage (Dtn 19,15–20) verbunden:

»(V.15) Ein falscher Zeuge soll nicht gegen einen Mann auftreten, wenn es um ein Verbrechen oder ein Vergehen geht, was auch immer er für ein Vergehen begangen hat. Auf die Aussage von zwei oder drei Zeugen wird einer Anklage stattgegeben. (V.16) Wenn ein mörderischer Zeuge gegen einen Mann falsche Anklage erhebt, indem er ihn der Idolatrie beschuldigt, (V.17) und die beiden Männer, die einen Rechtsstreit haben, vor JHWH treten, also vor die Priester und die derzeitigen Richter, (V.18) die Richter Untersuchungen anstellen und sich herausstellt, daß es sich um einen Zeugen handelt, der falsche Anklage gegen seinen Bruder erhebt, (V.19) so sollt ihr ihm tun, was er plante, seinem Bruder zu tun. (Du sollst das Böse aus deinem Gebiet fortschaffen). (V.20) Die übrigen sollen es hören und sich fürchten, damit sie nicht mehr ein derartiges Verbrechen in deinem Gebiet begehen. (V.21) Deine Augen haben kein Mitleid: Leben um Leben, Auge um Auge, Zahn um Zahn, Hand um Hand, Fuß um Fuß.«

Mit »so sollt ihr ihm tun, was er plante, seinem Bruder zu tun« wird ein im keilschriftlichen Prozeßrecht weit verbreitetes Prinzip der talionischen Rechtssanktion für den Fall falscher Anschuldigung und Verleumdung formuliert. Die Talion unterstreicht das talionische Prinzip der Todessanktion für die falsche Anklage eines Kapitaldelikts. Im Bundesbuch wird nur das talionische Prinzip »Leben um Leben« als rechtsgültig bestätigt, während die Talion der Körperstrafen zugunsten der Wiedergutmachung des Schadens außer Kraft gesetzt wird. Im Dtn wird diese Außerkraftsetzung vorausgesetzt, so daß die Talion zum Symbol eines talionischen Prinzips werden kann.

In Lev 24,20 geht die Überlieferungsgeschichte der Talion in die priesterliche Theorie einer das Namensmißbrauchs- und das Tötungsverbot verbindenden Überlieferung (Lev 24,16–21*) über, die durch die Erzählung von Lästerung und Verfluchung des Gottesnamens (Lev 24,10–15.16*.22.23) gerahmt wird:

> »(V.16*) Wer den Namen JHWHs lästert, wird sterben. (V.17) Wenn ein Mann irgendein Menschenleben (*naepaeš*) erschlägt, wird er sterben. (V.18) Wenn er ein Tierleben erschlägt, wird er es ersetzen, Leben für Leben. (V.19) Und wenn ein Mann seinem Mitbürger einen körperlichen Schaden zufügt, wie er getan hat, so wird ihm getan, (V.20) Bruch für Bruch, Auge für Auge, Zahn für Zahn. Wie er dem Menschen einen körperlichen Schaden zufügt, so soll ihm zugefügt werden: (V.21) Schlägt er ein Tier, so wird er es ersetzen und schlägt er einen Menschen, so wird er sterben« (Lev 24,16–21*).

Diese spätpriesterliche Überlieferung (s. u. IV 2.3) hat ihr Zentrum in der Talion, um die die Motivik des Tötungsfalles als Rahmen angeordnet ist. Darum ist als weiterer Rahmen die Erzählung des Vergehens gegen den Gottesnamen gelegt. Es ist ein Kapitaldelikt wie der Angriff auf den Mitbürger. Die Zusammenordnung der Tötung von Mensch und Tier nimmt Gen 9,3–6 auf. Die Tötung eines Menschen verletzt JHWHs Eigentumsrecht und wird wie das Vergehen gegen den Gottesnamen mit dem Tode sanktioniert. In diesen Zusammenhang wird die Talion eingebunden. Der Redaktor interpretiert durch das Nebeneinander der Begriffe »Bruch« und »Leibesverletzung« in Anknüpfung an Lev 21,16–23 die Talion auf Verletzungen, die vom kultischen Dienst ausschließen. Die Wiederaufnahme des Tötungsverbots (Lev 24,21) läßt das in der rahmenden Parallele (Lev 24,17) als Objekt des Schlagens genannte »Menschenleben« (*naepaeš*) zugunsten der knapperen Formulierung »schlägt er einen Menschen« aus und integriert so die zur kultischen Untauglichkeit führende Körperverletzung in die Todessanktion. »Wie der Mensch einen körperlichen Schaden zufügt, so soll ihm zugefügt werden« (Lev 24,20b) interpretiert die Tötung (Lev 24,21) auf die Todessanktion und schließt mit einer Einschränkung der Ersatzleistung auf das Schlagen des Tieres eine solche für das Schlagen des Menschen aus (cf. Num 35,31).

Hat die Talion in Dtn 19,21 nur die Funktion, das talionische Prinzip der Bestrafung bei Falschanklage symbolisch zu unterstreichen, so geht es in Lev 24,20 nicht generell um eine talionische Sanktion von Körperverletzungen, sondern um die Todessanktion für Verletzungen, die vom Kult ausschließen. Der Durchgang zeigt, daß das AT keinen Beleg für die Körperstrafe »Auge um Auge, Zahn um Zahn« enthält. Damit aber stellt sich um so dringender die Frage nach dem Ursprung und der Funktion der Talion in Israel, ehe sie im Bundesbuch außer Kraft gesetzt wurde.

Da das AT von der Talion nur im Modus ihrer Nichtanwendung bei Körperverletzungen spricht, kann die Frage nach Funktion und Entstehung in Israel nur hypothetisch beantwortet werden. Die Talionsformel ist mehrschichtig. Die Formel »Leben um Leben« ist als Apodosis für Ex 21,23a eine Überleitung zu der angefügten Talion und könnte, wie A. Alt für die gesamte Talion vermutete, als Formel des Ersatzes kultischen Ursprungs sein, wie sie in punischen Inschriften belegt ist. Sie bezeichnet im jetzigen Kontext aber die Todessanktion. Ex 21,24 umfaßt als Kern der Talion die Verletzung von Auge, Zahn, Hand und Fuß, ordnet also die Verletzungen dem Körperaufbau folgend von oben nach unten an. Ex 21,25 wiederum ist ein Zusatz, der literarisch schwer einzuordnen ist und kultisch relevante Verletzungen zusammenstellt. Die Frage nach Ursprung und Funktion der Talion vor ihrer Außerkraftsetzung in der Sammlung des Körperverletzungsrechts des BB muß also von Ex 21,24 ausgehen.

Die Talion ist in der altbabylonischen Rechtsgelehrsamkeit ein Instrument zum Schutz der Schicht der freien Bürger. In Juda ist die Talion der rechtsgelehrten Arbeit am Körperverletzungsrecht im BB vorgegeben und wird von ihr außer Kraft gesetzt. Wird die Talion in der Redaktion der Sammlung des Körperverletzungsrechts in den Kontext des kasuistischen Rechts, das eine Funktion in lokalen Gerichtsinstitutionen hatte, eingefügt und durch dieses Recht überwunden, so muß die Talion ursprünglich einen davon unabhängigen Ort gehabt haben.

Talion und Blutracheinstitution berühren sich in ihren Funktionen. Die Blutrache sanktionierte den intergentalen Tötungsfall durch die unmittelbare Rechtsreaktion der geschädigten Familie. Ex 21,12–14 und Dtn 19,6 spiegeln ihre Einbindung in die Ortsgerichtsbarkeit. Der Bluträcher wurde zu einem Organ des Ortsgerichts und so die unmittelbare Rache überwunden. Eine ähnliche Domestizierung der Rache verbindet sich mit der Einbindung der Talion in das kasuistische Körperverletzungsrecht. Wo aber hat die Talion unabhängig vom kasuistischen Ersatzleistungsrecht eine Funktion gehabt? Die Geltung des kasuistischen Rechts ist auf die örtliche Rechtsgemeinde begrenzt. Fälle, die die Grenzen des Ortes überschritten, wurden durch das kasuistische Recht ursprünglich nicht erfaßt. In derartige Lücken greifen die Rechtsinstitutionen der unmittelbaren Rechtsreaktion der Geschädigten ein, durfte es doch um des Schutzes der Menschen willen keine Räume der Rechtsfreiheit geben. Als sich im staatlichen Israel und Juda umfassendere Rechtsgemeinschaften ausbildeten, konnte das kasuistische Recht bei erweitertem Anwendungsbereich und der Integration der Sanktionsfunktion zunehmend auch die Regelung der überregionalen Körperverletzungsfälle übernehmen, die Racheinstitution der Talion, die aufgrund der zerstörerischen Gegengewalt auf Dauer sozial unverträglich war, außer Kraft setzen und das talionische Prinzip auf den Schutz des Lebens »Leben für Leben« einschränken. Als sich im nachexilischen Juda das Gesetzesverständnis im Zuge der Kanonisierung änderte, konnte die mit der Einbindung der Talion im BB verbundene Idee ihrer ersatzrechtlichen Pazifizierung in ihrer jüdisch-mischnischen Interpretation auf Ersatzleistung (Mischna Baba Qamma 83b) weiterleben.

9. Die theologische Rechtslegitimation und Ausdifferenzierung eines Ethos aus dem Recht

9.1 Die Legitimation der Solidarität mit dem Schwachen durch die Solidarität Gottes

H. Bolkestein, Wohltätigkeit und Armenpflege im vorchristlichen Altertum. Ein Beitrag zum Problem »Moral und Gesellschaft«, 1939; *R.N. Boyce*, The Cry to God in the OT, 1988; *C. Bultmann*, Der Fremde im antiken Juda, 1992; *G. Cardascia*, Le statut de l'étranger dans la Mésopotamie ancienne, RSJB 9, 1958, 105–117; *I. Cardellini*, Die biblischen »Sklaven« – Gesetze im Lichte des keilschriftlichen Sklavenrechts, 1981; *D. Charpin*, Les décrets royaux à l'époque paléo-babylonienne, AfO 34, 1986, 36–44; *ders.*, Les édits de »restauration« des rois babyloniens et leur application, in: C. Nicolet (Hg.), Du pouvoir dans l'Antiquité, 1990, 13–24; *G.C. Chirichigno,* Debt-Slavery in Israel and the Ancient Near East, 1993; *M. Dahood,* To Pawn One's Cloak, Bib. 42, 1961, 359–366; *D.O. Edzard,* »Soziale Reformen« im Zweistromland bis ca. 1600 v. Chr. – Realität oder literarischer Topos?, in: J. Harmatta u. a. (Hg.), Wirtschaft und Gesellschaft im Alten Vorderasien, 1976, 145–156; *L. Epsztein,* La justice sociale dans le Proche-Orient ancien et le peuple de la Bible, 1983; *F.C. Fensham,* Widow, Orphan and the Poor in Ancient Near Eastern Legal and Wisdom Literature, JNES 21, 1962, 129–139; *ders.,* Role of the Lord in the Legal Sections of the Covenant Code, VT 26, 1976, 262–274; *F.O. Garcia-Treto,* Servant and 'Amah in the Mishpatîm of the Book of Covenant, TUSR 11, 1982, 22–38; *H.K. Havice,* The Concern for the Widow and the Fatherless in the Ancient Near East. A Case Study in OT Ethics, Ph.D. Diss. Yale, 1978; *B. S. Jackson,* Biblical Laws of Slavery, in: L. Archer (Hg.), Slavery and Other Forms of Unfree Labour, 1988, 86–101; *B. Janowski,* Rettungsgewißheit und Epiphanie des Heils, 1989; *S. Japhet,* The Relationship between the Legal Corpora in the Pentateuch in Light of Manumission Laws, in: dies. (Hg.), Studies in Bible, 1986, 63–90; *S.A. Kaufman,* A Reconstruction of the Social Welfare System of Ancient Israel, in: W.B. Barrick u. a. (Hg.), In the Shelter of Elyon. FS G. W. Ahlström, 1984, 277–286; *O. Keel,* Fern von Jerusalem. Frühe Jerusalemer Kulttraditionen und ihre Träger und Trägerinnen, in: F. Hahn u. a. (Hg.), Zion – Ort der Begegnung. FS L. Klein OSB, 1993, 439–502; *Y.I. Kim,* The Vocabulary of Oppression in the OT, Diss. Drew Univ., 1981; *H. Klengel,* Soziale Differenzierung und Randgruppen der Gesellschaft im Alten Orient, in: V. Haas (Hg.), Außenseiter und Randgruppen, 1992, 15–27; *J. Klíma,* Einige Bemerkungen zur Bedeutung der »nichtjuridischen« Bestandteile der altbabylonischen Gesetzeswerke, JJP 5, 1951, 161–186; *ders.,* Das politische Profil der altmesopotamischen Herrscher im Lichte der Prologe und Epiloge ihrer Gesetze, in: B. Hruška u. a. (Hg.), Festschrift für L. Matouš, Bd.I, 1978, 209–224; *ders.,* Die juristischen Gegebenheiten in den Prologen und Epilogen der mesopotamischen Gesetzeswerke, in: H. van Voss u. a. (Hg.), Travels in the World of the OT, FS M. Beek, 1974, 146–169; *F.R. Kraus,* Königliche Verfügungen in altbabylonischer Zeit, 1984; *W.G. Lambert,* Morals in Ancient Mesopotamia, JEOL 15, 1957/58, 184–196; *N.P. Lemche,* The »Hebrew Slave«, VT 25, 1975, 129–144; *ders.,* The Manumission of Slaves – the Fallow Year – the Sabbatical Year – the Yobel Year, VT 26, 1976, 38–59; *ders.,* Andurarum and Mišarum, JNES 38, 1979, 11–22; *ders.,* The Hebrew and the Seven Year Cycle, BN 25, 1984, 65–75; *I. Lewy,* Dating of Covenant Code Sections on Humaness and Righteousness (Ex XXII 20–26; XXIII 1–9), VT 7, 1957, 322–326; *S.J. Lieberman,* Royal »Reforms« of the Amurrite Dynasty, BiOr 46, 1989, 241–259; *N. Lohfink,* Option for the Poor, 1987; *ders.,* Poverty in the Laws of the Ancient Near East and of the Bible, TS 52, 1991, 34–50; *D. Marcus,* Civil Liberties under Israelite and Mesopotamian Kings, JANES 5, 1973, 53–60; *H. Olivier,* The Effectiveness of the Old Babylonian Mešarum-Decree, JNWSL 12, 1984, 107–113; *E. Otto,* Sozial- und rechtshistorische Aspekte in der Ausdifferenzierung eines altisraelitischen Ethos aus dem Recht, Osnabrücker Hochschulschriften, Schriftenreihe des FB 3, Bd. 9, 1987, 135–161; *H. Petschow,* Neubabylonisches Pfandrecht, 1956; *A. Phillips,* The Laws of Slavery: Ex 21,2–11, JSOT 30, 1984, 51–66; *J. P. M. van der Ploeg,* Slavery in the OT, VT.S 22, 1972, 72–87; *J. Renger,* Hammurapis Stele »König der Gerechtigkeit«, WO 8, 1976, 228–235; *G. Ries,* Prolog und Epilog in den Gesetzen des Altertums, 1983; *W. Röllig,* »Der den Starken vom Schwachen nicht entrechten läßt, der der Waise Recht schafft . . .«. Gleich und ungleich im religiösen Denken des Alten Orients, in: G. Kehrer (Hg.), »Vor Gott sind alle gleich«. Soziale Gleichheit, Ungleichheit und die Religionen, 1983, 42–51; *M. Schwantes,* Das Recht der Armen, 1977; *W. von Soden,* Religion und Sittlichkeit nach den Anschauungen der Babylonier, in: ders., Aus Sprache, Geschichte und Religion Babyloniens, 1989, 1–27; *R. Sonsino,* Motive Clauses in Hebrew Law, 1980; *J. L. Vesco,* Les lois sociales du Livre de l'Alliance, RThom 76, 1968, 241–264; *I. Weiler,* Zum Schicksal der Witwen und Waisen bei den Völkern der Alten Welt, Saeculum 31, 1980, 157–193; *M. Weinfeld,* Justice and Righteousness in Israel and the Nations, 1985 (hebr.); *ders.,* »Justice and Righteousness« in Ancient Israel against the Background of »Social Reforms« in the Ancient Near East, in: H.J. Nissen u. a. (Hg.), Mesopotamien und seine Nachbarn, 1982, 491–519; *ders.,* »Justice and Righteousness«, in: H. Graf Reventlow u. a. (Hg.), Justice and Righteousness, 1992, 228–246.

82

Sätze des Ethos sollen von denen des Rechts darin abgegrenzt sein, daß in den Sätzen des Ethos das Handeln normiert werden soll, ohne Sanktionen anzudrohen. Unter diesem Gesichtspunkt zeigt sich der Beginn eines eigenständigen Ethos neben dem Recht in den Schutzbestimmungen des Bundesbuches für die Sklaven:

> »(V.2) Wenn du einen hebräischen Sklaven kaufst, soll er sechs Jahre lang dienen. Im siebten Jahr soll er ohne Entgelt als Freigelassener ausziehen. (V.3) Wenn er allein gekommen ist, soll er allein ausziehen. Wenn er Ehemann war, soll seine Frau mit ihm ausziehen. (V.4) Wenn sein Herr ihm eine Ehefrau gibt und sie ihm Söhne oder Töchter gebiert, soll die Frau mit ihren Kindern bei ihrem Herrn verbleiben und er soll allein ausziehen. (V.5) Wenn der Sklave mit Nachdruck sagt: ›Ich liebe meinen Herrn, meine Frau und meine Kinder, ich will nicht als Freigelassener ausziehen‹, (V.6) dann soll sein Herr ihn vor Gott führen und ihn an den Türflügel oder an den Türpfosten heranführen und sein Herr soll sein Ohr mit einem Pfriemen durchbohren und er soll ihm für immer als Sklave dienen.
>
> (V.7) Wenn ein Mann seine Tochter als Sklavin verkauft, so soll sie nicht ausziehen, wie der Sklave auszieht. (V.8) Wenn sie ihrem Herrn mißfällt, nachdem er sie für sich bestimmt hat, soll er sie loskaufen lassen. Er darf sie nicht an eine fremde Familie verkaufen, da er treulos an ihr handelt. (V.9) Wenn er sie für seinen Sohn bestimmt, soll er mit ihr nach dem Recht der Töchter verfahren. (V.10) Wenn er sich eine weitere Frau nimmt, soll er ihr Nahrung, Kleidung und ihre Unterkunft nicht schmälern. (V.11) Wenn er diese drei Dinge nicht gewährt, soll sie unentgeltlich, ohne Geld ausziehen« (Ex 21,2–11).

Die antithetische 6/7-Struktur ist nicht von der Institution des siebten Tages als Ruhetag zu trennen. Die kultische Zeitstruktur will in der Aussonderung für JHWH seine Herrschaft über den Bereich der Aussonderung zur Sprache bringen. Sklave und Herr werden gleichermaßen JHWH unterstellt und daraus eine Begrenzung des Verfügungsrechts über den Sklaven und die Sklavin (cf. o. II 4.1) abgeleitet. Gottes Herrschaft wird zur einschränkenden Grenze der Herrschaft des Menschen über einen anderen Menschen. Damit stoßen wir auf eine implizite theologische Rechtsbegründung. In diesen kasuistisch formulierten Sätzen fehlen als Kennzeichen des Rechtssatzes Ersatzleistungs- oder Sanktionsbestimmungen und also die Bewertung einer geschehenen Tat in ihren rechtlichen Konsequenzen. Stattdessen soll zukünftiges Handeln ohne Androhung von Sanktionen normiert werden. Über die Rechtssätze des Sklavenrechts (Ex 21,20 f.26 f.) gehen sie darin einen entscheidenden Schritt hinaus, daß es nicht mehr um die justitiable Regelung einer Körperverletzung, sondern um eine prinzipielle Einschränkung des Verfügungsrechts über einen Sklaven geht. Rechtliche Konsequenzen bei einer Nichtbeachtung werden, abgesehen von Ex 21,11, nicht angedroht. Wie u. a. Jer 34,8–22 zeigt, konnte sich Ex 21,2–11 in vorexilischer Zeit nicht durchsetzen. Das am Ortsgericht als Konfliktregelungsrecht zwischen den Familien einer lokalen Rechtsgemeinde beheimatete kasuistische Recht setzt soziale Schutzbestimmungen aus sich heraus, ist also im sozialen Konflikt parteilich für die Schwachen und Armen. War das kasuistische Recht mit der gesellschaftlich notwendigen Konfliktregelung und Gewaltvermeidung ausreichend begründet, so verlangt die Begrenzung der Verfügungsgewalt eines Herrn über seinen Sklaven eine neue Begründungsebene, die in der noch impliziten theologischen Begründung gefunden wird.

Die Freilassung im siebten Jahr hat im altbabylonischen Recht eine Parallele. Kodex Hammurapi § 117 sieht die Freilassung eines Schuldknechts im vierten Jahr vor:

»Wenn einen Mann eine Schuldverpflichtung ergreift und er seine Frau, seinen Sohn oder seine Tochter für Geld hingibt, sie in einen Schuldsklavendienst gibt, besorgen diese drei Jahre das Haus ihres Käufers oder desjenigen, der sie in den Schuldsklavendienst genommen hat, und im vierten Jahr werden sie freigelassen.«

Daß dieser Rechtssatz eine tatsächlich ausgeführte Rechtspraxis beschreibt, zeigt ein Brief aus Mari, der in der zweiten Hälfte des 18. Jh. abgefaßt wurde:

> »Ferner: Wegen der Freilassung des Gesindes spricht man mich an. Mein Herr sende mir einen Bescheid über die Freilassung! Er soll unbedingt schreiben!« (M. 11009 + 11010: 20–27).

Die sozialen Schutzbestimmungen (Ex 22,20–26*) führen in der Ausdifferenzierung eines eigenständigen Ethos über Ex 21,2–11 hinaus:

> »(V.20aα) Den Fremdling sollst du nicht bedrücken. (V.22) Wenn du ihn tatsächlich bedrückst, und er schreit zu mir, so werde ich sein Geschrei erhören. (V.24a) Wenn du in meinem Volk dem Armen, der bei dir ist, Geld leihst, sollst du ihm kein Wucherer sein. (V.25) Wenn du den Mantel deines Nachbarn als Pfand nimmst, sollst du ihn bis Sonnenuntergang zurückgeben. (V.26) Denn es ist seine einzige Decke, eine Hülle für seine Haut. Worin soll er sonst schlafen? Wenn er zu mir schreit, so werde ich ihn hören, denn barmherzig bin ich« (Ex 22,20aα.22.24a.25 f.).

Mit diesen Schutzbestimmungen wird die Rechtssammlung (Ex 21,2–22,26*) abgeschlossen. Sie zeigen wie die Sklavenschutzbestimmungen den Prozeß der Ausdifferenzierung eines Ethos aus dem Recht. Die Mischung von kasuistischen und prohibitiven Formulierungen zeigt formgeschichtlich an, daß die Rechtssphäre verlassen ist. Mit der direkten Anrede wird ein paränetischer Akzent gesetzt. Auch fehlt eine Sanktionsbestimmung für den Fall der Nichtbeachtung. Um so konsequenter sind die Bestimmungen auf die freiwillige Beachtung und also auf Einsicht angewiesen. Dem dient die Begründung »denn es ist seine einzige Decke, eine Hülle für seine Haut. Worin soll er sonst schlafen?«. Sie will Einsicht in die Notsituation des Nächsten wecken. Der vorangehende Prohibitiv (Ex 22,24a) liegt auf derselben Ebene. Die Einsicht in die soziale Notwendigkeit zur Solidarität der Stärkeren mit den Schwächeren um der Gemeinschaft willen wird aufgerufen. Das Ethos der Barmherzigkeit wird nicht mit der Aussicht auf soziale Anerkennung und Wohlergehen des Wohltäters legitimiert (cf. Prov 11,17.25 u. ö.). Stattdessen wird zunächst an das Gemeinschaftsbewußtsein als Grundlage einer Nachbarschaftsethik appelliert. Der sozial Schwache ist der »Arme bei dir«. Der Mantel »deines Nachbarn« soll nicht gepfändet werden.

Diese pragmatische Begründung geht aber in eine theologische über. Mit dem Ich JHWHs in »mein Volk« (Ex 22,24a) knüpft sie an die Nachbarschaftsethik an. Dem Pfandrecht wird das Verbot, den Fremdling zu bedrücken, vorangestellt, an das sich die theologisch argumentierende Paränese »wenn du ihn tatsächlich bedrückst, und er schreit zu mir, so werde ich sein Geschrei erhören« (Ex 22,22) anschließt. Mit »wenn er zu mir schreit, so werde ich ihn hören« (Ex 22,26b) wird die Paränese noch einmal aufgenommen. Der »Fremde« ist der aus seiner Familie Herausgerissene, der damit ohne genealogische Anbindung in einem Hause, zu dem er keine verwandtschaftliche Beziehung hat, lebt und vom dauerhaft in Juda lebenden Ausländer zu unterscheiden ist (Bultmann, 34 ff.). Auch das mesopotamische Ethos kennt den Schutz des Fremden und auch dort wird dieser Schutz religiös begründet (van der Toorn, Sin [s. u. IV 2.1], 16). Das theologische Argument kann Schutz und Solidarität begründen, wo eine Begründung aus der Logik der Gesellschaft an eine Grenze kommt. Wird die Ethik genealogisch begründet, so läßt sich eine Solidarität mit dem Fremden nicht plausibel machen. Eine theologische Begründung kann das Ethos universalisieren und ein Ethos der »Nächstenliebe« zu dem der »Fernstenliebe« transformieren. Die an die Einsicht gerichtete Paränese verbleibt im Appell, deren Nichtbeachtung keine rechtlichen Konsequenzen nach sich zieht. In diese Lücke greift die Theologisierung ein, die nicht nur die Solidaritätsforderung auf eine neue Begründungsebene hebt, sondern auch die Durchsetzung durch JHWH einführt. Offen bleibt die Konsequenz für diejenigen, die sich dem Appell trotz des Hinweises, JHWH werde für seine Durchsetzung einstehen, verschließen. Diese Lücke soll durch die postdtr Überarbeitung »mein Zorn entbrennt und ich töte euch mit dem Schwert und eure Frauen werden zu Witwen und eure Söhne zu Waisen« (Ex 22,23) geschlossen werden. Mit dem Sanktionsmotiv kehrt die Rechtsfunktion als Funktion Gottes in das aus dem Recht ausdifferenzierte Ethos zurück.

Die Paränese hat ihren Zielpunkt in der theologischen Begründung »denn barmherzig bin ich« (Ex 22,26b*). Alleinstehendes »barmherzig« gehört in den Vorstellungszusammenhang eines Königs, der für die Klagen seiner Untertanen ein offenes Ohr hat (Boyce, 27–42). In Ex 22,26b* wird dieses auf JHWH übertragene Motiv, das aus einer vordtr kultischen Gnadenformel (Ex 34,6 f.) stammt, explizit: JHWH hört den Schrei des sozial Schwachen und verhilft ihm zum Recht, eine Aufgabe, die israelitisch wie gemeinorientalisch dem Sonnengott und dem für ihn handelnden König zukommt. Das Motiv des barmherzigen Sonnengottes, der Recht durchsetzt, hat eine Parallele in einem hethitischen Hymnus des Königs Muršiliš II. (KUB XXIV 3 I 29’-II 2’). Die Sonnengöttin von Arinna setzt als oberste Reichsgöttin und Königsgottheit Recht durch und übt Barmherzigkeit:

> »Du allein, Sonnengöttin von Arinna, bist eine barmherzige Gottheit, (und) nur du
> übst immer wieder Barmherzigkeit« (KUB XXIV 3 I 39 f.’).

Die Motivkombination des barmherzigen und Recht durchsetzenden Gottes im AT stammt aus der Jerusalemer JHWH-Königstheologie (Keel, 486–499). JHWH übernimmt als Königsgott Funktionen, die in den altbabylonischen Rechtsüberlieferungen dem Sonnengott und dem König zukommen, die das Recht zugunsten der Schwachen und Armen durchsetzen.

JHWHs Königtum wird unter dem Aspekt der Rechtshilfe für die Armen begriffen. Wie der Redaktor von Ex 21,2–22,26* die Sammlung der Rechtssätze mit sozialen Schutzbestimmungen (Ex 22,20–26*) abschließt, so eröffnet er sie mit den Schutzbestimmungen für die Sklaven (Ex 21,2–11). Sind diese durch das 6/7-Schema der Aussonderungsbestimmungen für JHWH nur implizit theologisch begründet, so wird diese Begründung in der Struktur der Redaktion der Sammlung explizit: Die Schutzbestimmungen für die Sklaven sind begründet in der Barmherzigkeit JHWHs, der der Rechtsschützer des Schwachen in der Gesellschaft ist. Wie JHWH das Recht des Schwachen schützt, so soll der freie Judäer das Recht des Sklaven achten. Durch genealogisch oder lokal begründete Gemeinschaft allein ist ein Schutz für die gerade aus genealogischen Zusammenhängen herausgerissenen Fremdlinge und Sklaven nicht zu legitimieren. Wo die Legitimation des Ethos aus dem gesellschaftlich Gegebenen heraus versagt, greift die theologische Legitimation, die die Forderung des Schutzes für den sozial Schwachen auch über Gemeinschaftsgrenzen hinweg einsichtig machen kann. Gott als der Barmherzige begründet ein Ethos der Solidarität und der Barmherzigkeit mit dem Schwachen in der Gesellschaft. Wie Gott mit dem Menschen umgeht, so soll sich der Mensch zum

Menschen verhalten. Eine in arme und reiche Schichten zerfallende Gesellschaft soll im Gedanken Gottes als des barmherzigen Königsgottes wieder zusammengefaßt werden.

Archaische Rechte bedürfen keiner expliziten Rechtsbegründung. Sie sind durch die für die Rechtsgemeinschaft notwendige Konfliktregelung und Normensicherung durch Prävention ausreichend legitimiert. In den sozialen Konflikten in komplexen Staatsgesellschaften wird eine Differenz von Recht und Gerechtigkeit deutlich, die die Notwendigkeit expliziter Rechtsbegründung nach sich zieht. Es mag dahingestellt bleiben, ob eine explizite Rechtsbegründung ein Krisensymptom des Rechts oder Ausdruck eines sich in seiner Substanz durchschauenden Rechts ist – die Keilschriftrechte sind jedenfalls schon immer in der göttlichen Herrschaftslegitimation des Königs begründet.

Den Prolog der ältesten keilschriftlichen Rechtssammlung des Königs Šulgi aus dem späten 3. Jt. prägt bereits ein dreigliedriges Schema von (1.) theologischer Begründung der Herrschaft des Königs, (2.) Bericht über seine außen- und innenpolitischen Leistungen und (3.) über sein sozialpolitisches Wirken (Ries, 8 ff.). Die göttliche Bevollmächtigung des Königs wird, vermittelt über Nanna, den Stadtgott von Ur, auf An und Enlil, die obersten Götter des sumerischen Pantheons, zurückgeführt. Die außenpolitischen Erfolge sollen für jedermann sichtbar die göttliche Herrschaftsbeauftragung bestätigen. Zur Aufzählung der innenpolitischen Erfolge gehört auch der Anspruch des Königs, das Recht aufgerichtet zu haben:
»... mit der Macht Nannas, des Königs der Stadt ... Gerechtigkeit setzt er im Lande, falsche Ordnung, Ungerechtigkeit, Waffengewalt veranlaßte er zur Umkehr« (CŠ III 108–116).
Das Aufrichten der Gerechtigkeit beinhaltet die Fürsorge für die Schwachen, damit die Waise nicht dem Reichen überantwortet werde, die Witwe nicht dem Mächtigen, der »Mann von einem Schekel« (ca. 8 Gramm) nicht dem »Manne von einer Mine« (ca. 500 Gramm). Die Promulgierung der anschließenden Rechtssätze will erweisen, daß der König Šulgi Feindseligkeit, Gewalttaten und Weheruf zum Sonnengott, der für die Durchsetzung gerechter Lebensverhältnisse verantwortlich war, verschwinden ließ und Gerechtigkeit im Lande aufrichtete. Die Eröffnung der Rechtssätze mit »in jenen Tagen«, die sich an die Aufrichtung der Sozialmaßnahmen anschließt, unterstreicht diesen Zusammenhang. Die Rechtssätze folgen dann aber einer vom Prolog unabhängigen Logik. Witwen und Waisen kommen nicht vor. Auch werden nicht ausdrücklich die Rechte der Schwachen gegen die Starken geschützt. Während der Prolog die Befreiung einiger Städte von der Sklaverei reklamiert, stützen die sklavenrechtlichen Bestimmungen (§§ 4; 5; 17; [25; 26]) mit der Sicherung der Rechte des Sklavenherrn die Institution der Sklaverei. Die Redaktion der Rechtssätze folgt einem Schema, das auch im Kodex Ešnunna, einer Rechtssatzsammlung ohne königstheologische Rahmung[33], erkennbar ist, und läßt keinerlei Vermittlungen mit den Intentionen des Prologs erkennen. Im Kodex Ešnunna sind die Rechtssätze um die zwei ursprünglich selbständigen Rechtssatzsammlungen des Eherechts (§§ 17; 18; 25–28) und der Körperverletzungsfälle (§§ 42–48; 53–58) gruppiert. Im Kodex Šulgi formen die Rechtssätze des Eherechts (§§ 6–15) und der Körperverletzungsfälle (§§ 18–22) das Zentrum der Redaktion. Die sklavenrechtlichen Sätze (§§ 4; 5; 17; [25; 26]) rahmen diese beiden Rechtssatzgruppen. Die Zusammenstellung der Rechtssätze diente der Ausbildung in der Schreiberschule des Tafelhauses und wurde sekundär durch die Verbindung mit dem Prolog und einem nicht mehr erhaltenen Epilog der Darstellung der Rechtsdurchsetzung des Königs dienstbar gemacht.

Die Rahmung des Kodex Hammurapi ist ausgeführter, in wesentlichen Motiven aber verwandt mit dem Prolog des Kodex Šulgi. Die theologische Herrschaftsbegründung des Königs Hammurapi beginnt mit einem langen, 49 Zeilen umfas-

---

33 Die Datierung des Kodex Ešnunna wird Katalogisierungsfunktion im Bibliotheksbetrieb gehabt haben und kann nicht als königliche Inkraftsetzung gewertet werden.

senden Satz, der mit den Urgöttern der Götterliste und so mit dem Anfang allen Seins beginnt. Sie setzen Marduk, den Stadtgott von Babylon, zum Herrscher über die Menschheit ein, erwählen Babylon zum Zentrum der Welt und berufen Hammurapi zur Königsherrschaft über die Menschen:

> »Als Anu, der Erhabene, der Fürst der Annunaku, (und) Enlil, der Herr des Himmels und der Erde, der das Schicksal des Landes bestimmt, dem Marduk, dem erstgeborenen Sohn des Ea, die Enlilschaft über die Gesamtheit der Menschen bestimmten, unter den Igigu ihn groß machten, Babylon mit seinem erhabenen Namen nannten (d. h. schufen), es in den Weltteilen herausragend machten, in seiner Mitte eine dauerhafte Königsherrschaft, deren Grundfesten wie Himmel und Erde fest gegründet sind, ihm sicherten – damals haben mich, Hammurapi, den ehrfürchtigen Fürsten, den Verehrer der Götter, um Gerechtigkeit im Lande sichtbar werden zu lassen, den Übeltäter und Hasser zu vernichten, damit nicht der Starke den Schwachen bedrückt, wie der Sonnengott (Šamaš) den Schwarzköpfigen (d. h. Menschen) aufzugehen, das Land zu erleuchten, Anu und Enlil, um die Menschen glücklich zu machen, mit meinem Namen genannt« (CH I 1–49).

Hammurapi beansprucht, von Marduk beauftragt, die Menschen zu führen und »rechte Bahn« unter ihnen durchzusetzen. Legitimiert wird dieser Anspruch durch eine Hierarchie, die von den Göttern Anu und Enlil über den mit der Herrschaft über die Götter versehenen Königsgott Marduk[34] zu Hammurapi führt, der in der Durchsetzung von »rechter Bahn« unter den Menschen die Herrschaft Marduks wahrnimmt.[35] Ihm wird damit eine Aufgabe übertragen, die im Pantheon vom Sonnengott wahrgenommen wird. Als der mächtige König, der wie der Sonnengott das Licht aufgehen läßt über dem Land Sumer und Akkad, wird Hammurapi mit dem Sonnengott parallelisiert. Das Flachrelief der Stele des Kodex Hammurapi, das Hammurapi in der Gebetshaltung vor dem Sonnengott zeigt, und der Epilog des Kodex Hammurapi, der Hammurapi als König, dem der Sonnengott Gerechtigkeit gegeben habe, darstellt, machen deutlich, daß die Parallelisierung keine Vergöttlichung des Königs im Sinne einer distanzlosen Identifizierung meint, sondern der König in der Rechtsdurchsetzung eine göttliche Funktion wahrnimmt. Diese Funktion wurde öffentlich auf der Stele des Kodex Hammurapi, die in Babylons Haupttempel Esagila vor der Statue Hammurapis aufgestellt wurde, dargestellt. Die Rechtssätze, die dem Schulcurriculum des Tafelhauses entnommen sind, werden so der öffentlichen Proklamation der Funktion des Königs als »Herr des Rechts« dienstbar gemacht. Sie sind »gerechte Rechtssprüche, die Hammurapi, der fähige König, festsetzt«. Über die Rechtssätze hinausgehend, wird die Rechtsaufrichtung des Königs in den Rahmenteilen von Prolog und Epilog als Handeln zugunsten der Schwachen in der Gesellschaft sozial akzentuiert, »damit nicht der Starke den Schwachen bedrückt«[36] und »um Waise und Witwe zu ihrem Recht zu verhelfen«.

Sind die Rechtssätze des Kodex Hammurapi nicht unter den Gesichtspunkten von Prolog und Epilog formuliert, sondern unabhängig davon, so stellt sich die Frage, wo die Aufgabe des Königs, Recht zugunsten der Schwachen in der Gesellschaft durchzusetzen, über die Proklamation auf der Gesetzesstele hinaus ver-

---

34 Cf. dazu W. Sommerfeld, Der Aufstieg Marduks, 1982.

35 Damit verwandt ist die in ägyptischen Hymnen an den Schöpfergott dem König zugewiesene Aufgabe, Ma'at zu »setzen«, eine Tätigkeit, die mit dem Schöpfungsakt des Atum vergleichbar ist.

36 Ähnlich wird häufig in den ägyptischen Idealbiographien der Grabtexte formuliert: »Ich rettete den Schwachen vor den Stärkeren«; cf. u. III 1.

wirklicht wurde. Die königliche Aufgabe der Rechtsdurchsetzung zugunsten der Schwachen wird in den Rechtsedikten der königlichen »Gerechtigkeits« (mīšarum)-Akte rechtspraktisch real. Durch sie greift der König in geltendes Recht und in erworbene persönliche Rechte ein. F. R. Kraus unterscheidet Rechtsakte, die auf eine Änderung der Verwaltungspraxis der Obrigkeit zielen und, auf die Zukunft gerichtet, von unbegrenzter Dauer sind, von Rechtsakten mit beschränkter rückwirkender Kraft, die private Verbindlichkeiten aufheben. Diese mīšarum-Akte betreffen Zahlungs- und Schuldenerlaß sowie die Rückgängigmachung auch länger zurückliegender Immobilienverkäufe zugunsten der ursprünglichen Besitzer. Der § 3 des Edikts des Königs Ammiṣaduqa aus dem Geschlecht Hammurapis verdeutlicht die rechtshistorische Paradoxie dieser Kategorie der mīšarum-Akte:

> »Wer Gerste oder Silber einem Akkader oder Ammurräer als Darlehen, auf Zins oder zur Entgegennahme . . . ausgeliehen hat und (sich darüber) eine Urkunde hat ausstellen lassen – weil der König Gerechtigkeit für das Land aufgerichtet hat, ist seine Urkunde zerbrochen; Gerste oder Silber kann er nach dem Wortlaut der Urkunde nicht eintreiben lassen.«

Rechtens gewährte und vertragsrechtlich gesicherte Darlehen werden nicht zurückgezahlt, »weil der König Gerechtigkeit im Lande aufstellt«. Die Durchsetzung von Gerechtigkeit setzt also geltendes Recht rückwirkend und einmalig außer Kraft. Hintergrund ist die Erkenntnis, daß die bestehende Wirtschafts- und Rechtsordnung zu sozialer Asymmetrie führt, die es auszugleichen gilt. In § 1 des Ammiṣaduqa-Edikts wird das Erstarken der Schwachen ausdrücklich als Ziel der Maßnahme genannt. Der Maßstab dieses Gerechtigkeitsbegriffs ist in den Rahmentexten der Rechtssammlungen zum Ausdruck gebracht: Das Aufrichten des Rechts durch den König schließe den Schutz des Schwachen vor dem Starken ein, damit der »Mann eines Schekels« nicht dem »Mann einer Mine (Silber)« ausgeliefert werde. Die Motive der sozialen Verantwortung für die Schwachen konnten noch nicht durch eine entsprechende Strukturierung von Gesellschafts- und Rechtsordnung dauerhaft und kontinuierlich wirksam umgesetzt werden, sondern nur durch die partielle Aufhebung bestehenden Rechts mittels der königlichen mīšarum-Akte, um so die Spannung zwischen Recht und Gerechtigkeit abzumildern.

Das judäische sich zum Ethos entwickelnde Recht fordert die permanente Solidarität des wirtschaftlich Stärkeren mit dem Schwächeren. Kredite sollten als Notdarlehen unter Einschränkung des Pfandrechts gegeben werden. JHWH selbst werde das Recht zugunsten der Schwächsten durchsetzen. Kern der Legitimation von Ethos (Ex 22,20–26*) ist der Schlußsatz »denn barmherzig bin ich«. Daraus leitet sich die Aufforderung ab, im Machtverzicht solidarisch mit dem Schwächeren zu sein. Verhallt der ethische Appell ungehört, so werde JHWHs Solidarität konkret im Hören auf das Schreien des Schwachen und in der Rechtsdurchsetzung zu seinen Gunsten. Diese theologische Begründung macht den auf den ersten Blick kaum erkennbaren und im Ergebnis doch grundlegenden Unterschied zwischen judäischer und mesopotamischer Begründung von Recht und Ethos aus.

Die einzelnen Elemente der Ethik des AT heben sich kaum von denen der »Umwelt« ab – sie werden aber anders zusammengesetzt und miteinander verbunden. Auch in Mesopotamien ist ein Ethos der Hilfe für den Schwächeren in der Gesellschaft bekannt. In dem Beichtspiegel der Tafel II der Beschwörungen Šurpu (cf. u. IV 2.1) wird als Ursache von Leiden eines Menschen, der die Beschwörungen ausrufen läßt, auch soziales Fehlverhalten genannt. Er habe eine schwache Frau bedrückt, einen Gefangenen nicht freigelassen, einen Nackten nicht bekleidet. Dem Schwachen soll Güte, dem Erniedrigten keine Hochfahrenheit gezeigt werden. Ein Verstoß gegen diese Normen der Solidarität weckt den Zorn der Gottheit, insbesondere des Sonnengottes. Die Normen sind aber nicht im Handeln der Gottheit selbst begründet, weder im Handeln der Götter untereinander im Mythos, noch im Handeln der Gottheit mit den Menschen. Die theologische Begründung bleibt also den Normen äußerlich. Im Gegensatz dazu gewinnt die theologische Begründung von Recht und Ethos in JHWH eine Recht und Ethos strukturierende Kraft, die das aus dem Recht ausdifferenzierte Ethos zu einer formenden Kraft für die Normen werden läßt. Können in Mesopotamien Recht und Gerechtigkeit nur durch eine zeitweise Außerkraftsetzung des Rechts miteinander vermittelt werden, so begründet in Juda das Handeln Gottes als des Barmherzigen mit den Menschen ein Ethos der Barmherzigkeit.

Im Gegensatz zum altbabylonischen Recht, das dem König die Sonnengott-Funktion der Rechtsdurchsetzung zuwies, war im judäischen Recht JHWH das Subjekt der Rechtsdurchsetzung. Damit war das Recht in Juda davor geschützt, in der staatlichen Organisation aufzugehen und ihr dienstbar zu werden. Wurde das Recht nicht staatlich aufgesogen, so konnte es Fehlentwicklungen im Staate entgegentreten, zu einer kritischen Instanz werden und die Einheit des Volkes im Gotteswillen begründen, wo es in den sozialen und politischen Konflikten zu zerbrechen drohte. Damit war eine Rechtsbegründung gefunden, die sehr viel wirksamer als die der altbabylonischen Keilschriftrechte die Solidarität des Starken mit dem Schwächeren begründen konnte. Der für die *mîšarum*-Akte gebrauchte Ausdruck »Recht aufrichten« wurde im 1. Jt. zu einer traditionellen Phrase der mesopotamischen Königsideologie. Die judäische Idee eines Ethos der Gerechtigkeit führte über die Aporie der altbabylonischen Außerkraftsetzung von Recht zugunsten der Gerechtigkeit hinaus.

Der auf den ersten Blick geringe Unterschied einer Ableitung der Rechtssätze von Gott oder vom König als dem Repräsentanten des Gottes erweist sich für die Rechtspraxis und Ethik Judas als sehr folgenreich. Dahinter verbirgt sich eine noch grundlegendere, die prinzipielle Einschätzung des Staates betreffende Differenz. Die Menschheit stand und steht in ihrer Geschichte stets vor der Entscheidung, ob aus dem Staat als der umfassenden Organisationsform einheitsstiftende Lebensermöglichung resultiere, ihm also die individuellen Wünsche, Projektionen und Sehnsüchte unterzuordnen, ja zu opfern seien, wenn nur vom Staat sittliches, vernünftiges und rechtmäßiges Leben durchgesetzt werde. Stets steht im Hintergrund einer derartigen Wertung, die im Staate die Bürgschaft von Recht und Sitte sehen will, ein pessimistisches Menschenbild, wie es besonders für Mesopotamien, aber auch für Ägypten charakteristisch ist. Wird in Mesopotamien von staatlicher Macht, für die der König steht, die Durchsetzung des Rechts erwartet, so korrespondiert dem, daß im babylonischen Schöpfungsmythos Enuma Eliš die Welt aus dem Chaoswesen der Tiamat und der Mensch aus dem Blut ihres Feldherrn Kingu geschaffen wurde. Die Welt wie der Mensch sind aus der Substanz des Chaos geschaffen und Chaos beinhaltet alles, was Leben scheitern läßt, den Tod, die Krankheit, den Unfrieden, die Armut usw. Wird in der Schöpfungserzählung das Chaos zur Substanz der geschaffenen Welt, so ist damit gesagt, daß aus sich heraus die Welt wie der je einzelne Mensch keine Möglichkeit zu gelingendem Leben hat. Nur in Marduk, dem Schöpfergott, der zugleich Stadtgott von Babylon und Reichsgott des babylonischen Reiches ist, der der Chaossubstanz der Welt und des Menschen im Akte der Schöpfung die Form gegeben hat, ist gelingendes Leben möglich – losgelöst von ihm muß Leben scheitern. Der Zusammenhang von theologischer und politischer Dimension wird am Ende der Schöpfungserzählung explizit, läuft sie doch auf die Gründung der Stadt Babylon und von Marduks Tempel, verbunden mit seiner Einsetzung zum Königsgott in der Versammlung der Götter, hinaus. Der irdische König ist sein Statthalter. Er ermöglicht durch die Staatsorganisation gelingendes menschliches Leben, indem er das die Substanz von Welt und Mensch bildende Chaos zurückhält und Gerechtigkeit als Schutz der Schwachen und Armen durchsetzt. Im Gegensatz zum mesopotamischen Schöpfungsmythos kennt die ägyptische Sonnengotttheologie keinen mit der Schöpfung verbundenen Chaoskampf, sondern versteht Schöpfung als kosmogonische Entfaltung einer harmonischen Welt. Nicht das Chaos, sondern die Weltordnung der Gerechtigkeit (Ma'at [cf. u. III 1.2]) ist als kosmogonisches Prinzip präexistent. Eine geschlossene Theorie, wie das Böse in die Welt kam, wurde in Ägypten nur ansatzweise ausgebildet. Im Mythos des »Buches von der Himmelskuh« wird die Spaltung der Schöpfung als Entfaltung des Guten auf den gegen den Sonnengott aufrührerischen Menschen zurückgeführt. Der alternde Sonnengott schlägt die Empörung der Menschen nieder, zieht sich aber an den Himmel zurück und umkreist fortan die Erde. Diese Ätiologie des Bösen ist die implizite Grundlage von Anthropologie, Kosmologie und Staatstheorie. Wie der Sonnenlauf des Sonnengottes kontinuierlich das Chaos niederringt, so bedarf es des Staates, repräsentiert im König, um solidarisches Handeln der Menschen als Teil der Ordnung des Kosmos zu ermöglichen. Leben über den Tod hinaus kann nur der König vermitteln, da er allein Ma'at verwirklicht und so erst dem einzelnen Menschen die Möglichkeit gibt, gerecht zu handeln und das Totengericht zu bestehen. Die königliche Durchsetzung von Ma'at zeigt sich im Schutz der Armen und Schwachen. Neigt der Mensch losgelöst von der Ma'at dazu, seinen Vorteil rücksichtslos gerade auch gegenüber dem Schwächeren zu nutzen, so zwingt der König das Handeln in die Ordnung der Ma'at. Solidarität mit dem Schwachen in der Gesellschaft ist als königliche Funktion in Mesopotamien wie in Ägypten vornehmlich eine vom Staat wahrgenommene Aufgabe, stellvertretend für den Schöpfergott mit der Armut das kosmische Chaos niederzuhalten.

Im Bundesbuch wird der einzelne Mensch direkt angesprochen und mit JHWH als dem Barmherzigen konfrontiert. Es bedarf in dieser Sicht nicht des Staates als Mittlerinstanz zwischen Gott und Mensch, um Recht in der Gesellschaft durchzusetzen. Entsprechend ist auch nicht der König, sondern Gott selbst Quelle des Rechts. Nicht in einer Orientierung an dem vom Staate verordneten Gesetz, sondern am Willen Gottes gewinnt sich ein Ethos der Gemeinschaftstreue. Nicht also weil der König es gebietet, soll der Mensch solidarisch sein, sondern weil Gott solidarisch mit dem Menschen ist. Das Ethos erhält einen den Staat und die Gesellschaft überschreitenden Zielpunkt und kann so zur kritischen Instanz gegenüber dem Staat werden, wenn seine Ordnung dieses Ethos nicht realisiert. Nicht die Einordnung in einen von König und Staat gesetzten Ordnungszusammenhang läßt das Ethos zu sich selbst kommen, sondern die im Anruf Gottes als des Barmherzigen angesprochene Einsicht des je einzelnen Menschen. Damit ist im Bundesbuch ein entscheidender Schritt in der Begründung von Recht und Ethos über das mesopotamische und ägyptische, an staatlicher Ordnung orientierte Denken hinaus gelungen. In Ex 22,20–26* wird die staatliche Funktion direkt in den Gottesbegriff JHWHs als Königsgott integriert, ohne damit eine Homologie von Gotteswirklichkeit und Staat zu begründen, sondern ein königliches Ethos des je einzelnen Menschen. Dies ist nicht abzulösen von einer im Gegensatz zu Mesopotamien und Ägypten positiven Anthropologie, wie sie sich in Ps 8 niederschlägt. Die Schlüsselfunktion der Anthropologie in diesem Fragezusammenhang soll, ehe wir uns dem judäischen Denken zuwenden, anhand der zeitgenössischen ägyptischen Anthropologie verdeutlicht werden.

Im Neuen Reich der 19. Dynastie der Ramessiden vollzieht sich in der Kulturgeschichte Ägyptens ein Umbruch von einer Orientierung des Handelns an der kosmischen Ordnung der Ma'at zu einer persönlichen Frömmigkeit, der für die Spätzeit Ägyptens im 1. Jt. bestimmend wurde. Der Lebenserfolg wird nicht mehr als Folge eines gerechten Tuns gesehen, das den Einzelnen in den sozialen Zusammenhang der Gemeinschaft integriert, sondern auf die direkte Intervention des persönlichen Gottes zurückgeführt. So zählt nicht mehr der Gemeinschaftsaspekt des Handelns, sondern die Haltung der Frömmigkeit gegenüber der Gottheit, die den Lebenserfolg sichert. Diese Umdeutung hat Konsequenzen für das Staatsverständnis. Hatte der Staat mit dem König als dem Statthalter des Schöpfergottes die Funktion, die Ma'at-Ordnung solidarischen Verhaltens aufrechtzuerhalten, so wird mit dem Funktionsverlust der Ma'at-Ideologie diese Legitimation des Staates hinfällig. Sie wird nun in der exemplarischen Frömmigkeit des Königs gesucht, während die traditionellen Funktionen des Königtums auf die Gottheit übergehen. In einem Hymnus des Papyrus Leiden (J 344) heißt es über das Königtum Gottes:

> »Der sich nähert, der erhört,
> der freundlich ist, wenn man zu ihm ruft (...),
> der kommt auf die Stimme dessen, der zu ihm spricht,
> der den Schwachen rettet vor dem Gewalttätigen,
> der das Waisenkind aufzieht (...).
> Er verabscheut das Böse, er, der Rechtschaffene,
> der die Übeltäter vernichtet in diesem seinem Namen
> ›Herr der Ma'at‹« (cf. J. Assmann, Ma'at [s. u. III 1], 261).

Mit der Übertragung der Funktion des irdischen Königs im Rahmen der Ma'at-Sicherung auf die Gottheit verlagert sich auch die Motivik der sozialen Solidarität. Die Gottheit rückt nun in die Rolle des solidarischen Starken, der für die Schwächeren sorgt. Das heißt aber nicht, daß die Gottheit für die Armen in der Gesellschaft sorgt. Vielmehr rückt der fromme Mensch unabhängig von seinem sozialen Status in die Rolle des Armen, dem die Fürsorge der Gottheit gilt. Der König selbst als paradigmatischer Frommer kann sich als Armer bezeichnen. So wird auch das solidarische Verhalten gegenüber dem Schwächeren in der Gesellschaft bedeutungslos, ist doch für seine Fürsorge die Gottheit zuständig. Wichtiger als die Fürsorge für den Armen sind die Gaben an den Tempel, die das Wohlwollen der Gottheit sichern. Die zunehmende Korruption in der Ramessidenzeit kann auf diese »persönliche Frömmigkeit« zurückgeführt werden. In der Spätzeit führt sie zu einem Verfall und zu einer Entpolitisierung des Staates, der zur Theokratie degeneriert. Die Abkehr von einer Ideologie der staatlichen Einheitsstiftung hat also nicht zu einem Mehr an sozialer Verantwortlichkeit des einzelnen Menschen geführt, sondern zu einer religiösen Legitimation privater Egoismen und privater Heilssuche in der persönlichen Frömmigkeit. Der Grund dafür, daß der Auszug aus dem Staate als dem kollektiven Garanten des menschlichen Lebens nicht zu einem Mehr an solidarischer Kompetenz des Handelns führte und damit zumindest in der Logik der Ideen zu entgegengesetzten Konsequenzen wie in Israel, ist in den unterschiedlichen Anthropologien zu suchen. Das Zerbrechen der Ma'at-Idee und die daraus resultierende private Heilssuche in der persönlichen Frömmigkeit haben ihren Hintergrund in der negativen Anthropologie. Kommt angesichts gegenläufiger Erfahrungen zur Ma'at-Idee Zweifel am Vermögen des Staates auf, dem gemeinschaftsgemäß Handelnden ein gelingendes Leben zu sichern, so werden die Sicherungsmechanismen vom Staat auf die Götterwelt verlagert. Entscheidend bleibt angesichts der negativen Anthropologie die Sicherung des Lebens vor der natürlichen Tendenz des Scheiterns – eine Verantwortung für den Mitmenschen losgelöst von der Staatsidee war nicht denkbar. So haben Ägypten und Israel gleichermaßen Anteil an einem im späten 2. Jt. beginnenden Prozeß des Auszugs aus dem Staat als einem Heilsgaranten. In den Konsequenzen aber unterscheiden sich die Vorgänge entscheidend. Die mit dem Gedanken JHWHs als des einen Gottes verbundene positive Anthropologie weist im ethischen Appell jeden einzelnen Menschen an seinen Nächsten.

Die israelitische Anthropologie hat mit der des gesamten Alten Orients das Wissen gemeinsam, daß der Mensch nicht durch abstrakte Wesensbeschreibung zu erfassen ist, sondern durch seine Taten konstituiert wird. Der Mensch ist, was er tut. Die Taten bestimmen sein Schicksal nicht im Sinne eines Automatismus von Tatsphären, sondern seiner gelingenden und mißlingenden Eingliederung in ein Gehäuse sozialer Gemeinschaft, die die Gemeinschaftsgemäßheit des Tuns und die Gerechtigkeit der Gemeinschaft zur Voraussetzung hat. Die Fähigkeit zu gemeinschaftsgemäßem Verhalten wird, aus göttlicher Sphäre stammend, in Ägypten über den König, in Israel über den Kult auf den Menschen übertragen (cf. u. II 9.2). Ist gelingendes Leben des einzelnen nur im Rahmen einer Gemeinschaft, auf die sein Verhalten als gemeinschaftstreu bezogen ist, möglich, so wird im Kult auch erst die Möglichkeit gelingenden Lebens mit der Übertragung von Gemeinschaftstreue konstituiert. Die israelitische Anthropologie ist also durch die dreifache Abstufung von Gott, sozialer Gemeinschaft und Individuum bestimmt. Dabei kommt dem Staat keine der ägyptischen Ma'at-Ideologie vergleichbare Bedeutung zu. Wo in der judäischen Königsideologie der Psalmen ähnliche Gedanken erschienen, konnten sie von anderer, insbesondere weisheitlicher Seite bestritten werden:

> »Die Heuschrecken haben keinen König und ziehen doch alle geordnet daher« (Prov 30,27; vgl. Ri 9, 8-15).

Der Hauptunterschied zwischen der altorientalischen Anthropologie und der Israels aber liegt darin, daß letztere den Menschen nicht als dem Chaos hörig und dem Bösen verhaftet interpretiert, so daß er nur durch den Staat zu domestizieren sei. Eine Schöpfung des Menschen aus dem Chaosstoff und damit eine Disposition zu scheiterndem Leben, der nur durch den Staat gewehrt werden könne, hat man in Israel nicht gedacht. Selbst in der Sündenfallgeschichte der Genesis, die eine erzählende Ätiologie der Lebensminderungen des Menschen sucht und die Ursache in seinem Ungehorsam findet, hat man keine prinzipielle Disposition des Menschen zu scheiterndem Leben, sondern nur eine Reduktion des Lebens gemessen an der Schöpfungsintention Gottes gesehen.

Der Mensch wird als Geschöpf Gottes prinzipiell als zum Guten fähig gesehen, wie es vornehmlich in Ps 8 zum Ausdruck kommt.

In der Theologie dieses Psalms, der aus zwei aufeinander bezogenen Struktureinheiten (Ps 8,2b.3/4–9) besteht, die durch Ps 8,2a.10 gerahmt sind, wird eine Summe der Anthropologie gezogen:

»(V.2b) Du legst deinen Glanz auf die Himmel.
(V.3) Im Munde der Kinder und Säuglinge hast du ein Bollwerk gebaut,
um deiner Feinde willen,
um ein Ende zu bereiten dem Feind und dem Rächer.
(V.4) Wenn ich deine Himmel schaue, das Werk deiner Finger,
den Mond und die Sterne, die du befestigst,
(V.5) was ist der Mensch, daß du seiner gedenkst,
und das Menschenkind, daß du dich seiner annimmst.
(V.6) Du machst ihn nur wenig geringer als himmlische Wesen,
mit Ehre und Hoheit krönst du ihn.
(V.7) Du setzt ihn zum Herrscher über das Werk deiner Hände,
alles legst du ihm zu Füßen:
(V.8) Schafe und Rinder zusammen und auch die Tiere des Feldes,
(V.9) Vögel des Himmels und Fische des Meeres,
was die Wege der Wasser durchzieht.«

In der ersten Struktureinheit wird der Schöpfungsüberlegenheit Gottes die paradoxe Aussage vom Bollwerk im Munde der Säuglinge entgegengestellt. Damit wird ein Motiv aufgenommen, das seinen Ursprung in der ägyptischen Königsideologie hat, die im Motiv des Kronprinzen im Säuglingsalter als Herrscher über die Welt die Gründung der Macht des Königs allein in göttlicher Macht zur Sprache bringen will. So heißt es in einer Eulogie auf den König Ramses II.:

»Alle Angelegenheiten kommen dir zu Ohren,
seit du dieses Land verwaltest.
Du hast Pläne gemacht als du noch im Ei warst,
in einem Amt eines kronprinzlichen Kindes.
Die Angelegenheiten der beiden Ufer wurden dir erzählt,
als du noch ein Kind mit der Jugendlocke warst.
Kein Bauwerk wurde errichtet, wenn nicht auf deinen Wink,
keine Entscheidung gefällt ohne dein Wissen.
Du warst ›oberster Mund‹ der Armee,
als du ein Knabe von zehn Jahren warst.
Jede Arbeit, die ausgeführt wurde –
es war deine Hand, die das Fundament legte«
(cf. J. Assmann, Hymnen [s. u. III 1], 494).

In Ps 8,3 wird dieses Motiv zur paradoxen Aussage über den Menschen verallgemeinert: Empirisch schwach und hilflos gewinnt der Mensch seine das Chaos beherrschende Kraft allein durch Gott. Mit dem aus den Klageliedern stammenden Feindesmotiv wird die Wesensaussage über den Menschen in den Horizont der Frage nach der Möglichkeit des Menschen, den empirischen Negativerfahrungen zu widerstehen, gerückt. Gegen die Feinde Gottes, d. h. gegen Negativerfahrungen in der ganzen durch die Klagelieder erfaßten Breite, ist der Mensch aus eigenem Vermögen hilflos wie ein Kind. Nur in JHWH hat er die Möglichkeit, dem Bösen zu widerstehen. Wird durch den Mund der Kinder und Säuglinge dem Feind, also den Erfahrungen von empirischer Negativität in allen Dimensionen des Lebens, ein Ende bereitet, so wird damit ein Motiv verwendet, das in den Vorstellungsbereich des Gotteskampfes gegen die Chaosaspekte repräsentierenden Fremdvölker gehört. Der Mensch ist also nicht Funktion und Opfer entfremdeter, chaotischer Verhältnisse, sondern kann ihnen widerstehen und wird gerade in diesem Vermögen der chaosbeherrschenden Weltüberlegenheit Gottes ansichtig.

Die zweite Struktureinheit (Ps 8,4–9) zeigt die in der ersten als Chaosüberlegenheit zur Sprache gebrachte Souveränität des Menschen in der empirischen Welt am Beispiel seines Verhältnisses zur Natur auf. Wird bereits mit »Bollwerk« ein Begriff aufgenommen, der in der Jerusalemer Königsideologie die Unüberwindbarkeit königlicher Macht zum Ausdruck bringt, so wird in Ps 8,4–9 dieser Aspekt demokratisiert zur Königsherrschaft des Menschen über die Tierwelt. In königlicher Funktion wird der Mensch der weltgründenden Macht Gottes ansichtig. Nicht in der Harmonie der Natur, wie es Ps 104 versteht, sondern als Mandatar Gottes erfährt der Mensch seine Schöpfermacht.

Die Fähigkeit des Menschen, empirische Negativität zu überwinden, wird direkt aus seinem Wesen, das dem der Elohim-Wesen des himmlischen Hofstaates ähnlich ist, abgeleitet, nicht aber aus einer Angewiesenheit auf den König als Statthalter des Schöpfergottes und des Staates. Vielmehr ist jeder einzelne Mensch mit königlicher Funktion und Aufgabe vom Schöpfergott betraut. Die königlichen Funktionen sind demokratisiert, indem Gott den Menschen in seine Nähe holt und ihn den Gottwesen ähnlich sein läßt. Der Mensch bedarf nicht des Staates, um das Chaos zu überwinden, sondern hat als Mandatar Gottes dieses Vermögen. Die königliche Aufgabe der Solidarität mit dem Schwachen gilt entsprechend für jedermann unmittelbar.

9.2 Die schöpfungstheologische Legitimation des Ethos

W. Beyerlin, Weisheitlich-kultische Heilsordnung, 1985; O.G. de la Fuente, Liturgias de Entrada, Aug. 9, 1969, 266–298; K. Galling, Der Beichtspiegel, ZAW 47, 1929, 125–130; R. Grieshammer, Zum »Sitz im Leben« des negativen Sündenbekenntnisses, ZDMG Suppl. 2, 1974, 19–25; M. Haran, Priestertum, Tempeldienst und Gebet, in: G. Strecker (Hg.), Das Land Israel in biblischer Zeit, 1983, 141–153; F.L. Hoßfeld, Nachlese zu neueren Studien der Einzugsliturgie von Psalm 15, in: J. Zmijewski (Hg.), Die alttestamentliche Botschaft als Wegweisung. FS H. Reinelt, 1990, 135–156; O. Keel, Zeichen der Verbundenheit, in: P. Casetti u. a. (Hg.), Mélanges Dominique Barthélemy, 1981, 159–240; D. Knight, Cosmogonic Traditions and Ethical Order, in: R. Lovin u. a. (Hg.), Cosmogony and Ethical Order, 1985, 133–157; K. Koch, Tempeleinlaßliturgien und Dekaloge, in: ders., Spuren des hebräischen Denkens, 1991, 169–183; ders., Wesen und Ursprung der »Gemeinschaftstreue« im Israel der Königszeit, in: ders., Spuren, 107–127; H.J. Kraus, Tore der Gerechtigkeit, in: D.R. Daniels u. a. (Hg.), Ernten, was man sät. FS K. Koch, 1991, 265–272; Y. Mazor, Psalm 24, SJOT 7, 1993, 303–316; E. Otto, Schöpfung als Kategorie der Vermittlung von Gott und Welt in Biblischer Theologie, in: H.-G. Geyer u. a. (Hg.), Wenn nicht jetzt, wann dann? FS H.J. Kraus, 1984, 53–68; ders., Kultus und Ethos in Jerusalemer Theologie, ZAW 98, 1986, 161–179; H. Spieckermann, Heilsgegenwart, 1989; S.Ö. Steingrimsson, Tor der Gerechtigkeit, 1984; M. Weinfeld, Instructions for Temple Visitors in the Bible and in Ancient Egypt, in: S.I. Groll (Hg.), Egyptological Studies, 1982, 224–250; J.T. Willis, Ethics in a Cultic Setting, in: J. L. Crenshaw u. a. (Hg.), (s.o. I), 147–163.

Die Psalmen 15 und 24 enthalten jeweils schöpfungstheologische Normenbegründungen. Hintergrund der Verbindung von ethischen Normen mit der Schöpfungstheologie ist die Vorstellung, daß JHWH als der Schöpfer- und Königsgott (Ps 24,2.8.10) der Herr der Gesamtheit von Wirklichkeit ist, so daß das Kultgeschehen über den Kultraum hinaus Bedeutsamkeit für alle Lebensbezüge Israels hat. Die Begegnung mit Gott am Heiligtum in Jerusalem wird mit qualifizierten Verhaltensweisen im Alltag in Verbindung gebracht:

»(V.1*) JHWH gehört die Welt und ihre Fülle,
der Erdkreis und seine Bewohner.
(V.2) Denn er ist es, der sie gegründet hat über den Wassern
und über den Strömen befestigt.

(V.3) Wer steigt hinauf auf JHWHs Berg
und wer tritt in seinen heiligen Bezirk?
(V.4aßb) Derjenige, der nicht mein Leben zu Nichtigem nutzt,
und derjenige, der nicht betrügerisch schwört.
(V.5) Er empfängt Segen von JHWH,
Gerechtigkeit vom Gott seines Heils.
(V.7) Hebt, ihr Tore, eure Häupter,
erhebt euch, ihr ewigen Pforten,
denn der König der Ehre zieht ein.
(V.8) Wer ist es, der König der Ehre?
JHWH, der Starke und Held,
JHWH, der kriegerische Held.
(V.9) Hebt, ihr Tore, eure Häupter,
erhebt euch, ewige Pforten,
denn der König der Ehre zieht ein.
(V.10) Wer ist er, der König der Ehre?
JHWH Zebaoth.
Er ist der König der Ehre« (Ps 24,1–10*).[37]

Der Psalm setzt mit der Eigentumsdeklaration »JHWH gehört die Welt und ihre
Fülle« ein, die in der folgenden Schöpfungsaussage begründet wird. Die betonte
Voranstellung der Eigentumsdeklaration und des Subjekts in der Schöpfungsaussage bestreitet die Eigentumsansprüche anderer Götter. Die Universalität des göttlichen Herrschaftsanspruches auf die Gesamtheit der geschöpflichen Wirklichkeit
und Gottes Alleinverehrungsanspruch bedingen sich. Ps 24,7–10 expliziert diesen
Zusammenhang. JHWH Zebaoth ist der Königsgott. Diese schöpfungstheologisch
begründete universale Herrschaftsaussage umgreift die Promulgation der Normen
des Prozeßrechts: Die Universalität des göttlichen Eigentumsanspruchs auf die
Welt läßt JHWH auch Herr des Alltagslebens und also auch des Rechts und der
Rechtsinstitutionen sein. Eingebunden in göttliche Eigentumsdeklaration, Schöpfungsaussage und Königsmotivik ermöglichen Segen und Gemeinschaftstreue kultisch übertragen gemeinschaftstreues Verhalten im Alltag und also gelingendes Leben. Ps 24,4* wehrt der Zerrüttung der Gerichtsentscheide und des Vertragsrechts.
Durch die Rahmung (Ps 24,3.5) wird ein Zusammenhang mit dem Kultgeschehen
hergestellt: Kultischer Segensempfang und gemeinschaftswidriges Verhalten
schließen sich aus.[38] Nicht nur der Segen Gottes, sondern auch die Gemeinschaftstreue Gottes kommt im Kultgeschehen auf den Kultteilnehmer herab (Ps 99,4;

---

37 Literarische Zusätze sind in Ps 24,1a.4a.6 zu verzeichnen.
38 Die spätägyptischen Parallelen der Tempeleinlaßtexte für die Priesterschaft (cf.
dazu III 1.2) berühren sich in zahlreichen Motiven mit den Normen in Ps 15 und
Ps 24:
»Seid nicht gierig, verleumdet nicht,
nehmt keine Bestechungsgeschenke an,
macht keinen Unterschied zwischen arm und reich ...
schwört keinen Eid, stellt nicht Lüge über Wahrheit im Reden!
Gebt der Lüge keinen Vorzug gegenüber der Wahrheit durch Verleumdung.«
(cf. J. Assmann, Ma'at [s. u. III 1], 142 f.).
Auch in Mesopotamien werden beim Einzug des Gottes in seinen Tempel ethische
Normen rezitiert; cf. W. G. Lambert, Wisdom Literature (s. u. III 2, 118–120). Zum
Zusammenhang von Tempeleintritt und Normenpromulgation s. die sumerische
Überlieferung »Nungal im Ekur«; cf. A. W. Sjöberg, Nungal (s. u. III 2); T. Frymer
(s. u. III 2).

Jes 2,21.27; 33,5). Die von Gott empfangene Gemeinschaftstreue ermöglicht ein gemeinschaftstreues Verhalten im Alltag. Die Schöpfungstheologie ist also der Begründungszusammenhang für die Handlungsnormen, der auch in Ps 93 expliziert wird:

> »(V.1) *JHWH ist König*
> *mit Hoheit kleidet er sich,*
> *bekleidet ist JHWH ,*
> *er gürtet sich mit Macht.*
> Fürwahr, fest gegründet ist der Erdkreis,
> (V.2) Fest gegründet ist dein Thron seit ferner Zeit,
> seit uran bist du Gott.
> (V.3) *Es erheben Ströme, JHWH,*
> *es erheben Ströme ihre Stimme,*
> es erheben Ströme ihr Tosen.
> (V.4) Mehr als die Stimme gewaltiger Wasser,
> furchtbarer als die Brandung des Meeres,
> herrlich in der Höhe ist JHWH.
> (V.5) *Deine Zeugnisse sind sehr verläßlich,*
> deinem Haus kommt Heiligkeit zu, JHWH, für alle Zeit« (Ps 93,1–5).

Der Psalm besteht in der vorliegenden Gestalt aus drei jeweils mit Perfektsätzen (kursiv) eingeleiteten Struktureinheiten (V.1–2/3–4/5). In den beiden ersten Struktureinheiten werden die Perfektsätze jeweils durch Imperfektsätze und Nominalsätze fortgesetzt. In der dritten Struktureinheit schließt sich der Nominalsatz unmittelbar an den Perfektsatz an. Die beiden ersten Struktureinheiten sind antithetisch aufeinander bezogen.

Der Psalm setzt mit der Prädikation des göttlichen Königtums ein, die in der Schöpfungsaussage weitergeführt wird. Der folgende Nominalsatz (V.2) faßt den Aspekt der universalen Herrschaft JHWHs, die in der Schöpfung erkennbar wird, zusammen. Dem steht antithetisch einsetzend die zweite Struktureinheit gegenüber. Sie beginnt mit einer Perfektaussage, die, kanaanäische Chaosmotivik aufnehmend, die Tiefendimension von empirischer Entfremdungserfahrung zur Sprache bringt: Die Erfahrung des Scheiterns von Leben ist nicht die Oberfläche der empirischen Wirklichkeit, sondern hat eine durch mythische Motivik ausgedrückte Tiefendimension. Der Mensch hat allein aus sich kein Vermögen gegen die Entfremdung im empirischen Leben. Dagegen wird JHWH als derjenige aufgerufen, in dem die Möglichkeit der Überwindung des Chaos gesetzt ist (V.4). Die mit der mythischen Motivik des Königtums ausgedrückte und in die Schöpfungsthematik vermittelte Herrschaft Gottes als Tiefendimension der Wirklichkeit beherrscht das Chaos. Dieser Gedankengang steht im Horizont der Frage nach den Bedingungen der Möglichkeit gelingenden Lebens angesichts der gegenläufigen Erfahrung. JHWHs chaosüberwindende Macht wird in den am Heiligtum von Priestern promulgierten Weisungen erkennbar (V.5). Im Gehorsam gegenüber diesen Weisungen erhält der Mensch Anteil an der chaosüberwindenden Herrschaft Gottes. Gehorsame Erfüllung der Weisungen im Alltag ordnet den Mensch in das göttliche Schöpfungshandeln ein.

In Ps 15 werden die Linien von Schöpfungstheologie und Ethik noch enger zusammengeführt:

> »(V.1abb) JHWH, wer darf Gast sein in deinem Zelt,
> wer weilen auf deinem heiligen Berg?
> (V.2) Wer untadelig wandelt,
> wer gemeinschaftstreu handelt,

wer Verläßliches redet im Herzen.
(V.3) Er verleumdet nicht mit seiner Zunge
und er fügt seinem Nachbarn nichts Böses zu
und er bringt nichts Schändliches über seinen Nächsten.
(V.4) Er verachtet den in seinen (sc. JHWHs) Augen Verächtlichen
und er ehrt die JHWH-Fürchtigen,
er schwört seinem Nächsten
und er ändert nicht (den Schwur).
(V.5) Er gibt sein Geld nicht gegen Zinsen
und er nimmt nicht Bestechungsgeld gegen einen Unschuldigen.
Wer so handelt, wankt niemals.«

Partizipial formulierte abstrakte Normen (V.2) stehen neben Verbalsätzen (V.3–5a*), die den überlieferungsgeschichtlichen Kern der Normenpromulgation bilden. Die Dreiergruppe von Normen einer Nachbarschaftsethik (V.3) will die Gemeinschaft mit dem Nächsten und Nachbarn vor Gefährdungen durch Wort und Tat schützen. Der folgende Halbvers begründet die Gewährung und den Entzug von Gemeinschaft mit der gelingenden oder verfehlten Gottesbeziehung. Als Achse der Handlungsnormen führt V.4a über die Nachbarschaftsethik hinaus, die die Verpflichtung zu gemeinschaftsgemäßem Verhalten implizit mit der genealogischen oder der lokalen Gemeinschaft begründet, wenn nun die Gottesbeziehung zum verbindenden Band der Gemeinschaft wird. In diesem Horizont soll der Eid als Bestandteil des Vertragsrechts gesichert, Darlehen als Notdarlehen ohne Zins gegeben und der Einsatz von Bestechungsgeldern untersagt werden. Hier wird ein Ex 22,22–26* entsprechendes Ethos erkennbar. In Priesterkreisen entwickelt sich, nicht zuletzt unter Einfluß der Motivik des Sonnengottes als des Gottes der Gerechtigkeit, ein Ethos, das in der Solidarität des Starken mit dem Schwachen den Zusammenhang des Gottesvolkes (cf. Ps 15,4a) bewahren will. Im Ausgreifen des kultischen Ethos auf die Alltagswirklichkeit kommt der Gerichtsinstitution und dem mit ihr verbundenen Privatrecht eine besondere Bedeutung zu. In Ps 24,4 wird es zum Anknüpfungspunkt eines theologisch begründeten Ethos des Alltagslebens im Kult. Ps 15,5 knüpft daran an, spitzt es sozialkritisch zu und weitet den Solidaritätsaspekt auf das Wirtschaftsleben aus. Ps 15,5 konkretisiert also die allgemeinen Aspekte gemeinschaftsgemäßen Verhaltens, die in der Nachbarschaftsethik (V.3) vorangestellt sind. Wird die durch das Solidarethos zusammengehaltene Gemeinschaft als die Gemeinschaft der JHWH-Fürchtigen definiert (V.4a), so ist der Zielpunkt dieses Ethos auf den Zusammenhalt der Kultgemeinschaft und ihre Bewahrung vor gemeinschaftsgefährdendem Handeln, insbesondere im sozialen Differenzierungsprozeß seit dem 8. Jh. ausgerichtet. Damit ist aber noch keine Begründung dieses Ethos geliefert. Sie liefert der Abschluß des Psalms (V.5*): »Wer so handelt, wankt niemals.« Ps 93 begründet, daß in den Weisungen Gottes der Mensch der chaosbeherrschenden Schöpfermacht Gottes als des Königsgottes ansichtig wird. In der Schöpfung hat JHWH den Erdkreis gegründet, so daß er nicht wankt (Ps 93,1). In Ps 15,5* wird diese die Gesamtheit geschaffener Welt meinende Schöpfungsterminologie auf den einzelnen Menschen übertragen. Wer den voranstehenden Normen gemäß handelt, wird nicht wanken. Wie der Erdkreis als von Gott geschaffen nicht wanken, nicht also dem Chaos erliegen wird, so auch nicht der einzelne Mensch, der den Normen gemäß handelt. Wird der Wille Gottes im Alltagsleben getan, so gliedert sich der Mensch in das Schöpfungshandeln einer *creatio continua* ein, das die Negativaspekte des Lebens schon ein für allemal, prinzipiell überwunden hat und immer wieder überwindet. Im gemeinschaftstreuen

Handeln werden die Negativaspekte und Kontingenzen des Lebens überwunden, also alles das, was die Chaosmotivik, gegen die das Motiv des Nichtwankens gesetzt ist, impliziert. Solidarität auch mit dem sozial Schwachen in der Gesellschaft wird zur pragmatischen Aneignung und Realisierung von Schöpfung und damit zur Aneignung der in der Schöpfung begründeten Überwindung der Negativaspekte von Leben.

Die Integration von Normen des Alltagslebens in den Horizont der universalen schöpfungstheologischen Begründung verändert die Gestalt der Theologie und unterwirft die Normen einem Prozeß der Veränderung. Dieser Vorgang ist an der Literaturgeschichte der Psalmen 15 und 24 ablesbar. Mit der theologischen Legitimation der Solidarität mit dem sozial Schwachen wird der Rahmen der Möglichkeit profaner Handlungslegitimation verlassen. Wird ein Solidarethos zunächst durch eine genealogische oder lokale Gemeinschaft begründet, ist die ethische Handlungsleitung also weithin mit der Gesellschaftsstruktur konform, so löst sich die ethische Forderung in einer hierarchisch strukturierten Staatsgesellschaft von dieser ab: Wird eine derartige Gesellschaft durch die abgestufte Teilhabe an politischer und wirtschaftlicher Macht integriert, also durch die politische und ökonomische Führungsschicht ausgehend von der Königsfamilie, so steuert eine Ethik der Solidarität mit dem sozial Schwachen den Folgen dieser Struktur gerade entgegen. Die Ethik wird zur kritischen, über die Gesellschaftsstruktur und ihre Legitimationsmöglichkeiten hinausschießenden Instanz. Dies ist nur möglich, weil sie eine die Legitimation aus der Gesellschaft transzendierende Begründung findet. Dies leistet die Integration der Normen in einen theologischen Horizont, die ihren Ausgangspunkt an den sozialen Bruchlinien der judäischen Gesellschaft in staatlicher Zeit gewinnt. Der einzelne, der aus der naturwüchsigen Einbindung in die Gesellschaftsstrukur herausgelöst wird, wird als ethisches Subjekt entdeckt. Lösen sich die Handlungsnormen vom gesellschaftlich Gegebenen, so erhalten sie in der theologischen Legitimation einen Begründungszusammenhang, der das gesellschaftlich Gegebene überschreitet, so sehr auch der je einzelne auf die Aufgabe der Förderung der Gemeinschaft zurückverwiesen wird. Der theologischen Legitimation von Handlungsnormen korrespondiert ihre Verinnerlichung und Verallgemeinerung. Bereits die Reihe der nachbarschaftsethischen Normen (Ps 15,3) zeigt einen Ansatz zu ethischer Allgemeinheit. Vor die konkreten Normen (Ps 15,5*) wird die die einzelne Tatbestandsdefinitionen hinter sich lassende Regel gestellt, den Nächsten weder durch Wort noch Tat zu schädigen. Die Norm gilt für das gesamte Leben in allen seinen Handlungsfeldern.

Die Tendenz zur Abstraktion und Verinnerlichung des Ethos setzt sich in den sekundär eingefügten Normen der Kurzsätze (Ps 24,4*; 15,2) fort. »Der reine Hände hat und ein lauteres Herz« (Ps 24,4aα) will in der Abstraktheit der Forderung das Ganze der Lebensführung unter die ethische Forderung nicht nur der Lauterkeit im Tun, sondern bereits im vorausliegenden Denken und Planen stellen. Die Forderung zielt auf den innersten Personenkern des Menschen als ethisches Subjekt und gewinnt darin ihre alle Lebensbezüge und Handlungsfelder umgreifende Universalität. In der Abstraktheit werden die Normen zu ethischen Prinzipien des Handelns, die eine Anwendung auf konkrete Situationen und damit die Entscheidungskompetenz des handelnden Menschen fordern. Auch die Ergänzung »wer untadelig handelt, wer gemeinschaftstreu handelt, wer Verläßliches redet im Herzen« (Ps 15,2) will mit weisheitlicher Motivik die Gesamtheit aller Lebensbezüge ethischen Verhaltens erfassen: Der untadelige, gemeinschaftsstärkende und also gelingende Lebenswandel gründet in Gemeinschaftsverläßlichkeit der innersten Denkbewegung und Willensrichtung des Menschen. Wie in Ps 24 also werden konkrete Normen zu ethischen Grundsätzen weiterentwickelt, die die ethische Forderung universalisieren.

Diese Tendenz setzt sich in Jes 33,14–16, einer Überlieferung, die von den Torliturgien abhängig ist, mit »wer gemeinschaftstreu lebt und die Wahrheit spricht« (Jes 33,15a) fort. Darüber hinaus wird die konkrete Übeltat in ihren Wurzeln aufgespürt: »Wer sein Ohr verstopft, um keinen Mordplan zu hören und die Augen schließt, um nichts Böses zu sehen« (Jes 33,15b). Der Herrschaftsanspruch des Schöpfergottes will sich durch die pragmatische Vermittlung des Gottesverhältnisses in der Ethik universalen, alle Lebensbezüge umfassenden, alle Fixierungen in einer Kasuistik konkreter Handlungsanweisungen transzendierenden Ausdruck schaffen. Dieser Prozeß der Verinnerlichung und Universalisierung der Ethik ist in ihrer schöpfungstheologischen Grundlegung begründet. JHWH wird als ein Gott erkannt, der immer weitere Lebensbereiche des Alltagslebens seiner Willensforderung unterstellt und die Lebenswelt der Menschen in Juda integriert.

9.3 Das soziale Privilegrecht Gottes und die Forderung der Feindesliebe

N.E. Andreasen, The OT Sabbath, 1972; *G. Barbiero*, L'asino del nemico, 1991; *A. Cooper*, The Plain Sense of Ex 23,5, HUCA 49, 1988, 1–22; *A.B. Ehrling,* First-born and Firstlings in the Covenant Code, SBL.SP 25, 1986, 470–478; *O. Eißfeldt*, Erstlinge und Zehnte im AT, 1917; *H.B. Huffmon*, Ex 23,4–5: A Comparative Study, in: H.N. Bream u. a. (Hg.), A Light unto my Path. FS J.M. Myers, 1974, 271–278; *J. Halbe*, »Gemeinschaft, die Welt unterbricht«, in: N. Lohfink (Hg.), Deuteronomium (s.u. IV 1), 53–75; *O. Kaiser*, »Den Erstgeborenen deiner Söhne sollst du mir geben«, in: ders., Von der Gegenwartsbedeutung des AT, 1984, 142–166; *B. Lang*, Persönlicher Gott und Ortsgott, in: M. Görg (Hg.), Fontes atque Pontes. FS H. Brunner, 1983, 271–301; *N. Negretti*, Il settimo giorno, 1973; *E. Neufeld*, Socio-Economic Background of Yobel and šᵉmitta', 1958; E. Otto, Das Mazzotfest in Gilgal, 1975; ders. , Art. Feste und Feiertage (AT), TRE XI, 96–106; der. Art. Erstlingsopfer (AT), LThK³ III; *G. Robinson*, The Origin and Development of the OT Sabbath, 1988; *M. Tsevat*, The Basic Meaning of the Biblical Sabbath, ZAW 84, 1972, 447–459; *M. Weinfeld*, Sabbatical Year and Jubilee in the Pentateuchal Laws and their Ancient Near Eastern Background, in: T. Veijola (Hg.), (s.o. II), 39–62.

Das vor Aufnahme in die Sinaiperikope des Buches Exodus selbständige »Bundesbuch« wurde aus zwei Rechtssatzsammlungen redigiert, die unterschiedliche Konzeptionen der theologischen Rechtsbegründung aufweisen. Sammlung I (Ex 20,24–22,26*) entfaltet eine Rechtsbegründung im Horizont der JHWH-Königstheologie in Verbindung mit der Motivik des Sonnengottes als des Gottes der Gerechtigkeit, die JHWH als Rechtshelfer der Armen zeichnet und Solidarität mit ihnen in der Barmherzigkeit Gottes gründet. In Sammlung II (Ex 22,28–23,12*) übernimmt ein sozial zugespitztes Privilegrecht der Aussonderungsgebote für JHWH (Ex 22,28 f.; 23,10–12) die Funktion der theologischen Rechtsbegründung des Prozeßrechts. Das Privilegrecht besteht aus Geboten zu Erstlingen und Erstgeburten (Ex 22,28 f.) sowie Ruhetag und Brachejahr (Ex 23,10–12):

> »(22,28) Deinen Reichtum der Weinernte und Ölernte hältst du nicht zurück. Den Erstgeborenen deiner Söhne gibst du mir.
> (V.29) So tust du mit deinem Rind und deinem Kleinvieh. 7 Tage bleibt es bei seiner Mutter. Am 8. Tage übergibst du es mir.

> (23,10) 6 Jahre säst du auf deinem Acker und erntest seinen Ertrag.
> (V.11) Und im 7. Jahr läßt du ihn brach liegen und unbestellt. Die Armen deines Volkes essen davon und was sie übrig lassen, fressen die Tiere des Feldes. So tust du mit deinem Weinberg und mit deinem Ölgarten.
> (V.12) 6 Tage tust du deine Arbeit. Am 7. Tage ruhst du, damit sich dein Rind und dein Esel ausruhen und der Sohn deiner Sklavin und der Fremde Atem schöpfen« (Ex 22,28 f.; 23,10–12).

Das Privilegrecht wird inhaltlich durch Aussonderungsbestimmungen, formal durch Bestimmungen im Schema x/x+1 gebildet. Theologischer Skopus der Aussonderungsgebote ist die Unterstellung des Bereichs der Aussonderung unter die Herrschaft Gottes. Dem Redaktor der Rechtssammlung II (Ex 22,28–23,12*) waren die Gebote zu Brachejahr und Ruhetag vorgegeben, zu denen er als chiastische Klammer des Prozeßrechts Ex 22,28 f. formulierte: Das Gebot der Opferung des erstgeborenen Sohnes, das auch in Ex 34,19 f.* nur in Verbindung mit Bestimmungen zur Ablösung durch tierische Erstgeburten erscheint und gerade nicht praktiziert wurde (cf. O. Kaiser), soll den prinzipiellen Hoheitsanspruch Gottes auf sein Volk als Begründung für die anderen Aussonderungsgebote zum Ausdruck bringen. Das Privilegrecht setzt der Nutzung der äußeren Natur durch den Menschen Grenzen durch die Gottesherrschaft. Der Mensch verdankt sein Leben und die Fruchtbarkeit der Natur auch nicht anderen Göttern, sondern JHWH. Die Unterstellung von Mensch und Natur unter die Herrschaft Gottes bleibt nicht bei ihrer Anerkennung im Akt der Aussonderung als Privileg Gottes stehen, sondern schafft durch die Begrenzung menschlicher Verfügungsgewalt über Mensch und Natur Raum für das von JHWH gesetzte Ziel der Solidarität und Hilfe für die Schwächeren in der Gesellschaft und für die Tiere. Die Brache des Ackers kommt den Armen des Volkes zugute. Was sie vom Wildwuchs des Brachejahres übrig lassen, soll den Tieren des Feldes gehören. Der Ruhetag dient auch der Ruhe des Sohnes der Sklavin, des Fremden und der Arbeitstiere, des Rinds und des Esels.

Dieses soziale Privilegrecht rahmt die Prozeßrechtssammlung (Ex 23,1–3.6–8; cf. o. II 6). Wie im Privilegrecht Mensch und Natur der JHWH-Herrschaft unterstellt werden, so wird mit der Rahmung durch das Privilegrecht das Prozeßrecht der Gottesherrschaft unterstellt und theologisch begründet. Sakrales Privilegrecht und Prozeßrecht werden auf JHWH als die gemeinsame Rechtsquelle zurückgeführt. Entsprechend wird in Ex 23,7* das Ich JHWHs in das Prozeßrecht aufgenommen. Der Gottesgehorsam drückt sich nicht nur im gehorsamen Tun des Privilegrechts, sondern auch in der Wahrung des Rechts in den Rechtsprozessen aus. Wo dem Recht zum Recht verholfen wird, wird der Wille Gottes getan. JHWH will, daß dem Gemeinschaftstreuen Recht geschieht, so wie er, JHWH, nicht den Gemeinschaftsuntreuen gerecht spricht (Ex 23,7).

Der Redaktor der Rechtssatzsammlung II ist noch einen Schritt weitergegangen. Die chiastische Struktur der so zusammengebundenen Gebote von Privileg- und theologisch integriertem Prozeßrecht umgreift das Gebot der Feindesliebe (Ex 23,4 f.) als den Kern der Sammlung:

> »(V.4) Wenn du auf das Rind deines Feindes triffst oder auf seinen Esel, der sich verlaufen hat, so bringe ihn zurück. (V.5) Wenn du siehst, daß der Esel deines Hassers unter seiner Last zusammengebrochen ist, so höre auf, dich von ihm fernzuhalten. Du sollst mit ihm zusammen Hilfe leisten« (Ex 23,4–5).

In diesen Sätzen der Feindesliebe hat die Sammlung II ihren Skopus. Das Gebot der Feindesliebe ist kein justitiabler Rechtssatz, sondern ethische Forderung, die nicht eingeklagt werden kann, sondern die Gesinnung des Angesprochenen in einer Entscheidungssituation fordert. Der Kasus steht nur paradigmatisch für eine Gesinnung, die in einer Vielzahl von Fällen zum Tragen kommen soll, die Solidarität stärker sein läßt als die gerade auch die Prozeßgegnerschaft einschließende Feindschaft und darin das dem Recht Mögliche hinter sich läßt. Dieses Ethos der Feindesliebe ist weder aus dem Ethos einer Ortsgottverehrung (Lang) noch einem tribalen »amity-Recht« (Halbe) abzuleiten, sondern die Konsequenz der theologischen Begründung durch das Privilegrecht. Das Privilegrecht als Rahmen der Rechtssatzsammlung erhält, wie der Aufbau der Sammlung zeigt, im Gebot der Feindesliebe als ihrem Kern ein ethisches Widerlager:

Privilegrecht	Ex 22,28–29
Gerichtsordnung	Ex 23,1–3
Gebot der Feindesliebe	Ex 23,4–5
Gerichtsordnung	Ex 23,6–8
Privilegrecht	Ex 23,10–12

Nicht nur im Privilegrecht konkretisiert sich der Gottesgehorsam, sondern auch in der Wahrung des Rechts im Prozeß und, darüber hinausgehend, in der Solidarität über alle vorfindlichen gesellschaftlichen Grenzen hinweg, also auch mit dem Hasser, dem Feind. Damit ist eine von der theologischen Rechtsbegründung in Ex 22,20–26* sowie Ps 15 und Ps 24 deutlich geschiedene Konzeption der Rechtsbegründung erfaßt. Wie die Rechtsbegründung der Sammlung I und der Psalmen 15 und 24, ist auch diese in priesterlichen Kreisen zu lokalisieren. Wie ist der Wechsel in der Theologie der Rechtsbegründungen im Bundesbuch zu erklären? Die solaren Elemente in der judäischen Religion nahmen unter assyrischem Einfluß zu. Darauf weisen die Königsstempel auf den Krügen dieser Zeit mit der gefiederten Sonnenscheibe oder dem vierflügeligen Skarabäus sowie die Pferde mit der Sonnenscheibe, die u. a. in Jerusalem gefunden wurden und aus dem 7. Jh. stammen, hin. Der Wechsel in den theologischen Rechtsbegründungen wird verständlich, wenn man ihn als priesterliche Gegenreaktion gegen eine Solarisierung und Astralisierung der JHWH-Religion unter assyrischem Einfluß versteht. Anstelle der Sonnengottvorstellung wird eine auf die Landtheologie zurückgehende privilegrechtliche Rechtsbegründung in den Vordergrund gestellt. Für den weiteren Weg der theologischen Rechtsbegründung, der in das Dtn hineinführt, ist es nun aber von entscheidender Bedeutung, daß sich in der Redaktion des Bundesbuches die Konzeption der Rechtssammlung II durchgesetzt hat. Unter dem Aspekt des Armenschutzes schließen sich Ex 21,2–11 und Ex 23,10–12 als Rahmen zusammen. Darüber hinaus bildet das x/x+1 Schema von 6/7 Jahren bzw. Tagen in der Sklavengesetzgebung (Ex 21,2–11) und im Privilegrecht von Brachejahr und Ruhetag (Ex 23,10–12) eine Ex 21,2–23,12* umfassende Klammer. Ruhetags- und Brachejahrinstitution unterstellen Mensch und Natur der Gottesherrschaft, indem sie der organisierten Nutznießung von Arbeitskraft und Fruchtbarkeit des Feldes eine Grenze setzen. An diesen Grenzen, die JHWH in Ruhetags- und Brachejahrinstitution der Herrschaft menschlicher Zwecke, der Verdinglichung von Mensch und Natur durch den Menschen gesetzt hat, entsteht eine Humanität der Hilfe für den sozial Schwachen. Die Sklavengesetze erhalten durch die Verknüpfung mit dem Privilegrecht einen neuen theologischen Begründungszusammenhang. In der Sammlung I werden die

Freilassungs- und Schutzbestimmungen in dem universalen Königtum Gottes als des Rechtshelfers der Schwachen begründet. Jetzt werden die Sklavengesetze in den Horizont des sozialen Privilegrechts gerückt: Wie die Nutzung von Feldertrag und Arbeitskraft zugunsten der vom Menschen gesetzten Zwecke in den Aussonderungsgeboten des Privilegrechts eine Grenze findet, so auch die verdinglichende Nutzung des Menschen als Sklaven durch den Menschen in den sozialen Schutzbestimmungen. Das soziale Privilegrecht erhält ein ethisches Widerlager in den sozialen Schutzbestimmungen für die Schwachen in der Gesellschaft. Das JHWH-königstheologische Ethos (Ex 22,20–26*) verbindet sich mit den Privilegrechtsbestimmungen (Ex 22,28 f.) und läuft in diese aus. Sie bilden eine Achse zwischen der materialen Rechtsordnung (Ex 21,2–22,19a) und der Gerichtsordnung (Ex 23,1–8), die mit dem privilegrechtlichen Rahmen verzahnt ist.

Mit der privilegrechtlichen Rahmung wird auch das Korpus der Rechtssätze neu geordnet. Ex 21,12–29* bildet nun einen Block materialer Rechtsordnung, dem in Ex 23,1–8 das Prozeßrecht folgt. Die aus dem Todesrecht, dem Körperverletzungsrecht, dem Sachenrecht und einem einzigen Rechtssatz zum Familienrecht (Ex 22,15 f.) gebildete Rechtsordnung wird durch Ex 22,20–29* als theologische Zuspitzung abgeschlossen. Daran schließt sich die auf die ethische Forderung der Feindesliebe zugespitzte Gerichtsordnung an. Das bereits mit der Sammlung I fest verbundene Altargesetz rückt vor die Rahmenstruktur des Privilegrechts, so daß sich insgesamt folgender Aufbau ergibt:

Altargesetz		Ex 20,24–26
Privilegrecht		Ex 21,2–11
	Rechtsordnung	Ex 21,12–17
		Ex 21,18–32
		Ex 21,33–22,14
		Ex 22,15–16
		Ex 22,17–19a
		Ex 22,20–29*
	Gerichtsordnung	Ex 23,1–3
		Ex 23,4–5
		Ex 23,6–8
Privilegrecht		Ex 23,10–12

Durch die privilegrechtliche Rahmung des Bundesbuches werden die durch das Recht und Ethos geordneten Lebensfelder dem Gotteswillen unterstellt. Die durch das Privilegrecht gesetzte Begrenzung der Verfügung des Menschen über Mensch und Natur zielt darauf, den Schwachen und Armen in der Gesellschaft und auch die Tiere zu schützen. Das ist der ethische Akzent, unter dem die gesamte Rechtsordnung steht. Der Wille Gottes wird dort verwirklicht, wo Recht im Vermeiden von Gewalt geschieht. Aber die Gottesherrschaft geht nicht im rechtlichen Ordnungsaspekt auf. Sie ist nicht neutral, wo die Gesellschaft in einen sozialen Differenzierungsprozeß gerät, sondern begründet die Einheit der Gesellschaft als einer solidarischen. Das Bundesbuch erreicht damit eine umfassende theologische, auf ein Ethos der Solidarität mit dem Schwachen zielende Legitimation von Ethos, die noch einmal mit der Einfügung des Bundesbuches in die Sinaiperikope neu akzentuiert und auf den Offenbarungsgedanken hin reflektiert wird. Doch dazwischen liegt die Entwicklung der vorexilisch-deuteronomischen und exilisch-deuteronomistischen Begründung von Recht und Ethos im Deuteronomium. Mit der

Josia-Reform setzt sich die priesterliche Gegenbewegung gegen die Solarisierung und Astralisierung der JHWH-Religion unter assyrischem Einfluß zugunsten der am Landbesitz orientierten Privilegrechtstheologie durch (2 Kön 23,11) und prägt die Theologie des vom Bundesbuch abhängigen Dtn. Nicht nur die literaturhistorischen, sondern auch die theologischen Wurzeln des Dtn liegen im Bundesbuch.

9.4 Die theologische Begründung von Recht und Ethos in sozialhistorischer und theologischer Perspektive

Die theologische Rechtsbegründung und die Ausdifferenzierung eines Ethos aus dem Recht nehmen mit den Schutzbestimmungen für die Schwächsten der israelitischen Gesellschaft ihren Ausgangspunkt an den Bruchlinien einer zunehmend in arme und reiche Schichten zerklüfteten Gesellschaft. Daraus entwickelt sich mit dem Motiv der Feindesliebe ein Ethos, das auf die Überwindung dieser Spaltung in der Gesellschaft zielt. Das sich an den Bruchlinien der israelitischen Gesellschaft ausbildende Ethos wird auch zum Einfallstor der theologischen Legitimation, die die Rechtsüberlieferungen in ihren Horizont zieht. Zunächst werden die Schutzbestimmungen für die Schwächsten der israelitischen Gesellschaft, die Sklaven, implizit durch das mit dem Privilegrecht verbundene 6/7-Schema in den Horizont einer theologischen Begründung gerückt, der in den sozialen Schutzbestimmungen (Ex 22,20–26*) und in der Rahmung der Rechtssatzsammlung II (Ex 22,28 f.; 23,10–12) explizit wird. In der Rückführung des Ethos auf JHWH weitet es seinen Anspruch von der Forderung der Solidarität mit dem Schwachen zur umfassenden Forderung der Solidarität mit dem Feind aus.

Im Horizont der Normenlegitimation durch genealogische oder lokale Nähe wird das Maß der erwarteten Solidarität durch das gesellschaftliche Verhältnis der Handelnden zueinander bestimmt. Über die Ordnung von Konfliktregelungsmodalitäten zur Gewaltvermeidung zwischen Konfliktgegnern und ihren Familien innerhalb einer lokalen Rechtsgemeinschaft führt das Recht aus eigener Logik nicht hinaus. Der genealogische und lokale Zusammenhalt kann nur noch schwer der Legitimationszusammenhang einer Solidaritätsforderung sein, wenn er im sozialen Differenzierungsprozeß gestört oder aufgehoben wird. Es bedarf eines die Gesellschaft transzendierenden Horizonts, der, unter Einfluß solarer Motivik des Gottes der Gerechtigkeit, im Gedanken Gottes als des barmherzigen Herrn gefunden wird. Wenn die Ausdifferenzierung eines eigenständigen Ethos gerade an den sozialen Bruchlinien der judäischen Gesellschaft ansetzt, dann muß nach den darin wirksamen und sozialhistorisch zu beschreibenden Kräften gefragt werden.

Der sozialhistorische Kontext der Pfandbestimmungen (Ex 22, 24a.25) läßt sich noch rekonstruieren: Das Notdarlehn soll gegen eine Aushöhlung durch das Investitionsdarlehn mit Verfallspfand bewahrt werden. Das Investitionsdarlehn konnte den Kreditgeber zur Spekulation auf den Besitz des Schuldners verleiten (cf. Hab 2,6b.7). Das Notdarlehn ist eine in den Solidarbindungen der Subsistenzökonomie begründete Institution, die als Schutzeinrichtung der Überlebenssicherung der Familien dient. Wenn diese Institution gegen das Investitionsdarlehn geschützt werden soll, so spiegelt sich darin die sich im 8. Jh. in der prophetischen Sozialkritik niederschlagende Hierarchisierung in der Ökonomie und die daraus resultierende Versammlung von Kapital in den städtischen Zentren Israels und Judas. Dieses Kapital drängt auf Verrentung und auf langfristige Anlage in Bodenbesitz. Das Ethos der Solidarität wird gegen diese ökonomische Logik aufgerufen. Unter Aufnahme der Einrichtung des geteilten Pfandes wird am Beispiel der Ärmsten, nämlich der Tagelöhner, ein

Exempel zur Begrenzung der Verfügungsgewalt über das Pfand statuiert. Das Ethos nimmt dort, wo die bislang das Normensystem tragende Solidarität aus genealogischer oder lokaler Nähe durch die zunehmende Heterogenität der staatlichen Gesellschaft in die Krise kommt, seinen Ausgangspunkt. Die theologische Rechtsbegründung ist in sozialhistorischer Perspektive die Reaktion auf die Krise der Gesellschaft und damit der Begründung des Rechts aus der Gesellschaft.

Ist das Recht mit JHWH verbunden, so gewinnt die Rechtsgeschichte ihrerseits Einfluß auf die Religionsgeschichte und wirkt auf die Gottesvorstellung, die zunehmend auch in rechtliche Kategorien gefaßt werden kann. Das über die theologische Begründung des Rechts und die damit verbundene Erwartung, Gott selbst werde dieses Recht durchsetzen, Überschießende der Erfahrung entfremdeten Lebens, die durch kein theologisches Gedankenfeld aufgehoben werden kann, die auch theologisch nicht integrierbar ist, wird zur Kritik an der theologischen Rechtsbegründung und fordert immer wieder deren Neufassung. Bleibt die theologische Rechtsbegründung in ihrem Anspruch der Begründung versöhnten Lebens stets hinter der Alltagswirklichkeit unversöhnten Lebens zurück, so muß die theologische Begründung im Bemühen um Integration des nicht integrierten entfremdeten Lebens neu gefaßt werden: In dieser Konstitution der Welt »östlich von Eden« kann die Rechtsbegründung nur geschichtlich sein und öffnet sich für ihre Überlieferungsgeschichte.

In einer bei sozialhistorischen Prozessen ansetzenden Perspektive ist der Vorgang der theologischen Rechtsbegründung aber nur einseitig beschrieben. In entgegengesetzter, vom Gottesgedanken her denkender Perspektive begreift sich dieser Prozeß der Interpretation des Rechts in theologischem Horizont aus der im Alleinverehrungsanspruch auf den Begriff gebrachten Universalität dieses Gottes als des Herrn der Lebenswelt Israels in ihrer Gesamtheit. Er greift über den Anspruch auf exklusive Gestaltung des sakralen Lebens auf Israels Alltagsleben aus und unterstellt es in der Theologisierung des Rechts und in einem theologisch begründeten Ethos der Solidarität mit den Schwachen sowie dem Ethos der Feindesliebe seinem Gestaltungswillen.

Mit der theologischen Legitimation von Recht und Ethos wird ein solidarisches Verhalten in der Gesellschaft, das auf Zinsnahme und Verfallspfand verzichtet, dem Fremden Recht verschafft, den Sklaven im siebten Jahr freiläßt, mit dem Feind und Hasser solidarisch ist, die Rechtsordnung wie die des Ehe-, Blut- und Körperverletzungsrechts wahrt, als Befolgung des Gotteswillens verstanden. Wie ist theologisch darauf zu reagieren, wenn sich diese Normen in der Gesellschaft nicht durchsetzen wollen? Ist Gott ein ohnmächtiger Gott, der die durch eine theologische Rechtsbegründung auf ihn zurückgeführten Normen des Rechts und des Ethos nicht durchsetzen kann?

9.5 Die Bearbeitung von Aporien der theologischen Begründung von Recht und Ethos in der vorexilischen Prophetie

A. Alt, Micha 2,1–5, in: ders., Kleine Schriften III, 1959, 373–381; R. Bohlen, Der Fall Nabot, 1978; E.W. Davies, Prophecy and Ethics, 1981; J. A. Dearman, Property Rights in the Eighth-Century Prophets, 1988; W. Dietrich, Jesaja und die Politik, 1976; G. Fleischer, Von Menschenverkäufern, Baschankühen und Rechtsverkehrern, 1989; E. Hammershaimb,

On the Ethics of the OT Prophets, VT.S 7, 1960, 75–101; *J. Jeremias*, Kultprophetie und Gerichtsankündigung in der späten Königszeit Israels, 1970; *ders.*, Die Reue Gottes, 1975; *O. Kaiser*, Gerechtigkeit und Heil bei den israelitischen Propheten und griechischen Denkern des 8.-6. Jahrhunderts, NZSTh 11, 1969, 312–328; *K. Koch*, Die Profeten, Bd. 1,²1987; *O. Loretz*, Die prophetische Kritik des Rentenkapitalismus, UF 7, 1975, 271–278; *H.P. Müller*, Ein Paradigma zur Theorie der alttestamentlichen Wissenschaft: Amos, seine Epigonen und Interpreten, NZSTh 33, 1991, 112–138; *E. Otto*, Die Stellung der Wehe-Worte in der Verkündigung des Propheten Habakuk, ZAW 89, 1977, 73–107; *ders.*, Art. Micha/Michabuch, TRE XXI, 374–380; *H. Reimer*, Richtet auf das Recht! Studien zur Botschaft des Amos, 1992; *H.H. Schmid*, Amos. Zur Frage nach der »geistigen Heimat« des Propheten, in: *ders.*, Altorientalische Welt in der alttestamentlichen Theologie, 1974, 121–143; *W.H. Schmidt*, Zukunftsgewißheit und Gegenwartskritik, 1973; *R. Smend*, Das Nein des Amos, EvTh 23, 1963, 404–423; *E. Troeltsch*, Glaube und Ethos der hebräischen Propheten, in: *ders.*, Gesammelte Schriften IV, 1925, 34–65; *H. Utzschneider*, Hosea, 1980.

Die prophetischen Überlieferungen des 8. und 7. Jh. zeigen, daß sich auch die theologisch begründeten Normen nicht durchsetzen konnten. Eine Begrenzung des Pfandrechts (Mi 2,1 f.; Am 2,6.8; 5,11; Hab 2,6b) und eine Abschaffung des Zinses zugunsten des zinsfreien Notdarlehns ist nicht realisiert worden. Den Witwen, Waisen und Bedrückten wurde nicht zum Recht verholfen (Jes 1,17). Das Prozeßrecht, das Bestechung verbietet, wurde nicht befolgt (Am 5,10.12) und die Sklavenfreilassung im siebten Jahr nicht vollzogen (Jer 34,8 ff.). Der Gesellschaftsprozeß der zunehmenden sozialen Differenzierung lief dem theologisch legitimierten Recht und Ethos diametral zuwider. Die soziale Differenzierung in arme und reiche Schichten verbunden mit der sich durchsetzenden Wirtschaftsform des Rentenkapitalismus sowie die zunehmende Arbeitsteilung und Mobilität, die tendenziell die Bevölkerungsballung in den städtischen Zentren nach sich zog, zerrüttete die traditionale Erbbodenordnung und damit die Bindung der Familien an ihren Grund und Boden (Mi 2,1–4*; Jes 5,8 u.ö.). Die theologisch legitimierte Rechtsordnung wollte die Einheit der Gesellschaft durch den Gotteswillen begründet wiederherstellen. Die prophetische Überlieferung zeigt, daß dieser Versuch nicht durchschlagend war. Die zunehmend härter werdende außenpolitische Bedrohung durch Aramäer und Assyrer tat das Ihrige. Die Erfahrung, daß derjenige, der sich den theologisch begründeten Normen gemäß verhielt, keineswegs der Erfolgreiche in der Gesellschaft sein mußte, sondern auch derjenige, der unethisch handelte und, der Logik des Wirtschaftssystems folgend, seinen wirtschaftlichen Vorteil suchte, ließ Gotteswillen und Erfolg im Gesellschaftsprozeß auseinanderklaffen. Wer den Normen gemäß handelte, sollte nicht wanken, also nicht scheitern (Ps 15,5). Dem normengemäß Handelnden wurden Segen und Gemeinschaftstreue von Gott zugesagt (Ps 24,5). Wie konnten die gegenläufigen, im Gesellschaftsprozeß begründeten Erfahrungen aufgefangen und theologisch verarbeitet werden? In Ps 15,4 wird das Problem implizit so aufgenommen, daß im Volk zwischen den Gemeinschaftsuntreuen als den von Gott verachteten und den Gottesfürchtigen geschieden wird. Der unethisch Handelnde soll gering geachtet, der Gottesfürchtige dagegen in Ehren gehalten werden. Wie aber ist theologisch zu antworten, wenn sich der Anspruch der Psalmen, der Gemeinschaftstreue werde nicht wanken und Segen von Gott empfangen, nicht erfüllen will? Die Institution des Bittgottesdienstes, in dem die Klagelieder des Einzelnen und Klageliturgien (u. a. Ps 12; 14; 75; cf. Jeremias, Kultprophetie, 110 ff.) gesungen werden, will diese Diastase auffangen.

Anlaß in Ps 12 ist die leidvolle Erfahrung, daß die Gemeinschaftstreue am Ende sei. Der Unterdrückung, insbesondere in Rechtsprozessen, wird die Ankündigung der Theophanie »Jetzt stehe ich auf!« entgegengesetzt. Gott selbst werde Hilfe bringen, wenn die Elenden unterdrückt werden und die Armen seufzen, indem er zwischen Gerechten und Ungerechten scheidet. Hier bricht die Erfahrung durch, daß der ethisch Handelnde keineswegs immer ein glückliches Ergehen hat, sondern Ethos und Unglück zusammengehen können.

In Ps 14,2 wird die Tiefe der Entfremdung in der Gesellschaft dadurch zum Ausdruck gebracht, daß alle als in den Augen Gottes abtrünnig deklariert werden:

»(V.2) JHWH blickt vom Himmel auf die Menschen, um zu sehen, ob ein Verständiger da sei, einer der Gott sucht.

(V.3) Sie sind alle abtrünnig, insgesamt verdorben, keiner ist da, der Gutes täte – auch nicht einer!

(V.4) Haben denn alle die Übeltäter keinen Verstand, die ihr Brot essen dadurch, daß sie mein Volk fressen, JHWH aber nicht anrufen?« (Ps 14,2–4).

Der Aussage von der Totalität des Negativen (V.3) steht die Differenzierung zwischen den Gerechten und Ungerechten gegenüber (V.4). Wenn die Übeltäter als die gelten, die das Volk JHWHs fressen, so werden sie nicht unter dieses Volk gerechnet, das nur die Gemeinschaftstreuen als Teil der Gesellschaft umfaßt (V.5 f.):

»(V.5) Da trifft sie Furcht und Schrecken, denn Gott ist bei dem gemeinschaftstreuen Menschen.

(V.6) Am Anschlag gegen den Armen werdet ihr zuschanden; JHWH ist seine Zuflucht« (Ps 14,5 f.).

Der Tiefe der Not der Gemeinschaftstreuen entspricht es, daß allein durch JHWH Hilfe kommen kann. Die Hilfe für den Armen wird zur Unheilsankündigung für den Gemeinschaftsuntreuen, wenn der Zusammenhang von Tat und Ergehen wieder hergestellt ist.

Ps 75 überliefert die göttliche Antwort wohl aus dem Munde eines Kultpropheten auf eine nicht erhaltene Klage. Die Gemeinschaftstreuen, die sich selbst erhöhen, werden gewarnt, denn sie werden erniedrigt werden:

»(V.3) Fürwahr, ich behalte mir den Termin vor, an dem ich gerechtes Gericht halte;

(V.4) wankt die Erde und alle ihre Bewohner, ich habe ihre Säulen befestigt.

(V.5) Ich spreche zu den Verblendeten: Seid nicht vermessen! und zu den Frevlern: Erhebt nicht euer Horn!

(V.6) Erhebt nicht euer Horn in den Himmel, sprecht nicht frech wider den Felsen!

(V.7) Denn nicht von Osten, nicht von Westen und nicht von Süden kommt die Erhöhung,

(V.8) sondern JHWH ist Richter, den einen erniedrigt er, den anderen erhöht er« (Ps 75,3–8).

Ps 75,4 erkennt an, daß es Entfremdung in der Gesellschaft gibt. Metaempirisch aber ist ihre Überwindung im Schöpfungsvorgang der Befestigung der Säulen der Erde schon ein für allemal vollzogen. So bleibt die Frage, wie diese metaempirische Schöpfungsrealität in der Alltagswirklichkeit erfahrbar wird. Die Antwort gibt Ps 75,3: JHWH behält sich den Termin vor, an dem er seine gerechte Herrschaft über die Erde durchsetzen wird. Mit »Zeitpunkt« wird der Koinzidenzpunkt von metaempirischer Schöpfungswirklichkeit und Alltagswelt bezeichnet. Der Hinweis auf die Weltschöpfung (Ps 75,4) macht deutlich, daß die gesellschaftliche Entfremdung als Ausdruck der universalen Chaosmächte angesichts der Schöpfermacht Gottes keine Gewalt hat. Die Überwindung der gesellschaftlichen Zerrüttung durch JHWH ist nur eine Frage der Zeit. Dann wird Gott selbst in die Erfahrungswirklichkeit eingreifen und mit der Schöpfung metaempirisch schon reale Ordnung durchsetzen, die die Gemeinschaftstreuen erhöht und die Ungerechten erniedrigt.

»(V.10) Ich aber will immer jubeln, will singen dem Gott Jakobs,

(V.11) Ich schlage alle Hörner der Frevler ab, die Hörner der Gemeinschaftstreuen aber werden erhöht« (Ps 75,10 f.).

Die in den Klageliturgien zugrunde gelegten Normen zur Bestimmung gemeinschaftsuntreuen Verhaltens berühren sich mit denen von Ps 15; 24 und Ex 22,20–26*; 23,1–8. Ps 12,3.6 ist mit Ps 15,2b sowie mit den prozeßrechtlichen Bestimmungen in Ps 15,4b; 24,4, Ex 23,1 zu verbinden. Ps 14,4.6 weist auf eine Verletzung der wirtschaftsrechtlichen Bestimmungen in Ps 15,5 und Ex 22,24a.25 sowie auf die in der prophetischen Überlieferung

angesprochene umfassende Zerrüttung der Wirtschaftsordnung (Mi 2,1–4*; Jes 5,8 u.ö.).
Mit der Zerstörung sozialer Beziehungen ist die Zerrüttung des Gottesverhältnisses verbunden:

> »Es spricht der Tor in seinem Herzen: Gott ist nicht da! Verderbt, abscheulich handeln sie. Da ist keiner, der Gutes tut« (Ps 14,1).

Werden die Normen von Recht und Ethos theologisch legitimiert, so muß ihr Bruch unmittelbar das Gottesverhältnis tangieren. JHWH ist gefordert, für die Durchsetzung der Normen einzustehen. Die Auseinandersetzung zwischen Gemeinschaftstreuen und Gemeinschaftsuntreuen wird auf eine theologische Ebene gehoben. Wird das Wirken der Gemeinschaftsuntreuen mit der Chaosmotivik beschrieben (Ps 12,6), so wird damit die Tiefe der Entfremdungserfahrung, gegen die der einzelne keine Macht hat, benannt. Mit der Chaosmotivik wird aber auch ausgedrückt, daß JHWH in der Schöpfung die Entfremdung ein für allemal überwunden hat (Ps 75,4). In einer zukünftigen Theophanie Gottes wird die metaempirische Schöpfungswirklichkeit in der Erfahrungswirklichkeit durchgesetzt und der Gemeinschaftstreue aus seinem Elend erlöst. Von den Anfängen an mußte sich die theologische Rechtsbegründung dem Problem der Rechtsdurchsetzung stellen. Es ließ die JHWH-Religion zu einer Erlösungsreligion werden, die im zukünftigen Handeln Gottes die endgültige Durchsetzung des Rechts erwartete. Die Spannung von Schöpfung und Entfremdung konte nur durch die Hoffnung auf die Theophanie Gottes gelöst werden. Die Diastase von theologischem Heilsanspruch und entfremdeter Erfahrung wurde zur Spannung von entfremdeter Gegenwart und versöhnter Zukunft transformiert. Dabei galt der Grundsatz, daß dasjenige, wovon erlöst wird, bestimmt, wozu erlöst wird. So werden keine utopischen Gemälde einer besseren Welt gemalt. Die Psalmen (12; 14; 75) behaften Gott klagend bei Ungerechtigkeit, Betrug, Bedrückung und Ausbeutung. Sein Eingreifen in der Theophanie wird auf die Entfremdungserfahrung bezogen: »Aufgrund der Unterdrückung der Elenden, aufgrund des Seufzens der Armen – jetzt stehe ich auf, spricht JHWH.« Es wird nicht ausgemalt, wie es sein wird, wenn JHWH eingegriffen hat. Der Alternative zur bis in die Tiefe als entfremdet erfahrenen Gegenwart steht keine andere Vorstellung zur Verfügung als die urzeitliche Schöpfung als Begründungszusammenhang für die endgültige Rechtsdurchsetzung. Die durch die Schöpfung begründete Theophanie dient der Durchsetzung der auf JHWH zurückgeführten Normen. Ausgeblendet wird die Frage, warum die Erfahrungswirklichkeit entfremdet ist und der Gotteswillen sich nicht durchsetzen will. Allein an der Aufhebung der Entfremdung und der Durchsetzung des Gottesrechts sind die Klageliturgien interessiert, nicht an theoretischen Ursachenerklärungen. Vor allem aber arbeiten sie an der Frage, was die Menschen angesichts gegenläufiger Erfahrung dazu bewegen soll, auf den eigenen Vorteil zu verzichten. Warum soll der Mensch gegen den Augenschein und möglicherweise dem persönlichen Vorteil zuwider an den Normen der Gemeinschaftstreue festhalten? Sie sind nicht durch die Empirie legitimiert, sondern durch JHWH, der als Schöpfergott jede Entfremdungserfahrung transzendiert und damit konsequent normgemäßes Handeln auch in einer entfremdeten Welt ermöglicht. Sind die Normen durch JHWH begründet, so ist das Handeln auch nicht an einem Streben nach empirischem Erfolg orientiert. In der Theophaniemotivik wird aber der Mensch mit dieser Spannung von Ethos und gelingendem Leben nicht allein gelassen. Ein so begründetes Handeln wird in die Lage versetzt, kritisch zu sein und widerständig gegen Entfremdungserscheinungen des empirisch Gegebenen.

Diese Lösung der Psalmen kann auf Dauer die Spannung zwischen theologischer Rechtsbegründung und scheiternder Rechtsdurchsetzung nicht aufheben. Im Horizont der Klageliturgien kann sie nur als Ausbleiben der Theophanie Gottes interpretiert werden. Durch einen grundlegenden Umbau der tempeltheologischen Verhältnisbestimmung von Kult und Alltag sowie von Gegenwart und Zukunftserwartung will die vorexilische Schriftprophetie das Problem angehen. Der Anspruch des Kultes, nämlich heilvolles Alltagsleben durch Übertragung von Segen und Gemeinschaftstreue zu ermöglichen, und Erfahrungen der Entfremdung brechen auseinander, so daß die Schriftprophetie das Verhältnis von Kult und Alltagswirklichkeit umkehrt. Nicht mehr der Kult ist vornehmlicher Ort der Vermittlung des Gottesverhältnisses, sondern unmittelbar im Alltagsverhalten soll die Entscheidung über das Gottesverhältnis fallen. Erst der gemeinschaftstreu und normgemäß Handelnde hat ein Recht zum Gottesdienst. Gemeinschaftsuntreu im Alltag zu handeln und gleichzeitig am Kult teilzunehmen, wird von der prophetischen Kultkritik verworfen. Der Gottesdienst wird der Ethik nachgeordnet. Es geht der prophetischen Kultkritik also um die Verhältnisbestimmung von Kult und Ethos, nicht nur um das Problem von synkretistischen Einflüssen fremder Religionen oder um die lässige Handhabung der Kultvorschriften, wie sie der Prophet Maleachi beklagt. Der Kultbetrieb kann insgesamt als falsch mit einem negativen Kultbescheid abgelehnt werden:

> »(V.21) Ich hasse, ich verachte eure Feste, ich kann eure Versammlungen nicht riechen. (V.22a*b) Ich erkenne eure Gaben nicht an, ich akzeptiere die Heilsopfer eurer Masttiere nicht. (V.23) Entferne von mir den Lärm deiner Lieder und das Spiel deiner Harfen höre ich nicht. (V.24) Recht ströme wie Wasser und Gemeinschaftstreue wie ein immer fließender Fluß. (V.27) Ich führe euch in das Gebiet jenseits von Damaskus, spricht JHWH, der Gott Zebaoth ist sein Name« (Am 5, 21–27).

Das Mahnwort zu gemeinschaftstreuem Verhalten (Am 5,24) gibt die Begründung für die Ablehnung des Kultes. Gottesdienst ohne gerechtes Verhalten im Alltag ist gegen Gott und verfällt der Kritik. Das soziale Verhalten im Alltag wird zur Norm für die Legitimität des Gottesdienstes. Die Mahnung, Recht und Gemeinschaftstreue fließen zu lassen, steht in einem Schuldaufweis und weist so auf den Mangel an Gemeinschaftstreue in der Gesellschaft hin. Die Konsequenz ist radikal: Die Gesellschaft wird durch Gott, der das Volk über Damaskus hinaus in die Verbannung führt, vernichtet. Die Aufhebung der Diastase von theologisch begründeten Normen und entfremdeter Empirie durch die Theophanie, die die Ungerechten in der Gesellschaft erniedrigt oder vernichtet, wird zur Vernichtung der gesamten Gesellschaft gesteigert. Dem korrespondiert, daß alle gemeinschaftsuntreu handeln und jeder stets noch einen Schwächeren unter sich hat, gegen den er sich gemeinschaftsuntreu verhält. Die Sozialkritik der Propheten bezichtigt alle Schichten der Bevölkerung der Gemeinschaftsuntreue. Die Oberschicht wird kritisiert, weil sie den Kleinbauern von seinem Erbland vertreibt (Jes 5,8–10; Mi 2,1 f.), der kleine Händler, weil er Gewichte und Maße verändert (Am 8,5) und der Kleinbauer, weil er dem Tagelöhner den gepfändeten Mantel zur Nacht nicht zurückgibt (Am 2,8; cf. Ex 22, 24a.25). Die These, es gehe in der Sozialkritik der Propheten um die Durchsetzung einer vorstaatlich-egalitären Erbbodenordnung, greift zu kurz. Dieses Gesellschaftsideal ist nur insoweit relevant, als es die Normen der Gemeinschaftsgemäßheit des gesellschaftlichen Lebens enthält, die zur Kritik der bestehenden Verhältnisse genutzt werden. Angesichts der in diesem Spiegel erkennbaren Entfremdung aller Schichten der Gesellschaft wird eine Scheidung zwischen Gerechten und Ungerechten überholt. In sozialhistorischer Perspektive heißt das, daß alle Schichten an der Hierarchisierung der Gesellschaft und der Ökonomie sowie ihrer jeweiligen politischen und ökonomischen Logik Anteil haben, der damit verbundenen Auflösung von Solidaritätsbeziehungen unterworfen sind und an ihr teilhaben. Zerstörung von Solidarität zugunsten der Logik des Rentenkapitalismus wird im Verhalten der Oberschicht besonders deutlich, so daß sie auch im Mittelpunkt der Kritik steht. Angesichts der Spannung von Recht gebietendem Gott und der Nichtbefolgung des Gotteswillens zerbricht das Gottesverhältnis. Wird im Übertreten der von Gott gesetzten Ordnung durch den Menschen Gott Gewalt angetan, so folgern die Propheten des 8. Jh. daraus die Vernichtung des Volkes durch den Zorn Gottes. Den Auflösungsprozessen der Solidarität in der Gesellschaft setzen sie eine unabdingbare Unheilsankündigung entgegen, die nicht an der Erwartung, der Heilswille JHWHs werde die Zerstörung von Recht und Ethos aufheben, oder an der Hoffnung auf Umkehr Israels orientiert ist, sondern aufweisen will, daß die Gerechtigkeit Gottes in der Vernichtung Israels mächtiger ist als Israels Aufsässigkeit und Gemeinschaftsuntreue. So führt die Schriftprophetie zunächst in die Paradoxie, daß angesichts der Erfahrung von Gemeinschaftsuntreue die Gemeinschaftstreue Gottes nur negativ im Motiv der Vernichtung des Volkes zur Sprache gebracht werden kann. Gott bleibt angesichts der Gemeinschaftsuntreue auch noch in der Vernichtung seines Volkes der Gerechte und Gemeinschaftstreue. Die Prophetie löst die mit der theologischen Begründung von Recht und Ethos aufgerissene Spannung zwischen dem Heilsanspruch der Rechtsbegründung, gelingendes menschliches Leben zu ermöglichen, und der Erfahrungswirklichkeit, die diesen Anspruch nicht einlöst, einseitig in der Form, daß um der Heiligkeit Gottes willen die Vernichtung des Volkes angesagt wird. Die Gottheit Gottes ist nur noch aussagbar um den Preis der Vernichtungsaussage. Die Unheilsprophetie geriet damit in eine Aporie, deren Überwindung nicht in der entfremdeten Erfahrungswirklichkeit, sondern allein in JHWH gesucht werden konnte.

Ein für die alttestamentliche Theologiegeschichte grundlegender Durchbruch in der Lösung dieser Aporie hat sich in Hos 11,1–9 niedergeschlagen. Mit Hos 12,1 bis 15 erreicht die Unheilsankündigung einen Punkt völliger Hoffnungslosigkeit. Eine die Frühverkündigung des Propheten prägende Umkehrhoffnung ist damit zerbrochen. Alle Lebensbereiche Israels werden in Hos 12 als korrupt gegeißelt. Der aus der Gegenwartskritik resultierende Pessimismus für die Zukunft wird in einer negativen Geschichtstheologie in die Geschichte rückprojeziert und läßt die Geschichte Israels von ihren Anfängen an als eine durch die Unfähigkeit zum Guten falsch gewordene begreifen:

»(V.3) Einen Rechtsstreit hat JHWH mit Israel, um Jakob zur Rechenschaft zu ziehen, seinen Wegen gemäß und gemäß seiner Taten ihnen heimzuzahlen. (V.4) Im Mutterleib hinterging er seinen Bruder und in seiner Kraft kämpfte er gegen Gott« (Hos 12,3 f.).

Die negative Geschichtstheologie will begründen, warum das falsche Handeln in der Gegenwart ohne Alternative ist. Israel ist, was es geworden ist. Sein Handeln hat keine Möglichkeit zum Guten mehr. Eine Vermittlung des gemeinschaftstreuen Gottes mit der Gemeinschaftsuntreue Israels ist nur im Motiv des Rechtsstreits möglich, also um den Preis der Ankündigung der Vernichtung Israels. Theologisch geht es um eine Rechtfertigung Gottes, der als der Gerechte nur noch im Spiegel der Vernichtungsaussage aussagbar ist.

In Hos 11,1–9 wird diese äußerste Negation überwunden:

> »(V.1) Als Israel ein Knabe war, gewann ich ihn lieb; aus Ägypten rief ich meinen Sohn. (V.2) Wie ich sie rief, so gingen sie von meinem Angesicht. Den Baalim opferten sie und den Schnitzbildern räucherten sie. (V.3) Und ich lehrte Ephraim laufen und ich nahm sie auf meine Arme. Aber sie erkannten nicht, daß ich sie liebte. (V.4) Mit menschlichen Seilen zog ich sie, mit Stricken der Liebe, und ich war für sie wie diejenigen, die ein kleines Kind an ihre Wangen heben, und ich neigte mich ihnen zu, gab ihnen zu essen. (V.5) Er kehrt zurück zum Lande Ägypten, und Assur wird sein König sein, denn sie weigern sich umzukehren.
> (V.6) Es tanzt ein Schwert in seinen Städten und tötet seine Söhne und frißt sie ihrer Pläne wegen. (V.7) Aber mein Volk hält fest an seiner Abkehr von mir und zum Alijan (Baal) rufen sie und sie hören auf, meinen Namen hochzuhalten.
> (V.8) Wie soll ich dich hingeben, Ephraim, wie soll ich dich ausliefern, Israel; wie soll ich dich hingeben wie Adma, wie soll ich dich zurichten wie Zeboim? Es kehrt sich gegen mich mein Herz. Mit Macht entbrennt mein Mitleiden (niḥûmāj). (V.9) Ich werde die Glut meines Zornes nicht vollstrecken, ich werde mich nicht hinwenden, um Ephraim zu verderben, denn Gott bin ich und nicht ein Mensch, in deiner Mitte ein Heiliger. Ich werde nicht kommen, um zu verbrennen« (Hos 11,1–9).

Der erste Teil dieses Prophetenwortes stellt in grausamen Bildern das Scheitern der Geschichte Israels mit seinem Gott fest. Der Exodus wird umgekehrt und zu seinem Ausgangspunkt in der Sklaverei zurückführen. Wird so das Scheitern in der Gegenwart als Scheitern in der Geschichte expliziert und die Vernichtungsankündigung zu einem äußersten Punkt geführt, so schlägt im zweiten Teil die Perspektive um. Mit einem adversativen Neueinsatz läßt nun der Prophet in das Herz Gottes schauen:

> »Wie soll ich dich hingeben wie Adma, wie soll ich dich zurichten wie Zeboim. Es kehrt sich gegen mich mein Herz. Mit Macht entbrennt mein Mitleiden. Ich werde die Glut meines Zornes nicht vollstrecken« (Hos 11,8 f.*).

Das Herz, der innerste Wesenskern Gottes, wendet sich gegen Gott. Zorn und Liebe stehen gegeneinander. Zorn ist Gottes Reaktion auf die Abkehr Israels von seiner Liebe. Aus diesem Gegensatz im Herzen Gottes, dieser dialektischen Spannung von Zorn und Liebe, entbrennt das Mitleiden Gottes. *nḥm* kann das Empfinden von Leid im Sinne des Mitleidens bezeichnen[39] und darin die Identifikation JHWHs mit der Schwäche des Menschen ausdrücken. In Gottes Schmerz gründet die Überwindung des Zornes durch sein Mitleiden. Arbeitet Gott im Mitleiden das Böse des Menschen durch, so eröffnet er dem Menschen eine neue Zukunft:

> »Ich werde nicht ausführen die Glut meines Zorns, ich werde mich nicht hinwenden, um Ephraim zu verderben, denn Gott bin ich und nicht ein Mensch« (Hos 11,9*).

---

[39] Die mit dem Begriff *nḥm* verbundene Identifikation (cf. H. Simian-Yofre, ThWAT V, 370) läßt die Konnotation des »Mitleidens« im »Mitleid« mitschwingen; cf. dazu auch K. Hamburger, Das Mitleid, 1985, 67: Wenn wir die »Feststellung bedenken, daß wir kein *Mitleid* mit den Personen haben, die gleichsam ein Stück von uns selbst sind, sondern ihr Leid uns wie die eigene Wunde schmerzt, so ist dies insofern widersprüchlich, als Mitleid durch Verwandlung des fremden Leids in eigenes erklärt wird, aber eben damit als Mitleid wieder aufgehoben wird. Was übrig bleibt, ist die Schwierigkeit, fremdes Leid *als* fremdes nachzuvollziehen.« Diese Begrenzung in der Natur des Menschen gilt nicht für Gott.

Der Text weiß darum, daß diese Selbstüberwindung, die anderen Zukunft eröffnet, dem Menschen nicht von Natur gegeben ist. Gott reagiert auf die Gewalt des Menschen, die Verletzung seiner Gebote, nicht mit der Gegengewalt der Vernichtung, sondern überwindet in der mitleidenden Selbstüberwindung als Überwindung seines Zornes das Böse des Menschen. Damit ist die Dialektik von Gewalt und Gegengewalt im Verhältnis von Gott und Mensch aufgehoben. Der Mensch ist nicht Mittel des Erweises triumphaler Überlegenheit Gottes, sondern Gott erniedrigt sich in der Identifikation mit der Schwachheit des Menschen und eröffnet so dem Menschen Zukunft.

Hier wird ein Handlungsmodell entworfen, das Vorbild für den Umgang des Menschen mit dem Menschen sein kann. In der Selbstüberwindung liegt der Schlüssel zur Aufhebung der Dialektik von Gewalt und Gegengewalt.[40] Letzter Grund eines solchen gewaltvermeidenden Handelns ist der Herzensumsturz Gottes aufgrund seiner Liebe. Gottes Liebe geht aller Abkehr, allem Bösen des Menschen voraus.

Der in der Liebe gründende Verzicht auf Selbstdurchsetzung ist nicht wider die Vernunft des Menschen: Hos 11,1–9 begründet im Handeln Gottes, daß die Verwirklichung des Selbst im anderen, die den anderen nicht als Mittel des Zwecks des eigenen Lebens betrachtet, die wahre Verwirklichung des Selbst ist. Wäre Zorn die letzte Dimension des Gotteshandelns, so reagierte Gott nur auf das Böse des Menschen und wäre somit vom Menschen abhängig und also nicht frei. Indem Gott sich selbst überwindet und so dem Menschen die Freiheit zum Guten zurückgibt, erweist auch Gott seine Freiheit im Ausbruch aus der Logik von Gewalt und Gegengewalt. Das höchste Maß der Vernunft zeigt sich darin, so zu handeln, wie Gott handelt. So werden wir Menschen über unsere natürlichen Möglichkeiten hinausgeführt. Damit ist schließlich auch innerhalb des AT ein Maßstab gewonnen, an dem gemessen Texte der Dialektik von Gewalt und Gegengewalt wie die der Fluchpsalmen ihre Kritik finden.

10. Theologische Legitimation von Recht und Ethos in der wertpluralen Industriegesellschaft

W. Bindemann, Gottes Recht und Menschenrechte. Biblisches Gerechtigkeitsethos und sozio-politische Herausforderung der Gegenwart, ThLZ 117, 1992, 561–580; *A. Causse*, Israël et la vision de l'humanité, 1924; *A.S. Diamond*, Primitive Law. Past and Present,[3]1971; *J. Habermas*, Faktizität und Geltung,[2]1992; *E. Hoebel*, Das Recht der primitiven Völker, 1968; *K. Jaspers*, Vom Ursprung und Ziel der Geschichte,[2]1955; *H.G. Kippenberg*, Die vorderasiatischen Erlösungsreligionen in ihrem Zusammenhang mit der antiken Stadtherrschaft, 1991; *N. Luhmann*, Ausdifferenzierung des Rechts, 1981; *H.S. Maine*, Ancient Law,[10]1906; *B. Malinowski*, Crime and Custom in Savage Society,[2]1959; *B. Nelson*, Der Ursprung der Moderne, 1986; *P.H. Nowell-Smith*, Religion and Morality, EncPh VII, 150–158; *E. Otto*, Die

---

40 Wenn C. von Clausewitz (Vom Kriege, Nachdruck der Erstauflage 1832–34, 1980, 18 ff.) allein aus der Begrenztheit der vor allem ökonomischen Ressourcen eine Begrenzung der in der Logik der Wechselwirkungen unbegrenzten Spirale von Rüstung und Gegenrüstung sieht, so wird hier ein noch anderes Modell der Begrenzung angeboten. Die Feststellung »nie kann in die Philosophie des Krieges selbst ein Prinzip der Ermäßigung hineingetragen werden, ohne eine Absurdität zu begehen« (a. a. O., 18) ist richtig. Das »Prinzip der Ermäßigung« muß früher ansetzen, um die »Philosophie des Krieges« zu durchbrechen.

Applikation als Problem der politischen Hermeneutik, ZThK 71, 1974, 145–181; *ders.*, Hat Max Webers Religionssoziologie des antiken Judentums Bedeutung für eine Theologie des AT?, ZAW 94, 1982, 187–203; *ders.*, Biblische Wurzeln moderner Rationalität?, EK 21, 1988, 85–88; *ders.*, Recht und Gerechtigkeit. Die Bedeutung alttestamentlicher Rechtsbegründung für eine wertplurale Moderne, in: F. Hahn u. a. (Hg.), Zion – Ort der Begegnung. FS L. Klein, 1993, 63–83; *H. D. Preuß*, »Freiheit – Gleichheit – Brüderlichkeit«. Der Beitrag des AT zu den sogenannten »Menschenrechten«, 1989; *J. Rawls*, Eine Theorie der Gerechtigkeit, 1975; *W. Schluchter*, Altisraelitische religiöse Ethik und okzidentaler Rationalismus, in: *ders.* (Hg.), Max Webers Studie über das antike Judentum, 1981, 11–77; *M. Welker*, Zur Lehre von Gesetz und Evangelium, EK 18, 1985, 680–683; *ders.*, Erbarmen und soziale Identität, EK 19, 1986, 37–42; *ders.*, Dynamik der Rechtsentwicklung in den biblischen Überlieferungen, in: A. Aarnio u. a. (Hg.), Rechtsnorm und Rechtswirklichkeit. FS W. Krawietz, 1993, 779–795; *A. Wendel*, Säkularisierung in Israels Kultur, 1934.

In den modernen Industriegesellschaften vollzieht sich ein kontinuierlicher Ausdifferenzierungsprozeß in gesellschaftliche Subsysteme. Die politischen Entscheidungsinstanzen, die Ökonomie, die Verwaltung, das Rechtssystem, der Kultur- und Wissenschaftsbetrieb verselbständigen sich. Mit dem Zerfall der Gesellschaft in Teilbereiche mit ihren jeweiligen unvermittelten Eigengesetzlichkeiten geht die Aufspaltung des Menschen einher, der als Arbeits- und Freizeitmensch in Handlungsfeldern mit unterschiedlichen und unvermittelten Logiken lebt und handelt. Die Subsysteme, die die moderne Markt- und Industriegesellschaft ausmachen, gewinnen ein so hohes Maß an Komplexität und damit Eigenlogik in Steuerung und Entwicklung, daß sie durch andere Bereiche der Gesellschaft immer schwerer zu beeinflussen und auf das Ganze der Gesellschaft hin zu reflektieren sind. In der volkswirtschaftlichen Theorie schlägt sich die Verselbständigung der Ökonomie gegenüber der Politik und der ethischen Reflexion darin nieder, daß eine Vermittlung der Logik der Marktgesetze mit der Gerechtigkeitsthematik nur oberflächlich, nämlich als gegenseitige Begrenzung zu gelingen scheint, was im Welthandel mit den Ländern der Dritten Welt zu bedrohlichen Verzerrungen führt. Gleichermaßen schwierig ist die Begründung des Rechts aus einer Vorstellung von Gerechtigkeit. In einer wertpluralen, säkularen Gesellschaft verbietet sich eine unmittelbare wertdeduzierte Rechtsbegründung. Aber auch Theorien eines sich von theologischer Begründung ablösenden Naturrechts vermögen nicht zu greifen, weil der Natur kein Erbarmen inhärent ist, sondern eher Gesetzmäßigkeiten des Kampfes und der Selektion. Gerade die Erfahrungen des 20. Jh. mit seinen zahllosen Kriegen und Millionen von Toten lassen keinen anderen Schluß zu. Problematisch bleiben auch Versuche, die Antagonismen individueller Ansprüche in einer Gesellschaft durch Konzepte der Universalisierung vernünftiger Ideen begrenzen zu wollen, indem J. Rawls die Grundsätze von Gerechtigkeit in einer Gesellschaft aus der regulativen Idee einer fairen Übereinkunft autonomer und gleichberechtigter Bürgerinnen und Bürger ableitet oder J. Habermas aus dem Diskurs generieren will. Die historische Erfahrung gibt keinen Anhalt für die Erwartung, die die Aufklärung beseelte, Vernunftgründe könnten die gesellschaftlichen Antagonismen der Individuen wirksam in Schranken weisen. Erkenntnis und Interesse sind nur kontrafaktisch in der Idee der Geschichte als Aufklärung des Menschen in eine Konvergenz zu bringen. Dann aber bleibt offen, wie sich im Diskurs die Idee der Gerechtigkeit durchsetzen soll, wenn nicht Herrschaft, sondern der individuelle Egoismus ihr Gegenpol, Allgemein- und Partikularinteresse also nicht diskursiv auszugleichen sind. Der Diskurs bietet lediglich eine Chance, Ideen der Gerechtigkeit einzusehen, die Erbe der Kulturtradition sind, und zwar einschließlich der religiösen Traditionen (Otto,

Applikation). Welche Gerechtigkeitskriterien können in einer wertpluralen Gesellschaft allgemein verbindlich »gerechtes« Recht begründen? Der Verweis auf die Menschenrechte in der Verfassung vermag nicht zu überzeugen. In Zeiten politischer Verwerfungen kann ein Konsens über die vernünftigen Prämissen der Menschenrechte sehr schnell zerbrechen. Das Grundgesetz setzt diesen Konsens voraus, kann ihn aber nicht hervorrufen. Max Weber hat aus dieser Aporie die Konsequenzen in der Form gezogen, daß er auf die Legitimität der Rechtsschöpfung als einziges Kriterium für die »Gerechtigkeit« von Recht verwies: Recht ist, was rechtmäßig im Sinne der Verfassung als Recht beschlossen wurde. Zwar kann in den weltanschaulich differenten Gruppen eine unterschiedliche Haltung zur Frage der Gerechtigkeit von Gesetzen eingenommen und der Versuch gemacht werden, die jeweilige Meinung im politischen Betrieb mehrheitsfähig zu machen. Doch selbst wenn dies gelingt, ist allein damit die Minderheitsmeinung in ihrer vernünftigen Substanz noch nicht falsifiziert. Einzig die Tatsache, daß verfassungsgemäß eine Mehrheit das Recht hat, Gesetze in den parlamentarischen Prozeduren zu verabschieden, macht Recht zu einem rechtmäßigen – aber nicht zu einem gerechten. So ist es im Sinne des Rechtspositivismus konsequent, wenn Recht und Moral entkoppelt werden und Moral zu einem für das Recht bedeutungslosen Phänomen wird. Die lutherischen Kirchen haben in der bürgerlichen Luther-Rezeption der Zwei-Reiche-Lehre im 19. Jh. diesem Entkoppelungsprozeß ihrerseits Vorschub geleistet. Aber auch dann, wenn die Weltverantwortung der Christen im Zentrum theologischen Denkens gehalten wird, bleibt die Frage offen, wie christlich begründete Kriterien von Gerechtigkeit in die säkulare Gesellschaft zu vermitteln sind. Was kann eine Ethik des AT zu dieser Frage beitragen?

Gegen die Bewegung des sozialen Auseinanderbrechens der judäischen Gesellschaft wird das Recht zu einer neuen Klammer, um die Einheit der Gesellschaft metaempirisch im Sollen zu begründen. Nicht mehr durch innergesellschaftliche Integrationslogik, sei sie agnatisch oder staatlich-hierarchisch, sondern durch das theologisch legitimierte Recht soll die Einheit der zerfallenden Gesellschaft begründet werden. Damit vollzog sich zumindest in der theologischen Theoriebildung des antiken Juda ein Prozeß, der einer Partikularisierung der Gesellschaft in ihre eigenlogischen Subsysteme konträr zuwiderlief. Einer der Gründe für das Überleben des antiken Israel im Judentum bis heute ist die Abkoppelung der Rechtsbegründung von einer innergesellschaftlichen Begründungslogik und ihre konsequente Verankerung im Gottesglauben.

Wie ist die Moderne mit diesem Prozeß in Verbindung zu bringen? Eine umfassende Klammer, die die Gegenwart mit dem antiken Israel verbindet, ist die wirkungsgeschichtliche, ist doch das AT als Teil des biblischen Kanons kulturhistorisch eine Wiege der modernen Industriestaaten. Die Theologisierung und »Ent-Säkularisierung« von Recht und Ethos in Israel, läßt die ältere, von H. S. Maine formulierte universalhistorische Säkularisierungsthese in der Rechtsgeschichte als veraltet erscheinen. Er sah den Ursprung des Rechts der archaischen, genealogisch integrierten Gesellschaften in einer sakralen Ordnung, die Rechte und Pflichten in der Gesellschaft zuteilt. Das Recht einer Person wird durch den gesellschaftlichen Status, die Rechtsordnung durch die sakral legitimierte, agnatische Gesellschaftsstruktur bestimmt. Auf dem Wege in die Moderne sei dann die Bindung des Rechts an die agnatische Gesellschaftsstruktur mit ihrer Krise aufgelöst worden. An die Stelle einer sakral legitimierten Ordnung sei die Idee des Gesellschaftsvertrags getreten, die die Lösung des Rechts vom gesellschaftlichen Status zugunsten der Idee der Rechtsgleichheit aller ermöglichte. Diese These, die, vornehmlich auf dem römischen Recht basiert, paßt nicht zur altorientalischen und alttestamentlichen Rechtsgeschichte. So hat A.S. Diamond seine Gegenthese im wesentlichen auf altorientalische Quellen gestützt. Recht und Ethos seien rechtshistorisch erst sekundär religiös legitimiert worden, weil mit zunehmend arbeitsteiliger Gesellschaft auch die Macht kultischer Institutionen zur Integration der Gesellschaft gewachsen sei. Die theologische Rahmung antiker Rechtskorpora sowie das Nebeneinander von profanen und sakralen Geboten in den Rechtskorpora sei Ausdruck dieses Prozesses. P.H. Nowell-Smith gründet ähnlich, in Anlehnung an B. Malinowski, den Ursprung von Moral und Recht in der gesellschaftlich vermittelten Norm der Reziprozität, die vom Gedanken eines sanktionierenden, die Normen durchsetzenden Gott unabhängig sei. E. Hoebel kann aufzeigen, daß die Verbindung von Recht und Religion das Ergebnis der zunehmenden gesellschaftlichen Komplexität archaischer Gesellschaften ist.

J. Assmann (Ma'at [s.u. III 1], 283–288) hat die in der Antike zu beobachtende »Ent-Säkularisierung« bzw. Theologisierung des Rechts auf eine vorachsenzeitliche Phase der antiken Kulturgeschichte, die »Entzauberung« und Säkularisierung aber als Folgewirkung der »Achsenzeit« um die Mitte des 1. Jt. v. Chr. (K. Jaspers) auf nachachsenzeitliche Phasen der Kulturgeschichte verteilt und so beide Tendenzen universalhistorisch zu vermitteln versucht. Eine derartige universalhistorische Nachordnung der Theologisierung und Säkularisierung von Recht und Moral wird, abgesehen von der Problematik der These der »Achsenzeit«, dem differenzierten Befund im biblischen Recht nicht gerecht. Die Theologisierungsprozesse sind direkt auf solche der Ausdifferenzierung der Gesellschaft und des Rechts bezogen, um das Getrennte wieder zusammenzufassen.

Eine Säkularisierung als einlinigen Prozeß gibt es erst seit der Aufklärung. Sie verbietet eine unmittelbare Übertragung des biblischen Modells der Theologisierung auf moderne Industriegesellschaften. Der Versuch, sie theokratisch durchstrukturieren zu wollen, scheitert an ihrer Pluralität. Wollte man von den Volkskirchen eine moralische Integrationskraft erwarten, die Ökonomie, Verwaltung, Rechtswesen, Kultur- und Wissenschaftsbetrieb zusammenhält, also das ökonomische, politisch rechtliche und kulturelle Handeln an christlichen Zielvorstellungen gelingenden menschlichen Lebens orientiert, so würde man ihre Integrationskraft bei weitem überfordern. Eine wertplurale, demokratische und zukünftig auch immer deutlicher multikulturelle Gesellschaft muß notwendigerweise in tragenden öffentlichen Institutionen wertneutral sein. Versuchen weltanschauliche Gruppen über die politischen Institutionen Einfluß auf die Gesetzgebung zu nehmen, so ist das systemkonform, wird aber gerade angesichts der faktischen Pluralität von Weltanschauungen keine Einheit stiften. Man könnte es dabei belassen, daß die Institutionen zwar neutral sind, in ihnen aber Menschen mit unterschiedlichen Wertvorstellungen handeln, die im Diskurs der Gesellschaft konkurrieren. Die Gesellschaft bleibt aber nicht bei der schiedlich-friedlichen Ausdifferenzierung ihrer Subsysteme stehen – schon deshalb nicht, weil mit der Ausdifferenzierung, die über weite Strecken durchaus in die Emanzipationsgeschichte hineingehört, am Ende auch der in den unterschiedlichen Subsystemen agierende Mensch in einen jeweils politisch, ökonomisch, ästhetisch, kulturell oder religiös Handelnden zerfällt. So ruft die Ausdifferenzierung von Subsystemen mit ihrem Voranschreiten immer deutlicher auch nach Einheit. Wenn für N. Luhmann mit der Systemdifferenzierung im Prinzip auch schon das Integrationsproblem gelöst ist und, im Gegensatz zu T. Parsons, die Integration ausdifferenzierter Systeme nicht als Problem der Ausbildung einer übergreifenden Ordnung, sondern als Sicherung der Kompatibilität der unterschiedlichen Orientierungen des Handelns verstanden wird, so dürfte die Lösung kaum ausreichen, da die Kompatibilität eines gemeinsamen Ideenhorizonts bedarf, um zu funktionieren. Die Logiken der Subsysteme dringen über ihre Grenzen hinaus und vornehmlich gelingt dies der Logik des Marktes und der Arbeitswelt. Die Prinzipien des Tausches und der Gewinnmaximierung werden in einer zerfallenden Gesellschaft auf andere Bereiche einschließlich der privatesten übertragen. Das antike Juda hat die Einheit der Gesellschaft in der Ausdehnung theologischer Normenbegründung auf alle Handlungsfelder gewährleisten wollen. Dieser Prozeß ist als gegenläufige Strukturanalogie zur Moderne von Bedeutung. Soll nicht allein der Markt die Funktion einer Zivilreligion übernehmen, so ist gegen diese negative Vision festzuhalten, daß in modernen Industriestaaten die soziale Marktwirtschaft nicht zuletzt in der Wirkungsgeschichte christlicher Sozialethik und also biblischer Motivik sozial verträglich gestaltet wird, um durchaus auch im Interesse des Marktes Marginalisierung und Verelendung von Teilen der Bevölkerung zu vermeiden. Ist die Rationalität des Marktes Teil eines universalen Rationalisierungsprozesses, der seine Wurzeln im geistigen Klima des Monotheismus im antiken Israel hat, so ist damit impliziert, daß sich der Rationalisierungsprozeß nicht zu einer Formalrationalität verdünnt hat, sondern noch immer Aspekte ethischer Wertrationalität aus dem nicht zuletzt biblischen Ursprung enthält, die es festzuhalten gilt. Wie sich die Rationalität des Marktes mit sozialen Aspekten, so verbindet sich die Verwaltungsrationalität staatlicher Bürokratie mit demokratischen Entscheidungsstrategien, die ihren Angelpunkt im Menschenrecht der Unantastbarkeit der Würde und der Gleichrangigkeit aller am politischen Leben Beteiligten haben. Im Recht findet juristische Logik ihr Fundament im Grundsatz der Gleichheit aller vor dem Gesetz. Diese ethischen Grundorientierungen speisen sich aus den Wurzeln ihres religiösen Ursprungs. Der Gleichheitsgrundsatz wurzelt im theologischen Motiv, daß der Mensch ein Geschöpf Gottes ist, und er wird noch immer durch dieses Motiv geschützt. Die in unser Wirtschaftssystem hineinreichende soziale Verantwortung ist wirkungsgeschichtlich nicht von dem zu lösen, was im AT einmal theologische Begründung dieser Verantwortung war, auch wenn sie in modernen Industriegesellschaften weithin nicht mehr als gleichermaßen verpflichtend mittradiert wird. Die faktisch existente Wertbindung, die ethische Substanz unserer demokratischen Verfassung, wird auf Dauer nicht zu halten sein, wenn nicht kirchliche Verkündigung im Anruf des Gewissens des je einzelnen Menschen die religiösen Ursprungsbedingungen dieser ethischen Substanz unserer Gesellschaft wachhält. Die Grundsätze der Gleichheit und Freiheit im politischen Handeln sind auf Dauer nicht zu sichern, wenn das Wissen nicht wachgehalten wird, daß der Mensch Geschöpf Gottes und von Gott angenommen ist. Die ethische Substanz unserer Gesellschaft ist nicht in der Natur des Menschen begründet. Unser Jahrhundert kommt an dieser Einsicht nicht mehr vorbei. Ihre auch biblischen Ursprungsbedingungen werden dort wachgehalten, wo in dieser Gesellschaft das Wort Gottes verkündet und gelebt wird. Es ist ein überlebenswichtiger Faktor im Erhalt der liberalen und sozialen Substanz moderner Industriegesellschaften und eine wesentliche Rahmenbedingung für ein den Zusammenhang von Recht und Gerechtigkeit nicht dispensierendes Rechtssystem. Die in der kirchlichen Verkündigung in ihren Ursprungsbedingungen lebendig gehaltene ethische Substanz der modernen

Industriegesellschaft kann über Setzung, Wirkung und Akzeptanz Bestandteil auch des Rechts werden. Kirchliche Verkündigung will also keinen direkten Einfluß auf das Recht. Sie wird gesellschaftlich wirksam, wenn sie die Gewissen derer schärft, die sie erreicht. Die Moderne sollte also nicht hinter die bereits im AT erreichte Loslösung von der Idee, das Heil werde durch gesellschaftliche Institutionen vermittelt, zurückfallen. So wie damals bereits der je einzelne Mensch auf seine Verantwortung vor Gott angesprochen wurde, so soll es auch heute geschehen. Nur vermittelt über das Gewissen des je einzelnen Menschen, das zur Freiheit ethisch kompetenter Selbstbestimmung gerufen wird, wird im Wachhalten der Ursprungsbedingungen die zur Verfassung geronnene ethische Substanz unserer Gesellschaft wachgehalten.

III. Ethos und Schöpfungsordnung: Die Ethik der Weisheit

In der bisherigen Analyse wurde die Ausdifferenzierung eines Ethos aus dem Recht nachvollzogen. Damit war die explizite theologische Begründung von Handlungsnormen als Reaktion auf den Zerfall der Gesellschaft in ärmere und reichere Schichten verbunden. Im Gotteswillen zu sozialer Verantwortung für den Schwächeren und von da ausgehend in der Solidarität noch mit dem Feind und Prozeßgegner soll die Gesellschaft eine neue, metaempirisch im Gotteswillen begründete Einheit finden. Ethos sucht Begründung. Im letzten kann diese nur vermittelt mit der Gesamtheit von Wirklichkeit gefunden werden. Das ist das Thema der Weisheit, die das Ethos mit der Logik gesellschaftlichen und individuellen Lebens, den Gesetzmäßigkeiten der äußeren Natur und dem Kosmos vermittelt und darin auf Verallgemeinerungsfähigkeit des Ethos zielt. Mit der Weisheit betreten wir ein Gebiet, in dem sich das Ethos nicht in Verbindung mit dem Recht, sondern einem in der Erziehung beheimateten Erfassen und Erklären von Ordnungen in Natur und Gesellschaft ausbildet. Ethisches Verhalten ist dann vor allem ordnungsgemäßes Verhalten.

So unterschiedlich die Ausgangspunkte der Entwicklung der Ethik in den Rechtsüberlieferungen und in der Weisheit auch sind, so gibt es dennoch intensive Berührungspunkte, die im Bundesbuch (Ex 23,1–8) greifbar sind. Sie erklären sich aus der Redaktion der Rechtssatzsammlungen im gelehrten Kontext, in den auch die Weisheitsüberlieferungen in den Spruchsammlungen gehören. Auch wenn in der Redaktion der Rechtssatzsammlungen internationale Einflüsse erkennbar sind, so sind die Weisheitsüberlieferungen aber doch in stärkerem Maße Teil der internationalen Literatur des Alten Orients als die Rechtssätze. Prov 22,17–24,22 ist ein Auszug aus der ägyptischen Weisheitslehre des Amenemope aus dem 11. Jh. Die Ethik der alttestamentlichen Spruchweisheit ist ohne die Weisheit der Umwelt Israels nicht zu verstehen, so daß wir uns zunächst der Ethik der ägyptischen Weisheit zuwenden.

1. Die Ethik der ägyptischen Weisheit

J. Assmann, Liturgische Lieder an den Sonnengott, 1969; *ders.*, Ägyptische Hymnen und Gebete, 1975; *ders.*, Ägypten. Theologie und Frömmigkeit einer frühen Hochkultur, 1984; *ders.*, Ma'at. Gerechtigkeit und Unsterblichkeit im Alten Ägypten, 1990; *W. Barta*, Das Gespräch eines Mannes mit seinem Ba, 1969; *E. Blumenthal*, Die Lehre für König Merikare, ZÄS 107, 1980, 5–41; *dies.*, Die Lehre des Königs Amenemhet, ZÄS 111, 1984/85, 85–107; ZÄS 112, 1985, 104–115; *C.J. Bleeker*, De beteekenis van de egyptische godin Ma-a-t, 1929; *G.P.F. van den Boorn*, The Duties of the Vizier, 1988; *H. Brunner*, Altägyptische Erziehung, 1957; *ders.*, Das hörende Herz, 1988; *ders.*, Die Weisheitsbücher der Ägypter, 1991; *ders.*, Die menschliche Willensfreiheit und ihre Grenzen in ägyptischen Lebenslehren, in: H.-J. Klimkeit (Hg.), Biblische und außerbiblische Spruchweisheit, 1992, 32–46; *E. Brunner-Traut*, Frühformen des Erkennens am Beispiel Altägyptens, ²1992; *G.E. Bryce*, A Legacy of Wisdom. The Egyptian Contribution to the Wisdom of Israel, 1979; *G. Burkard*, Ptahhotep und das Alter, ZÄS 115, 1988, 19–30; *ders. u. a.*, »Weisheitstexte« in ägyptischer Sprache, TUAT III/2, 1991, 191–319; *B. Couroyer*, Le »Dieu des sages« en Égypte, RB 94, 1987, 574–603; 95, 1988,

70–91; *F. Daumas*, La naissance de l'humanisme dans la littérature de l'Égypte ancienne, OrAnt 1, 1962, 155–184; *G. Fecht*, Der Habgierige und die Ma'at in der Lehre des Ptahhotep, 1958; *ders.*, Literarische Zeugnisse zur »Persönlichen Frömmigkeit« in Ägypten, 1965; *ders.*, Ptahhotep und die Disputierer, MDAI.K 37, 1981, 143–150; *M. V. Fox*, Two Decades of Research in Egyptian Wisdom Literature, ZÄS 107, 1980, 120–135; *H. Goedicke*, »Die Lehre eines Mannes für seinen Sohn«, ZÄS 94, 1967, 62–71; *ders.*, The Report about the Dispute of a Man with his Ba, 1970; *R. Grieshammer*, Das Jenseitsgericht in den Sargtexten, 1970; *ders.*, Zum »Sitz im Leben« des negativen Sündenbekenntnisses, ZDMG Suppl. 2, 1974, 19–25; *W. Helck*, Das Dekret des Königs Haremheb, ZÄS 80, 1955, 109–136; *ders.*, Der Text der »Lehre Amenemhets I. für seinen Sohn«, 1969; *ders.*, Die Lehre des Dw3-Htjj, 1970; *ders.*, Die Prophezeiung des Nfr.tj, 1970; *ders.*, Die Lehre für Merikare, 1977; *ders.*, Maat-Ideologie und Machtwerkzeug, in: D.R. Daniels u.a (Hg.), Ernten, was man sät. FS K. Koch, 1991, 11–19; *E. Hornung*, Der ägyptische Mythos von der Himmelskuh, 1982; *ders.*, Der Eine und die Vielen,²1973; *ders.* u.a. (Hg.), Studien zu altägyptischen Lebenslehren, 1979; *ders.*, Ma'at – Gerechtigkeit für alle, ErJb57, 1987, 385–427; *ders.*, Das Totenbuch der Ägypter, 1990; *K. Koch*, Geschichte der ägyptischen Religion, 1993; *M. Lichtheim*, Late Egyptian Wisdom Literature in the International Context, 1983; *dies.*, Maat in Egyptian Autobiographies and Related Studies, 1992; *S. Morenz*, Ägyptische Religion, 1960; *ders.*, Die Heraufkunft des transzendenten Gottes in Ägypten, 1964; *A. Moret*, La doctrine de Maât, RdE 4, 1940, 1–14; *Eb. Otto*, Der Vorwurf an Gott, 1950; *ders.*, Bildung und Ausbildung im Alten Ägypten, ZÄS 81, 1956, 41–48; *ders.*, Ägyptische Gedanken zur menschlichen Verantwortung, WO 3, 1964–66, 19–26; *ders.*, Art. Ethik, LÄ II, 34–39; *G. Posener*, Littérature et politique, 1956; *J.F. Quack*, Studien zur Lehre für Merikare, 1992; *D. Römheld*, Wege der Weisheit, 1989; *H.H. Schmid*, Wesen und Geschichte der Weisheit, 1966; *I. (Shirun-) Grumach*, Untersuchungen zur Lebenslehre des Amenemope, 1972; *dies.*, Remarks on the Goddess Ma'at, in: S.I. Grall (Hg.), Egypt, the Bible and Christianity, 1985, 173–201; *N. Shupak*, A New Source of the Judiciary and Law of Ancient Egypt: »The Tale of the Eloquent Peasant«, JNES 51, 1992, 1–18; *dies.*, Where Can Wisdom be found?, 1993; *H.J. Thissen*, Die Lehre des Anchscheschonqi, 1984; *V.A. Tobin*, Theological Principles of Egyptian Religion, 1989; *J.-F. Vogelsang*, Kommentar zu den Klagen des Bauern, 1913; *A. Volten*, Studien zum Weisheitsbuch des Ani, 1937; *ders.*, Ägyptische Nemesis-Gedanken, in: Miscellanea Gregoriana, 1941, 371–379; *ders.*, Zwei altägyptische politische Schriften, 1945; *ders.*, Der Begriff der Maat in den ägyptischen Weisheitslehren, in: Les sagesses du Proche-Orient ancien, 1963, 73–101; *W. Westendorf*, Ursprung und Wesen der Maât, der altägyptischen Göttin des Rechts, der Gerechtigkeit und der Weltordnung, in: FS W. Will, 1966, 201–225; *ders.*, Die Menschen als Ebenbilder Pharaos, GöMisz 46, 1981, 33–42; *ders.*, Zur Altägyptischen Weisheitsliteratur, ThR 58, 1993, 190–193; *R. J. Williams*, The Sages of Ancient Egypt in the Light of Recent Scholarship, JAOS 101, 1981, 1–19; *Z. Zába*, Les Maximes de Ptahhotep, 1956.

1.1 Quellen und Aufgaben der Weisheit in den ägyptischen Lebenslehren

Der Begriff der »Weisheit«, der aus dem AT stammt, hat in die Ägyptologie Eingang gefunden, um ein Denken zu bezeichnen, das Betrachtungen von dauerhaften Ordnungen in Kosmos, Natur und Gesellschaft verbindet, um durch die Kenntnis und Beherzigung der Ordnung den Lebenserfolg des Menschen zu sichern. Aus der Erkenntnis von Ordnungen folgen konkrete Handlungsanweisungen, so daß wir von einer Ethik der ägyptischen Weisheit sprechen können. Am deutlichsten prägt sich diese Ethik in den »Lebenslehren« aus, die aus der Beamtenausbildung hervorgegangen sind und durch eine ethische Kasuistik zur Unterscheidung von Gut und Böse anleiten wollen. In der Lehre des Amunnacht aus dem Neuen Reich Ägyptens wird in der zweiten Hälfte des 2. Jt. ausdrücklich als Ziel genannt:

»Er (sc. der Schreiber Amunnacht) sagt: Du bist ein Mann, der jetzt Worte hören soll, um zwischen Gut und Böse unterscheiden zu können. Sei aufmerksam und höre auf meine Worte, nimm nicht gleichgültig hin, was ich dir sagen werde« (Amunnacht, II 5–8); cf. H. Brunner, Weisheitsbücher, 232.

Im Mittelpunkt einer Ethik der ägyptischen Weisheit stehen die Lebenslehren, die die ägyptische Geschichte vom Alten Reich des 3. Jt. bis in ptolemäische Zeit begleiten und noch in der koptischen Tradition nachwirken. Hinzu kommen weitere Gattungen, die für eine Ethik der ägyptischen Weisheit von Bedeutung sind. In die biographischen Inschriften aus den Beamtengräbern werden seit dem Alten Reich (5. Dynastie) Elemente einer »Idealbiographie« aufgenommen, in denen der Verstorbene beansprucht, die ethischen Forderungen, die die Lebenslehren entfalten, in seinem Leben verwirklicht zu haben. Da gerade in Zeiten des Zusammenbruchs staatlicher Ordnung Ethos und gelingendes Leben nicht zusammenfallen, die in den älteren Lebenslehren beschworene Ordnung also nicht erfahren wird, entsteht nach dem Zusammenbruch des Alten Reiches zur Wende vom 3. zum 2. Jt. in der Ersten Zwischenzeit eine »Auseinandersetzungsliteratur« von Betrachtungen und Klagen, die ebenfalls der Weisheit zuzurechnen ist.

Rechtswesen und weisheitliche Beamtenausbildung verzahnen sich dadurch miteinander, daß die Beamten Träger von Rechtsfunktionen sind. Weisheitliche Regeln zur Wahrnehmung des Richteramtes, wie in der XXVIII. Maxime des Ptahhotep, die sich gegen Parteilichkeit des Richters im Gerichtsverfahren wendet, finden Eingang in die Lebenslehren, wie überhaupt Rechtsmotive auch die weisheitlichen Überlieferungen mitprägen können. Trotz dieser Nähe bestehen aber wesentliche Unterschiede zwischen Lebenslehre und Gesetz.[41] Werden die Regeln der Lebenslehren übertreten, so resultiert daraus keine Reaktion eines Gerichts – die Folgen der Übertretung sind indirekter Natur. Wer nicht dem Guten, sondern dem Bösen, dem der Ordnung der Welt, der Gesellschaft und dem Leben Zuwiderlaufenden folgt, wird im Leben auf vielfältige Weise scheitern.

Das Zentrum der Ethik der ägyptischen Weisheit ist die Tat und Ergehen zusammenhaltende Ordnung der Ma'at, die als Zentralbegriff der Weisheitslehren gelten kann (cf. u. 1.2). Wie aber wird man dieser den Kosmos wie das Leben des je einzelnen bestimmenden, im Staat sichtbaren Ordnung ansichtig? Was also sind die Quellen der Weisheit? Der Epilog der Lehre des Ptahhotep, die wohl auf das Alte Reich der zweiten Hälfte des 3. Jt. zurückgeht, nennt die Tradition der Sprüche der Vorväter als wichtigste Erkenntnisquelle:

»Wenn du auf das hörst, was ich dir gesagt habe, dann werden alle deine Lebensumstände an die der Vorfahren heranreichen. In der Art ihrer Ma'at liegt ihr (der Ahnen) Wert, und die Erinnerung an sie läuft noch um im Munde der Menschheit, weil ihre Sprüche so vollkommen sind. Jede Zeile ist überliefert. In Ewigkeit geht keine in diesem Lande zugrunde, die die Gedanken zum Guten lenkt« (Ptahhotep, Epilog, I 427–434); cf. H. Brunner, Weisheitsbücher, 128.

---

41 Ägyptische Gesetze aus vorhellenistischer Zeit sind bislang nicht bekannt. Es ist strittig, ob dies auf die zufällige Fundlage zurückzuführen ist, wofür die zahlreichen Hinweise auf ausformulierte Gesetze bis in römische Zeit (Diodorus Siculus) sprechen, oder ob angesichts der Rechtsautorität des ägyptischen Königs, die keine Bindung an geschriebenes Recht zuläßt, derartige Gesetze auch nicht zu erwarten sind. Das Dekret des Königs Haremheb zeigt den Vorgang königlicher Rechtsschöpfung; cf. W. Helck, Dekret.

Die Lebenserfahrungen der Generationen verdichten sich zur Tradition. Erst durch die Erfahrung vieler Generationen können Ursachen von scheiterndem und gelingendem Leben in ihren Ordnungsbezügen erfaßt werden. Ein einzelnes Menschenleben reicht dazu nicht aus. In der Lehre für Merikare aus dem Mittleren Reich der ersten Hälfte des 2. Jt. wird neben der Tradition als Quelle die aktuelle Lebenserfahrung genannt:

> »Der Weise ist eine Schutzwehr für den Regierenden. Nicht werden die ihn angreifen, die sein Wissen kennen, und so geschieht kein Unheil zu seiner Zeit. Die Ma'at kommt zu ihm durchgeseiht, entsprechend den Ratschlägen, die die Ahnen ausgesprochen haben« (Merikare 37–44); cf. H. Brunner, Weisheitsbücher, 142.

Das Bild vom »Durchseihen«, das aus der Bierbrauerkunst stammt, hebt auf das Filtern der Traditionen als einem Reinigungsprozeß ab. W. Helck (Merikare, 18) hat als Übersetzung den Begriff des »Durchknetens« aus der Bäckersprache vorgeschlagen. Die Tradition der Weisheitssprüche muß sich kontinuierlich der kritischen Kontrolle durch die Lebenserfahrung jeder neuen Generation stellen und erfaßt so immer reiner die Ordnung der Ma'at. Im Epilog der Lehre des Ptahhotep werden Tradition und Erfahrung als Erneuerung der Tradition zueinander in Beziehung gesetzt:

> »Ein gehorsamer Sohn ist ein Horusdiener, es geht ihm gut, nachdem er gehört hat. Ist er alt geworden, so kommt er zu hohen Ehren, und dann spricht er ebenso zu seinen ›Kindern‹, indem er die Lehre seines ›Vaters‹ erneuert; ein jeder lehrt entsprechend seinen Erfahrungen, und so spricht er zu seinen ›Kindern‹, damit diese wieder zu ihren ›Kindern‹ sprechen werden. Setze ein Vorbild, biete keinen Anstoß. Festige die Ma'at, dann werden deine Kinder leben« (Ptahhotep, Epilog, V 497–506); cf. H. Brunner, Weisheitsbücher, 131.

H. H. Schmid (79–84) hat diesen Zusammenhang von Tradition und Erfahrung als Ausdruck der »Geschichtlichkeit« der ägyptischen Weisheit begreifen wollen: Die Weisheitssprüche entstehen in einer konkreten historischen Situation. Die sprachliche Fixierung und Tradierung als Maxime enthebe sie dieser Bindung an den Ort ihrer historischen Entstehung. In diesem Sinne sei alle Weisheitsliteratur als Literatur des konservierten Wortes ungeschichtlich. Diese ungeschichtliche Stufe sei aber nicht die letzte und eigentliche. Erst wenn die Weisheitssentenzen wieder gehört, verstanden und in neuer, unauswechselbarer Situation angewandt werden, sei die Weisheit am Ziel. Ein Interesse an historischer Entwicklung läßt die ägyptische Weisheit aber nicht erkennen, so daß der Terminus »Geschichtlichkeit« irreführend ist. Auch lassen sich Entgeschichtlichung und Aktualisierung nicht auf zwei getrennte Akte zerlegen, sondern liegen im Tradierungsprozeß als einem »Durchseihen« der Tradition ineinander. Vor allem aber verfehlt diese auf die Dialektik von Geschichtlichkeit und Ungeschichtlichkeit reduzierte Interpretation das charakteristische Traditionsverständnis ägyptischer Weisheitslehren.

In der je neuen Konfrontation der Tradition mit der Erfahrung wird immer deutlicher herausgearbeitet, was an Ordnungswissen bereits in ihrer Entstehung angelegt war. Die Ordnung ist als ideale, nur in Annäherungen zu erfassende, allen Sprüchen voraus. Je länger sie von Generation zu Generation tradiert werden, um so mehr werde man sich der Ordnung annähern. Weisheit also erfaßt die Ordnung nicht in der logischen Geschlossenheit eines Gedankengebäudes, sondern in der Fülle der sie indirekt widerspiegelnden Lebenserfahrung als ihrer Quelle: »die Weisheit muß kulminieren« (Brunner, Weisheitsbücher, 20). Und so sind die Sprüche, die Ma'at abbilden, so »vollkommen« und ewig wie die Ma'at selbst (Ptahhotep, Epilog, I 432 f.).

Wie aber eignet der Mensch sich das in der Tradition aufgehobene Wissen an? Die Lebenslehren verweisen auf das »Hören« als Kern ägyptischer Erziehungstheorie:

> »Vorteilhaft ist das Hören für einen Sohn, der hört, denn das Hören dringt ein in den Hörer, und so wird aus dem Hörer ein Gehorsamer. Gutes Zuhören bedeutet auch gutes Sprechen, und so verfügt der Hörende über einen (weiteren) Vorteil, und Hören bringt Vorteil für den Hörer. Hören ist besser als alles andere, es führt zu schöner Beliebtheit. Wie gut ist es doch, wenn ein Sohn annimmt, was sein Vater sagt. Es begleitet ihn bis ins hohe Alter. Wen Gott liebt, der kann hören, aber nicht kann hören, wen Gott verwirft. Es ist das Herz, das seinen Besitzer werden läßt zu einem Hörenden oder zu einem, der nicht hört. Leben, Heil und Gesundheit eines Menschen bestimmt also sein Herz. Ein (jeder) Hörer hört wohl, was gesagt wird, aber nur wer bereitwillig hört, handelt auch nach dem Gesagten. Wie gut ist es doch, wenn ein Sohn auf seinen Vater hört, wie froh ist der, dem gesagt wird: ›Der Sohn gefällt, denn er versteht zu hören.‹ Ein Hörer, von dem dies gesagt werden kann, der ist bis innen hinein wohlgeraten und von seinem Vater wohlausgestattet. Die Erinnerung an ihn lebt fort im Munde der Lebenden, derer, die jetzt auf Erden sind, und derer, die sein werden« (Ptahhotep, Epilog, II 451–474); cf. H. Brunner, Weisheitsbücher, 129 f.

Diese »Fuge« auf den Begriff »Hören« (Assmann, Ma'at, 75) beschreibt die Verinnerlichung der Lehre und unterscheidet sie vom vordergründigen Hören als Sinneswahrnehmung: »Ein jeder Hörer hört wohl, was gesagt wird, aber nur wer bereitwillig hört, handelt auch nach dem Gesagten«. Das Herz als Sitz von Vernunft und Emotion ist der Personenkern und das Organ der Verinnerlichung: »Es ist das Herz, das seinen Besitzer werden läßt zu einem Hörenden oder zu einem, der nicht hört«. Das Herz ist als Organ der Verinnerlichung der Weisheit auch Triebfeder des Handelns. So heißt es in einer biographischen Inschrift des Neuen Reiches:

> »Mein Herz war es, das mich dazu antrieb, (meine Pflicht) zu tun entsprechend seiner Anleitung. Es ist für mich ein ausgezeichnetes Zeugnis, seine Anweisungen habe ich nicht verletzt, denn ich fürchtete, seine Anleitungen zu übertreten und gedieh deswegen sehr. Trefflich erging es mir wegen seiner Eingebungen für mein Handeln, tadelsfrei war ich durch seine Führung. (...) sagen die Menschen, ein Gottesspruch ist es (= das Herz) in jedem Körper. Selig der, den es auf den richtigen Weg des Handelns geführt hat«; cf. J. Assmann, Ma'at, 120.

Trotz aller Versuche, den Gewinn aus dem Hören der Lehre einsichtig zu machen, kann die Belehrung scheitern. Die Entscheidung darüber fällt im Herzen. Doch warum kann die Weisheit auf taube Herzen treffen? Der Epilog der Lehre des Ptahhotep führt bis an den Gedanken einer Prädestination heran: »Wen Gott liebt, der kann hören, aber nicht kann hören, wen Gott verwirft«. Die aus dem Neuen Reich stammende Lehre des Ani diskutiert den Gedanken, daß der Erfolg der Belehrung von der jeweiligen Veranlagung, von Verstand und Charakter abhängig sei. So antwortet der Schüler seinem Lehrer Ani:

> »Ach wäre ich doch ebenso, so weise wie du! Dann würde ich nach deinen Lehren handeln und man würde den Sohn auf die Stelle des Vaters setzen. Aber jedermann wird nach seiner Veranlagung gezogen!« (Ani, Epilog, 349–353); cf. H. Brunner, Weisheitsbücher, 212.

Doch wird der Gedanke der Determination durch das Erbgut zugunsten der Idee einer prinzipiellen Freiheit in der Erziehung zum Guten verworfen:

> »Den krummen Ast, der auf dem Felde liegengeblieben ist, den Licht und Dunkelheit angegriffen haben, den holt sich wohl noch ein Handwerker, biegt ihn gerade und macht einen Würdestab daraus« (Ani, Epilog, 408–413); cf. H. Brunner, Weisheitsbücher, 214.

Das Vertrauen auf die Überzeugungskraft der Weisheit gründet in dem Lohn, den die Lehren dem weisheitsgemäßen Verhalten zuschreiben. Er macht auch die große Mühe verständlich, der sich die Schreiber unterzogen, um die zur Lehrtradition verdichteten Lebenserfahrungen zu bewahren und je neu »durchzuseihen«. Es gibt kein Leben über den Tod hinaus unter Absehung oder gar Mißachtung der Ma'at:

> »Der Tor aber, der nicht hört, für den wird nichts getan; Wissen sieht er als Unwissen an, Förderliches als Schädliches: Alles Schändliche tut er, so daß Klage geführt wird über ihn Tag für Tag. Er lebt von dem, woran man stirbt, seine verderbliche Nahrung ist Sprechen. Seine Verfassung darin ist den Fürsten bekannt, nämlich: lebendig tot zu sein Tag für Tag. Man geht vorüber an seinen Notlagen wegen der Menge des ihm Widerfahrenden, Tag für Tag« (Ptahhotep, Epilog, IV 485–495); cf. J. Assmann, Ma'at, 76.

Im Umkehrschluß empfängt derjenige, der auf die Belehrungen hört und das Rechte tut, soziale Anerkennung, in der Not Hilfe und hat ein erfolgreiches Leben im Schoße der Gemeinschaft der Mitmenschen. Ma'at-gemäßes Handeln vermag schließlich todesüberwindende Beständigkeit zu gewähren:

> »Wenn du ein Mann in leitender Stellung bist, der Vielen Befehle gibt, dann strebe fortwährend nach richtigem Handeln, bis dein Verhalten ohne Fehl ist. Groß ist die Ma'at, dauernd und wirksam, sie wurde nicht gestört seit der Zeit des Osiris. Man bestraft den, der ihre Gesetze übertritt, aber dem Habgierigen erscheint das als etwas Fernes. Die Gemeinheit rafft zwar Schätze zusammen, aber niemals ist das Unrecht gelandet und hat überdauert. Wenn das Ende da ist, dauert (allein) die Ma'at, so daß ein Mann sagen kann: ›das ist die Habe meines Vaters‹« (Ptahhotep, V. Maxime, 84–98); cf. J. Assmann, Ma'at, 92 f.

G. Fecht (Ma'at, 11–34) hat diesen Text als Amphibolie interpretiert. Die Zeilen 92–93 sind auf einer Ebene vordergründiger Bedeutung zu übersetzen:

> »Die Bosheit (zwar) rafft Schätze zusammen, (doch) nie hat das Vergehen seine Sache (glücklich) gelandet.«

Auf der vordergründigen Ebene des Textes wird auf ein diesseitiges Scheitern der Habgier abgehoben. Aber mehrere Schlüsselbegriffe dieser Zeilen können auch anders übersetzt werden. Für das Nomen »Angelegenheit/Sache« kann auch das Verb »übrigbleiben« gelesen werden, so daß diese Zeile übersetzt werden kann:

> »Die Bosheit (zwar) währt die Lebenszeit, (doch) nie ist das Vergehen unversehrt (im Jenseits) gelandet.«

Gemeinschaftsuntreues Handeln kann zwar Erfolg im diesseitigen Leben zeitigen, aber es verhindert, das Leben im Jenseits zu erreichen. G. Fecht interpretiert dies als frühen Hinweis auf das Totengericht. In diesem auf die Todesschwelle ausgerichteten Sinn sieht J. Assmann (Ma'at, 94) den eigentlichen, nicht verborgenen Schriftsinn, der sich nicht auf das Totengericht bezieht, sondern darauf, daß der Habgierige, der unrechtmäßig Schätze zusammengerafft hat, sie nicht vererben kann, da das Testament im Büro des Wesirs offengelegt und gesiegelt werden muß, um Gültigkeit zu haben:

> »Es dauert aber der Mann, der der Ma'at entspricht und der fortgeht (stirbt) gemäß seiner Vorgehensweise. Er allein ist imstande, der darüber ein Testament erlassen kann, aber der Habgierige hat kein Grab«; cf. J. Assmann, Ma'at, 93.

Die Taten des Menschen haben konstitutive Bedeutung auch über den Tod hinaus, da es, wenn die Güter nicht vererbt werden können, keine am Grab haftende, positive Erinnerung der kommenden Generation an den Verstorbenen geben werde. Gegen Ende des Alten Reichs verbindet sich die innerweltliche Ethik gemeinschaftsgemäßen Handelns mit dem Totengerichtsmotiv und also mit dem Schicksal des verstorbenen Menschen im Jenseits, so daß das Erfassen der die Ethik leitenden Ordnungen nicht nur Voraussetzung des Lebenserfolges im diesseitigen, sondern auch im jenseitigen Leben ist.

1.2 Die Ma'at

Die Ägypter bezeichnen die Ordnung, die Tat und Ergehen noch über den Tod hinaus verklammert, den einzelnen in den Staat einordnet, diesen durchwaltet und mit dem Kosmos verbindet, als »Ma'at«. Für den Begriff Ma'at, der sich von einem Verb, das »lenken, richten«, aber auch »opfern« bedeuten kann, ableitet, steht im Deutschen keine begriffliche Entsprechung, die die Breite der Bedeutung des ägyptischen Begriffs ausdrücken könnte, zur Verfügung. So hat das mit dem Begriff Ma'at Gemeinte der Ägyptologie seit jeher Schwierigkeiten gemacht.

Der dänische Ägyptologe A. Volten (Maat) hat die Ma'at, im Gegensatz zur älteren Forschung, die in ihr einen erst sekundär als Göttin personifizierten Abstraktbegriff sah, als göttliche Materie gedeutet, die sich in den Himmelskörpern und in der unsterblichen Seele des Menschen, des Ba, verfestigt habe. Götter und Menschen ernähren sich von der Ma'at. Der Sonnengott und die Verstorbenen im Totenreich trinken die Ma'at der Milchstraße. Die Idee der Gerechtigkeit verklammert sich mit dieser astralen Substanz astrologisch. Als materielles Fluidum sei die Ma'at identisch mit dem Willen des Sonnengottes, der durch die Ma'at die Welt regiere. Die Sterne bestimmen den ewigen und unveränderlichen Lauf der Welt und prädestinieren das Schicksal des Menschen, das dadurch in der Grundstruktur festgelegt sei, daß seine Seele (Ba) aus der substanzhaften Ma'at der Milchstraße stamme und dorthin zurückkehre. A. Volten beruft sich auf die aus dem Mittleren Reich der ersten Hälfte des 2. Jt. stammende Lehre für Merikare:

> »Schreite freimütig hervor im Totenreich. Wenn die Seele (Ba) zu der Stätte, die sie kennt, kommt, (dann) weicht sie nicht ab von ihrem Weg von gestern« (Merikare 51 in der Übersetzung von A. Volten, Maat, 86).

Auf dem Rückzug in die astrale Heimat müsse der Ba des Menschen Ma'at mitbringen, die im Leben erworben wird. Die Tugenden, die Voraussetzung zum Erwerb von Ma'at seien, können in der Kindheit gelernt werden, vermögen aber nichts gegen die Prädestination des menschlichen Charakters und Schicksals.

Diese Ma'at-Konzeption ist insofern schwierig, als eine Seelenwanderung des präexistenten Ba und die Verbindung der Ma'at-Lehre mit der Astrologie nur in der Spätzeit Ägyptens belegt ist. Die Theorie des substanzhaften Charakters der Ma'at hat an den Lebenslehren keinen Anhalt, kann sich aber darauf berufen, daß im Kult täglich dem Sonnengott Ma'at geopfert wird. Die Ma'at geht vom Sonnengott aus, kehrt im Opfer zu ihm zurück und ist seine Lebenssubstanz:

> »Du ißt von Ma'at, du trinkst von Ma'at, dein Brot ist Ma'at, dein Bier ist Ma'at, du atmest Weihrauch ein als Ma'at, die Luft deiner Nase ist Ma'at« (Ma'at-Litanei des Amun-Rituals pBerlin 3055); cf. J. Assmann, Ma'at, 188.

J. Assmann (Ma'at, 192 ff.) hat deutlich machen können, daß die kultische Darbringung von Ma'at als priesterlicher Sprechakt zu verstehen ist. Das kann nur bedeuten, daß das Ma'at-haltige Wort substanzhaft verstanden wurde, im gesprochenen Wort der Lebenslehre also auch die Ma'at substanzhaft im handelnden Menschen anwesend ist. Auch wenn man also der astral-kosmischen Deutung der Ma'at nicht folgen will, bleibt es Voltens Verdienst, auf den auch substanzhaften Charakter der Ma'at aufmerksam gemacht zu haben und damit einen Weg ihrer Interpretation gewiesen zu haben, der verständlich machen kann, wie im ägyptischen Denken der innere Mensch, also Intellekt und Emotion, die beide im Herzen verortet sind, mit äußeren Gegebenheiten, dem Staat, der Natur und dem Kosmos in Verbindung gebracht werden konnte und damit eine Vermittlung von menschlichem Tun und Kosmos denkbar wurde.

Gerade diesen Zusammenhang von Ethos und Kosmos wollte auch H.H. Schmid (17 ff.) aufzeigen. Im Gegensatz zu A. Volten geht er wieder von der Ma'at als Abstraktbegriff aus. Während aber die ältere Forschung betonte, daß es in den Lebenslehren darum gehe, den Menschen fähig zu machen, sich der ihm vorgegebenen Ordnung der Ma'at einzupassen, hebt Schmid darauf ab, daß durch Ma'at-gemäßes Handeln Ma'at erst konstituiert werde. »Es wird nicht eine ewige, ideale, metaphysische Ordnung vorausgesetzt, der sich der Mensch nur noch zu unterziehen hätte, sondern behauptet, daß durch weises Verhalten

Weltordnung überhaupt erst konstituiert und realisiert wird. Maat, Ordnung, Kosmos, Welt gibt es nur, wenn sie verwirklicht, getan, resp. gesagt wird. So hat das menschlich-weisheitliche Verhalten kosmische Qualität. Es schafft Kosmos, es schafft und erhält die Ordnung in der Welt. Die Welt der Weisheit ist die gleiche wie die des Schöpfungsmythos. Mensch- und Naturkosmos sind eins« (Schmid, 22). Damit wird die Weisheit in die Nähe des Mythos gerückt. Die Weisheit konstituiere den Kosmos, der Mythos aber erhalte ihn. »Im Bereich des Mythos ist die Ordnung der Welt seit der ›Urzeit‹ gegeben. Mythos, Ritual und Magie haben sie nur zu vollziehen, zu ›begehen‹. Die Weisheit hingegen hat kein mythisches Urbild. Was Maat-Tun im Horizont der Weisheit heißt, ist zunächst offen; das ergibt sich erst in verantwortlicher Übernahme der von den Vätern aus Tradition und Erfahrung fixierten Maximen. Der *Kosmosstatik* des Mythos entspricht *Kosmos-Konstituierung* der Weisheit« (Schmid, 22 f.).

Undeutlich bleibt, was unter Ma'at- und Kosmosrealisierung durch den handelnden Menschen zu verstehen ist. Die von Schmid für das »Erschaffen« der Ma'at in der ersten und sechsten Klage der »Klagen des Bauern« herangezogenen Belege beziehen sich auf den König und den Obergütervorsteher, nicht aber auf den Durchschnittsbürger. Für seine Kosmoskonstituierung vermag Schmid keinen Beleg beizubringen, so daß es keine Lösung ist, durch die Ableitung des Kosmos aus der Ethik das Handeln des Menschen mit dem Kosmos zu vermitteln.

Einen Neuansatz hat J. Assmann vorgelegt, der sich von den bisherigen Zugängen schon dadurch unterscheidet, daß nicht ein geschlossenes Gedankengebäude erhoben wird, sondern daß fünf verschiedene »Diskurswelten«, die als »Sitz im Leben« unterschiedlicher literarischer Gattungen zu erfassen sind, differenziert werden. Den Ausgangspunkt sucht J. Assmann nicht in der kosmischen, sondern in der sozialen Konnotation des Ma'at-Begriffs. Die Kernbedeutung von Ma'at ist »Gerechtigkeit« und nicht »Weltordnung«. »Festzuhalten ist aber in jedem Falle an jener Homologie der kosmischen und der sozialen Welt, die, wie schon Cassirer 1923 gezeigt hatte, dem mythischen Denken zugrunde liegt. Im Rahmen dieses Denkens wird die kosmische Sphäre in den Begriff der Gerechtigkeit einbezogen. Wir halten also an der Formel ›Gerechtigkeit und Weltordnung‹ fest und kehren lediglich die logische Beziehung der beiden Begriffe um: statt ›Gerechtigkeit als Weltordnung‹ heißt es: ›Weltordnung als Gerechtigkeit‹. Der Begriff Ma'at bezeichnet das Programm einer politischen Ordnung, die nicht nur unter den Menschen soziale Gerechtigkeit herstellen, sondern dadurch Menschen- und Götterwelt in Einklang bringen und die Welt insgesamt in Gang halten will. Denn der Ägypter lebt in einer Welt, die seiner Überzeugung nach unablässiger Inganghaltung bedurfte« (J. Assmann, Ma'at, 34). Ma'at als soziale Gerechtigkeit bezeichnet das Füreinander-Handeln als solidarisches Handeln eingedenk empfangener Wohltaten und beschreibt Kommunikation als Verklammerung allen Handelns in der Zeitdimension. In diesem Sinne spricht J. Assmann auch von »konnektiver Gerechtigkeit«. Eine Inschrift des Königs Neferhotep der 13. Dynastie (um 1700) bringt es auf den Begriff:

> »Der Lohn eines Handelnden liegt darin, daß für ihn gehandelt wird. Das hält Gott für Ma'at«; cf. J. Assmann, Ma'at, 65.

Die Verknüpfung von Tat und Ergehen vollzieht sich nicht durch eine »schicksalswirkende Tatsphäre«, so K. Koch (s.u. III 3.1), sondern resultiert aus einem sozialen Gedächtnis, das das Handeln nicht allein an der je eigenen gegenwärtigen Interessenslage orientiert, sondern auch daran, wie andere Menschen sich dem Handelnden gegenüber in der Vergangenheit verhalten haben. So heißt es in der »Klage des Bauern«:

124

»Ein guter Charakter kehrt zurück an seine Stelle von gestern, denn es ist befohlen: Handle für den, der handelt, um zu veranlassen, daß er tätig bleibt. Das heißt, ihm danken für das, was er getan hat« (B I 109–110); J. Assmann, Ma'at, 62.

Verantwortliches Handeln hat Gedächtnis für das Gestern und schließt Dankbarkeit für vorausgegangenes Handeln anderer ein:

»Verhülle dein Angesicht nicht gegenüber dem, den du gekannt hast, sei nicht blind gegenüber dem, auf den du geblickt hast, stoße nicht zurück den, der sich bittend an dich wendet, sondern laß ab von diesem Zögern . . ., deinen Ausspruch hören zu lassen. Handle für den, der für dich handelt!« (Lehre des Amenemhet I. [12. Dynastie] B 2, 105–108); cf. J. Assmann, Ma'at, 63 f.

Wird dieses Gedächtnis übergangen, so geht die Ma'at verloren, wie es in dem »Gespräch eines Mannes mit seinem Ba« beklagt wird:

»Zu wem kann ich heute noch reden? Man erinnert sich nicht des Gestern, man handelt nicht für den, der gehandelt hat heutzutage« (pBerlin 3024, 115 f.); cf. J. Assmann, Ma'at, 61.

Gegenbegriff zu Ma'at als Solidarität ist die »Habgier«, von der die XIX. Maxime des Ptahhotep handelt:

»Wenn du willst, daß deine Führung vollkommen sei, dann halte dich fern von allem Bösen und sei gewappnet gegen ein Vorkommnis von Habgier. Sie ist eine schwere, unheilbare Krankheit, die man nicht behandeln kann. Sie entfremdet Väter und Mütter samt den Vollbrüdern; (sie verbittert den süßen Freund und entfernt Klienten und Herrn,) sie vertreibt die Gattin. Ein Erwählen ist sie von allem Schlechten, ein Behältnis ist sie von allem Verwerflichen«; cf. J. Assmann, Ma'at, 88 mit Anm. 132.

Wenn Ma'at als »konnektive Gerechtigkeit« von den Egoismen zugunsten des sozialen Gedächtnisses befreit, so bezeichnet die »Habgier« das destruktive Prinzip des Egoismus, der die sozialen Beziehungen zerstört. »Gerechtigkeit, im ägyptischen Sinne, ist in erster Linie Mitmenschlichkeit, *iustitia connectiva,* ›konnektive Gerechtigkeit‹, die die Menschen miteinander verbindet, indem sie Verantwortlichkeit und Vertrauen stiftet. Der zur Ma'at erzogene Mensch weiß sich für sein Tun und Reden verantwortlich; daher ist er des Vertrauens der anderen würdig. Er hat ein ›geduldiges Herz‹ (. . .), das sich dem Anderen zuwendet, zuzuhören, zu warten und, vor allem, zu verzeihen vermag, in seinem Tun und Reden alles vermeidet, was den mitmenschlichen Zusammenhang zu stören vermag und alles dafür tut, ihn aufrechtzuerhalten« (J. Assmann, Ma'at, 91). Ma'at als »konnektive Gerechtigkeit« beinhaltet insbesondere das soziale Engagement für die Schwachen in der Gesellschaft. Die Feststellung »Ich gab Brot dem Hungrigen, Wasser dem Dürstenden, Kleider dem Nackten« ist ein fester Topos der Idealbiographien.

Die konnektive Gerechtigkeit erhält in den unterschiedlichen Bereichen ägyptischer Gesellschaft spezifische Akzente. Die Weisheit handelt von der Ma'at unter dem Gesichtspunkt gelingenden und scheiternden Lebens. Sie wird als Richtschnur verstanden, an der man sich orientieren muß, um erfolgreich zu sein. Im ausgehenden Alten Reich werden die Handlungsziele vom diesseitigen Leben auf das Totenreich ausgedehnt. Die Idealbiographien in den Grabinschriften reflektieren den Ma'at-Begriff unter dem Aspekt der Nachwelt. Der Grabherr, der im Grab den Erfolg seines Lebens und sein Ma'at-gemäßes Handeln dokumentiert, lebt im positiven Gedenken der Gemeinschaft weiter:

> »O ihr Lebenden, die ihr (jetzt) auf der Erde seid, die an diesem Grab vorbeigehen, laßt Wasser ausgeschüttet sein für mich, . . . denn ich war geliebt vom Volk. Nie wurde ich geschlagen vor einem Beamten seit meiner Geburt. Niemals nahm ich das Eigentum irgendwelcher Leute durch Raub, (sondern) ich tat, was alle Menschen lieben« (Inschrift des Neḏem-ib [5. Dynastie]); cf. K. Sethe, Urkunden des Alten Reichs,²1933, 75.

Die Solidarität mit den Schwachen gilt als Ausdruck Ma'at-gemäßen Verhaltens:

> »Ich tat Ma'at für ihren Herrn (Gott), ich erfreute ihn mit dem, was er liebt. Ich redete wahr und handelte rechtlich, ich redete gut und berichtete gut. Ich übte das Gute, da ich wollte, daß es den Leuten dadurch gutgehe. Ich richtete die zwei Prozeßgegner so, daß sie zufrieden waren. Ich rettete den Schwachen vor dem, der stärker war als er, so gut ich es vermochte. Ich gab Brot dem Hungrigen und Kleidung dem Nackten. Ich brachte ans Land den, der kein Boot hatte. Ich begrub den, der keinen Sohn hatte. Ich machte eine Fähre dem, der keine Fähre hatte. Ich war ehrfürchtig gegen meinen Vater, liebenswürdig gegen meine Mutter und zog ihre Kinder auf« (Inschrift des Nefer-sešem-Re [6. Dynastie]); cf. K. Sethe, Urkunden, 198 f.

Die ethischen Normen in diesen Idealbiographien stammen aus den Lebenslehren, die Ma'at-gemäßes Leben beschreiben. Sie weisen damit den Weg, das über den Tod hinausreichende Gedächtnis der Nachwelt, das sich am Grab als Denkmal festmacht, zu sichern und damit einen wesentlichen Aspekt konnektiver Gerechtigkeit zu bewahren.

Die Religion reflektiert auf den Ma'at-Begriff unter dem Gesichtspunkt des Totengerichts, in dem nach fixierten Normen des »Gesetzes der Halle des Totengerichts« über die Zulassung des Verstorbenen zum Totenreich entschieden wird. Nach den Regeln des 125. Kapitels des Totenbuchs konnte die Lebensführung ethisch-methodisch durchstrukturiert werden. In einem »negativen Sündenbekenntnis« werden Verstöße gegen eine kommunikative Solidarität gegenüber den Mitmenschen sowie Tabuverletzungen und Verfehlungen gegenüber den Göttern zusammengestellt:

> »Ich habe kein Unrecht gegen Menschen begangen, ich habe keine Tiere mißhandelt. Ich habe nichts ›Krummes‹ an Stelle von Recht getan. Ich kenne nicht, was es nicht gibt, und ich habe nichts Böses erblickt (getan). Ich habe nicht am Beginn jedes Tages die vorgeschriebene Arbeitsleistung erhöht, mein Name gelangte nicht vor den ›Leiter der Barke‹ (Sonnengott?). Ich habe keinen Gott beleidigt. Ich habe kein Waisenkind an seinem Eigentum geschädigt. Ich habe nichts getan, was die Götter verabscheuen. Ich habe keinen Diener bei seinem Vorgesetzten verleumdet. Ich habe nicht Schmerz zugefügt und (niemand) hungern lassen, ich habe keine Tränen verursacht. Ich habe nicht getötet, und ich habe (auch) nicht zu töten befohlen; niemandem habe ich ein Leid angetan. Ich habe die Opferspeisen in den Tempeln nicht vermindert und die Götterbrote nicht angetastet; ich habe die Opferkuchen der Verklärten (Toten) nicht fortgenommen. Ich habe nicht geschlechtlich verkehrt und keine Unzucht getrieben an der reinen Stätte meines Stadtgottes. Ich habe am Hohlmaß nichts hinzugefügt und nichts vermindert, ich habe das Flächenmaß nicht geschmälert und am Ackerland nichts verändert. Ich habe zu den Gewichten der Handwaage nichts hinzugefügt und das Lot der Standwaage nicht verschoben. Ich habe die Milch nicht vom Mund des Säuglings fortgenommen, ich habe das Vieh nicht von seiner Weide verdrängt. Ich habe keine Vögel aus dem Sumpfdickicht der Götter gefangen und keine Fische aus ihren Lagunen. Ich habe das (Überschwemmungs-)wasser nicht zurückgehalten in seiner Jahreszeit, ich haben dem fließenden Wasser keinen Damm entgegengestellt, und ich habe das Feuer nicht ausgelöscht, wenn es brennen sollte. Ich habe kein Fleischopfer versäumt an den Tagen (des Festes), ich habe nicht die Viehherden des Tempelbesitzes

zurückgehalten, ich bin nicht dem Gott(esbild) bei seiner Prozession in den Weg getreten« (Spruch 125,14–48); cf. E. Hornung, Totenbuch, 234 f.

Im Totengericht muß sich der Tote für sein Leben verantworten. Sein Herz wird durch die Ma'at, die auf der Waage als Gewicht dient, gewogen. Wird es als zu leicht gefunden, hat der Verstorbene also nicht Ma'at-gemäß gehandelt, so wird er der »Fresserin«, der Personifizierung des Todesrachens, vorgeworfen. Mit dem negativen Sündenbekenntnis will sich der Verstorbene davor schützen und beendet das Bekenntnis mit der Feststellung seiner Reinheit. Darauf folgt erneut ein »negatives Sündenbekenntnis«, das sich an die 42 Totenrichter wendet:

»O Weitausschreitender, der aus Heliopolis hervorgeht: ich habe kein Unrecht getan. O du, der die Flamme umarmt, der aus Cheraha hervorgeht: ich habe nicht gestohlen. O du mit dem Schnabel (Thot als Ibis), der aus Hermopolis hervorgeht: ich war nicht habgierig. O Schattenverschlinger, der aus der Grube hervorgeht: ich habe mir nichts angeeignet. O Schreckgericht, der aus Rasetjau hervorgeht: ich habe keinen Menschen umgebracht. O Löwenpaar (Ruti), das aus dem Himmel hervorgeht: ich habe das Hohlmaß nicht verletzt.
  O du, dessen Augen Messer (Var.: Feuer) sind, der aus Letopolis hervorgeht: ich habe nichts ›Krummes‹ getan. O Brennender, der umgedreht hervorgeht: ich habe mir keinen Tempelbesitz angeeignet. O Knochenzerbrecher, der aus Herakleopolis hervorgeht: ich habe keine Lüge gesagt. O Flammenreicher, der aus Memphis hervorgeht: ich habe keine Nahrung gestohlen. O Grubenbewohner, der aus dem Westen hervorgeht: ich habe kein Geschrei gemacht. O Weißzahn (Krokodil), der aus dem Fajum hervorgeht: ich bin nicht aggressiv gewesen. O Blutfresser, der aus der Schlachtstätte hervorgeht: ich habe kein Gottesvieh getötet. O Eingeweidefresser, der aus dem Dreißiger-Gerichtshof hervorgeht: ich habe keinen Kornwucher (?) begangen. O Herr der Wahrheit, der aus dem Ort der vollständigen Wahrheit hervorgeht: ich habe die zugeteilten (Rationen) nicht veruntreut. O Abgewendeter, der aus Bubastis hervorgeht: ich habe niemanden belauscht. O Glänzender, der aus Heliopolis hervorgeht: ich habe nicht unüberlegt geredet. O üble Schlange, die aus Busiris hervorgeht: ich habe nur um meinen Besitz gestritten. O Wamemti-Schlange, die aus der Schlachtstätte hervorgeht: ich habe nicht die Frau eines (anderen) Mannes beschlafen. O du, der schaut, was er gebracht hat, der aus dem Tempel des Min hervorgeht: ich habe keine Unzucht getrieben. O Höchster der Ältesten, der aus Imau hervorgeht: ich habe keinen Schrecken erregt. O Umstürzender, der aus Xois hervorgeht: ich habe keinen Schaden gestiftet. O du mit gewaltiger Stimme, der aus dem Heiligtum hervorgeht: ich bin nicht hitzig gewesen. O Kind, das aus dem Heka-anedj-Gau hervorgeht: ich bin nicht taub gegen gerechte Rede gewesen. O du mit verkündender Stimme, der aus Wensi hervorgeht: ich habe keinen Streit entfacht. O Basti, der aus ded Šetit hervorgeht: ich habe nicht (einem anderen) zugeblinzelt. O Hintersichschauer, der aus der verschlossenen Grube hervorgeht: ich habe nicht gleichgeschlechtlich verkehrt (?). O Heißfuß, der aus der Dämmerung hervorgeht: ich bin nicht nachlässig gewesen. O Verhüllter, der aus der Verhüllung hervorgeht: ich habe mich nicht gestritten. O du, der sein Opfer holt, der aus Sais hervorgeht: ich bin nicht gewalttätig gewesen. O Vielgesichtiger, der aus Nedjefet hervorgeht: ich bin nicht jähzornig gewesen. O Ankläger, der aus Utjenet hervorgeht: ich habe nicht meine Natur überschritten und einen Gott angegriffen (?). O Herr des Doppelkornes, der aus Siut hervorgeht: ich habe nicht viel Gerede gemacht wegen einer Sache. O Nefertem, der aus Memphis hervorgeht: ein Vergehen von mir gibt es nicht, nichts Schlechtes habe ich getan. O du, der nichts übrigläßt, der aus Busiris hervorgeht: ich habe den König nicht beleidigt. O du, der nach seinem Willen tut, der aus Antaiopolis hervorgeht: ich habe mich nicht auf Wasser gestützt. O Ihi, der aus dem Urozean hervorgeht: ich habe nicht meine Stimme erhoben. O du, der den Leuten befiehlt, der aus dem Schrein hervorgeht: ich habe keinen Gott beleidigt. O Neheb-Nefret, der aus seinem Tempel hervorgeht: ich habe mich nicht aufgeblasen. O Nehebkau, der aus seiner Grube (Var.: Stadt) hervorgeht:

ich habe mich nicht über meinen Stand erhoben. O hochgereckte Schlange, die aus der Kapelle (Var.: Grube) hervorgeht: meine Ansprüche gingen nicht über das hinaus, was ich besaß. O du, dessen Arm herbeiholt, der aus dem Totenreich hervorgeht: ich habe meinem Stadtgott keine Schande bereitet« (Spruch 125,60–103); cf. E. Hornung, Totenbuch, 236–239.

Die negativen Sündenbekenntnisse haben Parallelen in den Priesterlehren spätzeitlicher Tempelinschriften und Priestereide, die von den Priestern beim Betreten des Tempels gesprochen wurden:

»Ich werde nichts essen, was dem Priester verboten ist. Ich werde nicht mit dem Messer schneiden [. . .] und keinem anderen auftragen, das zu tun, was verboten ist. . . . fügt nichts hinzu zu Gewicht und Meßstrick und zieht nichts ab davon, gebt nichts ab und zu vom Scheffel [. . .] Schwört keinen Eid, stellt nicht Lüge über Wahrheit im Reden! Hütet euch davor, etwas zu tun in der (Gottes)-Dienstzeit, niemand, der dabei redet, bleibt ungestraft. Macht keine Musik in seinem Haus, im Inneren des Tempels, nähert euch nicht der Stätte der Frauen [. . .] verrichtet den Dienst nicht nach eurem Belieben, sondern schaut in die Bücher und in die Vorschriften des Tempels, die ihr als Lehre euren Kindern weitergeben sollt. Dringt nicht ein in Übertretung der Regel, tretet nicht ein in Unreinheit, sprecht keine Lüge in seinem Haus, tut kein Unrecht im Verleumden, setzt keine Listen von Beträgen auf, indem ihr den Armen zugunsten des Reichen benachteiligt, fügt nichts hinzu zu Gewichten und Maßen und vermindert sie auch nicht, begeht keine Betrügerei mit dem Scheffel und tut kein Unrecht an den Teilen des Sonnenauges. Verratet nicht das geringste göttliche Geheimnis, das ihr geschaut habt, streckt nicht die Arme aus nach den Gütern seines Tempels, laßt euch nicht hinreißen, seine Opfer zu rauben. [. . .] Übereilt euch nicht, gebt eurem Mund nicht freien Lauf, erhebt nicht die Stimme gegen die Worte eines Anderen, schwört keinen Eid in irgendeiner Sache, gebt der Lüge keinen Vorzug gegenüber der Wahrheit durch Verleumdung, sondern seid groß im pünktlichen Vollzug der Riten. Tut euren Dienst nicht nach eurer Phantasie, sondern beachtet die alten Schriften. Die Regel des Tempels liegt vor euch als Lehre für eure Kinder«; cf. J. Assmann, Ma'at, 141–143.

Die Priesterlehre, die in die Priestereide eingegangen ist, wurde im 125. Kapitel des Totenbuchs aufgrund der Parallelität zwischen der Situation des Priesters, der den Tempel betritt, und des Verstorbenen, der vor den Toren des Totenreiches steht, aufgenommen.

Die Ma'at ist kosmisch begründet und durch den Staat vermittelt. Der Staat erst ermöglicht dem je einzelnen Menschen ein Ma'at-gemäßes Handeln und also ein gelingendes Leben. Im Kosmos herrscht die Ma'at als Göttin, die Tochter des Sonnen- und Schöpfergottes ist. Sie gibt dem Sonnenlauf und damit dem Kosmos die rechte Richtung des Laufs:

»Sei gegrüßt, jenes Auge des Re, von dem er lebt, Tag für Tag, vor der sich Der (Gott) hinter der Kajüte fürchtet; die verklärt hervorkam aus dem Haupt ihres Erzeugers, Stirnschlange, die hervorkam aus seiner Stirn (oder: aus ihm). Du bist die Strahlende, die ihn leitet, die Recht spricht für Den (Sonnengott) mit verborgenem Namen, der gerechtfertigt ist vor der Neunheit. Herrin der Furcht, groß an Hoheit, Ma'at, mit der Re beglückt ist, die ihm die beiden Länder (sc. Ägypten) befriedigt durch das, was sie den Göttern befiehlt, die das Übel fern hält, die das Unrecht verabscheut, die die Herzen der Neunheit befriedigt. Du bist die Waage des Herrn (Königs) der beiden Ufer (Ägypten). Schöngesichtige, wenn Re aufsteigt zu seinem [. . .], er ist geehrt durch sie, ihm werden Ovationen zuteil von seiten der großen Götter, die ›Ba's‹ der beiden Reichsheiligtümer beten ihn an. Strahlkräftiger ist er durch sie als die Götter, in jenem ihrem Namen ›Strahlende‹; Thot hat sie gebracht und gezählt – sie ist befestigt, strahlend, vollständig – in jenem ihrem Namen Ipet. Er hat sie belebt als Uräus in jenem ihrem Namen als ›Wegöffner‹, die ihn leitet auf dem Weg der beiden Horizonte in jenem ihrem Namen ›Leiterin der Menschen‹, die sich aufrichtet an seinem Scheitel in jenem ihrem Namen ›Uräus‹« (Hymnus aus dem Grab Ramses VI.); cf. J. Assmann, Ma'at, 161 f.

Als kosmische Kraft, die dem Kosmos im Lauf des Sonnengottes Ordnung und Gesetzmäßigkeit verleiht, ist die Ma'at auch die Quelle, die Gerechtigkeit und Eintracht unter den Menschen ermöglicht. Als präexistente Tochter des Schöpfergottes geht sie als ordnendes Prinzip in die Schöpfung ein. Ma'at und Erfahrungswirklichkeit, die eben auch Scheitern von Leben zeitigt, fallen aber nicht zusammen. Diese Differenz bedarf der Erklärung, und sie wird in der negativen Anthropologie gefunden (cf. o. II 9.1). Im »Buch von der Himmelskuh« wird die Macht des Bösen in der Empirie auf den Aufruhr der Menschen gegen den Sonnengott zurückgeführt. Der regelmäßige Sonnenlauf erhält so die Funktion, kontinuierlich das Böse zu überwinden und die Herrschaft des Sonnengottes zu erneuern:

> »Gegrüßt seist du, Re, bei seinem Aufgang, Atum Harachte! Ich bete dich an, deine Schönheit (ist) in meinen Augen, dein Strahlenglanz entsteht auf meiner Brust. Du ziehst aus, du gehst unter in der Nacht-Barke, dein Herz ist weit in der Tagesbarke. Du durchwanderst den Himmel in Frieden, gefällt sind alle deine Feinde. Die ›Unermüdlichen‹ jubeln dir zu, die ›Unvergänglichen‹ beten dich an«; cf. J. Assmann, Liturgische Lieder, 282.

Der Sonnengott altert in diesem Kreislauf und geht täglich zur Nacht in die Unterwelt ein, um am nächsten Morgen als Kind wiedergeboren aufzusteigen. Die damit gegen ihre »Feinde« jeweils erneuerte kosmische Ordnung tritt in Beziehung zur konnektiven Gerechtigkeit im Handeln der Menschen:

> »Die freie Fahrt gibt den Insassen der Barke, die die Taue der Mannschaft in Ordnung hält, das Steuerruder ›knüpft‹, den Weg leitet und die Flut beruhigt im Himmel: Die Umzinglerschlange, die die Sonnenscheibe umzingelt und die Glieder ihres Begleiters schützt; die schöne Führerin des Allherrn, das Leben der ganzen Erde. Die Nasen der Menschen atmen durch ihre Gabe, ihre Zauberkraft ist in jedem Auge. Ihre Schutzkraft gehört dem Palastbewohner (der König), ihre Stärke ist gegen die gerichtet, die sich gegen ihn empören. Ihr Schrecken durchzieht die Seevölker, kein Leib ist frei von Furcht vor ihr. Die Starkarmige in ihren Verkörperungen, die (Tochter?) der Doppelkrone, die die Krummherzigen einsperrt, die die Feinde ihres Vaters bestraft, deren Arm keiner abwehrt; die den Bogen spannt und die Pfeile herauszieht, die die Bösen zuhauf niederstreckt, Feurige mit großer Lohe, Flammende, (...) mit aggressivem Gesicht (...) Deren Platz vorn ist auf dem Haupt des Re, die Götter verneigen sich bei ihrem Anblick. Die (...) erscheint als Uto, die Dame, die die Länder erhellt mit ihrer Schönheit. Die Edle, die groß ist im Haus des Ptah, Renenutet, die Herrin der Nahrung, Iusaas im Fürstenhaus, die erste der Götter. Eine Pforte ist die Ma'at des Atum, die es dem Herzen wohl sein läßt auf seinem Platz; die die Menschen durchforscht, die sich ihm zuwenden, die Waage (des Herrn der beiden Ufer [des Königs]), Lebensodem für den, der ihr folgt; sie spricht und es geschieht auf der Stelle, die Herren von Heliopolis sind in ihrem Leib«; cf. J. Assmann, Hymnen, Nr. 195, 64–100.

Die Ma'at ordnet gleichermaßen den Lauf der Barke des Sonnengottes und durchforscht die Herzen der Menschen. Der Hymnus gibt auch darüber Auskunft, wie die kosmischen und die ethischen Dimensionen der Ma'at verknüpft sind. Verdanken alle Menschen ihr das Leben, atmen die Nasen der Menschen durch ihre Gabe und ist ihre Zauberkraft in jedem Auge, so ist doch ihre Schutzkraft dem König zugewandt. Sie vernichtet die, die sich gegen ihn und damit gegen die Ma'at empören. So wie der über den Himmel ziehende Sonnengott kosmisch das

Böse, die »Feinde« überwindet und, von der Ma'at gelenkt, Ma'at durchsetzt, so tut es der König mit der staatlichen Macht in gesellschaftlich-sozialer Dimension. Staatliche Herrschaft ist die Voraussetzung für ein Ma'at-gemäßes Leben des einzelnen Menschen. Die Funktion des Königs als Quelle des Lebens durch staatliche Herrschaft in kosmischer und gesellschaftlich-ethischer Dimension verdeutlicht ein Hymnus auf die Thronbesteigung des Königs Merenptah aus dem Neuen Reich:

> »Freue dich, du ganzes Land! Die gute Zeit ist gekommen. Ein Herr – er lebe, sei heil und gesund – ist erschienen in allen Ländern, Ma'at ist an ihren Platz zurückgekehrt (...) Ihr Gerechten alle, kommt und seht: Ma'at hat das Unrecht bezwungen! Die Bösen sind auf das Gesicht gefallen, die Habgierigen sind allesamt vernichtet. Das Wasser steht und versiegt nicht, die Überschwemmung steigt hoch. Die Tage sind lang, die Nächte haben Stunden, der Mond kommt zur rechten Zeit. Die Götter sind besänftigt und zufrieden, man lebt in Lachen und Wundern«; cf. J. Assmann, Hymnen, Nr. 239.

Wie der Kosmos ist die Menschheit auf die Herrschaft des Königs angewiesen. Diese Dimension verdeutlicht ein Thronbesteigungslied Ramses IV.:

> »O schöner Tag! Himmel und Erde sind in Freuden, du bist der gute Herr Ägyptens! Die geflohen waren, sind heimgekehrt in ihre Städte, die sich versteckt hatten, sind herausgekommen; die hungerten, sind satt und froh, die dürsteten, sind trunken, die nackt waren, sind in feines Linnen gekleidet, die schmutzig waren, glänzen. Die in Gefangenschaft waren, sind freigelassen, die gefesselt waren, freuen sich, die Streitenden in diesem Lande sind zu Friedfertigen geworden. Ein hoher Nil ist aus seinem Quelloch getreten, um die Herzen des Volkes zu erfrischen«; J. Assmann, Hymnen, Nr. 241.

Die Zeitspanne zwischen dem Tod des Königs und der Thronbesteigung des Nachfolgers wurde als Zeit gefährdeter, ja zusammenbrechender Ordnung erfahren. Die lehrhafte Sinuhe-Erzählung (TGI, 1–12) aus dem Mittleren Reich gibt einen lebhaften Eindruck davon. In den Wirren des gewaltsamen Todes Amenemhet I. wird der Beamte Sinuhe durch ein ihm unbegreifliches Schicksal in die Fremde vertrieben. Die Ma'at ist aber auch in der Fremde wirksam, da der nach dem weisheitlichen Bildungsideal handelnde Sinuhe im fernen palästinischen Land Retenu gesellschaftlich aufsteigt, die Tochter des Fürsten zur Frau erhält und schließlich, in Gnaden vom ägyptischen König Sesostris I. aufgenommen, wieder nach Ägypten zurückkehren kann. Das Zusammenbrechen von Ordnung wird nur als ein vordergründiges Erfahrungsproblem gesehen. Darin unterscheidet sich die Erzählung von den Thronbesteigungshymnen (G. Posener). Auch im undurchschaubaren Schicksal handelt ein Gott führend und leitend. Die verborgene Ma'at wird aber – und insofern setzt nun auch diese sich so eng mit der alttestamentlichen Josephsnovelle berührende Erzählung die Königsideologie voraus – dann, wenn ein neuer König auf dem Thron ist, wieder erfahrbar. Der ägyptische Mensch weiß also sehr deutlich zwischen königlicher Ideologie und konkreter Erfahrung mit dem Königtum zu unterscheiden. Diese Differenzierung läßt auch noch die Erfahrung von Chaos und Umbruch in königloser Zeit ethisch verantwortlich verarbeiten. In Zeiten verborgener Ordnung solle der Mensch an einem Ma'at-gemäßen Leben festhalten, denn stets sei Ma'at auch in Gestalt des oft undurchschaubaren Schicksals am Werk. Am Ende werde sie wieder erfahrbar und stelle sich der Zusammenhang von Tat und Ergehen ein.

Im Kult werden die kosmische Herrschaft des Sonnengottes und das Königtum durch einen Kreislauf von Ma'at miteinander vermittelt. Ma'at geht vom Sonnengott aus und kehrt zu ihm zurück. Wie die Götter Toth und Onuris in der Götterwelt nimmt der König als Priester in der vorfindlichen Welt die Funktion wahr, Wiederbringer der Ma'at zu sein. Im konkreten Vollzug bedeutet das, daß im Kult die Ma'at als Opfer dem Sonnengott dargebracht wird:

»O Re, der die Ma'at hervorbringt, ihm bringt man die Ma'at dar. Gib du Ma'at in mein Herz, damit ich sie emporführe zu deinem Ka. Ich weiß ja, daß du von ihr lebst, du bist es, der ihren Leib geschaffen hat«; cf. J. Assmann, Ma'at, 191.[42]

Das Opfer der Ma'at wird, wie J. Assmann (Ma'at, 192 f.) ansprechend vermutet, in Gestalt des Priesterworts dargebracht, findet sich doch die Wendung vom »Aufsteigenlassen der Ma'at« am Schluß von Sonnenhymnen, in denen die Priester als Sprecher des Hymnus ihr Tun kommentieren.

Zu den rituellen Verklammerungen von kosmischer und gesellschaftlicher Herrschaft gehört das Apopis-Ritual, das mehrfach täglich durchgeführt wird. Eine Wachsfigur des Apopis wird malträtiert und verbrannt und damit werden die kosmischen und politischen Feinde rituell vernichtet.

Die Ma'at als Lebenssubstanz für Götter und Menschen ist dem Sonnen- und Schöpfergott untergeordnet und mit Tefnut, der Tochter des Re, identifiziert. Die kultische Verehrung der Ma'at als Göttin gewinnt im Neuen Reich gesteigerte Bedeutung, als im Horizont der »Persönlichen Frömmigkeit« der Ma'at-Aspekt kosmischer und gesellschaftlicher Ordnung zurücktritt. Damit verliert auch der kosmische Kreislauf, nämlich die vom Sonnengott ausgehende, von den Menschen zu erfassende, im Tun zu verwirklichende und vom König kultisch zurückzubringende Ma'at an Bedeutung. Die Ma'at erhält eigene Tempel. In Theben ist ein »Rindervorsteher der Ma'at« bekannt, und Viehherden ihres Tempels auf thebanischem Boden werden in einem Grab der Ramessiden-Zeit genannt.

Die Substanz der Ma'at ist das Wort. Damit kehren wir an den Ausgangspunkt der Umschreibung des ägyptischen Ma'at-Begriffs zurück. Die Ma'at ist substanzhaft gedacht, nicht aber im Sinne der westlichen Unterscheidung von Geist und Materie. Als Wort geht Ma'at vom Sonnengott aus. So wird in der »Klage des Bauern« von der Ma'at gesagt:

»...jenes schöne Wort, das aus dem Munde des Re selbst kam: Sage die Ma'at und tue die Ma'at!« (B II 83–84); cf. F.-J. Vogelsang, Klagen des Bauern, 215 f.

Im Hören des Herzens wird Ma'at verinnerlicht:

»Vorteilhaft ist das Hören für einen Sohn, der hört, denn das Hören dringt ein in den Hörer, und so wird aus dem Hörer ein Gehorsamer« (Ptahhotep, Epilog, II 451–453); cf. H. Brunner, Weisheitsbücher, 129.

Im Wort des Lehrers ist Ma'at in der Gesellschaft und bewirkt erfolgreiches Leben:

»Gutes Zuhören bedeutet gutes Sprechen, und so verfügt der Hörende über einen (weiteren) Vorteil, und Hören bringt Vorteil für den Hörer. Hören ist besser als alles andere, es führt zu schöner Beliebtheit. Wie gut ist es doch, wenn ein Sohn (sc. Schüler) annimmt, was sein Vater (sc. Lehrer) sagt« (Ptahhotep, Epilog, II 454–458); cf. H. Brunner, Weisheitsbücher, 129.

Auch die Toten leben noch von den Worten, die der Sonnengott ihnen zuruft:

»Dieser große Gott, er gibt ihnen Weisungen und sie rufen ihm zu. Sie leben von der Stimme dieses großen Gottes. Ihre Kehlen atmen von dem, was er ihnen zuruft«; cf. J. Assmann, Ma'at, 78.

---

42 Zu einer Darstellung der Darbringung der Ma'at durch den König Ramses II. cf. E. Hornung, Ma'at, 386, Abb. 1.

Um aber unter den Menschen zu bleiben, muß das Wort der Ma'at in die Tat übergehen. In diesem Sinne verwirklicht der Mensch Ma'at, daß sie als konnektive Gerechtigkeit Gemeinschaft gestaltet. Das rebellische Wesen des Menschen läßt sie niemals in reiner Form erfahrbar werden, aber im rechten Reden und Tun leuchtet sie auf:

> »Wer die Lüge vermindert, fördert die Ma'at. Wer das Gute fördert, macht das Böse zunichte, wie Sattheit den Hunger vertreibt, Kleidung die Nacktheit bedeckt, wie der Himmel heiter ist nach heftigem Sturm, daß er alle Frierenden wärme. Wie Feuer rohe Nahrung kocht, wie Wasser den Durst löscht« (Klage des Bauern, 6. Klage); cf. E. Hornung, Ma'at, 403.

Nicht nur im Ethos gemeinschaftstreuen Handelns und in der Rechtsprechung[43] ist Ma'at anwesend, sondern überall dort, wo Ordnung geschieht, auch in der Kunst und in der Musik. E. Hornung (Ma'at, 398) weist auf den Kopf der Göttin Ma'at als Verzierung einer Harfe hin. Im Hymnus der Priester schließlich kehrt Ma'at zum Sonnengott zurück und es schließt sich der Kreislauf. In diesem Kreislauf ist die Belehrung über die Ma'at eingebunden, die sich aus der Beobachtung gelingenden und scheiternden Lebens und der jeweiligen Ursachen zur Tradition verdichtet. In den Lebenslehren wird die Tradition je neu durch die Erfahrung geprüft, um so immer klarer und reiner die Ma'at, die hinter allem Leben steht, im rechten Wort erfahrbar werden zu lassen.

Das vorchristliche Ägypten hat einige für jede Ethik bedeutsame Problemstellungen zur Sprache gebracht. Die Ethik hat ihren Ausgangs- und Endpunkt in der Erkenntnis der Vernetzung allen Geschehens in dieser Welt: Was auch immer und wo es auch immer auf dieser Welt geschieht, es hat mit dem einzelnen Menschen zu tun und geht ihn an. In diesem Sinne ist jeder nicht nur mit allen Menschen verbunden, sondern auch mit der Natur, ja mit dem Kosmos. Damit ist ein Verständnis von Gerechtigkeit verknüpft, das von allen Menschen, wo immer sie ihren Platz in der Gesellschaft haben, Solidarität fordert, und sie in den Kosmos, einschließlich der äußeren Natur, einbindet. Mit der Ma'at-Konzeption wird der Ethik das Problem ihrer Verallgemeinerungsfähigkeit gestellt. Sie will jedermann, der guten Willens ist, unabhängig von seinem historisch-gesellschaftlichen Ort einsichtig sein. Dieser Anspruch basiert auf der das gesamte Konzept tragenden Voraussetzung, daß sich das Sollen aus dem Sein ableiten läßt und eine intensive Beobachtung des Lebens in der Welt den Weg zum Sollen weisen könne. Das ist das Thema der Lebenslehren. So sehr manche Sentenzen noch heute mit Zustimmung rechnen können, so ist doch der Anspruch, den Weg vom Sein zum Sollen zu zeigen, heute nicht mehr gangbar und zeigt die Zeitbedingtheit ägyptischen Denkens und seine Distanz zur Moderne. Sie schlägt durch auf eine unmittelbare Rückbesinnung auf die Ma'at, wie sie E. Hornung (Ma'at, 403 f.) mit kulturkritischem Gestus vertritt:

> »Die gesteigerten Möglichkeiten, die unendlichen Verlockungen der modernen Welt machen es dem Menschen, diesem eigentlich vernunftbegabtem Wesen, offensichtlich immer schwerer, Verzicht zu üben – Verzicht auf sinnentleerten Konsum, Verzicht auf Nutzen, der andere schädigt, Verzicht auf Machbarkeit, die neue Gefahren entfesselt, Rückbesinnung auf das Prinzip Ma'at könnte dazu beitragen, solche notwendigen Verzichte plausibler und leichter

---

43 Seit der 5. Dynastie trägt der Wesir als höchster Justizbeamter den Titel »Priester der Ma'at«. Die Rechtsdekrete des Königs Haremheb werden im Namen der Ma'at erlassen, um »Unrecht/Unordnung abzuwehren«; cf. E. Hornung, Ma'at, 399.

zu machen, sie in einem größeren Zusammenhang zu sehen, denn auch sie gehören zur Ordnung der Welt.«

Wenn Ma'at sich aus der Beobachtung der Erfahrungswirklichkeit ableitet, was läßt dann aber dem Gedanken widerstehen, daß nicht die Gesetze des Marktes und der Arbeitskraft in ihrer weltweiten Ordnungskraft für weite Bereiche des Lebens »Ma'at«, also Grundordnungen modernen Lebens, sind? Mit der Aufgabe der Verallgemeinerungsfähigkeit wird der Ethik die Aufgabe ihrer Begründung gestellt.

Über der Begründungsproblematik soll ein Entscheidendes, für das die ägyptischen Lebenslehren auch stehen, aber nicht verlorengehen: Daß unabhängig von gelehrter Begründung von Ethik schon immer Ethos geschieht, Menschen schon immer beeindruckend ethisch handeln, dieses im Alltag gelebte Ethos auch identifizierbar ist und sich immer wieder ein glücklicher Zusammenhang zwischen ethischem Handeln, das sich nicht auf den nur eigenen Vorteil fixiert, und gelingendem Leben einstellt, und in diesem Sinne Welt immer wieder als »in Ordnung« erfahren werden kann. Diese Erfahrungen haben sich in den Lebenslehren niedergeschlagen. Ihrer materialen Ethik wenden wir uns im folgenden zu.

1.3 Die Geschichte der Ethik in den ägyptischen Lebenslehren

Ma'at ist lehr- und lernbar, aber nicht begrifflich zu definieren. Der Mensch nähert sich ihr durch Beobachtung, um Regelmäßigkeiten, die das Leben erfolgreich machen oder scheitern lassen, zu erfassen. Ist Ma'at nicht durch begriffliche Logik zu definieren, sondern nur durch die Kondensierung von Lebenserfahrungen annäherungsweise zu erfassen, so ist die Gattung des Einzelspruchs angemessen. Er läßt eine Offenheit für widersprüchliche Erfahrungen, ohne diese Widersprüche begrifflich vermitteln und aufheben zu wollen.

Handlungsweisen, die immer wieder zu Erfolg oder zu Mißerfolg führten, werden in der Lehre des Ptahhotep aus dem Alten Reich in Aussagesätzen beschrieben:

> »Ein Mann denkt wohl: ›Ich werde einem anderen etwas fortnehmen‹, anstatt sich zu sagen: ›Ich möchte eine höhere Stellung haben.‹ Ein Mann denkt wohl: ›Ich möchte auf dem Bett liegend etwas erhaschen‹, anstatt sich zu sagen: ›Ich möchte etwas erlangen durch eigene Leistung.‹ Ein Mann denkt wohl: ›Auf diese Weise möchte ich satt werden‹, und dabei verfehlt er das Brot, das die Minister zuteilen. Ein Mann denkt wohl: ›So werde ich reich‹, und schließlich muß er seinen Besitz einem geben, der ihn gar nicht kennt« (Ptahhotep, VI. Maxime, 89–96); cf. H. Brunner, Weisheitsbücher, 113.

Raub und Faulheit sind keine Königswege zu einem erfolgreichen, mit Besitz gesegneten Leben. Nur ein strebsames Bemühen um eine Karriere in der Beamtenhierarchie führt zum Erfolg. Aus der Beobachtung des Lebens und seiner aphoristischen Verdichtung in Sentenzen folgt die Belehrung und Ermahnung:

> »Wenn du willst, daß deine Lebensführung gut sei, dann mach dich frei von allem Bösen. Hüte dich vor der Verführung zur Habgier, denn sie ist eine schlimme, unheilbare Krankheit. Bei ihr hat man keinen Vertrauten mehr. Sie verbittert einen Freund, sie entfremdet einen Vertrauten von (seinem) Herrn, sie pflegt Väter und Mütter zu entzweien, sie vertreibt die Ehefrau eines Mannes; ein Sack ist sie, voll von allem Hassenswerten, ein Bündel von allem Übel. Fort dauert ein Mann, dessen Lebenswege gerade sind. Wer seine Schritte richtig setzt, der kann über sein Vermögen verfügen, doch für den Habgierigen gibt es nicht einmal ein Grab« (Ptahhotep, XVIII. Maxime, 237–251); cf. H. Brunner, Weisheitsbücher, 119 f.

Die Erfahrung lehrt, daß Ich-bezogenes, die Belange des anderen Menschen übergehendes Verhalten, die »Habgier« also, Gemeinschaftsbeziehungen jeder Art in Beruf und Familie zerstört. Daraus resultiert die Mahnung, sich von allem Bösen fernzuhalten und sich vor der Verführung durch die Habgier zu hüten. Die Mahnung setzt ein Tun frei, das wiederum Ma'at realisiert und so den Kreislauf schließt. Das in den Mahnungen und Warnungen entworfene Ethos ist zunächst und vornehmlich Standesethos der Beamten. Es fordert Respekt und Loyalität gegenüber Vorgesetzten (Ptahhotep, XXVIII. und XXXI. Maxime), Verschwiegenheit (XXIII. und XXIV. Maxime), Zuverlässigkeit (VIII. Maxime); es enthält aber auch Regeln für das Verhalten im Vorzimmer und bei Tisch:

> »Wenn du in einem Vorzimmer bist, dann stehe oder sitze, wie es dir zusteht, und wie es dir vom ersten Tage an beigebracht worden ist. Mißachte das nicht; vermeide, daß du zurückgewiesen wirst. Freien Zugang hat (nur) der, den der Melder hineinführt; der Blick des Vertrauten, der (die Wartenden) aufruft, ist scharf. Das Vorzimmer hat seine feste Ordnung, und jeder Vorgang läuft nach der Vorschrift ab. Gott (d. h. der König) ist es, der die Plazierung verbessert, der den Platz eines beweglichen Mannes vorrückt; aber nicht wird man vorangebracht, wenn man seine Ellenbogen gebraucht« (Ptahhotep, XIII. Maxime); cf. H. Brunner, Weisheitsbücher, 117.

Der Kerngehalt Ma'at-gemäßen Verhaltens leuchtet auch in dieser so vordergründig erscheinenden Maxime auf: Der Versuch, durch Einsatz der eigenen Ellenbogen unter Mißachtung der vom König gesetzten Ordnung voranzukommen, führt nicht zum Erfolg. Auch das Vorzimmer hat seine feste Ordnung, an der Ma'at ablesbar ist.

Die Ethik schon der frühen ägyptischen Lebenslehren geht aber mit dem Idealbild des Weisen als eines bescheidenen, verschwiegenen und selbstbeherrschten Menschen, der sich in die Ma'at einfügt und sie in seinem Tun realisiert, weit über eine Standesethik für Beamte hinaus:

> »Wenn du pflügst und es gedeiht auf dem Feld und wenn Gott es dir reichlich gibt, dann rühme dich dessen nicht übermäßig und überhebe dich nicht über den, der nichts hat. Hüte deinen Mund neben deinem Nächsten. Nur vor dem Zurückhaltenden hat man Hochachtung, und ein Mann von Charakter, der zugleich reich ist, setzt sich in der Verwaltung durch wie ein Krokodil« (Ptahhotep, IX. Maxime); cf. H. Brunner, Weisheitsbücher, 115.

Zum Ideal des Weisen gehört auch die Beherrschung der Wünsche des Leibes und der Emotion:

> »Wer nicht den Begehrlichkeiten seines Leibes gehorcht, beherrscht die Dinge, weil er sagen kann: ›Laß es mich wissen!‹ Wenn er dann ein führender Mann geworden ist, dann entspricht seine Reputation seiner Autorität, und er beherrscht die Dinge wegen seines Besitzes. Du hast (dann) einen guten Namen, und es gibt kein Gerede über dich, dein Leib ist (ausreichend) genährt, dein Blick ruht zufrieden auf deinen Leuten, man rühmt dich hinter deinem Rücken. Aber das Herz eines, der seinem Leibe gehorcht, geht in die Irre. Es bewirkt Geringschätzung anstelle von Zuneigung, und sein Herz wird kahl und sein Gesicht niedergeschlagen unter dem, was das Herz gegen ihn getan hat. Unter dem, was Gott gibt, entbrennt das Herz, doch wer seinem Leib gehorcht, gehört dem Widersacher« (Ptahhotep, XIV. Maxime, 196–209); cf. H. Brunner, Weisheitsbücher, 118.

So gehört auch die Warnung, sich den Frauen leichtfertig zu nähern, zum Kanon weisheitlicher Ethik von ihren Anfängen an:

»Wenn du die Freundschaft erhalten willst in einem Hause, zu dem du Zutritt hast als ›Sohn‹, als ›Bruder‹ oder als Freund – in welchem Verhältnis du auch stehen magst –, hüte dich, den Frauen nahezukommen! Nicht kann der Ort gut sein, an dem das geschieht. Man wird betört durch einen fayence-schimmernden Leib, aber rasch hat er sich in Karneol verwandelt. Winzig ist es (das Vergnügen) nur, wie ein Traum, das Ende bringt der Tod, so daß man jenes gewichtige Wort erfährt von der Leichtfertigkeit des Charakters. Ein Mann gibt (dadurch) tausend Dinge auf. Es bringt nichts, so zu handeln. Der Feind ist es, der so zum Verbrechen verführt. Doch stets, wenn man sich anschickt, es auszuführen, weist das Herz es zurück. Tue es nicht – es ist etwas wirklich Furchtbares –, dann ersparst du dir tägliche Herzenssorgen. Wer der Gier danach widersteht, dem wird alles gelingen« (Ptahhotep, XX. Maxime); cf. H. Brunner, Weisheitsbücher, 120 f.

Mit der Selbstbeherrschung verbindet sich die Verschwiegenheit. Der Weise redet in Gegenwart eines Vorgesetzten nur, wenn er angesprochen wird (Ptahhotep, VII. Maxime). Er enthält sich unnötiger Rede (XXIII. Maxime). Die auf das Alte Reich zurückgehende Lehre für Kagemni beschreibt das Idealbild des Weisen:

»Der Zaghafte gedeiht, der Gewissenhafte wird gelobt, offen ist das Zelt für den Schweiger, geräumig ist der Ort des Zufriedenen. Sprich nicht (zuviel), geschärft sind die Messer gegen den, der vom Weg abweicht, ohne Eile, aber weh, wenn er sich verfehlt!« (Kagemni, I 1–7); cf. H. Brunner, Weisheitsbücher, 134.

Diesem Ethos sind alle heroischen und asketischen Züge fremd. Es zielt auf kluge Anpassung an die in der staatlichen Hierarchie erfahrbare Ma'at. Doch Anpassung ist nur die eine Seite, wenn es um die Begründung des Ideals, beherrscht zu schweigen, geht. Die andere Seite ist das pessimistische Menschenverständnis, das sich im Mythos des »Buches von der Himmelskuh« im Motiv der Rebellion des Menschen gegen den Schöpfergott als Ursache des Bösen in der Welt ausdrückt und das auch im »Monolog des Allherrn«, einer Selbstrechtfertigung des Schöpfergottes (Spruch 1130 der Sargtexte) deutlich wird:

»Ich habe jeden Menschen wie seinesgleichen geschaffen. Ich habe verboten, daß sie Unrecht tun – (aber) ihre Herzen sind es, die meinen Worten zuwiderhandeln (wörtlich: die zerstören, was ich gesagt habe)«; cf. E. Hornung, Ma'at, 412.

Die Weisheit rechnet mit der Aufgabe des Menschen, unablässig seine gefährlichen Neigungen zu zügeln. Machtvoll aufzutrumpfen ist Ausdruck dieser falschen Neigung, deren Bezähmung sich in einer Haltung der Bescheidenheit und Demut gegen jedermann zeigt:

»Beuge deinen Rücken vor deinem Chef, der dir vorgeordnet ist in der Residenz (Verwaltung), dann wird dein Hausstand samt seiner Habe Bestand haben und deine Entlohnung bleibt in Ordnung. Gefährdet ist, wer seinem Vorgesetzten widerstrebt, denn man lebt nur, solange er milde gesinnt ist. Ein Arm wird nicht krumm davon, wenn man ihn (beim Grüßen) entblößt« (Ptahhotep, XXXI. Maxime, 374–380); cf. H. Brunner, Weisheitsbücher, 125 f.

Wie durch Selbstbeherrschung und Respekt gegen den Vorgesetzten, so erweist sich Weisheit auch durch Großzügigkeit und Geduld mit den Menschen geringeren Standes:

»Wenn du jemand bist, an den man Gesuche richtet, dann höre geduldig auf das, was der Bittsteller sagt. Weise ihn nicht ab, ehe er seinen Leib ausgekehrt hat, bis er das gesagt hat, weshalb er gekommen ist. Einem Bittsteller ist es wichtiger, daß man seine Rede geneigt anhört, als daß erfüllt wird, weshalb er gekommen ist. Er freut sich darüber mehr als irgendein (anderer) Bittsteller, mehr, als wenn dem stattgegeben wird, was zuvor angehört wurde. Es tut dem Herzen wohl, wenn man das Recht sagt. Wer einen Bittsteller (ungeduldig) abweist, von dem sagt man: ›Weshalb hat er so etwas getan?‹« (Ptahhotep, XVII. Maxime); cf. H. Brunner, Weisheitsbücher, 119.

Gegen den Gleichgestellten schließlich soll der Weise großzügig sein:

> »Gib deinen Freunden ab von dem, was dir zuteil geworden ist, es ist ja nur gekommen durch Gottes Gnade. Von einem, der seinen Freunden nichts abgibt, sagt man: ›Das ist ein egoistischer Mensch!‹ Jener Ka ist der rechte Ka, der etwas abgibt. Keiner kennt seinen (Gottes) Plan, nur Er kennt den morgigen Tag. Wenn dann ein Unglück kommt, sind es die Freunde, die sagen: ›Willkommen!‹ Als Fremder erlangt man keine Gabe, man findet Zuflucht (nur) bei Vertrauten, wenn Not ist« (Ptahhotep, XXI. Maxime); cf. H. Brunner, Weisheitsbücher, 121.

Ein ungebrochenes Vertrauen auf die eigene Stärke, Macht und Reichtum wird in die Schranken verwiesen. Ma'at ist nicht identisch mit der Erfahrungswirklichkeit, die immer nur Verweischarakter auf die Ma'at hat. Die Ma'at selbst wird begrenzt durch für den Menschen undurchschaubares Handeln des Gottes. Lebenserfolg kann also nicht zu einem uneingeschränkten Vertrauen auf die eigene Stärke führen. Gegen eine derartige Haltung, die als Selbstüberhebung verstanden wird, wird der Gedanke zu Felde geführt, daß Erfolg sich der Gnade der Gottheit verdanke. Wie der Mensch ihr Glück und Erfolg verdankt, so kann der Plan Gottes schnell auch sein Unglück vorsehen. Weisheit baut dem in Zeiten des Überflusses durch Freigebigkeit vor. Der Weise soll sich nicht seiner Weisheit rühmen und um die Grenzen aller Weisheit wissen:

> »Sei nicht eingebildet auf dein Wissen und verlasse dich nicht darauf, daß du ein Weiser seist, sondern besprich dich mit dem Unwissenden so gut wie mit dem Weisen. Es gibt keinen Künstler, der seine Vollkommenheit erworben hat, denn die Grenzen der Kunst werden nie erreicht. Vollkommene Rede ist verborgener als ein Malachit, und doch kann man sie entdecken bei den Mägden über den Mahlsteinen« (Ptahhotep, I. Maxime); cf. H. Brunner, Weisheitsbücher, 111.

Es gibt keine Weisheit ohne Wissen um die Grenzen der Weisheit – ja dieses Wissen macht die Weisheit letztlich aus. Die Weisheit des Alten Reiches hat aber dennoch ein ungebrochenes Vertrauen in die Verläßlichkeit der Ordnung der Ma'at:

> »Groß ist die Ma'at, dauernd und wirksam, sie wurde nicht gestört seit der Zeit des Osiris. Man bestraft den, der ihre Gesetze übertritt, aber dem Habgierigen erscheint das als etwas Fernes. Die Gemeinheit rafft zwar Schätze zusammen, aber niemals ist das Unrecht gelandet und hat überdauert. Wenn das Ende da ist, dauert (allein) die Ma'at, so daß ein Mann sagen kann: ›Das ist die Habe meines Vaters‹« (Ptahhotep, V. Maxime, 80–86); cf. J. Assmann, Ma'at, 92 f.

Die Grenze der Weisheit resultiert aus der Differenz von Empirie und Ma'at. Die Erfahrungswirklichkeit ist nicht identisch mit der Ma'at – Sein und Sollen fallen nicht in eins. Die Wurzel der Differenz ist der Hang des Menschen zum Bösen, gegen den sich die Ma'at immer wieder durchsetzen muß. Die V. Maxime des Ptahhotep weiß um die Erfolge der »Habgierigen«, die die konnektive Gerechtigkeit vernachlässigen. Würden Erfahrungswirklichkeit und Ma'at zusammenfallen, so dürfte es eine derartige Diskrepanz nicht geben. Die Antwort auf diese Erfahrung ist die Zerdehnung des Zusammenhangs von Tat und Ergehen. An der Todesgrenze werde der »Habgierige« scheitern. Die Gemeinheit kann ein Leben lang Schätze zusammenraffen; sie kann sie aber nicht vererben, da unrechtmäßig erworbenes Gut bei der Siegelung des Testaments durch den Beamten erkannt wird. Auf dieser

Ebene werden aber nicht die Fälle unsolidarischen Verhaltens erfaßt, in denen Reichtum nicht eklatant widergesetzlich erworben wurde, aber Pflichten konnektiver Gerechtigkeit und Solidarität mißachtet wurden. Im Totengericht werden diese Diskrepanzen von Tat und Ergehen ausgeglichen. Rechnet man mit einem amphibolischen Textsinn in der V. Maxime (G. Fecht), so weiß bereits die Weisheit des Alten Reiches, daß Empirie und Ma'at im Vorfindlichen nicht endgültig zu vermitteln sind und die Diskrepanz von Tat und Ergehen erst im Jenseits aufgehoben wird. Auch die XIX. Maxime des Ptahhotep räumt im diesseitigen Leben durchaus den Erfolg des »Habgierigen« ein, wenn erst am Lebensende die Ma'at sich darin durchsetzt, daß der Habgierige kein Grab haben werde, also seine Güter nicht vererben kann.

Mit dem Zerbrechen des Alten Reiches wird das Wissen, daß Ma'at und Erfahrungswirklichkeit nicht identisch sind, sondern Ma'at sich in ihr immer wieder durchsetzen muß, in das Zentrum der Weisheit gerückt. Mit dem Zerbrechen des Staates gingen die bis dahin das Leben tragenden Ordnungen verloren, was als Krise der Ma'at begriffen und in der »Auseinandersetzungsliteratur« meist aus der Perspektive der im Mittleren Reich neu installierten Ordnung verarbeitet wurde. In den »Klagen des Bauern« wird die gestörte, ja verkehrte Ordnung beschrieben:

> »Die Standwaage steht schief, das Zünglein irrt, das Maß schwankt (...). Der Rechnungsprüfer legt auf die Seite, die Richter schnappen sich das Gestohlene, (...) der Luft gibt, erstickt den, der unten liegt, der Erfrischung gibt, macht das Atmen schwer. Der Verteiler ist geizig, der das Elend vertreibt, befiehlt dessen Verursachung, der Hafen ist eine Flut, der das Böse abwehrt, begeht Unrecht (...). Der Beobachter erweist sich als blind, der Anhörer als taub, der Führer als Irreführer (...). Der Verteiler ist geizig, der Friedensstifter verursacht Trauer, der Heiler stiftet Krankheit« (B I, 96 bis 103.113–114.248–250); cf. F.-J. Vogelsang, Klagen des Bauern, 92 f.103.177 f.

Löst sich das Königtum auf und zerfällt in einzelne rivalisierende Gaufürstentümer, so führt das zu einer Krise der zentralistischen Wirtschaft und zu sozialen Spannungen, in denen die Rücksicht auf den anderen Menschen zurücktritt. Der Zusammenbruch von Ordnung in Familie und Gesellschaft wird als Folge des Zusammenbruchs der staatlichen Ordnung interpretiert:

> »Türhüter sagen: Laßt uns gehen und plündern (I, 1). Ein Mann betrachtet seinen Sohn als einen Feind (I, 5). Es ist doch so: Das Land ist voll von Banden, ein Mann geht zum Pflügen mit seinem Schild (II, 1). Es ist doch so: Das Land dreht sich im Kreise (die Ordnung ist verkehrt) wie eine Töpferscheibe. Wer ein Räuber war, ist ein Herr über Reichtümer (II, 8 f.). Es ist doch so: Groß und Klein sagt: ›Ich wollte, daß ich sterben könnte‹. Kleine Kinder sagen: ›Hätte er mich doch nicht ins Leben gerufen‹ (IV, 4 f.). Es ist doch so: Ma'at ist im Lande nur dem Namen nach. Was Männer tun, wenn sie sich auf sie berufen, ist Unrecht (V, 3 f.). Es ist doch so: Ein Mann schlägt seinen Bruder von derselben Mutter, was soll geschehen? (V, 10). Obgleich die Wege bewacht werden, sitzen Männer im Dickicht, bis der späte (Reisende) naht, und ergreifen sein Gepäck. Was er trägt, wird ihm genommen. Er wird mit Stöcken geschlagen und schamlos niedergemacht (V, 11 f.). Wäre doch ein Ende den Menschen, wäre doch keine Empfängnis und keine Geburt (V, 14; VI, 1). Siehe, einer schlägt den anderen, und man übertritt, was du befohlen hast. Wenn drei Männer auf einem Wege gehen, so findet man (nur noch) zwei Männer: Die Mehrzahl erschlägt die Minderzahl!« (Mahnworte des Ipuwer XII, 13–15); cf. H.H. Schmid, Weisheit, 209–211.

Wird aber das Leben nur als Unordnung erfahren, dann ist der Schöpfergott als der für die Ma'at auch in der Götterhierarchie Verantwortliche herausgefordert. In den »Mahnworten des Ipuwer« wird der Vorwurf an den Sonnengott als Schöpfergott erhoben, er hüte zwar die Menschen, lasse aber zu, daß sie sich gegenseitig umbringen:

>Man sagt, er (der Sonnengott) ist ein Hirte für jedermann, nichts Schlechtes ist in seinem Herzen. Seine Herde ist gering, doch er verbringt den Tag, um sie zu besorgen. Aber die Glut des Herzens dabei! Ach hätte er doch ihren Charakter im ersten Geschlecht erkannt; dann hätte er gegen es den Fluch geschleudert und den Arm erhoben! Seinen Samen, ihre Erben, hätte er zerstört. Hingegen wünschte er, daß weiterhin geboren würde. So entstand Herzlosigkeit, und Bedrückung ist allerwegen. Das ist es! Es kann nicht zu Ende gehen, solange diese Götter dabei sind. Der Same geht nun weiterhin aus den ägyptischen Frauen hervor; man findet ihn nicht auf der Straße! Handgemenge und Gewalttätigkeiten gegen die Schwachen, das haben sie (die Götter) geschaffen. Einen Steuermann gibt es nicht zu ihrer Zeit. Wo ist er heute? Schläft er etwa? Siehe, man sieht seine Macht nicht!« (Mahnworte des Ipuwer XII 1–6); cf. H.H. Schmid, Weisheit, 210 f.

Der Schöpfergott ist ohnmächtig, Ma'at gegen die bereits mit dem ersten Geschlecht einsetzende Bosheit der Menschen durchzusetzen, und er ist nicht in der Lage, die Konsequenzen daraus zu ziehen, nämlich die Vernichtung des Menschengeschlechts. So nimmt die Gewalt ihren Lauf, und da die Götter die Menschheit nicht vernichten, sind sie letztlich verantwortlich für die Gewalttaten der Starken gegen die Schwachen.

Mit der im Mittleren Reich neu konstituierten staatlichen Ordnung knüpft die Weisheit wieder an die Lehre des Alten Reiches an. In der Königslehre für Merikare werden die klassischen Weisheitsideale wieder installiert:

>Sei ein Meister im Reden, um zu siegen. Eines Königs Schwertarm ist seine Zunge, Worte besiegen besser als jede Waffe, einen Mann mit geschultem Verstand kann man nicht in Verlegenheit bringen. Sitze du nur auf der Matte: der Weise ist eine Schutzwehr für den Regierenden. Nicht werden ihn die angreifen, die sein Wissen kennen, und so geschieht kein Unheil zu seiner Zeit« (Merikare, 33–39); cf. H. Brunner, Weisheitsbücher, 142.

Hat sich in der Ersten Zwischenzeit so deutlich und für das kollektive Gedächtnis Ägyptens unverlierbar die Differenz zwischen der Lehre der Ma'at und der Erfahrungswirklichkeit gezeigt, so werden nun die Ansätze der Lehre des Ptahhotep, Ma'at und Erfahrungswirklichkeit durch das Totengericht zu vermitteln, ausgebaut, die Jenseitsmotivik ethisiert und das Ethos konsequent auf das Totengericht bezogen. In der aus dem Alten Reich stammenden Lehre des Djedefhor heißt es:

>Statte dein Haus der Nekropole gut aus und richte deinen Platz im Westen wirkkräftig her. Beherzige: Gering gilt uns der Tod, beherzige: Hoch steht uns das Leben – aber das Haus des Todes (das Grab) gilt (ja) dem Leben!« (Djedefhor, 11–15); cf. H. Brunner, Weisheitsbücher, 102.

Diese Sentenz wird in der Lehre für Merikare aufgegriffen und umgeformt:

>Richte deinen Platz im Westen wirkkräftig her, statte dein Haus in der Nekropole gut aus, und zwar durch Rechtschaffenheit und Ma'at-Tun, denn das (allein) ist es, worauf ihre Herzen achten« (Merikare, 301–304); cf. H. Brunner, Weisheitsbücher, 153.

Der Nachsatz aus der Vorlage des Alten Reiches, das Grab diene dem Leben, wurde zugunsten des Zusatzes, durch »Rechtschaffenheit« und »Ma'at-Tun« werde das Grab hergerichtet, gestrichen. Die materielle Vorsorge wurde zu einer ethischen, auf das Totengericht bezogenen Aufgabe umgestaltet. Die Verbindung der Begriffe »Rechtschaffenheit« und »Ma'at-Tun« könnte eine gezielte Anknüpfung an die

Lehre des Ptahhotep sein. Über die Lehre des Ptahhotep hinaus wird der Zusammenhang zwischen Ethos und Totengericht explizit:

>Die Richter (sc. des Totengerichts), die dem Bedrängten das Urteil sprechen – du weißt, daß sie nicht milde sind an jenem Tage, da sie die Hilflosen richten, in der Stunde, da sie die Vorschriften vollziehen. Schlimm ist es, wenn der Ankläger (all)wissend ist. Verlaß dich nicht auf die Länge der Jahre, sie überschauen die Lebenszeit in einer Stunde. Der Mensch bleibt übrig nach dem Sterben, wenn seine Taten auf einen Haufen neben ihn gelegt sind. Das Dortsein währt ewig, daher ist töricht, wer tut, was sie mißbilligen. Wer aber zu ihnen kommt, ohne Unrecht getan zu haben, der wird dort sein wie ein Gott, frei schreitend wie die Herren der Ewigkeit« (Merikare, 102–115); cf. H. Brunner, Weisheitsbücher, 145.

Die Vermittlung von Ma'at und Empirie durch das Motiv des Totengerichts hat dem Verfasser der Lehre für Merikare nicht ausgereicht, und tatsächlich trägt sie ja auch nur für den je einzelnen Menschen. Die Verborgenheit von Ma'at für die Gesellschaft als ganze kann so nicht gelöst werden. Bereits in den »Mahnworten des Ipuwer« war die Differenz von Anspruch des Ma'at-Gedankens und Erfahrungswirklichkeit als Gottesproblem erfaßt worden, so daß nur auf theologischer Ebene die Antwort auf die Kritik am Schöpfergott in den »Mahnworten« gesucht werden konnte:

>Generationen um Generationen gehen dahin unter den Menschen, und Gott, der die Menschennatur kennt, hält sich verborgen. Niemand kann den Schlag des Herrn der Hand abwehren, und was die Augen sehen, ist (nur) der Angegriffene. Gott wird auf seinem (Prozessions-)Weg verehrt, (in seinem Bilde), hergestellt aus kostbaren Steinen, gegossen aus Erz. Wie jede Welle durch eine folgende Welle ersetzt wird, so gibt es keinen Fluß, der sich verbergen ließe: er durchbricht den Kanaldamm, hinter dem er sich verborgen hatte« (Merikare, 290–298); cf. H. Brunner, Weisheitsbücher, 152 f.

Wurde in den »Mahnworten des Ipuwer« dem Schöpfergott der Vorwurf der Untätigkeit gemacht, so antwortet die Lehre für Merikare darauf, Gott halte sich zwar vor den Menschen, deren negative Natur er kenne, verborgen, wirke aber dennoch unaufhaltsam in ihrer Lebenswelt. Der Mensch solle also nicht versuchen, das Handeln Gottes durchschauen und rationalisieren zu wollen. Vielmehr wird der Mensch darauf verwiesen, das Gottesbild kultisch zu verehren, da hier der Schöpfergott dem Menschen nahe sei. Kultische Pflichten gegenüber der Gottheit zu erfüllen, erhält ein eigenes Gewicht neben dem ethischen Handeln als Schlüssel für ein gelingendes Leben hier und im Jenseits:

>Tu etwas für die Gottheit, damit sie dir Gleiches tue, mit Opfern, die den Altar gedeihen lassen, und mit Inschriften. Das ist dann ein Merkmal deines Namens, und Gott ist eingedenk dessen, der etwas für ihn getan hat« (Merikare, 306–311); cf. H. Brunner, Weisheitsbücher, 153.

Die konnektive Gerechtigkeit, die über das soziale Gedächtnis zu einer Verknüpfung von Tat und Ergehen nach dem *do ut des*-Prinzip führt, wird von der Ebene gesellschaftlichen Handelns auf die Gottesbeziehung übertragen. Hier wird die Weiche für eine Entwicklung gestellt, in der das Lebensziel des Menschen die persönliche Relation zu Gott ist und nach einem Ma'at-gemäßen Handeln in den empirischen Handlungsfeldern zu trachten, zurücktritt, so sehr der Verfasser der Lehre für Merikare zu verhindern sucht, daß Ethos und kultische Pflicht auseinanderbrechen, wenn er einen Tenor anklingen läßt, der an die Kultkritik der Propheten Israels erinnert:

»Angenommen wird das Wesen des Rechtschaffenen eher als das Rind des Sünders«
(Merikare, 305); cf. H. Brunner, Weisheitsbücher, 153.

Daß die Gottheit gegenüber dem einzelnen Menschen, der ihr gegenüber die kultischen Pflichten wahrt, nach dem *do ut des*-Prinzip vergilt und in diesem Sinne »Ordnung« herrscht, wird zum Unterpfand für das Funktionieren Ma'at-gemäßer Ordnung auch unter den Menschen. Doch das damit verbundene theologische Problem, daß der Schöpfergott zur Funktion menschlichen Tuns wird, ist dem Verfasser der Lehre für Merikare auch geläufig. Konsequent ordnet er dem Tun des Menschen das Handeln des Schöpfergottes vor, der schon immer für den Menschen gehandelt habe. Mit einem großen Hymnus an den Schöpfergott schließt die Lehre für Merikare in diesem Sinne ab:

> »Wohlversorgt sind die Menschen, das Vieh Gottes. Um ihretwillen hat er Himmel und Erde geschaffen und für sie den Gierigen des Wassers vertrieben. Er hat die Luft geschaffen, damit ihre Nasen leben können. Seine Abbilder sind sie, aus seinem Leibe gekommen. Er geht um ihretwillen am Himmel auf, für sie hat er die Pflanzen geschaffen, Vieh, Vögel und Fische, um sie zu ernähren. Er hat seine Widersacher getötet, und (sogar) seine eigenen Kinder verringert, weil sie planten, sich zu empören. Für sie schafft er das Licht und fährt (am Himmel), um sie zu sehen. Er hat sich eine Kapelle errichtet zu ihrem Schutz, und wenn sie nun weinen, so hört er. Er hat für sie Herrscher gebildet im Ei, Machthaber, den Rücken des Schwachen zu stützen. Er hat ihnen den Zauber geschaffen, Waffen, dem Schlag des Unheils zu wehren, über dem gewacht wird bei Tag und bei Nacht. Er hat die Aufrührer unter ihnen getötet, wie ein Mann seinen Sohn züchtigt dessen Bruder zuliebe. Gott kennt jeden Namen« (Merikare, 312–334); cf. H. Brunner, Weisheitsbücher, 153 f.

Das ganze Gewicht der Aufgabe, dem Menschen Geborgenheit in der Welt zu geben, liegt nun auf dem Glauben an die dem Menschen wohlgetane Schöpfung. Der Mensch ist Widersacher. Es bleibt offen, wie das mit seiner Gottesebenbildlichkeit zu vermitteln ist. Diese Diskrepanz bleibt unaufgelöst wie die zwischen theologischem Anspruch und Erfahrungswirklichkeit. So verweist der Hymnus auf den Kultus als Garanten der Gottesnähe und auf die Königsherrschaft als Garanten sozialer Ordnung, die die Schwachen stützt. Die Ma'at aber wird in diesem Hymnus, der die Lehre theologisch begründet, nicht mehr erwähnt. Der darin aufklingende Theodizee-Gedanke, in den Leiden der Ersten Zwischenzeit habe der Schöpfergott Menschen, die planten, sich gegen ihn zu erheben, getötet wie er die Urflut bändigte, um so dem Menschen ein pädagogisches Zeichen der Züchtigung zu geben, war im Horizont des Ma'at-Gedankens nicht denkbar. Die Begründung einer Ethik aus dem Ordnungsgedanken scheitert an der Theodizeeproblematik einer sich keinem Ordnungsgedanken unterwerfenden Erfahrungswirklichkeit, die willkürlich Leid zu verursachen scheint.[44]

Im Neuen Reich kommt diese Entwicklung mit einer sich vom Ma'at-Gedanken lösenden »Persönlichen Frömmigkeit« (cf. o. II 9.1) zum Abschluß. Im Mittelpunkt stehen nicht mehr die Tugenden, die der Weise in den Ordnungen der Ma'at zu erfassen und in seinem Tun zu realisieren sucht, um so seinem Leben den Weg des

---

44 Es ist offensichtlich, daß mit dem Schöpfergotthymnus ein eigenständiges Traditionsstück in die Lehre für Merikare aufgenommen wurde, doch ist das in diesem Hymnus entfaltete Gottesbild der Lehre keineswegs fremd, so daß es sich hier nicht um einen Fremdkörper in der Lehre handelt, sondern um ihren theologischen Integrationspunkt.

Gelingens zu weisen, sondern die Frömmigkeit gegenüber der Gottheit, die allein das Schicksal des einzelnen Menschen bestimmt:

> »Lege dich nicht schlafen, wenn du das Morgen fürchtest: ›Wenn es tagt, wie ist dann das Morgen?‹ Der Mensch weiß nicht, wie das Morgen ist. Gott ist immer in seinem Erfolg, während der Mensch immer in seinem Versagen ist. Eines sind die Worte, die der Mensch spricht, ein anderes ist, was Gott tut. Sage nicht: ›Ich bin sündlos‹ und versuche dann, dich (an Gott) heranzuschmeicheln. Die Sünde ist bei Gott aufgehoben, sie ist mit seinem Finger besiegelt. Es gibt nichts Vollkommenes in der Hand Gottes, es gibt nur Versagen vor ihm. Wer nach Vollkommenheit strebt, der zerstört sie im gleichen Augenblick. Mache dein Herz fest und stark und mache dich nicht zum Steuermann deiner Zunge; die Zunge des Menschen ist (zwar) das Steuerruder des Schiffers, sein Pilot (aber) ist der Allherr« (Lehre des Amenemope, 370–389); cf. H. Brunner, Weisheitsbücher, 250 f.

Der Erfolg des Lebens wird nicht mehr darauf zurückgeführt, daß sich das Handeln in die Ordnung einfügt. Der Mensch hat im Gegenteil aus eigenem Vermögen keine Möglichkeit zu gelingendem Leben. Einzig die Gottheit kann Leben gelingen lassen. Doch entzieht sich der Wille der Gottheit jeder menschlichen Rationalisierung. Grundsätzlicher noch löst sich die Persönliche Frömmigkeit vom Ma'at-Gedanken, wenn sie dem Menschen die Fähigkeit abspricht, sein Lebensschiff selbst zu steuern. Nicht mehr Ma'at-Tun, sondern nur Demut gegenüber der Gottheit kann gegen die Lebensangst helfen. Schon in der Lehre für Merikare finden sich Ansätze zu dieser Haltung:

> »Du kennst ja nicht die Pläne Gottes, und morgen sollst du dich nicht schämen müssen. Setze dich in die Arme des Gottes, dann wird dein Schweigen sie (die Gegner) schon zu Fall bringen« (Merikare, 456–459); cf. H. Brunner, Weisheitsbücher, 253.

Das Lebensschicksal entscheidet sich nicht mehr an der gewährten oder verweigerten Solidarität mit dem Mitmenschen, sondern an der Haltung gegenüber der Gottheit, der Demut entgegenzubringen ist. Findet der Mensch in der Erfahrungswirklichkeit keinen Anhalt für eine bergende Ordnung, wird er also mit seiner Lebensangst auf sich zurückgeworfen, so richtet sich sein Vertrauen allein auf die Gottheit – eine Haltung, die mit der Metapher des Schweigens ausgedrückt wird. Diente dieses Motiv in der älteren Weisheit zur Bezeichnung der Tugend der Selbstbeherrschung, so verbindet sich mit dem Schweigen nun die demütige Unterordnung unter den allemal kontingenten Willen der Gottheit. Die Ma'at ist nun eine Gabe der Gottheit, die unvermittelt gegeben wird:

> »Die Ma'at ist ein großer Vorrat Gottes, die gibt er, wem er will« (Amenemope, 410 bis 411); cf. H. Brunner, Weisheitsbücher, 251.

Unter dem Druck der Wirren von zwei Zwischenzeiten und in der Krise der Amarna-Zeit im Neuen Reich zerbricht der Versuch, die Ethik durch die Ma'at zu begründen. Das Scheitern dieses Ethik-Konzepts ist aber noch grundsätzlicher. Die historischen Krisen bewirken nur jeweils Schübe im Erkenntnisvorgang, der zur Auflösung des Ma'at-Konzepts führte. Mit ihm scheitert der Versuch, das Sollen aus dem Sein zu begründen. Aus der Beobachtung von Grundordnungen des Lebens sollen die Handlungsziele gewonnen werden, und aus dem Befolgen der Handlungsziele als Einfügen in die Ordnung soll das Gelingen des Lebens resultieren. Von Anfang an ist dieser weisheitliche Denkzusammenhang mit einer Reihe von Sicherungsmechanismen verbunden. Die wohl markanteste Stütze erhält dieses Ethikkonzept durch die lückenlose Verklammerung der Ordnung der Ma'at mit der

Staatsorganisation und dem König als ihrem obersten Repräsentanten. Durch ihn wird darüber hinaus die Ordnung der Ma'at mit der göttlichen Welt verbunden, in der die Ma'at als Göttin repräsentiert ist. Die Institution des Königtums ermöglicht den Kreislauf des Ausgangs der Ma'at von der göttlichen Sphäre in die Erfahrungswirklichkeit und ihrer Rückkehr in die Götterwelt. Eine Schwäche der Staatsorganisation und des Königtums muß nun aber direkt auf die Ethik durchschlagen und zu ihrer Krise führen. Die Stützungsideologie kann also nur in einer stabilen Gesellschaft die Ethik gegen das Aufbrechen dieses prinzipiellen Widerspruchs schützen, wie umgekehrt die Ma'at-Ideologie nur begrenzt die Staatsherrschaft zu stützen vermag: Ein den Schöpfungsordnungen gemäßes Handeln führt keineswegs notwendig zu einem gelingenden, glücklichen Leben. Immer bleibt die Möglichkeit, daß diejenigen, die gerade wider die Ordnungen handeln, erfolgreicher sind als diejenigen, die dem Ethos der Ordnungen folgen. Das gesellschaftliche Leben ist zu komplex, als daß es sich in Ordnungsvorstellungen einbinden ließe. Und schließlich kann keine Ordnung, auch wenn sie als die Natur, ja als den Kosmos umfassende Schöpfungsordnung gedacht wird, die natürlichen Lebenskontingenzen wie Krankheit und vorzeitigen Tod einbinden. Die kontinuierliche Erfahrung von Lebenskontingenzen, die über die Ordnungen hinausschießen, läßt die Begründung der Ethik aus den Ordnungen der Ma'at, im letzten die Begründung des Sollens aus dem Sein scheitern.

Damit stellt sich die Frage, ob der Weg der Weisheit in Mesopotamien und Israel weiterführt.

2. Die Geschichte der Ethik in der mesopotamischen Weisheit

R. G. Albertson, Job and Ancient Near Eastern Wisdom Literature, in: W. W. Hallo u. a. (Hg.), Scripture in Context II., 1983, 213–230; *R. Albertz*, Ludlul bēl nēmeqi, in: U. Magen u. a. (Hg.), Ad bene et fideliter seminandum. FS K. Deller, 1988, 25–53; *B. Alster*, The Instructions of Šuruppak, 1974; *ders.*, Studies in Sumerian Proverbs, 1975; *ders.*, On the Sumerian Composition »The Father and his Disobedient Son«, RA 69, 1975, 82–84; *ders.*, Paradoxical Proverbs and Satire in Sumerian Literature, JCS 27, 1975, 201–230; *ders.*, Sumerian Proverb Collection Seven, RA 72, 1978, 97–112; *ders.*, Additional Fragments of the Instructions of Šuruppak, Aula Orientalis 5, 1987, 199–206; *ders.*, The Sumerian Poem of Early Rulers and Related Poems, 1990; *ders.*, Väterliche Weisheit in Mesopotamien, in: A. Assmann (Hg.), Weisheit, 1991, 103–115; *J. Bottéro*, Le »dialogue pessimiste« et la transcendance; RThPh 99, 1966, 7–24; *ders.*, Le problème du mal et la justice divine à Babylone et dans la Bible, 1976; *G. Buccellati*, Tre saggi sulla sapienza mesopotamica, OrAnt 11, 1972, 1–36.81–100.161–178; *ders.*, Adapa, Genesis and the Notion of Faith, UF 5, 1973, 61–66; *ders.*, Wisdom and Not, JAOS 101, 1981, 35–47; *M. Civil*, Notes on the »Instructions of Šuruppak«, JNES 43, 1984, 281–298; *S. Denning-Bolle*, Wisdom in Akkadian Literature, 1992; *J. J. A. van Dijk*, La sagesse suméro-accadienne, 1953; *R.S. Falkowitz*, The Sumerian Rhetoric Collection, Ph.D. Diss. Univ. of Pennsylvania, 1980; *G. Farber-Flügge*, Der Mythos »Innana und Enki«, 1973; *B.R. Foster*, Wisdom and the Gods in Ancient Mesopotamia, Or. (N.S.) 43, 1974, 344–354; *T. Frymer*, The Nungal Hymn and the Ekur Prison, JESHO 20, 1977, 78–89; *H. G. Galter*, Die Wörter für »Weisheit« im Akkadischen, in: I. Seybold (Hg.), Meqor ḫajjim, FS G. Molin, 1983, 89–105; *H. Goeseke*, Motive babylonischer Weisheitsliteratur, Altertum 13, 1967, 7 bis 19; *E.I. Gordon*, Sumerian Proverbs: »Collection Four«, JAOS 77, 1957, 67–79; *ders.*, Sumerian Animal Proverbs and Fables: »Collection Five«, JCS 12, 1958, 1–21.43–75; *ders.*, Sumerian Proverbs, 1959; *ders.*, A New Look at the Wisdom of Sumer and Akkad, BiOr 17, 1960, 122–152; *J. Gray*, The Book of Job in the Context of Near Eastern Literature, ZAW 82, 1970, 251–269; *B. Kienast*, Die Weisheit des Adapa von Eridu, in: M.A. Beek u. a. (Hg.),

Symbolae Biblicae et Mesopotamicae. FS F.M.Th. de Liagre Böhl, 1973, 234–239; *S.N. Kramer*, Schooldays, JAOS 69, 1949, 3–19; *ders.*, The Sage in Sumerian Literature, in: J. G. Gammie u. a. (Hg.), (s.u. III 3.1), 31–44; *ders.*, Sumerian Theology and Ethics, HThR 49, 1956, 45–62; *ders.*, Geschichte beginnt mit Sumer, 1959; *ders.*, »Man and his God«, in: M. Noth u. a. (Hg.), (s.u. III 3.1), 170–182; *F.R. Kraus*, Ein Sittenkanon in Omenform, ZA 43, 1936, 77–113; *A. Kuschke*, Altbabylonische Texte zum Thema »Der leidende Gerechte«, ThLZ 1956, 69–75; *W.G. Lambert*, Babylonian Wisdom Literature, 1960; *S.N. Langdon*, Babylonian Wisdom, 1923; *H. P. Müller*, Keilschriftliche Parallelen zum biblischen Hiobbuch, in: ders. (Hg.), Babylonien und Israel, 1991, 400–419; *F. Nötscher*, Biblische und babylonische Weisheit, BZ (N.F.) 6, 1962, 120–126; *J. Nougayrol*, Les sagesses babyloniennes, in: Les Sagesses du Proche-Orient ancien, 1963, 41–51; *K. Oberhuber*, Der numinose Begriff ME im Sumerischen, 1963; *A.L. Oppenheim*, The Position of the Intellectual in Mesopotamian Society, Daed. 104, 1975, 37–46; *E. Reiner*, The Etiological Myth of the »Seven Sages«, Or. (N.S.) 30, 1961, 1–11; *W.H.Ph. Römer/W. von Soden*, Weisheitstexte, TUAT III/1, 1990, 17–188; *A. Sjöberg*, Der Vater und sein mißratener Sohn, JCS 25, 1973, 105–169; *ders.*, Der Examenstext A, ZA 64, 1975, 137–176; *ders.*, Nungal in the Ekur, AfO 24, 1976, 19–46; *W. von Soden*, Religiöse Unsicherheit, Säkularisierungstendenzen und Aberglaube zur Zeit der Sargoniden, in: Studia Biblica et Orientalia, Bd. III, 1959, 356–367; *ders.*, Leistung und Grenze sumerischer und babylonischer Wissenschaft, 1965; *ders.*, Die Frage nach der Gerechtigkeit Gottes im Alten Orient, in: ders., Bibel und Alter Orient, 1985, 57–75; *J.J. Stamm*, Die Theodizee in Babylonien und in Israel, in: H.P. Müller (Hg.), Babylonien (s.o.), 383–399; *ders.*, Das Leiden des Unschuldigen in Babylonien und Israel, 1946; *F. Stolz*, Von der Weisheit zur Spekulation, in: H.J. Klimkeit (Hg.), Biblische und außerbiblische Spruchweisheit, 1991, 47–66; *R.F.G. Sweet*, The Sage in Akkadian Literatur, in: J. G. Gammie u. a. (Hg.), (s. u. III 3.1), 45–65; *ders.*, The Sage in Mesopotamian Palaces and Royal Courts, a. a. O., 99–107; *C. Wilcke*, Philologische Bemerkungen zum Rat des Šuruppag, ZA 68, 1978, 196–232; *ders.*, Göttliche und menschliche Weisheit im Alten Orient, in: A. Assmann (Hg.), Weisheit, 1991, 259–270. *R. J. Williams*, Theodicy in the Ancient Near East, CJT 2, 1956, 14 bis 26; *D. J. Wiseman*, A New Text of the Babylonian Poem of the Righteous Sufferer, AnSt 30, 1980, 101–107.

W. von Soden (s.o. II 9.1) hat 1935 die These entwickelt, in der altbabylonischen Zeit, insbesondere unter dem König Hammurapi, habe es einen Durchbruch in der Versittlichung der Gottesidee gegeben. In der älteren, bis auf die Sumerer zurückgehenden mythischen Überlieferung wurden die Götter mit ihren Stärken und Schwächen recht menschlich als kraftvolle Kriegergestalten oder kluge Ränkeschmiede, die zur Erweiterung ihrer Macht auch List oder Gewalt nicht scheuten, gezeichnet. Die Götter, an die Hammurapi glaubte, wollten, wie u. a. der Prolog des Kodex Hammurapi zeige, nur die Schöpfung in der seit alters gesetzten Ordnung erhalten. Die ältere Zeit konnte dagegen in den Göttern keine makellos reinen Gestalten sehen, sondern nur Wesen gesteigerter menschlicher Art, denen trotz der Ausstattung mit dem ewigen Leben und der Aufgabe des Weltregiments nichts Menschliches fremd war, so daß die mesopotamische Religion auf dieser Stufe auch keine ethischen Impulse vermittelte. Die neue Gottesauffassung dagegen habe in den Göttern Wesen einer den Menschen unerreichbaren Vollkommenheit und Güte gesehen, Wesen, aus deren Anbetung der Mensch ethische Antriebe schöpfen mußte, weil er wußte, daß diese in ihrem Willen zur Erhaltung der Schöpfung von den Menschen ethisches Verhalten forderten. Ein weiterer Schub in der ethischen Rationalisierung der Religion habe die Fremdherrschaft der Kassiten um die Mitte des 2. Jt. in Babylonien mit sich gebracht, wurde sie doch auf göttlichen Zorn zurückgeführt, was ein tiefes Sündenbewußtsein entstehen ließ. Der sittliche Gottesglaube habe in der Kassitenzeit seine überlegene Kraft gezeigt, konnte doch die Notzeit der langen Fremdherrschaft durch ein Scheitern an den ethischen Forderungen der Götter erklärt werden. In der sumerischen Gebetsüberlieferung dagegen wird das Leiden auf Dämonen zurückgeführt. Dieses Bild der Entwicklung des mesopotamischen Ethos ist in seinen evolutionistischen Voraussetzungen zu korrigieren und zugunsten einer stärker funktionalen, an den Literaturgattungen orientierten Sicht zu differenzieren. H. Gese ([s.u. III 3.1], 51–69) konnte aufzeigen, daß der Tat-Ergehenszusammenhang bereits vor Hammurapi in der Schreiberschule des »Tafelhauses« und damit auch die Arbeit am Theodizeeproblem in Mesopotamien Einzug gehalten hat. Prolog und Epilog des Kodex Hammurapi sind nicht Ausdruck einer hammurapischen Reform der Gottesidee, sondern knüpfen an eine Tradition der Einleitung von Rechtskorpora an, die schon im ausgehenden 3. Jt. in der Rechtssatzsammlung des Königs Šulgi belegt ist (cf. o. II 9.1). Diese sumerischen Überlieferungen erfordern eine differenzierte Erklärung. Mythische Überlieferungen, in denen der Aspekt der Sittlichkeit im Handeln der Götter keine Rolle spielt, Rechtsüberlieferungen und weisheitliche Überlieferungen, in denen die Gottheit moralische Instanz ist, sind theologisch zu differenzieren. Dabei ist zwischen offenen und geschlossenen Systemen der Theologie in Mesopotamien zu unterscheiden (Buccellati, Wisdom, 36 f.). Das offene System des Mythos wird durch einen Götterpantheon gebildet, der die Aspekte der empirischen Realität repräsentiert – Tod und Leben, Stabilität und Chaos, Fruchtbarkeit und Unfruchtbarkeit, Mann und Frau etc. – und stets offen ist für die Integration neuer Aspekte. Es hat die Funktion, die Einheit der empirischen Lebenswelt zu begründen und die Distanz des Menschen zur äußeren Natur und Gesellschaft, die ihm nicht durchschaubar und steuerbar sind, zu vermindern. Im Mythos begreift der Mensch in Gestalt der Götter, daß Natur und Gesellschaft der Logik menschlicher Interaktion unterworfen und damit nicht fremd sind. Eine ethische Idealisierung der Götter müßte dieser Funktion gerade Abbruch tun. Im offenen System handeln die Götter nur miteinander, nicht aber mit dem Menschen. Von diesem offenen System ist das geschlossene der Interaktion von Gott und Mensch abzuheben, das der sein Handeln regulierenden Orientierung des Menschen dient. Das geschlossene System kommt u. a. im Recht in der Bindung der Rechtsschöpfung des Königs und im Vertragsrecht in der Bindung der Beeidigung an die Gottheiten zum Tragen. Für den durchschnittlichen mesopotamischen Bürger ist der mythische Pantheon weit entfernt, auch dann, wenn Götter wie Šamaš, Marduk und Ištar gelegentlich in Gebeten angerufen werden. Die Gottesbeziehung des einzelnen konzentrierte sich auf seinen persönlichen Schutzgott, der seinen Lebensweg begleitet und als Vermittlungsinstanz zu höheren Göttern auftritt. Da aber der göttliche Pantheon in der offiziellen Religion in der Interaktion mit der Menschenwelt nicht konsequent geschlossen gehalten werden konnte, sondern Strukturen ethisch ambivalenter Interaktion der Götter untereinander aus dem offenen System irrational auf die Interaktion der Götter mit dem Menschen durchschlagen konnten, lag es für den mesopotamischen Menschen nahe, sich auf ethisch durchschnittlichem Niveau durch das Leben zu schlängeln und die Aufmerksamkeit der Götter so wenig wie möglich auf sich zu lenken. Von der Götterwelt gehen, gebrochen durch das offene System, geringe Impulse der Rationalisierung, das Alltagsleben nach dem Gotteswillen zu gestalten, aus. Priesterliches Denken (cf. u. IV 2.1) und Weisheit sind je eigene Wege gegangen, um diese Lücke zu schließen.

Von der Schulweisheit hebt sich eine volkstümliche Weisheit ab. Im Gott Ea/Enki als »Herrn der Weisheit« wird sie verehrt. Seine Weisheit besteht nicht nur in rituellor Kenntnis, sondern auch darin, daß er der Klügste und Schlaueste unter den

Göttern ist, der planen und organisieren kann. Im Dienst der Götter An und Enlil hält er die Weltordnung, »den Plan von Himmel und Erde« aufrecht. Er wendet Kniffe und Tricks an, um seine Ziele zu erreichen. Dem Menschen wohlgesonnen – in der Sintfluterzählung rettet er die Menschheit vor der Vernichtung – vermeidet er alle Extreme, um ans Ziel zu gelangen. Stets ist er seinen Herren gehorsam und respektiert ihren Willen, fügt sich also in die Hierarchie der Götter ein. Im Adapa-Mythos sind diese Eigenschaften auf Adapa, einen der sieben urzeitlich-vordiluvischen weisen Menschen und Verwalter für den Gott Ea/Enki, übertragen und so weisheitliches Verhalten in der Götter- und Menschenwelt miteinander vermittelt worden:

> Adapa, der als Mensch den Haushalt des Gottes Ea/Enki führte, wurde beim Fischen vom Sturm überrascht. In seinem Zorn brach Adapa durch einen Fluch dem Südwind einen Flügel. Als der Gott An merkte, was geschehen war, wurde er zornig. Er zitierte Adapa zu sich in den Himmel, um ihn zu vernehmen. Ea, der seinen tüchtigen Diener nicht verlieren wollte, verriet Adapa, wie er die Türhüter Dumuzi und Ningišzida gewogen stimmen könnte. Er sollte Trauerkleider anlegen und ihnen sagen, die Erde sei in Trauer, seit sie beide die Erde verlassen hätten. Die Türhüter legten tatsächlich bei An ein gutes Wort ein, so daß Adapa als Gast und nicht als Angeklagter behandelt und zu einem Gastmahl geladen wurde. Ea aber hatte Adapa geraten, keine Speise anzunehmen, da sie tödlich sein könnte, so daß Adapa die ihm angebotene Himmelsspeise, die ihn zu einem Gott und unsterblich gemacht hätte, zurückwies. Gefragt, warum er die angebotene Speise verweigere, gab Adapa den Rat des Ea preis, worauf An in Lachen ausbrach, war er doch von dem Dilemma befreit, den Regeln der Gastfreundschaft folgend, Adapa Speise anbieten zu müssen, ohne ihn unsterblich machen zu wollen.

Die Erzählung kreist um das Thema der Sterblichkeit des Menschen. Sie will aber nicht eine Ätiologie der Sterblichkeit liefern, sondern darin bestärken, daß der Mensch grundsätzlich nicht die ihm mit der Sterblichkeit gesetzte Grenze überschreiten könne. Schon das Volkssprichwort weiß darum:

> »Sage nicht zu Ningišzida: Lasse mich am Leben. Lasse mich nicht durch dieses Tor gehen« (Coll. I 4 f.); cf. E.I. Gordon, Sumerian Proverbs, 43 f.

Verbunden mit dem Wissen um den Tod spielt das Akzeptieren gesetzter Grenzen und Ordnungen in den Sprichworten eine große Rolle:

> »Der Mann des Pflügens der Feldsaat soll das Feld saatpflügen, der Mann, der die Gerste erntet, soll die Gerste ernten« (Coll. IV 47); cf. E.I. Gordon, Collection Four, 75.

Aus dem Wissen um die allen Menschen gesetzten Grenzen resultiert die Mahnung, Maß zu halten:

> »Das Boot ging zu tief (ins Wasser); das hat bewirkt, daß die Kisten über Bord geschwemmt wurden« (Coll. I 91).
> »Wer zuviel ißt, kann nicht schlafen« (Coll. I 106); cf. E.I. Gordon, Sumerian Proverbs, 97.

Fehlt der mesopotamischen Weisheit eine integrierende Mitte wie die der Ma'at-Konzeption[45], so ist es verständlich, daß der um seine Grenzen wissende, sterbliche Mensch konsequent in die Arme des persönlichen Gottes gerufen wird:

---

45 Zum sumerischen Begriff ME zur Bezeichnung von Ordnungsaspekten, der sich vom Ma'at-Begriff unterscheidet, cf. H.H. Schmid (III 1), 115–118, sowie K. Oberhuber, der den Aspekt numinoser Macht betont.

»Gürte dich selbst! (Dein) Gott ist deine Hilfe«.
»Es ist nicht Reichtum, der dich stützt. Es ist (dein) Gott«.
»Du bist klein oder groß, es ist (dein) Gott, der dich unterstützt«
(Assyr. Coll. II 29 f.42–45); cf. W.G. Lambert, 227 f.

Geborgenheit und Rettung in der Not vermögen nur die Götter zu geben:

> »›Wehe!‹ sprach er dazu, das Boot sank, ›einen Schöpfeimer‹ sprach er dazu. Die Ru-
> derstange brach ab. Der Mann sprach: ›Wehe, o Gott!‹ Da nahte sich das Boot seinem
> (Bestimmungs-)ort« (Coll. VII 77); cf. B. Alster, Collection Seven, 104; W.H.Ph. Rö-
> mer, TUAT III/1, 27.

Die Sprichworte verbindet mit dem offenen System des Mythos die Funktion der
Einbindung des Menschen in seine Umwelt. Wie der Mythos enthält auch die
überwiegende Mehrzahl der Volkssprichworte keinen ethischen Appell, vielmehr
werden Ordnungen und Grenzen beschrieben, wird gemahnt, diese zu wahren, aber
konkrete ethische Normen werden kaum damit verbunden. Vor falscher Rede, der
Lüge, wird gelegentlich gewarnt. Ansonsten bleiben Gut und Böse abstrakt:

> »Durch Leben sollst du das Böse nicht lügnerisch vergrößern: dich zu beugen liegt (ja
> vielmehr) in deinem Lose« (Coll. VII 50); cf. B. Alster, Collection Seven, 103; W.H.Ph.
> Römer, 26.

In der Schulweisheit erhalten die ethischen Mahnungen eigenes Gewicht. Dienen
die Volkssprichworte der Integration des Menschen in seine Lebenswelt, so will die
gelehrte Weisheit, die sich hier mit priesterlichem Denken berührt, ethische Weisungen als strukturierende Zielpunkte für das Handeln geben, die ihren Ausgangspunkt im Handeln der Götter haben. Beim Einzug des Gottes Ninurta in den
Tempel werden ethische Normen rezitiert (cf. o. II 9.2):

> »Wer Verkehr mit der Ehefrau eines (anderen) Mannes hat, trägt eine schwere Schuld.
> Wer üble Nachrede äußert, der Verleumdung schuldig ist, wer haltlose Gerüchte über
> Seinesgleichen äußert, wer falsche Anschuldigungen gegen seinen Bruder erhebt, wer
> den Armen bedrückt, wer den Schwachen dem Starken ausliefert, wer ... seinen
> Nachbarn mit Lügen ... Ein Maulheld, wer in den Feldern seines Nachbarn ...«;
> cf. W.G. Lambert, 119.

Die Solidarität mit dem gesellschaftlich Schwachen wird auch in einem Hymnus auf
die Göttin Nanše aus Lagaš betont:

> »Sie, welche die Waise kennt, welche die Witwe kennt, die Unterdrückung des Men-
> schen durch den Menschen kennt, Mutter der Waise ist, Nanše, welche für die Witwe
> sorgt, Gerechtigkeit (?) für die Ärmsten (?) erstrebt. Die Königin nimmt den Flücht-
> ling in ihren Schoß, gibt dem Schwachen Schutz ... Um die Waisen zu trösten, und auf
> daß es keine Witwen mehr gebe, um für die Mächtigen eine Stätte des Verderbens zu
> schaffen, um die Mächtigen den Schwachen zu überantworten ... ergründet Nanše die
> Herzen der Menschen.«

Dem positiven, Normen setzenden Handeln der Göttin entspricht eine Liste von
Verhaltensweisen, die sie ablehnt. Sie haßt:

> »die, welche auf gesetzlosen Pfaden wandeln, frech die Hand erhoben haben, welche
> die geltenden Normen verletzten, Verträge gebrochen haben, welche ein kleines Ge-
> wicht an die Stelle eines großen Gewichts gesetzt haben, welche ein kleines Maß an die
> Stelle eines großen Maßes gesetzt haben ... welche, nachdem sie gegessen hatten, nicht
> sagten, ich habe gegessen, welche, nachdem sie getrunken hatten, nicht sagten, ich
> habe getrunken, welche sagten, ich will essen, was verboten ist, welche sagten, ich will
> trinken, was verboten ist«; cf. S.N. Kramer, Ethics, 57 f.

Die Solidarität mit dem Schwachen findet sich auch in den Weisheitslehren in sumerischer und akkadischer Sprache. So heißt es in der Lehre des Šuruppaq:

> »Einen Schuldner sollst du nicht fortschicken: Es wird der betreffende Mann dir (nachher) feindlich gesonnen sein. Dem Sohn eines Bauern sollst du keineswegs Schläge verabreichen: Er hat deine (Bewässerungs-)kanäle angelegt« (54; 154); cf. B. Alster, Instructions, 36.42; W.H.Ph. Römer, 54.59.

Die Solidarität wird mit der Erfahrung begründet, daß ein Schwacher, den man zurückweist, zum Feind werden kann und man ihm Leistungen verdankt, die es zu schätzen gilt. In den »Ratschlägen und Warnungen für rechtes und falsches Tun und Reden« wird dagegen ein solidarisches Verhalten gegenüber dem Schwachen theologisch begründet:

> »Dem Schwachen (gegenüber aber) zeige Mitleid, die ... darfst du nicht verachten, herrisch nicht die Nase über sie rümpfen! Gegen einen solchen ist sein Gott voll des Zornes, es mißfällt dem Šamaš und er könnte es ihm böse vergelten! Laß (auch andere) essen, tränke (sie) mit Feinbier, schenke, was gewünscht wird, versorge und ehre (sie)! Über einen solchen freut sich sein Gott, er gefällt dem Šamaš und der vergilt ihm mit Gutem; laß Hilfe angedeihen, handle freundlich alle Tage! ... Dem Armen nicht zu geben, ist ein Greuel für Marduk« (56–64.164); cf. W.G. Lambert, 100–102.106. W. von Soden, TUAT III/1, 165 f.168.

Neben den Warnungen vor falscher Rede, Verletzung der Ehre und Streit steht die Mahnung, Böses mit Gutem zu vergelten:

> »Mit dem, der Streit mit dir sucht, verfeinde dich nicht (noch mehr), dem, der dir Böses antut, vergilt mit Gutem! Dem, der dir übel will, halte die Gerechtigkeit entgegen! Deinem Feind begegne dein Sinn strahlend (freundlich), ist er aber dein Neider, dann gib ihm überreichlich ...! Nicht trachte dein Sinn nach Bösem, denn das gefällt den Göttern, Böses aber ... ist ein Greuel für Marduk! Unbill aber sich zu merken, ist ein Greuel für Ninurta« (41–49); W.G. Lambert, 100; W. von Soden, TUAT III/1, 165.

Ein solches Verhalten, das Böses mit Gutem vergilt, ist vordergründig dadurch begründet, daß es Streit vermeidet, denn »Streit ist wie eine weit geöffnete Grube«, tiefergründig aber durch den Willen der Götter, denen das Böse ein Greuel ist. So läßt sich dieses Ethos der Lehre des Šuruppaq zusammenfassen:

> »Ein liebendes Herz ist es, das Häuser baut, aber ein hassendes Herz ist es, das Häuser zerstört« (203 f.); cf. B. Alster, Instructions, 44; W.H.Ph. Römer, 62.

Ist der Wille der Gottheit direkter Begründungszusammenhang für weisheitlich-ethisches Verhalten, so nimmt es nicht Wunder, daß in den »Ratschlägen und Warnungen für rechtes und falsches Tun und Reden« die Wahrnehmung kultischer Verpflichtungen Teil des weisheitlichen Verhaltenskanons ist:

> »Rufe deinen Gott täglich an im Gebet, Opfer und Bitte gehören zum Räucherwerk! Für deinen Gott ein freiwilliges Opfer habe (im Sinn)! Ebendies steht der Gottheit zu: Gebet, Anrufen, und Nasestreichen (Bittgestus). Du gibst ihm ein Körnchen, dann ist ein Talent dein Gewinn, und weit darüber hinaus kommst du mit dem Gott ins reine. Noch in deiner Lebenszeit sieh hinein in die Tafel: (Gottes-)Furcht erschafft Gutes, das Opfer bewirkt Leben über alle Erwartung, auch (erreicht) das Gebet die Sündenvergebung. Den Gottesfürchtigen mißachtet (niemand), wer die Anunnaku (Götter der unteren Regionen) verehrt, verlängert seine Tage!« (135–147); cf. W.G. Lambert, 104; W. von Soden, TUAT III/1, 167 f.

Ist der Mensch angesichts seiner in der Sterblichkeit augenfällig werdenden Grenzen auf die Götter, insbesondere den persönlichen Schutzgott geworfen, so hebt das nicht den weisheitlichen Grundimpuls auf, Ordnungen und Grundstrukturen des Lebens zu erfassen, die ein gelingendes Leben ermöglichen. Das Wissen um die Grenze führt zu einer Haltung, die Überhebung vermeidet, wie es bereits die Sprichworte drastisch zum Ausdruck bringen:

> »Nachdem der Fuchs ins Meer uriniert hatte, (sprach er): ›Das ganze Meer ist mein Urin!‹ Nachdem der Fuchs in den Tigris uriniert hatte, (sprach er): ›Ich lasse die Karpfenflut hochsteigen!‹ Er hat den Fuchs (noch) nicht gefangen, (doch) macht er (schon) eine hölzerne Halszwinge für ihn« (Coll. II 67–68); cf. E.I. Gordon, Sumerian Proverbs, 222–224; W.H.Ph. Römer, 35.

Handelt der Mensch innerhalb der Ordnungen, so kann sein Leben gelingen, da der Zusammenhang von Tat und Ergehen zu den ordnenden Strukturen gehört:

> »Man beleidigte denjenigen, der beleidigte, man rümpfte die Nase gegen denjenigen, der die Nase rümpfte« (Coll. III 69); W.H.Ph. Römer, 37.

In der Lehre des Šuruppaq wird aus dieser Beobachtung eine Mahnung geformt:

> »Du sollst keine Gemeinheit reden: Nachher wird es sich wie eine Falle nach dir ausstrecken« (43); cf. B. Alster, Instructions, 36 f.; W.H.Ph. Römer, 53.

Die Tat kehrt zum Täter zurück:

> »Wer dabei ist, Häuser zu zerstören, den wird ein Haus dabei zerstören; wer dabei ist, Menschen aufzuscheuchen, den wird ein Mensch dabei aufscheuchen« (Šuruppaq 188); cf. B. Alster, Instructions, 44; W.H.Ph. Römer, 61.

In dem altbabylonischen »Sittenkanon in Omenform« wird der Zusammenhang von Tat und Ergehen ähnlich konstatiert:

> »Wenn er das Gute liebt, wird auch ein Gutes ihn stets lieben. Wenn er liebevoll ist, wird er viele Söhne bekommen (...). Wenn er Gutes erweist, erweist man ihm Gutes. Wenn er stets in Ordnung hält, wird er alt (...). Wenn er zu fluchen pflegt, fällt es auf ihn zurück. Wenn er verdächtigt, ebenso«; cf. F.R. Kraus, Sittenkanon, 98 f. 102 f.

Der Zusammenhang von Tat und Ergehen ist nicht als ein automatisch wirksamer, durch die Tatsphäre vermittelter gedacht, sondern wird durch die Gottheit, meist durch den Sonnengott, den Gott der Gerechtigkeit, vermittelt:

> »Er ließ das Schiff in Redlichkeit mit dem Winde segeln, da suchte der Sonnengott ihm immer wieder einen sicheren Kai. Er ließ das Schiff zwecks Schlechtigkeit mit dem Winde segeln, da machte er es von den Ufern (fern), immer wieder zum Wrack« (Coll. I 86 f.); cf. E.I. Gordon, Sumerian Proverbs, 84; W.H.Ph. Römer, 32 f.

Trotz des Bewußtseins um die den Menschen gesetzten Grenzen kommt auch die mesopotamische Weisheit nicht umhin, das für jede Ethik zentrale Problem der Vermittlung von Ethos und gelingendem Leben durch den Gedanken eines von den Göttern gesicherten, ja hergestellten Zusammenhangs von Tat und Ergehen zu lösen. Damit aber steht auch sie vor dem Problem, daß sich Theorie und Empirie nicht zur Deckung bringen lassen, da es Fälle gibt, in denen gerechtes Handeln nicht ein glückliches, gelingendes Leben nach sich zieht, sondern Ursache von Unglück und Niederlage im Leben werden kann:

> »Obwohl mein Herz größer ist als ein Obstgarten, geht dort die Sonne (Anspielung auf den Sonnengott als Gott der Gerechtigkeit) nicht auf« (Coll. VII 79); cf. B. Alster, Collection Seven, 104; W.H.Ph. Römer, 28.

Der Feind kann triumphieren:

»Das Rind des Feindes frißt Gras, das eigene Rind liegt hungrig da« (Coll. VII 81a); cf. B. Alster, Collection Seven, 104; W.H.Ph. Römer, 28.

Die Sprichworte wissen davon, daß die Trauer zum Begleiter des Menschen werden kann:

»Ich spiele dich am Tage, täglich spiele ich dich, Leier des Weinens, du wirst immer wieder dabeistehen!« (Coll. VII 24); cf. B. Alster, Collection Seven, 103; W.H.Ph. Römer, 24.

Zum weisheitlichen Denken gehört der Versuch, diese Diskrepanz zwischen Tat und Ergehen zu erklären. Eine Lösung kann in einer skeptisch-realistischen Anthropologie in der prinzipiellen Abneigung des Menschen gegen das Gute gesucht werden:

»In bezug auf das Brot eines (anderen) Menschen ist ›Ich will es dir geben‹ nahe, aber es zu geben ist himmelweit entfernt! (Auch wenn du sagst:) ›Ich will (das Versprechen) »Ich will es dir geben!« dem Manne nahelegen!‹, wird er es dir nicht geben: Das Brot ist vorher aufgebraucht« (Šuruppaq, 98–101); cf. B. Alster, Instructions, 38.40; W.H.Ph. Römer, 56.

Eine andere Erklärung sieht, daß der Mensch das Unglück intensiver wahrnimmt als das Glück und damit auch die Diskrepanz von Tat und Ergehen stärker als die Kongruenz:

»Was du gefunden hast, erwähnst du nicht, (nur) das, was du verloren hast, erwähnst du« (Coll. I 11); cf. E.I. Gordon, Sumerian Proverbs, 47; W.H.Ph. Römer, 31.

Ein weiteres Erklärungsmuster bedient sich des Schicksalsgedankens. Das Ergehen wird nicht mit dem Tun vermittelt, sondern leitet sich unmittelbar aus einem undurchschaubaren Schicksal ab, dem selbst die Götter unterworfen sind:

»Das Schicksal (ist wie) ein wütender Sturmwind, der im Lande Sumer weht. Das Schicksal ist wie ein Hund: es läuft hinter ihm her« (Coll. II 13 f.); cf. E.I. Gordon, Sumerian Proverbs, 187 f.; W.H.Ph. Römer, 34.
»Der Schicksalsdämon ist (wie) ein Hund, er konnte beißen, (aber) er bedeckte (doch auch) immer wieder wie (mit) einem Trauergewand« (Coll. VII 70); cf. B. Alster, Collection Seven, 103; W.H.Ph. Römer, 27.

Trifft den Menschen ein unerklärliches Unglück, so kann er von einem Priester Beschwörungen ausrufen lassen, die das Übel, das auf ein ihm nicht bewußtes Fehlverhalten zurückgeführt wird, abwehren. In der Beschwörungsserie Šurpu enthält Tafel II (s.u. IV 2.1) eine umfangreiche Auflistung von Vergehen. Im Bekennen des möglicherweise unbewußten Fehlverhaltens ist die Wende angelegt. Die Götter können sich dem Leidenden wieder zuwenden. Nicht gelöst werden aber die Fälle, in denen die Beschwörung keine Wende der Not bringt. Wenn das unschuldige Leiden fortdauert, so weitet sich die Diskrepanz von Tat und Ergehen zur Gottesfrage aus. Ist die Gottheit, zuerst der persönliche Gott, nicht willens oder in der Lage, die sittliche Ordnung durchzusetzen? Brechen Ethos und gelingendes Leben auseinander, so wird die Theodizeefrage unausweichlich. In dem Gedicht »Ich will preisen den Herrn der Weisheit« führt das »Klageerhörungsparadigma« (Gese [s.u. III 3.1], 52–57) über die Notschilderung der Klage und die Unschuldsbeteuerung zur Schilderung einer Traumvision, die die Wende der Not offenbart, um schließlich mit dem Bericht der Errettung, Reinigung und des Endes allen Übels zu schließen. Dieses Gedicht, das zahlreiche Parallelen zu den Klagepsalmen des AT aufweist, beschreibt Erfahrungen der

Notwende.[46] Da diese Erfahrungen nicht verallgemeinerungsfähig sind, können sie auch nicht ein Aufbrechen der Theodizeefrage verhindern. Die Weisheit ist gefordert, sie zu lösen. Hier wird über die Tragfähigkeit des weisheitlichen Ethikkonzepts entschieden. In der »Babylonischen Theodizee« aus der ersten Hälfte des 1. Jt. soll eine weisheitliche Antwort auf die Theodizeefrage gegeben werden. Ein unschuldig Leidender disputiert mit seinem gelehrten Freund und klagt über die Differenz zwischen Ethos und gelingendem Leben:

> »Achte auf mich, mein Freund, nimm zur Kenntnis meine Gedanken, merke dir die erlesene Aussage meiner Rede! Sie bewerten hoch die Worte des Einflußreichen, der sich im Morden auskennt, schätzen aber niedrig den Schwachen, der keine Schuld hat! Sie bestätigen den Schlechten, dessen Abscheu der Wahrheit gilt; sie vertreiben den Rechtschaffenen, der auf den Willen Gottes achtet. Sie füllen mit Gold den Schatz des Übeltäters, machen aber leer die Vorratskrüge, den Lebensunterhalt des Kraftlosen. Sie lassen stark werden den Herrischen, bei dem alles Sünde ist, vernichten aber den ganz Schwachen, stoßen um den nicht Leistungsfähigen. Auch mich, den so Schwachen, verfolgt immer der Neureiche« (XXV 265–275); cf. W.G. Lambert, 86; W. von Soden, TUAT III/1, 156.

Der Freund versucht in den Redegängen mit unterschiedlichen Argumentationsfiguren dem Problem beizukommen. Der Klage über den Erfolg der rücksichts- und bindungslos handelnden Neureichen hält der Freund entgegen, daß ihr Glück durch eine Todesstrafe des Königs jäh beendet sein könne (VI 63 f.). Da aber die Voraussetzung der Dichtung die immer wieder bestätigte Erfahrung der Diskrepanz von Tat und Ergehen ist, kann ein anderes Erfahrungsdatum nicht die Lösung sein. So ruft der Freund die in der Todesverfallenheit sichtbar werdende Grenze des Menschen auf:

> »Mein geschätzter Freund, der du (in) Trübsal sprachst, (mein) Lieber, der du deinen Sinn nach Schlimmem trachten ließest! Deinen regen Verstand machtest du dem Untüchtigen gleich, dein (sonst) strahlendes Gesicht ließest du ganz finster werden. Hingegeben waren unsere Väter, mußten (immer) den Weg des Todes gehen, ›den Fluß der Unterwelt werde ich überschreiten‹ sagen sie seit jeher!« (II 12–17); cf. W.G. Lambert, 70; W. von Soden, TUAT III/1, 147.

In einer anderen Argumentationsfigur verlegt sich der Freund auf die Undurchschaubarkeit des Gotteswillens:

> »Wie das Innere des Himmels sind die Gedanken der Götter unerfindlich ... Der Sinn des Gottes ist wie das Innere des Himmels uns fern, seine Klugheit ist schwer zu fassen, daher begreifen ihn der Mensch (sie) nicht. Bei den Geschöpfen der Aruru (Muttergöttin), allen, die leben, warum ist da allenthalben ein Abkömmling nicht richtig abgenabelt (benachteiligt)? Der Kuh erstes Kalb kann geringwertig sein, ihr späteres Junges entspricht dem Doppelten davon. Ein Tölpel als Sohn wird zuerst geboren, tüchtig und tapfer wird der zweite genannt. Man mag aufmerken, aber was der Plan Gottes ist, begreifen die Menschen nicht« (VIII 82; XXVI 256–264); cf. W.G. Lambert, 76.86; W. von Soden, TUAT III/1, 151.155 f.

---

46 Das Leiden wird in diesem Lehrgedicht konsequent auf den Zorn Marduks in der Funktion eines persönlichen Gottes zurückgeführt. Daß damit aber die Theodizeefrage gar nicht aufkommen könne (R. Albertz), kann aus dem Gesamtaufbau des Lehrgedichts und seiner theologischen Lösung nicht abgeleitet werden. Die Theodizeefrage ist wie im Hiobbuch der Anlaß und Ausgangspunkt des Lehrgedichts; die Lösung liegt, im Gegensatz zum Hiobbuch, in der Anerkennung der Berechtigung des Strafzornes Marduks durch den Lobgesang.

Schließlich muß der Freund eingestehen, daß angesichts des unschuldigen Leidens jeder überzeugende Versuch der Vermittlung von Ethos und gelingendem Leben scheitert, wenn er keinen anderen Ausweg mehr anbietet, als den Ursprung des Bösen bei den Göttern zu suchen:

> »Sie haben geschenkt der Menschheit die mehrdeutige Rede; mit Lügen und Unwahrheit beschenken sie sie für immer. Volltönend äußern sie, was für den Reichen gut ist; (sagen) ›er ist ein König, ein reicher Besitz steht ihm zur Verfügung!‹ Wie einen Dieb behandeln sie schlecht den schwächeren Menschen; mit Niedertracht beschenken sie ihn, stellen ihm mit Mord nach. Bösartig packen sie ihm jegliches Übel auf, weil er der Führung ermangelt; in Kraftlosigkeit lassen sie ihn vergehen, löschen ihn aus wie glühende Asche« (XXVI 279–286); cf. W.G. Lambert, 88; W. von Soden, TUAT III/1, 156 f.

So bleibt dem Dulder am Schluß nur die Hoffnung, daß der persönliche Gott, der ihn im Stich gelassen hat, einen Helfer stellt und der König ihm Versöhnung schenkt:

> »Barmherzig bist du, mein Freund, höre gut zu der Wehklage! Hilf mir, Beschwerliches erfuhr ich, nimm es zur Kenntnis! Ein Sklave, der viel weiß und viel betet, bin ich, einen Helfer und Unterstützung sah ich auch für kurze Zeit nicht. Über den Platz meiner Stadt gehe ich friedlich, das Rufen wurde nicht laut, gedämpft war meine Rede. Mein Haupt erhob ich nicht, sah nur zur Erde; einem Sklaven gleich sage ich den Lobpreis nicht in der Versammlung meiner Gefährten. Einen Helfer möge mir stellen der Gott, der mich im Stich ließ; Erbarmen haben mögen die Götter, die mich . . . Der Hirte, die Sonne der Menschen (der König), möge wie ein Gott Versöhnung schenken« (XXVII 287–297); cf. W.G. Lambert, 88; W. von Soden, TUAT III/1, 157.

Eine weisheitliche Ethik, die das Sollen aus dem Sein begründet, scheitert und führt wie in Ägypten zur Aufhebung ihrer Voraussetzungen. Aus der Empirie sind keine Strukturen ableitbar, die als Normen des Handelns Erfolg und damit gelingendes Leben sichern können. Die Erfahrungswirklichkeit ist zu komplex, als daß sie sich auf erkennbare Strukturen reduzieren ließe.

Wird die Empirie als undurchschaubar begriffen, so kann sich in der mesopotamischen Theologie damit der Gedanke der Transzendenz der Götterwelt verbinden und beides sich zu einem Lebenskonzept des *carpe diem* zusammenschließen. Wird die Empirie undurchschaubar und brechen damit Ethos und gelingendes Leben auseinander, so bleibt dem Menschen nur, sich ohne Rücksicht auf ethische Vorgaben auf ein glückliches und erfolgreiches Leben voll der Sinnesfreuden zu konzentrieren. Ein Gedicht aus dem 17. Jh., das B. Alster (cf. Rulers) »Gedicht von den Urzeitkönigen« genannt hat, wird damit eröffnet, daß der Gott Enki (Ea) die Regeln für das menschliche Leben begründet. Auf diese uranfängliche Tat folgt eine Zeit der Urzeitkönige – die aber nun endgültig vorbei ist. Der Mensch bleibt der Welt gegenüber machtlos zurück. Der Himmel ist so weit entfernt, daß die Hand ihn nicht erreicht, die Erde so tief, daß er sie nicht fassen kann. Das Leben ist kurz für den Menschen und kein Licht erstrahlt darin; es ist kaum besser als der Tod. Auf einen Tag der Freude folgen 36 000 Jahre des Schweigens. Was also soll der Mensch tun? Allzuviel Kummer soll er durch Sinnesfreuden vertreiben.

In einem aus neuassyrischer Zeit stammenden satirischen Dialog eines Herren mit seinem Sklaven wird mit der als undurchschaubar gebrandmarkten Ordnung die lebensspendende Funktion der Religion in Frage gestellt. Der Herr stellt eine These auf, zu der der Sklave sofort die passenden Argumente liefert, um dann im selben Atemzug das Gegenteil zu behaupten, wofür der Sklave wiederum in sophistischer Manier gute Argumente bringt. Schließlich verhöhnt der Herr auch die Religion:

> »Sklave, stimme mir zu! – Jawohl, mein Herr, jawohl! – Stracks rüttle mich auf und gib mir Wasser für meine Hände, damit ich meinem Gott ein Opfer zurüsten kann! – Rüste zu, mein Herr, rüste zu! Ein Mann, der seinem Gott ein Opfer zurüstet, ist frohen Herzens; er gewinnt Vertrauen über Vertrauen! – Nein, Sklave, ich werde ein Opfer eben meinem Gott nicht zurüsten! – Rüste nicht zu, mein Herr, rüste nicht zu! Du lehrst deinen Gott, daß er wie ein Hund hinter dir her läuft. Entweder Riten oder eine Latarak (Gottes)-(Figur) oder irgend etwas sonst wird er von dir fordern!« (53 bis 61); W.G. Lambert, 139–149; cf. W. von Soden, TUAT III/1, 162.

Als Gegenreaktion gegen eine Veräußerlichung und Verkarstung neuassyrischer Religion verbindet sich weisheitliches Denken mit einer beißenden Religionskritik, die der Text im Doppelselbstmord von Herrn und Sklaven als die einzig noch mögliche Reaktion auf eine sinnlos gewordene Welt auf die Spitze treibt. Man mag fragen, ob der weisheitliche Text damit über sich hinaus weisen will und *via negationis* die Notwendigkeit eines Vertrauens in die Welt und die Götter verdeutlichen will.

Daß dies keineswegs die einzige Antwort des mesopotamischen Denkens auf Krisenerfahrungen war, belegt nun aber, daß zeitgleich mit diesem pessimistischen Dialog der große Hymnus an den Sonnengott der Gerechtigkeit in Assyrien populär war und in der Bibliothek des Königs Assurbanipal gesammelt wurde:

> »Du zerstörst die Hörner (Macht) dessen, der Böses plant, wer tückisch ist, dessen Fundamente werden zerstört. Den ungerechten Richter läßt du den Kerker kennenlernen, wer Bestechungsgelder annimmt, wer Gerechtigkeit Abbruch tut, ihm legst du Strafe auf. Wer sich aber der Bestechung verweigert, dem Bestechungsgeschenk, und die Partei des Schwachen ergreift, der gefällt Šamaš und er wird sein Leben verlängern« (95–100); W.G. Lambert, 130.132.

Es war der mespotamischen Weisheit nicht mehr vergönnt, den Gedanken einer sich offenbarenden, vom Sonnengott ausgehenden Weisheit, die das Handeln des Menschen ordnet, systematisch auszuarbeiten und damit die Konsequenzen aus der Krise des Ansatzes bei der Erfahrung zu ziehen.

3. Die Geschichte der Ethik in der israelitischen Weisheit

3.1 Die induktive Ethik der Ordnungen und ihre Aporien in der älteren Weisheit

W. Baumgartner, Die israelitische Weisheitsliteratur, ThR 5, 1933, 259–288; *L. Boström*, The God of the Sages, 1990; *W. Bühlmann*, Vom rechten Reden und Schweigen, 1976; *C. Camp*, Wisdom and the Feminine in the Book of Proverbs, 1985; *R.E. Clements*, Wisdom in Theology, 1992; *J. L. Crenshaw* (Hg.), Studies in Ancient Israel Wisdom, 1976; *ders.*, OT Wisdom, 1981; *H. Delkurt*, Grundprobleme alttestamentlicher Weisheit, VF 36, 1991, 38–71; *ders.*, Ethische Einsichten in der alttestamentlichen Spruchweisheit, 1993; *P. Doll*, Menschenschöpfung und Weltschöpfung in der alttestamentlichen Weisheit, 1985; *K. Engelken*, Erziehung zur Gewaltlosigkeit?, BN 45, 1988, 12–18; *J. Fichtner*, Die altorientalische Weisheit in ihrer israelitisch-jüdischen Ausprägung, 1932; *M.V. Fox*, Words for Wisdom, ZAH 6, 1993, 149–169; *J. G. Gammie* u. a. (Hg.), The Sage in Israel and the Ancient Near East, 1990; *E. Gerstenberger*, Zur alttestamentlichen Weisheit, VF 14, 1969, 28–44; *H. Gese*, Lehre und Wirklichkeit in der alten Weisheit, 1958; *M. Gilbert* (Hg.), La sagesse de l'AT, ²1990;

F. W. Golka, The Leopard's Spots, 1993; *R. Gordis*, The Social Background of Wisdom Literature, HUCA 18, 1943/44, 77–118; *H.-J. Hermisson*, Studien zur israelitischen Spruchweisheit, 1968; *K. Koch*, Gibt es ein Vergeltungsdogma im AT, in: ders., Vergeltung (s.o. II),130–180; *B.W. Kovacs*, Is there a Class-Ethics in Proverbs?, in: J. L. Crenshaw u. a., (s.o. I), 171–189; *B. Lang*, Klugheit als Ethos und Weisheit als Beruf, in: A. Assmann (Hg.), Weisheit, 1991, 177–192; *W. McKane*, Proverbs,⁴1985; *A. Meinhold*, Der Umgang mit dem Feind nach Spr 25,21 f. als Maßstab für das Menschsein, in: J. Hausmann u. a. (Hg.), Alttestamentlicher Glaube und Biblische Theologie. FS H. D. Preuß, 1992, 244–252; *D.F. Morgan*, Wisdom in the OT Traditions, 1981; *H.P. Müller*, Die alttestamentliche Weisheitsliteratur, EvErz 37, 1985, 244–256; *R.E. Murphy*, Religious Dimensions of Israelite Wisdom, in: P.D. Miller u. a. (Hg.), Ancient Israelite Religion. FS F.M. Cross, 1987, 449–458; *P.J. Nel*, The Structure and Ethos of the Wisdom Admonitions in Proverbs, 1982; *M. Noth* u. a. (Hg.), Wisdom in Israel and in the Ancient Near East, 1955; *O. Plöger*, Zur Auslegung der Sentenzensammlungen des Proverbienbuches, in: H. W. Wolff (Hg.), Probleme biblischer Theologie. FS G. v. Rad, 1971, 402–416; *H. D. Preuß*, Einführung in die alttestamentliche Weisheitsliteratur, 1987; *G. von Rad*, Weisheit in Israel,³1985; *ders.*, Theologie des AT, Bd. I,⁹1987; *H.H. Schmid*, Gerechtigkeit als Weltordnung, 1968; *N. Shupak*, The »Sitz im Leben« of the Book of Proverbs in the Light of a Comparison of Biblical und Egyptian Wisdom Literature, RB 94, 1987, 98–119; *U. Skladny*, Die ältesten Spruchsammlungen in Israel, 1962; *C. Westermann*, Wurzeln der Weisheit, 1990; *ders.*, Weisheit und Theologie, ThBeitr. 23, 1992, 93–105; *R.N. Whybray*, The Social World of the Wisdom Writers, in: R.E. Clements (Hg.), The World of Ancient Israel, 1989, 227–250; *ders.*, Wealth and Poverty in the Book of Proverbs, 1990; *ders.*, Thoughts on the Composition of Proverbs 10–29, in: E. Ulrich u. a. (Hg.), Priests, Prophets, and Scribes. FS J. Blenkinsopp, 1992, 102–114; *J. G. Williams*, Those Who Ponder Proverbs, 1981; *W. Zimmerli*, Ort und Grenze der Weisheit im Rahmen der alttestamentlichen Theologie, in: ders., Gottes Offenbarung,²1969, 300–315; *ders.*, Die Weisheit Israels, EvTh 31, 1971, 680 bis 695.

Weisheitliches Denken deduziert Ordnungen aus empirischer Beobachtung. Abläufe, in denen sich konstant ein Zusammenhang von Ursache und Wirkung einstellt, vermitteln den Eindruck einer geordneten Lebenswelt. Daß dem Menschen diese Ordnungen nur partiell erkennbar und nur an Einzelphänomenen ablesbar sind, bleibt ein in der Gattung der Sprüche als primäre Gattung weisheitlichen Erkennens stets gewahrtes Wissen um die Erkenntnisgrenzen. »Bedenkt man nun, daß jedes Volk auf die Ausformung dieser Art von Weisheit große Mühe und Kunst verwendet hat, ja daß die gnomische Apperzeption überhaupt eine der vornehmsten Denkformen des Menschen und eine Waffe im Kampf um einen geistigen Lebensinhalt ist, so will es scheinen, daß es für den Menschen zwei ganz verschiedene Formen von Wahrheitsapperzeption gibt: eine systematische (philosophische oder theologische) und eine empirisch-gnomische« (v. Rad, Theologie, 434). Mit der Gattung des Weisheitsspruchs wird das Wissen um die erkenntnistheoretischen Grenzen des Empirismus zum Ausdruck gebracht. Die Voraussetzungen der Ordnungen und damit des Wissens, was die Welt im Innersten zusammenhält, ist dem Menschen nicht aus der Beobachtung empirischer Abläufe zur Hand. Ist die Gattung des Weisheitsspruchs die Primärgattung weisheitlicher Geistesbeschäftigung, so ist der Ausgangspunkt für die Darstellung der theologischen Ethik der Weisheit in Israel in den vorexilischen Proverbiensammlungen in Prov 10–31 zu nehmen.[47]

Will weisheitliches Erkennen durch »gnomische Apperzeption« Ordnungsstrukturen erfassen, so bietet sich zunächst die Natur an. Die Naturbeobachtung gibt das Modell ab, um auch in der sehr viel spröderen Welt menschlicher Sozialität

---

47 Die Literaturgeschichte der Sammlungen in Prov 10–31 beginnt mit der partiellen Rezeption der ägyptischen Lehre des Amenemope in Prov 22,17–24, 22.

aus der Beobachtung des Verhaltens von Menschen Ordnungsstrukturen im Schema von Ursache und Wirkung abzuleiten:

»Nordwind bringt Regen, verborgene Zunge verdrießliche Gesichter« (Prov 25,23);
»Wenn das Holz ausgeht, verlischt das Feuer, wo keiner, der aufhetzt, da ist, beruhigt sich der Streit« (Prov 26,20);
»Eisen schärft man am Eisen, ein Mann erfreue das Gesicht seines Freundes« (Prov 27,17);
»Totenreich und Untergang werden nicht satt, und die Augen des Menschen werden nicht satt« (Prov 27,20);
»Drei sind es, die nicht satt werden, vier sagen nicht: Genug! Das Totenreich und der verschlossene Mutterleib, die Erde wird nicht satt an Wasser und das Feuer sagt nicht: Genug!« (Prov 30,15 f.).

Wie die Natur gibt die Lebenswelt des Menschen auch Rätsel auf und entzieht sich einer Durchdringung durch den menschlichen Erkenntniswillen:

»Drei Dinge sind zu wunderbar für mich, und vier kann ich nicht begreifen: Den Weg des Adlers am Himmel, den Weg einer Schlange auf dem Felsen, den Weg eines Schiffes inmitten des Meeres und den Weg eines Mannes bei einer jungen Frau« (Prov 30,18 f.).

Die menschliche Sozialität läßt aber ähnlich wie die Natur einige Gesetzmäßigkeiten erkennen:

»Schon ein Knabe läßt an seinen Taten erkennen, ob sein Tun lauter und rein sein wird« (Prov 20,11);
»Der Faule pflügt nicht im Herbst, sucht er in der Erntezeit, ist nichts da« (Prov 20,4);
»Ein frohes Herz tut dem Leib wohl, ein niedergedrücktes Gemüt läßt die Knochen verdorren« (Prov 17,22);
»Ein Mann vieler Freunde freundet sich (immer wieder) an; und das gibt es: ein Freund ist anhänglicher als ein Bruder« (Prov 18,24);
»Der Satte tritt Honig mit Füßen, dem Hungrigen aber schmeckt alles Bittere süß« (Prov 27,7).

Werden durch die Beobachtung der empirischen Lebenswelt Ordnungsstrukturen erfaßt, so geht es in einem zweiten Schritt darum, dem Handeln Orientierung zu geben, die der Empirie angemessen sein muß. Das beginnt mit praktischen Dingen wie der Viehzucht:

»(V.23) Verstehe dich auf das Aussehen deiner Schafe und richte deine Aufmerksamkeit auf deine Herden, (V.24) denn Besitz dauert nicht ewig und Reichtum nicht für alle Zeit. (V.25) Kommt das Gras hervor, erscheint das Grün, sammelt man die Kräuter auf den Bergen, (V.26) dann gibt es Lämmer für deine Kleidung, Böcke als Kaufpreis für den Acker, (V.27) und der Bedarf an Ziegenmilch reicht für deine Nahrung, für die Nahrung deiner Familie und als Lebensunterhalt für deine Mägde« (Prov 27, 23–27).

Die Orientierung des Handelns wird weitergeführt, indem Gesetzmäßigkeiten, die sich aus der Hierarchie der Gesellschaft ergeben, erfaßt werden:

»Wie das Knurren des Löwen ist der Zorn des Königs, wie Tau auf dem Gras sein Wohlwollen« (Prov 19,12).

Daraus kann dann eine implizite Handlungsanweisung werden, den König nicht zu erzürnen:

»Wie das Knurren des Löwen ist der Zorn des Königs, wer ihn erzürnt, verwirkt sein Leben« (Prov 20,2).

Aber nicht allein die Anpassung an die Hierarchie sichert den Lebenserfolg. Auch der einzelne ist in seiner Aktivität gefordert, läßt sich doch allenthalben beobachten, daß der Faule sich um den Erfolg im Leben bringt:

>(24,30) Über den Acker eines Faulen bin ich gegangen, und über den Weinberg eines Unverständigen. (V.31) Und siehe, es wuchsen überall Disteln auf ihm, seine Fläche war mit Unkraut bedeckt und seine Steinmauer war eingerissen. (V.32) Ich sah es, ich richtete mein Herz darauf, ich sah es und zog die Lehre daraus: (V.33) Noch ein wenig schlafen, noch ein wenig schlummern, noch ein wenig die Arme verschränken, um auszuruhen, (V.34) da kommt schon die Armut wie ein Wanderer über dich und die Not wie ein Bewaffneter« (Prov 24,30–34).

Die Beobachtung menschlichen Sozialverhaltens hat eine besondere Sensibilität für die Macht des Wortes entwickelt. Das rechte Wort zur rechten Zeit kann ein Segen sein, insbesondere wenn Konflikte zu lösen sind, das falsche Wort aber kann Konflikte hervorrufen und verschärfen. Auch das Schweigen kann Ausdruck der Weisheit sein. Kriterium zur Entscheidung darüber, ob ein Wort recht oder falsch ist, ist nicht nur die Situationsgemäßheit von Reden und Schweigen, sondern auch die in den Worten zum Ausdruck kommende Gesinnung. Erst sie läßt ein Wort zu einem rechten werden.

>(V.9) Mit dem Mund verdirbt der Ruchlose seinen Nächsten, aber durch Kenntnis werden die Gerechten gerettet. (V.10) Wenn es dem Gerechten gut geht, jubelt die Stadt, sie freut sich beim Untergang des Frevlers. (V.11) Durch den Segen des Aufrechten erhebt sich eine Stadt, aber durch den Mund der Frevler wird sie eingerissen. (V.12) Seinen Nächsten macht verächtlich, wer ohne Verstand ist, aber ein Mann von Einsicht schweigt. (V.13) Wer als Plauderer umhergeht, gibt Geheimes preis, der Zuverlässige behält eine Sache für sich. (V.14) Ohne Führungskunst kommt ein Volk zu Fall, aber Rettung ist dort, wo viele Ratgeber sind« (Prov 11,9–14);
>Leben und Tod sind in der Gewalt der Zunge, wer sie liebevoll gebraucht, genießt ihre Früchte« (Prov 18, 21).

Wenn die Handlungsziele nicht in einer möglichst optimalen Anpassung an eine durch gesellschaftliche Strukturen bestimmte Situation aufgehen, sondern Handeln erst dann weise ist, wenn es an ein weisheitliches Gesinnungsethos gebunden ist, so ist nach den ethischen Werten zu fragen, auf die hin Weisheit erziehen will. Neben dem Fleiß, der Kunst des rechten Redens und Schweigens stehen Langmut, Selbstbeherrschung, Demut und Bescheidenheit als Erziehungsziele:

>Der Langmütige hat viel Einsicht, der Jähzornige treibt die Torheit auf die Spitze. Ein gelassenes Herz bedeutet Leben für den Leib, aber Fäulnis für die Knochen ist die Eifersucht« (Prov 14, 29 f.);
>Stolz kommt vor dem Zusammenbruch und vor dem Straucheln Hochmut« (Prov 16,18);
>Vor dem Zusammenbruch ist das Herz im Menschen hochmütig, aber vor der Ehre liegt Demut« (Prov 18,12).

Eine langmütige Haltung, die verzeihen kann, erwächst aus der langen Beschäftigung mit den Grenzen, die dem Menschen gesetzt sind:

>Die Einsicht eines Menschen macht ihn langmütig, sein Schmuck ist es, über Verfehlungen (anderer) hinwegzugehen« (Prov 19,11).

Diesem Ethos fehlt ein heroisch-asketischer Zug und Antrieb zu ethischer Höchstleistung. Es setzt nicht auf äußere Stärke, die, zur Grundlage des Lebenserfolgs gemacht, die Selbstüberhebung nach sich ziehen kann. An die Stelle des

Vertrauens auf Stärke und Macht wird die Langmut gesetzt, die allem Heldentum vorgezogen wird:

> »Besser langmütig als ein Kriegsheld, besser, sich selbst zu beherrschen als eine Stadt zu erobern« (Prov 16,32);
> »Der Weise ersteigt eine Stadt von Kriegshelden, er bringt die Befestigung ihres Vertrauens zu Fall« (Prov 21,22).

Mit dem Verzicht auf äußere Macht und Stärke geht das Ideal der Barmherzigkeit einher. Der Mensch soll nicht in der Haltung triumphaler Selbstdurchsetzung dem anderen Menschen begegnen, sondern, alle Selbstüberhebung vermeidend, dem anderen Menschen in seinen Zielen dienen:

> »Eine barmherzige Seele wird gestärkt, und wer labt, wird selbst gelabt werden« (Prov 11,25).

Eine Haltung, die das Wohl des anderen Menschen zu stärken sucht, wird letztlich auch nicht gegen das eigene Wohl desjenigen sein, der von seinem vordergründigen Eigennutz absieht und dem anderen Menschen dient. Ethos und gelingendes Leben werden zusammengehalten:

> »Wer seinen Nächsten verachtet, verfehlt sich, wer sich aber der Elenden erbarmt – wohl ihm« (Prov 14, 21);
> »Das Verlangen des Frevlers geht nach dem Bösen, kein Erbarmen findet sein Nächster in seinen Augen« (Prov 21,10);
> »Wer einem Armen gibt, hat keinen Mangel, wer seine Augen verschließt, viel an Flüchen« (Prov 28, 27).

Das ethische Ideal, die Ziele des anderen Menschen um seiner selbst willen zu befördern, wird im Horizont einer sozial zerklüfteten Gesellschaft zur Forderung nach der Solidarität mit dem Schwachen in der Gesellschaft. Wie die Priesterschaft auf die Verarmungsprozesse mit dem Aufruf zu sozialer Barmherzigkeit und Solidarität reagiert (cf. o. II 9), so findet auch die vorexilische Weisheit, deren Ethos in privilegierten Schichten der Gesellschaft gepflegt wurde, zu einem Armenethos, das dadurch begründet ist, daß jede Form triumphalistischer Selbstüberhebung zu meiden ist. Diese Haltung verdichtet sich zur Forderung, auf Vergeltung zu verzichten und Solidarität noch mit dem Feinde zu üben:

> »Wenn dein Feind Hunger hat, speise ihn mit Brot, wenn er Durst hat, gib ihm Wasser zu trinken. Fürwahr, feurige Kohlen sammelst du auf seinem Haupt[48], und JHWH wird es dir vergelten« (Prov 25, 21 f.);
> »Sage nicht: Ich will das Böse vergelten, vertraue auf JHWH, er wird dir helfen« (Prov 20, 22).

Wenn der Mensch darauf verzichten soll, das Ethos gegen das Böse vergeltend durchzusetzen, so bedarf es Gottes als Garanten der Ordnung. Ethos des Verzichts auf Vergeltung weist über sich hinaus und kann nicht in der Ordnung selbst, nach der zu vergelten wäre, gesucht werden.

Gott ist die Grenze des Erkennens. Dem empirischen Erkennen stehen nur Teilaspekte der umfassenderen, die Empirie strukturierenden Ordnungen offen. Der Weise kann versuchen, einige Teilaspekte zu vernetzen. Er tut dies schon im Ein-

---

48 S. Morenz (ThLZ 78, 1953, 187–192) sieht in einem ägyptischen Bußritus, bei dem ein Gefäß mit glühenden Kohlen auf dem Kopf getragen wird, den Hintergrund dieses Bildes.

zelspruch, wenn er Gesetzmäßigkeiten in der Natur und Ordnungen des gesellschaftlichen Lebens miteinander verbindet. Komplexere Aspektvernetzungen werden wie in den Rechtssammlungen durch die Redaktionsstrukturen in den Sammlungen der Weisheitssprüche möglich. Doch niemals sind die Ordnungsstrukturen
umfassend erkennbar, da Empirie und Ordnungsstrukturen nicht identisch, sondern die Strukturen Aspekte der Empirie sind, die in der Beobachtung nur partiell
aufleuchten. Die Strukturen der Empirie wiederum bilden kein geschlossenes System, sondern sind offen für Gott, der, alle Ordnung transzendierend, ihre Grenze
ist. Das gilt auch da, wo Gott die Ordnungen durchsetzt und vollendet:

>JHWH läßt das Verlangen des Gerechten nicht ungesättigt, aber die Gier der Frevler
stößt er zurück« (Prov 10, 3);
>Das Haus des Stolzen reißt JHWH nieder, aber die Grenze der Witwe macht er fest«
(Prov 15, 25);
>Wer einem Geringen gegenüber barmherzig ist, leiht JHWH, und seine Tat vergilt er
ihm« (Prov 19,17).

Ein Ethos des Fleißes, das zur Selbstüberhebung führt, findet in den Konsequenzen
seine Grenze in JHWH:

>Reichtum nützt nichts am Tage des Zorns, Gerechtigkeit aber rettet vom Tod« (Prov
11,4).

Weisheit kommt dort zu ihrem Ziel, wo Gott als Grenze aller Weisheit erkannt
wird:

>Keine Weisheit gibt es und keine Einsicht, keinen Rat, der gegenüber JHWH be-
stehen kann« (Prov 21, 30).

Die Weisheit kann das Leben in seiner Komplexität nicht endgültig in Strukturen
einbinden:

>Das Pferd ist hergerichtet für den Tag der Schlacht, aber der Sieg gehört JHWH«
(Prov 21, 31);
>Im Bausch des Gewandes wirft man das Los, aber von JHWH kommt jeder Ent-
scheid« (Prov 16, 33);
>Viele Pläne faßt das Herz eines Mannes, aber der Rat JHWHs – er erhebt sich (zur
Wirklichkeit)« (Prov 19, 21).

Der Erfolg des guten Handelns liegt letztlich bei Gott:

>Der Segen JHWHs macht reich, eigene Mühe fügt nichts hinzu« (Prov 10, 22).

Gehen die Lebenswege des Menschen nicht in den Ergebnissen seines Handelns auf,
so ist dem Menschen verwehrt, Herr seines Lebens zu sein, ja seinen Lebensweg
und sein Schicksal völlig zu verstehen:

>Von JHWH stammen die Schritte eines Mannes, ein Mensch, wie kann er seinen Le-
bensweg verstehen?« (Prov 20, 24).

Angesichts der Grenzen findet die Weisheit ihr Ziel in der JHWH-Furcht:

>Der JHWH-Fürchtige hat starke Zuversicht, auch für seine Söhne ist er eine Zu-
flucht. Die JHWH-Furcht ist eine Quelle des Lebens, um den Fallstricken des Todes
auszuweichen« (Prov 14, 26 f.).

Führt die Weisheit zur Gottesfurcht als Ziel und Grenze, so weist sie über sich
hinaus auf die Anbetung Gottes im Gottesdienst, in der die Gottesfurcht ihren ge-
nuinen Ausdruck findet. Sie kann es aber nicht zulassen, daß der Kultus das Ethos

relativiert. Opfer, die nicht im Alltagsleben an das Ethos gebunden sind, werden als wirkungslos abgewertet:

»Das Opfer von Frevlern ist (JHWH) ein Greuel, um so mehr, wenn es mit Berechnung dargebracht wird« (Prov 21, 27).

Die Kultkritik der Propheten, die das Ethos dem Kultus vorordnen (cf. o. II 9.5) berührt sich hier mit weisheitlicher Theologie.

Das Wissen um JHWH als Grenze der Weisheit kann ein Streben nach optimalem Lebenserfolg zugunsten eines Strebens nach Bescheidenheit, das die Gefahren von Wohlstand und Erfolg für den Glauben meidet, relativieren:

»(V.7) Um zweierlei bitte ich dich, versage es mir nicht, bevor ich sterbe. (V.8) Falschheit und Lügenwort halte fern von mir! Armut und Reichtum gib mir nicht! Laß mich das mir bestimmte Maß an Brot essen, (V.9) damit ich nicht satt werde und (Gott) verleugne, und sage: ›Wer ist JHWH?‹, damit ich nicht als Armer zum Dieb werde und mich am Namen meines Gottes vergreife!« (Prov 30,7–9).

Mit dem Wissen um Gott als Grenze wird auch der äußere Lebenserfolg relativiert. Armut und Reichtum verlieren vor Gott ihre Bedeutung:

»Wer über einen Armen spottet, schmäht seinen Schöpfer, wer sich über ein Unglück freut, wird nicht freigesprochen« (Prov 17,5);
»Ein Reicher und ein Armer begegnen sich, JHWH ist es, der sie allesamt geschaffen hat« (Prov 22,2).

Nicht nur der Lebenserfolg, auch das Ethos selbst kann vor Gott relativiert werden:

»Ein Armer und ein Bedrücker begegnen sich, JHWH erleuchtet ihrer beiden Augen« (Prov 29,13).

In der Ethik des Politischen läßt sich nachvollziehen, was wir für das weisheitliche Ethos insgesamt, von seinem empirischen Ansatz bis zur Erkenntnis seiner Grenzen, die über sich hinaus auf JHWH weisen, entfaltet haben. Ausgangspunkt ist die Königsideologie. Das Königtum ist die Voraussetzung für ein geordnetes Leben. Die Güte des Königs durchwaltet die Gesellschaft:

»Güte und Wahrheit behüten den König, und er stützt durch Güte seinen Thron« (Prov 20, 28).

Die Segenswirkung des Königs kann auf seiner Gottunmittelbarkeit beruhen, handelt er doch als Mandatar Gottes:

»Wie Wasserbäche ist das Herz eines Königs in der Hand JHWHs, wohin es ihm gefällt, lenkt er es« (Prov 21,1).

Der König soll der Nothelfer der Armen sein, die sonst keinen anderen Rückhalt in der Gesellschaft haben:

»Öffne deinen Mund für einen Stummen, für das Recht aller Schwachen. Öffne deinen Mund, richte gerecht! Und schaffe Recht dem Elenden und Armen« (Prov 31,8 f.).

Die Erfahrung kennt aber auch die gegenläufige Auswirkung des Königtums, das durch Steuerwesen und Fron die sozialen Konflikte erst schafft:

»Ein König richtet das Land durch Recht auf, wer Abgaben erpreßt, reißt es ein« (Prov 29,4).

Eine Ursache wird darin gesehen, daß der König gerecht ist, aber schlechte Berater haben kann:

»Trennt man den Frevler vom König, so wird sein Thron durch Gerechtigkeit befestigt« (Prov 25,5).

Der lautere König, der das Recht der Armen und Elenden aufrichtet, kann zum Vorbild für den Bürger werden. Er befördert durch seine Autorität das Ethos in der Gesellschaft:

»Wer die Lauterkeit des Herzens liebt, wessen Lippen anmutig sind, dessen Freund ist der König« (Prov 22,11).

Doch auch die Bindung des Ethos an den König findet seine Grenze in JHWH:

»Viele suchen das Angesicht eines Herrschers, aber von JHWH kommt das Recht eines jeden!« (Prov 29,26).

Begrenzt Gott alle Herrschaftsideologie und das daran gebundene Ethos, so können sich die zum ideologischen Anspruch der politischen Segenswirkung der Königsherrschaft gegenläufigen Erfahrungen zu einer konsequenten Herrschaftskritik verdichten:

»(V.24) Vier sind es, die die kleinsten sind auf Erden, aber sie sind doch die weisesten: (V.25) Die Ameisen sind kein starkes Volk, aber sie besorgen sich im Sommer ihre Nahrung, (V.26) die Klippdachse sind kein kräftiges Volk, aber sie bauen im Felsen ihre Wohnung. (V.27) Die Heuschrecken haben keinen König, dennoch ziehen sie allesamt geordnet aus. (V.28) Eine Eidechse fängst du mit der Hand, dennoch hält sie sich in Palästen des Königs auf« (Prov 30, 24–28).

Die Naturbeobachtung wird über die Vernetzung von Ordnungsstrukturen hinaus zur kritischen Instanz für die hierarchische Ordnung des gesellschaftlichen Lebens. Die Tierwelt verzichtet auf triumphalistisches Machtgehabe und entspricht damit dem weisheitlichen Erziehungsideal. Sie verzichtet auf ein Königtum und ist dennoch in der Lage, ein geordnetes Leben sicherzustellen. In der weisheitlichen Jothamfabel (Ri 9,8–15) ist die Herrschaftskritik allegorisierend ausgebaut worden. Die Herrschaftskritik ist nicht allein durch Naturbeobachtung legitimiert, sondern auch durch die Schöpfungstheologie. Wenn in der von Gott geschaffenen Lebenswelt Gemeinwesen ohne Herrschaft eines Königs funktionieren, so sollte das auch für das Gemeinwesen der Menschen gelten.

Das Wissen um Gott als Grenze führt in der Spruchweisheit zu einer Relativierung des individualethischen und sozialethischen Ethos. Die Weisheit vollzieht damit Entwicklungen, die sich ähnlich auch in der ägyptischen Weisheit beobachten lassen, ohne darin von der ägyptischen Weisheit abhängig zu sein. Mit dem Wissen um JHWH, den Schöpfergott (Prov 14,31; 17,5; 22,2), auf den sich auch die persönliche Frömmigkeit warf, war das Thema der Ordnung in der Erfahrungswelt und ihres Erfolgs und damit der Zusammenhang von Tat und Ergehen als theologisches Problem aufgegeben. Der Mensch macht die Erfahrung, daß ethisches Handeln keineswegs immer den Lebenserfolg befördert, triumphalistische Verhaltensweisen, die auf Macht und Selbstdurchsetzung aus sind, aber durchaus Lebenserfolg nach sich ziehen können.

Die Proverbienweisheit hat mehrere Antworten auf die Erfahrung der Differenz von Tat und Ergehen gegeben. Ein Lösungsweg, den auch die Josephserzählung kennt, ist die Zerdehnung des Tat-Ergehenszusammenhangs:

»Durch Unrecht erworbene Schätze nützen nichts, aber Gerechtigkeit rettet vor dem Tod« (Prov 10, 2);

»Der Frevler macht trügerischen Gewinn, wer Gerechtigkeit aussät, hat beständigen Lohn« (Prov 11,18);
»Wer schuldlos lebt, wird gerettet werden, wer krumme Wege geht, wird mit einem Male fallen« (Prov 28,18).

Der Erfolg des Ungerechten ist kurzlebig. Die Weisheit ermahnt, darauf zu vertrauen, daß am Ende nur der Gerechte Bestand haben werde.
Eine andere Erklärung sieht im unerklärlichen Leiden den Aspekt der Erziehung:

»Wundstriemen säubern im Innern und Schläge die Kammern des Leibes« (Prov 20,30).

Die »Besser-Sprüche« mahnen dazu, das Ethos höher zu schätzen als den äußeren Lebenserfolg, also am Ethos auch dann festzuhalten, wenn sich der Lebenserfolg nicht einstellt:

»Besser ein Armer, der ohne Schuld lebt, als ein Reicher, der krumme Wege geht« (Prov 28,6);
»Besser wenig mit Gerechtigkeit als viel Reichtum mit Ungerechtigkeit« (Prov 16,8).

Was aber begründet dieses »besser«? Zuletzt ist es der Verweis auf die Gottesfurcht und das Vertrauen, daß JHWH den Gerechten nicht unglücklich lassen werde:

»Besser wenig in JHWH-Furcht, als ein großer Schatz und keine Ruhe« (Prov 15,16).

Damit wird die Erfahrung der Diastase von Tat und Ergehen wieder an die Schöpfungstheologie verwiesen. So an ihre Grenzen gekommen, mußte die Begründung des weisheitlichen Ethos ein verstärktes Gewicht erhalten, um die Aporien der Differenz von Ethos und gelingendem Leben durchstehen zu können. Ein Ansatz in der Beobachtung der Erfahrungswelt, die Ordnungsstrukturen in Natur und Gesellschaft sondert, reicht nicht aus, da die Lebenswelt oftmals gegenläufige Erfahrungen bereithält. Sie ist mehrdeutig und verweigert sich einer Begründung des Sollens aus dem Sein. Die Autoren der Spruchweisheit waren sich darüber im Klaren, daß ihnen stets nur Partikularaspekte der empirischen Wirklichkeit erkennbar sind, sie also nur Teilaspekte der Ordnungen erfassen können. Auch eine Vernetzung von Ordnungsaspekten in Einzelsprüchen und Redaktionen von Spruchsammlungen konnte ihnen niemals den Blick auf die Gesamtheit von Wirklichkeit eröffnen. Wenn die Aporien gnomischer Apperzeption über sich hinaus auf die Schöpfungstheologie verweisen, so liegt es nahe, hier den Ausgangspunkt weisheitlicher Begründung des Ethos zu suchen, also nicht mehr induktiv, sondern deduktiv vorzugehen. Fallen in der älteren Spruchweisheit Erfassen und Begründen der Normen zusammen, so tritt in der jüngeren Weisheit die Begründungsthematik eigenständig in den Vordergrund.

3.2 Die deduktive Ethik der Ordnungen und ihre Aporien in der jüngeren Weisheit.

R. *Albertz*, Der sozialgeschichtliche Hintergrund des Hiobbuches und der »Babylonischen Theodizee«, in: J. Jeremias u. a. (Hg.), Die Botschaft und die Boten. FS H. W. Wolff, 1981, 349–372; *F. J. Backhaus*, »Denn Zeit und Zufall trifft sie alle«. Zu Komposition und Gottesbild im Buch Qohelet, 1993; *R. Bartelmus*, Haben oder Sein – Anmerkungen zur Anthropologie des Buches Kohelet, BN 53, 1990, 38–67; *S. H. Blank*, An Effective Literary Device in Job XXXI, JJS 2, 1951, 105–107; *J. Blenkinsopp*, The Social Context of the »Outsider Woman« in Proverbs 1–9, Bib. 72, 1991, 457–473; *G. Boström*, Proverbiastudien, 1935;

W. A. Brindle, Righteousness and Wickedness in Ecclesiastes 7:15–17, AUSS 23, 1985, 243–257; *V. Camp*, What's so Strange about the Strange Woman, in: D. Jobbling u. a. (Hg.), The Bible and the Politics of Exegesis. FS N.K. Gottwald, 1991, 17–31; *P. Carney*, Theodicy in the Book of Qohelet, in: H. Graf Reventlow u. a. (Hg.), Justice and Righteousness, 1992, 71–81; *Th.P. McCreesh*, Wisdom as Wife: Proverbs 31:10–31, RB 92, 1985, 24–46; *J. L. Crenshaw*, The Eternal Gospel (Eccl. 3:11), in: ders. u. a. (Hg.), (s.o. I), 23–56; *ders.*, Prohibitions in Proverbs and Qohelet, in: E. Ulrich u. a., Priests, Prophets and Scribes. FS J. Blenkinsopp, 1992, 115–124; *M.B. Crook*, The Marriageable Maiden of Prov 31:10–31, JNES 13, 1954, 137–140; *F. Crüsemann*, Die unveränderbare Welt, in: W. Schottroff u. a. (Hg.), Der Gott der kleinen Leute, 1979, 80–104; *ders.*, Hiob und Kohelet, in: R. Albertz u. a. (Hg.), Werden und Wirken des AT. FS C. Westermann, 1980, 373–393; *K. Dell*, The Book of Job as Sceptical Literature, 1991; *R. Dewey*, Qohelet and Job, SpTo 37, 1985, 314–325; *M.B. Dick*, The Legal Metaphor in Job 31, CBQ 41, 1979, 37–50; *ders.*, Job 31, ZAW 95, 1983, 31–53; *G. Fohrer*, The Righteous Man in Job 31, in: J. L. Crenshaw u. a. (Hg.), (s.o. I), 3–22; *M. V. Fox*, Qohelet and his Contradictions, 1989; *ders.*, Wisdom in Qohelet, in: L.G. Perdue u. a. (Hg.), In Search of Wisdom, 1993, 115–131; *G. Fuchs,* Mythos und Hiobdichtung, 1993; *K. Galling*, Die Krise der Aufklärung in Israel, 1952; *D. A. Garrett*, Qohelet on the Use and Abuse of Political Power, Trinity Journal 8, 1987, 159–177; *H. Gese*, Die Krisis der Weisheit bei Kohelet, in: ders., Vom Sinai zum Zion, 1974, 168–179; *M. Gilbert*, Le discours de la sagesse en Proverbes 8, in: ders., (Hg.), (s.o. III 3.1), 202–218; *D. E. Gowan*, Reading Job as a »Wisdom Script«, JSOT 55, 1992, 85–96; *N.C. Habel*, The Symbolism of Wisdom in Proverbs 1–9, Interp. 26, 1972, 131–157; *ders.*, The Role of Elihu in the Design of the Book of Job, in: W.B. Barrick u. a. (Hg.), In the Shelter of Elyon. FS G.W. Ahlström, 1984, 81–119; *J. Hausmann*, Beobachtungen zu Spr 31,10–31, in: dies. u. a. (Hg.), Alttestamentlicher Glaube und Biblische Theologie. FS H. D. Preuß, 1992, 261–266; *A.P. Hayman*, Qohelet and the Book of Creation, JSOT 50, 1991, 93–111; *H.-J. Hermisson*, Notizen zu Hiob, ZThK 86, 1989, 125–139; *P. Höffken*, Das EGO des Weisen, ThZ 41, 1985, 121–134; *J.C. Holbert*, The Rehabilitation of the Sinner, ZAW 95, 1983, 229–237; *S. de Jong*, A Book on Labour, JSOT 54, 1992, 107–116; *O. Kaiser*, Gottesgewißheit und Weltbewußtsein in der frühhellenistischen jüdischen Weisheit, in: T. Rendtorff (Hg.), Glaube und Toleranz, 1982, 76–88; *ders.*, Der Mensch unter dem Schicksal, 1985; *ders.*, Schicksal, Leid und Gott. Ein Gespräch mit Kohelet, dem Prediger Salomo, in: A. Graupner u. a. (Hg.), AT und christliche Verkündigung, FS A.H.J. Gunneweg, 1987, 30–51; *C. Kayatz*, Studien zu Proverbien 1–9, 1966; *O. Keel*, Die Weisheit spielt vor Gott, FZPhTh 1974, 1–66; *ders.*, Jahwes Entgegnung an Ijob, 1978; *C. Klein*, Kohelet und die Weisheit Israels, 1994; *T. Krüger*, Theologische Gegenwartsdeutung im Kohelet-Buch, Habil. Schrift München 1990; *B. Lang*, Die weisheitliche Lehrrede, 1972; *ders.*, Frau Weisheit, 1975; *ders.*, Wisdom and the Book of Proverbs, 1986; *A. Lange*, Weisheit und Torheit bei Kohelet und in seiner Umwelt, 1991; *J. Lévêque*, Job et son Dieu, 1970; *M.H. Lichtenstein*, Chiasm and Symmetry in Proverbs 31, CBQ 44, 1982, 202–211; *J. A. Loader*, Different Reactions of Job and Qoheleth to the Doctrine of Retribution, OTWSA 15/16, 1972/73, 43–48; *I. von Loewenclau*, Kohelet und Sokrates, ZAW 98, 1986, 327–338; *N. Lohfink*, Der Bibel skeptische Hintertür, StZ 198, 1980, 17–31; *ders.*, Warum ist der Tor unfähig, böse zu handeln? (Koh 4,17), ZDMG. Suppl. 5, 1983, 1134–120; *ders.*, War Kohelet ein Frauenfeind?, in: M. Gilbert (Hg.), (s.o. III 3.1), 259–287.417–420; *O. Loretz*, Gleiches Los trifft alle!, Biki 20, 1965, 6–8; *R. Lux*, Der »Lebenskompromiß« – ein Wesenszug im Denken Kohelets?, in: J. Hausmann u. a. (Hg.), Alttestamentlicher Glaube und Biblische Theologie. FS H. D. Preuß, 1992, 267–278; *Th. Mende*, Durch Leiden zur Vollendung, 1991; *D. Michel*, Qohelet, 1988; *ders.*, Untersuchungen zur Eigenart des Buches Qohelet, 1989; *ders.*, Proverbia 2, in: J. Hausmann u. a. (Hg.), Alttestamentlicher Glaube und Biblische Theologie. FS H. D. Preuß, 1992, 233–243; *H.P. Müller*, Das Hiobproblem,[2]1988; *ders.*, Neue Aspekte der Anfragen Hiobs, in: ders., Mythos – Kerygma – Wahrheit, 1991, 253–263; *ders.*, Mensch – Umwelt – Eigenwelt, 1992; *ders.*, Theodizee?, ZThK 89, 1992, 249–279; *R.E. Murphy*, The Sage in Ecclesiastes and Qoheleth the Sage, in: J. G. Gammie u. a. (Hg.), (s.o. III 3.1), 263–271; *G. Ogden*, Qohelet, 1987; *J. van Oorschot*, Gott als Grenze, 1987; *E. Oßwald*, Hiob 31 im Rahmen der alttestamentlichen Ethik, ThV 2, 1970, 9–26; *C.W. Reines*, Koheleth on Wisdom and Wealth, JJS 5, 1954, 80–84; *W. Richter*, Studien zu Hiob, 1959; *C.L. Rogers*, An Exegetical and Theological Study of Proverbs 8, Diss. Dallas Theol. Sem. 1991; *E. Ruprecht*, Leiden und Gerechtigkeit bei

Hiob, ZThK 73, 1976, 424–445; *J.C. Rylaarsdam*, Revelation in Jewish Wisdom Literature, 1946; *S.Y. Tang*, The Ethical Context of Job XXXI, Ph.D. Diss. Univ. of Edinburgh 1967; *S. Terrien*, Job as a Sage, in: J.G. Gammie u.a. (Hg.), (s.o. III 3.1), 231–242; *D.L. Thompson*, The Godly and the Good Life, AsbSem 34 1979, 28–46; *M. Vox*, Aging and Death in Qohelet 12, JSOT 42, 1988, 55–77; *H.-M. Wahl*, Ein Beitrag zum alttestamentlichen Vergeltungsglauben am Beispiel von Hiob 32–37, BZ (N.F.) 36, 1992, 250–255; *A. Weiser*, Das Problem der sittlichen Weltordnung im Buche Hiob, in: ders., Glaube und Geschichte im AT, 1961, 9–19; *C. Westermann*, Der Aufbau des Buches Hiob,²1977; *R.N. Whybray*, Qohelet the Immoralist?, in: J.G. Gammie u.a. (Hg.), Israelite Wisdom. FS S. Terrien, 1978, 191–204; *ders.*, Two Jewish Theologies: Job and Ecclesiastes, 1980; *ders.*, Qohelet, Preacher of Joy, JSOT 23, 1982, 87–98; *A. Wolters*, Proverbs XXXI, 10–31 as a Heroic Hymn, VT 38, 1988, 446–457; *W. Zimmerli*, »Unveränderbare Welt« oder »Gott ist Gott«?, in: H.-G. Geyer u.a. (Hg.), Wenn nicht jetzt, wann dann? FS H.-J. Kraus, 1984, 103–114.

In der nachexilischen Weisheit, die die Leiderfahrungen des babylonischen Exils hinter sich hat, wird die Weisheit neu fundamentiert und der vorexilische Ansatz bei der Empirie in gnomischer Apperzeption auf den Kopf gestellt, indem JHWH zum Ausgangspunkt der Weisheitslehren und des weisheitlichen Ethos wird. Kam in der älteren Weisheit JHWH als Grenze der von der empirischen Beobachtung ihren Ausgangspunkt nehmenden weisheitlichen Erkenntnis zu stehen, so wird in den programmatischen Rahmenversen der Sammlung Prov 1–9 in Prov 1,7 und 9,7–12 die JHWH-Furcht zum Ausgangspunkt der Weisheit:

»JHWH-Furcht ist der Ausgangspunkt der Erkenntnis, Weisheit und Zucht verachten nur die Toren« (Prov 1,7);
»(V.7) Wer den Hochmütigen unterweist, erntet Schimpf, und wer den Frevler zurechtweist, dem gereicht es zur Schande. (V.8) Fordere den Hochmütigen nicht, damit er dich nicht haßt! Weise den Weisen zurecht, denn er wird dich lieben! (V.9) Unterrichte den Weisen, damit er noch weiser wird! Belehre den Gerechten, damit er dazulernt! (V.10) Der Ausgangspunkt der Weisheit ist die JHWH-Furcht, die Kenntnis des Heiligen ist Einsicht. (V.11) Denn durch mich werden deine Tage zahlreich, und man wird dir Lebensjahre hinzufügen. (V.12) Bist du weise, bist du es zu deinem Vorteil, bist du aber hochmütig, mußt du es allein tragen« (Prov 9,7–12).

JHWH-Furcht ist der Anfang der Weisheit, die nicht bei der Empirie, sondern bei dem Vertrauen auf JHWH, dem Gott Israels und Schöpfer der Welt einsetzt. In den programmatischen »Lehrprogrammen« (Prov 2,1–22; cf. Meinhold, Sprüche I, 43 f.) wird das Gottesverhältnis der JHWH-Furcht beschrieben:

»(V.1) Mein Sohn, wenn du meine Worte annimmst und meine Gebote beherzigst, (V.2) so daß dein Ohr genau auf die Weisheit hört, dein Herz sich der Einsicht zuneigt, (V.3) wenn du nach Erkenntnis rufst, mit lauter Stimme um Einsicht bittest, (V.4) wenn du sie wie das Silber suchst, nach ihr suchst wie nach Schätzen, (V.5) dann gewinnst du Einsicht in die JHWH-Furcht, und Gotteserkenntnis findest du, (V.6) denn JHWH gibt Weisheit, aus seinem Mund kommt Erkenntnis und Einsicht. (V.7) Er hält für die Aufrichtigen Gelingen bereit, den Rechtschaffenen gibt er ein Schild. (V.8) Er schützt die Pfade des Rechts und den Weg seiner Frommen behütet er« (Prov 2,1–8).

Der Kreislauf der Weisheit hat seinen Ausgangspunkt bei JHWH. Er gibt Weisheit, aus seinem Munde kommen Erkenntnis und Einsicht. Weisheit ist also von Gott offenbartes Wissen. Der Mensch hat nicht unmittelbar Anteil an dieser Offenbarung, sondern nur vermittelt über die Tradition, die in der Belehrung von Generation zu Generation weitergegeben wird. Der Gewinn ist nicht das Wissen von Ordnungsstrukturen, sondern um die JHWH-Furcht und Gotteserkenntnis. Gottesfurcht und Weisheit werden identisch. Nicht ein sich an den Ordnungen ausrichtendes Ethos ist das Ziel, das den Lebenserfolg sichert, sondern JHWH hält für den Aufrechten, der sich um Weisheit als Einsicht in die JHWH-Furcht müht, Gelingen bereit, ist dem Rechtschaffenen ein Schild und behütet den Weg der Frommen. Dies wird in der »Lehrrede« (Prov 3,1–12) breiter entfaltet:

> »(V.1) Mein Sohn, meine Lehre vergiß nicht, und meine Gebote bewahre in deinem Herzen! (V.2) Denn sie vermehren die Tage und Jahre deines Lebens und bringen dir Frieden. (V.3) Zuverlässige Güte soll dich nicht verlassen! Binde sie dir um den Hals! Schreibe sie dir auf die Tafel deines Herzens! (V.4) Dann wirst du Gunst und Beifall finden in den Augen Gottes und der Menschen. (V.5) Vertraue auf JHWH mit deinem ganzen Herzen, baue nicht auf die eigene Einsicht! (V.6) In allen deinen Wegen erkenne ihn! Dann wird er deine Pfade ebnen. (V.7) Sei nicht weise in deinen Augen! Fürchte JHWH und meide das Böse! (V.8) Dann wird es für deinen Leib Heilung sein und für deine Glieder Erquickung. (V.9) Ehre JHWH mit deinem Vermögen und mit dem Ersten deines ganzen Ertrags! (V.10) Dann werden sich deine Vorratskammern mit Korn füllen, und an Wein werden deine Fässer überlaufen. (V.11) Mein Sohn, die Zucht JHWHs verachte nicht, widersetze dich nicht, wenn er dich zurechtweist. (V.12) Denn, wen JHWH liebt, den weist er zurecht, wie ein Vater den Sohn, den er liebt« (Prov 3,1–12).

Die Verinnerlichung der im Traditionsprozeß weitergegebenen Weisungen und Gebote steht im Mittelpunkt der Eröffnung der Lehrrede, um sie im folgenden von der Einsicht des Menschen abzusetzen. Das Vertrauen auf JHWH steht in einem Gegensatz zur Weisheit des Menschen, die aus den Quellen seiner Analyse der Lebenswelt gespeist wird, also bei der Empirie ansetzt. Statt sich für weise zu halten, soll der Mensch Gott fürchten. Eine Weisheit, die ihren Ausgangspunkt bei Gott nimmt, wird also einer Weisheit, die bei der Erfahrung ansetzt, entgegengestellt. Und so rückt die kultische Verehrung JHWHs vom Rand in das Zentrum weisheitlicher Handlungsnormen. Kann gelegentlich der Gedanke geäußert werden, daß die von Gott ausgehende Weisheit dem Menschen verborgen bleibe (Hi 28), so kommt doch alles darauf an, soll eine Begründung der Ethik gegeben werden, die von Gott ausgehende Weisheit mit der Erfahrung zu vermitteln. In Prov 1–9 wird diese Vermittlung dadurch geleistet, daß die personifizierte Weisheit, die als »Frau Weisheit« in den großen Weisheitsgedichten (Prov 1,20–33; 8,1–36) selbst das Wort ergreift und den Schüler anredet, als erstes Geschöpf Gottes vor der Schöpfung der Welt gesehen wird, das bei der Weltschöpfung präexistent anwesend war:

> »(V.22) JHWH schuf mich im Anfang seines Weges als erstes seiner Werke in der Urzeit, (V.23) von Urzeiten her wurde ich geschaffen, am Anfang, von den Vorzeiten der Erde an. (V.24) Als es noch keine Fluten gab, wurde ich geboren, als es noch keine Quellen gab, die wasserreichen, (V.25) bevor die Fundamente der Berge gelegt waren, vor den Hügeln wurde ich geboren, (V.26) als er die Erde und die Fluren noch nicht gemacht hatte, noch nicht den Anfang des Staubes des Festlandes. (V.27) Als er den Himmel befestigte, war ich dort, als er den Kreis auf der Urflut zeichnete, (V.28) als er droben die Wolken befestigte und die Quellen aus der Urflut strömen ließ, (V.29) als er dem Meer seine Grenze setzte, so daß die Wasser seinen Befehl nicht übertreten, (V.30) als er die Grundfesten der Erde anordnete, da war ich als Pflegekind an seiner Seite, ich war seine Freude Tag für Tag und spielte vor ihm allezeit. (V.31) Ich spielte auf dem Kreis seiner Erde, und meine Freude war es, bei den Menschen zu sein« (Prov 8,22–31).

Die personifizierte Weisheit nimmt eine Mittelstellung zwischen Gott und Mensch ein. Sie ist als Erstling der Schöpfungswerke Gottes vor und bei der Schöpfung der Welt bei Gott. Nach der Schöpfung ist es ihre Freude, bei den Menschen zu sein. Weil die Weisheit ihren Ursprung in Gott hat, ist sie nicht aus der Erfahrung abzuleiten, sondern transzendiert als präexistentes Schöpfungswerk Gottes alle anderen Schöpfungswerke. Als Gott die Welt erschuf, erheiterte ihn die Weisheit als sein Pflegekind ('āmôn) wie in der ägyptischen Theologie die Göttinnen Hathor und Ma'at als junge Mädchen den Schöpfergott erheitern (Keel, Weisheit, 31 ff.). Die Weisheit spielt vor Gott vor und bei der Schöpfung der Welt und spielt auf dem Erdkreis nach ihrer Vollendung und ist bei den Menschen. Die folgenden Verse (Prov 8,33–36) zeigen auf, daß die Weisheit in Form der belehrenden Tradition unter den Menschen anwesend ist und sie anredet. Wer auf sie hört und sie annimmt, wird das Leben haben, wer sich ihr aber verweigert, gewinnt den Tod. Wie aber verhält sich die empirische Welt zu der von Gott ausgehenden Weisheit? Beide finden ihre Einheit in Gott und können also keine Gegensätze sein. Und doch liegt alles Gewicht darauf, daß die präexistente Weisheit niemals in der Schöpfung aufgeht und also durch keine empirische Erfahrung falsifiziert werden kann. Die Empirie hat mit der Schöpfung, insbesondere mit der Ausgrenzung und Einbindung der Urwasser, gesetzte Ordnungen. Es gibt also verläßliche Ordnungen, aber sie sind nicht mit der Weisheit identisch, werden sie von der präexistenten Weisheit noch transzendiert. Sie sind der Weisheit nahe, die bei ihrer Schöpfung bei Gott war. Sie führen auf JHWH, den Schöpfergott, und damit in die Nähe der Weisheit, nicht aber zur Weisheit selbst. Hinter diesen Verhältnisbestimmungen stehen nicht erkenntnistheoretische Spekulationen. Vielmehr arbeiten sie an der Vermittlung von Ethos und gelingendem Leben. Selbst wenn die Ordnungen durch die Erfahrung falsifiziert werden, ist dadurch die Weisheit, die schon vor aller geschaffenen Welt bei Gott war, nicht in Frage gestellt. Ihre Mahnung behält auch dann Gültigkeit, wenn die Erfahrung sie nicht bestätigen will.

Wenn auch eine direkte Identifizierung von Weisheit und Ordnungsstrukturen vermieden wird, der induktive Rückschluß von den Erfahrungen auf die Weisheit nicht möglich ist, so bleibt die Weisheit für den Menschen dennoch nicht unerkennbar, sondern wird dem Menschen offenbar. Mit der offenbaren Weisheit verbindet sich ein ethisches Erziehungsprogramm, das in Prov 2,1–22 zusammengefaßt ist. Nach der Entfaltung des Gottesverhältnisses (Prov 2,5–8) wird die Schlußfolgerung daraus für das rechte Verhalten zum Mitmenschen gezogen:

>(V.9) Dann begreifst du, was Gerechtigkeit und Recht sind, Geradheit, jedes gute Verhalten, (V.10) wenn meine Weisheit in dein Herz kommt, Erkenntnis dein Leben beglückt. (V.11) Besonnenheit wird dich behüten und Einsicht wird dich beschützen« (Prov 2,9–11).

Die Weisheit wird von JHWH in das Herz, das Intellekt und Emotionalität des Menschen als Personenkern zusammenfaßt, gegeben. Die in der Belehrung durch die Tradition auf den Menschen kommende, von Gott ausgehende Weisheit, soll im Herzen des Menschen verinnerlicht und so Teil seines Selbst werden. Gemeinschaftstreue (ṣaedaeq), Recht (mišpaṭ) und Gerechtigkeit (mᵉšarîm) sind die ethischen Handlungsziele, die das Verhalten zum Mitmenschen bestimmen sollen. Gemeinschaftstreue und Weisheit werden miteinander identifiziert und sind das Gute als das Beglückende (Prov 2,10), das das Leben beschützt. In der Lehrrede (Prov 3,21–35) wird diese ethische Grundlegung breit entfaltet:

>(V.21) Mein Sohn, laß sie nicht aus deinen Augen weichen, bewahre Umsicht und Besonnenheit, (V.22) dann werden sie dir ein Lebensquell sein, ein Schmuck für deinen Hals; (V.23) dann gehst du sicher deinen Weg und stößt mit deinem Fuß nicht an. (V.24) Wenn du dich niederlegst, so schreckt dich nichts auf, und wenn du liegst, wird dein Schlaf süß sein. (V.25) Du brauchst dich nicht vor plötzlichem Schrecken zu fürchten, und nicht vor dem Verderben, das über die Frevler kommt, (V.26) denn

JHWH ist an deiner Seite und bewahrt deinen Fuß vor der Schlinge. (V.27) Halte die Wohltat nicht vor dem zurück, der sie braucht, wenn es in deiner Hand liegt, es zu tun. (V.28) Sage nicht zu deinem Nächsten: ›Geh und komm wieder, morgen werde ich dir geben‹ – wenn du jetzt etwas hast. (V.29) Sinne nicht auf Böses gegen deinen Nachbarn, wenn er friedlich bei dir wohnt. (V.30) Brich nicht ohne Grund einen Streit mit einem Menschen vom Zaun, wenn er dir nichts Böses getan hat. (V.31) Beneide nicht den Gewaltmenschen und wähle nicht seine Wege! (V.32) Denn ein Greuel ist der, der Abwege geht, für JHWH, die Geraden sind seine Freunde. (V.33) Der Fluch JHWHs fällt auf das Haus des Frevlers, aber die Wohnung des Gerechten segnet er. (V.34) Den Hochmütigen erweist er Hochmut, aber den Demütigen erweist er seine Gunst. (V.35) Die Weisen erben Ehren, aber die Selbstzufriedenen häufen Schande auf sich« (Prov 3,21–35).

Das Verhalten des Weisen ist ein Gegensatz zu dem des »Gewaltmenschen«, der seinen Vorteil ohne Rücksicht auf die Belange des Mitmenschen sucht. Es wird zugestanden, daß dieses Konzept der ethischen Rücksichtslosigkeit und Ellenbogenmentalität erfolgreich sein kann, denn der Weise, der der Gerechte ist, wird ermahnt, den »Gewaltmenschen« nicht zu beneiden. Wie also soll der weise Mensch handeln? Er soll dem Nächsten, der darauf angewiesen ist, Wohltaten erweisen, nicht auf Böses gegen ihn sinnen und keinen Streit vom Zaun brechen. Eine solche, dem Nächsten und seinem Wohl verpflichtete Ethik wurzelt in einer Haltung der Demut gegenüber JHWH und damit auch gegenüber dem Nächsten, die nicht wie die des Hochmütigen und Selbstzufriedenen in triumphalistischem Selbstverständnis auf die eigene Stärke und Kraft, sondern auf die von JHWH ausgehende Weisheit setzt, der der langfristige Lebenserfolg durch Gottes Segen gehört.

Neben der Warnung vor den frevlerischen Männern (Prov 2,12–15), die in Prov 4,10–19 entfaltet wird, steht als ein spezifisch herausgehobener Aspekt die Warnung vor der fremden Frau (Prov 2,16–19), die in Prov 5,1–23; 6,20–35; 7,1–27 breit ausgeführt wird:

»(V.1) Mein Sohn, bewahre meine Worte und meine Gebote verwahre sie bei dir! (V.2) Bewahre meine Gebote, dann wirst du leben, und meine Weisung wie deinen Augapfel! (V.3) Binde sie an die Finger, schreibe sie auf die Tafel deines Herzens! (V.4) Sage zur Weisheit: ›Meine Schwester bist du‹ und nenne die Einsicht deine Freundin, (V.5) um dich zu bewahren vor der fremden Frau, vor der Fremden, die verführerisch redet. (V.6) Vom Fenster meines Hauses, durch mein Gitterfenster habe ich ausgeschaut, (V.7) da sah ich den Einfältigen, da bemerkte ich unter den Söhnen einen Jugendlichen ohne Verstand. (V.8) Er ging über die Straße, bog um die Ecke und nahm den Weg zu ihrem Haus, (V.9) in der Dämmerung, gegen Abend des Tages, bei Anbruch der Nacht und der Finsternis. (V.10) Siehe da, die Frau steht ihm gegenüber im Dirnenkleid mit dunkler Absicht, (V.11) voll Leidenschaft ist sie und erregt, in ihrem Haus konnten ihre Füße nicht bleiben. (V.12) Ein Schritt auf die Straße, ein Schritt auf die Plätze, hinter allen Straßenecken lauert sie. (V.13) Da ergreift sie ihn und küßt ihn und sagt mit entschlossenem Gesicht zu ihm: (V.14) ›Gemeinschaftsopfer muß ich darbringen, heute erfülle ich mein Gelübde. (V.15) Darum bin ich ausgegangen, dir entgegen, dich zu suchen, und ich habe dich gefunden. (V.16) Decken habe ich auf mein Lager gedeckt, Tücher aus ägyptischer Leinwand. (V.17) Ich habe mein Bett mit Myrrhe besprengt, Aloe und Zimt. (V.18) Komm, wir wollen in Liebe schwelgen bis zum Morgen, wir wollen miteinander die Liebe genießen! (V.19) Denn mein Mann ist nicht in seinem Hause. Er ging auf eine weite Reise. (V.20) Den Geldbeutel hat er mitgenommen, am Vollmondstag kommt er zurück in sein Haus.‹ (V.21) Sie verführte ihn mit viel Überredung, durch die Glätte ihrer Lippen ließ sie ihn abgleiten. (V.22) Er ging hinter ihr her, wie ein Ochse, den man zum Schlachten führt, wie ein Hirsch, den das Fangseil umschlingt, (V.23) bis ein Pfeil seine Leber spaltet, wie ein Vogel, der in die Falle fliegt und nicht merkt, daß es um sein Leben geht. (V.24) Darum, ihr Söhne, hört auf mich, und achtet genau auf die Worte meines Mundes! (V.25) Dein Herz weiche nicht auf ihre Wege ab, verirre dich nicht auf ihre Pfade, (V.26) denn viele sind durchbohrt worden, die sie gefällt hat, und stark waren sie, die sie getötet hat. (V.27) Ihr Haus sind Wege in das Totenreich, sie führen hinab zu den Kammern des Todes« (Prov 7,1–27).

Mit der Warnung vor dem Ehebruch mit einer verheirateten Frau wird ein in der altorientalischen und alttestamentlichen Weisheit weit verbreitetes Thema aufgenommen (Prov 22,14; 23,27). Die Fremde ist jeweils die Frau, mit der Umgang zu haben rechtlich verboten oder unmoralisch ist. In Prov 7,1–27 ist sie die verheiratete Frau eines anderen Mannes.[49] Weisheitliches Verhalten respektiert die gesellschaftlichen Institutionen wie die der Ehe, die die Beziehung der Geschlechter regelt. In Prov 1–9 erhält das Motiv der fremden Frau seinen besonderen Akzent und seine herausgehobene Stellung dadurch, daß die fremde Frau, das Frauenbild spaltend, zum negativen Gegenbild zur Frau Weisheit als Personifikation der gottgegebenen Weisheit wird.[50] Mit der Warnung vor der fremden Frau wird auf die Ordnungen zurückgelenkt. Die Institution der Ehe ist unter die Ordnungsstrukturen der empirischen Lebenswelt zu rechnen, die hier bestätigt werden. Vor allem aber wird der Zusammenhang von Tat und Ergehen bestätigt. Dies gilt auch für die Warnung vor den frevlerischen Männern, die die Gewalt suchen, selbstsüchtig und hochmütig sind:

> »(V.10) Höre, mein Sohn, und nimm mein Wort an, dann wirst du viele Lebensjahre haben! (V.11) Den Weg der Weisheit zeige ich dir, ich leite dich auf geraden Bahnen. (V.12) Wenn du gehst, ist dein Schritt nicht behindert, wenn du läufst, strauchelst du nicht. (V.13) Halte fest an der Zucht! Laß nicht ab! Bewahre sie, denn sie ist dein Leben! (V.14) Betritt nicht den Pfad der Frevler und schreite nicht auf dem Weg der Bösen! (V.15) Meide ihn! Betritt ihn nicht! Kehre dich von ihm ab und gehe vorbei! (V.16) Denn sie können nicht schlafen, wenn sie nicht Böses tun, und der Schlaf wird ihnen geraubt, wenn sie nicht zu Fall kommen lassen. (V.17) Sie essen das Brot aus der Freveltat und trinken den Wein aus Gewalttaten. (V.18) Aber der Weg der Gerechten ist wie das Licht am Morgen, es wird immer heller, bis zum vollen Tag. (V.19) Der Weg der Frevler ist wie das Dunkel, sie merken nicht, wodurch sie zu Fall kommen« (Prov 4,10–19).

Der Weg, d. h. die Lebensführung, der gewalttätigen Frevler kann zu kurzfristigem Erfolg, zu Brot und Wein aus Frevel und Gewalttat führen. Doch ihr Weg ist dunkel und sie werden über ihre Taten stolpern. Dem wird die weise Lebensführung als Weg der Geradheit gegenübergestellt, die wie das Licht am Morgen ist. Der Gerechte ist der langfristig erfolgreiche. Werden Ethos und gelingendes Leben so zusammengebunden, so setzt das voraus, daß die empirische Lebenswelt nach verläßlichen Ordnungsstrukturen funktioniert. So konnte auch die nachexilische Weisheit nicht umhin, am Ende doch wieder Weisheit, jetzt als die von Gott gegebene Weisheit, mit der Erfahrung zu vermitteln und die Differenzierung in Prov 8,22–31 zurückzustellen:

---

49 J. Blenkinsopp sieht in der fremden Frau weder ein rechtlich-moralisches Motiv noch eine Religionspolemik gegen die Verehrung kanaanäischer oder phönizischer Göttinnen (G. Boström), sondern den Versuch der Oberschicht, durch Endogamie ihr Machtkartell zu erhalten. Die hier vorgelegte Interpretation bleibt davon unberührt, da man in diesem Fall annehmen müßte, daß die Texte sich eines Erziehungsideals bedienen, um ihre eigentliche Absicht durchzusetzen.
50 In der Redaktion des Proverbienbuches hat die fremde Frau ihr Gegenbild in der weisen Frau des Hauses in Prov 31,10–31.

»(V.13) Glückselig der Mensch, der die Weisheit gefunden hat, und der Mensch, der Einsicht gewonnen hat. (V.14) Denn sie zu erwerben ist besser als Silber, sie zu gewinnen ist besser als Gold. (V.15) Sie ist kostbarer als Perlen und alles, was dir begehrenswert ist, kann ihr nicht gleichen. (V.16) Langes Leben birgt sie in ihrer Rechten, in ihrer Linken Reichtum und Ehre. (V.17) Ihre Wege sind Wege der Freude, alle ihre Pfade führen zum Glück. (V.18) Ein Lebensbaum ist sie für alle, die nach ihr greifen, glückselig sind die, die sie festhalten. (V.19) JHWH hat die Erde in Weisheit gegründet, den Himmel befestigt in Einsicht. (V.20) Durch sein Wissen brechen die tiefen Quellen hervor, und träufeln die Wolken den Tau herab« (Prov 3,13–20).

Dieser Abschnitt ist aus Prov 8 entwickelt und führt durch das Motiv der unmittelbaren Beteiligung der Weisheit an der Schöpfung über Prov 8,22–31 hinaus. Die Welt spiegelt in ihren Ordnungen die bei der Schöpfung anwesende präexistente Weisheit wider. Sie begründet dem ethisch handelnden Menschen den Erfolg seines Handelns. Langes Leben, Reichtum und Ehre sind die Güter, die sie verspricht. Die Argumentation kann aber nicht der Inkonsequenz entgehen, daß sie die Weisheit als bei weitem besser und kostbarer preist als alle Güter und Schätze, die sie als Konsequenz weisheitlichen Ethos verheißt. Hinter dieser Argumentationsfigur steht die Erfahrung, daß es auch sehr erfolgreiche und begüterte Menschen gibt, die ihren Erfolg keineswegs weisheitlichem Handeln verdanken, die sich vielmehr eher auf ihre wirtschaftliche Macht verlassen. Dem wird entgegengehalten, daß sie schließlich nichts ausrichten gegen das weisheitliche Ethos, das schon vor der Schöpfung begründet und mit der weisheitlich strukturierten Empirie identisch sein soll. Diese Theorie wird aber durch die Lebenserfahrung in Frage gestellt. Zwar kann das Leiden des Gerechten als Erziehung und Zucht JHWHs, die Ausdruck der Gottesliebe sein sollen, verstanden werden (Prov 3,11 f.). Doch eine derartige Lösung vermag auf Dauer der Aporie der Erfahrung der prinzipiellen Differenz von Tat und Ergehen nicht standzuhalten. Geht die Weisheit direkt von JHWH aus, so muß das unschuldige Leiden des Gerechten und der Mißerfolg weisheitlichen Ethos zu einer Anfrage an Gott und seine Gerechtigkeit werden.

Ihr stellt sich das Buch Hiob. Schon die Rahmenerzählung (Hi 1,1–2,13; 42,7–17), die literarisch mehrschichtig ist und in die der »Prolog im Himmel« und die zweite Prüfung durch den Satan (Hi 1,6–12; 2,1–7a.7b–8.11–13) eingefügt wurden, zeichnet Hiob als untadeligen und rechtschaffenen Mann, der Gott fürchtet und das Böse meidet (Hi 1,1). Die Erzählung verdeutlicht diese Eigenschaften mit der stets vorsorglichen Entsühnung der Kinder nach ihren gemeinsamen Gastmählern. Während eines dieser Gastmahle erreicht Hiob die Botschaft, er habe seinen Besitz und seine Kinder verloren. Trotz der Versuchung durch die Frau, oder in der ursprünglichen Erzählung durch Freunde und Verwandte (cf. Hi 42,7–9), hält Hiob betend an JHWH fest:

»Nackt bin ich aus dem Leib meiner Mutter hervorgegangen, und nackt werde ich dorthin zurückkehren. JHWH hat gegeben, JHWH hat genommen; der Name JHWHs sei gelobt! In alledem tat Hiob keine Sünde und äußerte nichts Törichtes gegen Gott« (Hi 1,21 f.).

Schließlich wird Hiob das Glück zuteil, das seinem Ethos entspricht. Die Erzählung weiß, daß der Zusammenhang von Tat und Ergehen sich zeitweilig verdunkeln und auch den Gerechten unerklärliches Leid treffen kann. Sie verzichtet auf jede Erklärung dieses Leidens, sondern will verdeutlichen, daß der Mensch in seinem Zweifel nicht von Gott abfallen, sondern alles Wohl und Wehe Gott anheim geben soll. Sie begreift das unschuldige Leiden implizit als die Prüfung, die die Satansmotivik explizit macht. Das Leiden des Gerechten wird als Gefahr für das Gottesverhältnis thematisiert, so daß Hiobs Gerechtigkeit anhand seiner Wahrnehmung kultischer Pflichten erläutert wird. In der durch den Dialogteil und die Gottesreden erweiterten Fassung des Hiobbuchs wird Hiobs Gerechtigkeit in der Fülle der Handlungsfelder des Alltagslebens aufgezeigt. In Hi 31,1–40 wird als Abschlußrede Hiobs, auf die vor der Einfügung der Elihu-Reden (Hi 32–37) unmittelbar die Gottesantwort folgte, also als Höhepunkt des Dialogteils, in einem Reinigungseid Hiobs Unschuld auch im Umgang mit den Mitmenschen festgestellt. Ein solcher Reinigungseid galt in einem Rechtsverfahren dann als Beweismittel, wenn ein strittiger Tatbestand nicht durch den Zeugenbeweis aufgeklärt werden konnte. In Hi 31 sind Motive eines kultischen Beichtspiegels, der Gesinnungstaten und Taten unsozialen Verhaltens erfaßt, und der »Nichtigkeitsflüche« aus dem Vertragsrecht (cf. Dtn 28,30–33a) zur Bezeichnung der Tatfolgen eingeflossen. Rechtliche, kultische und weisheitliche Motive fließen zusammen, um ein Gesamtbild ethischen Verhaltens zu zeichnen. Wenn G. Fohrer Hi 31 nur aus der Weisheit ableiten will, um ihr Scheitern aufzuzeigen, da sie den Menschen sein lassen wolle wie Gott, so übersieht er, daß Hiob Problemträger des leidenden Gerechten ist. Es geht in Hi 31 also nicht um eine ethische Hybris, sondern um die Darstellung des von Hiob verkörperten ethischen Ideals, das in einem rechtlichen Beweisverfahren zur Darstellung gebracht wird. Die theologische Problemstellung ergibt sich daraus, daß gerade ein Mensch, der dieses Ideal verkörpert, ins Leiden geführt wird.

Wie aber sieht dieses spätweisheitliche Ethos aus? Mehrere ethische Konfliktfelder, beginnend mit der Geschlechterbeziehung (Hi 31,1–12), werden nacheinander abgehandelt:

> »(V.1) Eine Verpflichtung legte ich meinen Augen auf, daß ich mich keinesfalls nach einer Jungfrau umsah. (V.2) Was wäre (sonst) das Gotteslos von oben gewesen und der Erbteil Šaddajs aus der Höhe? (V.3) Ist es nicht Verderben für den Frevler und Unglück für den Übeltäter? (V.4) Sieht er nicht meine Wege und zählt er nicht alle meine Schritte? (V.5) Ob ich meinen Lebenswandel mit Falschheit geführt habe und mein Fuß dem Trug zugeeilt ist – (V.6) er soll mich auf rechter Waage wiegen, und Gott soll meine Unschuld feststellen. (V.7) Wenn mein Schritt vom Wege abwich und mein Herz hinter meinen Augen hergelaufen ist und an meinen Händen etwas kleben geblieben ist, (V.8) so will ich säen und ein anderer soll es essen, und meine Sprößlinge soll man entwurzeln. (V.9) Wenn sich mein Herz betören ließ wegen einer Frau, und ich an der Tür meines Nachbarn lauerte, (V.10) so soll meine Frau für einen anderen mahlen, und andere sollen sich über ihr niederknien. (V.11) Denn das ist eine Schandtat, und das ist eine Schuld, für die Richter zuständig sind, (V.12) fürwahr ein Feuer ist es, das bis zum Untergang frißt und meinen ganzen Ertrag verbrennt« (Hi 31,1–12).

Zunächst wird der Umgang eines Mannes mit einer unverheirateten Frau behandelt (Hi 31,1–8). Während in der vorexilischen Rechtsüberlieferung (Ex 22,15 f.; Dtn 22,28 f.) dieser Umgang eine Ersatzzahlung nach sich zieht, wird hier der wirtschaftliche Ruin, den JHWH über den Täter bringt, als Tatfolge aufgerufen, da der Mann verheiratet ist (Hi 31,10). Damit wird gegenüber der älteren Rechtsüberlieferung eine für die Ethik wesentliche Umorientierung vollzogen. Ging es im Recht um die Sicherung der Rechtsansprüche der unverheirateten Frau und ihres Vaters, so soll jetzt primär die Ehebeziehung des Mannes als Treuebeziehung geschützt werden. Aus patriarchal strukturierten Rechtsbeziehungen sind verinnerlichte Treuebeziehungen geworden, die Mann und Frau gleichermaßen binden. Damit, daß hier der Mann in die Pflicht genommen ist, wird auch die Einseitigkeit der Warnung vor der fremden Frau in Prov 1–9 überwunden. Die Rechtsüberlieferung regelt nur den vollzogenen Umgang eines Mannes mit einer Frau, während hier bereits der begehrliche Blick mit der Sanktion Gottes belegt wird. Schon der Blick gilt als lebenszerstörender Schritt vom Wege, wenn das Herz hinter den Augen herläuft. Die Spiritualisierung der Normen geht einher mit ihrer konsequenten theologischen Verortung im Gotteswillen. Ein Zusammenhang von Tat und Ergehen wird durch Gott vermittelt. Als »Gotteslos von oben« und »Erbteil Šaddajs« wird von Gott das Tun auf den Täter zurückgebracht. Auch die Gesinnungstat kann erfaßt werden, da JHWH das Verborgene sieht und die Herzen wägt. Mit der Theologisierung wird die Gesinnung ein Thema der Ethik. JHWH nimmt Aufgaben wahr, die in Mesopotamien dem Sonnengott zufallen, die hier aber konsequent gesinnungsethisch zugespitzt sind.

Im folgenden (Hi 31,9–12) wird der Ehebruch, der Umgang mit einer verheirateten Frau, behandelt. Über die Rechtsregelungen hinaus wird nicht mehr zwischen dem Umgang eines verheirateten Mannes mit einer unverheirateten und einer verheirateten Frau differenziert, da er in jedem Falle seine eigene Ehe bricht und von Gott Verderben über ihn gebracht wird, das ihn wie Feuer vernichtet.

Im folgenden werden Aspekte der Armenfürsorge behandelt:

> »(V.13) Wenn ich das Recht meines Knechtes und meiner Magd mißachte, wenn sie einen Rechtsstreit gegen mich haben, (V.14) was sollte ich dann tun, wenn Gott sich erhebt, wenn er untersucht, was sollte ich ihm antworten? (V.15) Hat nicht auch ihn mein Schöpfer im Mutterleib geschaffen, hat nicht ein und derselbe uns im Mutterleib bereitet? (V.16) Wenn ich das Wohl der Armen außer acht ließe und die Augen der Witwe erlöschen ließe, (V.17) wenn ich meinen Bissen allein verzehrte, und die Waise nicht davon mitißt, (V.18) – denn von meiner Jugend auf hat er mich großgezogen wie ein Vater und vom Mutterleibe an führte er mich –, (V.19) wenn ich zusah, daß jemand ohne Kleider umherirrte und es keine Decke für den Armen gab, (V.20) wenn seine Lenden mich nicht segneten und er an der Wolle meiner Schafe sich nicht wärmte, (V.21) wenn ich gegen den Rechtschaffenen meine Hand erhob, weil ich im Tor Hilfe für mich sah, (V.22) so falle meine Schulter vom Nacken und mein Arm soll vom Gelenk brechen. (V.23) Denn ein Schrecken käme über mich als Verderben Gottes, und vor seiner Erhabenheit vermöchte ich nichts« (Hi 31,13–23).

Das soziale Engagement für die *personae miserae*, die Knechte, Mägde, Witwen, Waisen, Armen und Unbekleideten übersteigt bei weitem die in den Rechtssammlungen geforderte Zuwendung. Die prozeßrechtlichen Motive (Hi 31,13 f.21) schließen sich noch eng an Forderungen der Rechtsüberlieferungen an. Wirtschaftliche Macht soll nicht mißbraucht werden, um im Gericht Vorteile zu haben. Das Prozeßrecht wird insofern aber überholt, als es nicht nur um die gleichen Chancen für Arm und Reich im Prozeß geht, sondern selbst der unter dem Patronat des Herrn stehende Abhängige gegen seinen Herrn prozessieren kann. Die Proverbien (Prov 17,23; 22,22 f. u.ö.) aber treten nur für ein faires Verfahren zwischen freien Männern unterschiedlichen Vermögens und unterschiedlicher gesellschaftlicher Macht ein, nicht aber für ein faires Verfahren zwischen dem Herrn und dem Knecht einer Hausgemeinschaft.

An die ältere Weisheit (Prov 21,10 u.ö.) anknüpfend, wird das Ethos der Fürsorge für die sozial Schwachen entwickelt. Kennt das Recht nur eine soziale Einschränkung von Härten des Rechts zugunsten des Schwachen, so wird hier eine umfassende soziale Fürsorge entfaltet, die ebenfalls unter Aufnahme weisheitlicher Motivik der Proverbien (Prov 17,5 u.ö.) schöpfungstheologisch begründet wird.

Im folgenden Abschnitt (Hi 31,24–28) werden die theologischen Begründungen der Ethik in den vorangehenden und folgenden Abschnitten (Hi 31,1–23.29–34) gebündelt:

> »(V.25) Wenn ich auf Gold mein Vertrauen setzte und wenn ich zum Feingold sagte: ›Meine Zuversicht‹, (V.25) wenn ich mich freute, daß mein Vermögen groß war, und daß meine Hand Gewaltiges erreichte, (V.26) wenn ich das Licht der Sonne sah, wie es leuchtete, und den Mond, der herrlich dahinzog, (V.27) und mein Herz sich im Verborgenen betören ließ und meine Hand den Mund küßte, (V.28) so ist auch dies eine Schuld, für die Richter zuständig sind, denn ich hätte den Gott in der Höhe verleugnet« (Hi 31,24–28).

Bereits die ältere Spruchweisheit weiß darum, daß das Vertrauen auf JHWH weiter führt als das Vertrauen auf äußere Güter (Prov 11,4; 15,25; 16,16 u.ö.). Hier wird das Vertrauen auf das eigene Können, auf den Lebenserfolg und die äußeren Güter mit der Verehrung von Fremdgöttern gleichgesetzt. Die Funktionalisierung der Religion im Dienste vorfindlicher Interessen des Lebenserfolgs und des Glücks, für die die Himmelsgötter von Sonne und Mond stehen, machen das Göttliche dem Menschen dienstbar. Das Vertrauen auf die eigene Stärke vergöttlicht das Menschliche. Die Vergöttlichung des Menschlichen und die falsche, vom Menschen ausgehende Vermenschlichung des Göttlichen, gehen am Wissen um JHWH als den Einen vorbei, der in keinem Partikularaspekt der Wirklichkeit aufgeht. Mit der Materialisierung Gottes, sei es durch Güter dieser Welt oder Götterbilder, verfügt der Mensch über Gott. Die Verehrung des Gottes Israels als des Einen durchschlägt diese Projektionen. Diese Theologie trifft sich mit einer Ethik, die der Funktionalisierung des Ethos durch die Empirie wehrt, indem sie das Handeln allein am Guten als dem Pflichtgemäßen orientiert und nicht am eigenen Streben nach Glückseligkeit. Der Mensch wird frei. Diese Freiheit ist durch die Freiheit Gottes begründet, die sich in seinem Alleinverehrungsanspruch zum Ausdruck bringt. Eine ethische Freiheit, die vom eigenen vorfindlichen Vorteil als Handlungsmaxime absehen kann, kann der Begründungszusammenhang eines Ethos werden, das die Treue zum anderen und den Schutz des Schwächeren zu Handlungsmaximen werden läßt. Die Weisheit hält aber mit dem Motiv der göttlichen Allwissenheit und Vergeltung (Hi 31,2–4.6.14.23) daran fest, daß mit dem Gottesgedanken eine Vermittlung von Ethos und gelingendem Leben gültig bleibt. Nicht um einen utilitaristischen Rest in der Ethik geht es dabei, sondern darum, daß mit dem Wissen um Gott als den Schöpfergott (Hi 31,15) der ethisch Handelnde letztlich nicht scheitern darf.

Die theologische Begründung des Ethos (Hi 31,24–28) bildet das Zentrum des ethischen Programms in Hi 31. Um diese Mitte sind als Rahmen jeweils im A-B-Schema Verhaltensnormen gegenüber den Frauen und den *personae miserae* (Hi 31,1–12.13–23) und gegenüber den Feinden und den *personae miserae* (Hi 31,29f.31f.) gelegt. Mit Hi 31,33–40 wird auf den Kontext der Dialoge des Hiobbuches zurückgelenkt. Der zweite Rahmenabschnitt wird also durch Hi 31,29f. eröffnet:

> »(V.29) Wenn ich mich freute über die Not meines Feindes und frohlockte, weil ihn Unglück traf – (V.30) ich aber gab meinen Mund nicht her zu sündigen, um sein Leben durch einen Fluch zu fordern« (Hi 31,29f.).

Bereits die ältere Spruchweisheit weiß, daß der Mensch die Vergeltung Gott überlassen soll. Gerät der Feind in Not, so soll man nicht über ihn triumphieren, sondern ihm helfen (Prov 24,17; 25,21f. u.ö.). Wenn hier der Triumph über das Unglück des Feindes wie der Versuch, durch einen Fluch ein solches Unglück als

Vergeltung zu provozieren, abgewiesen wird, so hat diese Haltung in dem theologisch begründeten Vertrauen darauf, daß die sittliche Ordnung von JHWH durchgesetzt werde (Hi 31,24–28), ihren Grund.

In Hi 31,31 f. wird erneut das Thema der Fürsorge für die *personae miserae* aufgenommen:

> »(V.31) Wenn nicht die Leute meines Zeltes sagten: ›Wer nennt einen, der nicht von seinem Fleisch satt wurde?‹ (V.32) Kein Fremder übernachtete draußen im Freien, meine Tür öffnete ich dem Wanderer« (Hi 31,31 f.).

So wie die Witwen und Waisen sind die Fremden und Wanderer des besonderen Schutzes bedürftig. Das in der Freiheit Gottes begründete Ethos der Freiheit löst den Menschen von der Fixierung auf den eigenen Vorteil und läßt ihn frei werden für den anderen, insbesondere für den Schwächeren um seiner selbst willen.

Hi 31,33 f. lenkt direkt wieder auf den Kontext des Kapitels zurück und schneidet in diesem Zusammenhang das Thema von Schuld und Versagen an:

> »(V.33) Wenn ich wie ein Mensch mein Vergehen und mein verkehrtes Handeln in meiner Brust zu verbergen suchte, (V.34) weil ich vor der großen Menge erschrak und die Mißachtung der Familie mich ängstigte, so verhielt ich mich still und ging nicht zur Tür hinaus« (Hi 31,33 f.).

Vergehen und verkehrtes Handeln bezeichnen Taten, die das friedliche Gemeinschaftsverhältnis gefährden und zerstören. Die kultische Motivik des Bekennens von Schuld wurde bereits von der älteren Spruchweisheit aufgenommen:

> »Wer sein Begehren verdeckt, wird keinen Erfolg haben, aber wer bekennt und abläßt, wird Erbarmen finden« (Prov 28,13).

Es ist allgemein menschlich, Verfehlungen zu verbergen (Hi 31,33). Das gerade macht das Wesen von Verfehlungen aus, handelt es sich dabei doch um Taten, die nicht verallgemeinerungsfähig sind, also nicht auf Zustimmung der Allgemeinheit zählen können. Die soziale Ächtung kann eine Sanktion der Allgemeinheit für ein gemeinschaftswidriges Verhalten sein (Hi 31,34), das nicht durch rechtliche Sanktionen erfaßt wird. Wird nun in Hi 31 ein ideales Programm entfaltet, so weiß der Verfasser, daß der Mensch dahinter zurückbleiben wird. Teil des Ethos aber ist es, das Scheitern nicht zu verbergen, sondern gegen alle Neigung zum Heimlichen offen zu bekennen. So kann die Macht, die das verheimlichte Vergehen in der Seele des Täters gewinnt, gebrochen werden und eine Spaltung der Person in eine nach außen den Schein wahrende und eine um sich selbst wissende und am Ende noch dieses Wissen verdrängende vermieden werden.

Hiob ist ein Problemträger, der dem ethischen Idealbild entspricht, also keine Vergehen zu verbergen hat und dennoch von großem Leid überzogen wird. Die Gottesreden sehen die Unheilsmächte, die als Leiden den Gerechten treffen, metaempirisch von Gott überwunden und beherrscht, wenn sie JHWH als Schöpfer des Kosmos und Herrn der Tiere zeichnen, der auch die chaosdurchsetzten Bereiche des Lebens kontrolliert (Hi 38,4–38), oder als denjenigen, der Nilpferd und Krokodil, die als Repräsentationen von Chaosmächten in der altorientalischen Ikonographie gut belegt sind (Keel, Ijob 51 ff.), ein für allemal beherrscht. Für das Leiden wird in den Gottesreden keine Erklärung gegeben und ihm wird kein Sinn beigelegt. Vielmehr wird nur gesagt, daß angesichts der Macht Gottes das Leiden keine letzte Antwort auf das Leben des einzelnen Menschen wie der Welt als ganzer ist, weil der Schöpfergott auch alle negativen Mächte beherrscht. Die Gottesreden gehen also als Antwort auf das Problem eines Zerbrechens von Ethos und gelingendem Leben nicht darin auf, den Leidenden in das Das der Gemeinschaft mit Gott zu rufen, oder den Fragen Hiobs und den Theorieversuchen der Freunde die Freiheit und Unverrechenbarkeit Gottes gegenüberzustellen, sondern gewinnen ihr Kerygma in der Aussage, daß alle Mächte, die unerklärliches Leid verursachen, keine Macht gegen Gott haben, vielmehr von ihm beherrscht werden.

Diese Theologie der Gottesreden steht vor der Schwierigkeit, die durch die mythisch geprägte Sprache als metaempirisch gekennzeichnete Realität der Herrschaft Gottes über die Mächte mit der Erfahrungswirklichkeit zu vermitteln. Die schöpfungstheologische Motivik verbleibt noch im Metaempirischen und benennt nur die Möglichkeitsbedingungen für die Aufhebung der Leidenserfahrung. Der Anspruch, die Erfahrungswirklichkeit mit der metaempirischen Gotteswirklichkeit zu vermitteln, wird damit, daß auch in der Endgestalt des Hiobbuchs am Schluß der Rahmenerzählung (Hi 42,7–17) festgehalten wird, bestätigt. Der märchenhafte Charakter des Rahmenschlusses aber zeigt, daß diese Vermittlung nicht überzeugend gelingen will.

Das in hellenistischer Zeit gegen Ende des 3. Jh. verfaßte Buch Qohelet will die Aporie des Hiobbuches vermeiden, indem das Ethos konsequent vom Gottesgedanken abgekoppelt, das Gute in das Tun selbst verlagert und die Antwort auf die Frage nach dem Zusammenhang von Ethos und gelingendem Leben so umgeformt wird, daß die Antwort, von der Theorie des Zusammenhangs von Tat und Ergehen gelöst, im Tun selbst Freude und Gewinn sieht. Wird im Hiobbuch eine Lösung der ethischen Aporien durch das Gotteswort, das ein alle empirische Erkenntnismöglichkeit überschreitendes Wissen vermittelt, gesucht, so verzichtet das Buch Qohelet darauf und setzt, in dem für das ganze Buch zentralen Abschnitt Qoh 3,10–15, mit der Unmöglichkeit ein, Gott zu erkennen und also die Ordnungsstrukturen in der Empirie zu erfassen:

> »Ich betrachtete die Mühe, die Gott den Menschen aufgegeben hat, damit sie sich damit abmühen: Alles hat er angemessen gemacht zu seiner Stunde, auch die ferne Zeit hat er in ihren Verstand gegeben, ohne daß der Mensch das Werk erkennt, das Gott gemacht hat, vom Anfang bis zum Ende« (Qoh 3,10 f.).

In der von Gott geschaffenen Welt waltet eine Ordnung, die alles, was geschieht, aus der Perspektive Gottes angemessen sein läßt. Dem Menschen ist ein Wissen um das Daß dieser Ordnung des Angemessenen als des Schönen und Guten, wie um das Daß der Zeit vor der Zeit, die die Urzeit der Schöpfung einschließt, von Gott gegeben. Und dennoch kann der Mensch nicht das Werk Gottes, die Schöpfung in ihrer Gesamtheit, durchschauen. Angesichts der Endlichkeit der empirischen Erkenntnis bleiben auch die in der Weisheit traditionell gesuchten Ordnungsstrukturen dem Menschen verborgen:

> »Ich betrachtete das Werk Gottes in der Gesamtheit: Führwahr, der Mensch kennt nicht das Werk, das unter der Sonne geschieht, weil auch dann, wenn der Mensch sich müht, es zu erkennen, er es dennoch nicht erkennt. Auch wenn der Weise behauptet, es zu erkennen, so erkennt er es dennoch nicht« (Qoh 8,17).

Qohelets Gottesvorstellung ist dialektisch. Gott wird als der gewußt, der die Welt gut geschaffen hat, so daß alles, was geschieht, zu seiner Stunde angemessen ist. Aber dem Menschen ist dieses, die Kenntnis des Gesamtwerkes der Schöpfung voraussetzende Wissen um die Angemessenheit dessen, was jeweils geschieht, verborgen und also auch das von Gott mit Leid und Elend in der Welt Gemeinte. Als der, der alles geschaffen hat und in Händen hält, ist Gott verborgen. So ist der Mensch auf seine Erkenntnis zurückgeworfen, die einen verläßlichen Zusammenhang von Tat und Ergehen nicht bestätigt, sondern nur das, daß der Gute wie der Böse gleichermaßen sterben müssen. Eine Vermittlung von Ethos und gelingendem Leben in der Form, daß dem gut Handelnden das Gute zum Segen gereicht, wird durch die Erfahrung nicht bestätigt, wie uns auch kein Wissen darüber zugänglich ist, ob es eine Vergeltung Gottes nach dem Tode gibt (Qoh 3,16–22; 9,1–10). Bleibt Gott der dem Menschen Verborgene, so sind auf ihn auch keine das Handeln des Menschen als ein gutes oder schlechtes qualifizierende Maßstäbe zurückzuführen. Als *deus absconditus* verliert der Urheber, dessen Welt problematisch geworden ist, mit der Güte auch die Autorität der Forderung des Guten. Wird das Ethos von Gott gelöst, so muß es eine andere Begründung finden, die nur in der begrenzten Erkenntnis des Menschen, dem der Zugriff auf die Gesamtheit von Wirklichkeit verwehrt bleibt, gesucht werden kann:

> »(V.12) Ich erkannte, daß es nichts Gutes bei ihnen (sc. den Menschen) gibt, außer sich zu freuen und es sich gut sein zu lassen solange er lebt. (V.13) Und auch, daß ein Mensch essen und trinken kann und Gutes sieht durch seine Mühe – das ist eine Gabe Gottes. (V.14) Ich erkannte, daß alles, was Gott tut, bis in ferne Zeit Bestand haben wird. Dem ist nichts hinzuzufügen und von dem ist nichts wegzunehmen. Gott hat es so gemacht, damit sie sich vor ihm fürchten. (V.15) Was geschieht, war schon längst da und was sein wird, ist schon längst gewesen. (Nur) Gott kann das Verjagte suchen« (Qoh 3,12–15).

Das gute Handeln hat sein Ziel nicht in der guten Gestaltung der Welt. Die Ordnungen in der Welt sind von Gott ein für allemal bis in ferne Zeit unveränderlich eingerichtet und entziehen sich der Gestaltung durch den Menschen. Das Handeln wird also nicht an ethischen Maßstäben gemessen als gut qualifiziert, sondern hat sein Gutes allein darin, daß es dem Menschen das Leben ermöglicht. Damit entfällt auch die Vermittlung von Ethos und gelingendem Leben im Schema des Zusammenhangs von Tat und Ergehen. Auf sie zu verzichten, fordert die Erfahrung und ihre Analyse im Rahmen der Grenzen der Erkenntnismöglichkeit. Sie zeigt dem Menschen, daß alle vermeintliche Glückseligkeit in der Absurdität des Todes endet, die den Übeltäter gleichermaßen wie den Guten als Gericht Gottes trifft. Der Mensch ist wie das Vieh und der Tod endgültig. Nichts spricht dafür, daß es eine Vergeltung nach dem Tode gibt (Qoh 3,16–22).

Das bedeutet aber nicht, daß zu jeder nützlichen Übeltat zu raten sei. Dem widerspricht nicht der Gottesgedanke – er läßt eine Pluralität von Handlungsmaximen zu, ohne Kriterien ihrer Differenzierung liefern zu können –, sondern die Erfahrung. Der Mensch als soziales Wesen ist auf Gemeinschaft mit anderen Menschen angewiesen. Ein Konkurrenzverhalten, das die Gemeinschaftsbezüge stört und zerstört, ist auf diesem Hintergrund unvernünftig:

> »(V.4) Ich betrachte alle Mühe, allen Besitz und allen Erfolg des Tuns: Ja, es ist Neid des einen auf den anderen. Auch das ist nichtig und Streben nach Wind. (V.5) Der Tor legt seine Hände in den Schoß und ißt sein Fleisch. (V.6) Besser eine Handvoll Ruhe als beide Hände voll Arbeit und Streben nach Wind« (Qoh 4,4–6).

Der auf dem Konkurrenzkampf aufgebaute Erfolg der Arbeit ist angesichts der Erfahrung, daß der Erfolg unsicher ist und auch der faule Tor Erfolg haben kann, nichtig. Dem wird die Angewiesenheit des Menschen auf den Mitmenschen entgegengesetzt:

»(V.7) Und wiederum betrachtete ich Nichtiges unter der Sonne: (V.8) Da ist ein Einzelner ohne einen Gefährten, auch einen Sohn oder einen Bruder hat er nicht. Und kein Ende hat seine Mühe und sein Auge wird nicht satt an Reichtum. Für wen mühe ich mich ab und gönne mir nichts Gutes? Auch das ist nichtig und ein schlechtes Geschäft. (V.9) Besser sind zwei als der Einzelne, weil sie ein gutes Leben von ihrer Arbeit haben. (V.10) Ja, wenn sie fallen, richtet der eine den anderen auf. Aber wehe dem Einzelnen, der fällt, ohne daß ein Zweiter da ist, um ihn aufzurichten. (V.11) Auch wenn zwei sich schlafen legen, so ist ihnen warm – aber einem Einzelnen, wie kann ihm warm werden? (V.12) Und wenn jemand den Einzelnen überwältigt – die zwei halten gegen ihn stand und der dreifache Faden reißt nicht so schnell« (Qoh 4,7–12).

Ein Erfolgsstreben, das selbstbezogen am einzelnen Menschen orientiert ist, erweist sich vor der Erfahrung als sinnlos. Ihm wird das Modell des solidarischen Arbeitens entgegengestellt. Ist ein individualistisches Gewinnstreben unsinnig, so hat ein Arbeiten mit und für den anderen »guten Lohn«, da es die Bindung an einen anderen Menschen stärkt, auf den jeder angewiesen ist. Die für den Menschen überlebenswichtige Solidarität ist eine vernünftige Motivation zum guten Handeln. Eine Schlußfolgerung von der Empirie auf die Schöpfungsordnungen Gottes wird angesichts des Todesschicksals für alles Leben gleichermaßen zurückgewiesen wie eine Schlußfolgerung von einem Willen Gottes auf die Empirie, da die Schöpfungsintentionen Gottes dem Menschen verborgen bleiben und kein offenbarendes Gotteswort den Graben zwischen Mensch und Gott überwindet. So wird konsequent auch die Solidarität als das Gute im Handeln nicht aus dem Gottesgedanken abgeleitet, sondern empirisch vernünftig aus der Angewiesenheit des Menschen auf den Mitmenschen. Wohltätigkeit dem anderen Menschen zu erweisen wird so zu einem Gebot der Vernunft:

»(V.1) Wirf dein Brot auf die Oberfläche des Wassers, noch nach vielen Tagen wirst du es wiederfinden. (V.2) Gib einen Anteil an Sieben oder an Acht, denn du weißt nicht, was sich Schlimmes ereignen wird auf der Erde« (Qoh 11,1 f.).

Zu freigebiger Wohltätigkeit wird aufgefordert. Gegen den Einwand, die dem anderen Menschen erwiesene Wohltat sei so unsinnig wie Brot ins Wasser zu werfen, wird vorgebracht, daß noch nach vielen Tagen sich der Nutzen eines solchen Tuns zeigen kann. Gibt der Mensch vielen Menschen Anteil an seinem Ertrag, so kann er, dem wie allen Menschen die Zukunft verborgen ist, darauf bauen, daß in der Not auch ihm geholfen wird. So entwirft das Buch Qohelet eine vernünftige Minimalethik der Lebensfreude und Wohltätigkeit, die den Erkenntnisgrenzen und dem Wesen des Menschen als soziales Wesen Rechnung trägt. Eine Vermittlung von Empirie und Gottesgedanken gelingt in der weisheitlichen Ethik unter Absehung von der Offenbarung Gottes in der Geschichte nicht.

IV. Die Begründung von Recht und Ethos durch die Offenbarung Gottes in der Geschichte.

Eine Begründung der Ethik durch die Ordnungen des Lebens will nicht zureichend gelingen. Der induktive Weg der älteren Weisheit, die das Sollen aus dem Sein der Erfahrung von Ordnungen in Natur und Gesellschaft begründen wollte, konnte angesichts der Zweideutigkeit des empirisch Gegebenen, das in keinen Ordnungen aufgehen will, nicht gelingen. Zog die jüngere Weisheit daraus die Konsequenz, indem sie die induktive Begründung der Ethik umkehrte und eine deduktive, beim Schöpfergott ansetzende Begründung suchte, so stand sie doch wieder vor dem schon der älteren Weisheit unlösbaren Problem, angesichts der Komplexität und der Kontingenzen in der opaken Empirie die Schöpfungsordnungen in der Erfahrung aufzuzeigen. So scheitert die Weisheit Israels wie bereits die Ägyptens und Mesopotamiens daran, Ethos und gelingendes Leben in Einklang zu bringen. Damit gewinnt ein anderer Ansatz der Begründung der Ethik an Bedeutung, der insbesondere in den tiefen historischen Umbruchserfahrungen, die im Exil Judas kulminierten und die auch die nachexilische Zeit prägten, wurzelte: Die Begründung aus der Offenbarung Gottes in der Geschichte mit seinem Volk. Nicht um Erfahrung von unmittelbarer Offenbarung geht es dabei, sondern um deren retrospektive Verdichtung durch die Jahrhunderte im Bekenntnis. Der erste umfassende Versuch einer derartigen Begründung der Ethik hat sich im Dtn niedergeschlagen.

1. Das Deuteronomium

R. Achenbach, Israel zwischen Verheißung und Gebot, 1991; *A. Alt*, Die Heimat des Deuteronomiums, Kleine Schriften II, 1953, 250–275; *S. Amsler*, La Motivation de l'Éthique dans la Parénèse du Deutéronome, in: H. Donner u. a. (Hg.), Alttestamentliche Theologie. FS W. Zimmerli, 1977, 11–22; *W. Baumgartner*, Der Kampf um das Deuteronomium, ThR (N.F.) 1, 1929, 1–25; *G. Braulik*, Die Mittel deuteronomischer Rhetorik, 1978; *ders.*, Studien zur Theologie des Deuteronomiums, 1988; *ders.*, Die deuteronomischen Gesetze und der Dekalog, 1991; *ders.*, Das Deuteronomium und die Gedächtniskultur Israels, in: ders. u. a. (Hg.), Biblische Theologie und gesellschaftlicher Wandel. FS N. Lohfink, 1993, 9–31; *ders.* (Hg.), Deuteronomium-Studien, 1995; *J. Buchholz*, Die Ältesten Israels im Deuteronomium, 1988; *J.-M. Carrière*, L'organisation des lois en *Dt 19–26*, NRTh 114, 1992, 519–532; *R.E. Clements*, Deuteronomy and the Jerusalem Cult-Tradition, VT 15, 1965, 300–312; *J. Cullen*, The Book of the Covenant in Moab, 1903; *P.-E. Dion*, Quelques aspects de l'interaction entre religion et politique dans le Deutéronome, ScEs 30, 1978, 39–55; *ders.*, »Tu feras disparaître le Mal du Milieu de toi«, RB 87, 1980, 321–349; *ders.*, Deutéronome 21,1–9, SR 11, 1982, 13–22; *ders.*, Deuteronomy 13, in: B. Halpern u. a. (Hg.), Law and Ideology in Monarchic Israel, 1991, 147–216; *ders.*, La procédure d'élimination du fils rebelle (Deut 21,18–21), in: G. Braulik u. a. (Hg.), Biblische Theologie und gesellschaftlicher Wandel. FS N. Lohfink, 1993, 73–82; *ders.*, Changements sociaux et changements législatifs dans le Deutéronome, EeT (O) 24, 1993, 343–360; *P. Doron*, Motive Clauses in the Laws of Deuteronomy, HAR 2, 1978, 61–77; *P. Dutcher-Walls*, The Social Location of the Deuteronomists, JSOT 52, 1991, 77–94; *R. Frankena*, The Vassal-Treaties of Esarhaddon and the Dating of Deuteronomy, OTS 14, 1965, 122–154; *J. G. Gammie*, The Theology of Retribution in Deuteronomy, CBQ 32, 1970, 1–12; *J.C. Gertz*, Die Gerichtsorganisation

Israels im Deuteronomium, 1994; *H. Greßmann*, Josia und das Deuteronomium, ZAW 42, 1924, 313–337; *B. Halpern*, Jerusalem and the Lineages in the seventh Century BCE, in: ders. u. a. (Hg.), Law and Ideology in Monarchic Israel, 1991, 7–107; *J.M. Hamilton*, Social Justice and Deuteronomy, 1992; *J. Hempel*, Die Schichten des Deuteronomiums, 1914; *S. Herrmann*, Die konstruktive Restauration, in: H. W. Wolff (Hg.), Biblische Theologie. FS G. v. Rad, 1971, 155–170; *G. Hölscher*, Komposition und Ursprung des Deuteronomiums, ZAW 40, 1922, 161–255; *F. Horst*, Das Privilegrecht Jahwes, in: ders., (s.o. II), 17–154; *S.A. Kaufman*, The Structure of the Deuteronomic Law, Maarav 1/2, 1978/79, 105–158; *M.G. Kline*, Treaty of the Great King, 1963; *A. Klostermann*, Der Pentateuch II, 1907; *D. Knapp*, Deuteronomium 4, 1987; *S. Kreuzer*, Die Frühgeschichte Israels in Bekenntnis und Verkündigung des AT, 1989; *B.M. Levinson*, The Hermeneutics of Innovation, Ph.D. Diss. Brandeis Univ., 1991; *C. Locher*, Die Ehre einer Frau in Israel, 1986; *S. Loersch*, Das Deuteronomium und seine Deutungen, 1967; *N. Lohfink*, Das Hauptgebot, 1963; *ders.*, Unsere großen Wörter, 1977; *ders.*, Die Schichten des Pentateuch und der Krieg, in: E. Haag u. a. (Hg.), Gewalt und Gewaltlosigkeit im AT, 1983, 51–110; *ders.* (Hg.), Das Deuteronomium, 1985; *ders.*, Das deuteronomistische Gesetz in der Endgestalt – Entwurf einer Gesellschaft ohne marginale Gruppen, BN 51, 1990, 25–40; *ders.*, Studien zum Deuteronomium und zur deuteronomistischen Literatur I, 1990; II, 1991; *ders.*, Opfer und Säkularisierung im Deuteronomium, in: A. Schenker (Hg.), Studien (s.u. IV 2.1), 15–43; *V.H. Matthews*, The King's Call to Justice, BZ (N.F.) 35, 1991, 204–216; *A.D.H. Mayes*, On Describing the Purpose of Deuteronomy, JSOT 58, 1993, 13–33; *S. D. McBride*, Art. Deuteronomium, TRE VIII, 530–543; *J. G. McConville*, Law and Theology in Deuteronomy, 1984; *R.P. Merendino*, Das deuteronomische Gesetz, 1969; *J. Milgrom*, The Alleged »Demythologization and Secularization« in Deuteronomy, IEJ 23, 1973, 156–161; *ders.*, Profan Slaughter and a Formulaic Key to the Composition of Deuteronomy, HUCA 47, 1976, 1–17; *W.L. Moran*, The Ancient Near Eastern Background of the Love of God in Deuteronomy, CBQ 25, 1963, 77–87; *W. S. Morrow*, The Composition of Deuteronomy 14,1–17,1, Ph.D. Diss. Univ. of Toronto, 1988; *G. Nebeling*, Die Schichten des deuteronomischen Gesetzeskorpus, Diss. theol. Münster 1970; *E. Nicholson*, The Centralisation of the Cult in Deuteronomy, VT 13, 1963, 380–389; *Th. Oestreicher*, Das deuteronomische Grundgesetz, 1923; *ders.*, Reichstempel und Ortsheiligtümer in Israel, 1930; *E. Otto*, Soziale Verantwortung und Reinheit des Landes, in: R. Liwak u. a. (Hg.), Prophetie und geschichtliche Wirklichkeit im Alten Israel. FS S. Herrmann, 1991, 290–306; *ders.*, Vom Bundesbuch zum Deuteronomium, in: G. Braulik u. a. (Hg.), Gesellschaftlicher Wandel und biblische Theologie. FS N. Lohfink, 1993, 160–178; *ders.*, Von der Gerichtsordnung zum Verfassungsentwurf, (erscheint als Festschriftbeitrag 1994); *ders.*, Von der Programmschrift einer Rechtsreform zum Verfassungsentwurf des Neuen Israel, in: G. Braulik (Hg.), Deuteronomium-Studien, 1995; *ders.*, Rechtsreformen in Deuteronomium XII-XXVI und im Mittelassyrischen Kodex der Tafel A (KAV 1), in: J. A. Emerton (Hg.), Congress Volume Paris 1992, VT.S, 1995; *ders.*, Rechtsreformen in Juda und Assyrien. Studien zum Deuteronomium und zum Mittelassyrischen Kodex, 1995/6; *S.M. Paul*, Biblical Analogues to Middle Assyrian Law, in: E.B. Firmage u. a. (Hg.), (s.o. II), 333–350; *L. Perlitt*, Bundestheologie im AT, 1969; *ders.*, Deuteronomium-Studien, 1994; *H. D. Preuß*, Deuteronomium, 1982; *A. Puukko*, Das Deuteronomium, 1910; *G. von Rad*, Deuteronomium-Studien, in: ders., Ges. Studien zum AT II, 1973, 109–153; *E. Reuter*, Kultzentralisation, 1993; *A. Rofé*, The Laws of the Warfare in the Book of Deuteronomy, JSOT 32, 1985, 23–44; *ders.*, Familiy and Sex Laws in Deuteronomy and the Book of Covenant, Hen. 9, 1987, 131–159; *ders.*, The Arrangement of the Laws in Deuteronomy, EThL 64, 1988, 265–287; *M. Rose*, Der Ausschließlichkeitsanspruch Jahwes, 1975; *U. Rüterswörden*, Von der politischen Gemeinschaft zur Gemeinde, 1987; *F.W. Schultz*, Das Deuteronomium, 1895; *G. Seitz*, Redaktionsgeschichtliche Studien zum Deuteronomium, 1971; *C. Steuernagel*, Die Entstehung des deuteronomischen Gesetzes, ²1901; *D. Stulman*, Encroachment in Deuteronomy, JBL 109, 1990, 613–632; *ders.*, Sex and Familial Crimes in the D Code, JSOT 53, 1992, 47–63; *Y. Suzuki*, Deuteronomic Reformation in View of the Centralization of the Administration of Justice, AJBI 13, 1987, 22–58; *T. Veijola*, Höre Israel!, VT 42, 1992, 528–541; *ders.*, Das Bekenntnis Israels, ThZ 48, 1992, 369–381; *M. Weinfeld*, Deuteronomy and the Deuteronomic School, 1971; *ders.*, On »Demythologization and Secularization« in Deuteronomy, IEJ 23, 1973, 230–233; *W.M.L. de Wette*, Dissertatio critica exegetico, 1805;

176

E. *Würthwein*, Die josianische Reform und das Deuteronomium, ZThK 73, 1976, 395–423;
K. *Zobel*, Prophetie und Deuteronomium, 1992.

1.1 Forschungsstand der literaturhistorischen Analyse von Deuteronomium 12–26[51]

In der Erforschung des Dtn haben sich eine Vielzahl von Fragestellungen verzahnt. So ist noch immer strittig, ob, wie seit *W.M.L. de Wette* von vielen Exegeten angenommen wird, das Dtn mit dem Gesetzbuch, das Grundlage von Reform und Bundesschluß des Königs Josia wurde (2 Kön 22 f.), in Verbindung zu bringen ist, oder ob es, wie von *G. Hölscher* und jüngst wieder von *E. Würthwein* vertreten, ein utopischer Verfassungsentwurf aus exilisch-nachexilischer Zeit ist, der in 2 Kön 22 f. eine entsprechend späte Legitimationsätiologie erhalten hat, oder ob das Dtn schließlich als das literarisch einheitliche Werk eines Autors mit Einleitungsreden und Gesetzen aus einer sehr viel älteren Zeit als der Josias (*McConville*) zu verstehen ist.

Aber auch dann, wenn man wie die Mehrheit der Exegeten mit einem Zusammenhang zwischen josianischer Reform und Dtn rechnet, tut sich ein weiteres Bündel von offenen Fragen auf. Es ist nicht nur strittig, ob das Dtn unter die Voraussetzungen der Josia-Reform zu rechnen ist (*Lohfink* u. a.) oder als Niederschlag der Reform aufgefaßt werden muß (*Cullen*) und eher das Bundesbuch in Ex 20–23* die Grundlage der Reform gewesen ist (*Reuter*). Schon für *de Wette* war deutlich, daß nur eine kürzere als die uns vorliegende Fassung des Dtn mit der Josia-Reform verbunden werden kann. Eine bereits von J.S. Vater geäußerte Vermutung hat *J. Wellhausen* (Composition [s.o. II 1], 191 f.) mit der These aufgenommen, nur Dtn 12–26 sei das Gesetzbuch der Josia-Reform gewesen, das später in zwei Ausgaben durch Dtn 1–4; 27 und Dtn 5–11; 28–30 unterschiedlich gerahmt wurde. Nimmt man den Numeruswechsel als literarkritisches Kriterium hinzu, so kann man mit *J. Steuernagel* auch innerhalb von Dtn 12–26 zwischen unterschiedlichen Rezensionen differenzieren, von denen aber keine auf Josia direkt zurückgehen soll. *A. Puukko* hat unter inhaltlichen Gesichtspunkten ein josianisches Reformprogramm rekonstruiert, indem er alles, was in Dtn 12–26 keinen Anhalt an 2 Kön 22 f. hat, für sekundär erklärte. Waren diese literarkritischen Arbeiten an der literarischen Nachgeschichte eines josianischen »Urdeuteronomiums« orientiert, so hat *J. Hempel* den Blick auf dessen Vorgeschichte gerichtet, für die er drei Quellen rekonstruierte, deren wichtigste eine zur Zeit Manasses erweiterte Tempelregel der salomonischen oder gar der vorstaatlichen Zeit gewesen sein soll, während *F. Horst* ein dekalogisches Privilegrecht als Kernüberlieferung in Dtn 12–26 ausmachte. *G. von Rad* hat angesichts dieser literarkritischen Zersplitterung von Dtn 12–26 eine These von *A. Klostermann* aufgenommen, die Vorgeschichte des Dtn in einer Predigtpraxis der Leviten gesehen und das Dtn als einheitlich aus einem Schema eines Bundeserneuerungsfestes, das seinen Haftpunkt in der Frühzeit Israels am Heiligtum von Sichem gehabt habe, erklärt.

Doch konnte dieser Versuch, die Einheit des Dtn formgeschichtlich zu begründen, nicht den erneut literarkritisch ansetzenden Arbeiten standhalten. Diese zweite Runde der Forschungsgeschichte verläuft in vielem der ersten entsprechend, hebt sich aber von der ersten dadurch ab, daß man sich redaktionsgeschichtlichen Fragestellungen öffnet. Komplexe Schichtungsmodelle gehen von einer langen vordtn Überlieferungsgeschichte des Dtn aus, sei es, daß sie sich einer Ergänzungshypothese bedienen und mit einer kontinuierlichen Ergänzung einer Grundschicht, die bis in frühisraelitische Zeit zurückreichen soll, rechnen (*Nebeling*), oder mit einer Fragmentenhypothese, die zahlreiche Einzelsammlungen voraussetzt, die in hiskianischer Zeit zu einem Gesetzeskorpus zusammengefaßt wurden, das dann dtn umgebaut und geringfügig dtr ergänzt wurde (*Merendino*). Während Merendino im jo-

---

51 Siglen: Dtn = Deuteronomium; dtn: deuteronomisch-vorexilische Redaktion des Dtn; dtr: deuteronomistisch-exilische Bearbeitung des Dtn.

sianisch-dtn Redaktor nur einen Ergänzer sieht, der »die verschiedenen Einheiten durch Übertragung von Formeln oder Sätzchen oder Worten von einem Text zum anderen und durch Einbau gleicher Formeln oder Sätzchen oder Worte in mehrere voneinander unabhängige Texte einander anzugleichen und in dieser Weise das Gesetzeskorpus auch literarisch an die Rahmenstücke zu binden« suchte (404), hat *G. Seitz* den Anteil eines dtn Redaktors aus der Zeit des Königs Hiskia sehr viel höher bewertet. Vordtn seien nur die Kriegsgesetze sowie das kasuistische Blut- und Eherecht miteinander verbunden gewesen, die der dtn Redaktor u. a. durch die Zentralisationsgesetze, Ämtergesetze und solche mit »historisierender Gebotseinleitung« zu einem dtn Gesetz redigiert habe, das dann zur Zeit des Königs Josia überarbeitet wurde. *H. D. Preuß* hat schließlich den hohen Anteil exilisch-dtr Bearbeitung in Dtn 12–26* erkannt und den Blick auf das dtr Dtn gelenkt.

Diesem Schichtenmodell steht das von *N. Lohfink* und *G. Braulik* vertretene Modell einer blockweisen Entstehung des Dtn gegenüber. Das Dtn habe seinen josianisch-dtn Kern allein in der Kult- und Sozialgesetzgebung (Dtn 12,1–16,17), die von einem »Privilegrecht« (Ex 34*) abhängig sei. Dieses vorexilische Urdtn wurde in der Exilszeit durch das Ämtergesetz (Dtn 16,18–18,22) und schließlich durch einen Gesetzesblock (Dtn 19,1–25,16) erweitert und Dtn 12–26 als Auslegung des Dekalogs (Dtn 5,6–21) redigiert. Der Endredaktor habe Dtn 12–26 nach dem Gliederungsprinzip des Dekalogs gestaltet, wobei Dtn 12,2–13,1 (1. Gebot); 14,1–21 (2. Gebot); 14,22–16,17 (3. Gebot); 16,18–18,22 (4. Gebot); 19,1–21,23 (5. Gebot); 22,(1–12).13–23,15 (6. Gebot); 23,16–24,7 (7. Gebot); 24,8–25,4 (8. Gebot); 25,5–12 (9. Gebot) und 25,13–16 (10. Gebot) jeweils Auslegung des zugeordneten Dekaloggebots seien. Eine Reihe von Unebenheiten in dieser Strukturierung, so u. a. die Zuordnung der sozialen Schutzbestimmungen in Dtn 24,8–25,4 zum Falschzeugnisverbot, weisen auf eine in dieser Gliederung nicht aufgehende Redaktionsstruktur in Dtn 12–26. Schließlich ist der Dekalog (Dtn 5,6–21) nicht an der Zehnzahl der Gebote, sondern an einer Gruppierung in 5 Einheiten (*Lohfink*, Dekalogfassung, [s.u. IV 1.4.3]) orientiert.

Die Darstellung der Ethik im Dtn geht von folgenden exegetischen Voraussetzungen aus: Das vorexilische dtn Reformgesetz umfaßt Dtn 12,13–19*.(20–27); 13,2–18*; 14,22–15,23*; 16,1–19*; 17,2–13*; 18,1–8*; 19,2–21*; 21,1–22,29*; 23,16–25,12*; 26,2–13*. Auf die Hauptgesetze der Kulteinheit (Dtn 12*) und Kultreinheit (Dtn 13*) folgen privilegrechtliche Aussonderungsbestimmungen (Dtn 14,22–15,23*). Die Privilegrechtsbestimmungen des Jahreszehnts (Dtn 14,22–27) bilden als Bestimmungen »Jahr für Jahr« mit den entsprechenden Erstgeburtsbestimmungen (Dtn 15,19–23) den Rahmen für die Bestimmungen des Drittjahreszehnt (Dtn 14,28 f.), die Brachejahrregelung (Dtn 15,1–3.7–10.11b) und die ebenfalls am 6/7-Schema des Privilegrechts orientierte Sklavenfreilassung (Dtn 15,12–18). Diese Privilegrechtsbestimmungen gehören mit denen von Erstlingen und Drittjahreszehnt (Dtn 26,2*.5a*.10–13) zusammen. Dtn 26,2–13* knüpft an das Privilegrecht in Dtn 14,22–29 an und führt es weiter. Die theologische Mitte in den Bekenntnissen (Dtn 26,5aß.10a.13aßb) hat ihren Anknüpfungspunkt in Dtn 14,23b. Erst in Dtn 26* wird deutlich, inwiefern die Darbringung des Zehnten und Drittjahreszehnten JHWH-Furcht lernen läßt. Die privilegrechtlichen Aussonderungsbestimmungen bilden einen Rahmen um die Festordnung (Dtn 16,1–17), die Gerichtsordnung (Dtn 16,8–18,8*) und die materiale Rechtsordnung (Dtn 19,2–25,12*). Die Festordnung wird durch die Wallfahrtsbestimmungen (Dtn 15,19–23; 16,16 f.) mit dem privilegrechtlichen Rahmen der Aussonderungsbestimmungen verzahnt. Legt Dtn 15,19–23 den Ort der Opfergabe fest, so regelt Dtn 16,16 f. den zeitlichen Aspekt. Wie der privilegrechtliche Rahmen, so folgt der Festordnung Verfahrensregelungen aus dem Hauptgebot der Kultzentralisation. Die vordtr Gerichtsordnung zieht die Konsequenzen aus der Kultzentralisation für das Gerichtswesen. Das am Zentralheiligtum angesiedelte Gericht ist Nachfolgeinstitution der Lokalheiligtümer für deren kultischen Rechtsentscheid.

In der materialen Rechtsordnung (Dtn 19,2–25,12*) formt der dtn Redaktor ein Fachwerk aus den im A-B-Schema alternierender Anordnung redigierten Reihen sozialer Bestimmungen (Dtn 22,1–12*; 23,16–26*; 24,6–25,4*). In das Fachwerk werden die kasuistischen Rechtssätze des mit dem Prozeßrecht (Dtn 19,15–21; 21,22 f.) verzahnten Blut- und Körperverletzungsrechts (Dtn 19,2–13; 21,1–9*; 25,11 f.) sowie des Familienrechts (Dtn 21,15–21; 22,13–29; 24,1–4*; 25,5–10) eingefügt und durch Dtn 24,5 mit dem Rahmen (Dtn 24,6–25,4*) verzahnt.

In dem als geschlossene Sammlung übernommenen Familienrecht rahmen die mit »wenn ein Mann eine Frau nimmt« eingeleiteten Rechtssätze (Dtn 22,13–19; 24,1–4*.[5]) den geschlossenen, jeweils mit »wenn ein Mann trifft auf« eingeleiteten Block (Dtn 22,22–29). Um diese das Verhältnis von Mann und Frau regelnden Rechtssätze sind mit Dtn 21,15–21; 25,5–10 die den Erbfall betreffenden Rechtssätze gelegt.

Der dtn Redaktor redigiert die materiale Rechtsordnung unter den Gesichtspunkten sozialer Verantwortung und Reinheit des Volkes im Lande. Das Motiv der sozialen Verantwortung hat seinen theologischen Begründungszusammenhang in dem auf diesen Aspekt hin interpretierten Privilegrecht. Durch die Inklusionsstruktur des privilegrechtlichen Rahmens werden auch Fest- und Gerichtsordnung der JHWH-Herrschaft unterstellt. Doch leitet sich aus dem sozial interpretierten Privilegrecht noch nicht deren zentraler Aspekt der Kultzentralisation ab. Sie hat im Motiv der Reinheit des auf das eine erwählte Heiligtum bezogenen Volkes eine Entsprechung in der materialen Rechtsordnung. So weist die Redaktionsstruktur in Dtn 14–26* auf die Hauptgesetze in Dtn 12; 13*, die mit dem privilegrechtlichen Rahmen der Aussonderungsbestimmungen sowie der Fest- und Gerichtsordnung intensiv verzahnt sind.

Die Entfaltung von Dtn 12,13–19 in Dtn 12,20–27* wird im privilegrechtlichen Rahmen in Dtn 14,22–27; 15,19–23; 26,2–13* fortgesetzt. Die Festordnung knüpft in Dtn 16,2.5–7.10 f.15–17 an Dtn 12,13.14a.17–19, die Gerichtsordnung in Dtn 17,2–7* an Dtn 13,2–18* an. Dtn 12*; 13* eröffnen als Hauptgesetze das Korpus der privilegrechtlich gerahmten Rechtssätze in Dtn 14–26*, so daß sich folgende Redaktionsstruktur ergibt:

Hauptgesetze:	Dtn 12,13–19(20–27*); 13,2–18*	
soziales Privilegrecht:	Dtn 14,22–15,18.(19–23)*	
Festordnung:	Dtn 15,19–23	
	Dtn 16,1–15	
	Dtn 16,16–17	
Gerichtsordnung:	Dtn 16,18–19*	
	Dtn 17,2–13*	
	Dtn 18,1–8*	
Rechtsordnung:	Dtn 19,2–21,9*.22 f.	
	Dtn 21,15–21	
		Dtn 22,1–12*
	Dtn 22,13–21	
	Dtn 22,22–29	
		Dtn 23,16–26*
	Dtn 24,1–5*	
		Dtn 24,6–25,4*
	Dtn 25,5–10	
	Dtn 25,11–12	
soziales Privilegrecht:	Dtn 26,2–13*	

In Dtn 12–26* werden als Auslegung des Bundesbuches (BB) unter dem Gesichtspunkt der Kultzentralisation Fest-, Gerichts- und Rechtsordnung neu geordnet. Das dem BB vorangestellte Altargesetz wird zum Hauptgesetz der Kultzentralisation in Dtn 12 ausgebaut. Aus dem BB wird die folgende Rahmung durch privilegrechtliche Aussonderungsbestimmungen übernommen. Die Kultzentralisation bestimmt ihre Anordnung, wenn Dtn 15,1–18* durch Dtn 14,22–29; 15,19–23 gerahmt wird. Der Reformintention der Kultzentralisation folgend, stellt der dtn Redaktor vor die materiale Rechtsordnung die Institutionsordnungen, die im BB der materialen Rechtsordnung folgen. Über das BB hinausgehend, ordnet er die Festordnung vor die Gerichtsordnung. In der materialen Rechtsordnung ergänzt er das BB und regelt mit dem Familienrecht durch Einführung einer Familienrechtssammlung den Rechtsbereich, der im BB bis auf Ex 22,15 f. ungeregelt bleibt. Kult- und Prozeßrecht sollen also unter dem Aspekt der Kultzentralisation reformiert werden. Wie die Ergänzung der materialen Rechtsordnung durch das Familienrecht des Dtn zeigt, soll durch die Auslegung das BB nicht außer Kraft gesetzt werden.

In Anknüpfung an Ex 22,19a wird das Hauptgesetz der Kultreinheit (Dtn 13*) als Entfaltung des Alleinverehrungsanspruchs JHWHs in Analogie zum neuassyrischen Loyalitätseid gegenüber dem Großkönig gestaltet. Dem korrespondieren die ebenfalls unter dem Einfluß der neuassyrischen Loyalitätseide dtn gestalteten Flüche (Dtn 28,23–42*). Das Hauptgesetz der Kultreinheit und die Flüche entsprechen den Gattungselementen von Vertrags- oder Eidbestimmungen und Flüchen, die die neuassyrischen Loyalitätseide und -verträge konstituieren. Der dtn Redaktor interpretiert also das Reformwerk der Auslegung des BB in Dtn 12–26* als Loyalitätseid gegenüber JHWH. Diese Reformgesetze der spätvorexilischen Zeit wurden dtr-exilisch zu einem umfassenden Programm des Neuen Israel nach dem Exil weiterentwickelt (s.u. IV 1.3).

1.2 Recht und Ethos im spätvorexilischen Deuteronomium

Die judäische Gesellschaft erlebte im 8. und 7. Jh. tiefgreifende, auf die Einbindung Judas in die Politik der neuassyrischen Großmacht zurückgehende Umbrüche. Von der Entstehung des judäischen Staates im 10. Jh. an war eine Bewegung zu verzeichnen, die zur Konzentration der Bevölkerung in den Städten führte und die die tiefgreifenden Wandlungen des 8. und 7. Jh. vorbereiteten: Die zunehmende Bevölkerungszahl ließ die Menschen in Juda, die vorstaatlich unter den Bedingungen bäuerlicher Subsistenzökonomie lebten, nicht mehr ihr Auskommen finden, was zu Arbeitsteilung, Spezialisierung und zur Urbanisierung führte. In judäischen Provinzstädten und in Jerusalem entstanden Handwerkerquartiere. Mit dem Umzug von Familien in die Städte verloren die gentilen Solidarbeziehungen an Bedeutung, da in den Städten nun Familien unterschiedlicher Herkunft zusammenwohnten. Die Urbanisierung und die damit verbundene Entsolidarisierung wurde im 8. Jh. durch Hiskias Politik der Konzentration der Bevölkerung in befestigten Städten noch verstärkt. Zur Abwehr der Armeen des neuassyrischen Reiches setzte Hiskia auf die Einigelung in Festungen, um die offene Feldschlacht zu vermeiden. Mit der Auflösung der traditionellen Bindung der Familien an ihren Boden als Folge dieser Umsiedlungsaktionen verlor die gentile zugunsten der staatlichen Integration weiter an Bedeutung. Religionshistorisch war mit der Auflösung der Bindung der Familien an ihr Land die Schwächung des Ahnenkultes und damit des Generationen übergreifenden Zusammenhalts der Großfamilien verbunden. Zudem folgte aus der Konzentration der Bevölkerung in den Städten der zunehmende Bedeutungsverlust der Ortsheiligtümer in den unbefestigten Ortschaften. Sanheribs Deportation der Bevölkerung der im Feldzug von 702/1 v. Chr. eroberten Landstriche, der nur die Einwohner von Jerusalem entgingen, ließ die Jerusalemer Stadtbevölkerung zum Quell der Neubesiedlung der landjudäischen Gebiete unter den Königen Manasse und Josia werden. Wurde die Neubesiedlung unter Berücksichtigung von Jerusalemer Handelsinteressen vollzogen, so förderte auch das die Urbanisierung der judäischen Provinz. Mit ihr war eine Zerspaltung von Großfamilien in Kleinfamilien verbunden, die sich in der Gräberarchitektur im Übergang von Mehrkammer- zum Einkammergrab widerspiegelt (Halpern, 71 f.).

Die Urbanisierung der Gesellschaft führte zu einer Intellektualisierung, Individualisierung und Säkularisierung in den Denkstrukturen der judäischen Gesellschaft. Die administrative Oberschicht der gebildeten Beamten gewann an Bedeutung und mit ihnen das Curriculum der Schreiberausbildung. Mit dem

Zerbrechen von Sippensolidarität, Großfamilie und Ahnenkult wurde der Einzelne aus seinen genealogischen Bindungen freigesetzt und auf die Kleinfamilie zurückgeworfen. Mit dem Bedeutungsverlust der Lokalheiligtümer aufgrund der Entvölkerung der bäuerlichen Landstriche und der Stärkung städtischer Heiligtümer, insbesondere des Tempels von Jerusalem, ging eine Entsakralisierung des Landes einher. Das josianische Dtn nimmt diese Entwicklungen auf und steuert ihnen als Programmschrift einer Kult- und Rechtsreform entgegen. Die Reform des Kultes war so einschneidend, daß eine Fortschreibung des BB nicht mehr in Frage kam, sondern eine Neufassung nötig wurde, die das materiale Recht des BB, wo die Kultzentralisation berührt wurde, auslegte und reformierte, dort aber, wo kein Bezug zur Kultzentralisation bestand, ergänzte. So tritt in Dtn 12* das Zentralisationsgebot als Reformierung des Altargesetzes des BB an die Spitze des Dtn und fungiert als Hauptgesetz und hermeneutischer Schlüssel für die Institutionsordnungen und Rechtssätze in Dtn 14–26*. Mit dem Hauptgesetz der Kulteinheit (Dtn 12*) ist das der Kultreinheit (Dtn 13*) verbunden, das unter Verwendung neuassyrischer Motivik formuliert wurde und einen Bogen zu den Flüchen (Dtn 28,23–42*), die ebenfalls neuassyrisch geprägt sind, schlägt. Das zwischen Hauptgesetzen und Flüchen stehende Korpus (Dtn 14–26*) wird durch einen Rahmen von Bestimmungen des göttlichen Privilegrechts (Dtn 14,22–15,23*; 26,2*.5a.10–13*) theologisch eingefaßt und begründet, so daß wir uns zunächst diesen Rahmenstücken zuwenden.

1.2.1 Der privilegrechtliche Rahmen

Als »Privilegrecht« werden Bestimmungen bezeichnet, die Aussonderungen für JHWH in der Regel im 6/7-Schema anordnen, und zwar mit dem Ziel, den Bereich der Aussonderung der Herrschaft Gottes zu unterstellen. Sie zieht eine Herrschaftsbegrenzung des Menschen zugunsten der Schwächeren in der Gesellschaft nach sich. Das privilegrechtliche Rahmenstück (Dtn 14,22–15,23*) wird durch die Privilegrechtsbestimmungen des Jahreszehnten und der Aussonderung der Erstgeburten (Dtn 14,22–27; 15,19–23) als Rahmen für die Sozialbestimmungen des Drittjahreszehnten eingefaßt:

> »(V.22) Verzehnten sollst du allen Ertrag deiner Aussaat, was auf dem Felde wächst, Jahr für Jahr. (V.23) Und du sollst vor JHWH, deinem Gott, essen an dem Ort, den er erwählt, um dort seinen Namen wohnen zu lassen, den Zehnten deines Korns, deines Weins und deines Öls und die Erstgeburt deiner Rinder und deines Kleinviehs, damit du lernst, JHWH, deinen Gott, alle Tage zu fürchten. (V.24) Wenn aber der Weg für dich zu weit ist, so daß du es nicht tragen kannst, weil der Ort, den JHWH, dein Gott, erwählt, um seinen Namen dort aufzurichten, für dich zu weit ist – denn JHWH, dein Gott, segnet dich – (V.25) so verkaufe es für Geld, binde das Geld an deine Hand, gehe zu dem Ort, den JHWH, dein Gott, für sich erwählt, (V.26) und kaufe für das Geld alles, was du begehrst, Rinder oder Kleinvieh, Wein oder Bier oder alles sonst, was du möchtest, und verzehre es dort vor JHWH, deinem Gott, und freue dich mit deiner Familie. (V.27) Und den Leviten, der in deinen Toren ist, sollst du nicht im Stich lassen, denn er hat keinen Anteil und kein Erbland bei dir« (Dtn 14,22–27).

In Dtn 15,19–23 werden die Bestimmungen der privilegrechtlichen Aussonderungen, die alljährlich zu erbringen sind, wieder aufgenommen und die Anordnung der Aussonderung der Erstgeburten des Viehs, die bereits in Dtn 14,23 ergeht, entfaltet:

»(V.19) Jede Erstgeburt, die bei deinen Rindern oder bei deinem Kleinvieh geboren wird, sollst du, wenn sie männlich ist, JHWH, deinem Gott, heiligen. Du sollst mit deiner Erstgeburt deines Rinds keine Arbeit verrichten und die Erstgeburt deines Kleinviehs nicht scheren. (V.20) Vor JHWH, deinem Gott, sollst du sie verzehren, alljährlich, an dem Ort, den JHWH erwählt, du und deine Familie. (V.21) Wenn aber ein Mangel an ihr ist, sei sie verletzt oder blind, sie also mit einem schweren Makel behaftet ist, so darfst du sie JHWH, deinem Gott, nicht opfern. (V.22) In deinen Ortschaften sollst du sie essen, der Reine und der Unreine zusammen, wie Hirsch und Gazelle. (V.23) Nur ihr Blut darfst du nicht essen. Auf die Erde sollst du es gießen wie Wasser« (Dtn 15,19–23).

In der Begrenzung der Verfügung des Menschen über die Natur wird die Herrschaft Gottes, die dem Menschen zugute kommt, zum Ausdruck gebracht. Der von Gott gewährte Überfluß an Früchten des Feldes und an Tieren, der für Gott ausgesondert wird, wird am Zentralheiligtum »im Angesicht Gottes« in sakraler Gemeinschaft verzehrt. Der für Gott ausgesonderte und von Gott dem Menschen wieder zurückgegebene Überfluß konstituiert eine Gemeinschaft, die die landlosen Leviten einschließt. Die Gemeinschaft des Volkes am Zentralheiligtum wird also weder durch eine gentile Sippen- und Stämmestruktur noch durch eine staatlich-hierarchische Organisationsform, sondern durch das gemeinsame sakrale Mahl integriert. Damit reagiert die dtn Theologie auf den Zerfall von Sippenstrukturen und Großfamilien in Juda im 8. und 7. Jh. Die dtn Kultreform gestaltet unter der Perspektive der Kultzentralisation das Erstlingsopfer (Ex 22,28a; [23,19a]) zur Zehntgesetzgebung um und läßt sie ihren Zielpunkt in der Konstituierung von Gemeinschaft im sakralen Mahl und in der Festfreude über den Überfluß des Segens Gottes finden. Einer Säkularisierungstendenz der Entsakralisierung des Landes durch die Abschaffung der Ortsheiligtümer als Orte des JHWH-Opfers wird konsequent entgegengesteuert, indem der Ertrag des ganzen Landes über das Zehntopfer mit dem Zentralheiligtum verbunden wird. Der durch den sozialhistorischen Umschichtungsprozeß der judäischen Gesellschaft vollzogenen Entsakralisierung des Landes wird also die konsequente Herrschaftsunterstellung des Landes und des Volkes unter JHWH und ihre Bindung an das Zentralheiligtum entgegengesetzt. Über die Festfreude als Reaktion auf den sich im Überfluß der Natur niederschlagenden Segen Gottes hinaus will die sakrale Mahlgemeinschaft des Zehntopfers Gottesfurcht lernen lassen (Dtn 14,23). Was damit gemeint ist, verdeutlicht Dtn 26,2–13*:

»(V.2*) Du sollst von den Erstlingen aller Früchte des Landes nehmen und sie in einen Korb legen und zu dem Ort gehen, den JHWH, erwählt hat, um seinen Namen dort wohnen zu lassen. (V.5*) Du sollst vor JHWH, deinem Gott, bekennen und sprechen: ›Ein umherirrender Aramäer war mein Vater (V.10) und siehe, hiermit bringe ich die Erstlinge des Landes dar, die JHWH mir gegeben hat.‹ Und du sollst sie niederlegen vor JHWH, deinem Gott, und dich vor JHWH, deinem Gott, niederwerfen. (V.11) Du sollst dich an all dem Guten freuen, das JHWH, dein Gott, dir und deiner Familie, dem Leviten und dem Fremden, der in deiner Mitte wohnt, gegeben hat, (V.12) wenn du im dritten Jahr, dem Zehntjahr, den vollen Zehnten deines Ertrages entrichtet hast und ihn dem Leviten, dem Fremden, der Waise und der Witwe gegeben hast, so daß sie sich in deinen Ortschaften satt essen, (V.13) so sollst du vor JHWH, deinem Gott, sprechen: ›Ich habe das Geheiligte aus dem Haus geschafft und habe auch dem Leviten, dem Fremden, der Waise und der Witwe gegeben entsprechend dem ganzen Gebot, das du mir geboten hast. Ich habe keines deiner Gebote übertreten und keines vergessen‹« (Dtn 26,2*.5a*.10–13).

Dtn 26,2–13* faßt die Privilegrechtsgebote zusammen und interpretiert sie als Bekenntnisakt der Gottesfurcht. Zentrum des Bekenntnisses ist die Erinnerung des heilsgeschichtlichen Datums der Landnahme. Die Darbringung des Überflusses wird konfrontiert mit der Situation der Väter als »umherirrende Aramäer« vor dem Besitz des Landes. Die Freude des sakralen Mahles ist die Reaktion auf die vorgängige Gabe alles Guten durch JHWH, insbesondere des Landes. Das heilvolle Wirken Gottes in der Geschichte ist der Ausgangspunkt und das Bekenntnis dieser Erfahrung ist das Ziel der Aussonderungsgebote. Bringt die dem Dtn vorgegebene privilegrechtliche Aussonderungstheologie im BB (Ex 22,28 f.; 23,10–12) die Herrschaft Gottes über die Natur zum Ausdruck, so schließt der dtn Redaktor das Motiv der Herrschaft Gottes über die Geschichte ein. Die Weite des Landes, der der Judäer in der Wallfahrt zum Zentralheiligtum ansichtig wird, wird auf den Segen Gottes (Dtn 14,24) und der Genuß der guten Gaben des Landes auf die Landgabe durch Gott zurückgeführt (Dtn 26,5a.10). Begrenzt die Herrschaft Gottes, die sich in der privilegrechtlichen Aussonderungstheologie Ausdruck verschafft, die Herrschaft des Menschen über die Natur und ihre Güter zugunsten der Landlosen und Armen, so erhält diese Theologie nun ein Fundament in der geschichtlichen Erfahrung. Weil Gott mit der Gabe des Landes dem landbesitzenden Judäer den Segen alles Guten der Natur zukommen ließ, soll dieser sich derer annehmen, die an dieser Segnung keinen unmittelbaren Anteil haben und ihnen vom Überfluß abgeben. Der Fremde und der Levit, die keinen Anteil am Land haben, sollen an dem sakralen Mahl des Zehnten teilhaben (Dtn 26,11). Der folgende Vers (Dtn 26,12) lenkt auf die gesonderte soziale Zuspitzung der kultischen Institution des Zehnten im Drittjahreszehnt (Dtn 14,28 f.) zurück:

»(V.28) Nach Verlauf von drei Jahren sollst du den ganzen Zehnten deines Ertrages von jenem Jahr herausgeben und in deiner Ortschaft niederlegen. (V.29) Dann sollen die Leviten, die keinen Anteil am Erbland bei dir haben, die Fremden, die Waisen und die Witwen in allen deinen Ortschaften kommen und sich satt essen, damit dich JHWH, dein Gott, in allem Tun deiner Hände, das du verrichtest, segnet« (Dtn 14,28 f.).

Bei der Einladung von Fremden und Leviten zum Mahl des Zehnten am Zentralheiligtum geht es um die Integration der Landlosen in das am Tempel kultisch konstituierte Israel. Mit der Ausweitung in der Institution des Drittjahreszehnten auf die Witwen und Waisen sollen die Schwächsten in die Gesellschaft des Volkes Israel integriert werden. Das Dtn reagiert damit auf den sozialen Umschichtungsprozeß im spätvorexilischen Juda. So leiten die Bestimmungen der Institution des Drittjahreszehnten über zu den im 6/7-Schema des Privilegrechts verfaßten Regelungen des Erlaßjahres (Dtn 15,1–2.7–10.11b) und der Sklavenfreilassung im siebten Jahr (Dtn 15,12–18), die durch die privilegrechtlichen Aussonderungsbestimmungen gerahmt werden:

»(V.1) Nach Ablauf von sieben Jahren sollst du einen Erlaß veranstalten. (V.2) Dies ist die Bestimmung des Erlasses: Jeder Gläubiger erlasse das Darlehen, das er seinem Nächsten geliehen hat. Er soll es bei seinem Nächsten und seinem Bruder nicht eintreiben, denn er ruft: ›Erlaß für JHWH‹. (V.7) Wenn bei dir ein Armer, einer deiner Brüder, in einer deiner Ortschaften in deinem Lande, das JHWH, dein Gott, dir gibt, sich befindet, verhärte nicht dein Herz und verschließe nicht deine Hand vor deinem Bruder, dem Armen, (V.8) sondern öffne für ihn deine Hand und leihe ihm nach seinem Bedarf, was immer ihm fehlt. (V.9) Hüte dich, daß in deinem Herzen nicht der falsche Gedanke aufkommt, das siebte Jahr, das Erlaßjahr, sei nahe, so daß dein Auge böse blickt auf deinen Bruder, den Armen, und du ihm nichts gibst. Wenn er dich bei JHWH verklagt, so bist du schuldig. (V.10) Geben sollst du ihm, und es soll dein Herz nicht belasten, wenn du ihm gibst, denn um des willen wird JHWH, dein Gott, dich in all deinem Tun und all deinen Werken segnen. (V.11b) Darum gebiete ich dir: Öffne deine Hand deinem Bruder, deinem Elenden und Armen in deinem Lande« (Dtn 15,1–2.7–10.11b).

Diese Erlaßjahrbestimmungen wollen die des BB (Ex 23,10 f.), die in Dtn 15,1 als Grundlage für die folgenden sozialen Regelungen vorausgesetzt werden, auslegen und ergänzen. Das Erlaßjahr des BB hat seinen Ursprung in einer die Fruchtbarkeit der Natur mit ihrem Ertrag unter die Herrschaft Gottes stellenden Privilegrechtstheorie, die bereits eine soziale Zuspitzung erfahren hat. Während des Brachejahres sollen die Armen vom Wildwuchs des Feldes essen und das, was sie übriglassen, soll den Tieren des Feldes gehören. Der Aspekt des sozialen Schutzes wird in den Mittelpunkt gerückt und das Brachejahr für den Acker durch ein Erlaßjahr für Darlehen ergänzt. Anders als in den altbabylonischen Dekreten des Schuldenerlasses wird nicht durch königliche Rechtssetzung bestehendes Recht insbesondere beim Regierungsantritt des Königs kurzzeitig außer Kraft gesetzt. Das Ethos der Armenfürsorge tritt in Juda vielmehr neben das Recht. Die Durchsetzung des Rechtsverzichts gegenüber dem Armen wird nicht von Rechtsinstitutionen, sondern direkt von JHWH erwartet. Nicht durch die Sanktionen eines Gerichts, sondern durch Einsicht in das theologische Argument sollen die Bestimmungen des Schuldenerlasses wirksam werden. So argumentieren sie paränetisch, indem sie Gegenüberlegungen des Gläubigers aufnehmen und zurückweisen:

»Hüte dich, daß in deinem Herzen nicht der falsche Gedanke aufkommt, das siebte Jahr, das Erlaßjahr, sei nahe, so daß dein Auge böse blickt auf deinen Bruder, den Armen, und du ihm nichts gibst« (Dtn 15,9*).

Als ethische Regeln sind die Erlaßjahrbestimmungen nicht vor einer weltlichen Gerichtsinstitution, sondern bei Gott einzuklagen und werden von ihm durchgesetzt:

»Wenn er (der Arme) dich bei JHWH anklagt, so bist du schuldig« (Dtn 15,9*).

Der Text enthält keinen Hinweis auf eine Sanktion Gottes für den Fall, daß die Regeln nicht befolgt werden, sondern argumentiert positiv mit der Zusage des Gottessegens für den Fall, daß sie befolgt werden. Gottes gnädige Gabe des Landes ist die Voraussetzung für den Überfluß, der nötig ist, um den Armen ein Notdarlehen zu leihen. Der Verzicht auf Gewinn aus dem Darlehen und im Erlaßjahr auf das Darlehen selbst wird wiederum von Gott gesegnet. Die ethische Forderung der Armenfürsorge hat ihre Voraussetzung in der Landgabe als dem gnädigen Handeln Gottes an Israel.

Ist das Ethos der Armenfürsorge heilsgeschichtlich begründet, so liegt darin auch die Grenze dieser Ethik in der Unterscheidung von Binnen- und Außenmoral, die den Judäer von der Rückzahlung des Darlehens im Erlaßjahr befreit, den Ausländer aber nicht. Ist das Ethos in der Erwählung Israels aus den Völkern begründet, so findet es seine Grenze an den Grenzen des Volkes. In einem Reformprogramm, das sich gegen die Herrschaftsansprüche des neuassyrischen Reiches abgrenzt, ist eine universale, die Ausländer einbeziehende Ethik auch kaum zu erwarten.

Die Erlaßjahrbestimmungen bilden als Auslegung der entsprechenden Bestimmungen des BB die Mitte des privilegrechtlichen Rahmenstücks. Die voranstehenden Bestimmungen des Drittjahreszehnten und die folgenden Bestimmungen der Sklavenfreilassung werden auf das Erlaßjahr bezogen. Das Jahr des Drittjahreszehnten errechnet sich nach dem Erlaßjahr, das auch die Sklavenfreilassung nach maximal sechs Jahren vorsieht:

»(V.12) Wenn sich dir dein Bruder, ein Hebräer oder eine Hebräerin, verkauft, dient er dir sechs Jahre lang; aber im siebten Jahr sollst du ihn als freien Mann entlassen. (V.13) Wenn du ihn als freien Mann entläßt, sollst du ihn nicht leer entlassen. (V.14) Du sollst ihm von deinen Schafen und Ziegen, von deiner Tenne und von deiner Kelter soviel mitgeben, wie er tragen kann. Wie JHWH, dein Gott, dich gesegnet hat, so sollst du ihn bedenken. (V.15) Denke daran, daß du Sklave gewesen bist im Lande Ägypten und daß dich JHWH, dein Gott, losgekauft hat. Darum gebiete ich dir heute solches. (V.16) Sollte er aber zu dir sagen: ›Ich will nicht von dir fortgehen‹, weil er dich und deine Familie lieb gewonnen hat, da es ihm bei dir gut geht, (V.17) so nimm einen Pfriemen und bohre ihn durch sein Ohr in die Tür; dann ist er dein Sklave für immer. Auch mit deiner Sklavin sollst du das gleiche tun. (V.18) Halte es nicht für eine Härte, wenn du ihn als freien Mann entläßt; denn was er in den sechs Jahren für dich erarbeitet hat, entspricht dem, was du einem Tagelöhner als Lohn hättest zahlen müssen. Dann wird dich JHWH, dein Gott, segnen in allem, was du tust« (Dtn 15,12–18).

Hermeneutischer Schlüssel für die Auslegung von Ex 21,2–11 in Dtn 15,12–18 ist das Hauptgesetz der Kultzentralisation. Findet nach Ex 21,6 die Zeremonie des Durchbohrens des Ohres mit einem Pfriemen am Lokalheiligtum statt, so wird in Dtn 15,17 dieser Akt vom Ortsheiligtum in die Häuser der Ortschaften verlegt. Damit aber ist die Sklavengesetzgebung keineswegs säkularisiert. Vielmehr wird sie noch konsequenter als im BB theologisch legitimiert und damit verbunden der soziale Schutzaspekt verstärkt. Der zu entlassende Sklave soll so ausgestattet werden, daß er eine eigene Existenz aufbauen kann, Sklave und Sklavin sollen gleich behandelt, und die im BB vorgesehene Differenzierung aufgehoben werden. Eine gesonderte Regelung für eine während der Schuldsklavenzeit geheiratete Frau und die aus dieser Ehe hervorgegangenen Kinder, die im BB im Besitz des Herrn verbleiben, entfällt. Wieder wollen die dtn Bestimmungen durch die Paränese überzeugen, indem sie an die Einsicht appellieren. Trotz der Entlassungsregelung wäre ein Tagelöhner nicht billiger gewesen. Aber nicht allein die Einsicht der Vernunft trägt die Legitimation, sondern der Hinweis auf die Erfahrung der Befreiung im Exodus. Wurde das Ethos des Zehnten und des Erlaßjahres mit der Landgabe und dem daraus resultierenden Segen begründet, so kommt in den Bestimmungen der Sklavenfreilassung die geschichtliche Erfahrung der Befreiung Israels aus der ägyptischen Knechtschaft als Begründung hinzu. Das heilsgeschichtliche Handeln Gottes dient als Vorbild für das ethische Handeln des Menschen. Der Herr des Sklaven wird im Wechsel der Rollen mit den Israeliten identifiziert, die in Ägypten Sklaven waren, wird also auf den Status seines Sklaven verwiesen, während JHWH als Befreier Israels seine Funktion als Herr übernimmt. Aus dem heilsgeschichtlichen Handeln JHWHs erwächst vorbildhaft die Autorität des Gebots. Das gilt auch für das Thema der Landgabe und des Segens. Die Aufforderung, den freigelassenen Sklaven nicht leer ziehen zu lassen, wird mit den Worten begründet: »Wie JHWH, dein Gott, dich gesegnet hat, so sollst du ihn bedenken« (Dtn 15,14). Ist das soziale Bruderethos heilsgeschichtlich begründet, so ist damit auch hier seine Begrenzung auf den Mitjudäer verbunden.

Das Privilegrecht von Zehntem und Erstgeburt, das auf die kultische Integration des Landlosen und Armen in die Gemeinschaft Israels zielt, rahmt die im privilegrechtlichen 6/7 Schema gestalteten Bestimmungen eines sozialen Bruderethos des Erlaßjahres und der Sklavenbefreiung. Die in den Aussonderungen für JHWH zum Ausdruck kommende Herrschaft Gottes über die Natur und die Arbeitskraft des

Menschen soll Konsequenzen für das soziale Verhalten des Menschen zu seinem Nächsten als Bruder und Schwester haben. Die in den Privilegrechtsbestimmungen unterstrichene Integration der gesellschaftlich Schwachen in die Gemeinschaft als Brüder muß sich in der Begrenzung der wirtschaftlichen Verfügung des Stärkeren über den Schwächeren bewähren. Ein solches Ethos hat die Verheißung des Segens bei sich (Dtn 14,29; 15,10.18).

1.2.2 Die materiale Rechtsordnung

Im Privilegrecht kommt die Herrschaft Gottes zum Ausdruck. Rahmt das Privilegrecht, verklammert durch Dtn 15,19–23*, die Festordnung (Dtn 16,1–17), die Gerichtsordnung (Dtn 16,18–18,8*) und die materiale Rechtsordnung (Dtn 19,2–25,12*), so werden diese Ordnungen der Herrschaft Gottes unterstellt. Die den Rahmen prägende Ableitung eines sozialen Bruderethos aus der Herrschaft Gottes kennzeichnet auch die Redaktion der materialen Rechtsordnung. Der dtn Redaktor strukturiert sie durch eine Fachwerkstruktur, die durch drei im A-B-Schema alternierender Anordnung redigierte Reihen (Dtn 22,1–12*; 23,16–26*; 24,6–25,4*) gebildet wird. Dieses auch im assyrischen Recht belegte Redaktionsverfahren akzentuiert die in die Fachwerkstruktur eingefügten Rechtssatzblöcke im Sinne der Redaktion, so daß diese Reihen zur Erhebung des Redaktionsinteresses von besonderer Bedeutung sind. Cantus firmus in diesen Reihen sind Gebote des Bruderethos:

> »(V.1) Du sollst nicht zuschauen, wenn sich das Rind deines Bruders, oder sein Schaf verläuft, und dich nicht fernhalten von ihnen. Du sollst sie unverzüglich zu deinem Bruder zurückbringen. (V.2) Wenn aber dein Bruder nicht in deiner Nähe wohnt oder du ihn nicht kennst, so sollst du es zunächst in dein Haus aufnehmen. Es soll bei dir bleiben, bis dein Bruder es sucht, so daß du es ihm zurückgeben kannst. (V.3) So sollst du auch mit seinem Esel verfahren, ebenso mit seinem Mantel, ebenso mit allem, er verliert, was deinem Bruder abhanden kommt und du gefunden hast. Du kannst dich nicht entziehen. (V.4) Du sollst nicht zuschauen, wenn der Esel deines Bruders oder sein Rind auf dem Wege zusammenbrechen. Du sollst dich nicht von ihnen fernhalten. Vielmehr sollst du sie mit ihm aufrichten. (V.5) *Eine Frau soll keine Männersachen tragen und ein Mann keine Frauenkleider, denn ein Greuel ist jeder für JHWH, deinen Gott, der so etwas tut.* (V.6) Wenn dir unterwegs auf einem Baum oder auf der Erde ein Vogelnest mit Jungen oder Eiern zu Gesicht kommt und die Mutter sitzt auf den Jungen oder den Eiern, so sollst du die Mutter auf den Jungen nicht herausnehmen. (V.7*) Du sollst die Mutter fliegen lassen und nur die Jungen nehmen. (V.8) Wenn du ein neues Haus baust, sollst du ein Geländer für deinen Dachgarten bauen, damit du keine Blutschuld über dein Haus bringst, wenn jemand von ihm abstürzt. (V.9) *Du sollst deinen Weinberg nicht mit zweierlei Saat besäen, damit das Ganze nicht dem Heiligtum verfällt, die Saat, die du ausgesät hast, und der Ertrag des Weinberges. (V.10) Du sollst nicht mit Rind und Esel zusammen pflügen. (V.11) Du sollst dich nicht mit Mischgewebe aus Wolle und Flachs gemeinsam kleiden. (V.12) Du sollst dir Quasten an den vier Zipfeln deines Überwurfs machen, mit dem du dich kleidest*« (Dtn 22,1–12*).

Die Aufforderungen zur sozialen Verantwortung werden mit Verboten unerlaubter Mischungen zusammengebunden. Dtn 22,1–4 wird in einer Ringkomposition der Prohibitive »du sollst nicht zuschauen« zu einer Einheit zusammengefaßt. In Dtn 22,6 f. wird die Solidaritätsforderung auf die Tierwelt ausgedehnt. Damit werden in alternierender Anordnung die Prohibitive unerlaubter Mischungen (Dtn 22,5.9–11) verzahnt. Ihre Funktion macht Dtn 22,8 als Überleitung deutlich, die durch zweimaliges »fallen« mit Dtn 22,1–4 fest verklammert ist: Die verbotenen Mischungen verunreinigen wie Blutschuld das Land. So verknüpft Dtn 22,8 die Reihe mit dem vorausgehenden Blutrecht (Dtn 19,10). Dtn 22,12 leitet mit dem Motiv des »Überwurfs« zu Dtn 22,13–21a mit dem Motiv des »Mantels« (cf. Dtn 22,5) über.

Dtn 22,1–4 legt das Gebot der Feindesliebe des BB (Ex 23,4 f.) aus. Geht es dort um das Ethos der Feindessolidarität, so interpretiert der dtn Redaktor sie im Sinne des Bruderethos um. Der Fall des verirrten Rindes, das dem Feind zurückgebracht werden soll, wird unter Aufnahme von Ex 22,8 zu einer Kasuistik des fürsorglichen Verhaltens im Falle des Verlustes, den ein Bruder erleidet, weiterentwickelt. Die Forderung der Brudersolidarität entschränkt das Gebot der Feindesliebe, da auch der Feind als Bruder zu betrachten ist, also ihm wie jedem Judäer die Solidarität der Hilfe in der Not zukommt.

In Dtn 22,6 f. wird das Bruderethos, das in Dtn 22,1–4 am Beispiel des Tierverlustes entfaltet wird, auf das Verhalten des Menschen zu den Tieren übertragen. Die im privilegrechtlichen Rahmen begründete Herrschaft Gottes über die Natur begrenzt auch hier die Verfügung des Menschen über die Natur.

In Dtn 23,16–26* werden soziale Gebote mit kultischen Rechtssätzen verbunden:

> »(V.16) Du sollst einen Sklaven nicht seinem Herrn ausliefern, der sich von seinem Herrn zu dir gerettet hat. (V.17) Bei dir soll er wohnen, in deiner Mitte, an dem Ort, den er sich gewählt hat, in einer deiner Ortschaften, wo es gut für ihn ist. Du sollst ihn nicht bedrücken. (V. 18) *Unter den Frauen Israels soll es keine Tempelprostitution geben. Unter den Männern Israels soll es keinen Tempelprostituierten geben. (V.19) Du sollst weder Hurenlohn noch Hundegeld in den Tempel JHWHs, deines Gottes, für ein Gelübde bringen, denn ein Greuel für JHWH, deinen Gott, sind beide. (V.20) Du sollst deinem Bruder keinen Zins auferlegen, weder Zins für Geld, noch Zins für Nahrungsmittel, noch Zins für irgend etwas, was man gegen Zins verleiht. (V.21*) Einem Ausländer darfst du leihen, deinem Bruder aber darfst du nicht leihen, damit JHWH, dein Gott, dich segnet in all deinem Tun im Lande. (V.22) Wenn du vor JHWH, deinem Gott, ein Gelübde machst, sollst du nicht zögern, es zu erfüllen, denn JHWH, dein Gott, wird es sonst von dir einfordern und ein Verschulden wird an dir haften. (V.23) Wenn du es aber unterläßt, etwas zu geloben, so haftet an dir kein Verschulden. (V.24) Was über deine Lippen gekommen ist, mußt du halten und ausführen, wie du es JHWH, deinem Gott, aus freien Stücken gelobt hast, was dein Mund ausgesprochen hat.* (V.25) Wenn du in den Weinberg deines Nächsten kommst, darfst du soviel Trauben essen, wie du willst, bis du satt bist. Aber in dein Gefäß darfst du nicht hineintun. (V.26) Wenn du in das Kornfeld deines Nächsten kommst, darfst du mit der Hand Ähren abreißen, aber die Sichel darfst du im Kornfeld deines Nächsten nicht schwingen« (Dtn 23,16–26*).

Die Radikalität des Bruderethos wird auf dem Hintergrund des altorientalischen Rechts erkennbar. Nach § 49 des Kodex Ešnunna (CE) muß ein Mann, der mit einem geflohenen Sklaven angetroffen wird, das duplum, also den Wert eines weiteren Sklaven zahlen:

> »Wenn ein Mann mit einem geflohenen Sklaven oder einer geflohenen Sklavin ergriffen wird, soll ein Sklave einen Sklaven, eine Sklavin eine Sklavin zusätzlich bringen« (CE § 49).

Nach § 51 des Kodex Ešnunna dürfen als Sklaven Gekennzeichnete nicht das Tor der Stadt verlassen. Nach § 17 des Kodex Hammurapi wird das Beherbergen eines Sklaven mit dem Tode sanktioniert:

> »Wenn er diesem Sklaven in seinem Haus Unterschlupf gewährt, danach aber der Sklave in seinem Haus erwischt wird, wird dieser Mann getötet« (CH § 17).

Im dtn Bruderethos soll dem geflohenen Sklaven Schutz gewährt werden und er soll sich frei einen Ort als Wohnsitz wählen können. Das Recht der freien Wahl des Wohnortes wird dadurch unterstrichen, daß es terminologisch in Analogie zur Zentralisationsformel ausgedrückt wird. Wie Gott frei ist, sich den Ort seines Heiligtums zu erwählen, so ist der geflohene Sklave frei, sich seinen Wohnort zu wählen.

Ähnlich radikal ist das in das dtn Bruderethos aufgenommene Zinsverbot. Die Keilschriftrechte kennen das kurzfristige zinslos gewährte Notdarlehen. In CE § 19 folgt auf die Grundsatzregelung des Zinssatzes in CE § 18a eine Bestimmung zum zinslosen Notdarlehen.

> »Einem Schekel[52] fügt er $^1/_6$ und 6 Gran als Zins hinzu. Einem Kor fügt er einen Scheffel und 4 Sea Gerste als Zins hinzu.
> Ein Mann, der zur (baldigen) Rückgabe etwas leiht, läßt sich auszahlen« (CE §§ 18a.19).

CE § 18a gibt den Zinsfuß für Geld und Naturaldarlehen mit 20 % bzw. 33 % an, während § 19 davon eine zinslose Darlehensart des Naturaldarlehens als Notdarlehen abhebt, das bei der nächsten Ernte auf der Tenne zurückgezahlt wird. Diese Darlehensart des Notdarlehens hatte im Ursprung seine Funktion in der Nachbarschaftshilfe. Steht die Anbindung von CE § 19 an § 18a im Horizont einer Reformintention des Zinsrechts, die den gesamten Abschnitt des Zinsrechts in CE §§ 18a–21 kennzeichnet und ihn in die Nähe der *mīšarum*-Edikte rückt, so läßt das Zinsverbot im Dtn diese noch einmal weit hinter sich, indem im Bruderethos auf den prinzipiellen Verzicht von Zinsen gedrungen wird.

Schließlich wird der »Mundraub« im Weinberg und Kornfeld des Nächsten freigegeben, so daß auch der Arme und Landlose nicht Hunger leiden muß (Dtn 23,25 f.). Der Landbesitzer soll diese Form der Nothilfe gestatten. Er wird aber gegen deren Mißbrauch geschützt, indem nur soviel zur Stillung des Hungers zu nehmen erlaubt ist, wie ohne Gefäß und Erntewerkzeug geerntet werden kann.

Dtn 23,18 f. und Dtn 23,22–24 sind Sätze des Kultrechts (cf. Lev 23,37 f.; Num 29,39 u.ö.), die durch das Motiv des Gelübdes miteinander verknüpft sind. Wie die Reihe Dtn 22,1–12* ist auch die in Dtn 23,16–26* als Teil der Fachwerkstruktur mit den in diese Struktur eingefügten Rechtssätzen verzahnt, und die Sätze, die nicht auf das soziale Bruderethos ausgerichtet sind, mit der Reinheit des Volkes und Landes von Schuld verbunden. »Ein Verschulden wird an dir haften« (Dtn 23,22) weist auf Dtn 24,4.15 voraus und verbindet die Gelübdethematik mit der Thematik der Reinheit von Volk und Land. Die Verbindung mit Dtn 24,15 schlägt einen Bogen zur sozialen Thematik.

In Dtn 24,6–7.10–22; 25,1–4 werden Sätze des sozialen Bruderethos mit Strafrechtssätzen verbunden:

> »(24,6) Man darf nicht die Handmühle oder den Mahlstein als Pfand nehmen, denn damit würde man das Leben selbst als Pfand nehmen. (V.7) *Wenn jemand angetroffen wird, der einen Menschen von seinen Brüdern, von den Israeliten, raubt, ihn als Sklaven kennzeichnet und verkauft, so soll dieser Entführer sterben. Du sollst das Böse aus deiner Mitte fortschaffen.* (V.10) Wenn du deinem Nächsten ein Darlehen gibst, so sollst du nicht in sein Haus gehen, um ein Pfand von ihm zu nehmen. (V.11) Bleibe draußen stehen. Der Mann aber, dem du etwas geliehen hast, wird das Pfand zu dir herausbringen. (V.12) Wenn er ein armer Mann ist, so sollst du sein Pfand nicht über Nacht behalten.

---

52 1 Schekel = ca. 8 $^1/_3$ Gramm; 1 Gran = ca. $^1/_{20}$ Gramm; 1 Kor = ca. 300 Liter; 1 Scheffel = ca. 60 Liter; 1 Sea = ca. 10 Liter.

(V.13) Du sollst ihm das Pfand bei Sonnenuntergang zurückbringen, damit er sich in seinem Mantel schlafenlegen kann. Er wird dich segnen und du wirst vor JHWH, deinem Gott, im Recht sein. (V.14) Du sollst den Lohn eines Armen oder Bedürftigen unter deinen Brüdern oder unter den Fremden, die in deinem Land innerhalb deiner Stadtbezirke wohnen, nicht zurückhalten. (V.15) An dem Tage, an dem er arbeitet, sollst du ihm auch seinen Lohn geben. Die Sonne soll darüber nicht untergehen, denn er ist arm und lechzt danach. Er wird JHWH nicht anrufen und es wird keine Strafe für eine Sünde über dich kommen. (V.16) *Es sollen nicht Väter für ihre Söhne und nicht Söhne für ihre Väter hingerichtet werden. Jeder soll nur für sein eigenes Verbrechen mit dem Tode bestraft werden.* (V.17) Du sollst das Recht von Fremden oder einer Waisen nicht beugen und du sollst nicht das Kleid einer Witwe zum Pfand nehmen, (V.18) sondern du sollst daran denken, daß du ein Sklave gewesen bist in Ägypten und daß dich JHWH, dein Gott, von dort losgekauft hat. Darum gebiete ich dir, dies zu befolgen. (V.19) Wenn du deine Ernte auf deinem Feld einbringst und hast eine Garbe auf deinem Feld vergessen, so sollst du nicht umkehren, sie zu holen. Dem Fremden, der Waise oder der Witwe sollen sie gehören, damit dich JHWH, dein Gott, bei allem Tun deiner Hände segnet. (V.20) Wenn du deinen Ölbaum aberntest, so sollst du ihn hinterher nicht absuchen; dem Fremden, der Waise oder der Witwe soll es gehören. (V.21) Wenn du deinen Weinberg aberntest, sollst du keine Nachlese halten. Dem Fremden, Waisen und der Witwe gehört es. (V.22) Denke daran: Du bist Sklave in Ägypten gewesen. Darum gebiete ich dir, diese Bestimmungen zu befolgen. (25,1) *Wenn zwei Männer gegeneinander prozessieren und sie gehen vor Gericht und man hat eine Entscheidung zwischen ihnen gefällt, indem der Unschuldige freigesprochen, der Schuldige aber verurteilt wurde, (V.2) so soll der Richter, falls der Schuldige zu einer Prügelstrafe verurteilt wurde, ihn hinlegen und ihn in seiner Gegenwart die ihm entsprechend seiner Schuld gebührende Anzahl von Schlägen erhalten lassen. (V.3) Vierzig Schläge darf er ihm geben lassen, mehr nicht, damit nicht dein Bruder, wenn man ihm darüber hinaus noch viele Schläge gibt, in deinen Augen entehrt würde. (V.4) Du sollst einem Ochsen beim Dreschen nicht das Maul verbinden«* (Dtn 24,6.7.10–22; 25,1–4).

Im Mittelpunkt des sozialen Bruderethos steht die Interpretation des Pfandrechts. Sie hat ihre Mitte (Dtn 24,12 f.) in der Auslegung des Pfandrechts im BB (Ex 22,25 f.). Gilt im BB die Einschränkung des Pfandrechts für das Verpfänden eines Mantels eines ansonsten Besitzlosen, so weitet der dtn Redaktor sie auf alle Pfänder aus, die höchstens für einen Tag genommen werden dürfen, und setzt damit faktisch für den Armen das Pfandrecht außer Kraft. Die Pfandnahme wird zu einer nur symbolischen Handlung, die den Anspruch des Kreditgebers auf Rückzahlung des Darlehens augenfällig bestätigt. Das Darlehen soll nicht nur als Notdarlehen zinsfrei und also ohne Gewinninteresse, sondern dem Armen auch ohne Sicherung durch ein Pfand gegeben werden. Aber das Pfandrecht wird noch weiter eingeschränkt: Handmühle und Mahlstein sollen grundsätzlich nicht als Pfand genommen werden, also auch nicht bis zum Sonnenuntergang, da sie für den Lebensunterhalt unabdingbar notwendig sind (Dtn 24,6; cf. CH § 241). Auch wird die Pfandnahme im Hause des Schuldners eingeschränkt. Der Gläubiger darf das Haus des Schuldners nicht betreten und also nicht als Pfand nehmen, was ihm angemessen erscheint, sondern hat das zu nehmen, was ihm gegeben wird (Dtn 24,10 f.). Schließlich wird es untersagt, bei einer Witwe das Kleid als Pfand zu nehmen. Damit wird die Pfandnahme erneut außer Kraft gesetzt und faktisch jede Pfandnahme bei einer Witwe abgewiesen. In die Einschränkungen des Pfandrechts ist eine Applikation der Pfandregelung auf die Zahlungsmodalitäten für Tagelöhner, die am jeweiligen Arbeitstag vor Sonnenuntergang auszuzahlen sind, eingefügt (Dtn 24,14 f.). Dtn 24,17a verklammert diese Regelungen mit der Einschränkung des Pfandrechts für die Witwe (Dtn 24,17b) durch das Verbot, Fremde und Waise zu bedrücken, und unterstellt so die *personae miserae* dem Schutz des Bruderethos. Damit weist nun Dtn 24,17 f. über sich hinaus auf die an die Pfandregelungen angefügten Ernteregelungen (Dtn 24,19–21), die in der Reihe Dtn 23,16–26* eine Entsprechung in Dtn 23,25 f. haben. Den Fremden, Witwen und Waisen wird ein Anteil an der Ernte, die vergessene Garbe auf dem Getreidefeld und die Nachlese im Wein- und Ölgarten, zuerkannt.

Wie in der Reihe Dtn 22,1–12* wird schließlich auch in Dtn 24,6–25,4* das Bruderethos auf den Umgang des Menschen mit der Tierwelt ausgedehnt (Dtn 25,4). Sorgt Dtn 22,6 f. für den Schutz der Wildtiere, so geht es in Dtn 25,4 um die Arbeitstiere.

Diese Gebote werden in Dtn 24,18.22 mit der Befreiung Israels aus Ägypten begründet. Die angesprochenen Landbesitzenden werden mit der Ägyptengeneration identifiziert und so mit der sozialen Lage der Armen in ihrer Gesellschaft konfrontiert. Wie JHWH an ihnen handelt, sollen sie an den Armen handeln. Die historische Erinnerung ermöglicht also die Empathie in die Situation der Armen, während die Identifikation der Rolle, die JHWH ihnen gegenüber im Exodus hatte, mit der, die sie nun den Armen gegenüber haben, das Gotteshandeln zum Vorbild werden läßt für ihr Handeln den Armen gegenüber und also die Forderung der Solidarität begründet.

Die Pfandrechtseinschränkung (Dtn 24,6) weist zurück auf das Zinsverbot (Dtn 23,20) und voraus auf die Pfandrechtsbestimmungen (Dtn 24,10–13).[53] Dazwischengeschoben ist das Verbot des Menschendiebstahls (Dtn 24,7), das an das entsprechende Verbot des BB (Ex 21,16) anknüpft und es auslegt. Auf die Bestimmungen des Bruderethos (Dtn 24,10–15) folgt in Dtn 24,16 eine Strafrechtsbestimmung zur Individualisierung der strafrechtlichen Verantwortung bei Todesstrafe.[54] Das Dtn zieht hier die strafrechliche Konsequenz aus dem Zerbrechen der Großfamilien und Sippen und der damit verbundenen gentilen Solidarität, mit dem ein Individualisierungprozeß in Recht und Ethos einhergeht (Halpern). In Dtn 25,1–3 werden schließlich Gesetze zur Begrenzung der Körperstrafe zwischen die Bestimmungen der Bruderethik eingeschoben. Diese Bestimmungen des Strafprozeßrechts überführen Impulse der Bruderethik ins Strafrecht, wenn sie die Todesstrafe auf den Täter beschränken und die Körperstrafe begrenzen.

Cantus firmus dieser Reihen ist das Bruderethos, das jeweils mit einem anderen Rechtsbereich verbunden wird. Die Bestimmungen des Bruderethos setzen mit seiner umfassendsten inhaltlichen Bestimmung ein: In jeder Situation ist der Judäer unter Einschluß des Feindes ein Bruder, dem jederzeit die benötigte Hilfe und Solidarität zukommen soll (Dtn 22,1–4). Dieses Ethos wird sozial zugespitzt zur Solidarität des landbesitzenden und kreditfähigen Judäers gegenüber den Schwächeren in der Gesellschaft, den Armen, Fremden, Witwen und Waisen (Dtn 23,16–26*; 24,6–25,4*). Die Thematik des zinslosen Notdarlehens und die damit verbundenen Einschränkungen des Darlehenrechts binden diese beiden Reihen zusammen. In beiden schließen sich jeweils Erntebestimmungen zugunsten der Schwachen in der Gesellschaft an (Dtn 23,25; 24,19–22). Die Reihen Dtn 22,1–12* und Dtn 24,6–25,4* sind dadurch zusammengebunden, daß sie an Überlieferungen des BB anknüpfen und sie auslegen (Dtn 22,1–4; 24,12–13a). Schließlich wird in diesen beiden Reihen das soziale Bruderethos auf das Verhalten zu den Tieren ausgedehnt (Dtn 22,6.7a; 25,4). So bilden die Gebote des Bruderethos eine homogene Einheit.

Mit den Geboten des Bruderethos sind Verbote unerlaubter Mischungen, sakrale Rechtssätze und Sätze des Straf- und Strafprozeßrechts, die einen Bogen zurück zu Dtn 22,8 span-

---

53 Die Aussatztora in Dtn 24,8 f. ist dtr Zusatz; cf. u. IV 1.3.

54 Cf. die Parallele im hethitischen Erlaß des Telepinus (VS) II § 31.55–56 (I. Hoffmann, Der Erlaß Telepinus, 1984, 34 f.). Im Telepinus-Erlaß ist die Individualisierung der Strafe auf das Königshaus beschränkt, so daß man kaum mit einem direkten Rezeptionszusammenhang zwischen hethitischem und judäischem Recht rechnen sollte.

nen, verbunden. Nur mit diesen Rechtssätzen, nicht aber mit den Geboten zu sozialer Solidarität verbinden sich Formeln zur Reinheit und Integrität des Volkes (Dtn 22,5.8; 23,18.22.23; 24,7). Der dtn Redaktor zielt in der Redaktion der Fachwerkstruktur auf den doppelten Aspekt der sozialen Verantwortung im Bruderethos sowie der Reinheit des Volkes und des Landes.

Der dtn Redaktor nimmt eine ihm vorgegebene vordtn *Sammlung des Familienrechts* (Dtn 21,15–21; 22,13–21a.22a.23.24a.25.27.28 f.; 24,1–4a.5; 25,5–10) auf, mit der er das BB, das nur einen Rechtssatz des Familienrechts (Ex 22,15 f.) enthält, ergänzen will.

Die Rechtssätze Dtn 22,22a.23.24a.25.27.28 f. bilden innerhalb dieser familienrechtlichen Sammlung einen geschlossenen, kunstvoll in einem auch im Eherecht der Tafel A des Mittelassyrischen Kodex (§§ 12–16) belegten Schema redigierten Block (cf. Otto, Eherecht). In Dtn 22,26 fügt der dtn Redaktor eine Klammer mit dem Blutrecht (Dtn 19,2–13*) und in Dtn 22,22b.24b die Formel »du sollst das Böse aus deiner Mitte/Israel fortschaffen« (*biʿartā*-Formel) ein. Im Gegensatz zu den Rechtssätzen (Dtn 22,22 f.), die für den Ehebruch der Ehefrau die Todessanktion für Ehefrau und Konkumbenten vorsehen, wird in den übrigen Rechtssätzen die Frau gegen eine falsche Anklage wegen Ehebruchs im Falle der Vergewaltigung geschützt (Dtn 22,25.27), und im Falle der Verführung des unverheirateten Mädchens muß der Konkumbent sie heiraten und verliert sein Scheidungsrecht (Dtn 22,28 f.). In diesen Rechtssätzen werden die Rechte der Frau gegen Angriffe eines Mannes geschützt. Sie fügen sich dem in den Reihen der Fachwerkstruktur entwickelten Solidarethos mit den Schwächeren in der Gesellschaft ein. Wie in diesen Reihen werden auch hier die nicht auf den Aspekt der sozialen Verantwortung zu deutenden Rechtssätze auf den der Reinheit des Volkes bezogen. Ehebruch verunreinigt das Volk, so daß mittels des Strafrechts das Böse aus der Mitte des Volkes Israel fortgeschafft werden soll.

Dieser doppelte Akzent wird auch in den Rechtssätzen gegen den Angriff auf die Ehre einer jung verheirateten Frau (Dtn 22,13–21) erkennbar. Dem dtn Redaktor waren die Rechtssätze Dtn 22,13–19.20–21a als Teil der vordtn Sammlung des Familienrechts vorgegeben. Der Fall der zu Unrecht beschuldigten Ehefrau, von der sich ein Ehemann durch falsche Vorwürfe unter Umgehung der finanziellen Konsequenzen einer Scheidung trennen will, wahrt die Rechte der Frau gegen ihren Mann und fügt sich in den Horizont des Ethos sozialer Verantwortung ein. Der Gegenfall (Dtn 22,20.21a), der als Ehebruch gewertet wird, wird durch die *biʿartā*-Formel mit dem Aspekt der Reinheit des Volkes verbunden.

Der Block des Blutrechts (Dtn 19,2–13*; 21,1–9*) wird zusammen mit dem Prozeßrecht (Dtn 19,15–21) gebündelt auf die Reinheit von Volk und Land gedeutet (cf. Dtn 19,10.13; 21,8.9.23).

Im Familienrecht wird der Fall des störrischen Sohnes, der Ehebruch und die Wiederverheiratung mit einer Geschiedenen durch die Formel »Du sollst das Böse aus deiner Mitte (Land) fortschaffen« mit dem Blutrecht verbunden und unter dem Aspekt der Reinheit des Volkes und des Landes interpretiert. Daneben stehen im Familienrecht die Rechtssätze, die auf die soziale Verantwortung gedeutet werden. Der Sohn der ungeliebten Frau soll in seinem Erstgeburtsrecht geschützt werden. Die junge Ehefrau soll vor den Machenschaften des Ehemanns, die verheiratete Frau im Falle der Vergewaltigung vor der Ehebruchsanklage bewahrt und einem unverheirateten Mädchen in diesem Falle die unauflösliche Ehe zuerkannt werden. Eine verwitwete Frau ohne Erben soll den Schutz der Leviratsehe oder, bei deren Verweigerung, den materiellen Schutz durch den Erbanteil des Verstorbenen erhalten. Sozialer Schutz und Reinheit von Volk und Land werden so zusammengehalten.

Das vordtn Dtn ist eine an die Redaktionsstrukturen anknüpfende Neufassung des BB unter den Gesichtspunkten der Hauptgebote, die in ihren Konsequenzen für die Kult- und Rechtsordnung entfaltet werden. Die materiale Rechtsordnung will das von den lokalen Heiligtümern entblößte Land nicht entheiligt sein lassen, sondern entwirft in Anknüpfung, Weiterführung und Ergänzung des BB die Ordnung eines Landes, in der die Reinheit der Gemeinschaft und des Landes mit dem geschwisterlichen Ethos der Solidarität verbunden wird. Wie der Rahmen der privilegrechtlichen Aussonderungsgebote zeigt, stehen Volk und Land in der Ausrichtung auf das von JHWH erwählte Heiligtum unter seiner Herrschaft. Nicht in den lokalen Kulten, sondern im aktiven Tun der Verwirklichung der Gottesordnung, die ihr Fundament im Gottesdienst an dem einen, von Gott erwählten Heiligtum hat, wird Gottes Gegenwart ergriffen. Ein solches Tun hat die Verheißung des Gottessegens bei sich. Das Dtn reagiert damit auf die Umbruchprozesse, die seit dem 8. Jh. die judäische Gesellschaft als Folge der neuassyrischen Krise erschüttern. Einem Zerfall der gentilen Gemeinschaften, in denen ein naturwüchsiges, genealogisch geleitetes Bruderethos seinen Ort hatte, wird das im Privilegrecht in der Herrschaft JHWHs über Volk und Land verankerte und also theologisch begründete Bruderethos entgegengesetzt. Jeder Judäer, einschließlich des Feindes und Prozeßgegners, nicht nur der Verwandte, ist der Bruder, dem solidarische Hilfe zukommt, wenn er ihrer bedarf. Insbesondere den Landlosen, Fremden, Witwen und Waisen gilt die Solidarität, die im Drittjahreszehnt, im Erlaßjahr, in der Sklavenfreilassung und im zinslos gewährten, auf Pfandsicherung weitgehend verzichtenden Notdarlehen konkret wird. Aber auch im Familienrecht gilt die Solidarität den Schwächeren, insbesondere den Frauen (cf. Pressler [s.o. II 4]). In diesem Sinne kann man das Familienrecht des Dtn als »Frauenspiegel« bezeichnen. Die Landlosen und Armen werden im Dtn in das als Kultgemeinde um das Zentralheiligtum versammelte Volk integriert und an die Solidarität des je einzelnen in den Ortsgemeinden gewiesen. Das dtn Israel wird durch den gemeinsamen Kult an dem einen, von JHWH erwählten Heiligtum integriert und nicht mehr durch gentile Gemeinschaften.[55] Dem Zerfall der Sippen und Großfamilien und der daraus resultierenden Krise des naturwüchsigen Bruderethos setzt das Dtn ein theologisch begründetes Solidarethos entgegen, das sich von den Fesseln der Genealogie zu lösen vermag und jeden Judäer zu einem Bruder und einer Schwester werden läßt. Verlieren in den sozialen Umbrüchen seit Hiskia die Ortsheiligtümer an Bedeutung, so zieht das Dtn die Konsequenz daraus mit der Forderung der Kultzentralisation. Eine daraus resultierende Entsakralisierungstendenz fängt es dadurch auf, daß das Alltagsleben konsequent auf die Herrschaft des einen Gottes, die sich in dem einen Heiligtum ausdrückt, bezogen wird. Die Herrschaft Gottes wird in den privilegrechtlichen Gaben des Volkes am Zentralheiligtum, im Tun des Solidarethos und in der Reinheit des Volkes und des Landes frei von der Schuld der Kapitaldelikte konkret.

---

55 Insofern hat G. v. Rads Beobachtung (Theologie I [s.o. III 3.1], 237), im Dtn werde das Bild eines amphiktyonischen Israel ohne Stämme entworfen, durchaus einen richtigen Kern. Nur wird damit nicht auf Verhältnisse und Traditionen der israelitischen Frühzeit zurückgegriffen, sondern auf die sozialen Umbrüche des 7. und 8. Jh. reagiert.

1.3 Der Entwurf des Neuen Israel nach dem Exil

Die deuteronomistischen (dtr) Redaktionsschichten geben dem dtn Reformwerk eine neue Zielrichtung. Aus dem Reformwerk, das das BB auslegt, wird ein utopisches Programm des Neuen Israel nach dem Exil.

1.3.1 Die Ämtergesetze

In den »Ämtergesetzen« (Dtn 16,18–18,22) wird die Uminterpretation des Dtn zur Verfassung des Neuen Israel nach dem Exil besonders deutlich:

»(16,18) Richter und Schreiber sollst du dir einsetzen in allen Städten, die JHWH, dein Gott, dir gibt, *nach deinen Stämmen*[56], und sie sollen das Volk gemeinschaftstreu richten. (V.19) Du sollst das Recht nicht beugen. Du sollst die Person nicht ansehen und keine Bestechung nehmen, denn Bestechung macht die Augen der Weisen blind und verkehrt die Rechtssache derer, die im Recht sind. (V.20) *Gemeinschaftstreue, Gemeinschaftstreue sollst du nachjagen, damit du lebst und das Land in Besitz nimmst, das JHWH, dein Gott, dir gibt. (V.21) Du sollst neben den Altar JHWHs, deines Gottes, den du dir baust, keine Aschere, kein Holz setzen. (V.22) Du sollst dir keine Massebe aufrichten, die JHWH, dein Gott, haßt. (17,1) Du sollst JHWH, deinem Gott, weder ein Rind, noch ein Schaf opfern, das mit einem Makel, irgendeinem Fehler, behaftet ist, denn ein Greuel für JHWH, deinen Gott, ist das.*

(V.2) Wenn in deiner Mitte, in einem deiner Tore, die JHWH, dein Gott, dir gibt, ein Mann oder eine Frau ertappt werden, *die tun, was böse in den Augen JHWHs, deines Gottes, ist, um seinen Bund zu brechen,* (V.3) daß er geht und anderen Göttern dient und sich vor ihnen niederwirft, *vor der Sonne oder dem Mond oder dem ganzen Himmelsheer, was ich nicht erlaubt habe,* (V.4) und es dir gemeldet wird, wenn du es erfährst und sorgfältig untersuchst und die Sache feststellt, daß dieser Greuel in Israel verübt wurde, (V.5) dann sollst du diesen Mann oder diese Frau, die diesen Frevel begangen haben, zu deinen Toren bringen, *den Mann oder die Frau,* und sie mit Steinen steinigen, so daß sie sterben. (V.6) Auf das Zeugnis von zwei oder drei Zeugen hin sollen sie sterben. Sie sollen nicht auf das Zeugnis eines Zeugen hin sterben. (V.7) Die Hand der Zeugen soll sich als erste gegen ihn erheben, um ihn hinzurichten und die Hände der übrigen danach. Du sollst das Böse aus deiner Mitte fortschaffen.

(V.8) Wenn dir eine Sache zu schwierig zu entscheiden ist zwischen Bluttat und Bluttat, zwischen Eigentumsdelikt und Eigentumsdelikt, zwischen Körperverletzung und Körperverletzung, Prozeßangelegenheiten in deinen Ortschaften, so sollst du dich aufmachen und zu dem Ort hinaufziehen, den JHWH, dein Gott, erwählt hat, (V.9) und du sollst vor die levitischen Priester und den Richter treten, der dann amtiert, und nachfragen. Wenn sie dir einen Urteilsspruch verkünden, (V.10) dann sollst du dich an den Spruch halten, den sie dir von dem Ort, den JHWH erwählt hat, verkünden; du mußt alles, was sie dir auftragen, genau befolgen, (V.11) *nach dem Wortlaut der Weisung, die sie dir erteilen, und dem Urteil, welches sie dir verkünden, sollst du handeln. Du sollst von dem Spruch, den sie dir mitteilen, weder nach links noch nach rechts abweichen.* (V.12) Derjenige handelt vermessen, der weder auf den Priester hört, der dort steht, um vor JHWH, deinem Gott, Dienst zu tun, noch auf den Richter. Dieser Mann soll sterben. Du sollst das Böse aus Israel fortschaffen. (V.13) Das ganze Volk soll es hören, damit sie sich fürchten und nicht mehr vermessen handeln.

(V.14) *Wenn du in das Land, das JHWH, dein Gott, dir gibt, kommst, es in Besitz nimmst, darin wohnst und dann sagst: Ich will einen König über mich einsetzen, wie alle Völker um mich herum, (V.15) dann darfst du einen König über dich einsetzen, den JHWH, dein Gott, erwählt. Aus der Mitte deiner Brüder sollst du einen König über dich setzen. Einen Ausländer darfst du nicht über dich setzen, weil er nicht dein Bruder*

---

56 Die dtr Ergänzungen der dtn Gerichtsordnung sind kursiv gesetzt.

ist. (V.16) Er soll aber nicht zu viele Pferde halten, und er soll das Volk nicht nach Ägypten zurückführen, um die Zahl der Pferde zu vergrößern; denn JHWH sagte zu euch: Ihr sollt auf diesem Weg nie wieder zurückkehren. (V.17) Er soll sich auch keine große Zahl von Frauen nehmen, damit sein Herz nicht abtrünnig wird. Er soll nicht viel Silber und Gold anhäufen. (V.18) Und wenn er auf seinem Königsthron sitzt, dann soll er sich eine Abschrift dieses Gesetzes, das die levitischen Priester aufbewahren, in ein Buch schreiben. (V.19) Und es soll bei ihm sein, und er soll alle Tage seines Lebens in ihm lesen, damit er lernt, JHWH, seinen Gott, zu fürchten, indem er auf alle Worte dieser Tora und dieser Gesetze achtet, sie hält (V.20) und sein Herz sich nicht über seine Brüder erhebt und nicht von diesem Gebot nach rechts oder nach links abweicht, damit er lange als König über sein Reich herrscht, er und seine Söhne, inmitten Israels.

(18,1) Die levitischen Priester, *der ganze Stamm Levi*, sollen kein Anteil und Erbbesitz in Israel haben; von den Gaben JHWHs *und seinem Erbbesitz* sollen sie leben. (V.2) *Er soll keinen Erbbesitz inmitten seiner Brüder haben. JHWH – er ist sein Erbbesitz, wie er ihm verheißen hat.* (V.3) Und dies ist das Recht, das die Priester gegenüber dem Volk haben, gegenüber denen, die das Schlachtopfer darbringen, sei es Rind, sei es Schaf. Man soll dem Priester die Vorderkeule, die Kinnbacken und den Magen geben. (V.4) Die Erstlinge deines Korns, Weines und Öls sowie die Erstlinge der Schur deines Kleinviehs sollst du ihm geben. (V.5) Denn ihn hat JHWH, dein Gott erwählt, *aus allen Stämmen* herauszutreten, um im Namen JHWHs Dienst zu tun, er und seine Söhne alle Tage. (V.6) Und wenn der Levit aus einer deiner Ortschaften kommt, aus ganz Israel, wo immer er als Fremdling lebt, wenn er Verlangen nach dem Ort hat, den JHWH erwählt hat, (V.7) und wenn er im Namen JHWHs, seines Gottes, dient, wie alle seine Brüder, die Leviten, die dort vor JHWH stehen, (V.8) dann soll er jeweils gleiche Zuteilung zum Lebensunterhalt erhalten, ohne Rücksicht aus dem Erlös aus seinem väterlichen Vermögen.

(V.9) *Wenn du in das Land kommst, das JHWH, dein Gott, dir gibt, dann sollst du nicht lernen, die Greuel jener Völker nachzuahmen. (V.10) Es soll bei dir keinen geben, der seinen Sohn oder seine Tochter durch das Feuer gehen läßt, keinen Orakelpriester, Wolkendeuter, Schlangenbeschwörer oder Mantiker, (V.11) keinen, der Gebetsbeschwörungen vornimmt, Totengeister befragt, keinen Hellseher und keinen, der sich an die Ahnen wendet. (V.12) Denn ein Greuel für JHWH ist jeder, der dies tut, und wegen dieser Greuel vertreibt sie JHWH, dein Gott, vor dir. (V.13) Ganz bei JHWH, deinem Gott, sollst du bleiben. (V.14) Denn diese Völker, die du vertreiben wirst, hören auf Wolkendeuter und Orakelpriester. Dir hat JHWH, dein Gott, das nicht erlaubt. (V.15) Einen Propheten wie mich wird dir JHWH, dein Gott, aus deiner Mitte, unter deinen Brüdern, entstehen lassen. Auf ihn sollt ihr hören. (V.16) Ganz wie du es von JHWH, deinem Gott, erbeten hast am Horeb, am Tage der Versammlung, mit den Worten: Ich kann die Stimme JHWHs, meines Gottes, nicht noch einmal hören und dieses große Feuer nicht noch einmal sehen, ohne daß ich sterbe. (V.17) Da sprach JHWH zu mir: Was sie von dir verlangen, ist berechtigt. (V.18) Einen Propheten wie dich will ich ihnen entstehen lassen, aus der Mitte ihrer Brüder, und ich werde ihm meine Worte in den Mund legen, und er soll ihnen alles sagen, was ich ihm auftrage. (V.19) Einen Mann aber, der nicht auf meine Worte hört, der in meinem Namen verkünden wird, ziehe ich selbst zur Rechenschaft. (V.20) Jedoch ein Prophet, der sich anmaßt, in meinem Namen ein Wort zu reden, das ich ihm nicht befohlen habe zu reden, und der im Namen fremder Götter redet, jener Prophet soll sterben. (V.21) Und wenn du dich in deinem Herzen fragst: Woran können wir ein Wort erkennen, das JHWH nicht gesprochen hat? (V.22) Was der Prophet im Namen JHWHs redet und was dann nicht geschieht und eintrifft, das ist ein Wort, das JHWH nicht geredet hat. Der Prophet hat sich nur angemaßt, es zu sprechen. Du sollst dich davor nicht fürchten«* (Dtn 16,18–18,22).

In Dtn 16,18–18,22 ist eine dtn-vordtr Grundschicht einer Gerichtsordnung von einer dtr Ämterverfassung abzuheben (Otto, Gerichtsordnung). Schlüssel zur Interpretation der dtn Gerichtsordnung ist die Abfolge von Dtn 17,2–7* und 17,8–13*. Dtn 17,2–7* regelt den

194

gemäß der Zwei-Zeugen-Regelung eindeutigen Fall, der vor dem Ortsgericht verhandelt wird. Der dtn Verfasser exemplifiziert ihn an einem aus Dtn 13* übernommenen sakralen Delikt der Fremdgötterverehrung, um zu verdeutlichen, daß die Zuweisung eines Falls an die lokale Gerichtsbarkeit nicht von der Art des Delikts abhängt, etwa derart, daß sakrale Delikte an das mit dem Zentralheiligtum verbundene Zentralgericht gehören, profane Delikte dagegen in die Ortsgerichtsbarkeit. Die Differenzierung zwischen Orts- und Zentralgericht soll allein danach vorgenommen werden, ob ein Fall durch zwei Zeugen aufgeklärt werden kann, oder nicht. Vor der Zentralisierung des Kultes wurden die nicht durch Zeugen aufgeklärten Fälle der kultischen Gerichtsbarkeit am Ortsheiligtum überwiesen (Ex 22,7 f.10). Ihre Aufgabe übernahm nach der Kultzentralisation das mit dem Zentralheiligtum verbundene Zentralgericht, das also nicht Appellationsinstanz der Ortsgerichte oder Instanz für besonders schwere Fälle war, sondern die Fälle übernahm, die mit den Mitteln der Ortsgerichte, dem Zeugenbeweis, nicht lösbar und also »zu schwierig« (Dtn 17,8) waren. Dient in Dtn 17,2–7 ein Sakrileg als exemplarischer Fall, so wird in Dtn 17,8 betont, daß das Zentralgericht für die ganze Breite auch profaner Delikte, vom Eigentumsdelikt bis zum Tötungsdelikt, zuständig ist. Der Gerichtsordnung wird die der jeweiligen Gerichtsinstitution zugehörigen Ämtergesetze vor- bzw. nachgestellt. Der Ordnung der profanen Gerichtsbarkeit (Dtn 17,2–7*) ist das Ämtergesetz in Dtn 16,18 f.*, der Ordnung des Zentralgerichts (Dtn 17,8–13*) das Ämtergesetz in Dtn 18,1–8* zugeordnet.

Diese Ämtergesetze in der dtn Gerichtsverfassung werden zum Anknüpfungspunkt des dtr-exilischen Entwurfs einer idealen Ämterverfassung für ein nachexilisches Israel. Die dtr Bearbeitung setzt mit einer sich geringer Mittel bedienenden, in den Konsequenzen aber tiefgreifenden Umgruppierung im Aufbau des vorgegebenen vorexilischen Dtn ein. Zwischen das Gesetz der Ämter der Lokalgerichte (Dtn 16,18 f.*) und die Gerichtsordnung (Dtn 17,2–13*) wird Dtn 16,20–17,1 als Rückgriff auf die Kultgesetzgebung des Hauptgesetzes (Dtn 12) eingefügt. In Dtn 16,21b wird auf Dtn 12,31 zurückverwiesen und damit die Linie der Interpretation aufgezeigt. Nach Dtn 12,3 f. als Auftakt der dtr Interpretation der Kultgesetze sollen die Altäre, Masseben, Ascheren und Götterbilder der vorisraelitischen Landbewohner vernichtet werden. Zugleich wird Israel gewarnt, im Kult zu handeln wie die Völker. So spannt der dtr Bearbeiter einen Bogen von Dtn 12,2–4.29–31 bis Dtn 16,20–17,1. Durch Dtn 16,20 wird die gesamte voranstehende Gesetzgebung unter die Verheißung von Leben und Landbesitz als Folge des Gebotsgehorsams gestellt und damit der Landbesitz an Bedingungen geknüpft. Die das vorexilische Dtn kennzeichnende und auf das BB zurückgehende Redaktionsstruktur wird so umgestaltet, daß Dtn 12,1–17,1 zu einem Block sakraler Zentralisationsgesetze zusammengefaßt wird. Davon abgesetzt wird die Verfassung der zentralen Ämter (Dtn 17,2–18,22). Die Ämter der Ortsgerichte werden von der dtn Gerichtsordnung, abgelöst, da diese lokalen Ämter in die dtr Konzeption der Zentralämter nicht hineinpassen. Die Ordnung des Zentralgerichts aber verbleibt im Kontext der Ämterverfassung, da sie Aussagen über das Richteramt am Zentralgericht und die Funktion levitischer Priester macht. Die Gerichtsordnung wird schließlich durch die Einfügung des Königs- und des Prophetengesetzes (Dtn 17,14–20; 18,9–22) zu einer Ämterverfassung umgestaltet.

Die Eröffnung des Königsgesetzes (Dtn 17,14) durch eine »historisierende Gebotseinleitung« (»wenn du in das Land kommst, welches JHWH, dein Gott, dir gibt, und es in Besitz nimmst und darin siedelst ...«) ist Teil eines dtr Systems derartiger Gebotseröffnungen (Dtn 12,29; 17,14; 18,9; 25,19; 26,1). Die Fortsetzung in Dtn 17,15 ist davon nicht ablösbar. Ohne Dtn 17,15 kommt kein Königsgesetz zustande, so daß es insgesamt in den dtr Horizont gehört. Wird dem König auferlegt, eine Zweitschrift der Tora anfertigen zu lassen (Dtn 17,18 f.), so ist damit das Gesetzeswerk des Dtn als ganzes gemeint. In dieser Bedeutung ist der Begriff Tora nur dtr belegt und knüpft an die Tora in Dtn 17,11 (dtr) an.

Das Königsgesetz beschreibt die königlichen Aufgaben in Abgrenzung vom Königshaus der Davididen, auf deren herausragenden Vertreter Salomo mit dem Verbot zahlreicher Frauen angespielt wird. Von den klassischen Aufgaben eines Königs in Verwaltung, Recht und Militär bleibt kaum etwas übrig. An die Stelle tritt seine Verpflichtung, der Erste im Gesetzesgehorsam zu sein. Der König soll sich nicht über seine Brüder erheben, sondern im Gehorsam gegenüber dem Gesetz, dem er wie seine Brüder unterworfen ist, Vorbild sein. Wird das ganze Volk auf den Dekalog als Zusammenfassung der Tora verpflichtet (Dtn 5,32 f.) und vom Gehorsam langes und gelingendes Leben im Kulturland abhängig gemacht, und wird in Dtn 16,20 diese Aufforderung zum Abschluß des Zentralisationsgesetzes (Dtn 12,1–17,1) wiederholt, so wird dieser Zusammenhang von Gesetzesgehorsam und Leben nun auf den König übertragen.

In dieser Ämterverfassung aus der Exilszeit wird im Gewand einer Utopie entscheidend Neues geleistet. Utopien zeichnen sich nicht, wie der Alltagssprachgebrauch meint, durch Realitätsverlust aus: Das Moment der Realitätsferne soll vielmehr eine kritische Alternative zum Bestehenden ermöglichen. Sie bedient sich dazu der Tradition, formt sie auf Mißstände der Gegenwart reagierend um und läßt sie so zum kritischen Spiegel im Dienste einer besseren Zukunft werden. Das Königsgesetz entwirft in der Zeit der neubabylonischen Fremdherrschaft die Verfassung des Königsamtes. Im Gegensatz zur vorexilischen Zeit wird sich keine Machtfülle der Herrschaft über Kult, Recht und Politik in der Hand des Königs vereinen. Er wird nicht mehr als Herrscher im klassischen Sinne verstanden, sondern als primus inter pares in der Frömmigkeit. Das Neue ist nicht, daß das Königsbild aller triumphalen Züge entkleidet wird. Es gehört als fester Topos zur altorientalischen Königsideologie, den Gehorsam des Königs gegenüber den Göttern herauszustreichen, so daß sich der König, um den Glanz der Götter und seine Gottesfurcht zur Geltung zu bringen, als »demütig« und »bescheiden« bezeichnet. Das Neue wird erkennbar, wenn man fragt, was die Herrschaft des Königs legitimiert. Der König wird vom Volk eingesetzt. Der Legitimationsmodus der Akklamation des Volkes, den dtr Kreise am Anfang des Königtums in Israel stehen sehen, wird in Anschlag gebracht (Dtn 17,15). Hinzu kommt aber nun noch ein weiteres Moment: Herrschaft wird nicht durch eine Gottesunmittelbarkeit des Königs legitimiert, sondern dadurch, daß er das Amt mit dem füllt, was in der dtr Perspektive die Aufgabe und der Lebenssinn eines jeden Israeliten ist, nämlich das Gesetz zu studieren und demgemäß zu handeln. Damit ist ein einschneidender Gedanke, der bis in die Neuzeit Geschichte gemacht hat, geboren. Der König steht nicht über, sondern unter dem Gesetz.[57]

Neben der Legitimation der Herrschaft durch das Volk steht die prophetische Designation des Herrschers durch Gott. So gehört ein Prophetengesetz konstitutiv in den Verfassungsentwurf.

Wie das Königsgesetz wird auch das Prophetengesetz (Dtn 18,9–22) durch eine »historisierende Geboteinleitung« eröffnet. Davon ist die folgende Aufzählung magischer und orakelhafter Praktiken (Dtn 18,10 f.) nicht zu lösen. Sie fungiert als Negativfolie für das Prophetenamt. Wie der Gottesdienst Israels von dem der vorisraelitischen Landesbewohner als Greuel vor JHWH, so werden die Orakelpraktiken von der Prophetie in Israel abgegrenzt. Der Rekurs auf die Horeboffenbarung greift auf die dtr Rahmung des Dekalogs (Dtn 5,22–31) zurück. Mit dem Motiv eines »Propheten wie du« wird die dtr Fiktion der Kundgabe des Dtn durch Mose vorausgesetzt. Damit tritt die Vorstellung des als Moses redivivus legitimierten Propheten neben die mosaische Tora. Enthält die Tora den offenbarten

---

57 In den Bemühungen, königs- und herrschaftskritisch den König an gültige Regelungen des Rechts zu binden, ist der in neuassyrischer und neubabylonischer Zeit virulente »Fürstenspiegel« (W.G. Lambert, [s.o. III 2], 112–115) ein Vorläufer des dtr Königsgesetzes.

und im Dekalog zusammengefaßten Gotteswillen der Tradition, so wird jede neue Offenbarung durch die Propheten vollzogen. Das Verhältnis beider Offenbarungsquellen bleibt in der Schwebe. N. Lohfink (Gewaltenteilung, 320 f.) erwägt aufgrund einer Kombination mit 2 Kön 17,13 die Möglichkeit einer aktualisierenden Weiterentwicklung der Tora durch das prophetische Amt. Einer derartigen Vorordnung des Prophetenamts vor die Tora widerspricht die »Kanonformel« (Dtn 13,1). Reflektiert das Prophetengesetz die Möglichkeit der Falschprophetie und gibt das Urteil über falsche und wahre Prophetie der Bestätigung durch das Eintreffen der Ankündigungen anheim, so kann eine sich erst zukünftig als wahr herausstellende Prophetie nicht der durch die »Kanonformel« abgeschlossenen Tora übergeordnet werden. Erstaunlich aber ist, daß auch umgekehrt die Tora nicht dem Propheten als Maßstab zur Unterscheidung zwischen wahrer und falscher Prophetie übergeordnet wird. Dem steht das dtr so intensiv verteidigte Wissen um die Freiheit Gottes entgegen. Aus theologischen Gründen bleibt das Verhältnis zwischen Prophetenamt und Tora in der Schwebe, wobei das Problem dadurch gemildert ist, daß die Tora durch Mose als Prophet offenbart wurde und ein Prophet wie Mose Empfänger und Künder des Gotteswillens sein soll. Um der Freiheit Gottes willen wird die Kontinuität von Tora und der jeweils neuen prophetischen Verkündigung nicht mit der Identität der Offenbarungen Gottes, sondern mit der Mosaizität der Ämter begründet. Im Gegensatz dazu wird das Zentralgericht eindeutig der Tora, die sich in den Händen der levitischen Priester befindet, unterworfen (Dtn 17,11).

Der Deuteronomist entwirft in der Exilszeit eine utopische Ämterverfassung für das Neue Israel, indem er die dtn Gerichtsordnung zur Grundlage nimmt, sie erweitert und das Königs- sowie Prophetengesetz einfügt. Alle weltliche Macht ist dem Gotteswillen, der sich in Tora und Prophetenamt äußert, unterworfen. Die Herrschaft des Königs, dessen Einsetzung vom Volk und von Gott ausgeht, wird durch den Gesetzesgehorsam, der seinem Amt Dauer verleiht, legitimiert. Ist der Entwurf den staatspolitischen Konzeptionen seiner Zeit im Orient auch weit voraus, so ist er doch von einem erstaunlichen Realismus. Das Ämtergesetz wird mit dem »Modellprozeß mit eingebauter Zweizeugenregelung« (Dtn 17,2–7) eröffnet, da er die Notwendigkeit der zentralen Ämter begründet: Es wird immer wieder ein Scheitern am Gesetz geben. Der dtr Redaktor spitzt die Gerichtsordnung auf den Bruch des Ersten Gebots des Dekalogs und des Bundes (Dtn 17,2) zu. Die Ämter haben zusammengefaßt also die Aufgabe, den Gotteswillen durchzusetzen. Die Gerichte bedienen sich des Strafprozesses, der König wirkt durch sein Vorbild, die levitischen Priester hüten die Tora und das Prophetenamt steht für die jeweils neue Kundgabe des Gotteswillen ein. Hintergrund dieser Ämterverfassung ist der Gedanke, Israel sei in das Exil geraten, weil es am Gotteswillen scheiterte. Die neue Ordnung mit ihren Ämtern soll ein erneutes Scheitern verhindern.

Dtn 16,20 ist durch die Verheißung von Leben und Landbesitz als Folge des Gebotsgehorsams mit der dtr Rahmung der Dekalogätiologie (Dtn 5,2–31) in Dtn 5,1*.32 f. verknüpft, die die Dekalogätiologie in die dtr Deuteronomiumsrahmung einführt. In Dtn 17,20 wird erneut Dtn 5,32 aufgenommen. Die Horebmotivik (Dtn 18,16 ff.) knüpft auch an die Dekalogätiologie (Dtn 5,23 ff.) an. Der Redaktor (DtrD; s. IV 1.3.2) hat also eine Nähe zur dtr Dekalogschicht in Dtn 5;9 f. Von dieser Redaktionsschicht ist aber nicht nur der dtr Redaktor in Dtn 16,18–18,22, sondern auch der in Dtn 4,1–40 abhängig. Die dtr Redaktion in Dtn 16,18–18,22 läßt eine Verwandtschaft auch mit diesem Kapitel erkennen. Die Erweiterung der Ordnung des Zentralgerichts in Dtn 17,2 wird in Dtn 4,25 und Dtn 17,3aß.b in Dtn 4,19 aufgenommen.

1.3.2 Die materiale Rechtsordnung

Die materiale Rechtsordnung in Dtn 19–25 leitet der dtr Redaktor mit einer Langfassung der »historisierenden Gebotseinleitung« ein (Dtn 19,1.2b), die er innerhalb von Dtn 12–26 nur hier und in Dtn 12,29 verwendet. Damit grenzt er die materiale Rechtsordnung in Dtn 19–26 von der Ämterverfassung ab und schränkt ihre Gültigkeit auf das Kulturland ein. Wie die dtn Gerichtsordnung, wurde auch die materiale Rechtsordnung flächig unter dem Aspekt des Entwurfs eines Neuen Israel überarbeitet. Es empfiehlt sich, den Erweiterungen, der vorgegebenen dtn Redaktionsstruktur folgend, nachzugehen.

In der *Fachwerkstruktur* alternierend angeordneter Reihen von sozialethischen Geboten und solchen anderer Themen hat der dtr Redaktor in Dtn 22,1–12 »damit es dir gut geht und du lange lebst« (Dtn 22,7b) an das Verbot, eine Vogelmutter mit ihren Jungen aus dem Nest zu nehmen, angefügt. Er knüpft damit an Dtn 5,33 (»damit es euch gut geht und eure Tage lange dauern in dem Land, das ihr in Besitz nehmt«) an. Auch ein Anklang an das Elterngebot (Dtn 5,16) dürfte mitschwingen, wenn es um das Verhalten gegenüber der Vogelmutter geht.

In die folgende Reihe (Dtn 24,6–25,4) fügt er die Aussatztora (Dtn 24,8 f.) ein. Wie in Dtn 17,18 ist die dtr Fiktion der Moserede vorausgesetzt. Der Einschub materiale Rechtsordnung an die Ämterverfassung. Die kultische Weisung der levitischen Priester wird, in wörtlichem Anklang an Dtn 17,11, dem strafrechtlichen Entscheid gleichgestellt. Die Aussatztora wurde in diese, die Strafrechtsbestimmungen mit sozialen Geboten verbindende Reihe eingestellt, um Kultentscheid und Strafrechtsurteil zu parallelisieren.

Die *Gesetze in der Fachwerkstruktur* verknüpft der Redaktor durch die historisierende Gebotseinleitung als Einleitung der materialen Rechtsordnung in Dtn 19,1.2b mit Dtn 7,1 f. und Dtn 12,1: Alle folgenden Vorschriften des Rechts und des sozialen Bruderethos werden unter die Bedingung des Landbesitzes gestellt. Sie gelten nicht in der Diaspora des Exils, sondern sind Vorschriften für das Neue Israel nach dem Exil.

In Anknüpfung an diese Perspektive wird in Dtn 19,3b.(7).8–10 eine mehrschichtige Ergänzung eingebracht. Dtn 19,8.9b.10 bildet zusammen mit Dtn 12,9 eine wichtige Brücke zwischen Dtn 1–3 (cf. Dtn 1,8.35; 3,20) und Jos 21,43–45. Davon hebt sich Dtn 19,9a ab. Der Halbvers, der den Zusammenhang zwischen Dtn 19,8.9b.10 unterbricht, hat seinen Horizont in dem gegenüber Jos 21,43–45 sekundären dtr Abschnitt Jos 23,9–13. Die Forderung, JHWH zu lieben, weist auf den Redaktor der Dekalogätiologie (Dtn 5,9 f.; 7,9; [10,12]). Hier zeigt sich eine zweiphasige Redaktionsarbeit im Gesetzeskorpus des Dtn. Die in Dtn 19,1.2b.3b.(7).8.9b.10 erkennbare Redaktion bindet das Gesetzeskorpus einerseits an die Eröffnung des Deuteronomistischen Geschichtswerks in Dtn 1–3 und andererseits an die Landeroberungsüberlieferung im Buche Josua an. Wir nennen den für diese Redaktion verantwortlichen Redaktor, der das Dtn in das Deuteronomistische Geschichtswerk einstellt, den Deuteronomistischen Historiker (DtrH). Seine Redaktion geht der Dekalogätiologie in Dtn 5; 9f*. voraus. Wir nennen diesen an der Dekalogsätiologie orientierten Redaktor den Deuteronomistischen Dekalogredaktor (DtrD). Gehen wir zunächst den Erweiterungen der Gesetze in der Fachwerkstruktur durch DtrH nach.

DtrH fügt an Dtn 19,1–13 das Verbot, die Grenzen des Nachbarn zu verrücken (Dtn 19,14), an[58], weil er nicht wie die dtn Vorlage nur an strafrechtlichen Regelungen interessiert ist, sondern an der Idee eines gegliederten und geordneten Wohnens im Lande nach dem Exil. Teilt die Asylstädteregelung das Land in sechs Bezirke, so sollen innerhalb dieser Bezirke die Grenzen des privaten Landbesitzes sicher sein.

---

58 Cf. den terminologischen Rückbezug auf Dtn 19,3a.8. Der Vers Dtn 19,14 unterbricht den Zusammenhang von Dtn 19,2–13* mit Dtn 19,15–21.

Die *Kriegsgesetze* (Dtn 20,1–20; 21,10–14; 23,10–15; 25,17–19) sind dtr Programmtexte, die ihren Horizont in den Kriegsdarstellungen des Buches Josua haben:

»(20,1) *Wenn*[59] *du in den Kampf ziehst gegen deine Feinde und Pferde, Wagen, ein Heer erblickst, das zahlreicher ist als du,* so fürchte dich nicht vor ihnen, denn JHWH, dein Gott, der dich aus dem Lande Ägypten geführt hat, ist mit dir. (V.2) Wenn ihr euch aber dem Kampfgeschehen nähert, so soll der Priester vortreten und dem Heer eine Ansprache halten (V.3) und sagen: ›Höre Israel, ihr nähert euch heute dem Kampfgeschehen gegen eure Feinde. Verliert nicht den Mut, fürchtet euch nicht, ängstigt euch nicht und erschreckt nicht vor ihnen, (V.4) denn JHWH, euer Gott, zieht mit euch, um für euch gegen eure Feinde zu kämpfen und euch zu retten‹. (V.5) Dann sollen die Schreiber zum Heer sprechen: ›Ist unter euch einer, der ein neues Haus gebaut und noch nicht eingeweiht hat? Er trete weg und kehre nach Hause zurück, damit er nicht in der Schlacht fällt und ein anderer es einweiht. (V.6) Ist unter euch einer, der einen Weinberg angepflanzt und noch nicht die erste Lese eingebracht hat? Er trete weg und kehre nach Hause zurück, damit er nicht in der Schlacht fällt und ein anderer die erste Lese hält. (V.7) Ist unter euch einer, der eine Frau (inchoativ) geheiratet und nicht heimgeführt hat? Er trete weg und kehre nach Hause zurück, damit er nicht in der Schlacht fällt und ein anderer seine Frau heimführt.‹ (V.8) *Und die Schreiber sollen in ihrer Rede an das Heer fortfahren: ›Ist unter euch einer, der sich fürchtet und keinen Mut hat? Er trete weg und kehre nach Hause zurück, damit er seinem Bruder nicht den Mut nehme wie sich selbst.‹* (V.9) Wenn die Schreiber ihre Rede an das Heer beendet haben, soll man die Truppenführer in ihre Ämter einsetzen.

(V.10) Wenn du dich einer Stadt näherst, um sie zu belagern, dann forderst du sie zur friedlichen Übergabe auf. (V.11) Wenn sie der friedlichen Übergabe zustimmt und dir die Tore öffnet, dann soll die gesamte Bevölkerung, die du dort vorfindest, dir zum Frondienst verpflichtet und dir dienstbar sein. (V.12) Lehnt sie eine friedliche Einigung mit dir ab *und will gegen dich kämpfen*, dann sollst du sie belagern. (V.13) Wenn sie JHWH, dein Gott, in deine Hand gibt, sollst du alle Männer mit dem Schwert töten. (V.14) Die Frauen aber und die Kinder, das Vieh und was sonst in der Stadt ist, *alle ihre Beute,* die sollst du für dich plündern *und die Beute deiner Feinde, die JHWH, dein Gott, dir preisgegeben hat, für dich nutzen.*

(V.15) So sollst du mit allen Städten verfahren, die sehr weit von dir entfernt liegen und nicht zu den Städten der Völker hier gehören. (V.16) Aus den Städten dieser Völker aber, die JHWH, dein Gott, dir zum Erbbesitz gegeben hat, darfst du nicht, was Atem hat, am Leben lassen. (V.17) An ihnen mußt du den Bann unbedingt vollstrecken, an den Hethitern, Amoritern, Kanaanäern, Girgasitern (cf. BHS), Perisitern, Hivitern und Jebusitern, so wie es JHWH, dein Gott, dir befohlen hat, [(V.18) damit sie euch nicht lehren, alle Greuel nachzuahmen, die sie begehen, wenn sie ihren Göttern dienen und ihr euch nicht so an JHWH, eurem Gott, versündigt.] (V.19) Wenn du eine Stadt lange Zeit belagerst, *um sie anzugreifen und sie einzunehmen*, dann sollst du ihren Baumbestand nicht schädigen, indem du ihn abholzt. Du kannst von ihm essen, ihn aber nicht abschlagen. Ist denn etwa der Baum des Feldes ein Mensch, um von dir belagert zu werden? (V.20) Nur die Bäume, von denen du weißt, daß sie keine Fruchtbäume sind, darfst du vernichten. Du darfst sie fällen und Belagerungswerk gegen die Stadt bauen, *die gegen dich kämpft*, bis sie fällt« (Dtn 20,1–20).

Das Kriegsgesetz wird mit einer Ansprache (Dtn 20,1–4) eröffnet, die mit dem Aufruf zu hören, der Lagebestimmung, der Beistandszusage und dem Appell, sich nicht zu fürchten, dem üblichen Schema derartiger dtr Kriegsansprachen (Jos 1,1 ff. u.ö.) folgt. In Dtn 20,5*-7 wird eine vorgegebene Spruchreihe verwendet, die auf den Kontext der Kriegsansprache

---

59 Die dtr Erweiterungen des vorgegebenen, aber vom Dtn unabhängigen Überlieferungsmaterials sind kursiv gesetzt.

(Dtn 20,1–4) bezogen wird (Dtn 20,8), und eine Anweisung zur Stadteroberung aufgenommen (Dtn 20,10–14a*.19*f.). Sie fordert eine Übergabeverhandlung, bei deren Scheitern die Stadt erobert und anschließend nur die Männer gebannt werden sollen. Diese als Gegenentwurf zur neuassyrischen Kriegspraxis entwickelte Anweisung, die außerdem noch den Schutz der Fruchtbäume vor der Stadt zu ihrem Anliegen macht, widerspricht dem dtr Bundesschlußverbot und der Vernichtungsanweisung (Dtn 7,1 f.), die in Jos vorausgesetzt werden. DtrH gleicht diesen Widerspruch aus, indem er die Stadteroberungsanweisung nur für entfernte Städte gelten läßt (cf. Jos 9,6.9), für die Städte des Kulturlandes aber unter Bezugnahme auf Dtn 7,1 f. die Bannung allen Lebens vorschreibt. Die Einklammerung einer im Vergleich zur neuassyrischen und neubabylonischen Kriegspraxis progressiven Überlieferung, die auf Gewaltminimierung zielt, und ihre Verkehrung in ein Programm der Vernichtung der »Landesbewohner«, bedarf der Erklärung. Die »Landesbewohner«, die in der Exilszeit längst Fiktion ohne historischen Anhalt sind, repräsentieren die vergangene und zu überwindende Geschichte Israels und Judas vor dem Exil, mit der es keine Kompromisse geben darf. In der Lozierung der Kundgabe des Dtn vor der Landnahme, die für die Rückkehr der Exilanten aus dem Exil nach Palästina transparent ist, stellt sich in den »Landesbewohnern« die jeweilige Vorgeschichte des Landes dar. Das Neue Israel soll ganz anders werden und nicht in Kontinuität mit dem Überwundenen stehen. Die »Landesbewohner«, ihre Religion und Kultur können deswegen als Bild für das vorexilische Israel und Juda dienen, weil die vorexilische Geschichte noch stark von den kanaanäischen Ursprüngen Israels und Judas geprägt war. In der fiktiven Kriegserzählung wird schließlich die Hoffnung auf die Geschichtsmächtigkeit JHWHs gegen allen Augenschein in der Exilszeit zum Ausdruck gebracht.

Hinter Dtn 20 steht nicht die Erwartung, man werde die »Landesbewohner«, die es gar nicht mehr gibt, vernichten. Vielmehr soll der Bruch mit der eigenen verfehlten Geschichte, für die die »Landesbewohner« stehen, um des Neuen willen zum Ausdruck gebracht werden. Aber es bleibt der Anstoß, daß nur durch Abgrenzung die Andersartigkeit Israels – und das mit sehr gewalttätigen Bildern – ausgesagt werden konnte. Die Ethik des AT ist hier noch auf dem Weg und kommt erst dann zum Ziel, wenn die Versöhnung Israels mit Gott und mit sich selbst nicht mehr um den Preis der Ausgrenzung der Völker gedacht werden kann. Mit dem Motiv der unableitbaren Liebe Gottes, die jede triumphale Macht in die Schranken weist (Dtn 7,7), ist der Weg gewiesen, den die ethische Reflexion beschreiten muß. Einen entscheidenden Schritt in diese Richtung tut die dtr Redaktion (DtrH) mit der Fortsetzung der Kriegsgesetze:

> »(21,10) Wenn du in den Kampf ziehst gegen deine Feinde und JHWH, dein Gott, gibt sie in deine Hand, und du machst Gefangene, (V.11) und du siehst unter den Gefangenen eine Frau von schöner Gestalt, und du hängst an ihr und du willst sie heiraten, (V.12) so sollst du sie in dein Haus bringen, und sie soll sich den Kopf scheren, ihre Nägel beschneiden (V.13) und die Gefangenenkleidung ablegen. Sie soll in deinem Haus wohnen und einen Monat lang ihren Vater und ihre Mutter beweinen. Danach darfst du zu ihr gehen und ihr Mann werden und sie soll deine Frau werden. (V.14) Wenn sie dir aber nicht mehr gefällt, darfst du dich scheiden lassen und sie ist frei zu tun, was sie will; du darfst sie nicht für Geld verkaufen und mit ihr Handel treiben. Denn du hast sie dir gefügig gemacht« (Dtn 21,10–14).

Der Abschnitt wird wie die vorangehende Kriegspredigt eingeleitet. DtrH fügt ihn an dieser Stelle ein, da es um eine familienrechtliche Regelung geht, mit Dtn 21,15–17 aber der familienrechtliche Teil der dtn Vorlage beginnt, so wie er Dtn 20,1–20 in den Kontext des dtn Blutrechts stellt. Er nimmt mit Dtn 21,10–14 eine Anweisung zur Behandlung einer kriegsgefangenen Frau auf, die die pazifizierende Tendenz von Dtn 20,10–14a*.20 f. fortsetzt. In dtr Perspektive geht es um die Behandlung von Frauen der fernen Städte, die nach Dtn 20,14 nicht getötet werden sollen. Aber nicht dies steht im Vordergrund. Im Gegensatz zu Dtn 20 formt DtrH die Anweisung nicht zu einer Kriegsrede um, sondern läßt sie als Rechtssatz stehen, da es ihm nun um den Binnenaspekt Israels geht, der in Dtn 7,6 mit dem Motiv des »heiligen Volkes« thematisiert ist. Das Neue Israel wahrt die Rechte der Schwächsten, also der fremden Frau.

Der Aspekt der Reinheit Israels, der im Motivkreis des »heiligen Volkes« wurzelt, wird im »Gemeindegesetz« (Dtn 23,2–9) und im Gesetz zur Reinheit des Kriegslagers (Dtn 23,10–15), die durch Dtn 23,1 mit dem dtn Eherecht (Dtn 22,22–29; 24,1–4) verknüpft sind[60], fortgesetzt. Das Gemeindegesetz hat einen vom dtr Redaktor aufgenommenen Kern von fünf Prohibitiven (Dtn 23,2.3a.4a.8.[9]), den er erweitert hat (Dtn 23,3b.4b.5–7). Diese vorexilische, vom Dtn aber unabhängige Überlieferung benennt Gründe für den Ausschluß aus der kultischen »Versammlung JHWHs«. Wollte man in der vordtr Reihe rituelle Ausschließungsgründe der fremden Kultpraxis zusammenstellen, so geht es DtrH um die generelle Andersartigkeit Israels gegenüber den Völkern, die zugleich Ausdruck der Andersartigkeit des Gottes Israels ist. Das Gemeindegesetz erhält seine dtr Funktion im Horizont der Theologie des Ersten Gebotes. Die ursprünglich kultische Begründung wird in Dtn 23,5–7 durch eine ethische ersetzt. Das Motiv der Liebe Gottes (Dtn 23,6; cf. Dtn 7,8a.13) als Grund der Rettung Israels vor den Völkern transzendiert das *do ut des* der Vergeltung.

Wie auf die Kriegsansprache eine gesetzliche Bestimmung, die am Binnenaspekt des Verhaltens in Israel orientiert ist, folgt, so fügt DtrH an das Gemeindegesetz, das die Grenzen der »Versammlung Israels« gegen die Völker definiert, eine Ansprache zur Reinheit des Kriegslagers (Dtn 23,10–15) an. Die DtrH vorgegebenen Reinheitsbestimmungen regeln hygienische Aspekte des Zusammenlebens von Menschen außerhalb von festen Wohnsiedlungen. Die Hygieneverordnung erhält aber einen neuen Sinn: Die Heiligkeit des Lagers ist gefordert, weil JHWH in der Mitte seines Volkes ist (Dtn 23,15). Dieses Motiv wurzelt in der Vorstellung, JHWH ziehe in der Mitte seines Volkes in den Kampf (Dtn 7,21; 20,4). Damit verbindet sich in Dtn 23,15 der aus Dtn 7,6 abgeleitete Gedanke des heiligen Volkes, der hier aber nicht mit der Erwählung, sondern mit der Präsenz Gottes in seinem Volk begründet wird (Dtn 23,15).

DtrD fügt in die Erlaßjahrbestimungen (Dtn 15,1–3.7–10.11b) ein soziales Programm ein:

> »(15,4) Doch wird es bei dir keinen Armen geben, weil JHWH dich in dem Land segnen wird, das JHWH, dein Gott, dir zum Erbbesitz gibt, um es in Besitz zu nehmen, (V.5) wenn du auf die Stimme JHWHs, deines Gottes, hörst, um dieses ganze Gebot, das ich dir heute gebiete, zu halten und zu befolgen. (V.6) Denn JHWH, dein Gott, wird dich segnen, wie er es dir zugesagt hat, so daß du vielen Völkern leihen kannst, du selbst aber nicht leihen mußt. Du wirst über viele Völker herrschen, sie aber werden nicht über dich herrschen« (Dtn 15,4–6).

DtrD erweitert die Erlaßjahrbestimmung, die die Brachejahrbestimmung des BB (Ex 23,10–12) zur Institution der Entschuldung von Notdarlehen weiterentwickelt, zu einem Entwurf einer Gesellschaft ohne Arme, so daß die Hilfsmaßnahmen des sozial interpretierten Privilegrechts überflüssig werden. Der Schlüssel zur Realisie-

---

60 Der Redaktor deutet den »Bastard« in Dtn 23,3 auf den Sohn einer illegitimen Verbindung in Dtn 23,1.

rung dieses utopischen Entwurfs einer armutsfreien Gesellschaft des Neuen Israel[61] ist der Gehorsam gegen das Gesetz. Der Segen Gottes, der aus dem Gebotsgehorsam fließt, vermittelt Ethos und gelingendes Leben. Das ist die große Erwartung dieses exilischen Redaktors.

In Dtn 25,13–16.17–19 schließen die dtr Bearbeitungen das Gesetzeskorpus ab. Durch Dtn 25,15b.16* wird eine vorgegebene Überlieferung zu rechtem Maß und Gewicht (Dtn 25,13–15a) eingebracht. Dtn 25,15b greift mit der Verheißung des langen Lebens im Lande, das JHWH gibt, auf Dtn 5,16.33 (DtrD) zurück. Davon hebt sich der auf DtrH zurückgehende Abschluß der materialen Rechtsordnung in Dtn 25,17–19 ab, der an die Gemeindeordnung in Dtn 23,2–9 anknüpft und zu den dort genannten Völkern die Amalekiter hinzufügt. Dabei spannt er mit dem Motiv der Ruhe im Lande einen Bogen von Dtn 12,8–12 bis Dtn 25,19.

1.3.3 Die ethischen Profile der deuteronomistischen Redaktionen

Der erste dtr Bearbeiter (DtrH) arbeitet im Horizont der Landnahmethematik des Deuteronomistischen Geschichtswerks. In diesem Horizont führt er die Kriegsgesetze und das Gemeindegesetz ein und situiert mit der historisierenden Gebotseinleitung die materiale Rechtsordnung in die Zeit nach der Landnahme, also nach Beendigung von Exil und Fremdherrschaft. Die integrierende Mitte dieser Bearbeitung ist der Gedanke des Neuen Israel als »heiliges Volk« (Dtn 7,1 f.6.13–15). Aus der Heiligkeit resultiert der Bruch mit der Vergangenheit, also der gescheiterten Geschichte, die im Motiv der »Bewohner des Landes«, mit denen es keine Kompromisse geben darf, zur Sprache gebracht wird. Die Bedingung der Möglichkeit eines heiligen Israel nach dem Exil ist seine Erwählung zum Krongut Gottes – ohne Verdienst allein aus Gnade (Dtn 7,6b) – und die Liebe Gottes zu seinem Volk, aus der der Segen fließt (Dtn 7,13–15). Sagt Israel sich von seiner eigenen Vergangenheit los, schließt es keine Kompromisse mit den »Landesbewohnern«, so ergreift Israel die Liebe und den Segen Gottes als heiliges, ausgesondertes Volk. Wenn es das Gesetz hält und Gott liebt, dann wird es dem Segen Gottes bewahrt bleiben und sein Gebiet groß werden (Dtn 19,8–10*).

Die Konzeption des heiligen Volkes wird im Kriegs- und Gemeindegesetz nach zwei Seiten, der Abgrenzung nach außen und der Konsequenzen nach innen, entfaltet. Die Kriegsansprache (Dtn 20,1–20) zielt auf den konsequenten Bruch mit den »Landesbewohnern«, das Schutzgesetz für die gefangenen Sklaven (Dtn 21,10–14) auf die Konsequenz nach innen, die Achtung der Schwächsten. Das Gemeindegesetz (Dtn 23,2–9) grenzt Israel gegen die Völker ab, während die Reinheitsverordnung (Dtn 23,10–15) aus der Präsenz Gottes inmitten seines Volkes die Heiligkeit Israels ableitet. So wird aus dem vorexilischen Reformgesetz des Dtn eine von Mose vor der Landnahme dem Volk Israel übermittelte Kundgabe des Willens des mit ihm in das Kulturland einziehenden Gottes, was der Rahmen für Dtn 12–25 in Dtn 12,8–12; 25,17–19 unterstreicht:

»(12,8) Ihr könnt nicht mehr handeln, wie wir heute hier handeln, indem ein jeder tut, was er für richtig hält, (V.9) denn bis jetzt seid ihr noch nicht zur friedlichen Ruhe und in das Erbland, das JHWH, dein Gott, dir gibt, gekommen. (V.10) Wenn ihr aber den

---

61 Durch Dtn 15,11a hat ein späterer Glossator den durch die Einfügung von Dtn 15,4–6 hervorgerufenen Widerspruch zur dtn Erlaßjahrregelung mildern wollen, um so das utopische Modell einer »Gesellschaft ohne marginale Gruppen« (N. Lohfink) in der nachexilischen Zeit mit der gesellschaftlichen Realität zu vermitteln.

Jordan überschreitet und in dem Land seßhaft geworden seid, das JHWH, euer Gott, euch zum Erbland gibt, und er euch Ruhe gibt vor allen Feinden ringsum, so daß ihr sicher wohnt, (V.11) dann sollt ihr alles, wozu ich euch verpflichte, an die Stätte bringen, die JHWH, euer Gott, auswählt, indem er dort seinen Namen wohnen läßt« (Dtn 12,8–11a).

An die Hauptgebote in Dtn 12 f. fügt DtrH eine Liste verbotener ritueller Praktiken und von reinen und unreinen Tieren (Dtn 14,1 f.3–21a)[62] an. Was immer die ursprüngliche Funktion einer solchen Zusammenstellung von reinen und unreinen Tieren gewesen sein mag, sie will nun Israel als heilig aus der Profanität der Völker ausgrenzen, indem es sich Regeln der Beschränkung auferlegt. Der Redaktor begründet, an Dtn 7,6 anknüpfend und auf Dtn 23,15 vorausweisend, die Enthaltsamkeit gegenüber den als unrein deklarierten Tieren mit den Worten:

»Denn du bist ein Volk, das JHWH, deinem Gott heilig ist« (Dtn 14,2a.21*).

Von DtrH hebt sich die Redaktion des DtrD ab. An die Konzeption des heiligen Volkes kann DtrD anknüpfen und den Verfassungsentwurf des Neuen Israel nach dem Exil entwerfen. Er nimmt die ihm von DtrH vorgegebene Motivik Israels als »Versammlung Gottes« auf (Dtn 5,22; 18,16 u.ö.) und formt sie um. Aus der durch rituelle Reinheit geprägten Gemeinde wird eine Gemeinde, die das Gottesgesetz empfängt und in der Gestalt des Dekalogs in der Lade stets bei sich hat. Wußte DtrH von einer unmittelbaren Anwesenheit JHWHs inmitten seines Volkes, so ist für DtrD JHWH in der Gestalt der Tora bei seinem Volk. Das Dtn wird zur Offenbarung als Auslegung des Dekalogs, die nicht an das Volk direkt, sondern vermittelt durch Mose ergeht (Dtn 5,31). Über DtrH hinaus akzentuiert DtrD die Gefahr, an der Tora zu scheitern. Er setzt den Bundesbruch vor die Einsetzung der Lade mit den Tafeln des Dekalogs. Aus diesem Wissen um die Möglichkeit des Scheiterns am Gotteswillen resultiert die noch schärfere Abgrenzung gegen die Kulturlandbewohner. In das Hauptgebot der Kultzentralisation wird die Aufforderung, die Kulteinrichtungen der Landesbewohner zu zerschlagen und die Mahnung, sich von ihren Kultpraktiken fernzuhalten, eingeführt (Dtn 12,2–4.29–31). In Dtn 13 wird die Verführung zur Apostasie als Prüfung, ob Israel JHWH mit ganzem Herzen liebe, interpretiert (Dtn 13,2b.3a.5.6a*.8.18a.19). In Dtn 12,29–31, einem Abschnitt, der durch Dtn 12,28 eng mit Dtn 13 verzahnt ist, wird Israel gemahnt, nicht den Göttern der Kulturlandbewohner nachzulaufen. In diesem Sinne wird die Kriegsansprache (Dtn 20,1–20) zugespitzt: Die Landesbewohner werden vernichtet werden, damit sie Israel nicht vom rechten Glauben an JHWH abbringen (Dtn 20,18). War für DtrH der Neuanfang Israels und der Bruch mit seiner gescheiterten Geschichte ein wunderhaftes Werk Gottes, so ist der Dekalogredaktor DtrD vorsichtiger. Er sieht deutlicher die Gefahr des erneuten Scheiterns und ruft Israel in die Pflicht, sich aktiv von den Gefahren des Fremdgötterkultes zu lösen. Unterpfand für eine neue und diesmal gelingende Geschichte ist aber auch für ihn die Treue Gottes, dessen Zusage an die Väter noch gültig ist (Dtn 7,9–11.12b).
Durch die Einfügung von Dtn 16,20–17,1, die sich auf Dtn 12,29–13,1 zurückbezieht, gliedert DtrD 12–26 neu und faßt Dtn 12,2–17,1 zu einem Block von Zentralisationsgesetzen zusammen. Als Eröffnung des folgenden Verfassungs-

---

62 Eine spätere Bearbeitung im Zuge der Pentateuchredaktion hat das aus Ex 34,26b stammende Verbot, das Böcklein in der Milch der Mutter zu kochen, vermißt und in Dtn 14,21 eingefügt.

entwurfs steht die Überlieferung von der gerichtlichen Verfolgung der Apostasie, die an Dtn 13 anknüpft und die Verfassung der zentralen Ämter auf die Möglichkeit des einzelnen, an der Tora zu scheitern, bezieht. In Dtn 7,10 wird den Apostaten, aber nur ihnen und nicht den Nachkommen, neben der rechtlichen auch die göttliche Vergeltung angekündigt. Die zentralen Ämter von Richter, levitischem Priester und König sind der Tora unterworfen, so daß man von der Verfassung der Ämter eine Minimierung der politischen Macht erwarten kann. Der in der Tora offenbarte Gotteswille wird in der Prophetie jeweils neu offenbar. Durch die Parallelisierung von Strafrecht und Aussatztora wird die Kompetenz der levitischen Priester in Kult und Rechtswesen unterstrichen (Dtn 24,8 f.). In Dtn 15,4–6 und Dtn 25,13–16 wird an jeweils exponierter Stelle in den Zentralisationsgesetzen und zum Abschluß der Rechtsordnung das Programm einer gerechten Sozialordnung ohne Armut entfaltet. Hermeneutischer Schlüssel zur theologischen Interpretation dieses Verfassungsentwurfs des Neuen Israel ist die mehrfach (Dtn 15,4–6; 16,20; 17,20; 22,7b; 25,15) aufgenommene Rahmung der Dekalogätiologie:

> »(V.32) So achtet nun darauf zu tun, wie JHWH, euer Gott, euch aufgetragen hat; weicht nicht davon ab, weder nach links noch nach rechts. (V.33) Auf dem ganzen Wege, den JHWH, euer Gott, euch aufgetragen hat, müßt ihr gehen, damit ihr am Leben bleibt, es euch gut geht und eure Tage lang währen in dem Lande, das ihr in Besitz nehmt« (Dtn 5,32 f.).

Gutes Leben im Sinne des Verfassungsentwurfs ist an den Gehorsam gegen die Tora, die im Dekalog zusammengefaßt ist, gebunden. Die Voraussetzung des Gebotsgehorsams aber ist die Liebe Gottes zu seinem Volk, die ihn schon den Vätern das Land zuschwören ließ und sich in der Befreiung Israels aus dem Sklavenhaus Ägypten erwiesen hat.

Wird die Offenbarung des Gotteswillens, die im Dekalog und in seiner Ausfaltung im Verfassungsentwurf des Neuen Israel konkret wird, in der unableitbaren Liebe Gottes zu seinem Volk begründet (Dtn 7,8–11), die die Voraussetzung für gelingendes Leben als Volk Gottes ist, so kann Israel doch daran immer wieder scheitern. Die Verortung des Verfassungsentwurfs des Neuen Israel in der Horebtheophanie, also in der Frühgeschichte Israels, soll verdeutlichen, daß der Wille Gottes, Israel zu einem versöhnten Leben in Frieden und Freiheit zu führen, das Scheitern Israels und also auch das Exil transzendiert, so wie die liebevolle Zugewandtheit Gottes noch in tausend Generationen denen gilt, die ihn lieben und auf seine Gebote achten, sein Zorn aber nur noch den unmittelbaren Täter trifft (Dtn 7,10). Die Verortung der Tora in der Geschichte soll die Verläßlichkeit Gottes begründen.

So baut DtrD das dtn privilegrechtliche Rahmenstück zu einer abschließenden Rekapitulation der Heilsgeschichte (Dtn 26,1–15) aus, die er in Dtn 26,1 mit einer »historisierenden Gebotseinleitung« eröffnet. Durch die Einfügung von Dtn 26,3 f. und des Geschichtssummariums (Dtn 26,5–9), die Einbindung eines alten Bekenntnisses ritueller Reinheit (Dtn 26,14), das einen Bogen zurück zu Dtn 12,2–4.29–31 schlägt und durch den Abschluß mit Dtn 26,15[63] gestattet der Dekalogredaktor einen Abschluß von Dtn 12–26, der seine Mitte in dem Bekenntnis zur Heilsgeschichte JHWHs mit seinem Volk hat:

---

63 Das Motiv der »heiligen Wohnung« ist ein spätnachexilischer Zusatz; cf. Sach 2,17; 2 Chr 30,27.

»(26,5) Ein umherirrender Aramäer war mein Vater. Er zog hinab nach Ägypten und lebte dort als Fremdling in kleiner Zahl und wurde dort zu einem großen, starken und zahlreichen Volk. (V.6) Die Ägypter behandelten uns schlecht, bedrückten uns und legten uns schwere Arbeit auf. (V.7) Da schrien wir zu JHWH, dem Gott unserer Väter, und JHWH hörte unsere Stimme, sah unsere Not, unsere Mühe und unsere Bedrängnis. (V.8) Und JHWH führte uns aus Ägypten mit starker Hand und ausgestrecktem Arm, mit großem Schrecken, Zeichen und Wundern. (V.9) Und er brachte uns an diesen Ort und gab uns dieses Land, ein Land, das von Milch und Honig fließt« (Dtn 26,5–9).

Die Rezitation der Heilsgeschichte und das Gebet (Dtn 26,15) schlagen einen Bogen von den Anfängen der Geschichte Israels mit seinem Gott bis in die Gegenwart des exilischen Redaktors. Die Heilsgeschichte wird zum Begründungszusammenhang dafür, daß der Heilswille Gottes das Scheitern an seinem Willen transzendiert und eine neue Geschichte anhebt, die das Exil beendet, Israel wieder im Kulturland seßhaft sein läßt und der Verfassungsentwurf des Neuen Israel Realität wird:

»Schaue herab vom Himmel und segne dein Volk Israel und das Land, das du uns gegeben hast, wie du es unseren Vätern geschworen hast, ein Land, das von Milch und Honig fließt« (Dtn 26,15).

Um diesen heilsgeschichtlichen Argumentationszusammenhang legt DtrD einen weiteren Rahmen zur Begründung von Recht und Ethos durch den Bundesgedanken. In Dtn 5,2–5 wird die Offenbarung des Dekalogs in der Horebtheophanie mit dem Bundesschluß verbunden. In Dtn 7,9.12 wird die Unverbrüchlichkeit des Bundes für diejenigen, die JHWH lieben und seine Gebote halten, aufgerufen. Dtn 26,16–19 schließt den Verfassungsentwurf ab, knüpft mit Dtn 26,16 an Dtn 5,1; 12,1 an und bildet ein Scharnier zum Fluch- und Segenskapitel (Dtn 28,1–45). Wie DtrD im eröffnenden Rahmen des Dtn die ihm von DtrH vorgegebene Vorstellung der heiligen Versammlung zu der einer Gemeinde, die die Gebote Gottes in der Horebtheophanie empfängt, weiterentwickelt, so nimmt er zum Abschluß die Motive des heiligen Eigentumsvolkes aus Dtn 7,6 auf. Ist für DtrH die Aussonderung Israels als heiliges Volk in der Erwählung begründet, so rückt DtrD dieses Motiv in den Horizont der Bundestheologie. Er bedient sich dazu der zweigliedrigen »Bundesformel«:

»(26,17) JHWH stimmst du heute zu, *daß er dein Gott sein will* und du auf seinen Wegen gehst und seine Gesetze, Gebote und Rechtsentscheide beachtest und seiner Stimme gehorchst – (V.18) und dir stimmt JHWH heute zu, *daß du sein Eigentumvolk sein willst*, wie er es dir zugesagt hat und du deinerseits alle seine Gebote beachtest« (Dtn 26,17 f.).

Die Bundesformel, die einen vertragsrechtlichen Hintergrund hat, regelt die gegenseitigen Rechte und Pflichten, die aus dem Verhältnis zwischen JHWH und seinem Volk Israel erwachsen. Dabei bringt die auf Gegenseitigkeit angelegte Formel zum Ausdruck, daß es sich nicht um ein Rechtsverhältnis zwischen zwei gleichgestellten Partnern handelt, sondern JHWH der anordnende, Israel der befolgende Partner ist. Ist die Verschränkung von Gott und Israel in der Kernaussage (kursiv) äquivalent, so werden doch beide Kernverpflichtungen, durch einseitige Verpflichtungen Israels zum Gesetzesgehorsam erläutert. Auf dem Hintergrund des internationalen Vertragsrechts ist JHWH in der Funktion eines Großkönigs, Israel in der eines Vasallen gezeichnet. Damit bringt der Redaktor einen Gedanken auf den Begriff, der implizit schon im dtn Reformgesetz angelegt war. Das vorexilische

Reformgesetz wies mit seiner Strukturierung als Vasallenverpflichtung gegenüber JHWH Ansprüche des assyrischen Großkönigs zurück, indem es Juda allein JHWH als Großkönig unterworfen wußte. DtrD geht es, daran anknüpfend, in der Exilszeit darum, die Zuverlässigkeit der gnädigen Zuwendung Gottes zu seinem Volk und die daraus folgende Verpflichtung zum Gesetzesgehorsam zur Sprache zu bringen. Die den Gesetzesgehorsam einschärfenden Flüche des vorexilischen Dtn werden erweitert und durch Segensverheißungen für den Gesetzesgehorsam (Dtn 28,1–14) ergänzt. Aber nicht allein bei Gott als Garanten des Gesetzes liegt seine Durchsetzung. In Dtn 17,2 f. verknüpft DtrD die Bundeskonzeption mit dem Gesetzeskorpus: Wer den Bund bricht, indem er das Erste Gebot der Alleinverehrung JHWHs verletzt, unterliegt nicht nur der göttlichen Vergeltung (Dtn 7,10), sondern auch der Gerichtsbarkeit Israels (Dtn 17,2–7).

Die Bundesformel als Scharnier zwischen dem Segen- und Fluchkapitel sowie dem Gesetzeskorpus ist in Verbindung mit dem Abschluß dieses Gesetzeskorpus (Dtn 26,1–15) zusammenzusehen. Ausgangspunkt aller Bindung Israels an JHWH ist die Liebe Gottes (Dtn 7,8–11), die im Landeid an die Väter und im Exodus der Befreiung aus Ägypten offenbar wird und erkennen läßt, daß JHWH an seinem Bund mit Israel festhält. Das Credo der Heilsgeschichte dient als Erkenntniszusammenhang für die durch das Exil nicht aufgehobene Gültigkeit des Bundes, dessen Indikativ den Imperativ des Gebotsgehorsams nach sich zieht. Die rechtliche Kategorie des Bundes dient so als Legitimation für den Verfassungsentwurf.

Gesetz und Legitimation des Gesetzes bedürfen der paränetischen Einschärfung und Verinnerlichung, um ein erneutes Scheitern Israels zu verhindern. In Dtn 6,4–9 verbindet DtrD eine ihm vorgegebene Bekenntnisformel zu JHWH als dem einzigen Gott Israels, an die sich die Aufforderung zur Verinnerlichung (Dtn 6,6*.7–9) anschließt, mit der Aufforderung, Gott zu lieben (Dtn 6,5.6*):

> »(V.4) Höre Israel: JHWH ist unser Gott, JHWH ist einzig. (V.5) *Und du sollst JHWH, deinen Gott, mit deinem ganzen Herzen und deiner ganzen Kraft lieben.* (V.6) Diese Worte, *auf die ich dich heute verpflichte,* sollst du auf dein Herz schreiben, (V.7) und du sollst sie deinen Söhnen wiederholen und du sollst von ihnen reden, wenn du zu Hause bist, wenn du unterwegs bist, wenn du zu Bett gehst und wenn du aufstehst. (V.8) Binde sie als Zeichen an deine Hand und als Schmuck auf deine Stirn. (V.9) Schreibe sie an die Pfosten deines Hauses und an deine Stadttore« (Dtn 6,4–9).

Zielte die vorgegebene Überlieferung auf das Bekenntnis Israels zu JHWH als seinem einzigen Gott, das durch kontinuierliche Repetition und Vergegenwärtigung zu verinnerlichen, »auf das Herz zu schreiben« sei, so spitzt DtrD es zu: Durch die Einfügung des Relativsatzes in Dtn 6,6 in Verbindung mit Dtn 6,1 wird das Bekenntnis auf die gesamte Gebotsoffenbarung von Dekalog und Verfassungsentwurf bezogen und das Bekenntnis zu JHWH als alleinigem Gott Israels im Sinne des Ersten Gebots des Dekalogs zum Hauptgebot der gesamten Tora. Umgekehrt bezieht sich die Verinnerlichungsforderung auf die gesamte Tora von Dekalog und Verfassungsentwurf. Mit der Einfügung der Aufforderung, JHWH mit ganzem Herzen, ganzer Seele und mit ganzer Kraft zu lieben (Dtn 6,5), wird diese Forderung unterstrichen. Diese Motivik gehört ursprünglich in den Kontext des internationalen altorientalischen Vertragsrechts und bezeichnet dort die Vertragsloyalität. Der Unteilbarkeit des Willens JHWHs als des einen und einzigen Gottes Israels entspricht die Unteilbarkeit der Loyalität, die Liebe Israels zu JHWH, die sich im Tun der Gebote erfüllt. Die Tora findet ihren letzten, unableitbaren Grund in der

Liebe Gottes zu seinem Volk, die sich in der Liebe Israels zu seinem Gott vollendet: »Die Erfüllung der Gebote ist also keineswegs die Voraussetzung des Heiles; die Verkündigung der Gebote geschieht ja gleichzeitig mit der Erwählung, und deshalb kann der Gehorsam in jedem Fall dem göttlichen Heilshandeln nur nachfolgen« (von Rad, 152).

In der anschließenden programmatischen Paränese (Dtn 6,20–25) wird noch einmal unterstrichen, daß das Halten der Gebote nichts anderes als die Antwort Israels auf die Befreiung aus der Knechtschaft in Ägypten und die Gabe des Landes ist. Aus der Knechtschaft in Ägypten wurde die Abhängigkeit von JHWH, aus der der Segen im Lande fließt (Dtn 6,24b). Auf die Gemeinschaftstreue Gottes im Exodus antwortet die des Volkes im Halten der Gebote:

> »(6,20) Wenn dich morgen dein Sohn fragt: ›Warum achtet ihr die Satzungen, Gesetze und Rechte, die JHWH, euer Gott, euch geboten hat?‹, (V.21) dann sollst du deinem Sohn antworten: ›Wir waren Sklaven des Pharao in Ägypten, aber JHWH führte uns heraus aus Ägypten mit starker Hand; (V.22) und JHWH tat große und unheilvolle Zeichen und Wunder an den Ägyptern, auch am Pharao und seinem ganzen Haus vor unseren Augen. (V.23) Uns aber führte er von dort heraus, um uns hineinzubringen und uns das Land zu geben, das er unseren Vätern zugeschworen hat. (V.24) Und JHWH hat uns verpflichtet, alle diese Gesetze zu halten, JHWH, unseren Gott, zu fürchten, auf daß es uns wohl ergehe und er uns das Leben schenke wie heute. (V.25) Es wird uns als Gerechtigkeit gelten, wenn wir dieses ganze Gesetz sorgsam befolgen vor JHWH, unserem Gott, wie er uns geboten hat« (Dtn 6,20–25).

Israel kann am Gesetz nur scheitern, wenn es die Befreiung aus Ägypten vergißt. Nicht nur das Gesetz, auch die Begründung des Gesetzes durch die heilsgeschichtliche Zuwendung Gottes zu seinem Volk bedarf der ständigen Erinnerung von Generation zu Generation.

Eine spätdtr Fortschreibung (Dtn 9,1–8*.22–24) führt schließlich bis an den Gedanken der gnädigen Zuwendung Gottes zum Sünder, die vom Gesetzesgehorsam unabhängig ist, heran:

> »Du sollst erkennen, daß JHWH, dein Gott, dir dieses schöne Land nicht aufgrund deiner Gerechtigkeit gegeben hat, denn du bist ein halsstarriges Volk« (Dtn 9,6).

Wie in einer Torliturgie wird nach der Gerechtigkeit als Grund für den Zugang in das Land gefragt. Hier wird aber nicht der des Gottessegens teilhaftig, der gerecht gehandelt hat, sondern Gott gibt allein aus Gnade seine Zuwendung. Diese Bindung gelingenden Lebens allein an die Gnade Gottes hat eine zeitgeschichtliche aber auch eine im monotheistischen Gottesgedanken angelegte theologische Begründung. Den spätdtr Theologen trieb die Sorge um, das Volk könne wiederum wie in vorexilischer Zeit scheitern. Das führte zu der theologischen Konsequenz, allein die Gnade Gottes zum Grund des von Gott angenommenen Lebens zu machen. Wird im Alleinverehrungsanspruch des Ersten Gebotes die Freiheit Gottes, der durch keine mythischen Strukturen des Handelns mit anderen Göttern festgelegt ist, gewahrt, so muß diese Freiheit im Handeln Gottes mit den Menschen konkret werden. Gottes Heilswille darf seine Grenze nicht am Tun des Menschen finden, nicht durch den Menschen falsifiziert und unwirksam gemacht werden. Das hieße, Gott vom Menschen abhängig zu machen. Nun will dieser spätdtr Theologe, der die Theologie des DtrD noch einmal neu akzentuiert, nicht der Gesetzlosigkeit im Neuen Israel das Wort reden. Die vorgegebene Überlieferung wird weiterhin tradiert und damit auch ihre Mahnungen zum Gesetzesgehorsam. Noch deutlicher als in der vorgegebenen Theologie wird nun aber akzentuiert, daß der Grund allen Heils für Israel allein in der gnädigen Zuwendung Gottes zu seinem Volk liegt.

Mit dem Gedanken der Freiheit Gottes, die nur in der gnädigen Selbstbindung Gottes an sein Volk eine Grenze hat, sind wir auf seinen Alleinverehrungsanspruch und damit auf den Dekalog im Horizont dtr Redaktion im Dtn gewiesen.

1.4 Die Zusammenfassung der Tora im Dekalog

W. Berg, Die Eifersucht Gottes – ein problematischer Zug des alttestamentlichen Gottesbildes?, BZ (N.F.) 23, 1979, 197–211; *F. Crüsemann,* Bewahrung der Freiheit. Das Thema des Dekalogs in sozialgeschichtlicher Perspektive, 1983; *Ph. Delhaye,* Le décalogue et sa place dans la morale chrétienne, ²1963; *C. Dohmen,* Das Bilderverbot, ²1987; *ders.,* Um unserer Freiheit willen. Ursprung und Ziel biblischer Ethik im »Hauptgebot« des Dekalogs, Communio 21, 1992, 7–24; *ders.,* Der Dekaloganfang und sein Ursprung, Bib. 74, 1993, 175–195; *H. Gese,* Der Dekalog als Ganzheit betrachtet, in: ders., Vom Sinai zum Zion, 1974, 63–80; *A. Graupner,* Zwei Arbeiten zum Dekalog, VF 31, 1986, 87–89; *ders.,* Zum Verhältnis der beiden Dekalogfassungen Ex 20 und Dtn 5, ZAW 99, 1987, 308–329; *H. Greßmann,* Mose und seine Zeit, 1913; *F.-L. Hoßfeld,* Der Dekalog, 1982; *ders.,* Zum synoptischen Vergleich der Dekalogfassungen, in: ders. (Hg.), Vom Sinai zum Horeb, 1989, 73–117; *A. Jepsen,* Beiträge zur Auslegung und Geschichte des Dekalogs, in: ders., Der Herr ist Gott, 1978, 76–95; *E. Jenni,* Die theologische Begründung des Sabbatgebotes im AT, ThSt(B), 1956; *W. Johnstone,* The Decalogue and the Redaction of the Sinai Pericope in Exodus, ZAW 100, 1988, 361–385; *S.A. Kaufman,* The Second Table of the Decalogue and the Implicit Categories of Ancient Near Eastern Law, in: J.H. Marks u. a. (Hg.), Love and Death in the Ancient Near East. FS M.H. Pope, 1987, 111–116; *H. Klein,* Die Zehn Gebote für Pfarrer und Gemeinde, 1978; *R. Knierim,* Das erste Gebot, ZAW 77, 1965, 20–39; *L. Köhler,* Der Dekalog, ThR 1, 1929, 161–184; *B. Lang,* Neues über den Dekalog, ThQ 164, 1984, 58–65; *A. Lemaire,* Le Décalogue, in: A. Caquot u. a. (Hg.), Mélanges bibliques et orientaux. FS H. Cazelles, 1981, 259–295; *C. Levin,* Der Dekalog am Sinai, VT 35, 1985, 165–191; *N. Lohfink,* Zur Dekalogfassung von Dtn 5, in: ders., Studien I (s.o. IV 1), 193–209; *ders.,* Die These vom »deuteronomistischen« Dekaloganfang – ein fragwürdiges Ergebnis atomistischer Sprachstatistik, in: ders., Studien I, 369–408; *ders.,* Kennt das AT einen Unterschied von »Gebot« und »Gesetz«?, JBTh 4, 1989, 63–89; *A.D.H. Mayes,* Deuteronomy 5 and the Decalogue, PIBA 4, 1980, 63–83; *O. Meisner,* Der Dekalog I, 1893; *W.L. Moran,* The Conclusion of the Decalogue (Ex 20:17 = Dt 5:21), CBQ 29, 1967, 543–554; *S. Mowinckel,* Le Décalogue, 1927; *ders.,* Zur Geschichte der Dekaloge, ZAW 55, 1937, 218–235; *E. Nielsen,* Die Zehn Gebote, 1965; *H.Th. Obbink,* Jahwebilder, ZAW 47, 1929, 264–274; *R. Oberforcher,* Arbeit am Dekalog, BiLi 59, 1986, 74–85; *E. Otto,* Alte und neue Perspektiven in der Dekalogforschung, EvErz 42, 1990, 125–133; *ders.,* Der Dekalog als Brennspiegel israelitischer Rechtsgeschichte, in: J. Hausmann u. a. (Hg.), Alttestamentlicher Glaube und Biblische Theologie. FS H. D. Preuß, 1992, 59–68; *ders.,* Art. Dekalog, BThW, 1994, 98–102; *M. Peek-Horn,* Der Dekalog – ein Literaturbericht, KatBl 107, 1982, 788–796; *L. Perlitt,* Art. Dekalog, TRE VIII, 408–413; *A. Phillips,* The Decalogue, JJS 34, 1983, 1–20; *G. von Rad,* Das formgeschichtliche Problem des Hexateuchs, in: ders., Ges. Studien zum AT, ⁴1971, 9–86; *H. Graf Reventlow,* Gebot und Predigt im Dekalog, 1962; *A. Schenker,* Der Monotheismus im ersten Gebot, die Stellung der Frau im Sabbatgebot und zwei Sachfragen zum Dekalog, in: ders., Text und Sinn im AT, 1991, 187–205; *W.H. Schmidt,* Überlieferungsgeschichtliche Erwägungen zur Komposition des Dekalogs, VT.S 22, 1972, 201–220; *J. Schreiner,* Die Zehn Gebote im Leben des Gottesvolkes, ²1988; *H. Schüngel-Straumann,* Der Dekalog – Gottes Gebote?,²1980; *K.-D. Schunck,* Das 9. und 10. Gebot – jüngstes Glied des Dekalogs?, ZAW 96, 1984, 104–109; *J. J. Stamm,* Dreißig Jahre Dekalogforschung, ThR 27, 1961, 189–239. 281–305; *ders.,* Der Dekalog im Lichte der neueren Forschung, ²1962; *ders./M.E. Andrew,* The Ten Commandments in Recent Research, ²1970; *J. Vincent,* Neuere Aspekte der Dekalogforschung, BN 32, 1986, 83–104; *E.-J. Waschke,* Der Dekalog und die Bedeutung des Sabbatgebotes (Ex 20,8–11/Dtn 5,12–15), in: H. Obst (Hg.), Überlieferung und Geschichte. FS G. Wallis, 1990, 73–81; *ders.,* »Es ist dir gesagt, Mensch, was gut ist . . .« (Mi 6,8). Zur Frage nach dem Begründungszusammenhang einer biblischen Ethik am Beispiel des Dekalogs (Ex 20/Dtn 5), ThLZ 118, 1993, 379–388; *M. Weinfeld,* The Decalogue, in: E.B. Firmage u. a. (Hg.), (s.o. II), 3–47; *C. J. H. Wright,* The Israelite Household and the Decalogue, TynB 30, 1979, 101–124; *E. Zenger,* Eine Wende in der Dekalogforschung?, ThRv 64, 1968, 189–198; *W. Zimmerli,* Das zweite Gebot, in: ders., Gottes Offenbarung, 1963, 234–248; (cf. auch die Lit. in II 3.1–4; IV 1).

1.4.1 Forschungsstand der Dekalogexegese

Der Dekalog hat eine bis heute ungebrochene Bedeutung als Zusammenfassung dessen, was moralische Forderung an den Menschen ist – eine Bedeutung, die auf seine Einführung in den katechetischen Unterricht der Kirche seit Augustin zurückgeht. Wo die Autorität des Dekalogs offenbarungstheologisch begründet wurde, erhob sich Widerspruch in der Folge des von Immanuel Kant auf den Begriff gebrachten Wissens um den Gegensatz von Autoritätshörigkeit und Moralität. Dieser Widerspruch bündelte sich wissenschaftlich-exegetisch bei *J. Wellhausen* (Prolegomena [s.o. I 2], 391 ff.) in der These, daß das alttestamentliche Gesetz einschließlich des Dekalogs ein Spätling der israelitischen Religionsgeschichte ist und vom prophetischen Ethos abhängig sei. So sei der Dekalog in Ex 20 der Pentateuchquelle des »Elohisten« zuzuschreiben und in das 8. Jh. zu datieren. Damit war der Forschung aufgegeben, den Dekalog in seinem literarischen Kontext zu verorten und seine Autorität aus der theologischen Konzeption des jeweiligen Kontextes heraus zu begründen. Die Literarkritiker des ausgehenden 19. Jh. haben Thesen vertreten, die gerade gegenwärtig wieder in der Dekalogforschung aktuell werden. Sehr bald schon nach J. Wellhausen fand die exilisch-nachexilische Entstehung des Dekalogs Anhänger (Meisner). Doch schon 1913 konnte *H. Greßmann* (473 ff.) ihn wieder als »Katechismus der Hebräer in mosaischer Zeit« interpretieren. Das methodische Instrumentarium der Literarkritik war noch zu grob, um in der Frage nach Herkunft und Funktion des Dekalogs sicheren Boden zu gewinnen. War die liberale Literarkritik implizit ein Protest gegen eine fromme Ghettoisierung der Religion losgelöst vom Kulturprozeß, so war die Formgeschichte, darin der dialektischen Theologie verwandt, ein Protest gegen die Synthese von Kultur und Religion zugunsten einer durch Kultur unverstellten Religiosität und Humanität in den archaischen, darin Gott nahen Ursprüngen menschlichen Geistes. Im Verein mit der Wort-Gottes-Theologie mußte sich die Frage nach den Ursprüngen des Dekalogs neu stellen. *A. Alt* systematisierte 1934 in seinem Aufsatz über die Ursprünge des israelitischen Rechts (s.o. II) die formgeschichtliche Vielfalt alttestamentlicher Rechtssätze durch die These vom doppelten Ursprung des israelitischen Rechts. Das apodiktisch formulierte und genuin israelitische Gottesrecht, zu dem Alt auch den Dekalog rechnete, habe seinen Ursprung im Gottesrecht aus der Wüste. Der Offenbarungscharakter des Dekalogs war gesichert, ohne daß es noch der Verbindung des Dekalogs mit Mose und der Sinaimotivik bedurfte. Als sich Literarkritik und Formgeschichte methodisch vereinten, konnte der Geist liberaler Exegese auch mit der die Herrschaft in der protestantischen Theologie antretenden Wort-Gottes-Theologie eine Ehe eingehen. Für mehr als 30 Jahre schien die Frage nach dem Ursprung der Dekaloggebote gelöst zu sein.

Dem zweiten, auf *S. Mowinckel* zurückzuführenden Zweig der formgeschichtlichen Forschung am Dekalog war nicht so durchschlagende Wirkung beschieden.

Mowinckel geht nicht von der Gattung des je einzelnen Rechtssatzes aus, sondern setzt mit der Frage nach dem »Sitz im Leben« des literarischen Kontextes des Dekalogs in der Sinaiperikope ein. Er interpretierte die Sinaiperikope als Rückprojektion des Rituals des Neujahrsfestes am Tempel von Jerusalem in die Ursprungsgeschichte Israels. Die Dekaloggebote haben seiner Meinung nach ihr Vorbild in den Geboten der Toreinlaßliturgie des Jerusalemer Tempels gehabt. Diese Kultthese traf in der deutschen Wissenschaft auf Widerstand, nicht nur, weil sie der protestantischen Wort-Gottes-Theologie zu widersprechen schien, sondern vor allem dem noch immer lebendigen Geist liberaler Exegese in der Nachfolge J. Wellhausens, wenn sie den Kultus in den Mittelpunkt des religiösen Lebens in Israel rückten. *G. von Rad* und *M. Noth* (s.o. II) betonten, an A. Alt anknüpfend, die Wortverkündigung von Heilsgeschichte und Geboten in einem Bundeserneuerungsfest des bereits vorstaatlichen Israel. G. von Rad erkannte in Sinaiperikope, Dtn und Jos 24 das Schema eines Bundeserneuerungsfestes in Sichem, in dem die Verkündigung der Dekaloggebote einen Ort gehabt haben soll. Bald wurde deutlich, daß er sich auf deuteronomische und deuteronomistische Texte der spätvorexilischen und exilischen Zeit stützte und sich damit die Frage nach dem »Sitz im Leben« des Dekalogs zu der nach dem »Sitz in der Literatur« verschob. Hier hat *L. Perlitt* Pflöcke eingeschlagen. Wie die Bundestheologie insgesamt, so sei auch der Dekalog erst spätvorexilischen Ursprungs. Versuche, einen formal einheitlichen Urdekalog zu rekonstruieren, müssen zugunsten seiner Komposition aus unterschiedlichen Bauteilen aufgegeben werden, da der Dekalog eine redaktionelle Komposition aus sehr unterschiedlichen Rechtssatzgruppen ist (cf. *Schmidt*). Darauf weist, daß auf die Rede Gottes in der 1. Person (Ex 20,2–6) ein Abschnitt (Ex 20,7–12) folgt, in dem von JHWH in der 3. Person gesprochen wird. In den Prohibitiven (Ex 20,13–17), in denen JHWH nicht erwähnt wird, sind die Gruppen ohne Objekt (Ex 20,13–15) und mit Objekt (Ex 20,16.17) zu unterscheiden. Von dem durch Perlitt markierten Forschungsstand ausgehend, hat *F. Crüsemann* eine sozialhistorische Interpretation des Dekalogs vorgelegt. Der Dekalog wolle nicht die Zusammenfassung des israelitischen Ethos sein, sondern wende sich als Klassenethik an die freien, landbesitzenden Bauern, um eine weitgehend negativ formulierte Solidarethik innerhalb der angesprochenen Klasse zu entfalten. In dieser Schicht spiele sich im 7. Jh. der Verteilungskampf ab. Der Dekalog ziele auf das Zentrum dieses Kampfes, indem er jeden denkbaren Griff nach den Lebensgrundlagen und der Freiheit des anderen innerhalb der eigenen Klasse als Zerstörung der Lebensgrundlage darstelle. Nicht thematisiert werde, was das Volk im ganzen angeht, so die sozialethischen Konsequenzen der Befreiungstat des Exodus für die Sklaven, Tagelöhner, Witwen, Waisen und Fremdlinge. Tatsächlich ist auffällig, daß das charakteristische Armenethos von Bundesbuch und Dtn ebenso fehlt, wie die Aufforderung zur Feindesliebe (Ex 23,4 f.). Auf eigener Scholle zu wohnen, deren Ertrag zu genießen, von Sklaverei und Frondienst verschont zu sein, stehe hinter der Chiffre von der Herausführung aus dem Sklavenhaus. Der Dekalog formuliere die Grundregeln der Bewahrung dieser Freiheit. Crüsemann setzt damit die formgeschichtlichen Arbeiten zum Dekalog fort, die den Dekalog als Ganzen von einem »Sitz im Leben« her interpretieren. Nur ist der Referenzrahmen nicht mehr wie seit Mowinckel der Kult, sondern die Gesellschaft, die in Klassen zerfallen sei.

Mit den Untersuchungen von *F.-L. Hoßfeld, C. Levin* und *W. Johnstone* betritt ein neues Paradigma die wissenschaftliche Bühne. Ein exilisch-nachexilischer Dekalog wird, Perlitts These radikalisierend, nicht mehr aus der Funktion für das Leben in Israel begriffen, sondern als ein Stück Literatur der dtr-exilischen Schultheologie.

Nach Hoßfeld zeige die Analyse der beiden Fassungen in Ex 20 und Dtn 5, daß der ursprünglichere Text der dtr redigierte Dekalog in Dtn 5 sei, während der Dekalog in Ex 20 nachträglich priesterschriftlich überarbeitet worden sei. Die Frage nach der Entstehung des Dekalogs sei also an den Text in Dtn 5,6–21 zu stellen. Der Grundtext (Dtn 5,6–8a*.9b*.10a.17–21*), der Fremdgötter-, Bilder-, Ehebruchs-, Diebstahls-, Falschzeugnis- und Begehrensverbot enthalten habe, sei Schöpfung eines frühdtr Redaktors, der als Revision der jehowistischen Sinaitheophanie (Ex 34) den Grundtext von Dtn 5; 9* komponiert habe. Vorbild der Verbotsreihe sei ein jehowistisches Privilegrecht (Ex 34,12–26*) gewesen. Einige Prohibitive (Dtn 5,17–21*) habe er aus Hos 4,2 und Jer 7,9 entnommen, die übrigen seien »Kreationen des Kompositeurs«. Erst ein spätdtr Redaktor habe durch die Einfügung von Namens-, Sabbat- und Elterngebot sowie durch die Verzahnung von Fremdgötter- und Bilderverbot den Dekalog geschaffen. Von diesem durch eine weitere dtr Überarbeitung (Dtn 5,8*.9b.10b) erweiterten Dekalog sei schließlich die priesterschriftliche Fassung (Ex 20) abhängig. In der Pentateuchredaktion, bei der Dtn 5 an den Rand des Pentateuchs geriet, sei der Dekalog in die Sinaiperikope eingefügt worden. »Der Dekalog hat seine Wurzeln im Dtn. Seine Laufbahn beginnt in der Horebtheophanie und vollendet sich in der Sinaitheophanie des Pentateuch« (Hoßfeld, 284). Hoßfeld hat gewichtige Gründe für die These geliefert, daß die Dekalogfassungen in Dtn 5 und Ex 20 unterschiedlich akzentuiert sind. Bereits *N. Lohfink* (Dekalogfassung) erkannte das chiastisch gestaltete Sabbatgebot als Zentrum einer Rahmenstruktur des Dekalogs in Dtn 5. Hoßfeld weist als weiteren Schwerpunkt das zu einem Hauptgebot zusammengefaßte Fremdgötter- und Bilderverbot auf, das ein Widerlager in den syndetisch zu einer Einheit zusammengefaßten Prohibitiven (Dtn 5,17–21) habe. In Ex 20,2–17 würden die Bindungen des Ersten und Zweiten Gebots und die Syndese der Prohibitive aufgelöst sowie die beiden letzten Gebote der dtr Fassung zu einem Gebot vereinigt. Die priesterliche Redaktion ist also nicht nur in der Umdeutung der Begründung des Sabbatgebots auf die Schöpfung wirksam, sondern auch in der Abgrenzung von Zehn Geboten, die an die Ordnung der Schöpfungswerke in Gen 1 erinnern. Nicht wahrscheinlich machen kann Hoßfeld, daß die Dekalogfassung in Dtn 5 die literarische Grundlage für die in Ex 20 abgab und der Dekalog in Dtn 5 erst im Zuge der Redaktionen der Horebtheophanie entstanden sei.

Ein Forschungstrend lebt von seinen Gegenbewegungen und Überspitzungen. Drängt eine redaktionsgeschichtlich begründete Spätdatierung der Entstehung des Dekalogs nach vorn, so fehlt es nicht an Gegenstimmen, die noch jüngst mit seinem sehr hohen Alter rechnen. *A. Lemaire* hat einen Urdekalog auf Josua in Sichem (Jos 24,25) zurückgeführt, während *J. Vincent* im Dekalog eine frühe Sammlung von Grundnormen sieht, die Israel eine Identität als JHWH-Volk verleihen sollte und möglicherweise bei der Entstehung Israels formuliert wurden. *C. Levin* radikalisiert dagegen Hoßfelds redaktionsgeschichtlich begründete Spätdatierung. Ein exilischer Urdekalog (Ex 20,2 f.5.13–17) sei aus der Umsetzung einer prophetischen Scheltrede (Jer 7,9) in eine Prohibitivreihe entstanden und bilde mit Ex 19,10–20* den Kern der Sinaiperikope. Da der Urdekalog die dtr Überlieferung der Tempelrede Jeremias (Jer 7) voraussetze, Ex 19,16–20* auf den dtr Urdekalog hin verfaßt sei – andernfalls die Sinaitheophanie »bloßer Theaterdonner« wäre – müsse der Ursprung der Sinaiperikope exilisch sein. Daß eine Gebotsverkündigung konstitutiv zur Sinaiperikope gehört, dürfte richtig sein. Doch sind diese Gebote nicht in einem exilischen Urdekalog, sondern eher in einer vordtr Gebotsreihe (Ex 34,10–26*) zu suchen. Damit entfällt Jer 7,9 als Ausgangspunkt für eine exilische Datierung der Ursprünge der Sinaiperikope. Daß aber die Frage nach dem literarischen Verhältnis zwischen den Dekalogfassungen in Ex 20 und Dtn 5 noch nicht zugunsten von Dtn 5,6–22 als der literarischen Quelle von Ex 20,2–17 entschieden ist, zeigt, daß Levin erneut den Ausgangspunkt der Dekalogentstehung in Ex 20 sieht und *W. Johnstone* mit einer dtr und priesterschriftlichen Redaktionsstufe im Dekalog der Sinaiperikope rechnet. Schließlich überlastet Hoßfeld die Tragfähigkeit redaktionskritischer Argumente, wenn er auch den Ursprung einzelner Gebote des Dekalogs in der Dekalogredaktion sucht.

1.4.2 Die Geschichte von Recht und Ethos im Spiegel der Bausteine des Dekalogs

Der Dekalog ist in der Exilszeit entstanden. Neben den zahlreichen dtr Sprach-
eigentümlichkeiten weist vor allem das Sabbatgebot, das im Deuteronomiums-
dekalog die Mitte bildet, auf eine erst exilische Entstehung. Ruhetagsinstitution und
Sabbat als ursprünglicher Vollmondstag sind erst in der Exilszeit identifiziert worden (Robinson [s.o. II 9.3], 195 ff.). Auch das Bilderverbot hat eine frühestens
exilische Gestalt im Dekalog.

Damit aber ist nun keineswegs unterstellt, daß der in Dtn 5 als Zitat eingeführte Dekalog im
Zuge der Abfassung des literarisch einheitlichen Rahmens (Dtn 5,1–5.22–31) entstanden sei.
Dagegen spricht, daß das Sabbatgebot, das in der Redaktion des Dekalogs in Dtn 5 eine zentrale Position und Funktion hat, in der dtr Dekalogätiologie in Dtn 5; 9 f.* und in der Bearbeitung von Dtn 12–26 durch den Dekalogredaktor (DtrD) nicht erwähnt wird. Wenn aber
der Dekalog in Dtn 5 dem Redaktor DtrD vorgegeben war und er ihn, wie er sagt, zitiert,
dann findet auch das Problem, daß an mehreren Stellen der Dekalog in Ex 20 gegenüber dem
in Dtn 5 literarisch weiterentwickelt und priesterlich überarbeitet ist, an anderen aber einen
ursprünglicheren Text bewahrt hat, eine Erklärung. Das gilt insbesondere für das Elterngebot
und das Begehrensverbot. In der Exodusfassung des Elterngebots fehlt der Finalsatz »damit
es dir gut geht«, der außer in Dtn 5,16 auch in Dtn 5,29; 6,3.18; 12,25.28; 22,7b der Verklammerung des Dekalogs mit seiner rahmenden Ätiologie und dem Verfassungsentwurf in
Dtn 12–26 dient. Gegenüber der Voranstellung der Frau im Begehrensverbot hat Ex 20,17 die
ursprünglichere Fassung, die die ökonomische Grundlage einer bäuerlichen Familie sichern
wollte, bewahrt (Mi 2,2). Ist der Dekalog für den Redaktor in Dtn 5 bereits vorgegeben, so
daß er ihn zitiert und an einigen Stellen, wie im Elterngebot, erweitert, so ist die dtr Redaktion des Dekalogs nicht aus dem ätiologischen Rahmen ableitbar. Vielmehr ist je gesondert
nach der Überlieferungsgeschichte der Einzelgebote zu fragen und nach ihrem Weg in vordtr
Teilsammlungen, die von einer dtr Redaktion aufgenommen wurden.

Wie die sich noch deutlich voneinander abhebenden Prohibitivreihen mit und ohne
Objekt (Dtn 5,17–19/20–22) zeigen, wurden einige der Gebote schon vor Aufnahme in den Dekalog zu kleinen Sammlungen zusammengefaßt. Das Elterngebot
gehört zusammen mit den Kurzprohibitiven des Tötungs-, Ehebruchs- und Dieb-
stahlsverbots ursprünglich in das gentile Grenzrecht (cf. Lipiński [s.o. II 3]) und
steht in einer überlieferunsgeschichtlich zu beschreibenden Verbindung mit dem
gentilen Todesrecht des Bundesbuches (Ex 21,12.15–17; cf. Marshall [s.o. II 1],
122 ff.). Die Stellung des Ehebruchsverbots zwischen Elterngebot und Diebstahlsverbot zeigt, daß der Zusammenhang überlieferungsgeschichtlich, nicht aber durch
eine unmittelbare literarische Abhängigkeit vom BB zu erklären ist. Die Erweiterung der Reihe von Sätzen des Todesrechts (Ex 21,12.15.16*.17) durch die
Asylbestimmung (Ex 21,13 f.) spiegelt die Abwanderung des gentilen Rechts an die
örtliche Gerichtsinstitution. Die auf kasuistisch formulierten Rechtssätzen basie-
renden blutrechtlichen Überlieferungen in Dtn 19,2–13*; (21,2–9) bestätigen die
Abwanderung des Blutrechts an die lokale Gerichtsbarkeit und die Anbindung der
Institution der Blutrache an die Gerichte. Das gleiche rechtshistorische Gefälle
zeigen die Elternminderungsverbote. Die Rechtsüberlieferung vom widerspenstigen Sohn (Dtn 21,18–21) dokumentiert die Abwanderung des Rechtsfalls
der Elternminderung an die Ortsgerichtsbarkeit. Schließlich ist dieses Gefälle auch
im Ehebruchsverbot (Lev 18,20*) neben Dtn 22,22a zu erkennen. In Dtn 22,22–29
wird das Todesrecht unter Voraussetzung des aufklärenden Gerichtsverfahrens am
Ortsgericht vom Ersatzleistungsrecht abgegrenzt.

Dieses rechtshistorische Gefälle erklärt die Polysemie der Bedeutungen des Dieb-
stahlsverbots. In Hos 4,2; Jer 7,9* und Hi 24,13–15 werden die Vergehen von Mord, Ehe-

bruch und Diebstahl zu einer eine feste Tradition bildenden Reihe zusammengestellt. Die Zusammenstellung dieser drei Vergehen auch in der Josefserzählung (Gen 37,22; 39,9; 44,8 f.) macht die These, Ursprung dieser Reihung sei die dtr Hoseareception, unwahrscheinlich. Plausibler ist die Annahme einer vordtr fest gefügten Reihung von Kurzprohibitiven (Dtn 5,17–19), in der das Diebstahlsverbot bereits den Diebstahl von Sachwerten einschließt.

Elterngebot und die Kurzprohibitive von Tötungs-, Ehebruchs- und Diebstahlsverbot wandern von der Familie an die lokale Gerichtsinstitution und werden zu einer Reihe von Kurzprohibitiven (Dtn 5,17–19) zusammengestellt. Die Anfügung des prozeßrechtlichen Falschzeugnisverbots (Dtn 5,20) zeigt, daß die Kurzprohibitive bereits am Ortsgericht tradiert wurden. Das Verbot des Falschzeugnisses ist Teil des sich in vorexilischer Zeit ausdifferenzierenden Prozeßrechts (Ex 23,1–3.6–8; Dtn 5,20; 19,15–21). In der Prozeßrechtssammlung des BB vollzieht sich, ablesbar an den Prohibitiven, der Übergang vom Recht zum Ethos, dessen Einfallstor die soziale Differenzierung in der Königszeit und die daraus resultierende Krise des Rechtssystems war. Die beiden, die soziale Differenzierung in ärmere und reichere Schichten abfedernden Prohibitive (Ex 23,3.6) gelten nicht mehr wie das Verbot des Falschzeugnisses als justiciabel und durch Sanktionen durchsetzbar. Sie dienen dem ethischen Appell und können entsprechend mit der weisheitlichen Gattung des Vetitivs (Ex 23,1b.7b) verbunden werden. Der Akzent dieser Entwicklung des Rechts zum Ethos unter weisheitlichem Einfluß liegt auf der Forderung der Solidarität mit den Schwachen in der Gesellschaft, die im BB und im vorexilischen Dtn eine enge Gemeinschaft mit dem Recht eingeht. Im Dekalog spiegelt sich diese Ausdifferenzierung des Ethos aus dem Recht in der Anbindung des Begehrensverbots (Dtn 5,21) an das Prozeßrecht wider. Eine Dtn 5,21b vorgegebene Fassung lautete:

»Du sollst nicht nach dem Haus deines Nächsten verlangen, seinem Feld und nach allem, was deinem Nächsten gehört.«

Diese Fassung liegt Mi 2,2 zugrunde. Das Verbot entstand in den sozialen Verwerfungen der Königszeit und sollte die ökonomische Grundlage des bäuerlichen Lebens schützen. Das Ausgreifen auf die innere Einstellung des Menschen zeigt den Übergang vom justiciablen Verbot zum ethischen Appell. Dies gilt nun auch für das Verbot, die Frau des Nächsten zu begehren. An den Schluß des Dekalogs werden die Begehrensverbote gestellt, die den Dekalog insgesamt in dem Appell, den Lebensraum des Nächsten zu respektieren, ausklingen lassen und so den Dekalog insgesamt als Zusammenfassung einer Ethik akzentuieren. Es geht dabei auch um den Schutz der Schwächeren vor den auch ökonomisch Stärkeren, was seine Begründung im theologischen Grundgedanken der Dekalogredaktion hat.

Neben dem ursprünglich innergentalen, an die Ortsgerichtsbarkeit abgewanderten Sanktionsrecht und dem intergentalen, in der Ortsgerichtsbarkeit verwurzelten kasuistischen Recht der Konfliktregelung ist das Kultrecht die dritte Wurzel der israelitischen Rechtsgeschichte. So besteht ein traditionsgeschichtlicher Zusammenhang zwischen den »jehowistisch« verbundenen Geboten (Ex 34,[6 f.]12–26*) und den Dekaloggeboten der Alleinverehrung, des Bilderverbots und des Ruhetagsgebots. Das Kultrecht, einschließlich des Verbots der kultischen Fremdgötterverehrung an einem JHWH-Heiligtum und des Bilderverbots, diente ursprünglich der Reinheit des Kultes und seiner Ordnung. Aus dem kultischen Gerichtsverfahren wurde auch das Namensmißbrauchsverbot (Ps 24,4) in den Dekalog übernommen. Mit dem Ruhetagsgebot, das seine Wurzeln in der sakralen 6/7-

Tage-Zeitstruktur des Mazzotfestes hat, wurde durch die Stellung zwischen Mazzotfest- und Wochenfestgebot (Ex 34,21a) die sakrale Zeitstruktur auf die Erntezeit zwischen den Festen und darüber hinaus durch Ex 34,21b auf die Zeit des Pflügens ausgedehnt. Dem israelitischen Kultrecht eignete die Tendenz zur zunehmenden Strukturierung des Alltagslebens durch kultische Ordnungen. In Ex 22,28 f.; 23,10–12 formt sich daraus eine das profane Prozeßrecht integrierende Privilegrechtstheologie, in der mit dem Erstlings-, Brachejahr- und Ruhetagsgebot die Gottesherrschaft die Nutzung der Natur durch den Menschen begrenzt und die der Begründungszusammenhang für das Recht und das Ethos der Solidarität noch mit dem Feinde (Ex 23,1–8) wird. Die Privilegrechtstheologie trägt in der Folge auch die Schlußredaktion des BB vor der Einfügung in die Sinaiperikope, in der die Gesetze zur Sklavenfreilassung im 7. Jahr und die Aussonderungsgebote von Brachejahr und Ruhetag den Rahmen bilden. Schließlich hat diese Privilegrechtstheologie im vorexilischen Dtn den theologischen Begründungszusammenhang für Fest-, Gerichts- und materiale Rechtsordnung abgegeben. Die privilegrechtliche Aussonderungstheologie in BB und Dtn hat sich mit dem Sabbatgebot als Zentrum auch in der Redaktion des Dekalogs niedergeschlagen. Die Aussonderungsbestimmungen wurzeln in einer sich auch im Fremdgötter- und Bilderverbot zur Sprache bringenden Abgrenzungsmonolatrie. In ihrer Tendenz, das Alltagsleben durch kultische Strukturierungen der Herrschaft des Gotteswillens zu unterstellen, berührt sich diese Theologie mit der traditionsgeschichtlich davon geschiedenen Rechtsbegründung durch die integrative Monolatrie der solar beeinflußten JHWH-Königstheologie. In der altorientalischen Königsgottmotivik ist analog zur politischen Königsideologie das Motiv der königlichen Fürsorge für die *personae miserae*, die Witwen und Waisen, fest verankert. Der dtr Dekalogredaktor hat mit diesem Zweig der alttestamentlichen Begründung von Recht und Ethos keine Verbindung, sondern folgt der Privilegrechtstheologie im Dtn. Es geht im Dekalog also nicht um eine »Klassenethik«. In der Perspektive von DtrD gehört die Fürsorge für die *personae miserae* zu den Aufgaben nicht der Exilsgemeinde, sondern des Neuen Israel im Kulturland bis sich eine Gesellschaft ohne marginale Gruppen durchgesetzt hat.

In den Bausteinen des Dekalogs haben sich rechtshistorische Entwicklungen niedergeschlagen, die parallel auch im BB und in Dtn 19–26 nachvollzogen werden können. Die Kurzprohibitive (Dtn 5,17–19) und der Injunktiv des Elterngebots (Dtn 5,16a) gehen auf das Grenzrecht der Familie zurück, das an die lokale Gerichtsinstitution des Ortsgerichts abgewandert ist und sich dort mit dem kasuistischen Recht verband. Am Ortsgericht bildete sich ein eigenständiges Prozeßrecht aus, das sich in dem mit der Kurzprohibitivreihe verbundenen Langprohibitiv des Falschzeugnisverbots niedergeschlagen hat. Verbunden mit den Prohibitiven des Prozeßrechts (Ex 23,1–8) vollzieht sich ein Übergang von der Rechtsbelehrung zum ethischen Appell, dessen Einfallstor die soziale Differenzierung Judas in ärmere und reichere Schichten in der Königszeit war. Entsprechend verbindet sich der prozeßrechtliche Langprohibitiv (Dtn 5,20) mit den ethischen Langprohibitiven (Dtn 5,21). BB und Dtn begründen Recht und Ethos mit der Privilegrechtstheologie. Diese Theologie wurzelt in einer Abgrenzungsmonolatrie, die auch Fremdgötter- und Bilderverbot prägt. Diese beiden Gebote und das privilegrechtliche Ruhetagsgebot des Dekalogs sind mit den entsprechenden Geboten in Ex 34,14–26* traditionsgeschichtlich verwandt. Das sich zum Kerngebot der Privilegrechtstheologie entwickelnde, um die Sabbatmotivik erweiterte Ruhetagsgebot wird zum strukturellen und theologischen Zentrum des Dekalogs in Dtn 5,6–21, dessen dtr Redaktion wir uns nun zuwenden.

1.4.3 Der Dekalog als Summe des Gotteswillens

Die dtr Gebotsreihe, die traditionell als »Dekalog« bezeichnet wird, ist ursprünglich nicht an der Zehnzahl (cf. Dtn 10,4 [sek.]; 4,13) orientiert, sondern hat eine eigene, auf das Sabbatgebot als Zentrum ausgerichtete Struktur (Lohfink, Dekalogfassung). Das Sabbatgebot ist durch die Herausführungsformel mit der Eröffnung (Dtn 5,6) und durch die Aufzählung (Dtn 5,14b) mit dem Abschluß des Dekalogs (Dtn 5,21) verknüpft:

> »(V.6) Nur ich bin JHWH, *dein Gott, der dich aus Ägypten geführt hat, aus dem Sklavenhaus.*
>
> I (V.7) Du sollst mir zuwider keine anderen Götter haben. (V.8) Du sollst dir kein Gottesbild machen, kein Abbild dessen, was droben im Himmel oder drunten auf der Erde oder im Wasser unter der Erde ist. (V.9) Du sollst dich nicht vor ihnen niederwerfen und ihnen nicht dienen, denn nur ich bin JHWH, dein Gott, ein eifernder Gott, der bei denen, die mich hassen, die Schuld der Väter an den Söhnen und bis in das dritte und vierte Glied prüft, (V.10) der aber Solidarität bewahrt den tausenden Geschlechtern, die mich lieben und meine Gebote halten.
>
> II (V.11) Du sollst den Namen JHWHs, deines Gottes, nicht mißbrauchen, denn JHWH läßt nicht ungestraft den, der seinen Namen mißbraucht.
>
> III (V.12) *Halte den Sabbat heilig, wie JHWH, dein Gott, es dir befohlen hat. (V.13) Sechs Tage sollst du arbeiten und alle deine Arbeit tun. (V.14) Am siebten Tag ist Sabbat für JHWH, deinen Gott. Du sollst keine Arbeit verrichten, du und dein Sohn, deine Tochter, dein Sklave und deine Magd, dein Rind und dein Esel, dein ganzes Vieh, der Fremde, der sich in deinen Ortschaften aufhält. Dein Sklave und deine Sklavin sollen sich ausruhen wie du. (V.15) Denke daran, daß du Sklave warst im Lande Ägypten und JHWH, dein Gott, dich von dort mit starker Hand und mit erhobenem Arm herausgeführt hat. Deshalb hat JHWH, dein Gott, befohlen, den Sabbat zu halten.*
>
> IV (V.16) Ehre deinen Vater und deine Mutter, wie JHWH, dein Gott, dir befohlen hat, damit du lange lebst und es dir gut geht in deinem Land, das JHWH, dein Gott, dir gibt.
>
> V (V.17) Du sollst nicht morden (V.18) und nicht ehebrechen (V.19) und nicht stehlen (V.20) und nicht Falsches gegen deinen Nächsten als Zeuge aussagen (V.21) und nicht die Frau deines Nächsten begehren und nicht das Haus deines Nächsten begehren, sein Feld und *seinen Sklaven, seine Sklavin, sein Rind und seinen Esel* und alles, was deinem Nächsten gehört« (Dtn 5,6–21).

Die Privilegrechtstheologie des Ruhetaggebots unterstellt durch die Aussonderung des siebten Tages für JHWH die menschliche Arbeitskraft und mit ihr die Erträge der Bearbeitung der Natur der Herrschaft Gottes. Wie das Privilegrecht im Bundesbuch und in Dtn 12–26, so ist auch das des Sabbattags sozial gewendet. Die Aussonderungen als Gottesprivileg kommen den Schwachen in der Gesellschaft zugute, nicht nur der eigenen Familie, sondern auch den Fremden, den Sklaven und den Tieren. Galt der Ruhetag ursprünglich nur in der Erntezeit, in der er die Herrschaft Gottes über die Fruchtbarkeit der Natur ausdrückte, so ist er nun als Sabbat entschränkt und zu einer Struktur der Zeit geworden, die das gesamte Leben bestimmt. Damit wird die Universalität der Gottesherrschaft über den Alltag des Menschen zum Ausdruck gebracht. Die Privilegrechtstheologie hat eine doppelte

Zielrichtung. Sie grenzt nach außen JHWH und Israel gegen andere Götter und Völker ab und unterstellt, nach innen gewandt, Israels Leben der Gottesherrschaft. Die Abgrenzung bestimmt die Eröffnung des Dekalogs in der Selbstprädikation JHWHs, mit der er sich durch die Herausführung Israels aus dem Sklavenhaus Ägypten als geschichtsmächtig zu erkennen gibt. Das Erste Gebot bringt diesen Aspekt der Abgrenzung JHWHs von den anderen Göttern auf den Begriff. Durch die Suffixe in Dtn 5,9, die das Bilderverbot (Dtn 5,8) übergreifen und sich auf das Gebot der Alleinverehrung JHWHs beziehen, werden Fremdgötter- und Bilderverbot zu einer Einheit zusammengefaßt. Der zweite Aspekt der Privilegrechtstheologie des Sabbatgebots als Mitte des Dekalogs, die Unterstellung des Alltagslebens unter die Gottesherrschaft, kommt in dem durch konsequenten syndetischen Anschluß der Gebote zu einer Einheit zusammengefaßten Block in Dtn 5,17–21 zur Geltung. Das Gebot der bildlosen Alleinverehrung (Dtn 5,6–10) bildet also zusammen mit Dtn 5,17–21 einen Rahmen in der Redaktion des Dekalogs, so daß nach der Bedeutung und Funktion des Ersten Gebotes (Dtn 5,6–10) für die Grundlegung von Recht und Ethos (Dtn 5,17–21) zu fragen ist.

Ursprünglich geht es im Ersten Gebot, dem Gebot der Alleinverehrung JHWHs, um die kultische Reinheit der JHWH-Heiligtümer, die durch das Verbot der Verehrung anderer Götter an diesen Heiligtümern (Ex 34,14) realisiert werden soll. In Ps 81,10 ist das Fremdgötterverbot bereits über den kultischen Raum auf das Alltagsleben ausgedehnt worden. In Israel darf überhaupt keine andere Gottheit verehrt werden. Die Zuspitzung des Verbots durch »mir zuwider« (Dtn 5,7) unterstreicht diesen religionspolemischen Aspekt. Worum aber geht es im Ersten Gebot? Der theologische Gehalt erschließt sich, wenn man fragt, wogegen sich das Verbot der Fremdgötterverehrung wendet. In den mythischen Religionen des Alten Orients werden Teilaspekte der alltäglichen Lebenswelt in Göttergestalten verobjektiviert und personifiziert. Lebensfördernde Aspekte werden wie die lebensmindernden und -zerstörenden durch Göttergestalten repräsentiert. Die Undurchschaubarkeit des Zusammenhangs dieser Aspekte und damit ihre Unkontrollierbarkeit läßt die Lebenswelten in Natur und Gesellschaft dem Menschen fremd, ja feindlich erscheinen. Sind im Mythos diese Kräfte personifiziert und in einer Handlungsstruktur miteinander verwoben, so werden sie dem Menschen durchschaubar, da die Handlungsstrukturen den Regeln menschlicher Interaktion folgen. Die Lebenswelt kann so dem Menschen heimatlich werden. Der Mythos will begründen, warum die lebensstiftenden Aspekte allemal den lebenszerstörenden überlegen sind, Leben des einzelnen Menschen wie der Gesellschaft also nicht endgültig scheitern kann.

Die Theologie des Ersten Gebots setzt sich konsequent vom Mythos ab. JHWH geht in keinem Partikularaspekt der Wirklichkeit auf. Er ist mehr als alle positiven, lebensstiftenden Aspekte des Lebens – mehr aber auch als alle Zerstörungen von Leben. JHWH ist als der Eine konsequent transzendenter Gott. In der Redaktion des Dekalogs wird dieser Aspekt noch dadurch unterstrichen, daß das Bilderverbot in das Erste Gebot der Alleinverehrung Gottes eingeschoben wird: JHWH geht nicht in seinen Geschöpfen auf. In ihrer Endlichkeit vermag die Welt nicht die Unendlichkeit Gottes zu fassen. Das Bilderverbot sichert als Aussage der Transzendenz Gottes auch seine Unverfügbarkeit. Jede Vergegenständlichung Gottes im Abbild bedeutet Verfügbarkeit für den Menschen. Darin interpretiert das Bilderverbot das Gebot der Alleinverehrung. Die mythische Theologie will im urzeitlichen Sieg des Königsgottes über die Gottheiten des Chaos und des Todes begründen, daß Leben sich gegen Lebenszerstörung durchsetzt, also letztlich nicht scheitern kann – auch gegen den äußeren Augenschein der Empirie. Die Götter sind darin Funktion des menschlichen Wunsches nach gelingendem Leben. Das Gebot der Alleinverehrung Gottes durchschlägt diese Wunschprojektionen, die die Religion im Dienste vorfindlicher Interessen des Menschen funktionalisieren, und kehrt das Begründungsverhältnis um: Gott soll nicht verehrt werden, weil der Mensch leben will und Gott also braucht, sondern weil Gott Gott ist, will er von den Menschen anerkannt und verehrt werden – allein um der Gottheit Gottes willen.

Das Alleinverehrungsgebot führt in der Fortsetzung noch tiefer in den Gottesgedanken hinein:

>»Denn ich bin JHWH, dein Gott, ein eifernder Gott, der bei denen, die mich hassen, die Schuld der Väter an den Söhnen bis in das dritte und vierte Glied prüft, der aber Solidarität bewahrt den tausenden Geschlechtern, die mich lieben und meine Gebote halten« (Dtn 5,9 f.).

Der Eine Gott spiegelt nicht die Welt und ihre Logik wider. Er ist als eifernder Gott, der Alleinverehrung fordert, der zürnende Gott dort, wo Alleinverehrung verweigert wird. Er prüft, ob sich die Schuld der Väter auch in den folgenden Generationen findet. Nur wenn sie sich bis in die vierte Generation wiederholt, greift er ein und straft die Schuld auch der Väter an den Söhnen. In der Dialektik von Zorn und Liebe transzendiert die Liebe aber den Zorn vielfach, ja unendlich. Gott läßt die Logik der Vergeltung hinter sich und ist als der Eine ein freier Gott, der im Ersten Gebot seine Freiheit als Gegensatz zur Bindung mythischer Gottheiten definiert. Sie sind in ihrem Handeln durch andere Götter, die einzelne Aspekte der Wirklichkeit repräsentieren, begrenzt und durch die Handlungs- und Erzählstrukturen des Mythos festgelegt. Die mythischen Götter können nur so handeln, wie es der Mythos erzählt. Anders ist JHWH, der Gott des Ersten Gebots, der als der Eine durch keine Handlungsstrukturen der mythischen Erzählung in seiner Freiheit begrenzt ist.

Der ferne Gott des Alleinverehrungsanspruchs ist auch naher Gott über den Mythos hinaus. Ist im Mythos das Motiv des göttlichen Eifers nur auf andere Götter bezogen, so wird es im Ersten Gebot des Dekalogs auf das Verhältnis Gottes zum Menschen gelenkt. Er sucht Schuld heim und erweist Liebe dem Menschen. Erwartet die mythische Theologie die Anpassung der empirischen Welt an den Mythos, so weiß die Einleitung des Ersten Gebotes in der Selbstprädikation Gottes vom verändernden Eingreifen Gottes in die Geschichte und um deren Veränderbarkeit. In der mythischen Theologie wird die urzeitliche Wirklichkeit der Götter durch den Kult in die erfahrbare Welt vermittelt. Der Eine, ferne Gott JHWH wird als naher Gott gedacht, der direkter als die mythischen Götter in die Erfahrungswelt eingreift. Sind Gottes- und Weltverständnis enger aufeinander bezogen als in der mythischen Theologie, so wird um so konsequenter das Weltverständnis durch den Gottesgedanken strukturiert. JHWH steht als der Eine der einen Welt als ihr Herr gegenüber: Gott wird Gott und Welt wird Welt. Im Gedanken des einen Gottes als Herrn aller Lebensfelder seines Volkes gründet die Rationalisierung des Weltverständnisses im Sinne der Vereinheitlichung. Wenn im Alleinverehrungsgebot Gott Gott wird, dann wird die Welt konsequent als der Herrschaft Gottes unterstellte Welt begriffen. In der alttestamentlichen Vorstellung vom Menschen wird die Vermittlung von Gott und Welt nicht in einem mystischen Einswerden des Göttlichen mit dem sich in das Göttliche versenkenden Menschen gedacht, sondern pragmatisch durch das gehorsame Tun des Gotteswillens. Das Dtn verdeutlicht diesen Zusammenhang zwischen Entzauberung der Welt durch konsequente Profanisierung in der Abschaffung der Ortsheiligtümer und Aktivität einer am Gotteswillen orientierten Weltgestaltung. Dieser Zusammenhang setzt sich bis in den Dekalog fort.

In der Gebotskette (Dtn 5,17–21) werden die Grundnormen der Lebens- und Weltgestaltung als Tun des Gotteswillens zusammengestellt. Das Strafrecht in Tötungs-, Ehebruchs- und Diebstahlsverbot tritt neben das Prozeßrecht zur Sicherung der Gerichtsinstitution im Falschzeugnisverbot. In den Begehrensverboten werden die Familie und die ökonomische Grundlage der Familie geschützt. Aus diesen Geboten werden das Verbot des Meineids und das Elterngebot herausgehoben und als Rahmen um das privilegrechtliche Sabbatgebot gelegt. Das Namensmißbrauchsverbot als Verbot des Meineids wird unter die theologischen Gebote eingereiht, da es um die Sicherung des kultischen Rechtsverfahrens, den assertorischen Eid (cf. Ex 22,10), geht. Der Falscheid wird als Verletzung Gottes, des Eidgaranten, verstanden (Ps 24,4; Jer 7,9 u.ö.). In Lev 5,20–26 wird ein Meineid als ein sakrales Vergehen behandelt. Das Elterngebot (Dtn 5,16) wird vor die rechtlichen und ethischen Normen (Dtn 5,17–21) gestellt und mit einer eigenen Begründung versehen. Der Wahrung der Lebenskraft der Eltern, in der sich die Familie präsentiert, und ihrer Aufgabe, die rechtliche und religiöse Tradition weiterzugeben, kommt in der Perspektive des dtr Redaktors eine Schlüsselfunktion für die Verwirklichung der folgenden Normen zu. Hier schafft sich seine exilszeitliche Perspektive der Diaspora Gehör. In einer Zeit, in der alle staatlichen und kultischen Zentralinstanzen aufgehört haben zu existieren, wird die Familie als Ordnungsinstanz des Lebens noch bedeutsamer. Sie gilt es in besonderem Maße zu schützen. Die Diasporaperspektive kommt schließlich darin zum Ausdruck, daß nach dem Verlust des Tempels das Privilegrecht auf die Ruhetagsinstitution zugespitzt wird, die im BB nur untergeordnete Funktion neben dem Brachejahr, Erstlings- und Erstgeburtsopfer hatte und im vorexilischen Dtn gar nicht aufgenommen wurde, da die Ruhetagsinstitution in der Auslegung des BB unter dem Gesichtspunkt der Kultzentralisation keine Bedeutung hatte. In der Exilszeit rückt das Sabbatgebot in das Zentrum der Privilegrechtstheologie und wird zur Mitte des Dekalogs. Vom Privilegrecht des Sabbat ausgehend, das im Alleinverehrungsgebot ein Fundament hat, wird das gesamte Leben Israels dem Willen Gottes unterstellt. Der Gehorsam gegen die Gebote Gottes ist die Antwort Israels auf den in der Geschichte befreienden Gott.

Für den dtr Redaktor (DtrD) ist der von ihm zitierend übernommene Dekalog Inbegriff des Bundes (Dtn 5,2 f.). Nur diese Worte hat Gott unmittelbar zum Volk am Horeb gesprochen (Dtn 5,22). Alle weitere in Dtn 12–26 entfaltete Willensoffenbarung Gottes wurde dem Volk durch Mose vermittelt und erst vor dem Einzug in das den Vätern zugeschworene Land offenbart (Dtn 5,23–31). Nach Dtn 5,31 hat JHWH den Auftrag gegeben, »das ganze Gebot, die Gesetze und Rechtsvorschriften« dem Volk weiterzugeben. Dieser Promulgationsauftrag ist in unmittelbare Nähe des Dekalogs gerückt, so daß der Redaktor einen engen Zusammenhang zwischen dem Dekalog und dem Verfassungsentwurf in Dtn 12–26 herstellt. Die mit Dtn 12,2–4 verbundene Überschrift in Dtn 12,1 zeigt an, daß in diesem Redaktionshorizont der Dekalog grundsätzlich und überall, der Verfassungsentwurf in Dtn 12–26 aber nur im Kulturland, in exilischer Perspektive also nach Beendigung des Exils und der Konstituierung des Neuen Israel, gilt. Der Dekalog ist die Grundlage des Verfassungsentwurfs, Dtn 12–26 die Entfaltung. Und tatsächlich findet sich die Struktur des Dekalogs in den von DtrD neu gruppierten Gesetzen in Dtn 12–26 wieder. Im Dekalog bilden Fremdgötter- und Namensmißbrauchsverbot sowie Sabbatgebot einen Block von Pflichten gegenüber JHWH, die ihren Ausgangspunkt im Fremdgötterverbot und ihren Zielpunkt im Privilegrecht des Sabbatgebotes haben. Entsprechend faßt der Redaktor durch die Einfügung von Dtn 16,20–17,1 die Zentralisationsgesetze (Dtn 12,2–17,1) zu einem Block zusammen, der die Hauptgesetze der Kulteinheit und Kultreinheit (Dtn 12 f.), das Privilegrecht (Dtn 14 f.*) und die Festordnung (Dtn 16*) umfaßt. Hat in der Exilszeit angesichts des zerstörten Tempels das Sabbatgebot die Funktion, das Privilegrecht zu repräsentieren, so kann im Verfassungsentwurf unter der Voraussetzung, daß wieder ein Heiligtum an dem Ort, den JHWH erwählt hat, sein wird, das Privilegrecht in seiner ganzen, durch das vorexilische Gesetz repräsentierten Breite eingesetzt und um das Sabbatgebot des Dekalogs, das nun als Hauptgebot des Privilegrechts fungiert, ergänzt werden.

Auf die Gebote, die die Pflichten gegenüber JHWH regeln, folgt im Dekalog der Block der materialen Ordnung von Recht und Ethos, der im Dtn der materialen Rechtsordnung (Dtn 17,2–26,15) entspricht. An der Spitze dieses Blockes steht im Dekalog das Elterngebot (Dtn 5,16), das durch eine eigene Begründung und durch asyndetischen Anschluß der folgenden Gebotsreihe (Dtn 5,17–21) von dieser wiederum abgesetzt und herausgehoben ist. Diese Stellung nimmt im Verfassungsentwurf die Ämterverfassung (Dtn 17,2–18,22) ein, die der Dekalogredaktor (DtrD) durch die Einfügung von Königs- und Prophetengesetz aus der Gerichtsordnung geformt hat. Ist unter den Bedingungen des Exils die Familie die primäre Ordnungsinstitution des Lebens, so können nun mit Blick auf das Neue Israel nach dem Exil die staatlichen und religiösen Zentralämter wieder in ihre Funktion eingesetzt werden. Die sich an die Ämterverfassung anschließende materiale Rechtsordnung (Dtn 19,1–26,15) entspricht in der Zusammenfassung von Recht und Ethos der Gebotskette in Dtn 5,17–21. Der Verfassungsentwurf des Neuen Israel (Dtn 12–26), der in der Sicht des Dekalogredaktors das alte, am Horeb Mose übergebene und dem Volk im Lande Moab vor der Landnahme eröffnete Recht ist, legt den unabhängig vom Landbesitz an allen Orten und zu jeder Zeit geltenden Dekalog unter den Bedingungen des Kulturlandes aus. Für die trotz aller Schuld unverbrüchliche Gültigkeit des Verfassungsentwurfs steht die Erfüllung der Landverheißung und die Befreiung aus Ägypten (Dtn 7,8–10) ein. Die gnädige Zuwendung Gottes in der Geschichte ist die Bedingung dafür, daß gelingendes Leben, das sich an den Geboten ausrichtet, überhaupt möglich ist, so wie der Dekalog mit der Selbstprädikation Gottes als des befreienden eröffnet wird.

2. Priesterliches Ethos in der Pentateuchredaktion

2.1 Sünde und Sühne. Priesterliches Ethos in Mesopotamien und Israel

K. Aartun, Studien zum Gesetz über den großen Versöhnungstag Lv 16 mit Varianten, StTh 34, 1980, 73–109; *T. Abusch,* Babylonian Witchcraft Literature, 1987; *J. Begrich,* Die priesterliche Tora, in: ders., Ges. Studien zum AT, 1964, 232–260; *W. Boochs,* Religiöse Strafen, in: E. Graefe u. a. (Hg.), Religion und Philosophie im Alten Ägypten. FS P. Derchain, 1991, 57–64; *H. Cazelles,* Art. Pureté et impureté (AT), DBS IX, 491–508; *W. Dommershausen,* Heiligkeit, ein alttestamentliches Sozialprinzip?, ThQ 148, 1968, 153–166; *M. Douglas,* In the Wilderness, 1993; *T. Frymer-Kensky,* Pollution, Purification, and Purgation in Biblical Israel, in: C.L. Meyers u. a. (Hg.), The Word of the Lord Shall Go Forth, FS D.N. Freedman, 1983, 399–414; *N. Füglister*, Sühne durch Blut – Zur Bedeutung von Leviticus 17,11, in: G. Braulik (Hg.), Studien zum Pentateuch. FS W. Kornfeld, 1977, 143–164; *A. Gamper*, Gott als Richter in Mesopotamien und im AT, 1966; *E.S. Gerstenberger*, Der bittende Mensch, 1980; *H. Gese*, Die Sühne, in: ders., Zur biblischen Theologie,³1989, 85–106; *F.H. Gorman*, The Ideology of Ritual, 1990; *F.-L. Hoßfeld*, Versöhnung und Sühne, BiKi 41, 1986, 54–60; *W. Houston*, Purity and Monotheism, 1993; *B. Janowski*, Sühne als Heilsgeschehen, 1982; *ders.*, Tempel und Schöpfung, JBTh 5, 1990, 37–69; *ders.*, Azazel – biblisches Gegenstück zum ägyptischen Seth?, in: E. Blum u. a. (Hg.), Die hebräische Bibel und ihre zweifache Nachgeschichte, FS R. Rendtorff, 1990, 97–110; *ders./G. Wilhelm*, Der Bock, der die Sünden hinausträgt, in: ders. u. a. (Hg.), Religionsgeschichtliche Beziehungen zwischen Kleinasien, Nordsyrien und dem AT, 1993, 109–169; *P. P. Jenson*, Graded Holiness, 1992; *J. Kearney*, Creation and Liturgy, ZAW 89, 1977, 375–387; *N. Kiuchi*, The Purification Offering in the Priestly Literature, 1988; *R. Knierim*, Die Hauptbegriffe für Sünde im AT, 1965; *ders.*, Text and Concept in Leviticus 1:1–9, 1992; *K. Koch*, Die Eigenart der priesterlichen Sinaigesetzgebung, ZThK 55, 1958, 36–51; *ders.*, Alttestamentliche und altorientalische Rituale, in: E. Blum u. a. (Hg.), Die Hebräische Bibel und ihre zweifache Nachgeschichte. FS R. Rendtorff, 1990, 75–85; *W. Kornfeld*, QDŠ und Gottesrecht im AT, VT.S 32, 1981, 1–9; *T. Krapf*, Die Priesterschrift und die vorexilische Zeit, 1992; *W. Kunstmann*, Die babylonische Gebetsbeschwörung, 1932; *S. Landersdorfer*, Studien zum biblischen Versöhnungstag, 1924; *B.A. Levine*, The Language of Holiness, in: D.N. Freedman u.a (Hg.), Backgrounds for the Bible, 1987, 241–255; *N. Lohfink*, Die Priesterschrift und die Geschichte, in: ders., Studien zum Pentateuch, 1988, 213–253; *W. Mayer*, Untersuchungen zur Formensprache der babylonischen »Gebetsbeschwörungen«, 1976; *G. Meier*, Die assyrische Beschwörungssammlung Maqlû, 1937; *J. Milgrom*, Cult and Conscience, 1976; *ders.*, Studies in Cultic Theology and Terminology, 1983; *ders.*, Ethics and Ritual, in: E.B. Firmage u. a. (Hg.), (s.o. II), 159–191; *H. Niehr*, Herrschen und Richten, 1986; *E. Otto/(T. Schramm)*, Fest und Freude, 1977; *W. Paschen*, Rein und unrein, 1970; *E. Reiner*, Šurpu. A Collection of Sumerian and Akkadian Incantations, 1958; *R. Rendtorff*, Studien zur Geschichte des Opfers im AT, 1967; *A. Schenker*, Das Zeichen des Blutes und die Gewißheit der Vergeltung im AT, in: ders., Text und Sinn im AT, 1991, 167–186; *ders.*, Die Anlässe zum Schuldopfer Ascham, in: ders. (Hg.), Studien zu Opfer und Kult im AT, 1992, 45–66; *K. van der Toorn*, Sin and Sanction in Israel and Mesopotamia, 1985; *ders.*, La pureté rituelle au Proche-Orient Ancien, RHR 206, 1989, 339–356; *T. I. Wang*, Leviticus 11–15, Ph.D. Diss. Claremont 1989; *D.P. Wright*, The Disposal of Impurity, 1987; *G.J. Wenham*, Why Does Sexual Intercourse Defile (Lev 15,18)?, ZAW 95, 1983, 432–434; *W. Zimmerli*, Das »Gnadenjahr des Herrn«, in: A. Kuschke u.a (Hg.), Archäologie und AT. FS K. Galling, 1970, 321–332; *N. Zohar*, Repentance and Purification, JBL 107, 1988, 609–618.

Priesterliches Denken ist auf die Interaktion zwischen Gott und Mensch konzentriert. Der Mensch soll im Umgang mit Gott dem Wesen Gottes entsprechen, das priesterliches Denken in Mesopotamien und in Israel mit der Kategorie der Heiligkeit erfaßt. Im Heiligkeitsgesetz wird diese Konvergenz in der Formel »seid heilig, denn ich bin heilig« auf den Begriff gebracht. Die Heiligkeit konkretisiert sich zuerst in der Reinheit am Heiligtum als ausgesondertem Ort. Die deklaratorischen Formeln, die Handlungen als rite durchgeführt und damit gültig feststellen, binden in den Erklärungen »rein/unrein ist er/sie/es« (Lev 11,4 u.ö.) und »heilig ist es für JHWH« (Lev 6,18 u.ö.) diese Aspekte zusammen. Reinheit ist dabei nicht nur auf das Fehlen physischer Verunreinigungen und Fehler bezogen, sondern in eine »Heiligkeitstopographie« eingeordnet. Die Heiligkeit der Sphären bemessen sich nach der Gottesnähe, beginnend mit dem Allerheiligsten des Tempels, auf das die Abstufungen innerhalb des Tempels und schließlich des Landes um den Tempel mit entsprechender Zunahme von Unreinheit folgen. Die Reinheit als Kategorie der Heiligkeit orientiert sich am Gotteswillen. Im Befolgen von Tabuvorschriften, die sich nicht aus ethischen oder rechtlichen Motiven ableiten lassen, wird der Gottheit die Referenz der »Etikette« (van der Toorn, Pureté) erwiesen, so wie im Umgang mit dem König Zeremonialvorschriften zu beachten sind, damit der Mensch aus der Logik des Alltagslebens herausgehoben und der Heiligkeit der Gottheit angenähert wird. Die Konformität des Menschen mit Gott ist das Ziel der Reinheitsvorschriften, die den Priestern die Behandlung der Unreinheit gerade dort, wo sie sich am krassesten zeigt, im leprösen Hautausschlag, zuweisen (Lev 13–14), aber auch die Differenzierung zwischen reinen und unreinen Tieren zur priesterlichen Aufgabe erklären. Gründet die Etikette der Reinheitsvorschriften nicht in der Logik eines menschlichen Ethos, sondern allein darin, daß sie im göttlichen Willen und Wesen ihren Ursprung hat und der Heiligkeit des Gottes Rechnung trägt, so ist sie dennoch in ihren Vorschriften nicht willkürlich, sondern das Abbild der Ordnungen in der Welt, die ihre Analogien im Wesen der Gottheit haben. Grundunterscheidungen wie die zwischen Tod und Leben stehen hinter den Reinheitsvorschriften, deren Beachtung also auch Referenz gegenüber der göttlichen Schöpfungsordnung bedeutet. Daß die Etikette der Speisegebote als Einschränkung der Verfügung des Menschen über die Tierwelt ethische Plausibilität gewinnen kann, ist dagegen ein nur abgeleiteter Aspekt.

Der Gotteswille gilt in Mesopotamien und Israel als unteilbar und auch im priesterlichen Denken nicht auf die sakralen Aspekte von Heiligkeit und Reinheit beschränkt. Er wird nicht primär durch priesterliche Gebotspromulgationen konkret, sondern durch die Aufklärung und Reinigung von Vergehen in priesterlich geleiteten Bußzeremonien. Der Mensch, der in Not geraten ist, sucht Aufklärung über die Ursachen seiner Not, insbesondere über die Ursachen von Krankheit, die als Folge der Verletzung des Gotteswillens interpretiert wird, um sie mit Hilfe des Priesters wenden zu können. Insbesondere dann, wenn sich der Bedrängte keines Vergehens bewußt ist, ist priesterlicher Beistand notwendig, so daß sich die Priester auch mit Verfehlungen im Alltagsleben beschäftigen müssen. Die Tafel II der babylonischen Beschwörungsserie Šurpu enthält einen Beichtspiegel, den der Priester vor dem Hilfesuchenden rezitiert (cf. Reiner, 13–18). Die große Zahl der aufgelisteten Vergehen soll bewirken, daß eine von ihm unbewußt begangene Tat dennoch vor der Gottheit bekannt und damit die Not gewendet wird:

> »Beschwörung. Ich rufe euch an, große Götter,
> Gott und Götter, Herrn der Erlösung,
> NN, Sohn des NN, dessen Gott NN (persönlicher Gott) ist,
> dessen Göttin NN (persönliche Göttin) ist,
> der krank ist, in Todesgefahr, elend, betrübt,
> der nein anstelle von ja sagte, der ja sagte anstelle von nein,
> der mit dem Finger (anklagend) hinter dem Rücken seines Nächsten deutete . . .
> der eine schwache Frau bedrückte . . .
> der den Sohn dem Vater entfremdete,
> der den Vater dem Sohn entfremdete,
> der die Tochter der Mutter entfremdete,
> der die Mutter der Tochter entfremdete,
> der die Schwiegertochter der Schwiegermutter entfremdete,
> der die Schwiegermutter der Schwiegertochter entfremdete,
> der den Bruder dem Bruder entfremdete,
> der den Freund dem Freund entfremdete,
> der den Genossen dem Genossen entfremdete,
> der den Gefangenen nicht befreite, der den Menschen in Fesseln nicht frei ließ,
> der den Gefangenen nicht das (Tages-) Licht sehen ließ,

der über den Gefangenen sagte: behalte ihn gefangen! und über den Mann in Fesseln: binde ihn fester!,
der nicht weiß, was eine Sünde gegen den Gott ist, der nicht weiß, was eine Sünde gegen die Göttin ist,
der seinen Vater verachtete, voll des Hasses gegen den älteren Bruder ist,
der seine Eltern verachtete, die ältere Schwester beleidigte,
und kleines (Maß) gab und mit großem (Maß) empfing,
der sagte: ›es gibt nicht‹, wo es gab,
der sagte: ›es gibt‹, wo es nicht gab . . .
der Geld nahm, das ihm nicht zustand,
der Geld verweigerte, das ihm zustand,
der den erbberechtigten Sohn enterbte
der den erbberechtigten Sohn nicht in seine Rechte einsetzte,
der falsche Grenzen zog, der gerechte Grenze nicht zog,
der Grenze, Gemarkung und Gebiet verrückte,
der seines Nachbarn Haus betrat,
der Verkehr mit der Frau seines Nachbarn hatte,
der Blut seines Nachbarn vergoß,
der die Kleidung seines Nachbarn raubte,
einen jungen Mann nicht bekleidete, als er nackt war,
der einen braven jungen Mann aus seiner Familie vertrieb,
der eine wohl vereinte Großfamilie zersprengte . . .
dessen Mund aufrichtig, dessen Herz falsch ist,
wenn sein Mund ›ja‹ sagt, sein Herz aber ›nein‹ . . .,
der zerstörte, versitieß, vertrieb,
anklagte und verurteilte, Gerüchte streute,
frevelte, raubte, zum Raub aufstachelte,
sich mit Üblem befaßte,
dessen Mund log, die Lippen falsch und gewalttätig,
der unflätige Dinge kennt, Unziemliches gelernt hat,
der seine Position mit Niedertracht erreichte,
die Grenzen des Rechts verletzte,
unerlaubte Dinge tat . . .« (Šurpu II 1–67*).

Der Beichtspiegel verbindet rechtliche und ethische Normen des Alltagslebens. Unter die Verletzung von Rechtsnormen fallen die Tötung, der Ehebruch, die Grenzverrückung, der Raub und der Betrug. Es handelt sich um unentdeckte und somit nicht in einem Rechtsverfahren anhängige Vergehen, die ohne rechtliche Konsequenzen geblieben den Zorn der Götter provozieren und zu ihrer Vergeltung führen, indem sie böse Dämonen der Not auf den Übeltäter hetzen. Gleichermaßen können rechtlich nicht relevante Vergehen, die aber ethische Normen verletzen, den Zorn der Götter hervorrufen. Unter diese Kategorie fallen Taten, die soziale Verpflichtungen gegenüber den Schwachen mißachten, die Bindungen in Familie und Gesellschaft durch die Entfremdung von Verwandten und durch das Ausstreuen von Gerüchten oder durch die Unzuverlässigkeit des Wortes zerstören. Daneben stehen die Verletzungen sakraler Tabubestimmungen:

»Der gegessen hat, was verboten ist bei seinem Gott, der gegessen hat, was verboten ist bei seiner Göttin.
  Er weiß nicht, was eine Sünde gegen den Gott ist, er weiß nicht, was eine Sünde gegen die Göttin ist.
  Er verachtet den Gott, er verachtet die Göttin, gegen seinen Gott geht seine Sünde, seine Verbrechen gegen die Göttin . . .
  Wegen des Verbotenen, das er gegessen hat, wegen der vielen Sünden, die er begangen hat« (Šurpu II 5.32–34.69 f.).

Ist der Gotteswille unteilbar, so werden neben den sakralen Tabuverletzungen der Etikette auch rechtliche und ethische Normen für das priesterliche Denken und Handeln relevant, wenn es gilt, Störungen im Umgang des Menschen mit der göttlichen Sphäre, die sich signifikant in Not und Unglück niederschlagen, zu beseitigen. Daß die Verletzung von Pflichten im Umgang mit der Gottheit nicht kategorial von solchen im Umgang mit dem Mitmenschen geschieden sind, zeigt sich in der hebräischen Priestersprache schon daran, daß die Begriffe für »Sünde« die Akzente quer zur Unterscheidung zwischen sakralen und profanen Vergehen setzen (cf. Knierim, Hauptbegriffe).

Mit *'āwon* wird eine willentlich »mit erhobener Hand« begangene Normenverletzung bezeichnet. In einem den engen Zusammenhang von Tat und Ergehen voraussetzenden Denken wird mit dem Begriff auch die aus dem Vergehen resultierende Strafe bezeichnet. Vom willentlich begangenen Vergehen »mit erhobener Hand« hebt sich die unwissentlich begangene Verletzung sakraler und gesellschaftlicher Normen ab. Die »mit erhobener Hand« begangene Sünde kann im Gegensatz zur unabsichtlichen Tat nicht gesühnt werden und führt zum Ausschluß aus der Kultgemeinde durch die Todesstrafe.

Mit den Begriffen der Wurzel *ht'* wird umgangssprachlich das Verfehlen eines Zieles bezeichnet. Davon leitet sich die Konnotation des Normenbruches ab, der die Gemeinschaft mit Gott und unter Menschen zerstört. So wird Davids Ehebruch (2Sam 12,13) gleichermaßen wie das rituelle Vergehen, Fleisch mitsamt dem Blut zu essen (1Sam 14,33–35), als Sünde (*hatta'ā*) bezeichnet, die den Gotteswillen verletzt. Das Aufdecken der Tat und die Sühne durch den Priester dient nicht nur der Restitution der geschädigten Beziehung des einzelnen zu Gott, sondern auch der Reinigung der Volksgemeinschaft. Die Sünde des einzelnen belastet den Verkehr zwischen Gott und Volk und kann Unglück für das ganze Volk heraufbeschwören.

Wie verhalten sich rechtliche und kultische Reaktionen auf den Normenbruch zueinander, wenn sich kultische und rechtliche Sphäre überschneiden? Institutionell sind in Mesopotamien und Israel Kult und Gericht schon durch den kultischen Rechtsentscheid des Ordals miteinander verbunden. In Fällen, in denen eine Aufklärung durch Zeugen nicht möglich ist, bedarf es der kultischen Aufklärung durch das Ordal oder den assertorischen Eid. Das Wissen um die Einheit des Gotteswillens, der Recht, Ethos und Kultgesetz umfaßt, wird zur Grundlage, um die Lücken des profanen Rechtsverfahrens zu schließen. Die Gottheit gilt als Zeuge und, besonders im Vertragsrecht, auch als rechtsdurchsetzende Instanz. Die Verzahnung von Kult- und Rechtsinstitution setzt die priesterliche Vorstellung voraus, die Gottheit, in Mesopotamien vor allem der Sonnengott Šamaš, sei Quelle und Garant der Rechtsordnung und der Rechtsentscheide der Gerichte. In Juda ist diese Šamaš-Funktion auf JHWH übertragen worden.

Eigene, über das priesterliche Denken in Mesopotamien hinausführende Wege geht die judäische Priesterschaft mit der konsequenten Integration von Rechtskorpora in die priesterliche Theologie. Die Rechtssammlungen, die in Juda wie in Mesopotamien ursprünglich in der Schreiberausbildung beheimatet waren, wurden in Mesopotamien der Königsideologie dienstbar gemacht, in Juda aber der priesterlichen Theologie am Jerusalemer Tempel. Priesterliches Denken verzahnt sich mit der Schreibergelehrsamkeit in der Redaktion des Bundesbuches, in das Normen des Sakralrechts integriert werden. Mit der Zentralisierung der kultischen Rechtsfindung in Jerusalem im Zuge der josianischen Reform wurde die Bindung des Rechts an den Kult dadurch verstärkt, daß Priester am Zentralgericht mitwirken. In der Durchdringung weisheitlichen und sakral-rechtlichen Denkens im Dtn als Auslegung des Bundesbuches ist die Verzahnung von priesterlichem und weisheitlich-gelehrtem Denken erkennbar. Wie im BB umfaßt und legitimiert in Dtn 12–26 das im Kern sakrale Privilegrecht die Ordnung von Recht und Ethos. Ergänzt um die Gebote von Kulteinheit und Kultreinheit, soll die Einheit der Gesellschaft Judas um ein Heiligtum in Jerusalem zentriert durch das Gottesrecht begründet werden. Die dtr Bearbeitungen unterstreichen diesen Gedanken durch das Motiv des heiligen Volkes.

Integriert die priesterliche Theologie die Rechtsüberlieferungen, um durch die Einheit des Gotteswillens die Einheit des Gottesvolkes als heiliges Volk zu begründen, so mußte sich die Frage stellen, wie es theologisch zu verarbeiten sei, wenn Israel an diesem Willen scheiterte. Priesterliche Aufgabe konnte es dann nicht mehr nur sein, in Buß- und Reinigungszeremonien die Verletzungen des Gotteswillens in der Alltagssphäre durch den Reinheitsbescheid priesterlicher Tora und durch Reinigungsrituale aufzudecken und zu beseitigen. Führt die Berührung unreiner Materie wie die eines Leichnams oder des Körperausflusses zu einer nur zeitlich begrenzten Unreinheit und damit zum zeitweiligen Ausschluß aus der Kultgemeinde, der durch Reinigungsriten wieder aufgehoben wird (z. B. Num 19,1–10), so sind Verunreinigungen durch Verletzungen von Normen des Gotteswillens auf dem Felde des Rechts in ihren Konsequenzen nicht in jedem Fall durch Reinigungen zu beheben. Der Täter hat in schweren Fällen wie Mord oder Ehebruch die Konsequenz der Todesstrafe zu tragen. Daneben gibt es noch einen Bereich originär priesterlicher Normen, die Handlungen, die nicht unter das Strafrecht fallen, durch die Sanktion des »Abschneidens« aus der Kultgemeinde, d. h. mit dem Tod bestrafen. Schon in der Formulierung der Sanktion wird der priesterliche Gedanke erkennbar, Israel sei das heilige Volk, das sich um der Wahrung seiner Heiligkeit willen von dem, der es verunreinigt, trennt. Zu dieser Kategorie kultischen Strafrechts gehört das Unterlassen der Beschneidung (Gen 17,14), die unberechtigte Berührung von Heiligem (Lev 7,20 f.; 22,3–9), die Arbeit am Sabbat (Ex 31,14) oder die Mißachtung des Fastens und der Arbeitsruhe am Versöhnungstag (Lev 23,29 f.), das Moloch-Opfer und die Nekromantie (Lev 20,2–8). In Lev 20,10–21 wird das kultische Recht vom Strafrecht abgegrenzt: Werden Sexualdelikte wie Ehebruch, Inzest mit der Frau des Vaters, Homosexualität, Sodomie und der Umgang mit einer menstruierenden Frau dem Strafrecht zugewiesen und mit der Todessanktion versehen (Lev 20,10–18), so folgen sexualethische Normen, die es verbieten, mit der Schwester, der Schwester der Mutter oder des Vaters, der Tante, dem Onkel oder der Schwägerin Frau Umgang zu pflegen (Lev 20,19–21). In diesen Fällen wird eine indirekte Sanktion nach dem Tat-Ergehen-Zusammenhangs erwartet.

2.2 Sühne in der nachexilischen Priestertheologie

Mit der Zerstörung des Tempels durch die Babylonier (587/6 v. Chr.) mußte das priesterliche Denken in eine tiefe Krise geraten. Der Ort der Präsenz des heiligen Gottes war in der Hand des Feindes und verunreinigt, was als Scheitern Israels an der Heiligkeit dieses Gottes verstanden werden konnte. Wurde in spätvorexilischer und exilischer Zeit der priesterliche Katalog der Normen des Gotteswillens mit der Integration der Rechtsüberlieferungen erheblich erweitert und durch das Exil das kollektive Scheitern Israels an diesen Normen evident, so mußte priesterliches Denken seinen Ansatz bei der Konvergenz von Gottes Heiligkeit mit der Israels grundlegend erweitern. Kam spätdtr Theologie zu dem Ergebnis, daß nur in der

Gnade Gottes, die noch dem halsstarrigen Volk Heil zusagt, eine heilvolle Zukunft Israels denkbar ist, so wurde parallel dazu der Opferkult als eine von Gott gnädig gewährte Sühneinstitution interpretiert. Die theologische Voraussetzung sowohl der dtr Gnadentheologie als auch der priesterlichen Sühnetheologie wurde schon vorexilisch im prophetischen Gedanken, Gott überwinde seinen Zorn (Hos 11,1– 9), der sich in der Formel vom gnädigen und barmherzigen Gott (Ex 34,6 f.; cf. 32,14) niedergeschlagen hat, geschaffen. Die Erfahrung, daß Israel am Willen Gottes gescheitert sei, nährte die These, daß dem Menschen aus eigenem Vermögen nicht die Möglichkeit gegeben ist, im Angesicht der Heiligkeit Gottes zu bestehen. Der Kult wurde als eine Institution begriffen, die nicht nur, wie es der vorexilischen Vorstellung entsprach, die Fähigkeit zu gemeinschaftstreuem Handeln überträgt, sondern in der JHWH die Möglichkeit zur Unterbrechung des Sünden- und Unheilszusammenhangs gewährt. Der sündige Mensch wird im Sühneritus für die Gemeinde (*ḥaṭṭā't*) und für den einzelnen (*'āšām*) durch das Sprengen des Blutes an den Sockel des Altars entsühnt. Die Ordnung des Sühneritus für die Gemeinde wird mit der Feststellung abgeschlossen: »Der Priester vollzieht für sie die Sühnehandlung; es wird ihnen vergeben« (Lev 4,20). Die Sühnehandlung hat ihr Ziel in der Vergebung, deren Subjekt JHWH ist. Er gibt dem Menschen das Blut des Tieres, das wie das des Menschen Sitz der Lebenskraft ist, um durch das stellvertretend für den Menschen vergossene Blut dem Menschen Sühne zu schaffen (Lev 17,11). Sühne ist also kein vom Menschen ausgehendes Geschehen, das gar vor Gott noch die Befreiung von der Sünde als Selbsterlösung verdienen will, sondern eine von Gott dem Menschen eröffnete Möglichkeit, dennoch als Sünder, der immer wieder am Gotteswillen in Recht, Ethos und kultischer Verpflichtung scheitert, leben zu können. Der befreiende Jubel über diese Dimension im Gotteshandeln klingt in Ps 65 an:

»(V.2) Dir gebührt Lobgesang, JHWH, auf dem Zion.
Und dir hält man Gelübde. (V.3) Du erhörst Klagegebete.
Zu dir bringen alle Menschen (V.4) die frevlerischen Taten.
Stärker als wir sind unsere Sünden, aber du sühnst sie.
(V.5*) Selig der, den du erwählst, dir nahe sein läßt, daß er in deinen Vorhöfen wohne«
(Ps 65,2–5*).

In der Priesterschrift werden alle überkommenen Kulthandlungen und Opfer bis auf das Schlachtopfer auf die Sühnefunktion gedeutet. Die Sühne kennt aber eine deutliche Grenze. Bei der Verletzung zentraler Normen des Kultrechts wie bei der Unterlassung von Beschneidung, Passa und Sabbat, bei unbefugtem Genuß von Opferblut oder -fett sowie bei vorsätzlicher Verletzung von Normen des Strafrechts, also bei Taten »mit erhobener Hand«, ist die Tatfolge nicht durch die kultische Entsühnung aufzuhalten (Num 15,30f). Die durch die Tat verunreinigte Gesellschaft selbst kann nur durch den Tod des Täters entsühnt und von den Folgen der Tat befreit werden (Num 25,8). Die Sühne ist also eingeschränkt auf Taten, die unabsichtlich (*bišᵉgāgā*) getan und erst nachträglich bewußt wurden (*'āšām*). In der Ordnung des Sühneritus des *'āšām* (Lev 5,1–26) werden Fälle des kultischen Strafrechts, die unterlassene Anzeige einer Verfluchung oder der unvorsätzliche oder unbesonnene Falscheid zum Nachteil eines anderen, aber auch Fälle des Sakralrechts, wie das Berühren unreiner Sachen oder Lebewesen, aufgeführt. Wurden diese Vergehen unbewußt begangen, dringen dann aber ins Bewußtsein, so ist ein Sündopfer darzubringen. Unwissentlich begangene Taten, z. B. das Berühren von

Unreinem, sind im sakralrechtlichen Bereich nicht unwahrscheinlich. Davon aber sind Taten der eigenen Vorteilsnahme durch Eigentumsvergehen abzuheben.

D. Daube (RIDA 2, 1949, 189–213) unterscheidet zwischen der unvorsätzlichen Tat aufgrund eines Nichtbemerkens und einer falschen Annahme. Diese Unterscheidung ist wichtig. Fällt auch die eigentumsrechtliche Vorteilsnahme durch einen Meineid unter die zur Sühne zugelassenen und also »unbewußt« begangenen Taten (Lev 5,20–26), so ist doch ein Nichtwissen um das Unrecht nicht wahrscheinlich. Lev 5,4 weist die Richtung. Der Falscheid kann gesühnt werden, wenn er unbesonnen gesprochen wurde. Für *J. Milgrom* (Studies, 122–132) ist der Täter sich der unrechten Tat, nicht aber der Konsequenzen bewußt, handelte also leichtfertig. Entsprechend deutet er *'āšam* (ohne Objekt) auf das Schuldgefühl und die Reue des Täters, die die Voraussetzung für die Befreiung von den Folgen der Tat durch die Sühne seien. Schuld und Haftpflicht aber bestehen objektiv und sind nicht allein an die Einsicht des Täters zu binden. So bezeichnet das Verb *'āšam* den Vorgang von der Einsicht des Täters in die Tat bis zu seinem öffentlichen Eingeständnis (Lev 5,4 f.) als Voraussetzung eines Sühnopfers. Bei den Eigentumsdelikten beschränkt sich der Vorgang auf das öffentliche Eingeständnis. Eine Entsühnung ist in Fällen der Körperverletzung oder Tötung ausgeschlossen.

Die dem einzelnen Israeliten offenstehende Sühne reicht nicht aus, die Kultgemeinde vor den Folgen von Sündenlast zu schützen. Die unwissentlichen Taten, aber noch viel mehr die große Zahl der nicht zur Anzeige gebrachten und unaufgeklärten Taten lassen die Sündenlast des Gottesvolkes vor JHWH anwachsen, wenn es nicht die Entsühnung der Gemeinde als ganzer im Sühneritus (*ḥaṭṭā't*) gibt, in dem die ganze Kultgemeinde und der »gesalbte Priester« als Repräsentant des Volkes (Lev 4,3–12) ein Sündopfer darbringen. Diese Opfer werden aus konkretem Anlaß, z. B. bei einem Fehlurteil des »gesalbten Priesters« dargebracht. Das Sühnopfer der Kultgemeinde ist nur in Fällen kollektiver unwissentlicher Übertretungen möglich, kann aber nicht die Fülle der wissentlich oder unwissentlich begangenen und unentdeckt bleibenden Vergehen der einzelnen Menschen entsühnen. Dem dient der Versöhnungstag (Lev 16):

> »(V.1) Und JHWH sprach zu Mose nach dem Tod der beiden Söhne Aarons, als sie vor JHWH traten und dabei starben. (V.2) Und JHWH sprach zu Mose: Sprich zu Aaron, deinem Bruder, daß er nicht zu beliebiger Zeit in das Heiligtum geht hinter den Vorhang vor die Deckplatte, die sich auf der Lade befindet, damit er nicht sterbe, denn in der Wolke erscheine ich über der Deckplatte. (V.3) Mit folgendem geht Aaron in das Heiligtum: mit einem Farren, einem Rind für das Sündopfer und einem Widder für das Brandopfer. (V.4) Einen heiligen Leibrock aus Leinen zieht er an und Hüfthüllen aus Leinen sind auf seinem Leib, einen Gürtel aus Leinen legt er an und bindet einen leichten Kopfbund um; heilige Kleider sind dies; und er wäscht seinen Leib mit Wasser und dann legt er sie an. (V.5) Und von der Gemeinde Israels nimmt er zwei Ziegenböcke für das Sündopfer und einen Widder für das Brandopfer. (V.6) Dann bringt Aaron seinen Farren des Sündopfers dar und schafft Sühne für sich und sein Haus. (V.7) Und er nimmt die zwei Ziegenböcke und stellt sie hin vor JHWH an den Eingang des Zeltes der Begegnung. (V.8) Und Aaron wirft über die beiden Ziegenböcke die Lose, ein Los für JHWH und ein Los für Asasel. (V.9) Und Aaron bringt den Bock herbei, auf den das Los für JHWH entfiel, und macht ihn zum Sündopfer. (V.10*) Und den Bock, auf den das Los für Asasel entfallen war, stellt er lebendig vor JHWH, um ihn für Asasel in die Wüste zu schicken. (V.11) Und Aaron bringt den Farren des Sündopfers dar und schafft Sühne für sich und sein Haus, indem er seinen Farren als Sündopfer schlachtet.
>
> (V.12) Dann nimmt er die Räucherpfanne voll glühender Kohlen von dem Altar vor JHWH und seine beiden Hände voll zerstoßenen, wohlriechenden Räucherwerks und bringt es hinein hinter den Vorhang. (V.13) Und er tut das Räucherwerk auf das Feuer vor JHWH und die Wolke des Räucherwerks bedeckt die Deckplatte, die auf der Gesetzeslade ist, damit er nicht stirbt. (V.14) Dann nimmt er von dem Blut des Farren und

sprengt es mit seinem Finger vorn auf die Deckplatte nach Osten. Auch vor die Deckplatte sprengt er siebenmal von dem Blut mit seinem Finger. (V.15) Darauf schlachtet er den Bock des Sündopfers des Volkes und bringt sein Blut hinter den Vorhang und handelt mit seinem Blut, wie er es mit dem des Farren getan hat, und sprengt es auf die Deckplatte und vor die Deckplatte. (V.16) So schafft er Sühne im Bereich des Heiligtums wegen der Unreinheiten der Israeliten und ihrer Verfehlungen, für alle ihre Sünden. Und so handelt er mit dem Zelt der Begegnung, das bei ihm aufgeschlagen ist, inmitten ihrer Unreinheiten. (V.17) Und kein Mensch soll anwesend sein im Zelt der Begegnung, wenn er hineingeht, um im Heiligtum Sühne zu schaffen, bis er es wieder verläßt. Und er erwirkt Sühne für sich und für sein Haus und für die ganze Versammlung Israels. (V.18) Und er geht hinaus zum Altar und entsühnt ihn, indem er vom Blut des Farren und vom Blut des Bocks nimmt und es rings um die Hörner des Altars tut. (V.19) Und er sprengt auf ihn vom Blut mit seinen Fingern siebenmal und er reinigt und er heiligt ihn von den Unreinheiten der Israeliten.

(V.20) Wenn er die Entsühnung des Heiligtums, des Zeltes der Begegnung und des Altars beendet hat, bringt er den lebenden Bock. (V.21) Dann stemmt Aaron seine beiden Hände auf den Kopf des lebenden Bocks und verkündet über ihm alle Verfehlungen der Israeliten und alle ihre Sünden, mit denen sie sich versündigt haben, und lädt sie auf den Kopf des Bocks und schickt ihn durch die Hand eines dafür Bereitstehenden in die Wüste. (V.22) Und der Bock soll alle ihre Sünden mit sich in ein ödes Land tragen; und er schickt den Bock in die Wüste.

(V.23) Dann geht Aaron in das Zelt der Begegnung, zieht die leinernen Kleider aus, die er anzog, als er in das Heiligtum hineinging, und legt sie dort nieder.

(V.24) Dann wäscht er seinen Leib im Wasser am heiligen Ort, zieht seine Kleider an und geht hinaus: Dann bringt er sein Brandopfer und das des Volkes dar und schafft Sühne für sich und das Volk. (V.25) Und das Fett des Sündopfers läßt er auf dem Altar in Rauch aufgehen. (V.26) Der Mann, der den Bock für Asasel fortschickte, walkt seine Kleider sauber, wäscht seinen Leib mit Wasser und kommt danach in das Lager. (V.27) Und der Farren des Sündopfers und der Bock des Sündopfers, deren Blut dargebracht wurde, um Entsühnung am Heiligtum zu schaffen, werden aus dem Lager gebracht und ihr Fell, Fleisch und Gedärm im Feuer verbrannt. (V.28) Und der Mann, der ihre Verbrennung vorgenommen hat, walkt seine Kleider sauber, wäscht seinen Leib im Wasser und kommt danach ins Lager.

(V.29) Und es soll euch eine ewige Satzung sein: Im siebten Monat, am zehnten Tag des Monats, sollt ihr fasten und keine Arbeit verrichten, weder der Einheimische noch der Fremde, der sich bei euch aufhält. (V.30) Denn an diesem Tag wird euch Sühne verschafft, indem ihr gereinigt werdet von allen euren Sünden. Vor JHWH werdet ihr von euren Sünden gereinigt. (V.31) Ein unbedingter Ruhetag soll dies für euch sein; ihr sollt fasten! Ein ewiges Gesetz! (V.32) Die Sühne schafft der Priester, der gesalbt ist und dessen Hände gefüllt worden sind, das Priesteramt zu erfüllen nach seinem Vater. Er soll die heiligen Kleider aus Leinen anziehen (V.33) und das Allerheiligste entsühnen. Das Zelt der Begegnung und den Altar soll er entsühnen. Den Priestern und dem ganzen Volk der Versammlung soll er Sühne schaffen. (V.34) Dies soll euch ein ewiges Gesetz sein, einmal im Jahr den Israeliten Sühne von allen ihren Sünden zu schaffen. Und er tat, wie JHWH dem Mose befohlen hatte« (Lev 16,1–34).

Der Versöhnungstag (wörtl. »Sühnetag«) tritt in das Zentrum des nachexilischen Gottesdienstes. Hier »tritt das Urbild des kultischen Sühnegeschehens in Erscheinung, in dem es um das *Gegenüber von Gott und Mensch*, um das *Sein des schuldig gewordenen Israel coram Deo* geht« (Janowski, Sühne, 266).

Die kultische Gesetzgebung (Lev 16) hat eine komplexe Überlieferungsgeschichte durchlaufen, bis der Text die vorliegende Gestalt erreicht hat. *K. Elliger* (HAT I 4, 200 ff.), dem sich *B. Janowski* (Sühne, 267 ff.) anschließt, rechnet mit der Verbindung je einer Ordnung zur Entsühnung der Priesterschaft und des Volkes, der der Asaselbockritus zuzurechnen sei, in der priesterlichen Grundschrift (PG), die durch Ordnungen zur Entsühnung von Heiligtum und Altar ergänzt wurde: »Die allgemeine Sühnefeier der vorexilischen Zeit nahm im Laufe des ersten nachexilischen Jahrhunderts eine Feier der Tempelreinigung in sich auf, mag diese nun bis dahin bloße (im Exil entstandene) Forderung oder tatsächlich (sogar schon in der Königszeit) geübter Brauch gewesen sein, und wurde schließlich endgültig auf den 10.7. festgelegt« (Elliger, 210). Ein anderes Modell (E. Otto, 70 ff.) sieht die Hauptentwicklung nicht in der Ergänzung von PG, sondern in der vorpriesterschriftlichen Überlieferungsgeschichte. Dabei ist »das P vorgegebene Ritual des Versöhnungstages dadurch gebildet worden, daß ein in vorexilische Zeit hinabreichendes Ritual der Heiligtumsentsühnung mit dem alten, wohl bis in vorisraelitische Zeit zu verfolgenden Asaselbockritual, das auf die Entsühnung des Volkes Israel gedeutet wurde, so verbunden worden ist, daß beide Rituale durch einen verklammernden Losritus verschmolzen worden sind. Dabei gibt das Ritual der Entsühnung des Heiligtums den Rahmen für den Asaselbockritus ab« (Otto, 74). Es kommt hier darauf an, die vorliegende Gestalt des Textes, die trotz der Vielzahl von Elementen, aus denen er entstanden ist, eine kohärente Einheit bildet, zu interpretieren.

Die Ordnung des Versöhnungstages läßt Rückschlüsse auf das damit verbundene Sündenverständnis zu. Sünde wird geradezu dinghaft verstanden. Der Hohepriester, der das Volk repräsentiert, überträgt sie auf den Bock für Asasel. Das Tier nimmt die Sünde des Volkes auf sich und trägt sie fort. Das Asaselritual wird als Teil eines Sühnopfers interpretiert. Von zwei Farren für das Sündopfer wird der eine geschlachtet und sein Blut im Allerheiligsten des Tempels gegen die Sühnplatte der Gesetzeslade gespritzt und so Sühne gewirkt. Warum bedurfte es zusätzlich zum sühnenden Blutritus des Sündopfers noch des Eleminierungsritus des Asaselbockes? Das Verbum *kipper* enthält die Konnotation der Reinigung und der Übertragung von Schuld (Kiuchi, 87 ff.). Reinigt der Priester das Heiligtum und mit dem Heiligtum das Volk, so geht auf ihn die Schuld des Volkes über. Indem er seine beiden Hände auf den Kopf des Farren für Asasel stemmt und die Sünde des Volkes bekennt, geht die Unreinheit auf das Tier über und wird von ihm fortgetragen. Damit kommt die Entsühnung zum Ziel. Mitte des Geschehens ist die Sühne, die an der Sühneplatte im Allerheiligsten des Tempels vollzogen wird. An der Sühneplatte als Grenzmarkierung zum Transzendenzbereich und Ort der Kondeszendenz, wird in einer Zeremonie, die das Nahekommen zu Gott bis zur letzten materiellen Berührung verdichtet und doch die äußerste Sublimität der Berührung in der Sprengung eines Bluttropfens wahrt, das Urphänomen der heiligen Gottesbegegnung vollzogen, der Kontakt des sich offenbarenden Gottes und des sich ganz und gar hingebenden Menschen (H. Gese).

Wird das Geschehen des Versöhnungstages, die Begegnung von Gott und Mensch und die in dieser Begegnung dem Menschen eröffnete Sühne seiner Schuld, zu Angelpunkt und Nadelspitze des nachexilischen Kultes, so weitet sich der Blick in der literarischen Rahmung der priesterschriftlichen Bearbeitung des Tetrateuch, in die Lev 16 eingebunden ist. Am Versöhnungstag wiederholt sich das priesterliche Urbild der Einwohnung Gottes bei seinem Volk am Berg Sinai:

> »(V.43) Ich werde dort (im Zelt der Begegnung) den Israeliten begegnen und mich in meiner Herrlichkeit als heilig erweisen. (V.44) Ich werde das Zelt der Begegnung, den Altar, Aaron und seine Söhne heiligen und für meinen Priesterdienst weihen. (V.45) Ich werde mitten unter den Israeliten wohnen und ihnen Gott sein. (V.46) Sie sollen erkennen, daß ich JHWH, ihr Gott bin, der sie aus Ägypten herausgeführt hat, um in ihrer Mitte zu wohnen« (Ex 29,43 – 46).

Sinn der Einrichtung von Heiligtum, Altar und Priesterschaft ist es, die Begegnung Gottes mit den Menschen zu ermöglichen. Sie kann nicht ungeschützt sein, sondern bedarf des schützenden Kultes, der angesichts der Sündhaftigkeit des Menschen nur ein Sühnekult sein kann. Alle Sühne aber will, über sich hinausweisend, Gemeinschaft Gottes mit dem Menschen ermöglichen, die durch die Bundesformel bekräftigt wird. Und diese Gemeinschaft soll dauerhaft sein. Die Herausführung aus Ägypten hat ihr Ziel im dauerhaften Wohnen Gottes bei seinem Volk im Heiligtum. Gott selbst vermittelt seine Gegenwart bei seinem Volk in einer Geographie abgestufter Heiligkeit von Heiligtum, Altar und Priesterschaft, die die Heiligkeit Gottes vor der Unreinheit der Profanität und die profane Welt vor der lebensgefährdenden Berührung mit dem Heiligen schützt.

Die Priesterschrift stellt darüber hinaus die Einrichtung des Sühnekultes in den Horizont einer universalen, mit der Schöpfung anhebenden Geschichte, die ihr Ziel in der Gegenwart Gottes inmitten seines Volkes hat, die durch die Einrichtung des Kultes am Berg Sinai möglich wird. Die Dynamik dieser Geschichte ist durch die Grunddaten der Urgeschichte bestimmt. Am Anfang steht die konstatierte Wohleingerichtetheit der Schöpfung (Gen 1,31), die sich im paradiesischen Tierfrieden zeigt, in dem Mensch und Tier gemeinsam die Pflanzen als Nahrung zugewiesen sind, die Tiere aber den Menschen als Nahrung entzogen werden. Durch den Einbruch der »Gewalttat« in die Welt der Tiere und der Menschen (Gen 6,11–13) wird der Tierfrieden zerstört. Die Schöpfungsintention Gottes wird mit einer pessimistischen Anthropologie konfrontiert:

> »Gott sah sich die Erde an: Sie war verdorben; denn alle Lebewesen aus Fleisch lebten verderbt« (Gen 6,12).

Mensch und Tier geben gleichermaßen der Gewalttat Raum, die Tierwelt wird also keineswegs als Opfer gegen den Menschen ausgespielt, sondern Gewalttat ist die Signatur aller Lebewesen. Voraussetzung dieser Anthropologie ist das Wissen, daß der Mensch ist, was er geworden ist. Sünde ist weder als Ursünde ein Wesensmerkmal der Natur des Menschen, noch ist sie nur ein aktuales Geschehen, sondern bindet in der Konsequenz auch späteres Handeln, gewinnt Macht und nimmt schließlich die Freiheit, anders als falsch zu handeln. Das Falsche wird zur zweiten Natur. Die negative Geschichtstheologie der Prophetie drückt diese Unfähigkeit zum Guten als Folge des falschen Handelns in dem Gedanken aus, Israel habe von seinen Anfängen an, ja schon im Mutterleib, den Bruder betrügend, falsch gehandelt (Hos 12,4). Die Priesterschrift steigert diesen Gedanken, indem sie bereits in die urgeschichtlichen Anfänge der Menschheit insgesamt die Unfähigkeit zur Gewaltlosigkeit zurückverlegt. Der Ursprung eines derartigen Pessimismus ist die Bearbeitung kollektiver, langandauernder Leid- und Entfremdungserfahrungen wie die des Exils, die nicht mehr in Sünden und Rechtsbrüchen einzelner Menschen, sondern in einer allgemeinen Sündenverfallenheit ihre Ursache haben müssen. Die Ethik sollte nicht von der Sünde des Menschen sprechen, ohne nicht auch von seinem Leid zu sprechen.

Die Priesterschrift interpretiert die Geschichte als eine groß angelegte Veranstaltung, dennoch die Gemeinschaft von Gott und Mensch möglich werden zu lassen und dem Menschen ein Überleben zu sichern: Die Errichtung des Sühnekultes am Sinai ist die Antwort Gottes auf den Einbruch der Gewalttat in die Welt. War die Vernichtung von Mensch und Tier in der Sintflut eine unmittelbare Reaktion Gottes auf die Gewalttaten, so ermöglicht Gott einen Neuanfang mit Noah, doch unter reduzierten Bedingungen, die im Noahbund festgeschrieben werden (Gen 9,2–7). Der Gewalttat wird Raum gegeben, indem die Tiere den Menschen nun als Nahrung dienen. Sie wird eingedämmt, indem das Leben des Menschen grundsätzlich für Mensch und Tier als unverletzlich gilt.

> »(V.3) Alles Lebendige, das sich regt, soll euch zur Nahrung dienen. Alles übergebe ich euch wie die grünen Pflanzen. (V.4) Nur Fleisch, in dem noch Blut ist, dürft ihr nicht essen. (V.5) Wenn euer Blut vergossen wird, fordere ich es zurück. Von jedem Tier und von jedem Menschen fordere ich es zurück. (V.6) Wer Menschenblut vergießt, durch Menschen soll sein Blut vergossen werden, denn nach dem Bilde Gottes ist der Mensch geschaffen« (Gen 9,3–6).

Der gottebenbildliche Mensch bleibt dazu bestimmt, Gott zu begegnen. Mit Abraham beginnt eine Geschichte, die dieses Miteinander von Gott und Mensch ermöglicht. Nach dem Einbruch der Gewalt kann es keine ungeschützte Begegnung zwischen Gott und Mensch mehr geben. Die Zusage an Abraham, »ich will ihnen Gott sein«, weist voraus auf die Volkwerdung Israels, in dessen Mitte die kultische Verehrung Gottes in dieser Welt ihren Ort findet. Mit der Errichtung des Heiligtums am Sinai kommt die Geschichte zum Ziel. Die Herrlichkeit Gottes nimmt inmitten Israels Wohnung. In der Einrichtung des Sühne- und Reinigungskultes wird Israel von der Folge der Gewalttat befreit, die nur der Tod sein könnte. Die Welt, letztlich alle Völker können nur überleben, weil Gott in Israel den Sühnekult eingerichtet hat. In Israel wird damit wirklich, was für die Menschheit als ganze noch aussteht, und dessen sie angesichts der Gewalttat bedarf. Israel hat das Privileg, schon jetzt die Präsenz Gottes in seiner Mitte zu wissen. Die Völker leben im Schutz des Noahbundes, aber sie leben gegenüber Israel noch reduziert: Fern vom Schöpfergott dieser Welt – so wie das Volk Israel am Sinai den Besitz seines Landes inmitten der Völker noch vor sich hat. Die universale, auf die ganze Menschheit bezogene Bedeutung des von Gott am Sinai gegebenen Sühnekultes wird dadurch unterstrichen, daß Weltschöpfung und Errichtung des Heiligtums, jeweils im 7-Tage-Schema dargestellt, miteinander parallelisiert werden.

Die priesterschriftliche Theologie ist damit noch weit entfernt von der mit Einfügung von Dekalog, Bundesbuch und Heiligkeitsgesetz erzielten Endgestalt der Sinaiperikope, die ihre Mitte im Bundesschluß Gottes mit Israel gewinnt. Für die priesterliche Theologie wird der mit Abraham geschlossene Schwurbund (Gen 17), der vom Handeln des Menschen unabhängig ist, im Exodus und am Sinai verwirklicht (Ex 6,2–8; 29,42–46).

Nachdem die auf die Kultgründung ausgerichtete priesterliche Sinaiperikope mit dem Dtn als Rekapitulation der Sinaioffenbarung in Verbindung gebracht wurde, mußte sich die Frage stellen, wie die Divergenzen und thematischen Überschüsse zwischen der Offenbarung am Sinai und ihrer Rekapitulation im Dtn ausgeglichen werden konnten.

2.3 Die Verortung des Verfassungsentwurfs für das Neue Israel in der Sinaiperikope

E. Aurelius, Der Fürbitter Israels, 1988; *E. Blum,* Studien zur Komposition des Pentateuch, 1990; *C. Dohmen,* Der Sinaibund als Neuer Bund nach Ex 19–34, in: E. Zenger (Hg.), Der neue Bund im alten, 1993, 51–83; *T.B. Dozeman,* God on the Mountain, 1989; *N. Lohfink,* Gibt es eine deuteronomistische Bearbeitung im Bundesbuch?, in: C. Brekelmans u. a. (Hg.), Pentateuchal and Deuteronomistic Studies, 1990, 91–113; *ders.,* Deutéronome et Pentateuque, LeDiv 151, 1993, 35–64; *E.W. Nicholson,* The Covenant Ritual in Exodus XXIV 3–8, VT 32, 1982, 74–86; *L. Perlitt,* Sinai und Horeb, in: H. Donner u. a. (Hg.), Beiträge zur alttestamentlichen Theologie. FS W. Zimmerli, 1977, 302–327; *H.C. Schmitt*, Redaktion des Pentateuch im Geiste der Prophetie, VT 32, 1982, 170–189; *J. Vermeylen*, Les sections narratives de Deut 5–11 et leur relation à Ex 19–34, in: N. Lohfink (Hg.), Deuteronomium (s.o. IV 1), 1985, 174–207; *E. Zenger*, Israel am Sinai,²1985 (cf. auch die Lit. zu II 1 und IV 1).

Mit der Verbindung von Tetrateuch und Dtn mußte das Dtn mit der Offenbarung am Sinai in Beziehung gesetzt werden, nachdem er durch die priesterschriftliche Kultgründung zum klassischen Offenbarungsort geworden war. Dadurch geriet insbesondere der Dekalog in Dtn 5 an den Rand des Pentateuch und mußte zur Sinaiperikope in Beziehung gesetzt werden. Der dtr Dekalogredaktor (DtrD) hatte den Dekalog als Zitat einer Gottesoffenbarung am Horeb eingeführt. Wurden mit der Pentateuchredaktion Horeb und Sinai identifiziert, so konnte eine Dekalogoffenbarung am Sinai nicht fehlen, ohne die Konzeption der dtr Dekalogätiologie zu stören. So setzt der Pentateuchredaktor, der den priesterschriftlich redigierten Tetrateuch mit dem Dtn als Teil des Deuteronomistischen Geschichtswerks verband, den Dekalog in die Sinaiperikope als Quelle des Zitats in Dtn 5. Der Horizont der Einbindung des Dekalogs in die Sinaiperikope reicht von Gen 1 zumindest bis Dtn 4–5. Die priesterschriftliche Begründung des Bilderverbots (Ex 20,4) nimmt eine Brückenfunktion zwischen dem Schöpfungsbericht in Gen 1 und Dtn 4,19–29 wahr.

Aber nicht nur der Dekalog, sondern das Dtn insgesamt war im Pentateuch an den Rand geraten. Nachexilischen Kreisen konnte das nicht gleichgültig bleiben, so daß sich nicht nur eine Anbindung des Dekalogs, sondern auch von Dtn 12–26 an die Sinaiperikope, nahelegte. Und tatsächlich wird dieser Schritt mit der Einfügung des Bundesbuchs (BB) vollzogen.

Der Pentateuchredaktor zieht in Ex 20 eine Dtn 5 entsprechende Struktur ein. Das Volk reagiert auf die Offenbarung des Dekalogs mit Furcht und bittet Mose, von nun an die Offenbarung zu vermitteln, woraufhin JHWH Mose die Gebote mitteilt (Ex 20,18–21; Dtn 5,22–31). An dieser Stelle folgt im Dtn, wie durch die Wiederaufnahme von Dtn 5,31 in Dtn 6,1 verdeutlicht wird, der paränetisch gerahmte Verfassungsentwurf des Neuen Israel, in Ex 20 aber das BB, das die Stelle des Dtn in der Sinaiperikope einnimmt.

Vor das BB ist mit der Einfügung in die Sinaiperikope eine neue Eröffnung gesetzt worden:

> »(V.22) Und JHWH sprach zu Mose: So sollst du zu den Israeliten sprechen: Ihr habt gesehen, daß ich vom Himmel mit euch gesprochen habe. (V.23) Ihr sollt euch neben mir keine Götter aus Silber und Götter aus Gold machen« (Ex 20,22 f.).

Diese Eröffnung gehört, an Ex 19,3b-8 und Dtn 4 anknüpfend, in den Horizont der Pentateuchredaktion. Die Verbindung des vom Himmel herab sprechenden Gottes mit dem Bilderverbot erklärt sich aus deren Verknüpfung in Dtn 4. Mit Ex 20,22 f. ist unlösbar der Rahmen des BB (Ex 21,1; 22,30; 23,13) verbunden, der nicht von der postdtr geprägten Überarbeitungsschicht des BB gelöst werden kann.[64] Umgekehrt ist Ex 20,22; 21,1 fest mit Ex 20,18–21 verknüpft. Ex 20,22 f. wiederholt das Hauptgebot des Dekalogs. Ex 21,1 entspricht dem Wunsch des Volkes nach Vermittlung. Das BB enthält also die von Mose dem Volk weiterzugebende Offenbarung, die Grundlage des Bundesschlusses (Ex 24,3–8) und Programm Israels als »Krongut« JHWHs und heiliges Volk (Ex 19,3b-8) ist. Damit wird das Dtn mit dem Dekalog in Dtn 5 zu Zitat und Entfaltung der am Sinai ergangenen Offenbarung, die Grundlage des Bundesschlusses ist, wofür die Ex 24,9–11 (P) voraussetzende Bundesschlußüberlieferung (Ex 24,3–8) steht. Sollte für DtrD die Offenbarungsvermittlung durch Mose die Moabfiktion der Kundgabe des Dtn unmittelbar vor Einzug in das Kulturland be-

---

64 Die terminologischen Abweichungen zwischen der Überarbeitung des BB durch den Pentateuchredaktor und dem Dtn sind darin begründet, daß sie zwar eine gewisse Nähe zu dtr Sprache aufweist, aber auch den Tetrateuch einbezieht.

gründen, so wird die Mosevermittlung jetzt im Horizont von Dtn 4 mit der im Bilderverbot ausgedrückten Transzendenz Gottes begründet: Die personale, sich im Gehorsam gegen das Gotteswort ausprägende Gottesbeziehung ist der durch Bilder vermittelten überlegen.

Ex 21,1 trennt das Altargesetz als Prolog vom Korpus der Rechtssätze des BB und bearbeitet so den Widerspruch zwischen Altargesetz des BB und Zentralisationsforderung des Dtn. Mit Ex 23,13 als Abschluß des BB wird ein Rahmen geschaffen, der Fremdgötter- und Bilderverbot als Hauptgebot des Dekalogs aufnimmt und damit BB und Dtn zu ihrer Explikation macht.

Der Pentateuchredaktor gliedert auch das Korpus des BB neu. Mit Ex 23,14–19 fügt er eine aus Ex 34 aufgenommene Festordnung an (Otto, ThWAT VII, 1021–23), die nun in Korrespondenz zur Eröffnung durch das Altargesetz tritt. Einen zweiten Bogen bilden die Rechtssätze der Sklavenbefreiung, des Erlaßjahres und des Ruhetags im 6/7-Schema des Privilegrechts (Ex 21,2–11; 23,10–12). Durch Ex 22,19b wird der vordtr eng mit den voranstehenden Rechtssätzen verzahnte Abschnitt des sozialen Ethos (Ex 22,20–26) von der Rechtsordnung (Ex 21,12–22,19a) abgetrennt. Ex 23,9 nimmt Ex 22,20 auf und bildet einen Block sozialer Bestimmungen (Ex 22,20–23,9) als Zentrum der Sammlung, so daß sich folgender Aufbau ergibt:

Ex 20,22–26	Bilderverbot und Altargesetz	
Ex 21,1–11	Sklavenbefreiung (6/7)	
Ex 21,12–22,19		materiale Rechtsordnung
Ex 22,20–23,9		soziales Ethos
Ex 23,10–12	Brachejahr und Ruhetag (6/7)	
Ex 23,13–19	Festordnung	

Das BB hat sich aufgrund seiner Nähe zum Dtn in Inhalt und Aufbau angeboten, als Quelle für das Dtn als rekapitulierende Entfaltung der Sinaioffenbarung zu dienen. Durch die Anfügung der Festordnung (Ex 23,14–19) wird das BB weiter dem Dtn angenähert.

Die Interpretation des BB als Teil des Verfassungsentwurfs für das nachexilische Israel bestimmt auch die übrigen Ergänzungen. Die Armentheologie (Ex 22,20–26) wird unterstrichen. Ex 22,25* und Ex 23,6 werden in Dtn 24,17 zusammengezogen und auf Fremde, Witwen und Waisen hin ausgelegt. Ein von Dtn 24,17 herkommender Redaktor mußte die Witwen und Waisen im BB vermissen und fügt sie in Ex 22,21 ein. Der Armenschutz wird heilsgeschichtlich begründet (Ex 22,20aßb). Durch das Lexem »ausbeuten« (Ex 3,9; 22,20; 23,9) wird ein Zusammenhang zwischen dem von JHWH erhörten Notschrei des bedrängten Israels in Ägypten und dem Notschrei des Schwachen in der Gesellschaft hergestellt und durch »denn Fremde wart ihr im Lande Ägypten« expliziert. Der Fremde in Israel wird parallelisiert mit Israel als Fremdling in Ägypten. Die Paränese bezieht ihr Argument aus der Situationsanalogie: »Ihr kennt das Leben der Fremden, denn ihr wart Fremde im Lande Ägypten« (Ex 23,9). Wird der Fremde in Israel mit Israel in Ägypten gleichgesetzt, so wird die Exodusrettung zum Begründungszusammenhang für den Schutz, den der freie Israelit dem Fremden in seiner Mitte gewähren soll. Israel soll durch sein Verhalten dem entsprechen, was es als rettende Tat seines Gottes erlebt hat. Die heilsgeschichtliche Paränese hat ein Widerlager in der Einführung der göttlichen Sanktion (Ex 21,23) für den Fall ihrer Wirkungslosigkeit. Zum vorgegebenen Aspekt der Hilfe für den Bedrängten wird die Konsequenz für den Bedränger hinzugefügt. Die spiegelbildliche Strafandrohung greift die Einfügung der Witwen und Waisen auf.

In das Zentrum der Gebote des sozialen Ethos (Ex 22,22–23,9) setzt der Redaktor das Verbot, Fleisch eines verendeten Tieres zu essen (Ex 22,30), das aus der Priestergesetzgebung stammt. Es soll begründen, daß die Israeliten »heilige Menschen« für JHWH sind. Damit ist ein wichtiges Motiv des dtr Verfassungsentwurfs des Neuen Israel (Dtn 7,6; 14,1–21a) im BB verankert. Das Motiv Israels als Volk heiliger Menschen weist auch auf Ex 19,3b-8 zurück:

»Und jetzt, wenn ihr auf meine Stimme hört und meinen Bund bewahrt, sollt ihr mir ein Krongut unter allen Völkern sein, denn ich bin der Herr der ganzen Erde. Und ihr sollt mir ein Königreich von Priestern sein und ein heiliges Volk« (Ex 19,5.6a).

Im Lichte von Ex 22,30 wird das Privilegrecht zum Merkmal der Aussonderung Israels aus den Völkern als heiliges Volk und Krongut JHWHs unter allen Völkern.

Ex 23,9 schließt den Abschnitt Ex 22,20–23,9 zu einer Einheit zusammen. Der Vers knüpft an das Verbot, den Fremden zu bedrücken, an. Wollte das vorgegebene Prozeßrecht eine Verzerrung der Prozesse zugunsten sowohl der Reichen wie der Armen verhindern, so wird jetzt im Horizont von Dtn 16,19 der Aspekt des Armenschutzes betont.

Durch die Umgliederung des BB tritt ein eigenständiger Block von Bestimmungen des sozialen Ethos (Ex 22,20–23,9) neben die materiale Rechtsordnung (Ex 21,12–22,19). Mit der Einbindung von Ex 23,1–8 in den Block Ex 22,20–23,9 wird die Gerichtsordnung Teil der Bestimmungen des sozialen Ethos. Damit wird die Aufhebung einer eigenständigen Gerichtsverfassung durch die dtr Redaktion in Dtn 17,2–18,22 im BB nachvollzogen.

Legt das BB nunmehr die Hauptgebote des Dekalogs unter dem Gesichtspunkt der Fürsorge für die Schwachen in der Gesellschaft und der Heiligkeit des Volkes aus, so kann es, da es einmal an der Wiege des Dtn gestanden hat, das Dtn in der Sinaiperikope repräsentieren. In der Perspektive der Pentateuchredaktion entfaltet das Dtn das BB im Lande Moab. Das Dtn wiederholt aber nicht die materiale Rechtsordnung von Sachen- und Körperverletzungrecht im BB, sondern ergänzt diese durch das Familienrecht. So bleibt eine Lücke. Auch die Ämterordnung (Dtn 17,2–18,22) hat keine Entsprechung im BB. Der Pentateuchredaktor schließt diese Lücke im Heiligkeitsgesetz. Vor allem aber war noch eine empfindliche Lücke zwischen der Deuteronomiumsätiologie (Dtn 5,22–31) und der Sinaiperikope nach Einfügung von Ex 19,3b-8; 20,22 f.; 24,3–8 in Verbindung mit Dekalog und BB offengeblieben. Das Dtn will Mitteilung dessen sein, was Mose an Offenbarung empfangen hat, nachdem das Volk um Vermittlung des Gotteswortes gebeten hat. Dekalog und BB aber sind nach Ex 24,3 bereits am Sinai von Mose verlesen worden. So verlangt Dtn 5,22–31 neben Ex 24,3, der Kundgebung aller bis dahin dem Mose mitgeteilten Rechtssätze, eine weitere Offenbarung, die nur Ex 24,3–8 folgen kann und dem Dtn entsprechen muß. Ex 34 kommt, da es mit dem Dekalogmotiv verbunden ist, nicht in Frage. Dem Aufriß der priesterlichen Sinaiperikope folgend, kann eine solche Mitteilung erst nach den Anweisungen zur Einrichtung des Heiligtums, die Mose an das Volk weitergibt (Ex 35,1), erfolgen. Im Anschluß an den Ritus des Versöhnungstags in Lev 16, der ein Gegengewicht zu den Reinheits- und Reinigungstorot (Lev 11–15) bildet, fand sich ein passender Ort, um den priesterschriftlichen Tetrateuch über Dekalog und BB hinaus mit dem Dtn auszugleichen. Ein aber für das Dtn zentraler Aspekt, den das BB vermissen ließ, konnte der Pentateuchredaktor nicht bis Lev 17–26 verschieben, da er in dem von Mose beim Bundesschluß (Ex 24,3–8) verlesenen Gesetz nicht fehlen durfte: Die aus dem Fremdgötter- und Bilderverbot des Dekalogs resultierende Abgrenzung Israels von den Völkern und ihr Schicksal. Er zieht diesen im Dtn wichtigen Aspekt in Ex 23,20–33 vor den Bundesschluß und fügt ihn als einen an Ex 19,3b-8 anknüpfenden und auf die Landnahme vorausweisenden Abschluß an das BB an.

2.4 Das Heiligkeitsgesetz

B. Baentsch, Das Heiligkeits-Gesetz (Lev XVII-XXVI), 1893; *G. Bettenzoli,* Deuteronomium und Heiligkeitsgesetz, VT 34, 1984, 385–398; *A. Cholewiński,* Heiligkeitsgesetz und Deuteronomium, 1976; *E. Cortese,* L'exegesi di H (Lev. 17–26), RivBibl 29, 1981, 129–146;

F. Crüsemann, Der Exodus als Heiligung, in: E. Blum u. a. (Hg.), Die Hebräische Bibel und ihre zweifache Nachgeschichte. FS R. Rendtorff, 1990, 117–129; *ders.*, Art. Heiligkeitsgesetz, NBL II, 93–96; *L.E. Elliot-Binns*, Some Problems of the Holiness Code, ZAW 76, 1955, 26–40; *C. Feucht*, Untersuchungen zum Heiligkeitsgesetz, 1964; *D. Hoffmann*, Das Buch Leviticus, Bd. I/II, 1905/06; *L. Horst*, Leviticus XVII–XXVI und Hezekiel, 1881; *R. Kilian*, Literarkritische und formgeschichtliche Untersuchung des Heiligkeitsgesetzes, 1963; *A. Klostermann*, Ezechiel und das Heiligkeitsgesetz, in: ders., Der Pentateuch I, 1893, 368–418 (= ZLThK 38, 1877, 401–445); *ders.*, Der Pentateuch (N.F.), 1907; *I. Knohl*, The Priestly Torah versus the Holiness School, HUCA 58, 1987, 65–117; *W. Kornfeld*, Studien zum Heiligkeitsgesetz, 1952; *F. Kuechler*, Das Heiligkeitsgesetz Lev 17–26, 1929; *N. Lohfink*, Die Abänderung der Theologie des priesterlichen Geschichtswerks im Segen des Heiligkeitsgesetzes, in: ders., Studien (s.o. 2.1), 157–168; *E. Otto*, Das »Heiligkeitsgesetz« Leviticus 17–26 in der Pentateuchredaktion, in: W. Thiel u.a. (Hg.), Altes Testament, Forschung und Wirkung. FS H. Graf Reventlow, 1994, 65–80; *H. D. Preuß*, Art. Heiligkeitsgesetz, TRE XIV, 713–718; *H. Graf Reventlow*, Das Heiligkeitsgesetz formgeschichtlich untersucht, 1961; *C. Steuernagel*, Lehrbuch der Einleitung in das AT, 1912; *H.T.C. Sun*, An Investigation into the Compositional Integrity of the So-Called Holiness Code, Ph.D. Diss. Claremont 1989; *W. Thiel*, Erwägungen zum Alter des Heiligkeitsgesetzes, ZAW 81, 1969, 40–73; *V. Wagner*, Zur Existenz des sogenannten »Heiligkeitsgesetzes«, ZAW 86, 1974, 307–316; *P. Wurster*, Zur Charakteristik und Geschichte des Priestercodex und Heiligkeitsgesetzes, ZAW 4, 1884, 112–133; *W. Zimmerli*, »Heiligkeit« nach dem sogenannten Heiligkeitsgesetz, VT 30, 1980, 493–512.

2.4.1 Forschungsstand der literaturhistorischen Analyse von Levitikus 17–26

Im Jahre 1877, in dem *A. Klostermann* aufgrund der mehrfach in Lev 19–22 belegten Formel »ihr sollt heilig sein; denn ich, JHWH, euer Gott, bin heilig« o.ä. die Kapitel Lev 17–26 erstmals als »Heiligkeitsgesetz« bezeichnete, hat *J. Wellhausen* ([s.o. II 1], 149 f.) einige bis heute die Diskussion bestimmende Grundzüge des Verständnisses dieser Kapitel formuliert: »Die Kapitel Lev. 17–26 gehören sicher nicht zu dem jehovistischen Geschichtsbuche, sondern ihrer vorwiegenden Art nach zum Priestercodex. Aber im Vergleich zu Q (sc.=P) und den darauf fussenden Novellen haben sie doch viele hier stärker, dort schwächer hervortretende Eigenheiten, wodurch sie sich dem Deuteronomium und dem Ezechiel nähern. Es scheint hier in der Tat eine ältere selbständige Gesetzessammlung in den Priestercodex aufgenommen zu sein, welche dabei aber an manchen Stellen stark überarbeitet, und zwar zumeist materiell ergänzt wurde«. Wellhausen zeigte die Differenz zwischen diesen Kapiteln und P sowie die Nähe zum Dtn so eindringlich auf, daß sich die These eines selbständigen Heiligkeitsgesetzes (HG), das eine Zwischenstellung zwischen Dtn und P einnehme, trotz einiger Bestreitungen, u. a. durch *D. Hoffmann* und *S. Kuechler*, durchsetzen konnte. Die P-Motive, die Israel im Lager am Sinai voraussetzen, wurden literarkritisch abgehoben.

Strittig blieb der Anfang des HG, das durch ein Kolophon (Lev 26,46) abgeschlossen wird, aber keine signifikante Eröffnung hat und in Lev 17 die charakteristischen Heiligkeitsformeln vermissen läßt. Dies wie auch die zahlreichen Doppelungen u. a. in Lev 18; 20, und eine nicht durchschaubare Redaktionslogik, insbesondere in Lev 19, haben dazu geführt, daß sich das Forschungsinteresse auf die Vorstufen des HG konzentrierte. Deutlicher als bei der Analyse von Bundesbuch und Dtn hält sich bis heute der Versuch durch, die Entstehung des HG aus ursprünglich voneinander unabhängigen Sammlungen zu erklären, die bei der Einarbeitung in P überarbeitet worden seien. *B. Baentsch* rechnete mit drei derartigen Sammlungen in Lev 18–20 (H1); 23–25 (H2) und 17 (H3). Die Ausdifferenzierung in zwölf selbständige, vom Redaktor des HG vereinigten Sammlungen, die *A. Bertholet* (KHC 3) sah, zeigt, daß mit rein literarkritischen Mitteln die Vorgeschichte des HG nicht aufzuhellen war. So wurde von der Formgeschichte die Stafette aufgenommen und, dem Doppelaspekt formgeschichtlicher Fragestellung entsprechend, die Forschung in zwei Richtungen entwickelt. *H. Graf Reventlow* hat bei der traditionshistorischen Verortung der Rechtssätze des HG den »Sitz im Leben« in einer amphiktyonischen Gebotspromulgation im altisraelitischen Bundesfest angesetzt und, von einem Dekalog in Lev 19 ausgehend, ein allmähliches Anwachsen zum vorliegenden HG nachgezeichnet, das in der Gesetzespredigt beamteter Prediger und Gesetzesverkündiger beheimatet sei. *C. Feucht* und *R. Kilian* versuchten mit Hilfe einer formgeschichtlichen Analyse der Rechtssätze die in ihrer einfachen Form repräsentierten Überlieferungskerne von Sammlungen als Ausgangspunkte der Überlieferungsgeschichte zu rekonstruieren.

C. Feucht hob aufgrund unterschiedlicher paränetischer Rahmungen von Rechtssätzen eine vordtn Sammlung H1 (Lev 18–23*) von einer exilischen Sammlung H2 (Lev 25 f.) ab, die aus jeweils mehreren formgeschichtlich konformen Reihen redigiert seien. Das Formelmaterial der paränetischen Rahmungen zeige eine Nähe zu Ezechiel und dtn/dtr-, nicht aber zu P-Überlieferungen. So komme Ezechiel als Autor nicht in Frage, doch verbinde ihn mit dem HG die Verortung auf der Schnittlinie von priesterlichem und prophetischem Denken.

R. Kilian rekonstruierte in Lev 18–22*;25* ein »Ur-HG«, das auf vorgegebenem Quellenmaterial basierte. Wie die Anordnung des durch Lev 19 getrennten Sexualstrafrechts (Lev 18; 20) zeige, müsse ein Dekalog oder Dodekalog von Inzestverboten (Lev 18*) bereits mit Lev 19 verbunden gewesen sein, ehe Lev 20 als kultischer Strafkatalog angefügt wurde. Die im Ur-HG aufgeführten Strafen und Tatbestandsbewertungen seien kultischer Natur, so daß diese Sammlung nicht als »juristisches Gesetzbuch«, sondern als kultisches JHWH-Recht verstanden werden müsse. Im Gegensatz zum HG in seiner jetzigen Gestalt, das »im Aufbau einen durchaus wirren und ungeordneten Eindruck erweckt«, sei das Ur-HG übersichtlich in moralische (Lev 18–20*) und kultische Vorschriften (Lev 21 f.; 25*) gegliedert. Da die Kultzentralisation vorausgesetzt sei, ein Hinweis auf die exilische oder nachexilische Zeit aber fehle, sei die Redaktion des Ur-HG zwischen Dtn und Exil zu datieren. Der Redaktor des HG habe dem Festkalender (Lev 23) das Restitutionsprinzip in Lev 24 ein- und, verbunden mit paränetischen Erweiterungen in Lev 18–25, den Abschluß in Lev 26 angefügt. Die Abhängigkeit dieser Redaktion von Ezechiel begründe ihre exilische Datierung. Die Verheißung des Neuanfangs als Abschluß interpretiere das HG als Maßstab und Maxime für die Zeit nach dem Exil. Der Redaktor habe also in der erhofften Rückkehr aus dem Exil eine zweite Landnahme gesehen und entsprechend das HG zwischen Exodus und Einzug situiert. Ein priesterschriftlicher Redaktor schließlich habe es in die Sinaiperikope eingebaut und durch die stereotypen P-Einleitungssätze dem Kontext angeglichen. Es ist aber ein Zirkelschluß, wenn das HG von P klar geschieden sein soll, zugleich aber alle P-Teile literarkritisch herausgetrennt werden. Wenn schließlich nicht für das vorliegende HG, sondern nur für rekonstruierte Vorformen eine Redaktionslogik aufgewiesen werden kann, so wird deutlich, daß der Versuch, ein P vorgegebenes HG zu rekonstruieren, nicht zum Erfolg geführt hat.

K. Elliger (HAT I 4) hat die These der Einfügung eines vorpriesterschriftlichen HG in P umgekehrt: »Das Heiligkeitsgesetz dürfte von vornherein für den Einsatz in die priesterliche Grundschrift, also niemals als selbständiges Korpus konzipiert sein, freilich zunächst mit geringem Umfange und mit bescheidenerer, aber zugleich strafferer Themenwahl, als es in seinem jetzigen aufgeblähten Zustande zeigt« (16). Ein exilischer Redaktor (Ph¹) habe die ausschließlich auf die Einrichtung des Kultes ausgerichtete P-Überlieferung durch eine Gesetzgebung ergänzt, die die Gemeinde auch im außerkultischen Leben auf ihre Verantwortung für den Bestand des Gottesbundes hinwies. »Ph¹ hat das Korrespondenzverhältnis von actio dei und reactio hominum in dem Satz 19,2 zusammengefaßt, der seinem Gesetzeswerk das Thema gegeben und nach Jahrhunderten den Namen Heiligkeitsgesetz eingetragen hat: ›Heilig sollt ihr sein; denn heilig bin ich, Jahwe, euer Gott!‹« (16). Der Redaktor verband Lev 19* als Gegenstück zum Dekalog mit Gesetzen zum Umgang mit dem weiblichen Geschlecht (Lev 18) und dem Ackerboden (Lev 25) sowie zu Opfer und Umgang mit Tierblut (Lev 17). Abgeschlossen wurde die Sammlung durch Segen und Fluch (Lev 26). Drei weitere Ergänzer (Ph²-Ph⁴) haben das HG in die heutige Gestalt gebracht. Ph² fügte mit Lev 21,1–15 die zu Lev 18 parallelen Gesetze ein, um durch die in Lev 18 fehlenden Strafandrohungen den Ernst der Heiligkeitsforderung zu unterstreichen. Ph² aktualisierte die Gesetze und legte sie jedem einzelnen ans Herz. Ph³ stellte das ursprünglich Lev 20 vorausgehende Gesetz Lev 21,1–15 in den jetzigen Kontext, Lev 17 an den Anfang, und fügte den Grundbestand der Priestergesetze in Lev 21 f. und der Festgesetze in Lev 23 ein. Ph⁴ schließlich brachte Lev 21–23 in die jetzige Gestalt und fügte Lev 24 ein.

Diese minutiöse Analyse, die noch mit zahlreichen, nicht in die vier Hauptredaktionen einzuzeichnenden Ergänzungen rechnet, konnte Nähe und Differenz des HG zu P erklären. Was aber waren die Gesichtspunkte, die es nahelegten, P zu ergänzen? An dieser Stelle kommt die Nähe zum Dtn, der *A. Cholewiński* nachgegangen ist, in den Blick.

Wie K. Elliger rechnet er mit einem HG, das zum Zwecke der Ergänzung von P aus kleineren Teilsammlungen redigiert worden sei. Die Sammlung eines Redaktors H1 habe drei kultische Vorschriften zu Opfer und Blutgenuß (Lev 17,8–14*) aufgenommen, die die Schlachtung der Haustiere als eine sakrale Opferhandlung definieren. H2 habe eine literarisch davon unabhängige »Grundordnung des israelitischen Lebens«, die Normen des sexuellen (Lev 18,6–23), des sozialen (Lev 19,11–18) und des kultischen Lebens (Lev 19,26–28.30) vereinte, redigiert. Auf eine Redaktorenschule (H3) gehe die in drei Phasen redigierte kultische Gesetzgebung in Lev 20–22 zurück. Sie habe ihren Kern in Lev 21,1–5; Lev 20 und wolle die unterschiedlichen Heiligkeitsgrade von Priester- und Laienstand definieren. In der jetzt vorliegenden erweiterten Gestalt könne Lev 20–22 als Ur-HG gelten, das für die Ergänzung von P geschaffen worden sei. Eine Festordnung in Lev 23* wurde von H4 redigiert und möglicherweise an Lev 18 f. angehängt. Eine literarisch davon unabhängige Sammlung der Sabbat- und Jobeljahrgesetzgebung (Lev 25) gehe auf H5 zurück. Aus diesen voneinander unabhängigen Sammlungen sei das HG geschaffen worden, wobei Lev 17 an die Spitze gesetzt, in Lev 18 ein ausführlicher paränetischer Rahmen eingefügt, Lev 19 zu einem Kommentar des Dekalogs ausgeweitet, die Sammlung Lev 20–22 angefügt und durch paränetische Elemente in Lev 20 mit ihrem Kontext verklammert worden sei. Mit der Überarbeitung von Lev 23; 25 habe der Redaktor schließlich Lev 26 angefügt. Neben den Korrekturen von P durch Einfügung des Bundesschlusses am Sinai, den P nicht kenne, sei es die Hauptabsicht des HG, die schon in den Teilsammlungen von Lev 17 und Lev 25 zu verzeichnen sei, das Dtn zu reformieren.

Dem widersprechen die neuesten Versuche von *V. Wagner* und *E. Blum*, in Anknüpfung an die älteren Bestreitungen eines aus P auszugrenzenden HG Lev 17–26 als festen Bestandteil von P zu interpretieren und sich so gleichermaßen von den älteren Thesen eines von P unabhängigen Gesetzes wie auch von den neueren Thesen, Lev 17–26 sei Ergänzung zu P, abzusetzen.

V. Wagner stellt, ausgehend von der Feststellung, daß eine Eröffnung fehle, Lev 17–26 in die Priesterschrift ein, die in Lev 1–7 die mit dem Heiligtum verbundene Rituale aufführe und anschließend in Lev 11–22 über kultische Unreinheit handle, in Lev 11–15 über reparable, in Lev 17–20 über irreparable, und in Lev 21 f. über Unreinheiten der Priester und Opfergaben. In Lev 21 f. folge Kalendarisches, um schließlich mit Lev 26 die gesamte priesterschriftliche Sinaiperikope abzuschließen. Dem folgt E. Blum ([s.o. IV 2.3.], 318–328). Lev

11–26 sei unter das Thema der Heiligung des Gottesvolkes zu stellen. »Und diese Thematik ist im Gefälle der Komposition geradezu überfällig. *Jhwhs* exklusive Zuwendung hat nur Bestand, wenn das Volk seine Partnerrolle übernimmt; das Regelwerk des Kultes als (Kommunikation und) Regulativ hat nur einen Sinn in einer Gemeinschaft, die sich der Verantwortung angesichts des Heiligen bewußt ist. *Nach* den Stiftungen von Heiligtum und Kult geht es hier also folgerichtig um das geforderte *Korrespondenzverhalten* (ganz) Israels« (318). Was zu erweisen wäre, wird zur Voraussetzung der Interpretation gemacht, nämlich daß Lev 17–26, trotz der Nähe zu Dtn, Bundesbuch und Dekalog sowie der Korrekturen an P, Teil von P sei. Die Differenzen zu P werden den Traditionen, die von P verwendet wurden, zugeschrieben. Übergangen wird, daß *J. Milgrom* (AB 3/1, 3 ff.) und *I. Knohl* Argumente beigebracht haben, daß in Lev 17–26 P korrigiert wird. So können Differenzen zwischen den Passaordnungen in Ex 12 und Lev 23 nur auf eine gezielte Korrektur des priesterschriftlichen Passaprogramms zugunsten einer Integration von Motiven aus Dtn 16,1–8 gedeutet werden. Wenn Blum als das einzig tragende Argument für die Ausgrenzung von HG aus P die Konzentration der Paränese auf Lev 17–26 benennt, die aber kompositorisch zu erklären sei, so steht dem entgegen, daß gerade in den redaktionellen paränetischen Bestimmungen entscheidende Korrekturen an P vorgenommen werden.

In den paränetischen Rahmenversen des HG (Lev 25,23 f.38.42.55) wird gegen die priesterschriftliche Auffassung, daß das Land Eigentum Israels sei, zugunsten des Gedankens polemisiert, JHWH sei und bleibe Eigentümer des Landes. In Lev 25,55; 26,12 wird Ex 6,7 korrigiert. Israel wurde nicht nur aus Ägypten befreit, um JHWHs Volk zu werden, sondern um JHWHs Sklaven zu werden, was den Akzent auf die Gehorsamsthematik lenkt. Die paränetische Rahmung (Lev 25) ist eng mit dem Segen- und Fluchkapitel in Lev 26 verzahnt. Geht P davon aus, daß die Verheißungen Gottes aufgrund des Abrahambundes unwiderruflich gelten (Gen 17,2–8; Ex 6,2–8; 29,42b–46), so sind sie im HG konditional an den Gehorsam Israel gebunden (Lev 26,3 ff.). In diesem Zusammenhang korrigiert HG die priesterliche Aussage (u. a. Ex 6,4) vom Abrahambund als alleinigem Grund der Verheißungen (Lev 26,40–45) durch das Motiv des Bundesschlusses mit Abraham, Isaak und Jakob (Lev 26,42). Daran schließt das Motiv des Bundes mit der Auszugsgeneration an (Lev 26,45), das transparent für die Exilsgeneration ist. JHWH erneuert von Generation zu Generation seinen Bund, wenn Israel das Gesetz erfüllt oder nach dem Scheitern am Gotteswillen Buße tut. Wie weit ist diese auf die unverbrüchliche Gegenwart Gottes in seinem Volk abhebende Theologie von P geschieden! Angesichts dieser theologischen Differenzen gewinnen auch sprachstatistische Auflistungen an Bedeutung, die zeigen, daß das Formelmaterial der redaktionellen Paränesen keine Nähe zu P, wohl aber zum Dtn hat (Feucht), und daß Lev 17–26 sprachlich von P geschieden ist (Thiel).

Lev 17–26 ist ein Zusatz zu P nicht aber ein konstitutiver Bestandteil dieser Schicht. Die kritische Exegese des Dtn durch das HG rückt die Einfügung dieser Kapitel in P in den Horizont der Pentateuchredaktion, die auch Dekalog und Bundesbuch als Ausgleich zwischen Dtn und priesterschriftlichem Tetrateuch in die Sinaiperikope einfügte.

2.4.2 Die Heiligung durch Gott als Begründung der Ethik

Das HG wird durch ein redaktionelles Fachwerk paränetischer Rahmenstücke (Lev 18,1–5.24–30; 19,1–4; 20,7 f.22–27; 22,9.31–33; 25,18 f.38.42a.55; 26,1 f.) strukturiert. Daß wir es hier mit einem geschlossenen Gefüge zu tun haben, zeigt der Rückgriff der Schlußparänesen (Lev 25,55; 26,2) auf Lev 19,30; 20,6; 22,33. Lev 25,18 f. knüpft an die Eröffnung der Paränesen (Lev 18,2–5) an, so daß der Rahmen geschlossen wird: In der Eröffnung wird der Gebotsgehorsam mit der Verheißung von Leben verbunden. In Lev 25,18 f. wird dies als sicheres Wohnen im Lande konkretisiert. Dazwischen liegt die komplexe Ausfaltung des paränetischen Rahmenwerks, das als fortlaufender Zusammenhang komponiert ist:

»(V.2*) Ich, JHWH, bin euer Gott. (V.3) Ihr sollt nicht handeln, wie man handelt in
Ägypten, wo ihr gewohnt habt, und wie man handelt im Lande Kanaan, in das ich
euch bringen werde. Ihren Gesetzen sollt ihr nicht folgen. (V.4) Meine Rechtsvorschriften sollt ihr befolgen, meine Gebote beachten. Ihnen gemäß sollt ihr handeln.
Ich, JHWH, bin euer Gott. (V.5) Ihr sollt meine Gebote und meine Rechtsvorschriften beachten. Wer ihnen gemäß handelt, wird durch sie leben. Ich bin JHWH«
(Lev 18,2*-5).

Die Paränese setzt mit der Kundgabeformel »ich, JHWH, bin euer Gott« ein und
verbindet damit die Abgrenzung von den Normen der Völker. Jedem Menschen, der
den Geboten JHWHs folgt, also prinzipiell allen Völkern, wird Leben durch das
Halten der JHWH-Gebote verheißen. Das bedeutet im Umkehrschluß, daß die
Völker, die nicht den Geboten Gottes folgen, sich um ihr Leben bringen:

»(V.24) Durch alles dieses sollt ihr euch nicht verunreinigen, denn durch alles dieses
haben sich die Völker verunreinigt, die ich vor euch vertrieben habe. (V.25) Das Land
wurde verunreinigt und ich habe seine Schuld an ihm heimgesucht und das Land hat
seine Bewohner ausgespien. (V.26) Beachtet meine Gebote und Rechtsvorschriften
und begeht keine dieser Greueltaten, weder der Einheimische noch der Fremde in
eurer Mitte. (V.27) Denn alle diese Greueltaten haben die Bewohner des Landes, die
vor euch dort waren, begangen, indem sie das Land verunreinigten. (V.28) Das Land
soll nicht auch euch ausspeien, wenn ihr es verunreinigt, wie es das Volk vor euch
ausgespien hat. (V.29) Fürwahr, jeder, der eine dieser Gewalttaten begeht, wird aus der
Mitte seines Volkes entfernt. (V.30) Beachtet meine Anordnung und nicht die schlim-
men Normen derjenigen, die vor euch dort waren. Verunreinigt euch nicht an ihnen.
Ich, JHWH, bin euer Gott« (Lev 18,24–30).

Das Land speit seine Verunreiniger, d. h. diejenigen, die nicht den Geboten Gottes
folgen, aus. Als Gegenpol zur Verunreinigung des Landes wird die Heiligung eingeführt:

»Seid heilig, denn ich, JHWH, euer Gott, bin heilig« (Lev 19,2).

Beide Motivstränge werden nun verbunden:

»(V.22) Beachtet alle meine Gebote und alle meine Rechtsvorschriften und handelt
ihnen gemäß. Dann wird das Land euch nicht ausspeien, in das ich euch führe, um
darin zu wohnen. (V.23) Ihr sollt nicht nach den Normen des Volkes leben, das ich vor
euch vertreibe; denn alles dies haben sie getan, so daß ich Ekel gegen sie empfinde.
(V.24) Daher sagte ich zu euch: Ihr werdet den Boden in Besitz nehmen und ich werde
ihn euch zum Besitz geben, ein Land, in dem Milch und Honig fließt. Ich, JHWH, bin
euer Gott, der euch aus den Völkern ausgesondert hat. (V.25) So sollt ihr zwischen
reinen und unreinen Tieren sondern, zwischen reinen und unreinen Vögeln. Macht
euch nicht abscheulich mit diesem Vieh, diesen Vögeln, mit allem, was auf dem Boden
kriecht. Ich habe es für euch als unrein ausgesondert. (V.26) Seid mir heilig, denn ich,
JHWH, bin heilig. Ich habe euch von den Völkern abgesondert, um mein Eigentum zu
sein« (Lev 20,22–26).

Das Motiv des ausspeienden Landes wird weitergeführt. Wenn Israel den Geboten
JHWHs folgt, wird es sicher im Lande wohnen. Damit wird die Heiligkeitsformel
verknüpft und zur Deklaration Israels als des aus den Völkern ausgesonderten Ei-
gentums Gottes zugespitzt (Lev 20,26). Mit »aussondern« wird ein terminus technicus der Priestersprache, der die Unterscheidung von Reinem und Unreinem bezeichnet (cf. Lev 20,25), auf die ethische Aussonderung Israels aus der Völkerwelt
übertragen. Die Völker handeln nicht gemäß der jedem Menschen zum Leben dienenden Gebote Gottes. Die Aussonderung ist die Konsequenz, nicht aber die Ur-

sache dafür. Es wird keine Erklärung gegeben, warum die Völker nicht nach Gottes Willen handeln.

Israel wird von JHWH geheiligt und aufgefordert, sich durch den Gebotsgehorsam zu heiligen, um heilig zu sein (Lev 20,8). Diese paradoxe Aussage wird dann ausgeführt:

> »(V.31) Ihr sollt meine Gebote beachten und ihnen gemäß handeln. Ich bin JHWH. (V.32) Ihr sollt meinen heiligen Namen nicht entweihen, damit ich inmitten der Israeliten geheiligt werde. Ich, JHWH, bin es, der euch heiligt, (V.33) indem ich euch aus dem Lande Ägypten herausführte, um euer Gott zu sein. Ich bin JHWH« (Lev 22,31–33).

JHWH hat Israel geheiligt, indem er es aus Ägypten geführt hat. Den Zusammenhang von Heiligung und Exodus im HG hat W. Zimmerli nachgezeichnet: »Heiligkeit ist nach alledem eine nicht zuerst vom Volke oder den Priestern zu erwerbende Eigenschaft, sondern eine zuvor durch Jahwes Tat der Herausführung seines Volkes, die zugleich eine Tat der Aussonderung ist, selbst geschaffene Qualität Israels und seiner Priester. Die in dieser Tat geschehene Eigentumserklärung von seiten Jahwes ist die Grundlage für die Heiligkeitsforderung an Volk und Priester« (503). Der Exodus wird als Heiligung Israels durch JHWH verstanden, die Israel in die Lage versetzte, die Gebote zu erfüllen und darin JHWH zu heiligen. In dieser gegenseitigen Heiligung erfüllt sich der Bund JHWHs mit Israel als Ziel des Exodus.

Zum Aspekt der Gabe des Landes, in dem Milch und Honig fließen, wird schließlich die an den Gebotsgehorsam gebundene Sicherheit Israels im Kulturland hinzugefügt:

> »Ihr sollt meinen Geboten gemäß handeln und meine Rechtsvorschriften beachten und ihnen gemäß handeln, so daß ihr in Sicherheit im Lande leben werdet« (Lev 25,18 f.).

Beginnt das paränetische Fachwerk mit der Kundgabeformel »ich, JHWH, bin dein Gott«, die die erste Hälfte der Bundesformel darstellt, und wird mit der Aussage, Israel sei das Eigentum JHWHs, die zweite Hälfte der Bundesformel eingeführt, und werden mit Lev 20,22–26 als der Mitte des paränetischen Fachwerks, in der das Wesen und Ziel der Heiligung von Mensch und Gott erklärt wird, die beiden Hälften der Bundesformel zusammengeführt, so liegt im Abschluß die Betonung auf der zweiten Hälfte der Bundesformel, die Israel als Eigentum JHWHs definiert. Über Lev 20,26 hinaus werden die Israeliten nicht nur als Eigentum, sondern als Sklaven Gottes bezeichnet und so die Eigentums- mit der Gehorsamsmotivik verbunden (Lev 25,55). Schließlich findet die paränetische Kette ihr Ziel im Rahmen der Segenszusage:

> »(V.11) Und ich nehme meine Wohnung in eurer Mitte und werde keine Abneigung gegen euch haben. (V.12) Ich gehe in eurer Mitte und ich bin euer Gott und ihr seid mein Volk. (V.13) Ich, JHWH, bin es, der euch aus dem Land Ägypten hinausgeführt hat, damit ihr nicht mehr ihre Sklaven sein müßt. Ich habe eure Jochstange zerbrochen und euch wieder aufrecht gehen lassen« (Lev 26,11–13).

In das paränetische Fachwerk sind Gebote des Dekalogs eingearbeitet. Auf den paränetischen Abschluß der Gesetze (Lev 25,55) folgt eine Zusammenstellung von Bilderverbot und Sabbatgebot (Lev 26,1 f.) als Übergang zum Segen- und Fluchkapitel. Das Bilderverbot, das das Fremdgötterverbot integriert, wird mit dem Sabbatgebot und der Forderung der Heiligtumsachtung (Lev 19,2–4.30) verbunden und bildet so einen Rahmen für Lev 19–25.

Die profane Schlachtung wird als Idolatrie gekennzeichnet (Lev 17,7), so daß Lev 17 über die Zusammenfassung im Fremdgötterverbot an die Fachwerkstruktur im HG angeschlossen wird.

Das Elterngebot (Lev 19,32) wird ausgelegt und mit dem Ehebruchsverbot verbunden (Lev 20,9 f.), das die Verbote geschlechtlicher Beziehung (Lev 18; 20) zusammenfaßt. Die dekalogischen Verbote (Lev 19,3 f.; 20,9 f.; 26,1 f.) sind jeweils durch die vorangehenden Heiligungsaussagen (Lev 19,2; 20,8) und die Eigentumsaussage (Lev 25,55) mit dem paränetischen Rahmen des HG verbunden.

Das Gesetzesmaterial des HG wird durch das an P anknüpfende System der Gesetzesüberschrift in eine Ordnung gebracht. Lev 17; 22,17–33 fungieren, jeweils an alle Israeliten und die Priester adressiert, als Rahmen für die beiden Teilstücke aus jeweils drei Gesetzen, die den Israeliten gelten (Lev 18; 19; 20), und die nur an die Priester gerichtet sind (Lev 21,1–15.16–24; 22,1–16). In dieser Ordnung von Kultus, Recht und Ethos wird der Wille Gottes, der Israel aus den Völkern aussondert, entfaltet, die ausgrenzende Besonderheit also, die in Fremdgötter- und Bilderverbot theologisch zugespitzt wird. Neben diesen Geboten steht das Sabbatgebot als Zeugnis der Besonderheit Israels unter den Völkern.

Der zweite Teil des HG (Lev 23; 25 [24 ist Zusatz]) ist durch das als Hauptgebot für den gesamten Gesetzesblock voranstehende Sabbatgebot (Lev 23,3) strukturiert. Alle folgenden Gesetze stehen in Beziehung zu diesem Gebot. Der Festkalender (Lev 23,4–38.[39–44]) ist in der Passaordnung durch das siebentägige Passa mit einer Festversammlung am siebten Tag mit dem Sabbatgebot verbunden, das Gesetz der Erstlingsgabe durch die Darbringung am Tage nach dem Sabbat, die Wochenfestordnung durch die Wochenzählung und die Ordnung des Laubhüttenfestes durch die siebentägige Dauer mit einer Festversammlung am ersten und achten Tag. Alle Festordnungen sind darüber hinaus mit Ruhetagsbestimmungen verbunden, die auch die Ordnung für den ersten Tag des siebenten Monats und des Versöhnungstages am 10.7. mit dem Sabbatgebot verbinden. In den Sabbat- und Jobeljahrgesetzen wird das Wochensystem auf das Ruhe- und Erlaßjahr, dem die Rückkauf- und Auslösebestimmung zugeordnet sind, übertragen.

Durch das Sabbatgebot (Lev 19,3.30) werden, in Verbindung mit dem Gebot der Heiligtumsachtung (Lev 26,2), diese beiden Teile des HG miteinander verzahnt. Schließlich wird mit dem Motiv des Landes, das die nicht eingehaltenen Sabbate zurückerhält (Lev 26,34 f.), Segen und Fluch mit dem Korpus des HG verbunden.

Eine Sonderstellung im Aufbau des HG nimmt das der Schlacht- und Opferpraxis gewidmete Kapitel Lev 17 ein, das nicht in den paränetischen Rahmen einbezogen ist. Diese Beobachtung verbindet sich mit der Frage nach der Intention der Redaktion des HG bei der Ergänzung der priesterschriftlichen Sinaiperikope. Dem ist im folgenden nachzugehen, um so eine Antwort auf die Frage zu erhalten, wie die Normen materialer Ethik, die durch das paränetische Fachwerk begründet sind, gewonnen werden.

2.4.3 Gesetzesauslegung im Heiligkeitsgesetz

Fragen wir nach Ort und Intention der Redaktion von Lev 17–26, so kommt dem redaktionellen Fachwerk der Paränesen eine Schlüsselfunktion zu.

Lev 18,2–4.24–30 knüpft an Dtn 12,29–31 an. Beiden Überlieferungen dient das Molechopfer als Kriterium für die Unterscheidung Israels von den Völkern. Der Redaktor des HG formuliert aus Dtn 12,31 ein Verbot (Lev 18,21), das in Lev 20,2–5 ausgebaut wird. Es ist nicht in den Kontext der Sexualnormen eingeführt worden, weil Kinder von Kultprostituierten dem Molech geopfert wurden oder der Molechkult als kultischer Ehebruch gegenüber JHWH verstanden wurde. Der Redaktor des HG hält die Sexualethik für ein besonderes Unterscheidungsmerkmal gegenüber den Völkern, die er unter das Erste Gebot des Dekalogs rückt. In Dtn 18,10 wird das Molechopfermotiv mit der Abwehr der Wahrsagerei verbunden. Entsprechend wird an das Verbot des Molechkultes (Lev 20,2–5) ein Verbot der Wahrsagerei (Lev 20,6) angefügt. Das Lev 18,21 mit Dtn 12,29 verbindende Molechmotiv führt auf Dtn 18,9–14 und über diesen Text zur Verbindung von Molech- und Wahrsagemotiv.

In den paränetischen Block (Lev 20,22–26) wird mit Lev 20,24b-26 an die dtr Rahmung der Liste reiner und unreiner Tiere in Dtn 14,2b.3.21a angeknüpft. Wird hier die Heiligkeit und Erwählung des Gottesvolkes konstatiert, so formuliert der Redaktor des HG daraus eine Aufforderung, die, über das Dtn hinausführend, mit der Heiligkeit Gottes begründet wird. Zweck der Heiligung des Gottesvolkes ist es, Eigentum Gottes zu werden.

Nicht nur im paränetischen Rahmen, sondern auch in den Einzelbestimmungen hat der Redaktor des HG das Dtn ausgelegt.

In Lev 17,3–14 werden drei Gesetze zur Zentralisierung des Gemeinschaftsopfers (Lev 17,3–7) und des Brandopfers (Lev 17,8 f.) sowie zum Umgang mit Blut (Lev 17,10–14) zusammengestellt. Diese Themen sind aus Dtn 12 übernommen. In der zentralen Begründung, warum es keine profane Schlachtung geben dürfe (»denn die Lebenskraft des Fleisches ist in diesem Blut« bzw. »denn die Lebenskraft allen Fleisches ist sein Blut, und *mit seiner Lebenskraft* ist es«; Lev 17,11.14) wird Dtn 12,23 (»denn dieses Blut ist die Lebenskraft und du sollst nicht die Lebenskraft mit dem Fleisch essen«) aufgenommen und ausgelegt und die priesterschriftliche Freigabe der profanen Schlachtung (Gen 9,4) aufgenommen. Die Identifizierung von Blut und Lebenskraft wird aus Dtn 12,23 übernommen und mit der Formulierung »*mit seiner Lebenskraft* ist sein Blut« aus Gen 9,4 verbunden. Die Argumentationsrichtung ist gegen die Freigabe der profanen Schlachtung im Dtn und in P (vgl. Lev 7,22–27) gerichtet.

Die Umgruppierung von Dtn 12 in Lev 17 erklärt sich aus diesem Auslegungsinteresse. Steht in Dtn 12 die Zentralisierung des Opferdienstes im Vordergrund, deren nachgeordnete Folge die Freigabe der profanen Schlachtung ist, so rückt diese Thematik in Lev 17,3–9 an die Spitze: Jede Schlachtung ist kultisch. Wird sie nicht rite am zentralen Heiligtum durchgeführt, so ist sie idolatrischer Natur (Lev 17,7). Bezeichnet im Dtn der terminus technicus des Gemeinschaftsopfers (*zbḥ*) die profane Schlachtung, so wird in Lev 17 dieser Begriff konsequent in kultischer Bedeutung verwendet. Es gibt keine Schlachtung, die nicht kultisch ist und also auch nicht am zentralen Heiligtum zu erfolgen hat. Die Differenzierung zwischen profaner Schlachtung bei großer Entfernung vom Zentralheiligtum und ritueller Schlachtung am Zentralheiligtum für denjenigen, der in der Nähe wohnt (Dtn 12,20–27), wird ausdrücklich aufgehoben (Lev 17,3–5). Soll das Blut grundsätzlich an den Altar gegossen werden, so muß auch der Blutritus in Dtn und P revidiert werden. Wird dort nur festgesetzt, daß das Blut nicht mit dem Fleisch des Tieres gegessen werden darf, da das Blut Lebenskraft sei, so daß es »wie Wasser auf die Erde zu schütten« ist, so wird in Lev 17,10–14 diese Regelung auf die Wildtiere und Vögel eingeschränkt, die im Gegensatz zu den Haustieren nicht geopfert werden. In dem Abschnitt über den Blutritus fehlt in bezug auf die Haustiere jeder Hinweis, wie mit dem Blut zu verfahren sei. Stattdessen finden sich nur Sanktionen für den Fall des Blutgenusses. Dadurch werden die Blutbestimmungen an das Verbot der profanen Schlachtung (Lev 17,3–9) und die Regelung für das Gemeinschaftsopfer zurückgebunden. Das Blut der sakral geschlachteten Tiere ist an den Altar zu gießen (Lev 17,6). Damit verbunden erhält das Verbot des Blutgenusses eine über Gen 9,4; Dtn 12,23 hinausführende Begründung. Wird dort der Blutgenuß untersagt, weil das Blut Sitz der Lebenskraft sei, so ist es in Lev 17,11 mit der Sühnefunktion des Blutes begründet. Lev 17,11 revidiert durch die Exegese von Gen 9,4 und Dtn 12,23 in einem zentralen Punkt Dtn und P.

Wie Dtn 12 Hauptgesetz ist, so wird auch Lev 17 als exegetische Revision von Dtn 12 dem HG als Hauptgesetz vorangestellt. Mit dem Verbot profaner Schlachtung wird ein wesentliches Merkmal der Besonderheit Israels unter den Völkern und des Idolatrieverbots formuliert, das zusammen mit dem Sabbatgebot das HG strukturiert.

Lev 17 leitet die materiale Rechtsordnung der Priester und Laien ein und bildet zusammen mit Lev 22,17–30 einen Rahmen um Lev 18,1–22,16. Das angefügte Verbot, verendete oder gerissene Tiere zu essen (Lev 17,15), verknüpft Lev 17 mit dem paränetischen Fachwerk, indem an das entsprechende Verbot in Dtn 14,21 angeknüpft wird, das mit der Liste reiner und unreiner Tiere (Dtn 14,3–20) verknüpft ist, deren Thematik in den paränetischen Rahmen Eingang gefunden hat (Lev 18,25).

Nicht nur Dtn 14,21 wird in Lev 17,15 ausgelegt, sondern auch Ex 22,30. Das Verbot, gerissene Tiere zu essen, hat an Dtn 14,21 keinen Anhalt, wohl aber an Ex 22,30. Beide Belege sind für den Redaktor des HG von besonderer Bedeutung, da sie jeweils eine Aussage zur Heiligkeit Israels machen. Läßt er, abweichend von seinen beiden Vorlagen, gerade dieses für seine Redaktion wichtige Motiv fort, so müssen sich dafür Gründe angeben lassen. Wiederholt war das Fehlen der für das HG charakteristischen Heiligkeitsaussage Anlaß, Lev 17 abzutrennen. Doch ist damit nichts gelöst, bleibt es doch erklärungsbedürftig, warum ein Redaktor in Lev 17 die Heiligkeitsaussagen des Bundesbuchs und Dtn gestrichen hat. Das HG ist nicht nur in der Exegese einzelner Bestimmungen Auslegung des Dtn, sondern auch in seinem Aufriß. Lev 17 hat nicht nur die Funktion, die Priester- und Laienordnung (Lev 18–22) einzuleiten, sondern dient als Hauptgesetz des HG. Zahlreiche redaktionelle Klammern verbinden Lev 17 auch mit der Sabbatordnung (Lev 23; 25). Lev 17,7 wird als die für Lev 17 insgesamt zentrale Deutestelle mit der Formel »es sei für ihre Geschlechter bis in ferne Zeit verpflichtendes Gebot« abgeschlossen, die den Festkalender der Sabbatordnung gliedert (Lev 23,14.21.31.41). Charakterisiert Lev 17,7 die profane Schlachtung als Idolatrie, so wird damit ein Bogen zum entsprechenden Dekaloggebot (Lev 26,1) geschlagen. Wird die Heiligkeitsaussage in Lev 17,15 gegen die exegesierten Traditionen des Bundesbuchs und des Dtn ausgespart, so wird eine Lücke gelassen, die über Lev 17 hinausweist. Sind die Heiligkeitsaussagen ein zentrales Motiv des mit Lev 18 einsetzenden paränetischen Rahmens, so wird das HG insgesamt als Einlösung der durch Ex 22,30 und Dtn 14,21 vorgegebenen Heiligkeitsaussagen interpretiert.

In der inneralttestamentlichen Schriftauslegung kommt dem jeweiligen Kontext des ausgelegten und des auslegenden Textes Bedeutung zu. Auch ist deutlich, daß der Redaktor nicht nur das Dtn im Blick hat, um es zu ergänzen, sondern ebenso Bundesbuch und Priesterschrift einer kritischen Revision unterzieht. Dies wird sich in der folgenden Auslegung von Lev 19, einem für die Ethik des AT zentralen Kapitel, bestätigen. Das HG hat also folgenden Aufbau:

Hauptgesetz: *Opfertora:*	Lev 17,1–15	
		Lev 18,1–5
	Lev 18,6–23	
		Lev 18,24–30
		Lev 19,1–4
Laienordnung	Lev 19,5–36a	
		Lev 19,36b–20,8
	Lev 20,9–21	
		Lev 20,22–27
	Lev 21,1–15	
Priesterordnung	Lev 21,16–23	
	Lev 22,1–16	
Opfertora:	Lev 22,17–30	
		Lev 22,31–35
Lev 23,3		
	Lev 23,4–38	
Lev 25,1–7		

Sabbatordnung	Lev 25,8–17.20.54	
		Lev 25,18–19
	Lev 25,20–54	
		Lev 25,55
		Lev 26,1–2
Segen und Fluch	Lev 26,3–13	
	Lev 26,14–45	
	Lev 26,46 Kolophon	

2.4.4 Das Programm der Individualethik: Das Ethos der Nächstenliebe

J. Becker, Feindesliebe – Nächstenliebe – Bruderliebe, ZEE 25, 1981, 5–17; *J.D.M. Derrett,* »Love thy Neighbour as a Man like thyself«, ET 83, 1971/72, 55 f.; *A. Fernández,* Diliges amicum tuum sicut teipsum (Lev 19,18), VD 1, 1927, 27 f.; *J. Fichtner,* Der Begriff des »Nächsten« im AT mit einem Ausblick auf Spätjudentum und NT, in: ders., Gottes Weisheit, 1965, 88–114; *D. Gewalt,* Taube und Blinde nach Leviticus 19,14, DBAT 22, 1985, 119–139; *D. Hoffmann,* Bemerkungen zum Begriff des Nächsten und des Feindes im Anschluß an Cohen und Lévinas, ZThK 86, 1989, 236–260; *H. Jagersma,* Leviticus 19, 1972; *J. L. Kugel,* On Hidden Hatred and Open Reproach: Early Exegesis of Leviticus 19,17, HThR 80, 1987, 43–61; *N.M. Lass,* A proposito di Lv 19,19b e di Dt 22,10, RivBib 6, 1958, 361–364; *L. Levy,* Die Ecke mit der letzten Garbe, MGWJ 55, 1911, 156–159; *F. Maaß,* Die Selbstliebe nach Leviticus 19,18, in: Festschrift für Friedrich Baumgärtel, 1959, 109–113; *J. Magonet,* The Structure and Meaning of Leviticus 19, HAR 7, 1983, 151–167; *A. Malamat,* »You Shall Love Your Neighbour as Yourself«. A Case of Misinterpretation?, in: E. Blum u. a. (Hg.), Die Hebräische Bibel und ihre zweifache Nachgeschichte. FS R. Rendtorff, 1990, 111–115; *H. Montefiore,* Thou Shall Love the Neighbour as Thyself, NT 5, 1962, 157–170; *R. Neudecker,* »And You Shall Love Your Neighbour as Yourself – I am the Lord« (Lev 19,18) in Jewish Interpretation, Bib. 73, 1992, 496–517; *J. Nikel,* Das AT und die Nächstenliebe,[2]1913; *A. Nissen,* Gott und der Nächste im Antiken Judentum, 1974; *H. Rücker,* Warum wird 'āhab (lieben) im AT selten zur Bezeichnung für Nächstenliebe gebraucht?, in: J. Reindl (Hg.), Dein Wort beachten, 1981, 9–15; *T.C. Vriezen,* Bubers Auslegung des Liebesgebotes – Lev 19,18b, ThZ 22, 1966, 1–11.

Lev 19 gehört zu den interessantesten aber auch dunkelsten Kapiteln des AT:

»(V.1) Und JHWH sprach zu Mose: (V.2) Sprich zur ganzen Gemeinde der Israeliten und sage zu ihnen: *Seid heilig, denn ich, JHWH, euer Gott, bin heilig.* (V.3) Jedermann fürchte seine Mutter und seinen Vater. Meine Sabbate sollt ihr halten. *Ich, JHWH, bin euer Gott.*

(V.4) Wendet euch nicht den Götzen zu und gegossene Götterbilder sollt ihr euch nicht machen. *Ich, JHWH, bin euer Gott.*

(V.5) Wenn ihr ein Heiligkeitsopfer für JHWH opfert, sollt ihr es so opfern, daß er es von euch akzeptiert. (V.6) Am Tage eures Opfers muß es gegessen werden und am folgenden Tage. Was bis zum dritten Tag übrigbleibt, soll mit Feuer verbrannt werden. (V.7) Wenn davon am dritten Tage noch gegessen wird, ist es Unrat. Es wird nicht akzeptiert. (V.8) Und wer davon ißt, trägt seine Schuld, denn er entweiht die Heiligkeit JHWHs. Dieser Mensch wird aus seinem Volk ausgerottet werden. (V.9) Und wenn ihr die Ernte eures Bodens einbringt, sollst du nicht den Rand deines Feldes abernten, und Nachlese deiner Ernte sollst du nicht halten. (V.10) In deinem Weinberg sollst du keine Nachlese halten und die heruntergefallenen Beeren deines Weinberges sollst du nicht auflesen. Für den Armen und den Fremden sollst du sie zurücklassen. *Ich, JHWH, bin euer Gott.*

(V.11) Ihr sollt nicht stehlen und ihr sollt nicht betrügen und belügen, ein jeder seinen Mitbürger. (V.12) Und ihr sollt nicht bei meinem Namen falsch schwören und den Namen deines Gottes entweihen. *Ich bin JHWH.*

(V.13) Du sollst deinen Nächsten nicht ausbeuten und ihn berauben. Den Lohn eines Tagelöhners sollst du nicht bis zum Morgen zurückhalten. (V.14) Einem Tauben sollst du nicht fluchen und vor einem Blinden sollst du kein Hindernis aufrichten. Du sollst dich vor deinem Gott fürchten. *Ich bin JHWH.*

(V.15) Ihr sollt im Gericht kein Unrecht tun. Du sollst nicht Partei ergreifen für einen Geringen noch einen Großen bevorzugen. Gerecht sollst du über deine Mitbürger richten. (V.16) Du sollst nicht als Verleumder in deinem Volk umhergehen. Du sollst deinem Nächsten nicht nach dem Leben trachten. *Ich bin JHWH.*

(V.17) Du sollst deinen Bruder nicht hassen in deinem Herzen. Du sollst deinen Mitbürger zurechtweisen und ihm keine Schuld aufladen. (V.18) Du sollst dich nicht rächen und du sollst nicht nachtragend sein mit deinem Mitbürger. Vielmehr sollst du deinen Nächsten lieben wie dich selbst. *Ich bin JHWH.*

(V.19) Ihr sollt meine Vorschriften beachten: Dein Vieh sollst du sich nicht über Kreuz vermehren lassen, dein Feld sollst du nicht mit zweierlei Saat besäen und ein Gewand aus zweierlei Fäden gewebt sollst du nicht anziehen. (V.20) Wenn jemand mit einer Frau schläft und sie ist eine Sklavin, die mit einem anderen Mann verlobt ist und nicht freigekauft oder freigelassen wurde, wird Schadensersatz geleistet. Sie soll nicht sterben, denn sie hat keinen Ehebruch begangen. (V.21) Er bringt ein Schuldopfer für JHWH an den Eingang des Begegnungszeltes, einen Schuldopferwidder. (V.22) Mit dem Schuldopferwidder soll der Priester ihn vor JHWH von der begangenen Sünde entsühnen; so wird ihm die Sünde, die er begangen hat, vergeben. (V.23) Und wenn ihr in das Land kommt und alle Arten von Fruchtbäumen pflanzt, so sollt ihr die Früchte eines jeden Baumes wie eine Vorhaut behandeln. Drei Jahre lang sollen sie für euch unbeschnitten sein. Sie dürfen nicht gegessen werden. (V.24) Im vierten Jahr sollen alle seine Früchte als Festgabe heilig für JHWH sein. (V.25) Im fünften Jahr dürft ihr seine Früchte essen, seinen Ertrag für euch ernten. *Ich, JHWH, bin euer Gott.*

(V.26) Ihr sollt nichts mit dem Blut essen. Ihr sollt keine Zauberei und Wahrsagerei treiben. (V.27) Ihr sollt den Rand eures Haupthaares nicht kreisförmig schneiden und du sollst deinen Bart nicht stutzen. (V.28) Und Einritzungen für einen Toten sollt ihr eurem Leib nicht beibringen. Ätzmale dürft ihr euch nicht beibringen. *Ich bin JHWH.*

(V.29) Du sollst deine Tochter nicht entweihen, indem du sie zur Unzucht anhältst. Du sollst das Land nicht der Unzucht preisgeben, so daß sich das Land mit Scheußlichkeit anfüllt. (V.30) Meinen Sabbat sollt ihr halten und mein Heiligtum fürchten. *Ich bin JHWH.*

(V.31) Wendet euch nicht an die Totenbeschwörer und sucht nicht die Wahrsager auf, damit sie euch nicht verunreinigen. *Ich, JHWH, bin euer Gott.*

(V.32) Vor grauem Haar sollst du aufstehen und einen alten Menschen sollst du ehren; du sollst dich fürchten vor deinem Gott. *Ich bin JHWH.*

(V.33) Und wenn sich ein Fremder bei dir aufhält in eurem Land, sollst du ihn nicht bedrücken. (V.34) Wie ein Einheimischer von euch soll für euch der Fremde sein, der sich bei euch aufhält. Du sollst ihn lieben wie dich selbst, denn Fremde wart ihr im Lande Ägypten. *Ich, JHWH, bin euer Gott.*

(V.35) Ihr sollt kein Unrecht begehen bei Gericht, mit dem Längenmaß, Gewicht und Hohlmaß. (V.36) Ihr sollt gerechte Waage, gerechte Gewichte, richtiges Epha und richtiges Hin haben. *Ich, JHWH, bin euer Gott, der euch aus dem Lande Ägypten geführt hat.*

(V.37) Beachtet alle meine Vorschriften, alle meine Rechtssätze und handelt ihnen gemäß. *Ich bin JHWH* « (Lev 19,1–37).

Das Kapitel knüpft an den Dekalog an. Es wird mit dem Eltern- und Sabbatgebot, dem Fremdgötter- und Bilderverbot sowie mit der aus der »Kundgabeformel« entwickelten Heiligkeitsformel eingeleitet (Lev 19,3 f.). Kundgabe- und Herausführungsformel des Dekalogs schließen es dekalogisch rahmend ab (Lev 19,36). Das Diebstahls- und Namenmißbrauchsverbot wird aufgenommen (Lev 19,11 f.), in Lev 19,32 klingt das Elterngebot an.

Die dekalogische Prägung war für *K. Elliger* (HAT I 4, 247) Anlaß, den Ursprung des Kapitels in ein oder zwei Dekalogen zu sehen. Der soziale Akzent auf den *personae miserae* zeige, daß sie gegenüber denen in Ex 20; Dtn 5 weiterentwickelt seien. Dem hat *H. Jagersma* ein Fragmentenmodell entgegengesetzt. Ein Kinderkatechismus (19,3 f 11 f.) sei mit einer auf Bundesbuch (BB), Dtn, Prophetie und Einzugsliturgien zurückgreifenden Gebotsreihe (19,13–18) und einer an das Dtn anknüpfenden Reihe (19,26–32.35–36a.37a) unter Ergänzung durch 19,9 f.23–25.33 f. exilisch verknüpft und durch 19,5–8.20–22 ergänzt worden. Offen bleibt die Logik der Redaktion in der Verbindung dieser Überlieferungen. Sie wird einsichtiger, wenn man erkennt, daß die Kontexte, in denen die in Lev 19 ausgelegten Sätze im BB und Dtn stehen, in die Struktur von Lev 19 eingegangen sind.

Lev 19,15 knüpft mit dem Verbot, den Geringen oder Mächtigen in einem Gerichtsverfahren zu bevorzugen, an Ex 23,3.6 an und korrigiert die einseitige Interpretation dieses Verbots auf den Schutz der Schwachen im Gericht in Dtn 16,18 f. zugunsten des BB. Im BB ist mit der Prozeßordnung (Ex 23,1–3.6–8) das Gebot der Feindesliebe (Ex 23,4 f.) verbunden. Diesen Zusammenhang hält der Redaktor fest, wenn er die um das weisheitliche Verleumdungsverbot erweiterte Prozeßregel (Lev 19,15 f.) mit dem Gebot der Feindesliebe (Lev 19,18) verbindet. In Lev 19,19aßb werden Sätze verbotener Mischungen zusammengestellt, die an die entsprechenden Verbote in Dtn 22,9–11 anknüpfen. Diese Verbote stehen im Dtn im Rahmen der zur Fachwerkstruktur in Dtn 19–25 gehörenden Reihe (Dtn 22,1–12). Teil dieser Reihe ist in Dtn 22,1–4 die dtn Auslegung des Gebots der Feindesliebe aus dem BB. Lev 19 hält diesen Zusammenhang im Dtn fest, wenn die Verbote unerlaubter Mischungen auf das Gebot der Feindesliebe folgen. Die Reihe Dtn 22,1–12 geht den familienrechtlichen Rechtssätzen zur Ehebruchsthematik (Dtn 22,13–29) voraus. Auch diesen Zusammenhang hält Lev 19 fest. Auf das Verbot unerlaubter Mischungen (Lev 19,19) folgt eine Bestimmung zum Umgang mit einer Sklavin (Lev 19,20–22), die diesen Fall von den Eherechtssätzen in Dtn 22,20–29 abgrenzt. Im BB ist das Verbot, den Fremden zu bedrücken (Ex 23,9), mit der Gerichtsordnung (Ex 23,1–3.[4 f.].6–8) verzahnt. In Lev 19,33 wird dieses Verbot aufgenommen und mit dem an Lev 19,18 anknüpfenden Gebot der Fremdenliebe (Lev 19,34) verbunden. Wie im BB wird das Verbot, den Fremden zu unterdrücken, mit dem Verbot, Unrecht bei Gericht zu begehen, konkretisiert, wobei Lev 19,35 f. auch an Dtn 25,13–16, das Gebot gerechter Waagen, Maße und Gewichte, anknüpft. Die bislang auf die je einzelnen Sätze bezogene Erhebung innerbiblischer Exegese in den Rechtsüberlieferungen ist um die Berücksichtigung des Kontextes, in dem der aufgenommene und ausgelegte Rechtssatz steht, und des Kontextes, in den dieser gestellt wird, also um eine redaktionsgeschichtliche Perspektive zu erweitern. Der Kontext in der Quelle bestimmt die Einordnung in den Auslegungszusammenhang mit. Das Kapitel Lev 19 ist das Ergebnis einer einheitlichen Redaktion.

Lev 19 ist als Diptychon gestaltet, dessen beiden Hälften durch einen Einschnitt (Lev 19,19aα; vgl. Elliger, HAT I 4, 244) abgegrenzt sind. Die Teile (Lev 19,3–18/19–36a) werden durch Lev 19,1–2/36b.37 gerahmt und weisen einen parallelen Aufbau auf. Einem Block kasuistischer Rechtssätze (Lev 19,5–10.20–25) gehen kurze Grundsatzbestimmungen von Dekaloggesetzen (Lev 19,3 f.) und Verbote unerlaubter Mischungen (Lev 19,19aßb) voraus und folgen jeweils längere Reihen von Prohibitiven und Injunktiven (Lev 19,11–18) sowie von Prohibitiven, Vetitiven und Injunktiven (Lev 19,26–36a).

In diesen Reihen werden Sätze des Rechts und des Ethos aus dem BB, dem Dtn und der Weisheit zu einer Summe des Recht, Ethos und Kult umfassenden Gotteswillens zusammengestellt. Die Reihe (Lev 19,11–18), die durch die Kundgabeformel in einzelne Abschnitte (Lev 19,11 f.13 f.15 f.17 f.) gegliedert ist, wird durch die Anknüpfungen an das Diebstahls- und Namensmißbrauchsverbot des Dekalogs (Lev 19,11 f.) eröffnet, die sich pluralisch formuliert als Eröffnung von den singularisch formulierten Prohibitiven (Lev 19,13–18) abheben. Lev 19,13 f. verbindet die Auslegung des Verbots, den Lohn des Tagelöhners bis zum Morgen zurückzuhalten (Dtn 24,14 f.), mit dem aus der Weisheit stammenden Verbot, die

Behinderung von Tauben und Blinden auszunutzen (Amenemope, 478). Entsprechend wird Lev 19,26–36a mit einer Reihe von Geboten, die Israel von idolatrischen Praktiken der Völker abgrenzen und positiv im Sabbatgebot des Dekalogs zentriert sind (Lev 19,26–31), eröffnet. Lev 19,27 f. nimmt dabei Dtn 14,1 auf. Der Vetitiv in Lev 19,29 wendet sich mit Dtn 23,18 f. gegen die Kultprostitution. Der Vetitiv in Lev 19,31 knüpft an das Prophetengesetz in Dtn 18,11 an. Diesem durch die Langform der Kundgabeformel zu einer Einheit zusammmengefaßten Block folgt Lev 19,32–34. An die Weisheitssentenz, das Alter zu ehren (Lev 19,32), schließen sich das an Ex 22,20; 23,9 anknüpfende Verbot, den Fremden zu bedrücken, und das Gebot der Fremdenliebe an (Lev 19,33 f.). Die Abfolge von Weisheitssentenz und Sozialbestimmung invertiert die in Lev 19,13–14. Das gilt auch für die Schlußabschnitte. In Lev 19,15 f. geht eine prozeßrechtliche Prohibitivreihe dem Gebot der Feindesliebe (Lev 19,17 f.) voraus. In Lev 19,35.36a folgen die Gerichtsbestimmung und das in diesem Kontext gehörende Gebot rechter Maße und Gewichte dem Gebot der Fremdenliebe, das an Lev 19,18 anknüpft, so daß sich folgender Aufbau des Kapitels ergibt:

Lev 19,1–2: Heiligkeitsformel

Lev 19,3 f.: dekalogische Grundnormen	Lev 19,19aßb: Grundnormen verbotener Mischungen
Lev 19,5–10: kasuistische Gesetze	Lev 19,20–25: kasuistische Gesetze
Lev 19,11–18: Prohibitivreihe	Lev 19,26–36a: Prohibitivreihe
Lev 19,11 f.: plur. Dekaloggebote	Lev 19, 26–31: plur. Abgrenzungsgebote
Lev 19,13: Sozialgebote Lev 19,14: Weisheitssentenz	Lev 19,32: Weisheitssentenz Lev 19,33: Sozialgebot
Lev 19,15 f.: Gerichtsbestimmungen	Lev 19,34: Liebesgebot
Lev 19,17 f.: Liebesgebot	Lev 19,35.36a: Gerichtsbestimmungen

Lev 19,36b.37: Herausführungsformel

In den Gebotsreihen werden Normen zu Kult, Recht, Ethos und Weisheit miteinander verbunden. Die Gebote der Elternehrung und des Sabbats sowie das Fremdgötter- und Bilderverbot des Dekalogs (Lev 19,3 f.) werden mit Verboten unerlaubter Mischungen (Lev 19,19aßb), die der sakralen Etikette zuzurechnen sind, parallelisiert. In den Blöcken kasuistischer Sätze werden solche des Kultrechts (Lev 19,5–8/20–22) neben soziale Bestimmungen (Lev 19,9 f.) und solche des Privilegrechts (Lev 19,23–25) gestellt. In den beiden Prohibitivreihen (Lev 19,11–18/26 bis 36a) stehen, durch die Pluralform von den folgenden überwiegend singularisch formulierten Geboten abgehoben, Dekaloggebote (Lev 19,11 f.) und solche, die Israel von idolatrischen Praktiken der Völker abgrenzen (Lev 19,26–31) als Überschriften. Schließlich werden Weisheitssentenzen (Lev 19,14.32), Bestimmungen des Ethos zum Schutz der Schwachen (Lev 19,13.33), Gerichtsbestimmungen (Lev 19,15 f.35.36a) und Sätze des Liebesgebots (Lev 19,17 f.34) zusammengestellt, um in dieser Vielfalt die alle Lebensbereiche ordnende Einheit des Gotteswillens zum Ausdruck zu bringen. BB, Dtn, Weisheit und priesterliche Überlieferung werden so zusammengeführt. Aber dies geschieht nicht unstrukturiert. Die Prohibitivreihe (Lev 19,11–18) und mit ihr die ganze erste Hälfte des Diptychon (Lev 19,3–18) hat ihren Zielpunkt in dem Liebesgebot (Lev 19,18).

A. *Nissen* hat das Liebesgebot als Zusammenfassung der voranstehenden Gebotsreihe gedeutet. Die Nächstenliebe sei der Grund, diesen Geboten zu folgen, oder es erweise sich darin die Liebe zum Nächsten, so daß das Liebesgebot als Schlußwendung »so liebe also deinen Nächsten wie dich selbst« zu verstehen sei. Gegen eine so unspezifische Interpretation hat *H.-P. Mathys* das Liebesgebot als Gebot der Feindesliebe nur auf Lev 19,17.18a bezogen. Wird nach der Verankerung des Liebesgebots in der Struktur des Kapitels gefragt, so wird deutlich, daß es als Gebot der Feindesliebe zu deuten ist, ohne daß der Bezug auf Lev 19,17 f. beschränkt werden muß. Lev 19,18 ist als Reformulierung von Ex 23,4 f. und Dtn 22,1–4 dadurch, daß Ex 23,4 f. im Kontext der Gerichtsordnung (Ex 23,1–3.6–8) steht, über Lev 19,17 hinaus auch mit Lev 19,15–16 verzahnt und auf die Feindesliebe bezogen. Wie Ex 23,4 f. auf die Solidarität auch mit dem Prozeßgegner zielt, so faßt Lev 19,17.18a diesen Aspekt dahingehend zusammen, keinen Haß gegen den Bruder, und damit auch nicht gegen den Bruder als Prozeßgegner zu hegen und keine Vergeltung zu üben. Lev 19,18b formuliert anschließend mit dem Gebot der Feindesliebe entsprechend positiv. So bildet das Gebot der Feindesliebe den Höhe- und Zielpunkt der mit dem Verbot, den Nächsten nicht zu bestehlen und ihn als Armen nicht zu bedrücken, beginnenden Prohibitivreihe.

Was begründet die dem Menschen nicht von der Natur mitgegebene Feindesliebe? Die Frage weitet sich zu der nach der theologischen Begründung der Normen in Lev 19 aus. Die Strukturierung des Kapitels auf dem Hintergrund des Kontextes des Gebotes der Feindesliebe im BB gibt die Antwort. In Ex 23,1–8 rahmt die Gerichtsordnung das Gebot der Feindesliebe. Theologisch begründet wird dieser Zusammenhang durch die um Ex 23,1–8 als Rahmen gelegten Privilegrechtsbestimmungen, die den Bereich der Aussonderung der Gottesherrschaft unterstellen. Nicht nur im kultischen Privilegrecht konkretisiert sich der Gehorsam gegen Gott, sondern auch in der Rechtswahrung und in der Solidarität mit dem Nächsten, also auch mit den Feinden. Fas, ius und Ethos werden durch diese redaktionelle Struktur zu einer Einheit zusammengefaßt. Die in den Privilegrechtsbestimmungen fest verankerte armentheologische Thematik wird im Zentrum der Struktur zum Gebot der Feindesliebe fortgeführt, die den Skopus in der Struktur bildet. Sie hat der Redaktor in Lev 19 übernommen und weiterentwickelt. Er formiert den theologischen Rahmen nicht durch das Privilegrecht, das eine untergeordnete Bedeutung unter den Geboten erhält (Lev 19,23–25), sondern durch den Dekalogprolog von Kundgabe- und Heiligungsformel. Verzahnt mit der Gesamtredaktion des HG wird die Kundgabeformel zur Heiligungsformel weiterentwickelt: Israel soll sich heiligen, weil JHWH heilig ist. Im Tun des Gotteswillens soll Israel Gott entsprechen. Der Mensch weiß um die Heiligkeit als Hingabe an den anderen aus dem Bekenntnis des Exodus. Im Auszugsgeschehen wird das Wesen Gottes für Israel erkennbar. So wird Lev 19 durch Heiligungsformel und Herausführungsformel gerahmt. Geht das BB schnell vom theologisch rahmenden Privilegrecht über das Prozeßrecht zum Gebot der Feindesliebe über, so integriert der Redaktor in Lev 19 ein Kaleidoskop von Normen aus vielen Bereichen, einschließlich der Weisheit, um das Tun des Menschen zu jeder Zeit und an jedem Ort unter die Forderung der Heiligung zu stellen. Sie hat ihren Ermöglichungsgrund in der Heiligkeit Gottes, die sich im Befreiungsgeschehen des Exodus dem Menschen zugewandt hat. Das Kapitel führt durch die Lebensbereiche, um in seiner Mitte Ziel und Mitte des Ethos zu finden: »du sollst deinen Nächsten lieben wie dich selbst«.

Noch in der sozialen Interpretation des Gebotes der Feindesliebe als Gebot der Fremdenliebe (Lev 19,34) und in seiner Integration in die Struktur des Kapitels wird die Funktion von Lev 19,18b als Mitte des Kapitels unterstrichen. Das Gebot der Fremdenliebe wird nicht parallel zum Gebot der Feindesliebe als Abschluß der Prohibitivreihe angeordnet, sondern invertiert und damit aus der Parallelposition herausgerückt, so daß das Gebot der Feindesliebe vor dem Einschnitt (Lev 19,19aα) zur Mitte des Kapitels werden kann. Die sich darin ausdrückende theologische Logik läßt die Dekaloggebote zu Rahmen und Struktur allen Tuns des Menschen, das Gebot der Feindesliebe aber zur krönenden Mitte werden, indem der Mensch heilig wird, wie Gott heilig ist. In keinem rationalen Kalkül kann ein solches Ethos der Feindesliebe Anhalt finden, sondern allein an der Heiligkeit Gottes, die im Exodus für Israel Ereignis geworden ist.

Der Redaktor weiß, daß der Mensch immer wieder hinter den Forderungen des Gotteswillens zurückbleibt und sündig wird. In Lev 19,20–22 fügt er einen Rechtssatz zum Umgang eines Mannes mit einer verlobten Sklavin ein. Er hat an dieser Stelle eine doppelte Funktion. Er ergänzt zunächst das Eherecht des Dtn. Werden dort Ehebruch, Vergewaltigung und Umgang mit einer ledigen Frau voneinander abgegrenzt und der letztere Fall vom Todesrecht losgelöst und dem Ersatzleistungsrecht zugewiesen (Dtn 22,20–29), so wird hier der Grenzfall des Umgangs mit einer inchoativ verheirateten Sklavin nachgetragen, der ebenfalls vom Todesrecht abgegrenzt wird. Nicht aber nur um den Aspekt der Ersatzleistung geht es in diesem priesterlich bearbeiteten Rechtssatz, sondern auch um die kultischen Konsequenzen in einem minder schweren der Sühne offenstehenden Fall. Damit wird nicht nur die Sühnetheologie von P paradigmatisch erweitert, sondern das Programm in Lev 19 wird an die Sühnetheologie angeschlossen. So zeichnet sich dieser Redaktor, bei aller Programmatik, die ihren Zielpunkt im Gebot der Feindesliebe hat, durch Realitätssinn aus.

Im Gegensatz zum dtr Programm, das für das neue Israel nach dem Exil eine Gesellschaft ohne Armut erwartet, weiß der Redaktor des HG um die bleibenden Unterschiede von Starken und Schwachen und entwirft ein Programm der Solidarität der Starken mit den Schwachen, das auch die nicht genuin zur Gemeinschaft Israels gehörenden Fremden integriert. Der Redaktor weiß auch hier, daß der Mensch stets hinter der Programmatik zurückbleibt. Wird das ethische Programm der Feindes- und Fremdenliebe, der Solidarität mit dem sozial Schwachen und des Gehorsams gegen die Gebote des Dekalogs, des Kultrechts und der weisheitlichen Ermahnung als Ausdruck des Gotteswillens interpretiert, so muß es ein theologisches Thema werden, wie Gott darauf reagiert, wenn Israel hinter diesem Programm zurückbleibt. Die Antwort ist die Rückbindung von Lev 19 an die priesterliche Sühneinstitution (Lev 16) und damit an die vorlaufende Bereitschaft Gottes zur Vergebung.

Erkennt der Redaktor auch die bleibenden Unterschiede von Armen und Reichen, Starken und Schwachen an, so sieht er um so konsequenter seine Aufgabe darin, diese Unterschiede durch die Einrichtung von Ausgleichsinstitutionen abzumildern und ihre gesellschaftliche Sprengkraft zu reduzieren. Dem dienen die Löseinstitutionen im Rahmen der Sabbatordnung des HG (Lev 25).

2.4.5 Das Programm der Sozialethik: Der Ausgleich zwischen Arm und Reich durch die Sabbatordnung

J. Alexander, A Babylonian Year of Jubilee?, JBL 57, 1938, 75–79; *J. Bottéro,* Le désordre économique supposé par le rétablissement de l'équité, JESHO 4, 1961, 113–164; *D. Charpin,* L'andurârum à Mari, MARI 6, 1990, 253–270; *E. Cortese,* L'anno giubilare, RivBib 18, 1970, 395–409; *E. Davies,* The Manumission of Slaves under Zedekiah, OTS 5, 1948, 63–79; *M. Dietrich,* Die Frage nach der persönlichen Freiheit im Alten Orient, in: ders. u. a. (Hg.), Mesopotamica-Ugaritica-Biblica. FS K. Bergerhof, 1993, 45–58; *J. Ebach,* Sozialethische Erwägungen zum alttestamentlichen Bodenrecht, BN 1, 1976, 31–46; *E. Ebeling,* Art. Freiheit/Freilassung, RLA III, 110–112; *J.H. Fager,* Land Tenure and the Biblical Jubilee, 1993; *E. Ginzberg,* Studies in the Economics of the Bible, JQR 22, 1932, 343–408; *R. Gnuse,* Jubilee Legislation in Leviticus, BTB 15, 1985, 43–48; *M. Greenberg,* Art. Sabbatical Year and Jubilee. Ancient Near Eastern Background, EJ.Y XIV, 574–578; *S. Japhet,* The Relationship between the Legal Corpora in the Pentateuch in the Light of Manumission Laws, in: dies. (Hg.), Studies in Bible, 1986, 63–89; *A. Jirku,* Das israelitische Jobeljahr, in: ders., Von Jerusalem nach Ugarit, 1966, 319–329; *H. G. Kippenberg,* Religion und Klassenbildung im antiken Judäa,²1982; *Kirchenamt der EKD* (Hg.), Gemeinwohl und Eigennutz. Wirtschaftliches Handeln in Verantwortung und Zukunft. Eine Denkschrift der Evangelischen Kirche in Deutschland, 1991; *F. Lemoine,* Le jubilé dans la Bible, VS 81, 1949, 262–288; *J. Lewy,* The Biblical Institution of Derôr in the Light of Akkadian Documents, ErIs 5, 1958, 21*-31*; *D. L. Lieber,* Art. Sabbatical Year and the Jubilee, EJ.Y XIV, 574–586; *A. Meinhold,* Zur Beziehung Gott, Volk, Land im Jobel-Zusammenhang, BZ (N.F.) 29, 1985, 245–261; *J. Morgenstern,* Art. Jubilee, Year of, IDB II, 1001–1002; *E. Neufeld,* Ius Redemptionis in Ancient Hebrew Law, RIDA 8, 1961, 29–40; *ders.,* Inalienability of Mobile and Immobile Pledges in the Laws of the Bible, RIDA 9, 1962, 33–44; *N. Nicolsky,* Die Entstehung des Jobeljahrs, ZAW 50, 1932, 216; *R. North,* The Biblical Jubilee and Social Reform, Scrip. 4, 1951, 323–335; *ders.,* Sociology of the Biblical Jubilee, 1954; *E. Otto,* Wirtschaftsethik im AT, Informationes Theologiae Europae 3, 1994; *G. Robinson,* Das Jobel-Jahr, in: D.R. Daniels u. a. (Hg.), Ernten, was man sät. FS K. Koch, 1991, 471–494; *N. Sarna,* Zedekiah's Emancipation of Slaves and the Sabbatical Year, in: H. Hoffner (Hg.), Orient and Occident. FS C.H. Gordon, 1973, 143–149; *H. Schaeffer,* Hebrew Tribal Economy and the Jubilee, 1922; *G. Wallis,* Das Jobeljahr-Gesetz, eine Novelle zum Sabbatjahr-Gesetz, MIOF 15, 1969, 337–345; *J. P. Weinberg,* Die Agrarverhältnisse in der Bürger-Tempel-Gemeinde der Achämenidenzeit, in: J. Harmatta u. a. (Hg.), Wirtschaft und Gesellschaft im alten Vorderasien, 1976, 473–486; *R. Westbrook,* Jubilee Laws, in: ders., Property (s.o. II), 36–57; *R. Yaron,* Redemption of Persons in the Ancient Near East, RIDA 6, 1959, 155–176; *N. Yoffee,* Aspects of Mesopotamian Land Sales, AmA 90, 1988, 119–130.

Ein Programm der Individualethik, das seinen Rahmen im Dekalog und seine Mitte im Gebot der Feindesliebe findet, ist in der Sicht des Redaktors des HG durch die Heiligkeit Gottes, die im Exodus erfahrbar wurde, legitimiert und ermöglicht. Wie wird dieser Ermöglichungsgrund für die Menschen konkret? Eine erste Antwort im paränetischen Rahmenwerk zielt auf den je einzelnen Menschen als ethisches Subjekt. Das Wissen darum, daß Gott im Exodus gnädig gehandelt hat, begründet die Verpflichtung zum Gehorsam gegen den Gotteswillen. Der Redaktor weiß aber auch, daß allein die innere Disposition kaum ausreicht, um ein Programm, wie es in Lev 19 entfaltet wird, Realität werden zu lassen. Die äußeren Bedingungen des gesellschaftlichen Lebens, in das der einzelne eingebettet ist, spielt eine ebenso wichtige Rolle. Diesen Aspekt behandelt Lev 25.

Der Redaktor stellt einen Zusammenhang zwischen Lev 19 und den Sabbatordnungen in Lev 25 her. Die Mahnung, JHWH zu fürchten, setzt er gezielt in diesen beiden Kapiteln ein. Sie findet sich jeweils in Geboten und Verboten, die das soziale Verhalten gegen den Nächsten zum Inhalt haben (Lev 19,14.32; 25,17.36.43). Neben diesem Zusammenhang zwischen JHWH-Furcht und dem Schutz sozial Schwacher dient die Erinnerung an die Knechtschaft in

Ägypten (Lev 19,34.36; 25,38.42.55) der Verklammerung. Beide Kapitel sind aufeinander bezogen zu interpretieren:

»(V.1) Und JHWH sprach zu Mose auf dem Berg Sinai: (V.2) Sprich zu den Israeliten und sage ihnen: *Wenn ihr in das Land kommt, das ich euch gebe,* dann soll das Land Sabbat für JHWH feiern. (V.3) Sechs Jahre sollst du auf deinem Feld säen und sechs Jahre sollst du deinen Weinberg beschneiden und seinen Ertrag ernten. (V.4) Im siebten Jahr aber soll für das Land unbedingt ein Sabbat sein, ein Sabbat für JHWH. Dann sollst du auf deinem Feld nicht säen und deinen Weinberg nicht beschneiden. (V.5) Auch was nachwächst sollst du nicht ernten und deine freiwachsenden Trauben sollst du nicht sammeln. Ein Sabbatjahr soll es für das Land sein. [(V.6) Der Sabbat des Landes soll euch Nahrung sein, dir, deinem Sklaven, deiner Sklavin, deinem Tagelöhner und deinem Beisassen, der sich bei dir als Fremder aufhält. (V.7) Deinem Vieh und den Tieren, die in deinem Land leben, soll sein ganzer Ertrag zur Nahrung dienen.]

(V.8) Du sollst sieben Jahreswochen zählen, sieben mal sieben Jahre. Die Zeit von sieben Jahrwochen ergibt für dich 49 Jahre. (V.9) Und du sollst das Signalhorn im siebten Monat blasen, am 10. Tage des Monats. Am Versöhnungstag sollt ihr das Signalhorn in eurem ganzen Lande blasen. (V.10) Ihr sollt das fünfzigste Jahr heiligen und eine Befreiung im Lande für alle seine Einwohner ausrufen. Es gelte als ein Jobeljahr für euch. Ein jeder von euch soll zu seinem Landbesitz zurückkehren und ein jeder zu seiner Familie. (V.11) Das fünfzigste Jahr gelte als Jobeljahr für euch. Ihr sollt nicht säen und nicht ernten, den Brachwuchs nicht abernten und die unbeschnittenen Weinstöcke nicht abpflücken. (V.12) Denn dieses Jobeljahr soll für euch heilig sein. [Vom Felde sollt ihr seinen Ertrag essen.] (V.13) In diesem Jobeljahr soll jeder von euch zu seinem Landbesitz zurückkehren.

(V.14) Wenn du deinem Mitbürger etwas verkaufst oder von ihm etwas kaufst, so sollt ihr euch einander nicht übervorteilen. (V.15) Gemäß der Zahl an Jahren nach dem Jobeljahr sollst du von deinem Mitbürger kaufen und gemäß der Zahl an Ertragsjahren soll er dir verkaufen. (V.16) Bei einer hohen Zahl von Jahren sollst du seinen Kaufpreis entsprechend hoch veranschlagen und bei einer geringen Zahl von Jahren sollst du seinen Kaufpreis entsprechend niedrig veranschlagen, denn eine Anzahl von Erträgen verkauft er dir. (V.17) Niemand soll seinen Mitbürger übervorteilen. *Du sollst deinen Gott fürchten, denn ich, JHWH, bin euer Gott. (V.18) Ihr sollt meine Vorschriften befolgen und meine Gesetze beachten und ihnen gemäß handeln, dann werdet ihr in Sicherheit im Lande wohnen. (V.19) Das Land wird seine Früchte geben und ihr werdet euch satt essen und sicher im Land wohnen.* (V.20) Wenn ihr aber fragt: Was sollen wir im siebten Jahr essen, wenn wir nicht säen und unseren Ertrag nicht ernten? – (V.21) so werde ich meinen Segen für euch im sechsten Jahr entbieten und er bringt einen Ertrag für drei Jahre hervor. (V.22) Wenn ihr im achten Jahr sät, werdet ihr noch bis zum neunten Jahr vom alten Ertrag essen können. Bis der Ertrag des neuen Jahres kommt, werdet ihr vom alten essen können.

(V.23) *Das Land darf nicht unwiderruflich verkauft werden, denn mir gehört das Land. Ihr seid nur Fremde und Schutzbürger bei mir.* (V.24) *Für euren gesamten Grundbesitz sollt ihr ein Löserecht auf das Land gewähren.*

(V.25) Wenn dein Bruder verarmt und etwas von seinem Grundbesitz verkauft, so soll sein nächstverwandter Löser ihm beispringen und den verkauften Boden seines Bruders auslösen. (V.26) Wenn jemand keinen Löser hat, es gelingt ihm aber, die Mittel für die Auslösung selbst aufzubringen, (V.27) so rechnet er die Jahre seit dem Verkauf an und zahlt den Rest an den Käufer zurück. Sein Grundbesitz fällt an ihn zurück. (V.28) Bringt er den für den Rückkauf notwendigen Betrag nicht auf, so bleibt das verkaufte Land im Besitz des Käufers bis zum Jobeljahr. Im Jobeljahr wird es frei und kommt wieder zu seinem ursprünglichen Grundbesitz.

(V.29) Wenn jemand ein Wohnhaus in einer ummauerten Stadt verkauft, so besteht sein Löserecht ein Jahr bis zum Ende des Jahres, in dem der Verkauf erfolgte. (V.30) Wenn es bis zum Ablauf des Jahres nicht gelöst wurde, so bleibt das Haus in einer ummauerten Stadt unwiderruflich im Besitz des Käufers und seiner Nachkommen. Es wechselt im Jobeljahr nicht den Besitzer. (V.31) Die Häuser aber der nicht durch eine Mauer geschützten Dörfer werden zum freien Feld des Landes gezählt. Für sie bleibt das Rückkaufsrecht bestehen. Im Jobeljahr wechseln sie den Besitzer. (V.32) Für die Städte der Leviten, die Häuser der Städte, die in ihrem Erbbesitz sind, gilt: Ein unbegrenztes Löserecht besteht für sie. (V.33) Wenn einer von den Leviten auf den Rückkauf verzichtet, fällt im Jobeljahr das Stadthaus in seinen Besitz zurück, denn die Häuser in den Levitenstädten sind deren Eigentum mitten unter den Israeliten. (V.34) Und das Weideland ihrer Städte kann nicht verkauft werden, denn es ist zeitlich unbefristet ihr Besitz.

(V.35) Wenn dein Bruder verarmt und seine Hand neben dir schwach wird, so sollst du ihn stärken, auch wenn er ein Fremder oder Schutzbürger ist, so daß er neben dir am Leben bleibt. (V.36) Nimm von ihm keinen Zins oder Zuschlag und fürchte dich vor deinem Gott, so daß dein Bruder bei dir leben kann. (V.37) Dein Geld sollst du ihm nicht gegen Zins geben und gegen Zuschlag nicht deine Nahrungsmittel. (V.38) *Ich, JHWH, bin euer Gott, der euch herausgeführt hat aus dem Lande Ägypten, um euch das Land Kanaan zu geben und euer Gott zu sein.*

(V.39) Und wenn dein Bruder neben dir verarmt und er sich dir verkauft, sollst du ihm keine Sklavenarbeit auferlegen. (V.40) Wie ein Lohnarbeiter, wie ein Schutzbürger soll er bei dir sein; bis zum Jobeljahr soll er bei dir arbeiten. (V.41) Dann soll er frei von dir weggehen, er und seine Kinder, und soll zu seiner Familie und zum Grundbesitz seiner Väter zurückkehren. (V.42) *Denn sie sind meine Knechte; ich habe sie aus Ägypten herausgeführt; sie sollen nicht verkauft werden, wie man Sklaven verkauft.* (V.43) Du sollst nicht mit Zwang über ihn herrschen und dich vor deinem Gott fürchten. (V.44) Was aber deinen Sklaven und deine Sklavin betrifft, die dir gehören: Von den Völkern, die rings um euch sind, könnt ihr Sklaven und Sklavinnen kaufen. (V.45) Auch von den Kindern der Schutzbürger, die bei euch sind, könnt ihr kaufen und aus ihren Familien, die bei euch sind und in eurem Land geboren wurden. Sie sollen euer Besitz sein. (V.46) Und ihr könnt sie euren Söhnen vererben, damit sie sie als dauerndes Eigentum besitzen. Ihr sollt sie als Sklaven haben. Aber über eure Brüder, die Israeliten soll keiner, nicht einer über den anderen mit Zwang herrschen.

(V.47) Und wenn ein Fremder oder Schutzbürger neben dir zu Wohlstand kommt, dein Bruder aber verarmt und sich an den Fremden oder den Schutzbürger neben dir, oder an einen Nachkommen aus der Familie eines Fremden verkauft, (V.48) so soll für ihn, wenn er sich verkauft hat, ein Löserecht bestehen; einer von seinen Brüdern soll ihn auslösen (V.49) oder sein Onkel, der Sohn seines Onkels oder sonst ein Verwandter aus seiner Familie. Wenn seine eigenen Mittel ausreichen, kann er sich selbst auslösen. (V.50) Er soll mit seinem Käufer die Jahre zwischen dem Verkaufsjahr und dem Jobeljahr berechnen; sein Verkaufspreis soll dem Ertrag eines Lohnarbeiters bezogen auf die Jahre entsprechen. (V.51) Wenn es noch viele Jahre sind, soll er dementsprechend den Lösepreis von seiner Kaufsumme absetzen. (V.52) Wenn nur wenige Jahre bis zum Jobeljahr übrig sind, so soll er es ihm berechnen. Den Jahren entsprechend soll er den Preis für die Auslösung bezahlen. (V.53) Wie ein Lohnarbeiter soll er Jahr für Jahr bei ihm sein; dieser soll vor deinen Augen nicht mit Zwang über ihn herrschen. (V.54) Wenn er aber auf diese Weise nicht ausgelöst wird, soll er im Jobeljahr frei werden zusammen mit seinen Kindern. (V.55) *Denn mir gehören die Israeliten als Knechte, meine Knechte sind sie, ich habe sie aus Ägypten herausgeführt, ich, JHWH, bin euer Gott*« (Lev 25,1–55).

Die Sabbatordnung und die mit ihr verbundenen Gesetze der Befreiungen sind durch ein paränetisches Fachwerk (Lev 25,2a.17b-19.23 f.38.42.55) strukturiert, das die Gesetzgebung von Sabbatjahr, Jobeljahr, Lösung des Bodens und der Personen zu einem großen sozialen Programmtext verklammert. Als Eröffnung steht das privilegrechtliche Gebot des Sabbatjahres (Lev 25,2–7). Im Gegensatz zum Erlaßjahr-Gesetz des Dtn wird, an das Bundesbuch (Ex 23,10 f.) anknüpfend, der soziale Aspekt des siebten Jahres zurückgestellt und die privilegrechtliche Funktion betont, um die durch das Sabbatjahr zeitlich strukturierte Lebenswelt der Herrschaft Gottes zu unterstellen, was durch das zweimalige »für JHWH« (Lev 25,2.4) unterstrichen wird. Das Sabbatjahrgesetz knüpft damit an das Sabbatgesetz (Lev 23,3) an, das im Gegensatz zum Sabbatgebot des Dekalogs ebenfalls auf eine soziale Interpretation des Ruhetages verzichtet. So wie das Sabbatgebot das Hauptgebot der Fest- und Befreiungsordnung in Lev 23; 25 ist, so fungiert das Sabbatjahrgebot dem untergeordnet als Hauptgesetz für die Jobeljahrgebote. Die mit der Lösefunktion verbundenen Jobeljahrbestimmungen haben ihren Ermöglichungsgrund in der Herrschaft Gottes über das Land und über Israel. Im Sabbatjahrgebot wird die Sabbatruhe, die Israel hält, als Sabbatruhe für das Land, die es für JHWH hält, bezeichnet.

Die paränetische Rahmung setzt mit dem Motiv der Gabe des Landes durch JHWH ein (Lev 25,2a). In dem folgenden Rahmenstück (Lev 25,17b-19) wird die Herrschaft Gottes über das Land dadurch zum Ausdruck gebracht, daß es seine Früchte nur gibt, wenn Israel den Geboten Gottes folgt. (Lev 25,23 f.) JHWHs Eigentum des Landes wird zur Grundlage der sozialen Gesetzgebung gemacht. Die Jobeljahrbestimmungen (Lev 25,8–13.25–54) sind als Anwendungsbestimmungen der Sabbatjahrverordnungen mit diesen nicht nur durch den Anschluß in der Datierung, die die Sabbatjahrbestimmungen voraussetzen, verbunden, sondern werden auch durch den Einschub (Lev 25,20–22), der sich auf das Sabbatjahr bezieht, in einer alternierenden Abfolge von Sabbatjahrbestimmungen (Lev 25,2–7.20–22) und Jobeljahrbestimmungen (Lev 25,8–19.23–25) miteinander verzahnt. Im Sabbatjahrgebot wird also der theologische Begründungszusammenhang für die folgenden sozialen Regelungen grundgelegt. Nicht an der Logik der Optimierung des menschlichen Nutzens sollen die sozialen Bestimmungen orientiert werden, sondern am Willen Gottes, der, wie die paränetische Rahmung (Lev 25,38.42) deutlich macht, im Exodus auf Befreiung aus der Knechtschaft zielt und also auch eine den Nächsten vor der Knechtschaft bewahrende Praxis will, die sich mit dem Jobeljahr verbindet. Werden also das Sabbatgebot und das Sabbatjahrgebot aller sozialen Ausrichtung entkleidet, so geschieht dies, um deutlicher als im Dtn zwischen Begründung und Norm zu unterscheiden. Die Begründung der sozialen Norm wird nicht nur wie im Dtn in der Paränese gegeben, sondern durch konsequent auf JHWH bezogene Normen selbst. So entsteht eine Hierarchie von Begründungs- und Applikationsnormen. In der Begründungsfunktion des Privilegrechts knüpft der Redaktor mit dem Sabbatjahrgebot an das Erlaßjahrgebot des Bundesbuchs (Ex 23,10 f.) an. Wird das Sabbatjahrgesetz durch die Zweckbestimmung »für JHWH« konsequent mit JHWH verbunden, und werden entsprechend alle dem Menschen dienenden sozialen Abzweckungen gestrichen, so werden die Aussonderungsbestimmungen des Jobeljahres durch »ein Jobeljahr für euch« (Lev 25,10.11.12) mit Israel verbunden und entsprechend die sozialen Funktionen auf das Jobeljahr konzentriert. Eine Gebotskette verläuft vom Sabbatgebot über das Sabbatjahrgebot zum Jobeljahrgebot. Das Sabbatjahrgebot hebt das Sabbatgebot auf die Ebene der Jahreszählungen und das Jobeljahrgebot verknüpft die 7-Zahl der Sabbatgebote als Multiplikationsfaktor mit den sieben Jahren des Sabbatjahrgebotes, so daß jedes siebte Sabbatjahr ein Jobeljahr ist.[65] Im Jobeljahr gewinnt diese Sabbatordnung ihren Zielpunkt im Ausrufen der »Befreiung« für alle Bewohner des Landes.

Der hebräische Begriff »Befreiung« (*derôr*) ist eng mit dem akkadischen *andurāru(m)* (neu-assyr. *durāru*), dem terminus technicus für den Schuldenerlaß, die Freilassung von Sklaven und Aufhebung von Dienstpflichten, verwandt. Der akkadische Begriff geht auf den sumeri-schen Begriff *ama.ar.gi* zurück, der wörtlich »zur Mutter (d. h. zur von Geburt gültigen Ordnung) zurückkehren« bedeutet und bereits sumerisch als terminus technicus für die Freilassung von Personen verwendet wurde. Im Kodex Hammurapi (§ 117) wird der akka-dische Begriff mit der Freilassung des Schuldsklaven im vierten Jahr verbunden. Daneben steht er in altbabylonischer Zeit in königlichen Edikten zur Bezeichnung von Schulderlassen und Aufhebungen von Notverkäufen von Grundstücken sowie von Schulddienst-verhältnissen. Im Ammiṣaduqa-Edikt (§ 20.32–35) wird »Gerechtigkeit wiederherstellen« (*mīšaram šakānum*) und »Freiheit wiederherstellen« (*andurāram šakānum*) parallel für ein *mīšarum*-Edikt verwendet. In neuassyrischer Zeit rühmen sich Sargon II. und Asarhaddon, für Teile der Bevölkerung Freiheit aufgerichtet zu haben, ohne daß genau erkennbar wird, worin diese Akte im einzelnen bestanden. In neuassyrischen Wirtschaftsurkunden erwähnte Schuldenerlasse deuten darauf hin, daß es noch in dieser Zeit königliche Akte in der Tradition der Gerechtigkeits-Akte gab, die sich auf einen Schuldenerlaß beschränkten. In Dtn 15 wird der Schuldenerlaß erstmals im Alten Orient programmatisch alle sieben Jahre institutio-nalisiert und nicht durch eine königliche Proklamation, sondern direkt durch den Gottes-willen legitimiert.

Die Befreiungsbestimmung (Lev 25,10) wird in Lev 25,23–55 durch vier, jeweils mit der Protasis »wenn dein Bruder verarmt« (Lev 25,25.35.39.47[66]) eingeleitete Gesetzesabschnitte für die Haftung mit Grund und Boden (Lev 25,23–34) und die Personalhaftung (Lev 25,35–54) entfaltet.

Die Sachhaftung

Ein veräußertes Grundstück fällt spätestens im Jobeljahr an seinen Besitzer zurück (Lev 25,23.28). Grund und Boden bleiben also unwiderruflich als Erbland im Besitz der Familie und nur die Ernteerträge sind verkäuflich. Im Gegensatz zum Boden-recht der Nachbarvölker ist das Land nicht konvertibles Handelsgut, sondern soll als Grundlage des Wirtschaftens unlösbar im Besitz einer Familie bleiben. Würde aber jeder Handel, der über die unmittelbaren Ernteerträge eines Jahres hinausgeht, verboten, so hieße es, die Ökonomie auf das Niveau einer Subsistenzökonomie zurückzudrücken. Das Kreditwesen müßte zusammenbrechen. Um die sozialen Schäden einer freien Konvertierbarkeit des Bodens zu vermeiden und dennoch die Ökonomie nicht abzuwürgen, wird der Handel mit dem Boden untersagt, die Er-träge aber können im Rahmen des Jobelzyklus von 49 Jahren gehandelt werden (Lev 25,13.14–17). Nur Immobilien in der Stadt, die den Familien nicht als öko-nomische Grundlage dienen, sind konvertibel (Lev 25,29–31).[67] Um die Bindung

---

65 Mit dem fünfzigsten Jahr (Lev 25,10 f.) wird nicht eine andere, um ein Jahr differie-rende Datierung eingeführt. Sie beruht auf einer Zählung, die im Gegensatz zu Lev 25,8 das vergangene Jobeljahr mitzählt.

66 In Lev 25,47 ist dieser Konditionalsatz aus inhaltlichen Gründen in die zweite Position gesetzt.

67 Mit »unwiderruflich (im Besitz) seiner Nachkommen« (Lev 25,30) verwendet der ju-ristischer Terminologie kundige Redaktor eine Vertragsformel, die auch in einer keil-schriftlichen Urkunde in Ugarit belegt ist; cf. R. Yaron, VT 10, 1960, 83 ff.

des Bodens an die Familie noch zu stärken, kann der Zeitraum von maximal 49 Jahren, in denen eine Familie bei Schuldhaftung kein Verfügungsrecht über ihren Boden hat, abgekürzt werden. Zu diesem Zweck wird die Regelung des Jobeljahres mit einer Rückkaufsbestimmung des Löserechts (g^e'*ullā*) verbunden. Die Löse-Institution, die aus der der Blutracheinstitution stammt, wird auf die soziale Schutzpflicht ausgedehnt. Der Genealogie folgend soll ein Mitglied der Familie den Acker zurückkaufen.[68] Darüberhinaus hat derjenige, der den Acker verkauft, das Recht, ihn wieder auszulösen, wobei sich die zu zahlende Summe nach der Zahl der Erntejahre bis zum Jobeljahr berechnet. Nur in dem Falle, daß weder ein Verwandter das Vorkaufsrecht noch der Besitzer das Rückkaufsrecht wahrnehmen kann, fällt im Jobeljahr im Zuge der »Befreiung« das Nutzrecht des Ackers an seinen Eigentümer zurück.

In diesem Bemühen, durch ein Rückkaufsrecht den Boden in den Familien zu halten, hat Lev 25 eine altbabylonische Parallele im Kodex Ešnunna (§ 39):

> »Wenn ein Mann verarmt und sein Haus verkaufen muß – an dem Tage, an dem der Käufer es verkaufen will, kann der Eigentümer es einlösen.«

Muß jemand seine Immobilie im Notverkauf veräußern, so hat er ein Rückkaufsrecht in Form eines Vorkaufsrechts. Der Rechtssatz will ebenfalls Grund und Boden im Besitz der Familie halten. Im Gegensatz zu Lev 25,25 wird aber das Rückkaufsrecht als Vorkaufsrecht an die Bereitschaft des Käufers, das Grundstück wieder zu veräußern, gebunden.

Die Personalhaftung

Zu den Befreiungsbestimmungen des Jobeljahres gehören auch die Regelungen zur Personalhaftung (Lev 25,35–54). Durch die Einleitung »wenn dein Bruder verarmt« werden sie mit den entsprechend eröffneten Bestimmungen zur Sachhaftung verknüpft. Wie die Anweisungen zur Auslösung des Bodens durch die der Unverkäuflichkeit des Bodens als Grundsatzregelung eröffnet werden, so geht den Bestimmungen zur Auslösung von Personen die Forderung, Darlehen ohne Zins und Zuschlag und also als Notdarlehen zu geben (Lev 25,35–37), voran. Damit knüpft der Redaktor an das Zinsverbot in Ex 22,24 und Dtn 23,20 f. an. Ein zinsloses Notdarlehen bedeutet den Verzicht auf einen ökonomischen Vorteil zugunsten des Mitbürgers, der in Not geraten ist. Im Gegensatz zum Dtn verzichten die Jobeljahrgesetze auf eine Schuldenerlaßregelung. Die Forderung des Zinsverzichts und die zeitliche Begrenzung von Sach- und Personalhaftung haben aber eine ähnliche Wirkung. Eine Kreditvergabe kurz vor dem Jobeljahr stellt eine hohe Anforderung an die Solidarität des Kreditgebers. Sie bedarf der besonderen paränetischen Begründung: Wie die Befreiung aus der Knechtschaft in Ägypten zeigt, soll kein Mitbürger durch Verarmung in Knechtschaft geraten (Lev 25,38). In der paränetischen Rahmung der Sachhaftung steht die Landgabetradition und in der Rahmung der Personalhaftung die auf die Befreiung aus der Knechtschaft zielende Exodustradition im Vordergrund. Lev 25,38 lenkt aber auch auf die Landgabemotivik zurück,

---

68 Über Praxis des Vorkaufsrechts der Verwandten, bei der der zurückerworbene Boden in der Hand des Verwandten bleibt (Jer 32,6–15) und nicht in die des ursprünglichen Besitzers übergeht, geht Lev 25,25 hinaus, da hier der Boden an den ursprünglichen Besitzer zurückkehrt, wie die Einbindung von Lev 25,25 in die Grundsatzregelung der Unverkäuflichkeit des Bodens (Lev 25,23) und die Rückkaufsregelung durch den ursprünglichen Besitzer als gleichwertige Alternative (Lev 25,26 f.) zeigt.

und stellt eine Verbindung mit dem paränetischen Rahmenstück (Lev 25,18 f.) her: Der Verzicht auf einen Vorteil zugunsten des in Not geratenen Mitbürgers dient dem wohlverstandenen eigenen Interesse, denn ein solches Verhalten läßt sicher im Lande wohnen, das Land seine Früchte reichlich geben.

Muß sich aber ein verarmter Judäer bei seinem Mitbürger aufgrund von Schulden verdingen, hat also die Institution des Notdarlehens nicht gegriffen, so bleibt er bis zum Jobeljahr, also maximal 49 Jahre, in der Abhängigkeit und wird im Jobeljahr freigelassen. Der Redaktor verbindet die in Dtn 15 nur nebeneinander gestellten Bestimmungen zum Schuldenerlaß und zur Sklavenfreilassung mit dem Jobeljahr. Dies scheint gegenüber dem Dtn eine Verschlechterung zu sein, da die Freilassung im 7. Jahr entfällt. Doch der Status des Sklaven wird aufgehoben und der Schuldknecht dem Tagelöhner gleichgestellt. Er behält seine persönliche Freiheit und steht in einem normalen Arbeitsverhältnis. Dies gilt auch für den Fall, daß der Judäer in Abhängigkeit von einem nichtjudäischen Fremden oder Beisassen, der zu Reichtum gekommen ist, gerät. Für diesen Fall ist aber ein der Sachhaftung entsprechendes Löserecht vorgesehen. Der jeweils nächste männliche Verwandte (Lev 25,49) hat die Pflicht auszulösen, wenn der in Abhängigkeit Geratene nicht selbst das notwendige Geld aufbringen kann. Wie sich beim Rückkauf von Grund und Boden der Preis nach der Zahl der Erntejahre in Relation zum Jobeljahr errechnet, so ergibt er sich hier aus dem Lohn eines Tagelöhners bezogen auf die Jahre bis zum Jobeljahr. Das Rückkaufsrecht hat unbedingten Vorrang vor den Rechten des Gläubigers aus dem das Schulddienstverhältnis begründenden Vertrag.

Das Jobeljahrprogramm ist aus der Exegese von Dtn 15 und Ex 23,10 f. unter Aufnahme von Elementen des Rückkaufs- bzw. Vorverkaufsrechts für Grundstücke (Rut 4; Jer 32,6–15) und von Motiven königlicher mīšarum-Edikte (Jer 34,8 ff.) in exilischer oder frühnachexilischer Zeit gestaltet worden. Die Befreiung zur Aufhebung von Sach- und Personalhaftungen wird in einem Zyklus regelmäßiger Wiederholung institutionalisiert. Die hermeneutische Regel für die Auslegung von Dtn 15 in Lev 25 liefert das Bundesbuch (BB). Das Gebot des Schuldenerlasses, das das BB nicht kennt, wird nicht aufgenommen, dafür aber das Gebot des Brachejahrs, das in Ex 23,10 f. Teil des BB ist, das aber im Dtn fehlt. In Lev 25,55 wird die gesamte Gesetzgebung der Auslösung paränetisch durch die Exodusmotivik begründet: Da die Israeliten Knechte Gottes sind, der sie aus der Knechtschaft in Ägypten geführt hat, sollen sie keines anderen Menschen Knechte sein.

Das AT gibt nicht zu erkennen, ob das Jobeljahrprogramm realisiert wurde. In Neh 5,1–13 wird das Erlaßjahr-Gesetz des Dtn zugrunde gelegt, nicht aber das Jobeljahrgesetz. Es ist wohl Programm geblieben, dessen programmatisches Ethos aber Bedeutung über die Einzelbestimmungen hinaus hat. Aus dem Wissen um die Herrschaft Gottes wird eine Grenze der Verfügung des Menschen über das Land abgeleitet, die dort gezogen wird, wo Gefahr droht, daß dem Mitbürger die ökonomischen Lebensgrundlagen genommen werden. Daß die Egoismen der je einzelnen Bürger der beste Transmissionsriemen für das Gemeinwohl sein können, so daß der Erfolg der Wenigen zur Quelle der Lebenssicherung für die Vielen wird, die soziale Ungleichheit also eine positive Funktion haben kann, das sind diesem Programm fremde Gedanken. Das Jobeljahrprogramm ist von dem Grundsatz, daß alle Menschen das gleiche Recht auf einen Zugang zu den natürlichen Lebensressourcen haben, durchzogen. Der Redaktor ist aber so realistisch, daß er einräumt, daß es immer wieder eine Ausdifferenzierung von mehr und weniger Erfolgreichen geben wird, so daß soziale Mechanismen greifen müssen, um die Lebensbedingungen einander wieder anzugleichen. Die Gottesherrschaft begründet eine prinzipielle Gleichheit vor Gott. Alle sind Knechte Gottes und also niemandes anderen Knecht (Lev 25,42 f.55). Die Grenze dieses sozialethischen Programms wird in der Einschränkung auf das Volk Gottes sichtbar: Ausländer dürfen generell versklavt werden (Lev 25,44–46). Die vom HG in Lev 17–26 vorausgesetzte priesterschriftliche Theologie enthält aber bereits den im HG nicht genutzten Begründungszusammenhang zur Universalisierung dieser Ethik der Befreiung. Sind alle Menschen Geschöpfe nach dem Bild Gottes (Gen 1,27; 9,6), so sind sie prinzipiell vor Gott gleich – alle gesellschaftliche Ungleichheit findet an dieser prinzipiellen Gleichheit eine Grenze.

Für die Volkswirtschaftslehre gilt das Eigeninteresse als zentraler Transmissionsriemen zur Beförderung des Allgemeinwohls der Gesellschaft (Adam Smith). Dennoch bedarf es in der Marktwirtschaft der sozialen Mechanismen, die der ungebremsten Herrschaft der Einzelinteressen entgegensteuern, um der Verarmung ganzer Bevölkerungsteile zu wehren. Die Bibel kann in diesem stets prekären Ausgleich der Interessen keine direkten Handlungsmodelle anbieten (Denkschrift der EKD 84, Nr. 106). Die Wirtschaftsprogramme des AT zeigen aber, daß auch im antiken Juda der Ausgleich zwischen den ökonomischen Einzelinteressen und dem Gemeinwohl der Gesellschaft gesucht wurde und im Zwiespalt von Eigennutz und Nächstenliebe die Grenzen, die dem Eigennutz auferlegt werden, theologisch begründet sind (cf. Otto). Das läßt fragen, ob heute eine nur immanent-gesellschaftliche Begründung der sozialen Komponente in der Marktwirtschaft ausreicht, um sie auf Dauer als soziale Marktwirtschaft zu sichern.

3. Die Integration der offenbarungstheologischen Begründung der Ethik in die weisheitliche Ethik der Ordnungen

W. Baumgartner, Die literarischen Gattungen in der Weisheit des Jesus Sirach, ZAW 34, 1914, 161–198; R. Bohlen, Die Ehrung der Eltern bei Ben Sira, 1991; J. Gammie, The Sage in Sirach, in: ders. u. a. (Hg.), (s.o. III 3.1), 355–372; M. Gilbert, L'éloge de la Sagesse (Siracide 24), RTL 5, 1974, 326–348; J. Haspecker, Gottesfurcht bei Jesus Sirach, 1967; M. Hengel, Judentum und Hellenismus,²1973; H.V. Kieweler, Ben Sira zwischen Judentum und Hellenismus, 1992; J.C.H. Lebram, Jerusalem, Wohnsitz der Weisheit, in: M.J. Vermaseren (Hg.), Studies in Hellenistic Religions, 1979, 103–128; J. Marböck, Weisheit im Wandel, 1971; ders., Gesetz und Weisheit, BZ (N.F.) 20, 1976, 1–21; ders., Das Gebet um die Rettung Zions Sir. 36,1–22 (G: 33,1–13a; 36,16b-22) im Zusammenhang der Geschichtsschau Ben Siras, in: ders. u. a. (Hg.), Memoria Jerusalem. FS F. Sauer, 1977, 93–115; ders., Gottes Weisheit unter uns. Sir 24 als Beitrag zur biblischen Theologie, in: Verbum caro factum est. FS A. Stöger, 1984, 55–65; ders., Sir 38,24–39,11, in: M. Gilbert (Hg.), (s.o. III 3.1), 293–316.421–423; G. Maier, Mensch und freier Wille, 1971; ders., Sir 15,9 f. – Ansätze zu einer Theologie des Gotteslobes bei Jesus Sirach, in: I. Seybold (Hg.), Meqor Hajjim. FS G. Molin, 1983, 267–276; G. L. Prato, Il problema della teodicea in Ben Sira, 1975; ders., La lumière interprète de la sagesse dans la tradition textuelle de Ben Sira, in: M. Gilbert (Hg.), (s.o. III 3.1), 317–346.423; F.V. Reiterer, Die Stellung Ben Siras zur »Arbeit«, in: ders. (Hg.), Ein Gott – Eine Offenbarung, FS N. Füglister, 1991, 257–289; O. Rickenbacher, Weisheitsperikopen bei Ben Sira, 1973; J. T. Sanders, Ben Sira and Demotic Wisdom, 1983; ders., On Ben Sira 24 and Wisdom's Mother Isis, PWCJS 8, 1982, 73–78; G. Sauer, Jesus Sirach (Ben Sira), 1981; E.J. Schnabel, Law and Wisdom from Ben Sira to Paul, 1985; P.W. Skehan, Structures in Poems on Wisdom: Proverbs 8 and Sirach 24, CBQ 41, 1979, 365–379; W. von Soden, Einige Beobachtungen zur ungleichen Häufigkeit wichtiger Begriffe in den Büchern Sprüche und Jesus Sirach, in: M. Dietrich u.a (Hg.), Mesopotamica – Ugaritica – Biblica. FS K. Bergerhof, 1993, 419–425; *H. Stadelmann*, Ben Sira als Schriftgelehrter, 1980; *O. Wischmeyer*, Die Kultur des Buches Jesus Sirach, 1994.

Eine Linie priesterlichen Denkens, deren Ausgangspunkt das Bundesbuch und das von ihm abhängige Dtn ist, die über den dtr Entwurf des Neuen Israel nach dem Exil führt, kommt schließlich über die Sühnetheologie der Priesterschrift im HG und in diesem herausgehoben in Lev 19 und Lev 25 zum Ziel. Schon in den Redaktionen des BB wird der Verzicht auf vordergründigen ökonomischen Vorteil zugunsten der Schwachen in der Gesellschaft mit dem Gebot der Feindesliebe verbunden und mit der sich im Privilegrecht ausdrückenden Gottesherrschaft begründet. Im Dtn werden daraus Programmentwürfe eines in umfassender Gerechtigkeit und Solidarität mit dem Bruder gestalteten Gesellschaft bis hin zu dem einer Gesellschaft ohne Armut. Das Bruderethos findet seine Begründung in der Geschichte JHWHs mit seinem Volk in Exodus und Landgabe. Ein in der Exilszeit geschärftes Sündenbewußtsein, das um das Scheitern des Menschen am Willen Gottes weiß, wird im Dtn zum Gedanken der Voraussetzungslosigkeit der Gnade Gottes, die auch alles Scheitern transzendiert, verdichtet. Im HG wird ein Ethos der Nächsten- und Feindesliebe, das eingebunden ist in einen Gesellschaftsentwurf der Egalisierung von Arm und Reich, in neuer Weise mit dem Gottesbegriff vermittelt. Das Ethos der Nächstenliebe ist nicht beschränkt auf eine innere Haltung des je einzelnen Menschen, sondern drückt sich auch in der äußeren Gestalt der Gesellschaft aus. Die Grundlage aber, die das Gesellschaftsmodell erst funktionieren läßt, ist die innere Haltung der Nächstenliebe (Lev 19), die auf den vordergründigen wirtschaftlichen Vorteil (Lev 25) verzichtet. Eine solche Haltung gewinnt der Mensch nicht aus eigenem, ihm von Natur gegebenem Vermögen, sondern sie wird ihm durch Gott ermöglicht. Der heilige Gott heiligt sein Volk, damit es sich in seinem Ethos heilige. Die Heiligung des Volkes durch seinen Gott vollzieht sich geschichtlich in Exodus und Landnahme. Israel soll sich im Halten der Gebote Gottes heiligen. Aber diese Theologie, die auf die Entsprechung von Gott und Mensch zielt, weiß um das immer neue Scheitern des Menschen an diesem Ziel. Die Ethik, die dem Leben dienen will (Lev 18,5), müßte angesichts des menschlichen Scheiterns am Gotteswillen in die Vernichtung führen, wäre sie nicht an die vorgegebene priesterschriftliche Sühnetheologie gebunden, die ihre Mitte im Versöhnungstag (Lev 16) hat.

Wenn die programmatische Forderung der Heiligkeit des Gottesvolkes ihren Ermöglichungsgrund in der Heiligung durch Gott in der Geschichte hat, so weist dieser Gedanke in der monotheistischen Theologie der nachexilischen Zeit noch über sich hinaus: Ist Gott der eine und einzige, der als der eine Gott der einen Welt als Schöpfer gegenübersteht, dann muß sich das Wesen Gottes nicht nur partikularistisch in der Geschichte mit seinem Volk, sondern universal in der Schöpfung als Grund der Welt zeigen und hier eine Ethik ihre Begründung finden. Die Weisheit hatte sie gesucht und war dabei auf Grenzen gestoßen, die eine Geschichtstheologie und das in ihr begründete Wissen um die gnädige Entsühnung des Menschen durch Gott zu überwinden suchte. Umgekehrt stößt eine Geschichtstheologie an ihre Grenzen des Partikularismus und ruft nach einer schöpfungstheologischen Universalisierung, die in der Weisheit beheimatet ist.

In Dtn 4 wird nicht nur eine Verbindung zwischen dtr und priesterschriftlicher Theologie, sondern auch mit der Weisheit hergestellt:

»(V.6) Beachtet sie (die Gesetze) und tut sie, denn sie sind eure Weisheit und eure Bildung in den Augen der Völker, die alle diese Gebote hören und sich sagen: In der Tat, wie weise und einsichtig ist dieses Volk! (V.7) Denn welches große Volk hat Götter, die ihm so nahe sind wie JHWH, unser Gott, uns nahe ist, wann immer wir ihn anrufen? (V.8) Und welches große Volk hat Gebote und Gesetze, die so gerecht sind wie diese ganze Tora, die ich euch heute gebe?« (Dtn 4,6–8).

Die Tora ist in den Augen der Völker Weisheit und Erkenntnis, also gute Ordnung unter doppeltem Aspekt. Gott als der eine ist nicht ferner Gott, sondern, wie es das Erste Gebot des Dekalogs entwickelt, seinem Volk naher Gott, wie es mythische Götter nicht sein können. Die Vernünftigkeit des Ersten Gebots erscheint den Völkern als Weisheit. Als zweiter Aspekt wird die Gerechtigkeit und also Gemeinschaftsgemäßheit der Tora genannt. Hier wird eine Identifizierung von Weisheit und Tora vorbereitet, die im Buch des Ben Sira vollzogen wird. Die das Ethos begründende Erfahrung Israels mit seinem Gott in der Geschichte kann so in seiner universalen, die ganze Schöpfung und alle Völker betreffenden Bedeutung entfaltet werden.

Mit dem Buch des Ben Sira kehren wir zur Weisheit zurück. Diese erstmals mit Autorennamen versehene Weisheitsschrift war lange Zeit nur in der griechischen Übersetzung bekannt. Sie gibt sich aber in einer Vorrede der griechischen Version als Übersetzung eines hebräisch geschriebenen Weisheitsbuchs zu erkennen. Ein Textzeugnis dieser hebräischen Vorlage wurde 1896 unter den Handschriften der Kairo-Geniza gefunden, dessen hohes Alter durch Fragmentenfunde in Palästina bestätigt wurde. Eine Datierung des hebräischen Buches Ben Sira wird durch die Erwähnung eines Hohenpriesters Simon, der mit dem 190 v. Chr. in Jerusalem amtierenden Simon II. zu identifizieren ist, möglich. Stellt der Verfasser, der sich selbst als Schriftgelehrter bezeichnet, Gesetzesgehorsam, weisheitliches Verhalten und Opferdienst auf eine Stufe, so wendet er sich gegen eine pharisäische Ritualisierung des Alltagslebens und dürfte selbst priesterlich-sadduzäischen Kreisen zuzurechnen sein. Er vertritt ein Programm der konsequenten Bindung des weisheitlichen Ethos an den Pentateuch und den Prophetenkanon, die den Weisheitslehrer zum Schriftgelehrten werden läßt. Als Lehrer mit festem Schulbetrieb bietet er den jungen Menschen ein Programm, das das Erbe der Schrift in ein modernes Gewand kleidet. Es wendet sich aber nicht nur gegen eine pharisäisch ritualisierte Lebensführung, die kultische Reinheitsvorschriften auf das Alltagsleben übertragen will, sondern auch gegen die Libertinage einer hellenisierten Aristokratie.

Ben Sira hält in der verfestigten Klassensituation des frühen 2. Jh. die Gegensätze zwischen Arm und Reich für unüberbrückbar. Dem Reichen ist der Arme ein Greuel und der Arme soll sich vom Reichen fernhalten, da ein Umgang mit ihm ins Verderben führt:

»Wozu geht der Topf mit dem Kessel um, der eine stößt an, der andere zerbricht? Oder was verbündet sich der Reiche mit dem Armen?« (Sir 13,2, hebr.).

»Gibt es etwa Frieden zwischen einer Hyäne und einem Hund? Es gibt keinen Frieden zwischen einem Reichen und einem Armen« (Sir 13,17, hebr.).

Diesen aus der Verdichtung von Beobachtungen der gesellschaftlichen Realität gewonnenen Maximen steht die aus der Tradition überkommene Forderung der Solidarität der Reichen mit den Armen gegenüber:

»(V.1) Mein Sohn, spotte nicht über das Leben des Armen und lasse nicht den Armen und Betrübten verschmachten. (V.9) Rette den Bedrückten vor seinem Bedrücker und verabscheue nicht gerechtes Gericht. (V.10) Sei wie ein Vater für die Waisen und wie ein Gatte für die Witwen, und Gott wird dich seinen Sohn nennen und wird sich deiner erbarmen und dich vor der Grube retten« (Sir 4,1.9 f.).

Die Tradition der Tora und die weisheitliche Beobachtung des Lebens müssen ausgeglichen werden, sollen derartige Spannungen und Widersprüche im Denken überwunden werden. Das Wortfeld »gedenken, sich erinnern« findet sich im Proverbienbuch kaum, dagegen gehäuft im Buch des Ben Sira. Die Tradition gewinnt als Grund des Ethos ein gesteigertes Gewicht gegenüber der unmittelbaren weisheitlichen Beobachtung und Verdichtung der Lebenswelt, da die Tradition nicht mehr die weisheitlichen Reflexion vergangener Geschlechter beinhaltet, die als hermeneutischer Schlüssel der eigenen Beobachtung fungiert, sondern die Schriften der Tora und Prophetie. So konnte bisher ein Widerspruch von Tradition und Erfahrung nur als ein Mangel im aktuellen Erfassen der Ordnung verstanden werden, da es in Tradition und aktueller Analyse der Erfahrung stets um die eine, alle Zeitläufe transzendierende Ordnung ging. Wird jetzt die im Entstehen begriffene Bibel als Offenbarung Gottes mit der weisheitlichen Tradition identifiziert, so muß das Problem der Vermittlung von Vergangenheit und Gegenwart, von offenbartem Gotteswillen und Erfahrung in der ethischen Reflexion neu bedacht werden. Der in prophetischer Inspiration begründeten Interpretation der Tradition kommt diese Vermittlungsaufgabe zu.

Die programmatische Einleitung des Buches (Sir 1,1) steigert das traditionelle Motiv, die Gottesfurcht sei der Anfang der Weisheit (Prov 1), zu der Aussage, daß alle Weisheit von Gott komme und ewig bei ihm sei. Das Buch Hiob weiß darum, daß die Weisheit allein bei Gott sei und er allein den Zugang zur Weisheit kenne (Hi 28,20–28). In diese Lücke, konnte ein hellenistisch geprägter Pragmatismus und Eudämonismus eindringen, für den der äußere Erfolg das Lebensziel war. Eine solche Haltung konnte sich zudem auf Qohelet berufen. Galten die Ordnungen Gottes als undurchschaubar, der Zusammenhang von Tat und Ergehen, Ethos und gelingendem Leben für nicht erfahrbar, wurde Gott wie in der epikureischen Philosophie als am Schicksal des Menschen uninteressiert erlebt, so konnte eine diesseitige, fortschrittsgläubige und eudämonistische Lebenshaltung, die sich von einer theologischen Begründung abkoppelte, Raum gewinnen. Was außer dem äußeren Erfolg sollte das Leben tragen, wenn Gott sich verbirgt? Dem stellt sich Ben Sira entgegen:

> »(V.17) Sage nicht: Ich bin vor Gott verborgen und wer in der Höhe gedenkt meiner? In der großen Zahl bleibe ich unerkannt, was bin ich in der großen Zahl der Menschen? (V.21) Wenn ich sündige, wird mich kein Auge sehen, oder wenn ich betrüge, ganz im geheimen, wer wird es erkennen? (V.22) Mein gerechtes Tun, wer meldet es? Und was soll ich hoffen, wenn ich die Gebote halte? (V.23) Die, die wenig Einsicht haben, meinen dies, und ein einfältiger Mensch denkt solches« (Sir 16,17.21–23).

Der Meinung, Gott lasse seine Geschöpfe allein und seine Ordnung bleibe ihnen verborgen, widerspricht Ben Sira mit einem strikten Vorsehungs- und Vergeltungsglauben (Sir 17,15–24 u.ö.). Die Erfahrbarkeit der Ordnungen Gottes läßt den Zusammenhang von Tat und Ergehen wieder aufleuchten:

> »Ein jeder, der Gerechtigkeit übt, wird seinen Lohn haben, und ein jeder Mensch führt seinen Wandel vor ihm entsprechend seinem Tun« (Sir 16,14).

Im Gegensatz zur älteren Weisheit ist dieser Zusammenhang aber nur noch durch Gott als »Gott der Vergeltung«, nicht aber durch erfahrbare Ordnung begründet. Die Skepsis der späten Weisheit ist nicht spurlos am Siraciden vorbeigegangen. Er bleibt aber nicht beim Zweifel stehen, sondern schreitet voran zu einer offenbarungtheologischen Grundlegung. Was ist der Maßstab, nach dem Gott vergilt? Die Antwort ist eindeutig: Es ist das dem Volk offenbarte Gesetz, das die Weisheit ist.

In großen Gedichten über die Weisheit (Sir 1; 24; 51) als Rahmen und Mitte des Buches entfaltet Ben Sira die Begründung der materialen Ethik des Buches. Das erste Gedicht umreißt, was unter Weisheit verstanden werden soll, indem es nach dem Ursprung der Weisheit fragt:

> »(V.1) Alle Weisheit stammt vom Herrn und bei ihm ist sie ewig. (V.2) Den Sand des Meeres und die Tropfen des Regens und die Tage der Vorzeit wer kann sie zählen? (V.3) Die Höhe des Himmels, die Breite der Erde und die Tiefe des Meeres, wer hat sie gemessen? (V.4) Vor ihnen allen ist die Weisheit geschaffen worden und die verständige Einsicht von Ewigkeit her. (V.5) (Die Quelle der Weisheit ist das Wort Gottes in der Höhe, und ihre Wege sind die ewigen Gebote). (V.6) Die Wurzel der Weisheit, wem wurde sie offenbart? Und ihre Pläne, wer kennt sie? (V.7) (Die Lehre der Weisheit, wem wurde sie offenbart? Und ihre vielen Wege, wer hat darin Einsicht?) (V.8) Nur einer ist weise, sehr zu fürchten, der auf seinem Thron sitzt, der Herr. (V.9) Er hat sie geschaffen, geschaut und gezählt und über alle seine Werke ausgegossen. (V.10) Bei allem Lebendigen ist sie, so wie er sie ihnen zuteilte und er spendet sie reichlich denen, die ihn fürchten« (Sir 1,1–10).

In zwei gegenläufigen Bewegungen wird von der Weisheit gesprochen, der Suche des Menschen nach ihr und ihr Weg von Gott zum Menschen, der aus eigenem Vermögen keinen Zugang zur Weisheit hat. An Prov 8,22–30 anknüpfend, wird die Weisheit an die Seite Gottes gerückt (Sir 1,1.4) und hat Teil an seiner Vorweltlichkeit. In einer Bewegung von Gott zu den Menschen nimmt sie ihren Ausgang als Eigenschaft Gottes und tritt in einem vorzeitlichen Schöpfungsakt aus ihm heraus und neben ihn, um schließlich über die Schöpfung ausgegossen zu werden, »über allem Lebendigen, so wie er sie ihnen zuteilte«. Aller menschlichen Erkenntnis liegt schon immer die Offenbarung der Weisheit durch Gott voraus. Sie fließt aber nicht in die Schöpfungsordnungen der Welt ein, sondern offenbart sich in der Tora: Weisheit und Torheit werden durch den Gotteswillen der am Sinai offenbarten Tora unterschieden. Ein Zusatz verdeutlicht den Hymnus noch offenbarungstheologisch: Die Quelle der Weisheit sind die ewigen Gebote (Sir 1,5). Endet die Weisheit des Qohelet in der Aporie, die Ordnung Gottes nicht mehr erfahren zu können, oder im Hiobbuch, die metaempirisch gegründete Ordnung nicht in die Erfahrungswelt vermitteln zu können, so bricht Ben Sira diese Aporien durch eine neue offenbarungstheologisch auf die Geschichtserfahrung gegründete Weisheit auf. Die Gottesfurcht wird als die Voraussetzung der Teilhabe an der Weisheit zum Synonym für Gesetzesgehorsam.

Das Kapitel Sir 24 ist Mitte und Drehpunkt des Sirachbuchs. Vom Munde des Höchsten ausgehend und über alle Völker und Nationen herrschend, findet die Weisheit auf Weisung Gottes eine Wohnstatt in Jerusalem:

> »(V.1) Die Weisheit lobt sich selbst und mitten in ihrem Volk rühmt sie sich. (V.2) In der Gemeinde des Höchsten öffnet sie ihren Mund und vor seinen Heerscharen rühmt sie sich: (V.3) ›Ich ging hervor aus dem Mund des Höchsten und wie Nebel bedeckte ich die Erde. (V.4) Ich wohnte in den Höhen und mein Thron stand auf einer Wolkensäule. (V.5) Den Kreis des Himmels umkreiste ich allein und in der Tiefe des Abgrunds wandelte ich umher. (V.6) Über die Wogen des Meeres und über die ganze Erde und über alle Völker und Nationen herrschte ich. (V.7) Bei ihnen allen suchte ich einen Ort der Ruhe und ein Volk, in dessen Erbteil ich verweilen könnte. (V.8) Da befahl mir der Schöpfer des Alls und der, der mich erschuf, ließ mein Zelt einen Ruheplatz finden, und er sprach: In Jakob schlage dein Zelt auf und in Israel nimm dein Erbe in Besitz!‹

(V.9) Vor aller Zeit, von Anfang an wurde ich erschaffen und bis in Ewigkeit vergehe ich nicht. (V.10) Im heiligen Zelt diente ich vor ihm und wurde auf dem Zion eingesetzt. (V.11) In der Stadt, die er wie mich liebt, fand ich Ruhe und in Jerusalem ist mein Machtbereich. (V.12) Ich schlug Wurzeln in einem gepriesenen Volk im Anteil des Herrn, in seinem Erbbesitz. (V.13) Wie eine Zeder wuchs ich empor auf dem Libanon und wie eine Zypresse auf dem Hermongebirge. (V.14) Wie eine Palme wuchs ich in die Höhe in Engedi und wie Rosenstöcke in Jericho, wie ein stattlicher Ölbaum in der Schefela, so wuchs ich in die Höhe wie eine Platane. (V.15) Wie Zimt und wohlriechendes Asphalat und wie auserlesene Myrrhe roch ich wohl, wie Galbanum, Onyx und Stakte und wie eine Weihrauchwolke im Zelt war mein Duft. (V.16) Ich breitete meine Zweige wie eine Terebinthe aus und meine Zweige waren Zweige von Pracht und Anmut. (V.17) Ich brachte wie ein Weinstock liebliche Sprossen hervor und meine Blüten sind Blüten voll Pracht und Reichtum. (V.18) (Ich bin die Mutter der schönen Liebe und der Furcht und der Erkenntnis und der heiligen Hoffnung, ich aber gebe allen meinen Kindern ewiges Werden, denen, die von ihm genannt sind.) (V.19) Kommt zu mir, die ihr nach mir begehrt und sättigt euch an meinen Früchten. (V.20) Denn meiner zu gedenken ist süßer als Honig und mein Erbbesitz übertrifft Honig aus der Wabe. (V.21) Die von mir essen, hungern nach mehr und die von mir trinken, dürsten nach mehr. (V.22) Wer auf mich hört, wird nicht zuschanden und die sich um mich mühen, werden nicht sündigen!‹

(V.23) Dies alles ist das Buch des Bundes des höchsten Gottes, das Gesetz, das uns Mose auferlegt hat, als Erbe für die Gemeinde Jakobs. (V.24) Es ist voll der Weisheit gleich dem Pischon und wie der Tigris in den Tagen des Neumonds. (V.26) Es ist erfüllt mit Einsicht wie der Euphrat und wie der Jordan in den Tagen der Ernte. (V.27) Es strömt über von Bildung gleich dem Nil und wie der Gihon in den Tagen der Weinlese. (V.28) Der erste kam zu keinem Ende, es zu erforschen, und ebenso wenig wird der letzte sie ergründen. (V.29) Reicher als das Meer ist sein Sinn angefüllt und sein Rat ist tiefer als die Urflut. (V.30) Und ich ging aus wie ein Wassergraben vom Fluß und wie eine Wasserleitung in den Garten. (V.31) Ich sprach: ›Tränken will ich meinen Garten, und ich will bewässern mein Beet‹. Und siehe, der Wassergraben wurde zu einem Strom, und der Strom wurde mir zum Meer. (V.32) So will ich weiterhin Lehre wie die Morgenröte aufstrahlen lassen und will sie bis in die Ferne leuchten lassen. (V.33) So will ich weiterhin Lehre wie Prophetenworte ausgießen und sie fernen Geschlechtern hinterlassen. (V.34) Seht, daß ich mich nicht allein für mich mühte, sondern für alle, die Weisheit suchen« (Sir 24,1–34).

Der Hymnus (Sir 24,1–22) läßt die Weisheit als schöpferisches Wort im Munde Gottes entstehen. Sie umgreift die ganze Schöpfung und herrscht über die Völker. Dieser universalen Präsenz ist der Partikularismus ihrer Ruhestatt und Heimat in Israel entgegengesetzt, ihrer Präexistenz vor aller Schöpfung und Unvergänglichkeit ihr Wirken in konkreter geschichtlicher Stunde im heiligen Zelt auf der Wanderung Israels durch die Wüste und auf dem Berg Zion, ihrer universalen Herrschaft über die Völker ihr Machtbereich in Jerusalem und ihr Erblühen im Gebiet Israels. Die Dialektik der kosmologischen und geschichtlichen Weisheit ist konstitutiv für diese Weisheitskonzeption und nicht in ein Nacheinander aufzulösen derart, daß die Weisheit zunächst als universale die ganze Welt auf der Suche nach Heimat durchstreifte, ehe sie in Israel auf Geheiß Gottes Heimat und Wirkungskreis fand, also zu einer partikularen Größe wurde. Möglicherweise war Ben Sira ein Hymnus vorgegeben, der von einem Abstieg der Weisheit in die Welt, ihrer Suche nach Heimat und Rückkehr in den Himmel erzählte, dessen Ende zugunsten des jetzt vorliegenden Zusammenhangs weggebrochen wurde. Doch kommt dem Siraciden alles darauf an, daß die Weisheit, die auf dem Zion Heimat gefunden hat, identisch ist mit der, die die Welt als ganze umfaßt und über alle Völker herrscht. Der Hymnus kann nur als Nacheinander darstellen, was am Ende des Weges die Weisheit in ihrer Fülle ausmacht: die Präexistente dient als Priesterin im Angesicht Gottes im Tempel von Jerusalem auf dem Zion.

Das läßt nach der Funktion des universalen Aspekts dieser Theologie fragen. Mit Nachdruck wird an der Korrespondenz von Tat und Ergehen festgehalten. Die Weisheit selbst steht für diese Vermittlung ein, denn wer auf sie hört, wird nicht zuschanden. Nur eine präexistente, von Gott ausgehende Weisheit kann für diese Vermittlung von Ethos und gelingendem Leben einstehen, da es keine Kontingenz des Lebens geben darf, die nicht von ihrer Ordnung umgriffen wird. Als universale Weisheit kann sie dann »Mutter der heiligen Hoffnung« werden, die »allen ihren Kindern ewiges Werden, die von ihm (Gott) genannt sind, gibt« (Sir 24,18). Wie aber kann sie als die universale mit der Erfahrungswirklichkeit vermittelt werden? Das läßt nach der Funktion des partikularen Zuges der Weisheit fragen. Stand man in Prov 1–9 vor der Schwierigkeit, die präexistente Weisheit mit der Empirie zu vermitteln, so soll in der an den Hymnus angeschlossenen Reflexion (Sir 24,23–34) die Identifizierung von Weisheit und Tora diese Vermittlung leisten:

> »Dies alles ist das Bundesbuch des höchsten Gottes, *das Gesetz, das uns Mose auferlegt hat als Erbe für die Gemeinde Jakobs*« (Sir 24,23).

An Dtn 33,4 (kursiv) anknüpfend werden Weisheit und Tora miteinander identifiziert. Unter Aufnahme von Vorgaben der stoischen Philosophie, die den Logos der Weltordnung mit den Normen der Ethik identifizierte, wurden mit der Identifikation von präexistenter Weisheit und Tora die Verifikation der Weisheit nicht mehr dem Aufweis in empirischen Ordnungen anheimgegeben, sondern auf die Tora gelenkt. In der von Gott dem Volk Israel gegebenen Tora werde man der Weisheit, die in den Schöpfungsordnungen präsent ist, ansichtig. In der Konsequenz muß die Tora aus ihrer Einschränkung auf Israel als ihren Geltungsbereich herausgehoben und in ihrer universalen Gültigkeit zur Sprache gebracht werden:

> »So will ich weiterhin Lehre wie die Morgenröte aufstrahlen lassen und will sie bis in die Ferne leuchten lassen« (Sir 24,32).

Der Horizont überschreitet Judäa und kann auch Nichtjuden im Blick haben, denen die Tora Israels als Weisheit aufleuchtet. Hier deutet sich eine Perspektive an, den Willen des Gottes Israels in seiner Bedeutung für die ganze Welt und alle Völker zur Sprache zu bringen.

Was legitimiert diese grundlegende Uminterpretation des bisherigen Verständnisses von Tora und Weisheit?

> »So will ich weiterhin Lehren wie Prophetenworte ausgießen und sie fernen Geschlechtern hinterlassen« (Sir 24,33).

Ben Sira nimmt die Legitimation einer göttlichen Geistbegabung für seine Verbindung von Tora und Weisheit in Anspruch. Wie die präexistent gedachte Weisheit als metaempirische nicht mehr durch die Erfahrung verifiziert wird, sondern man der Weisheit in der Tora ansichtig wird, die Tora aber nicht empirisch, sondern durch die Offenbarung legitimiert wird, Weisheit und Tora also gleichermaßen ihren Ursprung in Gott haben, so kann die Tora allein nicht Begründungszusammenhang für die Weisheit und die Weisheit nicht für die Tora sein. Die Offenbarung der Tora geschieht in konkreter historischer Stunde vermittelt durch Mose. So steht die Konzeption in der Gefahr, in der Aporie eines Offenbarungspositivismus zu enden. Ben Sira hat diese Gefahr erkannt, wenn er nicht im großen Geschichtsdatum der Offenbarung am Sinai allein die Legitimation der Weisheit sieht, sondern auch im vorbildlichen, weisheitlichen und toragemäßen Handeln der großen Gestalten der Geschichte, die durch ihre Vorbildhaftigkeit über die Grenzen Israels hinaus Bedeutung gewinnen können. Im »Lob der Väter« (Sir 44–50) wird das Ideal des Weisen, der der Tora gehorsam folgt, und damit verbunden die Vermittlung von Ethos und gelingendem Leben entfaltet. Ein Verhalten, das vom vordergründigen Vorteil absieht, bringt langfristigen Gewinn:

> »Unterwirf dich nicht dem Toren, nimm nicht Rücksicht auf das Ansehen eines Mächtigen. Bis zum Tode streite für das Recht, dann wird der Herr für dich kämpfen« (Sir 4,27 f.).

Es bleibt eine Erfahrung, daß diese Erwartung oftmals nicht eingelöst wird. Ben Sira trägt mehrere Gedankenparadigmen vor, um der Kritik durch die Erfahrung standzuhalten:

> »Schaue nicht geringschätzig auf einen Menschen, der verbittert ist, denke daran, daß es einen gibt, der erhöht und erniedrigt« (Sir 7,11).

Die Freiheit Gottes kann unabhängig von der vorfindlichen Logik von Tat und Ergehen erniedrigen und erhöhen. Ein anderes Paradigma wertet die Gottesfurcht höher als allen äußeren Lebenserfolg und relativiert damit die Orientierung des gelingenden Lebens am äußeren Erfolg:

> »Gast, Fremder, Ausländer und Armer, ihr Ruhm ist die Gottesfurcht. Fürsten, Herrscher und Richter werden geehrt, es gibt aber keinen, der größer wäre als der, der Gott fürchtet« (Sir 10,22.24).

Damit gelingt Ben Sira ein Durchbruch in der Vermittlung von Ethos und gelingendem Leben. Ausgangspunkt und Ziel allen Ethos, das sich in Tora und Weisheitsregel niederschlägt, ist die Gottesfurcht. Sie auch soll das wahre Glück sein: das Ethos selbst ist die Glückseligkeit – nicht mehr ein außerhalb des Handelns liegendes Ergehen. Hier leuchtet eine Gestalt von Ethos in seiner höchsten Form auf, die das Gute um seiner selbst willen tut und darin sein Glück weiß. Mag für den je einzelnen Menschen die Ethik damit eine zureichende Antwort auf die Frage nach dem Zusammenhang von Ethos und gelingendem Leben geben – die Identifikation von Tora und Weisheit hebt aber auch auf die ethische Substanz der Gesellschaft ab, ja der Völkerwelt als Raum, in dem der einzelne als ethisches Subjekt handelt. Und über den einzelnen Mensch hinausgreifend, kann auch Ben Sira angesichts der Kontingenzen der Empire, die das Lebensschicksal des Menschen in keine Ordnung geben will, Ethik und Erfahrung nicht vermitteln. Da er die Ethik in der Gestalt der Tora so konsequent von Gott ableitet, kann er trotz des neuen Fundaments seiner Ethik letztlich nicht Gott und Erfahrungswelt, so wie sie ist, vermitteln. Ein letzter Schritt ist noch zu tun.

V. Ausblick:
Von der rechtlichen Ordnung der Gesellschaft zur Ethik der Neuen Welt des Gottesreiches

L. Couard, Die religiösen und sittlichen Anschauungen der alttestamentlichen Apokryphen und Pseudepigraphen, 1907; *J. G. Gammie*, Spatial and Ethical Dualism in Jewish Wisdom and Apocalyptic Literature, JLB 93, 1974, 356–385; *R.T. Herford*, Talmud and Apocrypha. A Comparative Study of the Jewish Ethical Teaching in the Rabbinical and Non-Rabbinical Sources in the Early Centuries, 1933; *M.H. Hughes*, The Ethics of Jewish Apocryphal Literature, 1909; *K. Koch*, Ratlos vor der Apokalyptik, 1970; *ders.* u.a., Das Buch Daniel, 1980; *ders.* u. a. (Hg.), Apokalyptik, 1982; *ders.*, Der »Märtyrertod« als Sühne in der aramäischen Fassung des Asarja-Gebetes Dan 3,38–40, in: J. Niewiadomski u. a. (Hg.), Dramatische Erlösungslehre, 1992, 119–146; *P. Lampe*, Die Apokalyptiker – Ihre Situation und ihr Handeln, in: U. Luz u. a., Eschatologie und Friedenshandeln, 1981, 59–114; *E. Lohse*, Theologische Ethik des NT, 1988; *C. Münchow*, Ethik und Eschatologie, 1981; *D. Rössler*, Gesetz und Geschichte, 1960; *W. Schrage*, Ethik des NT, 1989; *A. Schweitzer*, Das Messianitäts- und Leidensgeheimnis,[3]1956; *O.H. Steck*, Zukunft des einzelnen – Zukunft des Gottesvolkes, in: W. Groß u. a. (Hg.), Text, Methode und Grammatik. FS. W. Richter, 1991, 471–482; (cf. auch die Lit. zu I 1).

Die Rekonstruktion der theologischen Ethik des AT bewegt sich im Horizont von drei Fragestellungen. Sie rekonstruiert (I.) die Geschichte der Normensysteme, (II.) ihre Begründungen und Legitimationen, die erklären, warum die Normen befolgt werden sollen, und (III.) die Bearbeitungen der kontinuierlichen Erfahrung einer Diastase von Ethos und gelingendem Leben. Diese drei Fragekomplexe sind miteinander verzahnt und bestimmen im Wechselspiel die Geschichte der alttestamentlichen Ethik als Geschichte der Handlungsnormen im AT. Die Begründung von normgemäßem Handeln beeinflußt die Inhalte materialer Ethik. Mit der Verankerung von Normen als Ausdruck des Gotteswillens im JHWH-Glauben prägt das Gottesverständnis die Normen und läßt sie Züge des Handelns Gottes mit seinem Volk und der Welt annehmen.

Die explizite theologische Legitimation von Normen des Alltagslebens setzt mit der Krise innergesellschaftlich-naturwüchsiger Legitimationen in den sozialen Konflikten Israels und Judas in der Königszeit ein. An den Bruchlinien der im sozialen Konflikt auseinanderbrechenden Gesellschaft wird der Gedanke der Begründung der Einheit der Gesellschaft unter Einschluß ihrer Randsiedler aus dem Gotteswillen in einem theologisch motivierten Armenrecht entfaltet. JHWH als der barmherzige Königsgott und Schöpfer der Welt nimmt sich der Armen an und setzt sie ins Recht. So wie JHWH sich ihrer annimmt, soll sich auch der Mensch ihrer annehmen. Da JHWH der Herr des Landes ist, begrenzt er die Nutzung von Mensch, Tier und Land zugunsten der Schwachen. Im Dtn tritt die heilsgeschichtliche Begründung des Ethos mit dem Auszug aus Ägypten hinzu. Wie JHWH sein Volk aus der Knechtschaft befreit, soll ein jeder für die Freiheit der von Unfreiheit Bedrohten in diesem Volk eintreten. Mit dieser theologischen Legitimation war die Entschränkung eines familiengebundenen Solidarethos zu einem in ganz Israel gültigen Bruderethos möglich geworden. In gentilen Gemeinschaften galt eine nach der Genealogie abgestufte Solidaritätsverpflichtung, die in der Familie durch keine Kasuistik eingeschränkt, umfassend als Grundnorm in Geltung war.

Mit der theologischen Legitimation wird die gentile Bindung dieses Ethos entschränkt und das Gebot der Feindessolidarität entwickelt, das im Dtn zum Bruderethos, das den Feind einschließt, weiterentwickelt und im Heiligkeitsgesetz als Gebot der Feindes- und Fremdenliebe wieder aufgenommen wird. In dtr Theologie wird das Bruderethos im Modell einer Gesellschaft ohne Außenseiter und Randgruppen politisch konkretisiert und kommt der mit der Theologisierung eines Armenethos eingeleitete Prozeß der Integration der Gesellschaft im Gotteswillen zu seinem Ziel, an dessen praktischer Umsetzung das Heiligkeitsgesetz mit der Sabbatordnung arbeitet.

Recht und Ethos bleiben, der Ausdifferenzierung des Ethos aus dem Recht zum Trotz, stets miteinander verbunden. Die ethischen Sätze des Armenrechts haben schon in den Redaktionen des Bundesbuches die Funktion, die Rechtssätze rahmend zu legitimieren. In der dtn Redaktion in Dtn 19–25 bilden sie mit Sätzen anderer Rechtsbereiche ein Fachwerk zur Strukturierung der materialen Rechtsordnung, während Sätze des sozialen Privilegrechts wie im Bundesbuch das gesamte Reformwerk des Dtn rahmen.

Werden damit die Lebensbezüge umfassend dem Willen Gottes unterstellt und normativ strukturiert, so ist der Bruch einer Norm nicht nur ein innergesellschaftliches Problem, sondern trifft unmittelbar das Gottesverhältnis. Die Schriftprophetie hat in einer Zeit, in der die Gemeinschaftsuntreue im Volke allgemein zu werden schien, zunächst mit der totalen Unheilsankündigung reagiert, stand doch die Gerechtigkeit Gottes und seine Fähigkeit, die seinen Willen formulierenden Normen durchzusetzen, in Frage. Angesichts der Ungerechtigkeit Israels war die Gerechtigkeit Gottes nur noch um den Preis des Gedankens der Vernichtung Israels aussagbar. Schien damit in einem ersten Anlauf die theologische Legitimation von Recht und Ethos gescheitert, so wurde mit dem Gedanken des sich selbst überwindenden Gottes, der sich schmerzvoll von seinem Zorn und damit sein Volk von den Konsequenzen der Normenbrüche befreit (Hos 11), ein Neuanfang gesetzt. Dtr Theologie, die im Halten der Gebote die Antwort Israels auf die Befreiung aus der Knechtschaft und die Gabe des Landes sah, konnte bis an den Gedanken heranführen, JHWH gebe das Land allein aus Treue zu seiner Verheißung, unabhängig vom Tun Israels als halsstarriges Volk. Erneut geriet die theologische Begründung der Handlungsnormen in eine Krise, war es doch ihre Aufgabe, zu bewirken, daß die Normen befolgt werden, nicht aber, ihre Befolgung für irrelevant zu erklären. Und doch reagiert dieser dtr Gedanke auf ein gravierendes Problem, das aus der theologischen Gebotslegitimation resultiert. Entscheidet sich das Schicksal des Volkes am Gehorsam den Geboten Gottes gegenüber, wie es die Segen- und Fluchkapitel des Dtn beschwören, so wird der in der Erwählung seines Volkes zum Ausdruck kommende Heilswille Gottes an das Tun des Menschen gebunden, Gott vom Menschen abhängig und damit die Gottheit Gottes eingeschränkt. Angesichts der kontinuierlichen Erfahrung von Leben, das vom Willen Gottes entfremdet ist, gerät eine theologische Normenlegitimation durch den Gotteswillen in die Krise. Diese Krise ist auch nicht mit einer Scheidung innerhalb des Gottesvolkes in Gerechte und Ungerechte und der Beschränkung des Heilswillens Gottes auf die Gerechten gelöst, da sich der Heilswille Gottes an das ganze Volk als erwähltes gebunden hat, also wiederum Gottes Tun von dem des Menschen abhängig gemacht wird. Umgekehrt wäre die Welt aus den Fugen, wenn das Tun des Menschen folgenlos bliebe, der Übeltäter straffrei ausgeht und das Gute sich nicht mehr lohnt. Wie ist das Dilemma zu lösen?

Wird in Hos 11 der Gedanke entwickelt, daß JHWH seinen Zorn überwindet und in der Selbstüberwindung den Menschen von den Folgen seines Tuns befreit, ihm eine neue Zukunft frei von der Last der gescheiterten Geschichte eröffnet, so kommt priesterliche Theologie mit dem Sühnegedanken, der im Ritual des Versöhnungstages (Lev 16) umfassend formuliert wird, zu einem ähnlichen Ergebnis. Die von Gott dem Menschen gnädig eröffnete Möglichkeit der stellvertretenden Sühne unterbricht den Zusammenhang von Tat und Ergehen und gibt dem sündigen Menschen eine Möglichkeit weiterzuleben. Zwar wird der Heilswille Gottes so, der menschlichen Sündhaftigkeit zum Trotz, zum Zuge gebracht, doch wird ein theologisch hoher Preis bezahlt. Das Ziel theologischer Normenlegitimation wird in Frage gestellt, wenn nicht vom Tun des Menschen, sondern unabhängig davon an die Sühneinstitution das Überleben des Menschen gebunden wird. Die Differenzierung zwischen läßlichen Sünden, die gesühnt werden können, und unsühnbaren Kapitalverbrechen will dieser Problematik entgehen, doch ist damit nur erreicht, daß der Heilswillen Gottes durch das Tun des Menschen eingeschränkt wird und umgekehrt der Zusammenhang von Tat und Ergehen und damit der zwischen Übeltat und Strafe, Ethos und gelingendem Leben teilweise außer Kraft gesetzt wird. Das Heiligkeitsgesetz hat dem wieder entgegengesteuert und, an das Bundesbuch, das Dtn und den Dekalog anknüpfend, in Segen und Fluch den Ernst der Gehorsamsforderung eingeschärft, auch wenn der Heilswille Gottes im Motiv des unauflöslichen Bundes das letzte Wort behält und das Leidensschicksal als Folge des Ungehorsams, als Sühne für die Sünden interpretiert wird (Lev 26,39–45). Hier wird das Dekalogmotiv, daß die Liebe Gottes bei weitem seinen Strafeifer transzendiert, weitergeführt.

Nicht nur der theologische Widerspruch zwischen der Selbstbindung Gottes an seinen Heilswillen und der Notwendigkeit einer Strafgerechtigkeit als Folge der Bindung des Gotteswillens an Normen des Alltagslebens infolge ihrer theologischen Legitimation bereitet Probleme, sondern auch der Grundwiderspruch der Erfahrung, daß Ethos und gelingendes Leben oft nicht miteinander vermittelt sind. Daraus müssen sich tiefgreifende Probleme für die theologische Legitimation von Recht und Ethos ergeben. Das gilt besonders dann, wenn am Tempel die Zusage gegeben wird, daß derjenige, der den Normen gemäß handelt, nicht wanken werde (Ps 15,5). Individuelle Klagelieder antworten auf die Erfahrung, daß sich derartige Zusagen immer wieder nicht erfüllen, indem sie Gott gegen Gott aufrufen und die Durchsetzung des Zusammenhangs von Ethos und gelingendem Leben einklagen. Die Klageliturgien erwarten eine Theophanie Gottes, um die Macht des Bösen endgültig zu brechen und diejenigen, die den Willen Gottes tun und dennoch leiden, zu erlösen. Die Psalmen weisen über sich hinaus mit dem Wissen, daß die Aporien der Ethik nicht zu lösen sind in dieser Welt, daß Leben auch ohne Rücksicht auf einen Zusammenhang von Ethos und gelingendem Leben scheitert.

Die Begründung von Recht und Ethos aus der Offenbarung Gottes in der Geschichte mit seinem Volk stößt schließlich an eine weitere Grenze. Zwar kann eine derartige theologische Legitimation ein ursprünglich gentil begründetes Solidarethos zu einem das ganze Volk umspannenden Bruderethos entschränken. Die Legitimation durch die Offenbarung Gottes setzt aber keine durchschlagenden Impulse frei, um dieses Ethos über die Volksgrenzen hinaus zu universalisieren. Dtn und Heiligkeitsgesetz sind Zeugen dieses Partikularismus. In der Schöpfungstheologie und insbesondere der Gottesebenbildlichkeit des Menschen hätte die Möglichkeit zu einer Universalisierung des Ethos bereit gelegen, doch sie ist nicht konsequent genutzt worden.

Hier führt die Ethik der Weisheit weiter. Sie legitimiert die Handlungsnormen nicht durch die Offenbarung Gottes in der Geschichte mit seinem Volk, sondern durch die Erkenntnis von Ordnungen, die die Erfahrungswelt durchwalten und auf Gott als den Schöpfer der Welt zurückgeführt werden können. Ein Pfeiler dieser Ordnungsstrukturen ist der Zusammenhang von Ethos und gelingendem Leben. Wer sich in seinem Handeln den Ordnungen einfügt, werde ein gelingendes Leben haben. Doch hält dieser Ansatz der Begründung des Sollens aus dem Sein den gegenläufigen Erfahrungen des Scheiterns von Ethos nicht stand. Auch eine Umkehrung der Argumentation und eine Deduktion der Ordnungen aus einer präexistenten Weisheit konnte zwar einer unmittelbaren empirischen Falsifizierung der Begründung der Normen entgehen. Sie stand aber vor dem Problem, das Postulat einer präexistenten Weisheit mit einer den Anspruch der heilvollen Strukturierung der Schöpfung keineswegs bestätigenden Erfahrung zu vermitteln. Am Ende reduzierte sich im Buch Qohelet weisheitliche Ethik auf ein Minimalethos, das sich von jeder theologischen Begründung abkoppelte. Kann der offenbarungstheologische Ansatz auf das Handeln Gottes mit den Menschen und das sich darin offenbarende Wesen Gottes zurückgreifen, um darin Legitimation für das ethische Handeln des Menschen zu finden, so bleibt die Begründung des weisheitlichen Ethos notwendigerweise abstrakt und damit prinzipiell für die Falsifizierung durch die Erfahrung anfällig – ein hoher Preis, der für die prinzipielle Universalisierbarkeit weisheitlichen Ethos zu zahlen ist.

Im Buch des Ben Sira werden beide Formen der Legitimation von Handlungsnormen zusammengefügt, indem Weisheit und Tora identifiziert werden. Die Weisheit, die vor aller Welt bei Gott war, hat in Jerusalem eine Heimat gefunden und ist in der Tora offenbar. Qohelet löst angesichts der Ambivalenz der Empirie die Ethik vom Gottesglauben. Zwar gebe es Ordnungsstrukturen in der Welt, doch sind sie den Menschen nicht erkennbar, so wie Gott für den Menschen unerfahrbar bleibt. So wahrt Qohelet die Transzendenz und Freiheit Gottes. Im Buch des Ben Sira wird dagegen Gott in den Ordnungen des Lebens durch die in der Tora offenbare präexistente Weisheit erkennbar. Angesichts widerstrebender, sich keiner Ordnung einfügender Erfahrungen gerät dieser Ansatz in Schwierigkeiten. Zwar wird an den Gedanken herangeführt, daß der Gehorsam gegen Gottes Willen alles äußere Glück des Lebens relativiert, vielmehr selbst das Gelingen des Lebens ist, doch kann das keine endgültige Antwort angesichts unschuldigen Leidens in der Welt sein. Die Welt ist aus den Fugen, wo das Böse den Sieg davonträgt und Ethos sich nicht lohnt. Den Zusammenhang von Ethos und gelingendem Leben darf sich die Ethik nicht abmarkten lassen, wenn sie nicht kapitulieren will vor der Welt, wie sie ist, und ihren Anspruch, Welt zum Besseren zu gestalten, nicht aufgeben will.

Wenn im Buch des Ben Sira Weisheit und Tora identifiziert werden, so werden damit nicht nur zwei bis dahin getrennte Linien der Begründung der Ethik zusammengeführt. In der offenbarungstheologisch begründeten Linie des Pentateuch wird über Wohl und Wehe des einzelnen Menschen im Rahmen des Schicksals des ganzen Volkes entschieden. Die Lebensperspektive des einzelnen geht in der des Volkes auf. Die Prophetie ist davon abhängig und entwickelt Unheils- oder Heilsperspektiven jeweils bezogen auf das ganze Volk oder eines Teils dieses Volkes. Nur selten reflektiert sie wie in Ez 18 auf das Lebensschicksal des Individuums unabhängig von dem des Volkes. In der Weisheit dagegen steht die Lebensperspektive des Einzelnen unabhängig vom Schicksal des Kollektivs im Vordergrund. Im Buch des Ben Sira werden auch diese beiden Perspektiven miteinander vermittelt, wenn gleichermaßen der Zusammenhang von Tat und Ergehen für den Einzelnen (Sir 16,17–23 u.ö.) und eine an das Erbarmen Gottes geknüpfte Heilsperspektive für das Volk entfaltet wird (Sir 36,1–22). In dieses Gebet um die Erfüllung der göttlichen Verheißungen für das Volk Israel wird die Bitte, alle, die auf Gott hoffen, mögen ihren Lohn erhalten, eingefügt (Sir 36,21). Nur in einer umfassenden Umgestaltung des Lebenskontexts des je einzelnen kann die im Buch des Ben Sira auf der Ebene des weisheitlichen Diskurses ungelöste Vermittlung von Ethos und gelingendem Leben eine Lösung finden. So wird die Einlösung des Tat- Ergehenszusammenhangs für den je einzelnen Menschen als Bestätigung der Hoffnungsperspektiven der Propheten interpretiert (Sir 36,21).

In der Apokalyptik des Buches Daniel werden schließlich Weisheit, Prophetie und Tora zusammengeführt und im theologischen Motiv der neuen, von Gott heraufgeführten Welt Lösungen der unter den Bedingungen dieser Welt ungelöst gebliebenen Problemfelder gefunden. Diese apokalyptische Theologie ist daher mehr als nur der Niederschlag einer Notstandstheologie in der bedrängten Situation unter der Herrschaft der Seleukiden, sondern auch in der Ethik des AT der Schlußstein, der über sich hinausweist auf die Ethik Jesu im NT.

Die Erzählungen in Dan 1–6 fordern ein, daß, wer den Geboten des Gottes Israels folgt und auch in Zeiten der Bedrängnis an ihnen festhält, nicht fallen wird, sondern unter dem Schutz Gottes steht (Dan 1; 3; 6), daß aber, wer sich gegen diesen Gott überhöht, fallen wird, und sei er der mächtigste Machthaber der Welt (Dan 4; 5). Wer sich aber zu diesem Gott bekehrt, wird leben (Dan 2,46–49; 3,29 f.; 4,31–34). In der Perspektive des Redaktors des Danielbuches, der diese Erzählungen mit den Visionen in Dan 7–12 verbindet, löst die Gegenwart der Seleukidenzeit alles dies, was aus ferner babylonischer und medischer Zeit berichtet wird, nicht mehr ein. Die Zeit der Herrschaft des Kolosses mit den tönernen und eisernen Füßen (Dan 2,33) und des letzten Untieres der Vision von den vier Tieren (Dan 2,33; 7,7 f.) ist eine Zeit des Verderbens (Dan 9,26), die keinen Zusammenhang von Ethos und gelingendem Leben mehr zuläßt, sondern als umfassend entfremdet denen Anerkennung verschafft, die den Bund mit dem Gott Israels verlassen, während die Gesetzestreuen mit Feuer und Schwert, mit Haft und Plünderung überzogen werden (Dan 11,33). Eine Bekehrung des Herrschers, der die Götter verhöhnt, zum Gott Israels ist in dieser Zeit ausgeschlossen (Dan 11,36–39). Nur einen Gott verehrt er, den »Gott der Festungen«, die militärische Stärke, die er von Zeus Olympos erwartet. Gegen den Heilswillen Gottes aber für die, die an seinem Gesetz festhalten, ist der Unheilswillen auch noch dieses letzten Gewaltherrschers ohnmächtig. Ohne Zutun von Menschenhand wird seine Weltherrschaft vernichtet werden (Dan 2,34; 7,11; 8,25). Im Geschichtsverständnis der Apokalyptik schlägt sich am deutlichsten ihre Entstehung in der politischen Notsituation der Verfolgung nieder. Der Erfahrung politischer Ohnmacht gegen die Fremdherrschaft konnte nur noch der theologische Gedanke entgegengesetzt werden, die Geschichte sei gerade in ihren Tendenzen zu immer größerer Not und Entfremdung in der Hand Gottes und nicht Werk der Menschen. Der Redaktor des Danielbuchs sieht sich die Endzeit dieser Geschichte, die zweite Hälfte der siebzigsten Jahrwoche (Dan 9,25–27), erleben. Von ihren Anfängen an läuft die Geschichte nach dem Plan Gottes ab. Für die Frühzeit bis zum Exil sieht er dieses Wissen in der Tora und in der Prophetie entfaltet. Für die Zeit unter den Fremdherrschaften seit dem Exil begründet er in den

Geschichtsvisionen (Dan 2 und 7) die Erwartung, daß der Gott Israels der Not ein schnelles Ende setzen und eine Neue Welt heraufführen wird, die nur in den Gesetzestreuen eine Kontinuität mit der alten Welt haben wird.

Wenn die Geschichte nicht ein Gestaltungsfeld des Menschen ist, sondern allein von Gott vorherbestimmt abläuft, so folgt aus diesem Geschichtsdeterminismus aber keineswegs, daß nach Sicht des Danielbuches der einzelne Mensch keine Entscheidungsfreiheit hat, dem Gesetz zu folgen oder es zu verwerfen, also wie die Geschichte in seiner Entscheidung determiniert zu sein. Die Vorherbestimmung gilt immer nur den Völkern und den Epochen. Der Gesetzesgehorsam wird zu einem Bekenntnisakt (Dan 1,8–17), der über Wohl und Wehe des je einzelnen Menschen über die Geschichte dieser Welt hinaus in der Neuen Welt entscheidet (Dan 12,1). Nicht um den Gehorsam gegenüber einer apokalyptischen »Interimsethik« geht es dabei, sondern um die traditionellen Normen von Recht und Ethos der Tora einschließlich der Kultgesetze. Neben dem Verbot, die beiden ersten Gebote des Dekalogs zu übertreten (Dan 3), stehen die Speisegesetze (Dan 1,8 ff.) und die Gebote der Solidarität mit den Armen (Dan 4,24).[69] Die unverbrüchliche Treue Gottes gilt denen, die seine Gebote in dieser Welt auch in den Zeiten der Not halten, eine Treue, die die Geschichte dieser Welt transzendiert, die in früheren Epochen auch den Herrschenden einsichtig und erstrebenswert war, jetzt aber nur noch den wenigen Treuen, in der Neuen Welt aber offen zutage liegen wird.

In der die Geschichte umgreifenden Treue Gottes findet nun auch die empirische Diastase von Ethos und gelingendem Leben eine Lösung. Die in der Not dieser Welt den Gesetzen Treuen werden im Buch des Lebens verzeichnet sein (Dan 12,1). Ihnen wird in der Neuen Welt das ewige Leben zuteil werden, der Zusammenhang von Ethos und gelingendem Leben also eine endgültige Vermittlung finden, die unter den Bedingungen dieser Welt unmöglich ist. Das Leiden der Gerechten kann noch darüber hinaus als Sühnopfer für die, die sich zu Gott bekennen, einen Sinn erhalten (Dan 3,39 f. [LXX]).

Eine Grenze findet die Ethik der Apokalyptik aber darin, daß ihr angesichts der Erfahrung der Not und politischen Ohnmacht diese Welt als Ort der ethischen Gestaltungsaufgabe verlorengeht, das Festhalten am Gesetz unter den Bedingungen dieser Welt sich auf einen Bekenntnisakt zu Geschichtsmächtigkeit und Treue Gottes reduziert. Erst in der Ethik Jesu kann im Gedanken, daß mit ihm schon das Eschaton in dieser Welt angebrochen ist für den, der sich zu ihm bekennt (Mk 8,38; Lk 12,8 f.), die vorfindliche Welt als ethisches Gestaltungsfeld zurückgewonnen werden.

Wenn aber nicht in dieser, sondern erst in der Neuen Welt Gerechtigkeit sich einstellen wird, erst dann Ethos und gelingendes Leben eine endgültige Vermittlung finden werden, jetzt aber, unter den Bedingungen dieser alten Welt, Gesetzestreue auch in das Unglück führen kann, so bleibt eine Lücke der Gerechtigkeit für diejenigen, die gestorben sind und denen keine Gerechtigkeit in ihrem Leben widerfuhr. Erst im Gedanken der Auferstehung der Toten wird noch diese letzte Lücke geschlossen:

> »In jener Zeit tritt Michael, der große Engelsfürst auf, der für jeden einzelnen Menschen deines Volkes eintritt. Es wird eine notvolle Zeit kommen, wie es noch keine gab, seitdem es Völker gibt, bis zu jener Zeit. Und in jener Zeit wird dein Volk gerettet

---

69 Cf. auch die Aufstellungen zur materialen Ethik der Apokalyptik in Münchow, 134–137.

werden, jeder, der in dem Buch verzeichnet ist. Von denen, die in staubiger Erde schlafen, werden viele erwachen, die einen zum ewigen Leben, die anderen zur Schmach, zu ewiger Schande. Die Klugen werden wie das Himmelszelt strahlen; und diejenigen, die viele zur Gerechtigkeit angeleitet haben, werden immer und ewig wie die Sterne leuchten« (Dan 12,1–3).

VI. Register

Stellenregister

Biblische Belege (in Auswahl)

Keilschriftliche Belege

Ägyptische Belege

Sachregister